咬文嚼字

合订本 2020

上海咬文嚼字文化传播有限公司
上海文艺出版社

图书在版编目（CIP）数据

2020年《咬文嚼字》合订本 /《咬文嚼字》编辑部编. -- 上海：上海文艺出版社，2020
 ISBN 978-7-5321-7831-5

Ⅰ.①2… Ⅱ.①咬… Ⅲ.①汉语—语法分析 Ⅳ.①H14

中国版本图书馆CIP数据核字(2020)第219912号

责任编辑 朱恺迪
封面设计 王怡君

2020 Nián《Yǎowén-jiáozì》Hédìngběn

书　　名	2020年《咬文嚼字》合订本
编　　者	《咬文嚼字》编辑部
出　　版	上海文艺出版社
地　　址	上海绍兴路7号2楼
邮政编码	200020
发　　行	上海文艺出版社发行中心发行　上海市绍兴路50号
印　　刷	上海春秋印刷厂
开　　本	787×1092　1/32
印　　张	26
版　　次	2021年1月第1版　2021年1月第1次印刷
国际书号	ISBN 978-7-5321-7831-5/H.067
定　　价	60.00元（平装）
告 读 者	**如发现本书有印刷质量问题请与印刷厂质量科联系**
电　　话	021-33854186

顾　　问	濮之珍　何伟渔　陈必祥
	金文明　姚以恩
名誉主编	郝铭鉴
主　　编	黄安靖
副主编	王　敏
特约编委	汪惠迪（中国香港）
	田小琳（中国香港）
	林国安（马来西亚）
	吴英成（新加坡）
责任编辑	何中辰　施隽南　朱恺迪
封面设计	王怡君
特约校读	蔡维藩　陈以鸿
	李光羽　王中原
	张献通　黄殿容

忆郝铭鉴先生

（序）

何伟渔

上海市新闻出版局原局长、作家孙颙曾说过：没有郝铭鉴，就没有《咬文嚼字》。这句话我觉得一点不夸张，完全符合实际情况。二十五年来，《咬文嚼字》已经成为上海文艺出版社的一个著名品牌，一张闪亮的名片，说起《咬文嚼字》这只"语林啄木鸟"，无人不知，无人不晓。那么，郝铭鉴是怎样创立、主持、经营《咬文嚼字》的呢？值得我们回顾和探讨。

第一，大力争取从中央到地方的各级领导的支持，认真听取语言学界前辈学者的高见。

1994年9月份开始筹办《咬文嚼字》，郝铭鉴首先想到新上任的国家语委主任许嘉璐先生，便向他报告了《咬文嚼字》刊物的定位和特色，以及筹备情况。许嘉璐十分爽快地答应为创刊号撰写序言。由于许嘉璐向上汇报，国务院主管文教的李岚清副总理十分重视这本刊物，并做了具体的指示。后来,许嘉璐还电告郝铭鉴,说温家宝(时任副总理)是读书人,想看《咬文嚼字》,郝马上寄去刊物。

至于上海市出版局的领导以及上海文艺出版社的领导都一一表态,同意《咬文嚼字》先办丛刊,待时机成熟,再转为期刊。

在筹办期间,郝铭鉴专程去北京,到前辈语言学家吕叔湘先生寓所拜访,聆听办刊的意见。吕老认为,在我国,侧重语言文字的刊物,原来有两类:第一类,学术性、专业性比较强的,以《中国语文》为代表,这类刊物有十几种;第二类,面向中小学语文教师的和面向中小学生的,这类同语文教学相关的刊物数量很多。唯独面向社会语文生活的刊物,一本也没有。吕老十分赞赏郝铭鉴的办刊宗旨和具体设想,叮嘱郝铭鉴一定要将《咬文嚼字》办好,办出特色来。吕老这一番话,让郝铭鉴好像吃了一颗定心丸。回到上海,郝铭鉴又接连拜访本地的多位语言学界老专家,如上海社联原主席、上海语文学会老会长罗竹风先生,国内一流的语法学家胡裕树先生、张斌先生,还有著名的语言学家濮之珍先生。这四位老专家不但热情支持,并且欣然允诺出任《咬文嚼字》的顾问。

第二,成立精干、务实的编辑队伍,充分发挥每个人的作用。

1994年11月,郝铭鉴开始搭建编委班子,邀请沪上五位老专家担任《咬文嚼字》的编委。这五位全是教授级的,全做过编辑工作,年龄均在六十上下,而他们从事的专业各有侧重,有文字学的,有古文化和古汉语的,有现代汉语的,有语文教育的,还有外文翻译的。这是一个搭配周全的互补型、实力型的编委班子。我也应邀,忝列编委中。

我们这五位编委,人数不多,与众不同的是没有一个是"挂名"的,个个都是干实事的。只要刊物有需要,我们召之即来,有求必应。以我个人为例,开始几年,我每期都写稿,少则一篇,多则两三篇(用几个笔名发表),其余编委都是如此,确保稿源充足,质量稳定。

主编郝铭鉴十分尊重每一位编委,经常虚心倾听编委的意见和建议,又善于调动编委的积极性,让编委们发挥各人的专长,帮助编辑部共同解决不时产生的这样那样的新问题,甚至难题。

在创刊后的前十年,基本上每一季度开一次编委会,一年四次。编委开会,决不是例行公事走过场,郝铭鉴每次都会提出一个中心话题,让大家畅所欲言,出主意,想办法,为的是使刊物越办越好。最为精彩的是郝铭鉴的总结发言,他每次都会说出令人惊喜的新点子,这是他深思熟虑的结果。

打个夸张的比方吧:如果说《咬文嚼字》是郝铭鉴的亲儿子的话,那么五个编委就是五个干爹,一起辅佐亲爹,尽心尽力。

到了2010年代,我们这些编委先后步入耄耋之年,郝铭鉴请我们改任顾问。常言说:顾问顾问,不顾不问。但是,由于我们对刊物怀有深厚感情,真的是又"顾"又"问"的。比如我,继续做一点力所能及的事,分管一个栏目,从选题、组稿到审稿、改稿,一直到觉得稿件真正符合质量标准了,才将稿件交给编辑部。

另外,从新世纪开始,又增加了一批特约编委,先后加盟的有中国港、澳、台地区的汉语专家,还有新加坡和马来西亚的。他们负责为《华语圈》栏目供稿,给刊物增光添彩。

《咬文嚼字》初创时期,编辑部设在一个小小办公室里,除了主编郝铭鉴之外,只有两位专职编辑,一位熟悉古诗文和辞书编纂工作,有深厚的文字功底,另一位人称"校对大王",由校对员转型而来,是出版行业的"能工巧匠"。

郝铭鉴目光远大,着眼未来,他认为必须培养青年编辑,才能保证编辑部整体实力长盛不衰。编辑部通过书面考核和面试,精挑细拣,几年之内陆续招聘来几名青年编辑。郝铭鉴亲自手把手地传帮带,高标准,严要求,给青年编辑压任务,让他们挑重担,迅速熟悉编辑业务,迅速提升语文基本功。

如今,也就是经历了十几二十年的时间,在郝铭鉴的教导、引领、锤打、磨炼之后,当年的青年编辑业已茁壮成长为独当一面的精兵强将,技术职称全部晋升为编审,100%评到了正高级职称,我想在出版界是罕见的。创造这个奇迹,诚然是他们本人胸怀大志、努力奋进的结果,然而领头人郝铭鉴无疑是功不可没的。

第三,小刊物,大视野。

《咬文嚼字》是一本小刊物,开本很小(32开),定价很低(创刊时2元,现在6元),但是视野很宽广。

郝铭鉴有两个重要的办刊理念。一个是办刊物要常办常新,如果没有不断出现的新点子、新套路,刊物的生命力就不强了。这个理念是众多优秀刊物都坚持的。另一个理念是办刊物不能满足于纸质平面,不能满足于按时出版,必须"立体化"地办。只有立体化,才有大视野。这是《咬文嚼字》独树一帜的个性。

所谓"立体化"办刊,就是除了一期一期的刊物,还要根据刊物的性质和定位,多搞活动,搞各式各样的丰富多彩的"咬文嚼字"活动,年年搞,一年搞多次,多搞活动,既是宣传,又是造势。郝铭鉴在《咬文嚼字》创刊第一期就策划了一个"向我开炮"的有奖活动,其效果十分显著。

"咬文嚼字"的活动可分为两大系列。第一个系列是横向系列。一年有12期,12期各"咬"一个对象。比如报纸,每期"咬"一份报纸,从《人民日报》开始,都是全国著名报纸;"咬"杂志,就针对12种杂志,发行量大、影响力大的杂志;"咬"电视剧,找12部收视率高的电视连续剧;"咬"作家,则瞄准王蒙等12位著名作家;"咬"图书,以12位明星撰写的畅销书为对象;"咬"城市,涉及上海、北京、天津等12个大城市。且以"咬"城市为例,"给城市洗把脸",不仅发动当地市民查市内公共场所出现的种种文字,郝铭鉴还要编辑们像记者一样深入各大城市实地考察,在大街小巷,在商业中心,在居民小区,在旅游景点,寻觅、搜集值得"咬"一口的典型目标。

"咬文嚼字"活动的第二个系列是纵向系列。这一类活动,每年都要搞一次。首先,最为出名的是发布年度"十大流行语"和"十大语文差错",已经连续发布了十几年了,每年12月份,让众多媒体翘首以盼的是《咬文嚼字》编辑部的新闻发布会。记者们一拿到"十大流行语""十大语文差错"的新闻稿,马上在网上发消息,接着在数十家报纸刊出,在许多电视台、电台播出,总要热闹好几天,在社会各界产生巨大反响。其次,咬文嚼字讲习所也是年年举办的。到2019年为止,已办了24期。学员来自全国各省、市、区的新闻出版、文化教育单位,每期学员少则四五十人,多则七八十人,就以50人来计算吧,总共培训了1 200人。他们就像咬文嚼字的种子,散布在全国广袤大地上,生根、发芽、开花、结果。还有,每年8月,上海大型书展、书市开幕,《咬文嚼字》的编辑人员在自己的摊位上,也不失时机地开展活动。大屏幕上展示隐含各种语文差错的照片,让观众们挑错、改错,"答对了"就赠送《咬文嚼字》一册。场面异常火爆,特别是老人们和孩子们踊跃参加,抢着答题。

横向、纵向两大系列之外,还有许多应时应景的单项活动。比如,2009年举办"迎世博咬文嚼字大赛",带动了全社会的参与。等等,等等,不胜枚举。

为了保证以上各项活动有序、有效地开展,编辑部在全国各省、市、区(除西藏外)设立了语文观察站,观察站少则三人,多则七八人。有的观察站每年,甚至每个月都向编辑部反映社会语文生活方面有哪些问题,有哪些经常出现的差错。这样使我们的杂志能够更有针对性,做到有的放矢。近年来,又在华东师大设立网络流行语观察站,在上海师大设立社会流行语观察站。

郝铭鉴认为,刊物本身是一个平面的媒体,多搞活动,办得立体化了,就有了大视野。作为主编,郝铭鉴在各项活动中,总是亲力亲为的,他是主要的策划者、组织者、实施者。他常说,要么不搞活动,要搞就一定搞好,搞出成效来。我想,用当今时髦的成语"善作善成"来形容,是再合适、再贴切不过了。

第四,杂志的成功跟郝铭鉴的智慧与勤奋分不开。

郝铭鉴的老领导,上海文艺出版总社原社长、总编辑江曾培先生告诉我们:郝铭鉴是"文艺出版社的才子",有"丰厚的学养","笔头佳,口才也好",是少有的"文武双全"。江先生自称是"看着他长大的,一直叫他小郝"。因此,我相信这个评价是中肯的、可靠的。

郝铭鉴的"笔头佳",擅长写文章,不是天生的,而是通过长期勤学苦练练出来的。他从中学开始坚持每天记日记,到了大学四年级,厚厚的日记本已经积累了十多本。他说,记日记,其实就是快速写文章,"强迫"自己一天写一篇小文章;有时没有什么内容可写,则用一首小诗(甚至打油诗)代之;有时没有工夫写,干脆就抄录几句标语口号。日久天长,便练就了"立等可取"的撰写"快文章"的过硬功夫。

郝铭鉴的"好口才"也是公认的。他给学生上课,自然是有备而来,写好讲稿的。可是他上了讲台,可以完全脱稿,讲得头头是道,滔滔不绝,讲一小时、两小时,甚至三小时,都不用看讲稿。最让人钦佩的是他事先毫无准备的即兴发言,他思维敏捷,应变能力特强,只要稍做思考,即使是即兴的,也能做到不说空话、套话,言之有物,言之成理,条理清晰,句句说到点子上,并且相当得体。

有人说,郝铭鉴的头脑就是一个"智囊",充满了智慧。工作中遇到什么困难、什么矛盾,他总能很快地想出克服困难、化解矛盾的办法,就像说书先生常说的"眉头一皱,计上心来"。

郝铭鉴在上海文艺出版社工作了四十多年。他前期的编辑业务侧重在文艺理论上,后期创办了《咬文嚼字》之后,他的智慧他的勤奋都奉献给了语言文字,成绩卓著,为刊物的年年获奖立下了汗马功劳。

《咬文嚼字》2020年第1—12期(总第301—312期)

总 目 录

(斜线后的数字,前为期数,后为页数)

忆郝铭鉴先生(序)
………………… 何伟渔 /1

名家语画

胡适写旧体诗
………… 黄文健　臧田心 /1.1
"不要当院士"
………… 黄文健　臧田心 /2.1
莫言"买锅"
………… 康　泰　臧田心 /3.1
钟院士的眼泪
………… 康　泰　臧田心 /4.1

把病毒"闷死"
………… 康　泰　臧田心 /5.1
李院士没做年夜饭
………… 康　泰　臧田心 /6.1
"把一生的眼泪流光了"
………… 石　安　臧田心 /7.1
"一切都是该做的"
………… 刘　芳　臧田心 /8.1
"我是平常人"
………… 刘　芳　臧田心 /9.1
"我们要用生命保卫武汉"
………… 李晓雨　臧田心 /10.1
"伤病也在一步步地塑造人"

………刘 芳 臧田心 /11.1
面对疫情,郎平这样嘱咐
………万 晓 臧田心 /12.1

年度盘点

2019年十大流行语 …………/1.4
2019年十大语文差错 ………/2.4

前线观察

从"火神山""雷神山"谈起
………… 狮子坡 /3.4
莫让语言成为"抗疫"的"旁观者"
——也说"国家语言能力"
………… 施南仁 /4.4
抗击疫情中常用的缩略词
………… 高丕永 /5.32
正能量满满的"逆行"
"逆行者"……… 东 湖 /5.34
"抗疫"确认了"例"的新用法
………… 高丕永 /6.4
开启"投喂"新模式
………… 南 园 /6.6
"零号病人"与"一号病人"
………… 高丕永 /7.4
从"新冠肺炎"到"新冠××"
………… 南 园 /7.6

"窗口期""时间窗口"和
"机会窗口"……高丕永 /8.4
磨玻璃影·毛玻璃影·白肺
………… 东 湖 /8.6
浅议"报复性××"
一族新词语……… 高丕永 /9.4
"密接"的今义和古义
………… 东 湖 /9.6
新语境与新的"神兽"
………… 代宗艳 /10.4
品品"爹味" ……… 李 玥 /10.6
透过借词看疫情
………… 高丕永 /11.4
抗疫中的"降维""升维"
………… 东 湖 /11.6
不要"脱钩"要"竞合"
………… 高丕永 /12.4
"摆摊":旧词变热词
………… 何俊萍 /12.6

疫情聚焦

防疫不是"狙击战"… 每 文 /3.7
何为"核酸检测"
………… 林 凌 /3.8
什么是"气溶胶"传播
………… 朱恺迪 /3.9
"冠状病毒"的"冠"怎么读

……………言 内 /3.9
"方舱医院"是什么医院
……………黄文健 /3.10
什么是"负压救护车",什么是
"负压病房"………蔡 玫 /3.11
是"革职"还是"辞职"?
……………刘民钢 /3.12
"抗击疫情"有语病?
……………狮子坡 /4.7
"带口罩"?"戴口罩"!
……………施隽南 /4.9
"截止12时"? ……林 凌 /4.10
"疫情暴发"还是"疫情爆发"?
……………言 内 /4.10
"阴性""阳性"到底指什么
……………田 共 /4.12
应是"勠力同心"抗疫情
……………何中辰 /4.12
"两极分化"误成"两级分化"
……………大 田 /4.13
"休止符"不表示终止
……………张遵融 /5.36
"临床实验"?"临床试验"!
……………唐慈富 /5.36
为"综合征"呐喊
……………大 田 /5.37
是"共度难关"还是"共渡难关"?
……………周桃芝 /5.39

抗疫救援怎可"弛"
……………梁北夕 /5.40
"细菌""病毒"的区别,
你真知道?………林 凌 /5.41
"双黄连"与"莲"无关
……………历 环 /5.42
"熔断"到底是什么
……………林 凌 /6.8
"几率""概率""机率",到底
哪个对…………梁北夕 /6.9
"负作用"还是"副作用"?
……………崔国胜 /6.10
特朗普"反映"太慢?
……………伯 淮 /6.11
特朗普与人"唇枪舌战"?
……………言 内 /6.12
自限性疾病是什么样的疾病
……………林 怡 /6.13
"'挤兑'资源"还是"'挤对'
资源"? ………唐慈兵 /6.14
"期间"与"其间" …梁北夕 /7.8
"首当其冲"不等于"首先"
……………孙延宜 /7.9
不合理的"白衣执甲"
……………陈云聪 /7.10
蔓延·漫延………戴佳明 /7.11
特朗普"神药"引起的误读
……………大 田 /7.13

3

"群体免疫"是什么
　　……………… 林　怡 /7.14
"叹为观止"的误用 … 安宗华 /7.15

纪念专辑

悼文选登…………………… /5.4
《咬文嚼字》是追思郝铭鉴先生
　的丰碑……… 苏培成 /5.4
提高全民语文能力的
　先行者………… 田小琳 /5.6
我跟郝老总的三次握手
　……………… 汪惠迪 /5.9
斯人已逝，业绩长存！
　……………… 林国安 /5.12
郝铭鉴的文风…… 陈必祥 /5.14
忆好友郝铭鉴…… 何伟渔 /5.16
忆郝铭鉴先生…… 刘志基 /5.18
怀念郝铭鉴老师
　……………… 韩秀凤 /5.20
燃烧生命激情，点亮"咬嚼"
　之光！
　　——记郝铭鉴先生写最后一篇
　"咬嚼"文章 … 王　敏 /5.22
郝铭鉴：我职业生涯的引路人
　……………… 黄安靖 /5.25
挽联选登………………… /5.28
唁函选登………………… /5.29

锁定名人

穆桂英是"敌国番邦女子"吗
　……………… 唐九戒 /3.13
骨子里强硬不称"色厉内荏"
　……………… 王晓晗 /3.14
宋太宗不可能给黄庭坚下令
　……………… 陈振林 /5.43
"濯缨"不是洗帽缨子
　……………… 李景祥 /5.44
采石矶上忆李白…… 史良高 /8.8
王蒙先生的一处误记
　……………… 董寅生 /8.10
谁和"赤发鬼打得正上劲"
　……………… 胡晓斌 /9.8
不是"韶关"是"昭关"
　……………… 杨为仁 /9.9
"摧眉折腰事权贵"出自
　李白哪首诗…… 陈福季 /9.10
"急先锋碰上个慢郎中"？
　……………… 刘冬青 /10.8
影响理解的"不仅是……
　而是……"…… 胡礼湘 /10.9

追踪荧屏

"舌胎"？"舌苔"！… 梁学志 /1.8

来的是"狗子军"吗… 刘大寿 /1.9
"三驾马车"的配图不对
　…………………… 雷　冰 /2.7
谦称不用"贵"　…… 王先晓 /2.8
"黄浦区"与"黄埔区"
　…………………… 沈不凡 /2.9
此语非王熙凤所说
　…………………… 厉申东 /2.10
莫将"束脩"写作"束修"
　…………………… 朱永丽 /3.33
应该是"钟灵毓秀"… 盛祖杰 /3.34
竖起单手不称"揖"… 孙晓青 /3.35
"矽"并非稀有金属… 杨学建 /4.35
写错"尴尬"　……… 魏永超 /4.36
自谦用"忝"不用"腆"
　…………………… 周玉芳 /4.37
不是"外子"是"半子"
　…………………… 杨昌俊 /4.38
"家无常礼"非"家无常理"
　…………………… 梁德祥 /4.39
"形同末路"？"形同陌路"！
　…………………… 厉国轩 /4.40
白发渔樵不在"江楮上"
　…………………… 王树凡 /4.41
毛泽东不会自称"润之"
　…………………… 高良槐 /6.34
与蚌"相争"的不是鹤
　…………………… 李　强 /6.35

"预后"不要误为"愈后"
　…………………… 王重阳 /6.36
误把"寿幛"写作"寿帐"
　…………………… 梁德祥 /6.37
勿将"膈膜"作"隔膜"
　…………………… 徐婷婷 /7.16
疾病是"癣"不是"藓"
　…………………… 重　阳 /7.17
一塌糊涂《武则天》… 谷兴云 /7.18
"荒芜人烟"说不通… 杨学建 /8.27
兄弟齐心,其力断金？
　…………………… 孙晓青 /8.28
麦麸,还是麦糠？… 谢荣征 /8.29
"扁舟"误为"偏舟"… 厉国轩 /8.30
西瓜肉与"瓤"无关
　…………………… 厉国轩 /9.11
"丰镐房"的"镐"不读 gǎo
　…………………… 李光羽 /9.12
乔迁礼仪叫"温锅"
　…………………… 梁德祥 /9.13
查探用"勘"不用"堪"
　…………………… 王　洁 /9.14
"未蒙面的妹妹"？ 李　澜 /9.15
"多次迭电"叠床架屋
　…………………… 汤青武 /10.26
令人费解的"缘木取火"
　…………………… 梁德祥 /10.27
"祖藉"应为"祖籍"

.... 禾　宝 /10.28
"挟"字读 xié 不读 xiá
.... 李捷鹏 /11.8
误把"针黹"作"针织"
.... 梁德祥 /11.9
"辑私"应是"缉私"
.... 盛祖杰 /11.10
读准"厚德载（zài）物"
.... 徐婷婷 /11.11
领子松垮应是"懈"
.... 程　旭 /12.8
张氏"狭恨报复"？
.... 欧阳昌宏 /12.9
"乞巧节"怎会"正值朔月"
.... 李可钦 /12.10
潘先生可不是"动容"
.... 汤青武 /12.11

编校信箱

百问百答（5）……… 郝铭鉴 /1.10
百问百答（6）……… 郝铭鉴 /3.15

正音室

"老姥"不读"老 lǎo"… 姜　震 /4.21
"华州"的"华"不读 Huá
.... 盛祖杰 /4.22

"员"作人名不读"圆"
.... 李奉天 /7.34
"恶寒"之"恶"不读 è
.... 王树凡 /7.35

时尚词苑

"溢出效应"：进博会催红的
　热词……… 高丕永 /1.12
"叠加"：从罕见词走向
　常用词……… 代宗艳 /1.14
"神仙"下凡到人间… 刘冰鑫 /1.17
"文明交流互鉴"与人类命运
　共同体建设……… 代宗艳 /2.11
"举全 × 之力"办大事
.... 徐靖怡 /2.13
"生图""P 图"都是什么图
.... 高丕永 /2.15
借词"史诗级"表示哪个
　等级……… 高丕永 /3.17
"同频共振"的前世今生
.... 代宗艳 /3.19
"996"，当休矣……… 刘冰鑫 /3.21
小议"我太难/南了"
.... 代宗艳 /4.15
"吹哨人"和"深喉"… 高丕永 /4.17
仰望"爱豆"，脚踏实地
.... 刘冰鑫 /4.19

"霸凌""××霸凌"
"霸凌主义"……… 东 湖 /6.16
一方有难 八方"驰援"
……………… 何俊萍 /6.18
"举旗定向":新时代的思想
纲领和行动指南… 代宗艳 /6.20
"基于":介词中罕见的
流行词…… 东 湖 /7.19
"饭圈女孩"新形象
……………… 徐靖怡 /7.21
"融梗",褒贬不一 … 刘冰鑫 /7.23
"自由"一族新词语
………………… 之 苹 /8.11
"稳、准、狠"的"靶向"
………………… 南 园 /8.13
"区块链",虚拟世界信用的
守护之"链" …… 曹志彪 /9.24
"锈带"和"秀带" … 南 园 /9.28
"内生"与"外生"
——从脱贫的"内生动力"
说起 /9.30
"带节奏":从网络游戏走向
新闻媒体……… 南 园 /10.10
飞入汉语的六只"天鹅"
……………… 高丕永 /10.12
一路奔涌看"后浪"
……………… 曹志彪 /11.12
"天团":从罕见词走向

常用词………… 代宗艳 /11.15
"头部":不像借词的借词
………………… 南 园 /11.17
加油,"打工人"… 刘冰鑫 /12.12
漫说"Z世代"…… 代宗艳 /12.14
"翻车"比喻义走红
……………… 曹志彪 /12.16

一针见血

宜用"俪影" ……… 李可钦 /1.19
是胡子不是头发…… 杨西仑 /1.19
当时还没有《围城》
……………… 陈福季 /1.20
"铅华"应为"韶华"
……………… 荣可寄 /1.20
并无一虫叫"饶虫"
……………… 王宗祥 /1.21
无盲·如盲·无珠… 昊绍祜 /1.21
误"脍"为"烩" …… 刘曰建 /1.22
启发人的是"主旋律"
………………… 周 振 /1.22
"徐市"不是"徐市" … 李景祥 /1.23
拜见当称"谒拜" … 周平果 /1.23
"熟不知"应为"殊不知"
……………… 李信宜 /1.24
哪里冒出个"乌克兰市长"
……………… 文昌聿 /1.24

要不得的"切忌不要"
………………… 周广西 /1.25
依靠是"天"不是"天"
………………… 张亚丽 /1.25
《三国演义》的故事发生在
 "西汉末期"？…… 周举救 /1.26
"势微"？"式微"！… 李景祥 /2.17
"所幸"误为"索性"… 李可钦 /2.17
何来"猪榭" ……… 杨昌俊 /2.18
"百无一用是书生"是
 谁说的………… 汤生根 /2.18
不是"不谛"，应是"不啻"
………………… 厉国轩 /2.19
人生七十称"古稀"
………………… 陈福季 /2.19
"麻木不仁"不能写成
 "麻目不仁"……… 严志清 /2.20
立冬在几月几日…… 李华山 /2.20
"泥人张"并非出自无锡
………………… 姜伟光 /2.21
是"碓窝"非"兑窝"… 方必成 /2.22
何来"惺眼未睁" … 谢云秋 /2.22
"1945年秋天，红军过草地"？
………………… 周平果 /2.23
能说"叨了光"吗 … 余培英 /3.23
"积是"怎能"成非"… 高良槐 /3.23
"等量齐观"是何义 … 阎德喜 /3.24
脸不可"铰" ……… 谢云秋 /3.24

解放斗争绝非"蹉跎岁月"
………………… 杨昌俊 /3.25
是"书券"不是"书卷"
………………… 李延春 /3.25
非"莲牖"，乃"蓬牖"
………………… 阎南岗 /3.26
杀手锏能"掣"吗 … 曲　云 /3.26
应是"讳莫如深" … 李可钦 /3.27
《书锦堂记》当为《昼锦堂记》
………………… 郭文佳 /3.27
名臣之死不称"毙"
………………… 龙启群 /3.28
蔡襄未撰《茶经》… 刘日建 /4.23
"过屠门而大嚼"？… 凌　敏 /4.23
"鄙人"误成"俾人"
………………… 李　强 /4.24
"得陇"不作"得垅"
………………… 王宗祥 /4.24
"大仓祖"？"大仓组"！
………………… 李景祥 /4.25
"反腐"何来"重灾区"
………………… 周　振 /4.26
谁听过"几枢钟声"… 得　喜 /4.26
品尝水芹"蛰于口"？
………………… 阎德喜 /4.27
"刚愎自信"含贬义 … 新　德 /4.27
应是"蜡嘴" ……… 李光羽 /4.28
原油不能"冶炼" … 李华山 /5.46

误把"楚江"写作"楚天"
………………… 阎德喜 /5.46
挥的是"麈"不是"尘"
………………………… 木 子 /5.47
春节是"日"不是"月"
………………………… 廖 宁 /5.48
不是"缮草"是"苫草"
………………… 李奉天 /5.48
"萎萎焉焉"应为"萎萎蔫蔫"
………………… 盛祖杰 /5.49
误用"平分秋色"… 李 军 /6.22
"眘拉"应是"奔拉"… 荣可寄 /6.22
"开国"并非指"打开国门"
………………………… 罗献中 /6.23
"蓦得"应是"蓦地"… 李可钦 /6.23
"蹬音"才指脚步声
………………… 杨昌俊 /6.24
"折戬沉沙"?"折戟沉沙"!
………………………… 居容人 /6.24
"焚天"应写作"梵天"
………………………… 王宗祥 /6.25
何来"蠢鱼"…… 李 五 /6.26
何来"虐浪笑傲"… 汤青武 /6.26
《长歌行》非郭茂倩所写
………………………… 李信宜 /6.27
错将"钩玄"作"钓玄"
………………………… 阎德喜 /6.28
"淋沥"不可取代"淋漓"

………………………… 得 喜 /6.28
"出人""投地"两不搭
………………………… 郭志国 /6.29
春联贴哪里………… 谢云秋 /7.25
误把"馘"字写成"或"
………………………… 厉国轩 /7.25
"兰田""盈联"都是错
………………………… 李景祥 /7.26
秀才不称"痒生"… 新 德 /7.26
1948年尚无五星红旗
………………………… 沈阳仁 /7.27
笔架山不在葫芦岛… 晋 相 /7.28
"后金"改"清"不在入关后
………………………… 李华山 /7.28
"泥凡"应是"泥丸"
………………………… 国 轩 /7.29
没有一个"吴天上帝"
………………………… 木 子 /7.29
用"板油"铺路?… 盛祖杰 /7.30
庄子说"子非鱼,焉知鱼之乐"?
………………………… 刘日建 /7.30
可以启闭的不是"楔闸"
   是"碶闸"…… 龙启群 /7.31
"甚嚣尘上"含贬义
………………………… 阎德喜 /7.32
唐诗宋词赞的不是"君子兰"
………………………… 廖 宁 /7.32
误加标点减功绩…… 杨 光 /7.33

何来"楚翘" ……… 余培英 /8.15
"趟"已不是动词 … 禾　宝 /8.15
"淡言微中"错在何处
　……………… 阎德喜 /8.16
"倚门望间"？"倚门倚间"！
　……………… 阎南岗 /8.16
"民归德厚"作何解 … 徐广舟 /8.17
"评骘"应为"评骘" … 王宗祥 /8.18
表示磨刀应用"抢" … 李景祥 /8.18
莫把"机杼"写作"机抒"
　……………… 阎心士 /8.19
哪个"刚果"须注明 … 毛纬武 /8.19
京口瓜洲岂是同在长江
　北岸…………… 汤生根 /8.20
黄卷是旧书吗……… 刘希贤 /9.16
"润例"指收费标准 … 杨宏著 /9.16
"齐人之福"≠"天伦之乐"
　……………… 邹力衡 /9.17
"易箦"应为"易箦" … 杨上林 /9.17
不是"墩苗"是"蹲苗"
　……………… 谢云秋 /9.18
应是"紫陌红尘" … 汤生根 /9.19
房屋上用的是"桁条"
　……………… 杨昌俊 /9.19
搞混了浑河与浑江 … 李景祥 /9.20
"门柞"不能写成"门柞"
　……………… 阎德喜 /9.21
"佣书"是卖书？ … 刘长安 /9.21

稿费不能"阅起来"… 新　德 /9.22
"阙如"莫作"厥如" … 陈关春 /9.22
"汤镬"误为"汤蠖" … 雷晓琪 /9.23
清朝有个"神经营"？
　……………… 刘振修 /9.23
"阿堵"非"阿睹"… 刘日建 /10.14
"读书不知味"的作者不是袁枚
　……………… 李可钦 /10.14
"明瓦"不是玻璃… 盛祖杰 /10.15
"庶子"和"竖子"… 杨宏著 /10.16
"舍命不渝"不能写成
　"舍命不逾"… 阎德喜 /10.16
何来"箜竹" …… 厉国轩 /10.17
不是"夸脆"是"夸脱"
　……………… 王宗祥 /10.17
是"掐"不是"抻"… 谢云秋 /10.18
腊八粥里放"姜米"？
　……………… 史佳欣 /10.18
中国女排"备水一战"？
　……………… 李延春 /10.19
"点火呕烟"驱赶蚊蝇？
　……………… 杨昌俊 /10.20
"戍卒"误为"戊卒"
　……………… 辜良仲 /10.20
应是"侦察连" … 徐长庚 /11.19
是"扦格"非"扞格"
　……………… 周宇翔 /11.19
多了顿号，苹果变出香蕉

………………… 刘日建 /11.20
"近水楼台先得月"并非唐诗
………………… 陈福季 /11.20
不是"烦溃"是"烦愦"
………………… 厉国轩 /11.21
"外子"不能称妻子
………………… 李景祥 /11.21
没有"西泠印社"… 毛纬武 /11.22
"旷味"应是"况味"
………………… 李信宜 /11.22
"榘镬"当为"矩镬"
………………… 王高港 /11.23
探索的是"赜"不是"颐"
………………… 王宗祥 /11.24
不老"庄椿"不是树桩
………………… 高良槐 /11.24
"檩"非"檀" … 谢云秋 /11.25
"往后稍"？"往后捎"！
………………… 禾 宝 /11.25
误把"虞候"写作"虞侯"
………………… 杨顺仪 /11.26
是"如牛饮水"吗… 阎德喜 /12.19
"逞论"？"遑论"！
………………… 盛祖杰 /12.19
"风急天高猿啸哀"的出典
………………… 陈明学 /12.20
感冒引起"失喑"？
………………… 浦东轩 /12.20

挥动球杆把苍蝇"哄走"？
………………… 周 振 /12.21
蚝油是调味品，不是食用油
………………… 李景祥 /12.22
何来"虫瘿的呢喃"
………………… 谢云秋 /12.22
不是"丰瞻"是"丰赡"
………………… 章桂周 /12.23
挑拣菜叶应是"择"
………………… 李悠欣 /12.23
误用"不忍卒读"… 朱耀照 /12.24

校园丛谈

"暝"不宜释作"夜晚"
………………… 乔 红 /2.28
也说"琵琶声停欲语迟"
………………… 胡礼湘 /2.29
如何理解"风雨送春归"
………………… 华柳生 /8.43

识物寻踪

"茶"与"荼" ……… 陈璧耀 /3.36
"椅子"源自"胡床"
………………… 陈璧耀 /4.29
"桌"原是"卓"的俗字
………………… 陈璧耀 /5.50

"几"与"案" ……… 陈璧耀 /6.38
"筵"与"席" ……… 陈璧耀 /8.31
"床"与"榻" ……… 陈璧耀 /10.34

学 林

甲骨文研究说略(上)
……………… 苏培成 /1.27
"震撼弹"与"重磅"
……………… 高婉瑜 /1.30
甲骨文研究说略(下)
……………… 苏培成 /2.24
游民、街友与寒士 … 高婉瑜 /2.26
小议成语的意义和读音
……………… 苏培成 /3.29
谈"及"和"暨" …… 苏培成 /6.30
汉字的讹变……… 苏培成 /7.47
汉字字形里的文化信息
……………… 苏培成 /8.21
谈谈汉语中的"版权"与
"著作权"……… 陈李睿祯 /8.23
《夜宿山寺》用字简释
……………… 苏培成 /9.32
说"焉" ……… 陈运舟 /9.35
简论同音代替简化法
……………… 苏培成 /10.21
汉字的传播和演变
……………… 苏培成 /11.27

形似字的分化…… 苏培成 /12.27
"对外汉语"是什么
……………… 史有为 /12.29
"存在"和"鬼"现在是"什么样
的存在" ……… 曹秀玲 /12.31

碰 碰 车

"郭鼎堂"确实是郭沫若的化名
……………… 林 凌 /1.32
《鹏鸟赋》真的不能写作
《服鸟赋》吗 …… 阎德喜 /1.33
为"大牌档"正名… 魏伟新 /11.31
"斤"是"重量单位"吗
……………… 汪元和 /11.32

语苑新谈

学而不思则罔,思而不学则殆
……………… 石毓智 /1.34
"人不知而不愠"究竟何意
……………… 石毓智 /11.33
"齐家"是啥意思
……………… 石毓智 /12.49

词语春秋

"趋之若鹜"的贬义色彩

已趋淡化……… 陈璧耀 /2.33
"处处闻啼鸟"："处处"
　不是"到处" …… 陈璧耀 /4.42
何谓"阑尾"……… 张晓旭 /4.45

文章病院

何人观剑悟书法…… 陈滩坊 /1.36
是应召进京，不是挂冠而去
　……………… 陈力勇 /1.37
引错诗词如此多…… 得　喜 /1.39
我国没有"副省会级城市"
　……………… 毛纬武 /1.40
"出身"无需"医学证明"
　……………… 周　奋 /1.41
"伯牙"的姓与对弈的人
　……………… 沈阳仁 /1.42
"日食带"不是"食道"
　……………… 晋　相 /1.43
何来"灰蛇草线" … 吴均平 /2.36
不可滥用"通家之好"
　……………… 阎德喜 /2.37
"拖油瓶"与工作态度无关
　……………… 汤青武 /2.38
古代四川有"茂州"而无"茂州"
　……………… 周　振 /2.39
"博士生"是"研究生"的一种
　……………… 王　旭 /2.40

"旅顺口"不能代称"旅大"
　……………… 李景祥 /3.39
"祥"和"穿上衣服"无关
　……………… 孙延宜 /3.40
太史令皆由太监担任吗
　……………… 葛青江 /3.41
皇帝的行营不称"行所在"
　……………… 沈阳仁 /3.42
"车船店脚衙"？…… 郝永庆 /4.48
何来"杳无黄鹤" … 屠林明 /4.49
是"大满贯"不是"大满冠"
　……………… 徐俊培 /4.50
何来"碎木绊子" … 沈阳仁 /5.53
不是郴州是剡县…… 晋　相 /5.54
机器人能"忝列门墙"吗
　……………… 王雅楠 /5.55
"侯生"到底是谁 … 流　苏 /6.41
楚国金币称"郢爰"
　……………… 周　振 /6.42
悼亡诗？悼诗！…… 汤生根 /6.43
误用"泯然众人" … 阎南岗 /6.44
应为"骈四俪六" … 葛青江 /6.45
地名"绍兴"与年号"绍兴"
　……………… 孙利政 /7.38
臣子岂能上诏书…… 葛青江 /7.39
1959年中国科学院有
　"院士"吗 ……… 杨顺仪 /7.40
《上山采蘼芜》不在"古诗

十九首"中 …… 陈福季 /7.41
北宋词人岂能"暗用"南宋诗人
　的诗句………… 汤生根 /7.42
谁是最年轻的诺贝尔文学奖
　得主………… 曾秋华 /7.43
"人生得一知己足矣"
　是鲁迅写的吗…… 陈力勇 /7.44
阮籍未列"建安七子"
　…………………… 郭天骄 /7.45
此"祭酒"非彼"祭酒"
　…………………… 冯俊杰 /7.46
"鬓龄失怙"考　王瑞祥 /8.36
杜牧不是节度使…… 张　林 /8.37
《瓦尔登湖》的作者是谁
　…………………… 刘振修 /8.38
祖孙焉能成父子…… 吴伟伟 /8.39
骊山没有阿房宫…… 李华山 /8.40
这不是"抬头"　…… 盛祖杰 /8.42
藏书阁名"摛藻堂"
　…………………… 孙晓青 /9.36
"齐谐"焉能作"齐偕"
　…………………… 浦东轩 /9.37
"蓐草"？"薅草"！
　…………………… 江城子 /9.38
"苏辙"非"苏澈"　… 居容人 /9.39
"大厦大学"应为"大夏大学"
　…………………… 杨学建 /10.37
"刘十九"并非刘禹锡
　…………………… 李信宜 /10.38
江淹不是"南宋文学家"
　…………………… 李友新 /10.39
特朗普不是"首相"
　…………………… 文昌聿 /10.40
是"天子大蜡八"，不是
　"天子大腊八"… 李景祥 /10.41
莫将"罔顾"写作"枉顾"
　…………………… 阎心士 /10.42
沈阳从未有过"日本租界"
　…………………… 晋　相 /11.35
既戴"乌纱"，何来"白帽"
　…………………… 李　军 /11.36
"八王之乱"终结的不是东晋
　是西晋………… 周　振 /11.37
《商山早行》描写的是秋天
　景色吗………… 徐成生 /11.38
秋猎不称"秋狝"
　…………………… 周平果 /11.39
"颜路"不是"颜渊"和"子路"
　…………………… 王彦辉 /11.40
"夷甫"不是王导
　…………………… 陈　渊 /11.41
"世界教科文组织"是
　什么组织……… 杨学建 /11.42
"事不目见耳闻……"谁说的
　…………………… 杨崇义 /11.43
"各领风骚数百年"是谁写的

………… 刘冬青 /12.41
书风"糜弱"？ … 新　德 /12.42
"姚宋"的"宋"是宋璟
　………… 王宗祥 /12.43
李清照《咏史》诗无关项羽事
　………… 厉国轩 /12.44
"管窥蠡测"含贬义
　………… 周宇翔 /12.45

语言哲思

"狄周割豆" … 宗守云 /1.44
"恩重如山，爱深似海"
　………… 宗守云 /2.31
炒面换汤面该不该付钱
　………… 宗守云 /3.43
"鸡精"和"鸡成了精"
　………… 宗守云 /4.33
"人造钻石"是不是钻石
　………… 宗守云 /5.56
"司马缸砸光"……… 宗守云 /6.32
出版一本，卖出两本
　………… 宗守云 /7.36
狗不像狗，狗像熊，狗像狗
　………… 宗守云 /8.34
牛大叔会不会喝酒
　………… 宗守云 /9.40
三十五六也"高龄"

………… 宗守云 /10.24
月亮走，我也走 … 宗守云 /11.44
"别睡，这里有蛇"
　………… 宗守云 /12.25

有此一说

"完形填空"与"完型填空"
　………… 林　一 /2.41
说"匹" ………… 陈运舟 /2.42
"蛋挞"到底是读"dàntà"
　还是"dàntǎ"？ … 张依莎 /3.45
荆轲"出自燕赵之地"吗
　………… 刘日建 /3.47
歌呼呜呜，真秦之声也
　………… 陈运舟 /4.46

网言网语

我们都爱"阿中哥"
　………… 朱玲奕 /1.46
万物皆可盘……… 朱灵益 /1.48
"魔性"的魅力　… 代雨薇 /1.50
"我太难了"？我们到底难在
　哪儿………… 刘可欣 /2.46
"红红火火恍恍惚惚"
　——笑与虚无…… 陈至远 /2.48
今天，你实现"自由"了吗

.... 何　婧 /2.50
现代人的"求生欲"
.... 叶　绩 /3.48
"香蕉人"还是"芒果人"？
.... 叶　继 /3.50
鸡皮疙瘩和情感转喻
.... 莫　凡 /4.57
关于"上头"那些事儿
.... 沈可轶 /4.60
"抄作业"，抄什么
.... 曹　艺 /6.52
"彩虹屁"是彩虹色的吗
.... 姚　越 /6.54
从"放鸽子"到"鸽了"
.... 薛月朗 /6.56
问答式标题：是标题，也是对话
.... 朱玲奕 /7.50
你学会"断舍离"了吗
.... 翟子颀 /7.53
"疫"字当头 .... 李传芝 /8.55
摸不透的"迷惑行为"
.... 何　婧 /8.57
i 网络热词集合！
.... 刘可欣 /8.59
如此"祖安"，"祖"何以安
.... 陈昌来 /9.43
"遇事不决，量子力学"
.... 卢　怡 /9.45

自带特效的"奥利给"
.... 盛雨婷 /9.47
"送命题"，你怕了吗
.... 张　师 /10.52
当代"社畜"生活指南
.... 陈留佳 /10.54
意味深长的"害"
.... 盛雨婷 /11.46
"工具人"是什么人
.... 沈可轶 /11.48
可爱的"憨憨"
.... 吕依瑶 /11.50
这是什么"控"
.... 王　楠 /12.51
"这届人民不行"到"这届××不行" .... 张　舒 /12.53
要"走心"不要"漫不经心"
.... 吴彩旎 /12.55

社交新风

说说你是谁
——自我介绍的原则
.... 徐默凡 /1.52
网络聊天的礼貌结尾
.... 徐默凡 /2.43
到底要不要说"在吗"
.... 徐默凡 /3.52

敬辞、谦辞的简明用法
……………… 徐默凡 /4.51
朋友圈的五种禁忌语言
……………… 徐默凡 /5.58
不回消息怎么办
——网络交际的反馈时效性
……………… 徐默凡 /6.46
群聊九忌………… 徐默凡 /7.55
事必有复，复必有时
……………… 徐默凡 /8.52
网络流行语使用指南
……………… 徐默凡 /9.49
出口成"脏"惹人嫌
……………… 徐默凡 /10.43
群发信息简明攻略
……………… 徐默凡 /11.52
网络表情变异用法攻略
……………… 徐默凡 /12.38

十字街头

"鲸鲨"是"嘴巴超大的鲸鱼"吗
……………… 雷晓琪 /12.34
别给汉文帝改名字
……………… 王树凡 /12.35
谢晋元家书展板上的一个差错
……………… 李光羽 /12.36
是"倒伏"，不是"倒扶"
……………… 丁建川 /12.37

八面来风

公布"十大语文差错"，反思
　母语教育与传承… 张西流 /2.55
在"十大流行语"中感悟
　2019年 ……… 杨朝清 /2.56
流行语中的时代活力
……………… 石 羚 /2.58

微型讲坛

说"鳄" …………… 陈运舟 /8.45
从"狗带"外来说起
……………… 史有为 /8.46
今天，你"拍"了吗
……… 丁 艺 陈昌来 /10.29
说"物" …………… 陈运舟 /10.32

检测窗

编校差错扫描（十七）
……………… 王 敏 /1.55
编校差错扫描（十八）
……………… 王 敏 /2.52
编校差错扫描（十九）
……………… 王 敏 /3.55

编校差错扫描(二十)
………………… 王　敏 /4.54
编校差错扫描(二十一)
………………… 王　敏 /5.61
编校差错扫描(二十二)
………………… 王　敏 /6.49
编校差错扫描(二十三)
………………… 王　敏 /7.58
编校差错扫描(二十四)
………………… 王　敏 /8.49
编校差错扫描(二十五)
………………… 王　敏 /9.52
编校差错扫描(二十六)
………………… 王　敏 /10.45
编校差错扫描(二十七)
………………… 王　敏 /11.54
编校差错扫描(二十八)
………………… 王　敏 /12.46

万花筒

谈"三文鱼"与广州音译
………………… 杨欣儒 /10.48
拥抱"乐龄" …… 汪惠迪 /10.50

东语西渐

英语如何"甩锅"和"背锅"
………………… 陆建非 /1.58
鼠年译"鼠" ……… 陆建非 /3.58
"逆行者"如何切换成英语
………………… 陆建非 /4.62
"后浪"在英语中如何推前浪
………………… 陆建非 /9.55

读　书

妈是爸………… 周振鹤 /1.60
王姓为什么这么多
………………… 郑张尚芳 /1.61
"支那"真正的来源
………………… 郑张尚芳 /2.60
东人新名词………… 周振鹤 /2.63
史书中日本为什么叫"倭奴"
………………… 郑张尚芳 /3.60
侃"侃" ………… 周振鹤 /3.63

说文解字

甲骨文中的"疫"情
………………… 刘志基 /6.62
"妇好"还是"妇子"
——简析殷商之"好"
………………… 刘志基 /7.61
"国"史琐议(上)
………………… 刘志基 /8.61

"国"史琐议(下)
………………… 刘志基 /9.58
"家"中到底有没有猪
………………… 刘志基 /10.56
"师"字别解 …… 刘志基 /11.57
"妇"的箕帚缘
………………… 刘志基 /12.57

重读经典

谈谈写文章………… 王　力 /6.58

向你挑战

"最后一个办法"
………… 伯　淮　设计 /1.64
偏见……… 梁北夕　设计 /2.64
两种可能
………… 伯　淮　设计 /3.64
"大鼻子、小眼睛"的秘密
………… 梁北夕　设计 /4.64
"请您先等等"
………… 伯　淮　设计 /5.64
烤肉上的头发丝
………… 梁北夕　设计 /6.64
"把帽子扔过高墙"
………… 伯　淮　设计 /7.64
不能提前完成的事

………… 梁北夕　设计 /8.64
我易碎,不要踢我
………… 伯　淮　设计 /9.60
解开"缆绳"
………… 梁北夕　设计 /10.60
卫兵的胜利
………… 伯　淮　设计 /11.60
坚硬的木结
………… 梁北夕　设计 /12.60

看图说话

"防火"有"危害"吗
………………… 王云峰 /1. 封三
岂能"舞文弄法"
………………… 李　澜 /4. 封三
"兄不以长悌"?
………………… 单亚非 /6. 封三
这个"措施"需要"落实"
………………… 谢海华 /7. 封三
楼盘还能卖出去吗
………………… 偶　见 /8. 封三
高校"环伺"楼盘干吗
………………… 刘冬青 /9. 封三

雾里看花

这是什么汤……… 胡礼湘 /2. 封二

"助眼"何物 ……王长民/3.封二
啥是"踩耳" ……古　桥/4.封二
"鸪汤"是什么汤
　……………杨东辉/5.封二
"燃动"该怎么"动"
　……………王印矩/7.封二
"好年东"是什么
　……………张子方/8.封二
"掺汤面"是啥面
　………………杨东辉/12.封二

微语录

哲理………程　平辑/1.11
生活………刘　芳辑/1.38
职场………郭　庆辑/1.51
职场………刘　芳辑/2.59
哲理………康　宁辑/3.51
职场………吴景夏辑/4.14
职场………刘　芳辑/4.59
处世………邢世言辑/7.15
亲情………黄文健辑/7.54
职场………乔　桥辑/8.9
亲情………崔国胜辑/8.54
职场………吴景夏辑/8.63
亲情………崔国胜辑/9.7
亲情………康　宁辑/9.51
亲情………石　安辑/9.57

亲情………崔国胜辑/10.5
亲情………张悦秋辑/10.59
夫妻………石　安辑/11.47
亲情………康　宁辑/11.49
邻里………乔　桥辑/12.18

火眼金睛

图中差错知多少？
　………徐建娇等/1-12.封四

新年寄语

新时代，新担当
　………………编　者/1.封一

广角镜

喜报………………编　者/2.封三
喜报………………编　者/3.封三
郝铭鉴先生著述作品精选
　………………………/5.封三
喜报………………编　者/6.封二

其他

2020年荣誉校对名录
　………………编　者/合-1

YAOWEN-JIAOZI

咬文嚼字

橘 芸香科，果实扁圆，果皮红或橙黄色，味酸甜。为什么叫"橘"呢？橘子颜色赤黄，切开香雾氤氲，有似矞云（彩云，古代以为瑞征），故名"橘"。《本草纲目》："矞云外赤内黄，非烟非雾，郁郁纷纷之象。橘实外赤内黄，剖之香雾纷郁，有似乎矞云。橘之从矞又取此意也。"

上海世纪出版集团

2020/01

欢迎至邮局订阅本刊 邮发代号 4-641
国内统一连续出版物号 CN 31-1801/H
定价：6.00元

新时代，新担当　　编者

新年的钟声即将敲响，我们正在走进2020年。在这里，我们祝新老朋友健康吉祥，阖家幸福，工作顺利！

《咬文嚼字》已经走过了整整25年，感谢读者朋友25年来的不离不弃！在新的行程中，我们一定不负时代，不负读者，让刊物沿着健康的发展轨迹，稳步前行。

历史已经进入了伟大的新时代。新时代赋予了新闻出版新的历史使命，期刊人必须准确把握新时代的历史方位，踩准新时代的节奏，跟上新时代的步伐，做新时代的"追梦人"。我们将肩负起新的历史责任，以新的努力，新的担当，让刊物闪烁新时代的光芒。

随着互联网的全面普及与发展，新闻传播进入了新媒体时代。阅读在线化，交流即时化。语文生活丰富多彩，语文形式日新月异，语文生态异常复杂。我们将立足新的媒介环境，分析新的语文现象，研究新的语文规律，探讨新的语文规范，让刊物逐渐转型升级，更好满足读者的新需求。

我们已经启程，希望继续得到读者朋友的支持、鼓励！

2019年12月

别让一个错别字破碎了你的梦想

高考作文常见错别字（修订版）
《咬文嚼字》编辑部编

《高考作文常见错别字》一书多年来颇受欢迎。现在，编辑部做了全面修订：根据用字实际，对个别高频错别字做了调整；根据时代发展，对部分差错语例做了调换；根据近年考题，对热身赛做了重新设计。同时，书的整体框架不变，力求设计重点突出的题型，使用通俗易懂的语言，给出简洁实用的解析，助力莘莘学子。

定价：30.00元　扫码享优惠

胡适写旧体诗

黄文健/文 臧田心/画

章士钊擅长旧体诗,常贬损提倡白话文的胡适,说他写的白话诗浅薄。两人失了和气。有一次,两人同赴宴席,席间相谈甚欢,还拍照留念。相片洗印出来后,章士钊在背面题了一首白话诗送给胡适,最后几句为:"将来三五十年后,这个相片好作文学纪念看。哈哈,我写白话歪词送把你,总算是老章投了降。"胡适则在相片旁题了一首旧体诗:"'但开风气不为师',龚生此言吾最喜。同是曾开风气人,愿长相亲不相鄙。"

2020年1月1日出版

1

总第301期

主管：上海文艺出版总社
主办：上海文化出版社
编辑、出版：《咬文嚼字》杂志社
集团网站：http://www.shwenyi.com
E-mail：yaowenjiaozi2@163.com
官方微博：
http://weibo.com/yaowenjiaozish
电话传真：021-64330669
发行电话：021-64372608-181
邮购电话：021-64370935
地址：上海市黄浦区绍兴路7号
邮政编码：200020
发行：上海市报刊发行局
发行范围：国内外公开
订阅处：全国各地邮局
邮发代号：4-641
ISSN 1009-2390
CN 31-1801／H
印刷：上海中华印刷有限公司
印厂电话：021-60829062
　　　　　021-60299079
定价：6.00元

如发现本刊有装印质量上的问题，请在当月与承印公司联系调换。

名家语画	胡适写旧体诗　黄文健/文　臧田心/画	/1
年度盘点	2019年十大流行语	/4
追踪荧屏	"舌胎"？"舌苔"！	梁学志/8
	来的是"狗子军"吗	刘大寿/9
编校信箱	百问百答（5）	郝铭鉴/10
时尚词苑	"溢出效应"：进博会催红的热词	高丕永/12
	"叠加"：从罕见词走向常用词	代宗艳/14
	"神仙"下凡到人间	刘冰鑫/17
一针见血	宜用"俪影"	李可钦/19
	是胡子不是头发	杨西仑/19
	当时还没有《围城》	陈福季/20
	"铅华"应为"韶华"	荣可寄/20
	并无一虫叫"饶虫"	王宗祥/21
	无盲·如盲·无珠	杲绍祐/21
	误"脍"为"烩"	刘曰建/22
	启发人的是"主旋律"	周　振/22
	"徐市"不是"徐市"	李景祥/23
	拜见当称"谒拜"	周平果/23
	"熟不知"应为"殊不知"	李信宜/24
	哪里冒出个"乌克兰市长"	文昌聿/24
	要不得的"切忌不要"	周广西/25
	依靠是"天"不是"夭"	张亚丽/25
	《三国演义》的故事发生在"西汉末期"？	周举救/26
学林	甲骨文研究说略（上）	苏培成/27
	"震撼弹"与"重磅"	高婉瑜/30

碰碰车

"郭鼎堂"确实是郭沫若的化名　　林　凌 /32

《鹏鸟赋》真的不能写作
《服鸟赋》吗　　　　　　　　 阎德喜 /33

语苑新谈

学而不思则罔,思而不学则殆　　石毓智 /34

文章病院

何人观剑悟书法　　　　　　　 陈潍坊 /36
是应召进京,不是挂冠而去　　　陈力勇 /37
引错诗词如此多　　　　　　　 得　喜 /39
我国没有"副省会级城市"　　　 毛纬武 /40
"出身"无需"医学证明"　　　　 周　奋 /41
"伯牙"的姓与对弈的人　　　　 沈阳仁 /42
"日食带"不是"食道"　　　　　 晋　相 /43

语言哲思

"狄周割豆"　　　　　　　　　 宗守云 /44

网言网语

我们都爱"阿中哥"　　　　　　 朱玲奕 /46
万物皆可盘　　　　　　　　　 朱灵益 /48
"魔性"的魅力　　　　　　　　 代雨薇 /50

社交新风

说说你是谁
——自我介绍的原则　　　　　 徐默凡 /52

检测窗

编校差错扫描(十七)　　　　　 王　敏 /55

东语西渐

英语如何"甩锅"和"背锅"　　　陆建非 /58

读书

妈是爸　　　　　　　　　　　 周振鹤 /60
王姓为什么这么多　　　　　　 郑张尚芳 /61

向你挑战

"最后一个办法"　　　　　　　 伯　淮 设计 /64

顾　问

濮之珍　　何伟渔
陈必祥　　金文明
姚以恩

名誉主编　　郝铭鉴

主　编　　　黄安靖

副主编　　　王　敏

特约编委

汪惠迪(中国香港)
田小琳(中国香港)
林国安(马来西亚)
吴英成(新加坡)

责任编辑　　何中辰
　　　　　　　施隽南
　　　　　　　朱恺迪

通　联　　　戚新蕾

封面设计　　王怡君

特约审校

蔡维藩　　陈以鸿
李光羽　　王中原
张献通　　黄殿容

凡本刊录用的作品,其与《咬文嚼字》相关的汇编出版、网上传播、电子和录音录像作品制作等权利即视为由本刊获得。上述各项权利的报酬,已包含在本刊向作者支付的稿酬中。如有特殊要求,请在来稿时说明。

2019年十大流行语

《咬文嚼字》编辑部

（2019年12月）

一、文明互鉴 互鉴，即相互借鉴；文明互鉴，即世界上不同文明之间加强交流，相互借鉴。2014年3月27日，习近平主席在联合国教科文组织总部发表演讲时提出，"文明因交流而多彩，文明因互鉴而丰富"。五年来，习主席在一系列重大场合阐述"文明交流互鉴"主张，其内涵不断丰富，影响不断扩大。2019年5月15日，习主席在亚洲文明对话大会开幕式上再次强调，"文明因多样而交流，因交流而互鉴，因互鉴而发展"，引起全球共鸣。"文明互鉴"是构建人类命运共同体的人文基础，是增进各国人民友谊的桥梁、推动人类社会进步的动力、维护世界和平的纽带。"文明互鉴"已成为全球"热词"，在国际、国内媒体上广为传播。

二、区块链 区块链是一个信息技术领域的术语。从本质上讲，它是一个共享数据库，存储于其中的数据或信息，具有"不可伪造""全程留痕""可以追溯""公开透明""集体维护"等特征。基于这些特征，区块链技术奠定了坚实的"信任"基础，创造了可靠的"合作"机制，具有广阔的运用前景。2019年1月10日，国家互联网信息办公室发布《区块链信息服务管理规定》。2019年10月24日，在中央政治局第十八次集体学习时，习近平总书记强调,"把区块链作为核心技术自主创新的重要突破口","加快推动区块链技术和产业创新发展"。"区块链"已走进大众视野,成为社会的关注焦点。

三、硬核 硬核,译自英语"hardcore",原指一种力量感强、节奏激烈的说唱音乐风格。后来引申指"面向核心受众,有一定难度和欣赏门槛的事物",如"硬核游戏"(hardcore game)即指玩起来非常有难度的游戏。近年来,其含义进一步引申,人们常用"硬核"形容"很厉害""很彪悍""很刚硬",如"硬核规定""硬核妈妈""硬核玩家""硬核人生"等等。今年年初,电影《流浪地球》的热映引发了一场对"硬核科幻"的讨论,"硬核"的热度进一步增高。

四、融梗 梗,来源于"哏",本指艺术作品中的笑点,也指故事的情节、片段及创意等。融梗,即把别人精彩的创意融合进自己的作品中。近年来,因多部文艺作品涉嫌"抄袭",网络上出现过好几次针对"融梗"定性的集体讨论。但到底是"合理借鉴"还是"违法抄袭",二者的"边界"到底在哪儿,始终不能达成一致意见。今年10月底,热播影片《少年的你》的原小说被爆料"融梗"日本推理小说作家东野圭吾的多部作品,网友议论纷纷。易中天在微博上发文点评,认为"除非极个别的天才,很少有作家能够做到绝不借鉴,关键在于是笨拙地模仿甚至直接抄袭,还是创造性地用人如己"。"融梗"再次引起广泛关注。

五、××千万条,××第一条 2019年春节上映的科幻电影《流浪地球》,受到普遍好评,国内外影迷纷纷叫好。在影片中反复出现的行车安全提示语"道路千万条,安全第一条。行车不规范,亲人两行泪",一下流传开来。这句"安全守则"并不合辙押韵,读起来甚至还有点拗口;但贴近现实,能

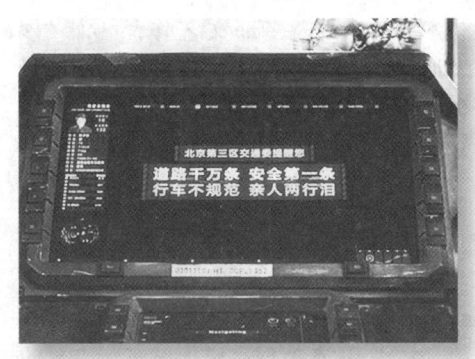

唤起人们的安全意识,在人们心中产生了共鸣。随后,使用范围扩大,衍生出了新的造句格式"××千万条,××第一条",如"健康千万条,睡眠第一条""护肤千万条,科学第一条""祝福千万条,健康第一条"等等。此格式同样在社会上广为传播。

六、柠檬精 柠檬精的字面意思是"柠檬成精"。柠檬味酸,与嫉妒他人时"心中酸溜溜"的感觉相合。因此"柠檬精"最初用在他人身上,是用来嘲讽他人的,其含义与"嫉妒"类似。近来,它的贬义色彩在不断淡化,有时也用在自己身上,即用于自嘲,表达对他人或外貌或才华,或物质条件或情感生活等各方面的羡慕。"我柠檬精了"就相当于"我羡慕了"。有时也说成"我柠檬了",或"我酸了",表达的都是同样的意思。还出现了"酸甜柠檬精"的说法,多用来形容被别人的浪漫爱情甜到又不禁产生羡慕的"酸"意的复杂心情。

七、996 "996"指一种工作制度:早上9点上班,晚上9点下班,每周工作6天。这种工作制度常出现在互联网等高科技公司。2019年3月,互联网公司的程序员们在网络上公开抵制"996"工作制。2019年4月12日,阿里巴巴的官方微博发布了马云的一段发言,马云称"996"是修来的福报,引发了人们的强烈反感。当天下午,马云立即回应,称"任何公司不应该,也不能强制员工996"。"996"违反了《中华人民共和国劳动法》,招致了社会各界的批评。

八、我太难/南了 "我太难了"出自"快手"视频网站上的一个"土味视频"。视频配了一曲忧伤的音乐,主播眉头紧锁,眼神空洞,一边说着"我太难了,老铁,最近压力很大",一边欲哭无泪地用双手紧紧扶住额头。该视频发布后,"我太难了"立即引爆网络。随后,网络上还出现了以"我太难了"为主题的表情包,为了好玩有趣,用麻将牌中的"南风"代"难"。也有人据此把话说成"我太南了"。"我太难/南了"的流行,是普通网民希望释放生活压力的心理表现。

九、我不要你觉得,我要我觉得 "我不要你觉得,我要我觉得",出自2019年暑期热播的综艺节目《中餐厅》第三季的嘉宾黄晓明之口。节目中,作为"店长"的黄晓明为了关心受伤的杨紫,说:"我不要你觉得,我要我觉得。"为了提高团队工作效率,"店长"还说:"这事不需要讨论。""听我的,我说了算。"这些"经典"台词迅即在网上流传开来。"我不要你觉得,我要我觉得"的流行,反映了人们对自我过分坚持的调侃和打趣。

十、霸凌主义 霸凌,音译自英语"bully",指横行霸道、恃强凌弱。霸凌主义,指用"霸凌"的方式处理国与国之间的矛盾。美国在处理国际事务时,每每不顾及国际关系准则,丝毫不考虑其他国家的合理要求,频繁挥舞制裁和关税大棒,动辄施压别国,粗暴干涉他国事务。并且连伪装和说辞也不要了,赤裸裸地宣称"美国优先",要全世界维护美国的利益,为美国买单,给美国让利。一意孤行,屡屡挑起事端,并"诚实"地承认军队滞留中东是为了石油。"霸凌主义"是一个国际热词,引起了世界各国人民的关注。美国的霸凌主义思维和行径,给全球带来巨大危害。

"舌胎"？"舌苔"！

◎梁学志

2019年10月6日中央电视台新闻频道《法治在线》栏目中,公诉人叙述一名假医生对患者进行诊疗时,有这样一句话:"'王成'给我把脉,看了我的舌tāi。"字幕将"舌tāi"写作"舌胎",有误。

胎,读 tāi,可指人或哺乳动物母体内的幼体,如胎儿,也可用于表示怀孕或生育的次数、某些器物的坯等。"舌胎"是什么?汉语中无"舌胎"之说。字幕中的"舌胎"应是与其同音的"舌苔"吧。

苔,有两个读音。可读 tái,指苔藓植物,根、茎、叶区别不明显,常贴在阴湿的地方生长。也读 tāi,如舌苔。"舌苔"在《现代汉语词典》第7版中的释义为"舌头表面滑腻的物质。健康的人,舌苔薄白而润。医生常根据病人舌苔的情况来诊断病情"。节目中假医生"王成"查看病人的舌苔状况,装作能以此判断病情。将"舌苔"误写作"舌胎",应是音同形近所致。

来的是"狗子军"吗

◎刘大寿

2019年11月3日央视综艺频道播出了《为人民歌唱——中国乐派声乐大师郭兰英艺术成就音乐会》,节目中歌唱家王莉演唱了歌剧《刘胡兰》中的一曲《数九寒天下大雪》。荧屏字幕同步显示了歌词,但其中一句"狗子军来了整一个团"错了,"狗子军"应为"勾子军"。

所谓"勾子军",是解放前山西一带群众对蒋阎十九军的一种詈称。抗日战争期间,阎锡山下属的十九军盘踞孝义一带,与日本侵略者相互勾结,专一反共反人民。因为十九军的"九"字有一钩,又因其与日寇勾结,当地百姓便称他们为"勾子军"或"勾子"。

革命烈士刘胡兰因反抗阎锡山的统治而牺牲,歌剧《刘胡兰》就是根据她的故事创作而成。查资料,《刘胡兰》的第一幕第二场的原词为:"勾子军来了整一个团,叫咱们包围的牢又牢。"

狗子,泛指小狗,也用作詈辞,比喻坏人。阎锡山的十九军作恶多端,但"勾子军"是特定时期产生的专词,不宜改成"狗子军"。

百问百答(5)

◎郝铭鉴

电视机的屏幕称"银屏"还是"荧屏"?

在特指电视机的屏幕时,"银屏"和"荧屏"是一组同义词。不论是考虑理据性还是通用性,"荧屏"都应是首选词形。

"银屏"当是从"银幕"来的,是用仿拟的形式创造的新词。同样是呈现影像,一个称"银幕",一个称"银屏",似乎顺理成章;其实不然。放映电影的幕布是白色的,为了增强反射效果,还会涂上银粉,"银幕"可谓名副其实;而播放电视的屏幕却并非白色的,这个"银"字从何说起?

"荧屏"本写作"萤屏",这是因为,"荧光"一开始称"萤光"。"萤"字很有诗意,让人联想到光线的微弱和闪烁,但毕竟缺乏科学内涵,不久便改称"荧光"。据《近现代辞源》,1936年《科学画报》有"萤光屏"的用例,1946年同样是这家刊物,用的是"荧光屏"。"荧屏"是"荧光屏"的省称,当然不限于指电视机的屏幕,但在特定的语境下,读者不会混淆。

"银屏"和"荧屏"相比,后者揭示了屏幕的结构特征,自然更容易被大众接受。自"荧屏"出现以后,在语用实践中已具有压倒性的优势。虽然有些词典中仍以"银屏"为正宗,但这是工具书滞后的表现,社会语用实践不应受其干扰。

"倒底谁是凶手"中的"倒"是别字吗

不是,但不提倡这样用。

"倒"是一个多音字,有dǎo、dào两个读音。在"倒底"一词中,读音为dào。"倒底"是一个副词,有总要、终究、究竟等义项。在长期的使用实践中,这个词有一个从"倒底"到"到底"的演变过程。明清以来包括五四时期的文学作品多用"倒底",《红楼梦》等小说中有大量用例,上世纪40年代以后多用"到底",两者构成了异形词关系。由于"到底"还有到尽头、到最后的动词性意义,因此两词属包孕性异形词,"到底"包孕"倒底"。《汉语大词典》两词兼收,但在解释"倒底"时,特地强调"现多作'到底'"。《现代汉语词典》等规范性工具书则只收"到底"。可见,"倒底谁是凶手"中的"倒底"不能判错,不过,这到底是一种滞后用法。

微语录·哲理

传说,每个人在降生的时候,上帝都会赐予他一个美丽的盒子,里面装着绚丽多彩的梦想。可是,许多人终其一生都只能抚摸盒子上的花纹,却找不到打开它的钥匙。其实,世界上的每一个角落都放有上帝的钥匙,它或者是爱心,或者是包容,或者是诚实,或者是信用,或者是坚持……只是许多人并不知道那就是钥匙。

(程 平/辑)

时尚词苑

"溢出效应":
进博会催红的热词

◎高丕永

有人说:第二届中国国际进口博览会催红了一个流行词,那就是"溢出效应"。此话怎讲?举办第二届进博会,其溢出效应的大文章翻开了新的篇章——通过进口商品的技术溢出和示范效应,带动国内产业的转型升级,将持续提升中国企业的国际竞争力。谓予不信,请看进博会倒计时的一段时间里新闻媒体的报道:

(1)进博会"买买买",中国企业"变变变",溢出效应来了,升级转型快了(标题,《新民晚报》2019年10月25日)

(2)进博会常年交易服务平台"绿地全球商品贸易港"……承接进博会"溢出效应",推动展品变商品,内联外引实现"买全球卖全球"的功能得以再上层楼。(《解放日报》2019年10月17日)

(3)发挥进口博览会溢出效应,加快建设联动长三角、服务全国、辐射亚太的进口商品集散地(图片说明,《联合时报》2019年10月18日)

现代汉语的"溢出"是个常用词,指"液体充满器皿而流出"。比如,"锅里的牛奶溢出来了"。与汉语"溢出"意义相当的英语词语,有动词"spill",动词词组"spill over",以及名词"spillover"。

英语的动词词组"spill over",另有一个引申义,指"(一种事物的活动)对其他事物带来影响"。由此,名词

"spillover"也有了相应的引申义,指"一种事物的活动对其他事物带来的影响"。显然,汉语的"溢出"并没有"spillover"的"影响"意义。按理说,表示"影响"意义的"spillover"不能译为汉语的"溢出"。但是,上世纪80年代,英语里由"spillover(影响)"加"effect(效应)"组成的固定词组"spillover effect"借入汉语时,还是被译成了"溢出效应"。比如:"这就需要我们加以综合研究,改变原来就薄弱的技术力量且又各自为政的研究方式,集中力量,实行专业配套,使科研成果由于专业间的互相作用产生出更大的'溢出效应',取得蔬菜科技上的重大突破,有效解决蔬菜淡季供应问题。"(《中国蔬菜》1984年第1期)由此可见,"溢出效应"是一个借词。

英语的"spillover effect",起先用于经济学领域,指"公共投资对其他方面如人口流动、房价、环境等的影响",后来可用来泛指,意义与"spillover"基本相同,即"一种事物的活动对其他事物带来的影响"。借入汉语后,意义不变,但使用范围更大了。例如:

(4)用好"部队+大学"的溢出效应——解读信息工程大学军民深度融合发展"三足鼎立"之道(标题,《解放军报》2017年3月18日)

(5)用"学圈"的溢出效应顶破创业"天花板"(标题,《文汇报》2019年1月6日)

英语"spillover effect"所表达的这种"影响",有的对其他事物是"有好处的",有的对于其他事物来说是"要付出代价的"。一般情况下,即使作者没有直接表明,读者还是可以根据上下文做出判断。汉语的"溢出效应"也是如此。例(1)(2)(3)(4)(5)中的"溢出效应"都是"有好处的"。不过,还有少量的另一种"溢出效应"。比如:"相互循环加征关税可能对发展中国家,特别是依赖出口的经济体,产生严重的溢出效应。"(《人民日报》2019年5

"叠加":从罕见词走向常用词

◎代宗艳

2013年9月,习近平总书记指出:"我国现代化同西方发达国家有很大不同。西方发达国家是一个'串联式'的发展过程,工业化、城镇化、农业现代化、信息化顺序发展,发展到目前水平用了二百多年时间。我们要后来居上,决定了我国发

月24日)可以看出,这一句里的"溢出效应"是要新兴市场国家"付出代价"的。

有时,为了直接表明"spillover effect"对其他事物"影响"的性质,英语里把"有好处的溢出效应"写为"spillover benefit"(benefit,指"好处"),把"要付出代价的溢出效应"写为"spillover cost"(cost,指"代价")。汉语则经常采用另一种方法,即"溢出效应"之前加上"正面的、正向的"或"负面的、反向的"等定语。例如:

(6)要加强宏观政策协调,坚定推进结构性改革,强化正面溢出效应。(《习近平主席在亚太经合组织工商领导人峰会上的主旨演讲》,2016年11月19日)

(7)我们呼吁主要发达经济体采取负责任的宏观经济政策,避免引发负面溢出效应。(《习近平主席接受印度尼西亚和马来西亚媒体联合采访》,2013年10月3日)

改革开放以前,汉语没有简明表达"一种事物的活动对其他事物带来的影响"这一意义的词语。"溢出效应"的借入顺应了表达的需要。如今,借进博会的东风,"溢出效应"的使用量将快速增加,越来越多。

展必然是一个'并联式'的过程,工业化、信息化、城镇化、农业现代化是叠加发展的。"(引自《习近平新时代中国特色社会主义思想学习纲要》)随后国家陆续出台了一系列政策,创造"叠加"效应,实现共赢。同时,"叠加"一词也走进了公众的视野,成为热门的常用词。例如:

(1)以乡村产业振兴、乡村人才振兴、乡村文化振兴、乡村生态振兴、乡村组织振兴为方向指引,统筹考虑党建、富裕、美丽、和谐、文明条线整合、深度融合,将各类涉农资源化零为整,让功能叠加,强化县级部门、村社结对共建,集中力量办大事。(《中国组织人事报》2019年9月2日)

(2)如今,象山创新探索"村民说事"制度和小微权力运行规范融合,发挥两项制度叠加融合优势,使"清廉乡村"建设固本强基。(《浙江日报》2019年10月5日)

"叠加"是现代汉语中的固有词,其本义是指"将两道或多道数据合并成一道"。"叠加"本是地球物理学术语,常应用于地震勘探,包括测定正常时差、确定速度、衰减噪声以提高信噪比。例如:

(3)量子位利用了被称为叠加的量子现象,这意味着它们本质上同时以1和0的形式存在。(《广州日报》2019年9月25日)

作为物理学术语的"叠加"在现代汉语中并不常用,属于罕见词,《现代汉语词典》并未收录。那么,"叠加"的引申义是如何形成的呢?《现代汉语词典》(第7版)中,"叠"的第一义项是"一层加上一层;重复";"加"的第一义项是"两个或两个以上的东西或数目合在一起"。很显然,"叠加"的引申义是由"叠"和"加"两个单音词的第一义项融合而成,[+共同][+合并]的语义特征得到凸显,可以简单概括为"使两个或两个以上的事物占有相同位置并且共存"。例如:

（4）大多数人都买有社保，也有不少人买有商业保险，像重疾险、商业医疗险、意外险等等，那么当生病住院后，多份保险可以叠加理赔吗？(《靖江日报》2019年1月11日)

随着习近平总书记提出的"叠加发展"的理念深入人心，"叠加"逐渐成为主流媒体的常用词，使用领域也从政治领域扩展到经济、文艺等领域。例如：

（5）当世园会叠加夜经济（标题，《国际商报》2019年8月28日）

（6）网上展馆以新媒体平台为依托，运用全景观展技术，采取多媒体互动叠加图文、音视频等形式，360度全景展示展览现场，生动再现展览全貌。(《人民日报》2019年9月30日)

"叠加"是个中性词，不仅可用于好事，还可用于坏事。例如：

（7）外部需求放缓叠加国内需求疲弱，中国经济下行压力继续增大，预计三季度国内GDP增速将进一步放缓至6.0%。(《证券日报》2019年9月29日)

"叠加"一词的流行，首先，离不开国家为实现共同发展制定的各种政策及治国理念，因为语言是对客观社会生活的反映；其次，"叠加"属于联合式双音节复合词，符合汉语双音化的音步规律，常构成"优势叠加""战略叠加"等四字格短语，读起来朗朗上口，生动形象；最后，"叠加"的新义新用法可以给人们带来新鲜感，让我们的语言变得更具新意与生命力。

引申是词义发展演化的重要途径之一。人们在使用语言的过程中，可以根据表达的需要，将原本语义单一的罕见词变成语义丰富的常用词。随着"叠加"的使用数量不断增加，其新的义项将会逐步稳定下来，成为固定义项。

"神仙"下凡到人间

◎刘冰鑫

古往今来,"神仙"一向是汉语的常用词,活跃在口语和书面语中。近年来,"神仙"还演变成了时髦的流行词,其用法也有了变化,大量出现在"神仙+名词""神仙+动词"的组合中。

从词源来说,"神仙"原本指神话传说中的人物,有超人的能力,可以超脱尘世,长生不老。他们无所不能,法力无边,带有神秘色彩,让人羡慕神往。后来,"神仙"又产生几种比喻义:可以指能预料或猜透事情的人,如有些算命先生自称为"小神仙""赛神仙";也可以指某领域能力非凡的人,如诗人李白因写出杰出诗篇《蜀道难》而被贺知章惊呼为"神仙",这是对李白创作才能的称赞。

如今的流行词"神仙"常常与名词组合,意义进一步虚化,表示高程度。请看:

(1)10月26日,国羽世界冠军、原女单世界第一王仪涵才久违地"上线",她正式晒出自己的领证照片,宣布迈入婚姻殿堂。又一对神仙眷侣出炉,自然是极为令人羡慕之事。(《东方体育日报》2019年11月6日)

(2)宁浩执导的"疯狂系列"第三部电影《疯狂的外星人》近日在京举行发布会,春节档"神仙阵容"徐峥、沈腾、黄渤及导演宁浩共同亮相。(《新快报》2019年1月20日)

例(1)"神仙"与"眷侣"组合,意为"非常般配的眷侣",王仪涵与她丈夫顾正赟都是我国高水平的羽毛球运动员,志同道合,极为般配;例(2)"神仙"与"阵容"组合,意为"非常强大的阵容",徐峥、沈腾、黄渤都是具有超高人气的实力派喜剧演员,三位一线演员合作,自然是超强阵容。

"神仙"因"超脱尘世"的特点而引申出另一比喻义,表示逍遥自在、不受拘束的生活状态。例如:

(3)张国立作为一个"脾气暴,不好惹",人人尊重敬畏的"老戏骨",人设竟然分分钟在节目中崩塌。在《幸福三重奏》里,只见他戴着草帽和墨镜,嘴里哼着京韵大鼓,一副不食人间烟火的"神仙模样"。(《扬子晚报》2019年11月8日)

(4)欧阳修晚年真的在阜阳西湖岸边买了地皮,盖了房子,喝酒吃蟹,悠游终日,过上了让宋朝另一个大文学家苏东坡都非常羡慕的神仙生活。(《羊城晚报》2014年4月25日)

"神仙"还可以和动词组合。例如:

(5)上周六晚,《中央广播电视总台2019主持人大赛》着实让观众见识了一场"神仙打架"。无论选手、评委还是点评嘉宾,都代表了当今中国主持界的最高水准。(《北京日报》2019年10月28日)

例(5)"神仙打架"并非真的有神仙在打架,而是比喻主持人大赛中高水平选手间的相互较量,谐趣幽默,形象生动,富有画面感。

神话传说中的"神仙"寄托了先民的美好想象与愿望,具备多重特点,"神仙"下凡到人间,引申产生多种意义,但都是积极正面的评价。"神仙"的多义性和积极性使它备受人们欢迎,其使用领域也不断扩展。

《火眼金睛》提示

图1,"按装箱"应为"安装箱"。
图2,"技头花"应为"枝头花"。
图3,"享通"应为"亨通"。
图4,"年瑾"应为"年馑"。

一针见血

宜用"俪影"

◎李可钦

2019年6月29日《潮州日报》第6版刊有文章《墨痕锁清香》,其中写道:"陆家以钗头凤为信物,游婉喜结连理,两家亲上加亲。从此两人吟诗作对情投意合,坠入温柔乡丽影成双。"这里的"丽影"宜改为"俪影"。

俪,读作lì,意思是成对的、双的。又可指夫妇、配偶,"俪影"指的是夫妇二人的身影或夫妻的合影。如张爱玲《半生缘》:"他们夫妇平时简直不见面,这样俪影双双地一同出去,当然更是绝对没有的事了。"

丽影,从字面的意思,可理解为美丽的身影或形象,现在一般用来形容女子,也可指美丽事物的影像。引文中说的是陆游与唐婉(即唐琬)结为夫妇后两人相处时的情形,用"俪影"更贴切。

是胡子不是头发

◎杨西仑

2019年8月29日《平顶山晚报》A16版《小历史·皇储白发》中有这样一段话:

宋光宗赵惇24岁受封皇太子,这一当就是18年。到了淳熙十六年(1189),42岁的赵惇实在等不及了,主动找到父皇宋孝宗说:"有赠臣以乌髭药者,臣未敢用(人家看我头发都白了,送我一瓶乌发剂)。"

将"乌髭药"说成"乌发剂",是把胡子当成头发了。髭,音zī,嘴上边的胡子,如髭须、短髭。髭可以泛指胡子。"乌髭药"就是把胡子染黑的药物。明代的医学著作《普济方》中载有乌髭药方,用此方配制的药物有乌髭的功效。这种药称"乌髭药",还叫"还春膏"。即使赵惇所说的"乌髭药"既能染胡子也能染头发,它也是乌髭药,不是"乌发剂","胡子"和"头发"不是一回事。

当时还没有《围城》

◎陈福季

2019年第9期《书屋》刊出《夏志清、余英时与钱锺书的交谊》一文，开门见山即说："1943年秋季的一个晚上，夏志清的好友宋淇在家里开派对，邀请了在上海当大学讲师的钱锺书与会，由宋淇引荐，夏志清得以见到风度翩翩、以一部《围城》名闻上海滩的青年作家钱锺书，而夏先生当时还是一个年轻的青涩的文学爱好者。"说1943年秋季钱锺书已经"以一部《围城》名闻上海滩"了，有误。

《围城》是钱锺书先生的长篇小说，最初连载于1946—1947年《文艺复兴》第一卷第二期至第二卷第六期，1947年上海晨光出版公司初版。杨绛在《记钱锺书与〈围城〉》中曾说："《围城》是一九四四动笔，一九四六完成的。他就像原《序》所说：'两年里忧世伤生。'"可见在1943年时《围城》尚未动笔，钱锺书先生当时不能"以一部《围城》名闻上海滩"。

"铅华"应为"韶华"

◎荣可寄

2019年10月17日《中国电视报》上刊载了《穿过夜色回家》一文，其中写道："如此，邻家的女孩成了我的妻。一个屋檐下度日，一个灶膛里生火，我们共同度尽铅华。"这里的"铅华"用得不对，应改为"韶华"。

韶，美好；韶华，指美好的年华，通常指青年时期。李大钊《青春》："赠子之韶华，俾以青年纯洁之躬，饫尝青春之甘美。"度尽韶华，即一起度完美好的青春年代。上文正是要表达这个意思。

铅华，也作"铅花"，指古时妇女用来搽脸的粉，因其中含铅而得名。引申指用铅粉等物打扮，也借指化妆品。"铅华"可特指女子的青春年华。

并无一虫叫"饶虫"

◎王宗祥

2019年8月9日《文汇报》第4版《求医问药》栏所载文章中,对饭后运动是否会引起阑尾炎的问题进行了解答,在回答中有这样一段话:"引起阑尾炎的原因主要是肠道蠕动不良,导致食物残渣容易在肠道累积,一旦这些食物残渣(有时还可能有蛔虫、饶虫、粪块)掉到了阑尾,就可能造成阑尾梗阻,引发急性阑尾炎。"这里提到的"饶虫"是"蛲虫"之误。

"蛲"是个形声字,从虫尧声,读作náo。蛲虫,尖尾线虫科的一种寄生虫,色白,体形似线头。蛲虫寄生在人体的小肠下部和大肠里。可引起蛲虫病,患者常觉肛门奇痒,并有消瘦、食欲不振等病征。如蛲虫进入阑尾则会引发蛲虫性阑尾炎。

饶,读ráo,本义是饱,也有丰富、肥沃、宽恕等义项。世上并无叫"饶虫"的东西。

无盲·如盲·无珠

◎呆绍祜

2019年第7期《滇池》杂志刊载了一篇小说《青天旧事》,其中说:"贵人驾临寒舍,老朽茅檐草舍之人,有眼无盲,不知县长大人驾到,有失远迎,请进请进。"此处的"有眼无盲"应改"有眼如盲"。

有眼如盲,意思是虽然有眼睛却好像瞎子一样,指不认识著名人物或不识大体。《三国演义》第三六回:"今日方知伏龙、凤雏之语。何期大贤只在目前,非先生言,备有眼如盲也!"上文老人对自己不识"贵人"一事表达歉意,用"有眼如盲"正合适。另有成语"有眼无珠",比喻没有识别能力,代入语境同样可通。

"有眼无盲"从字面上看指有眼睛、不瞎,和上述文章想表达的意思正相反。这个错误可能是杂糅了"有眼如盲"和"有眼无珠"所致。

误"脍"为"烩"

◎刘日建

2019年10月(上)的《杂文月刊》刊载了《"病例分析"二例》一文,其中写道:"鲁迅先生在《由中国妇女的脚,推定中国人之非中庸,又由此推定孔夫子有胃病》中就考证孔子之所以对吃很讲究,提出食不厌精,烩不厌细,食必有姜,是因为胃有毛病。"这里的"烩不厌细"错了,改成"脍不厌细"才对。

脍,从肉会声,读kuài,指细切的鱼肉,也可泛指鱼肉。"脍不厌细"出自《论语·乡党》,原文为"食不厌精,脍不厌细",意思是粮食(去糠麸)不嫌舂得精,鱼肉不嫌切得细。这里通过描写对食物的处置,说明孔子在饮食方面的举止符合礼的要求。

烩,读huì,指一种烹饪的方法,将炒过的菜配上浓汁烧煮或将多种食材放在一起煮,如烩饭、杂烩。"烩"谈不上是否"细",没有"烩不厌细"的说法。

启发人的是"主旋律"

◎周 振

2019年第8期《老年知音》杂志上刊载了《丹心劲笔铸华章——周民震电影戏剧艺术成就展观感》一文,其中说:"这些经典艺术作品,为我们带来无限的欢乐,其积极向上的时代主弦律让人深受启发和教育。"这里的"主弦律"有误,应是"主旋律"。

旋律,指经过艺术构思而形成的若干乐音的有组织、有节奏的和谐运动。主旋律,指多声部演唱或演奏的音乐中,一个声部所唱或所奏的主要曲调,其他声部只起润色、丰富、烘托、补充的作用。在音乐领域以外,"主旋律"也用来比喻基本的观点、主要的精神。

弦,可指张于乐器上用以发音的丝线、金属线。汉语中并无"弦律"一词,自也没有"主弦律"一说。

"徐市"不是"徐市"

◎李景祥

2019年10月11日《今晚报》第9版刊有《掌门讲成语》一文,其中写道:"秦始皇为了求得不死神药,下了很大的本钱,仙药没找到,但留下了一个成语——徐市求仙。"这里的"徐市"系"徐巿"之误。

巿,读fú,指古时的一种祭服,笔画是在"巾"字上加一横。徐巿,又名徐福,秦朝著名方士。字君房,琅琊(治今山东胶南琅邪台西北)人,一说今江苏赣榆人。根据《史记·秦始皇本纪》记载,秦始皇二十八年(前219),徐巿上书说海上有蓬莱、方丈、瀛洲三座神山,上面有仙人居住。秦始皇赐徐巿童男童女数千人,让他带着一同乘船入海,求取仙药。然而徐巿一去不返,数年后秦始皇却病死了。

历史上并无一个为秦始皇求仙药的"徐市"。将"巿"误为"市"当是形似所致。

拜见当称"谒拜"

◎周平果

2019年第8期《老年知音》所载《打造传承红色基因基地——修建红军长征突破湘江烈士纪念碑侧记》一文这样说道:"纪念碑建成对外开放后,我又曾三次陪同外地来桂林考察的客人到烈士碑园竭拜红军烈士。"其中的"竭拜"当为"谒拜"之误。

谒,音yè。《说文》:"谒,白也。"本义为陈述、禀告,多用于下对上或幼对长。引申表示拜见。如"谒见"即进见(辈分或地位高的人)。"谒拜"即谒见礼拜。

竭(jié)有完、尽、用尽、干涸的意思。如竭尽、竭力。"竭拜"语义难解。"竭""谒"形近,当是致误之因。

"熟不知"应为"殊不知"
◎李信宜

2019年5月23日《兰州日报》第6版有《防灾无小事,责任大于天》,其中写道:"鉴于防灾工作年年防、年年讲,年年布置,很多时候并未遇到真的灾情,久之难免产生掉以轻心的心理。熟不知,愈在这种时候,当你熟视无睹时,灾情往往在不经意间发生。"这里的"熟不知"错了,应是"殊不知"。

殊,读shū,可作副词,表示竟、竟然。殊不知,犹言竟不知道、竟没有想到。《红楼梦》第四三回:"比如这水仙庵里面,因供的是洛神,故名水仙庵。殊不知古来并没有个洛神,那原是曹子建的谎话。"上文的语境中要表达的正是此意。

熟,读shú,指食物加热至可食用的程度,也有果实成熟、经过加工处理等义项。汉语中没有"熟不知"的说法,误"殊"为"熟"当是音近所致。

哪里冒出个"乌克兰市长"
◎文昌聿

2019年10月31日,《北京晚报》刊有《老康和儿童文学》一文,介绍《金蔷薇》作者康·帕乌斯托夫斯基,其中说道:康·帕乌斯托夫斯基纪念馆"建馆时,学校上报了乌克兰政府,不知什么原因,乌克兰市长不同意在校门口竖立老康的雕像,也没批准在学校墙上挂老康纪念馆的牌子"。乌克兰是一个国家,哪里来"乌克兰市长"?

乌克兰,欧洲东南部国家,南临黑海、亚速海,与白俄罗斯、俄罗斯、摩尔多瓦、罗马尼亚、匈牙利、斯洛伐克、波兰接壤。1917年成立乌克兰苏维埃社会主义共和国,1922年成为苏联加盟共和国之一,1991年8月24日宣布独立,称今名。首都基辅。乌克兰无乌克兰市,更没有乌克兰市长之说。

根据文章内容该纪念馆建成于2013年,位于基辅市中心。如是市长不同意,应为基辅市长。

要不得的"切忌不要"

◎周广西

2019年第22期《南方文摘》第5版上刊载了《男子频遭"鬼压床",竟是因为这种病……》一文,文中说为了预防睡眠瘫痪症需要调整生活习惯,其中一项是"睡前切忌不要吃东西,不要饮浓茶、喝咖啡"。这里的"切忌"用错了,应用"切记"。

所谓"切记",即务必牢记,瞿秋白《最低问题》:"只有真正的民主主义能保证中国民族不成亡国奴。切记切记!"根据上述文章对睡眠瘫痪症即"鬼压床"的描述,这种病征是由睡眠不良导致的。吃东西、饮浓茶、喝咖啡无疑都是会对睡眠造成不良影响的行为,自然要"切记"不要在睡前做这些事。

忌,有忌讳、戒除等义。切忌,即务必避免。吃东西、饮浓茶、喝咖啡本是要"切忌"的对象,但文中还有两个"不要"在。"切忌"和"不要"搭配成了双重否定,该避免的行为反而不得不去做,这显然违背了文意。

依靠是"天"不是"夭"

◎张亚丽

江苏文艺出版社2005年9月出版的《闲居》一书是丰子恺的作品集,其中收录了《养鸭》一文。该文写到有黄鼠狼趁夜偷了雄鸭,雌鸭哀鸣不止,说:"雌鸭'丧其所夭'之后,一连三四日'轧轧'地哀鸣,东张西望地寻觅。"这里的"所夭"错了,应改为"所天"。

天,可指所依存或依靠的对象。所天,旧称所依靠的人,可指丈夫、君王、父亲。晋潘岳《寡妇赋》:"少丧父母,适人而所天又殒。"结合《养鸭》中的语境,被偷的雄鸭是雌鸭的配偶,称雌鸭"丧其所天"是可以的。

"夭"的本义是弯曲,现多指早死、夭折。汉语中没有"所夭"的说法。误"天"为"夭"当是形似所致。

《三国演义》的故事发生在"西汉末期"?

◎周举救

2019年5月1日《报刊文摘》第5版和第8版的中缝处刊有《〈三国演义〉里的喜剧场面》一文,其中写到《三国演义》的历史背景时这样说道:"西汉末期,是个残败的年代。同时,也是英雄辈出、文章绚烂、诡计频频的年代。"这里有个常识性错误,《三国演义》中的故事发生在东汉末期,而非西汉末期。

中国历史上的汉代可分为两部分,先有西汉,后有东汉。汉代始于公元前202年汉高祖刘邦称帝,国都长安(今陕西西安)。初始元年(8),王莽代汉建新,汉朝一度中断。到了建武元年(25)光武帝刘秀称帝,国都洛阳,汉朝复兴。因为洛阳的地理位置在长安东面,故以此将汉分别称为西汉、东汉。东汉末年,王室式微,群雄割据。延康元年(220)曹丕逼迫汉献帝刘协禅让,建立曹魏,结束了汉朝四百多年的统治历史。之后,刘备和孙权也各自称帝,形成"三国鼎立"之势。

《三国演义》全称《三国志通俗演义》,元末明初罗贯中所作,根据有关史书、平话、戏曲和民间传说加工创作而成。小说描写了东汉末年和整个三国时代封建统治集团之间的矛盾和斗争。显然,《三国演义》的背景是"东汉末期",不是"西汉末期"。

甲骨文研究说略(上)

◎苏培成

甲骨文的发现、著录与研究

甲骨文指的是商代后期和周代初期刻在用于占卜的龟甲兽骨上的文字。19世纪末年,河南安阳小屯村村民种地时常挖出甲骨,当时叫作"龙骨",卖给药铺做刀创药。1899年有古董商贩把有字的甲骨带到北京去贩卖。时任国子监祭酒的王懿荣,认出这是古代的文字,有重要的价值,于是出高价收购,引起社会的关注,因此1899年这一年就成为甲骨文的发现年。1900年八国联军侵入北京,王懿荣任京师团练大臣负责京城守御,抵抗失败后投井自杀殉国。王氏去世后,他的后人为了偿还债务,将他家收藏的甲骨大部分卖给了刘鹗。刘鹗受了王懿荣的影响也收购甲骨,到1903年他从收藏的甲骨中挑选出1 058片,墨拓编成《铁云藏龟》一书石印出版。这是第一部著录甲骨文的书。

甲骨文的价值得到学界的认定之后,引起社会的重视。自1928年至1937年,当时的中央研究院历史语言研究所在安阳小屯先后进行了十五次科学发掘,得到有字的甲骨24 929片。新中国建立后,中国科学院在安阳小屯成立了工作站继续进行发掘。1973年在小屯南地、1991年在花园庄东地发现甲骨。1977年和1979年又在陕西岐山县和扶风县的西周文化遗址发现甲骨17 000多片,其中有文字的有320余片。1978年至1982年,中国社会科学院历史研究所汇集已经发表著录的甲骨文编成《甲骨文合集》共13册,刊布甲骨41 956片,这是甲骨学史上的里程碑式的著作。

随着甲骨文的出土,学者开始了对甲骨文的研究,第一位从事考释的是经学家孙诒让。1904年他对《铁云藏龟》用了两个多月的时间研读考释,写成《契文举例》,"略通其文字"。他释出的文字虽然不多,但他是较有系统地识读甲骨文字的第一人。

甲骨四堂

继孙诒让之后,对甲骨文研究做出重大贡献的有四个人,就是罗振玉、王国维、郭沫若、董作宾。因为他们的字或号中都有个"堂"字,被尊称为"甲骨四堂"。

罗振玉(1866—1940),字叔蕴,号雪堂,浙江上虞人。他对甲骨文研究有两个方面的重要贡献。一是对甲骨文资料的寻访、搜集、公布。他先后墨拓出版的有《殷虚书契前编》《殷虚书契菁华》《殷虚书契后编》《铁云藏龟之余》《殷虚书契续编》,占当时已著录甲骨的70%以上。二是对甲骨文的考释。1915年出版《殷虚书契考释》,1927年出版《增订殷虚书契考释》。罗振玉释出来的甲骨文字接近五百个,不少得到学界的公认。由于他的努力,许多卜辞才可以大体读懂。

王国维(1877—1927),字静安,号观堂,浙江海宁人。王国维对甲骨文研究有三个方面的贡献:一、首创用甲骨卜辞考证殷商历史。他在《殷卜辞中所见先公先王考》和《续考》《古史新证》等著作中论证了卜辞里的"季"即《史记·殷本纪》里的先公"冥",《楚辞·天问》"该秉季德""恒秉季德"里的"该""恒"是"季"之子,"该"即"王亥","恒"即"王恒"。他还针对当时学术界过分怀疑古书的思潮提出了以"地下之新材料"印证"纸上之材料"的"二重证据法"。二、考释文字。他新释出的字数不多,但许多是关键字。考释方法多样,论证精密,对后人多有启发。三、首开甲骨缀合,即把甲骨碎片拼兑复原。

郭沫若(1892—1978),号鼎堂,四川乐山人。他以马克思主义为指导,以甲骨卜辞和青铜器铭文为史料,研究中国的历史和古代社会,是唯物史观派史学的创始者。他研究甲骨文的主要著作有:一、《中国古代社会研究》。他认为商代的产业是由畜牧进展到农业的时期,殷人之社会尚为氏族组织,而此种社会在卜辞中已有崩溃之征迹。二、《甲骨文字研究》。其中最重要的四篇是《释祖妣》《释臣宰》《释岁》《释干支》,这些文章是从文字的形体及其演变中阐明有关社会政治、婚姻家庭以至天文历法等问题。三、《卜辞通纂》。把所收的卜辞按内容分为干支、数字、世系、天象、食货、征伐、畋游、杂纂等八类。这对研究历史、考古等学科非常便利,对卜辞的考释有许多创见。四、《殷契粹编》。该书选印刘体智收藏的甲骨菁华1 595片。在考证上确定了夒为殷的始祖,证实了殷代先公上甲微以后的世次。

董作宾(1895—1963),字彦堂,河南南阳人。他多次主持殷墟发掘,参加甲骨文的整理和研究,对甲骨文研究做出的贡献主要有:一、发现"贞人"。董作宾指出卜辞开头的"干支卜×贞"里的×是贞人,就是卜问命龟之史官。二、发表《甲骨文断代研究例》。根据世系、称谓、贞人、坑位、方国、人物、事类、文法、字形、书体等十项标准,把盘庚至帝辛的卜辞分为五期:(1)武丁及其以前(2)祖庚、祖甲(3)廪辛、康丁(4)武乙、文丁(5)帝乙、帝辛,大大提高了甲骨文的史料价值。三、编制《殷历谱》,整理出商王祭祀先王先妣的祀典,揭示出王位继承法与婚姻亲属制的特点。

"震撼弹"与"重磅"

◎高婉瑜

众所周知,两岸词汇同中有异,通过网络的媒介,让词语传播得更快,容易发现彼此的不同,亦可能让有特色的社区词语扩大流通的市场。

台湾人想表达"令人惊讶"或"威力强大"的意思时,常用"震撼弹"一词。"震撼弹"(stun grenade)本指一种武器,不具杀伤力而具震撼效果的手榴弹,爆炸时会产生强烈闪光和尖锐声音,借以分散、混淆对方的判断,又称为闪光弹(flash grenade)。据此,"震撼弹"的特征是"不具杀伤力""强烈声光效果"。

"震撼弹"从特殊的军事语境逐渐扩展到日常生活,如报纸云:"台积电已经宣布将退出董事会,为今天会议投下一个震撼弹。"意即台积电公司的退出是一个影响巨大、令人惊讶的消息。再如"两颗小子弹 大选震撼弹"意即两颗子弹如威力强大的震撼弹,影响了选举结果。又如"震撼弹!裕隆城住宅区传喊停","震撼弹"提示后面会出现影响巨大、令人震惊的消息。这些

震撼彈!裕隆城住宅區 傳喊停

裕隆集團再爆震撼彈,投資金額超過百億元的「裕隆城」開發案中住宅區傳出已向包商喊停,這是繼華創廠辦合一、集團人事案後另一項重大發展策略轉彎。

"震撼弹"的语义割舍了"不具杀伤力"的特征,将"强烈声光效果"特征做了引申,因为"强烈声光效果",衍生巨大或令人惊讶之意。不管是当宾语、中心语,还是用于无主句,引申后的"震撼弹"仍是名词,而且还保有武器义的搭配习惯,如"抛／投／丢震撼弹"。表新义的"震撼弹"在大陆不常见。

大陆少用"震撼弹",但有一个类似的词,即"重磅"。《现代汉语词典》第7版:"形属性词。重量大的;重要性高的。""重磅"本是名词,指很有重量的秤子,后来引申指重量大的、重要性高的。语法上,"重磅"可当定语,如"重磅消息""重磅人物""重磅新闻";当状语,如"重磅出击""重磅登场";亦可单独使用,做无主句,如"重磅!绍兴投资1 000亿!"在台湾,"重磅"一词偶尔出现,例如专栏标题"重磅快评"。

比较"震撼弹"与"重磅",两者语义有些异同,相同点是两者都有"巨大"之义,但"震撼弹"还有"令人惊讶"之意。其次,语法功能也有差异,前者维持名词的词性,且无法当修饰语;后者本是名词,又可当形容词,具有修饰语(定语与状语)功能。因之,到目前为止"震撼弹"与"重磅"各据一方,有鲜明的特色,日后是否扩大流通范围,有待观察。

《"最后一个办法"》参考答案

1. 不冀而飞——不翼而飞
2. 分寸——方寸
3. 赖何——奈何
4. 垂头伤气——垂头丧气
5. 邹起眉头——皱起眉头
6. 未雨绸谋——未雨绸缪
7. 德高望众——德高望重
8. 临居——邻居
9. 喜笑言开——喜笑颜开
10. 淳淳教诲——谆谆教诲

"郭鼎堂"确实是郭沫若的化名

◎林 凌

《咬文嚼字》2019年第7期文章《"郭鼎堂"不是郭沫若化名》说:"化名是为了隐去姓名而改用的名字,而郭沫若先生在译注上署的'郭鼎堂',不是他的化名,其中'鼎堂'是他的表字。"此说有误。《辞海》"郭沫若"词条下有这样一句:"原名郭开贞,笔名郭鼎堂等,四川乐山人。"并未说"鼎堂"是郭沫若的字,只说"郭鼎堂"是其笔名。根据笔者找到的材料,"鼎堂"最初确实是郭沫若先生的化名,后来成为了他的笔名。

邵华《郭沫若笔名"郭鼎堂"始用于何时?》(《图书馆杂志》1983年第4期)一文中对"郭鼎堂"一名的来源和诞生时间做了介绍。文中说"郭鼎堂"是郭沫若的化名,使用这一化名是因为1927年郭沫若发表了《请看今日之蒋介石》后遭到国民党通缉,南昌起义失败后,郭沫若东渡日本,"在那里受到日本刑士和秘密警察的监视,'沫若'的名字不能公开使用,才改署此名的"。文章引用了郭沫若《鼎》(见《质文》第二卷第五、六期合刊)的原话:"一九二八年重到日本来的时候,国里有大部分的人替我避讳。就和以前孔子的'丘'不敢使用的一样,'沫若'二个字一时成了讳名","大约就从一九二九年起,我对于一部分的友人写信,便用起'鼎堂'这个号来……","至于'鼎堂'

《鵩鸟赋》真的不能写作《服鸟赋》吗

◎阎德喜

2019年第7期《咬文嚼字》杂志刊登了《〈服鸟赋〉？〈鵩鸟赋〉！》一文，文章指出《光明日报》的一篇文章将贾谊的《鵩鸟赋》写作了《服鸟赋》是个错误。该文作者认为《鵩鸟赋》这一名篇"其名早已约定俗成"，故而认为这种"随意改写"不可取。但《服鸟赋》这一名称真的是随意改写的结果吗？

其实上述文章中已经提到，鵩鸟也可写作服鸟。这是因为"服"字通"鵩"，"服鸟""鵩鸟"所指相同。查《史记·屈原贾生列传》《汉书·贾谊传》，写到贾谊见鸟而作赋的故事时，用的都是"服"。《史记集解》中引晋灼"异物志曰：有山鸮，体有文色，土俗因形名之曰服"，可见最早这种鸟就叫"服鸟"。在《史记·屈原贾生列传》的末尾，"太史公"还有"读《服鸟赋》，同死生，轻去就，又爽然自失矣"的感叹。

由此可见，《服鸟赋》的写法汉代就有了，而《鵩鸟赋》的写法大约在南北朝时才出现。

....

两个字的被人公开使用，是在一九三一年在《东方杂志》发表了一篇《毛公鼎之年代》的时候，那是杂志的编辑先生所要求的，而且还要大辟一下，不好使用'郭'字"。此后"鼎堂"便成了郭先生的笔名。

可见，"鼎堂"是郭先生的号，是郭沫若先生使用的化名，并非他的字。

学而不思则罔，思而不学则殆

◎石毓智

标题这两句话出自《论语·为政》，经常被人们用来做劝勉人勤读书爱思考的座右铭。而关于它们的确切意思，即使一些古汉语专家也不大容易弄明白，常常解释错误。这是孔子关于学习的重要思想，所以有必要帮助大众准确理解它们。

要理解这两句话，关键是要弄懂"罔"和"殆"这两个字到底是什么意思。王力《古代汉语》是这样解释的：罔，茫然无所得。殆，疑惑。从王引之之说，见《经义述闻·通说上》。杨伯峻的《论语译注》则把"罔"解释为"受欺"，把"殆"解释为"疑惑"，他的白话翻译是：

孔子说："只是读书，却不思考，就会受骗；只是空想，却不读书，就会缺乏信心。"

上述两家最有影响力的解释都存在着问题。特别是杨伯峻把"思而不学则殆"翻译成"只是空想，却不读书，就会缺乏信心"，与原意相去甚远，令人迷惑不解。我们认为，要搞懂这两句话的真正意思，最可靠的办法就是看这两个字在《论语》的其他地方怎么用，因为同一典籍里相同词语的用法往往是一致的。

一、"罔"在《论语》中的意思应为"误导、愚弄"。孔子在下面一句话中同时使用"欺"和"罔"，可见这两个词的意思是不同的。一次宰予向孔子提出了一个刁钻古怪的问题：如果井中有仁，君子会跳下去追它吗？孔子很生气，回答道："（君子）可欺也，不可罔也。"下面是有关的对话：

宰我问曰："仁者，虽告之

曰:'井有仁焉。'其从之也?"子曰:"何为其然也?君子可逝也,不可陷也;可欺也,不可罔也。"(《论语·雍也》)

欺,欺骗。罔,误导,愚弄,忽悠。可见"欺"和"罔"是不一样的。孔子认为,君子可能被欺骗,但是不可以被愚弄。也就是在批评宰予的问题是在误导、愚弄君子。

二、"殆"在《论语》中作"危险、犯错误"讲。在下面一段话里,孔子同时用了"疑"和"殆",请看原文:

子张学干禄。子曰:"多闻阙疑,慎言其余,则寡尤;多见阙殆,慎行其余,则寡悔。言寡尤,行寡悔,禄在其中矣。"(《论语·为政》)

"阙殆"就是"不做危险的事,不犯错误",只有这样才能"寡悔",就是减少后悔。前面一句话则是谈的"疑惑",一个人仅仅"疑惑"谈不上"后悔",只有做了错误的、危险的事才会事后后悔。

王力和杨伯峻都把"殆"解释成"疑惑",这显然是有问题的,因为孔子上述一段话中同时用了"疑"和"殆",显然这两个字在《论语》中是有区别的。

《论语》还多次用到"殆"字,都是作"危险"讲。孔子主张"放郑声,远佞人。郑声淫,佞人殆",为什么要远离"佞人"?因为这类人善于阿谀谄媚,如果国君周围都是这些人的话就很危险。楚国的接舆这样唱道:"凤兮!凤兮!何德之衰?往者不可谏,来者犹可追。已而!已而!今之从政者殆而!"就是感叹道德的衰败,指出执政者处于危险的境地。

根据以上的分析,《论语》中的"学而不思则罔,思而不学则殆"这两句话的准确意思应为:只读书而不思考,就容易被误导;只思考而不读书,就容易犯错误。这是孔子关于读书和思考关系的精辟论述,很值得今人借鉴。遗憾的是,后人关于《论语》的各种解读文本都没有领悟到孔子的这一思想精髓。

何人观剑悟书法

◎陈潍坊

在《近代名人丛话》(四川人民出版社1992年6月出版)一书中有篇文章《"三吴一冯"冯超然》,讲的是画家冯超然的生平故事,其中写道:"京师既是书画的集中地,又是京戏的大本营,他们在这儿鉴赏了许多明清古迹,又复观看名伶的妙艺……更觉得戏剧的表演,和绘画的法度,有着共同点,无怪卫夫人观公孙大娘舞剑器,悟到书法上来了。"(第128页)这里"观公孙大娘舞剑器"的不是卫夫人,而是张旭。

清任颐《公孙大娘舞剑图》

唐诗人杜甫曾作《观公孙大娘弟子舞剑器行》一诗。从这首诗的序中可知,杜甫在大历二年(767)观看了李十二娘舞剑,并从她口中得知其师为公孙大娘。诗人接着开始回忆,说开元三年(715)时年幼的自己就曾见过公孙氏跳《剑器》《浑脱》舞,并赞她的舞剑技艺当世第一。从中我们可以得知公孙大娘是唐开元年间人。此外,序末还提到有个擅长写草书的张旭,经常去观看公孙大娘的剑舞表演,并因此"草书长进,豪荡感激",可见公孙氏着

是应召进京,不是挂冠而去

◎陈力勇

2019年10月21日《上海法治报》刊载有《古贤的拥趸》一文,强调较之现代"粉丝"看重的颜值与浮名,古代追星一族羡慕的是"偶像的才学、成就与人格"。为增强说服力,作者以唐玄宗李隆基和李白的关系为例,说:

唐玄宗李隆基也是李白拥趸,召他进宫,对他百般依从。李白不愿当"御用文人",不久高吟"仰天大笑出门去,我辈岂是蓬蒿人"毅然离去!

在作者看来,李白"粉丝遍天下",自然连唐玄宗李隆基也不能例外;但李白之才不是"御用文人"能限制的,所以自动选择了"毅然离去"。唐玄

实技艺不凡。张旭,唐代书法家,字伯高,苏州吴县(今江苏苏州)人。草书最为知名,人称"草圣"。颜真卿曾向他请教笔法,怀素继承和发展了他的草法,而以狂草得名,对后世影响很大。杜甫说张旭因看了公孙大娘的剑舞而草书大进,正是上述文章想用的典故。

卫夫人(272—349),东晋女书法家。姓卫,名铄,字茂漪,汝阴太守李矩妻,世称卫夫人。师从钟繇,擅长书法,著有《笔阵图》。王羲之年少时曾从她学书。卫夫人是东晋人,而公孙大娘是唐人,两人生活的年代隔了数百年,早已过世的前人不可能去看后人舞剑。由此可见,"卫夫人观公孙大娘舞剑器"之说不能成立。

宗能不能算李白的拥趸先按下不表,至少从李白角度看,说他因为不满自己的职位、不愿当"御用文人",才在进宫"不久"挂冠而去并以诗明志是有问题的。

"仰天大笑出门去,我辈岂是蓬蒿人"出自李白《南陵别儿童入京》。从诗题可知,李白身在南陵(今山东曲阜或安徽南陵),尚未入京。据詹瑛先生的《李白诗文系年》,《南陵别儿童入京》当作于天宝元年(742),其时李白42岁,距天宝三载(744)被唐玄宗赐金还山尚早。其前还有四句"游说万乘苦不早,着鞭跨马涉远道。会稽愚妇轻买臣,余亦辞家西入秦"。用大器晚成的西汉名人朱买臣四十多岁时还是一贫如洗终被妻子抛弃的典故作对比,表达自己接到皇帝"征召"令马上要从南陵动身西行去长安时,觉得自己从此以后不再是一介布衣,终于可以扬眉吐气兼济天下的激动心情。

所以,李白高吟"仰天大笑出门去,我辈岂是蓬蒿人"是在他应召马上要进京见唐玄宗前,不是要表现他不愿当"御用文人"挂冠而去的绝决,而恰恰是淋漓尽致地展现出了诗人李白对未来仕途的踌躇满志和无限向往。

微语录·生活

沃尔沃总部,有个拥有上千个停车位的超级停车场。每天早到的人,总是把车停在很远的地方,而把靠办公楼的车位留给晚到的人,天天如此,没有例外。有人很好奇,于是去询问原因。得到的答案是:我们到得早,有时间多走点路。而晚到的同事或许会迟到,需要把车停在离办公楼近的地方。为别人着想并不难,难的是,为别人着想成为一种习惯。

(刘 芳/辑)

引错诗词如此多

◎得 喜

2019年9月18日《中华读书报》第3版刊有《诗歌狂欢的背后》,文章引用诗词多处出错。余不揣浅陋,试举三例。

(1)解读毛泽东"湘竹一枝千滴泪,红霞万朵百重衣"时指出湘竹与泪的典故,联系到杨开慧的小名霞姑,又深化到楚文化,皆醒人耳目。

引句中的"湘竹"应为"斑竹"。斑竹,有斑纹的竹子。相传舜死后,二妃悲哭,泪洒竹上,成为斑点。"斑竹"也叫"湘竹",二者并无不同。但毛泽东《答友人》诗中写的是"斑竹",引用时必须忠实原文。

(2)更遗憾的是,讲到毛泽东青年时代的《沁园春·长沙》:"独立寒秋,湘江北去,橘子洲头,看万山红遍,层林尽染,鹰击长空,鱼翔浅底,万类霜天竞自由。"亦未作对比和分析。

《沁园春·长沙》是毛泽东很有名的一首词,脍炙人口。文中所引为上阕的大部分。但就所引部分看,并未引全,造成割裂。在"层林尽染"之后,缺少"漫江碧透,百舸争流"两句。如不读原词,恐怕会以为原词就是如此。

(3)如刘禹锡《乌衣巷》"朱雀桥前野草花,乌衣巷前夕阳斜。旧时王谢堂前燕,飞入寻常百姓家",蒙曼解读说,燕子不落愁人家,迎来归燕,写出富贵气象。

就我所见到的各种通行版本来看,《乌衣巷》第一二句为"朱雀桥边野草花,乌衣巷口夕阳斜",引句中误"边"为"前",误"口"为"前",误"斜"为"斜"(斜是酌酒器)。将刘禹锡的这首怀古诗错成这样,很难理解。

我国没有"副省会级城市"

◎毛纬武

2019年10月4日《每日商报》第6版载文《小红车不仅是杭州名片更成为杭州模式》,其中写道:"截至2018年底,杭州公共自行车为全国近300座城市提供了公共交通服务,涵盖杭州、太原、南昌、兰州、昆明、呼和浩特、青岛、南京等28个省会及副省会级城市,并在70多座城市成立运营分公司……"这里有处常识性差错,"副省会级城市"应为"副省级市"。

副省级市是中国行政架构为副省级建制的地级市,前身为计划单列市。20世纪80年代,一些大城市开始在国家经济和社会发展计划中实行单列,享有省一级的经济管理权限,简称计划单列市。1994年,根据中央机构编制委员会文件,将原有的14个计划单列市和济南、杭州的行政级别定为副省级。1995年,中编委印发《关于副省级市若干问题的意见》,明确将这16个市定为"副省级市"。1997年,重庆升格为直辖市,不再是副省级市。因此,目前我国的副省级市为成都、沈阳、长春、哈尔滨、青岛、武汉、西安、南京、济南、广州、厦门、深圳、大连、杭州、宁波共15个。上述文章中列举的杭州、青岛、南京就属副省级市。

省会,省行政机关的所在地。上文中的太原、南昌、兰州、昆明等均是省会。我国并无"副省会级城市"的说法。另外,自治区的行政中心通常不称省会,而称首府。呼和浩特是内蒙古自治区的行政中心,既不是副省级市,严格来说也不宜被称为省会。

"出身"无需"医学证明"

◎周 奋

2019年7月24日《报刊文摘》第4版刊登了《一位非婚妈妈的生育保险官司》一文,其中说:"非婚生育的无户口人员,本人或者其监护人可以凭'出身医学证明'和父母一方的居民户口簿、非婚生育说明,按照随父随母落户自愿的政策,申请办理常住户口登记。"此处"出身医学证明"的说法有误,"出身"应改为"出生"。

第六版出生医学证明的封面(右)与封底(左)

出生,指胎儿从母体中分离出来。"出生"是人的重大生理活动,需要出具医学证明纳入档案。"出生医学证明"由国家卫生主管部门统一印制,由具有助产技术服务资质的医疗保健机构或卫生主管部门委托的机构签发,是证明新生儿出生状态、血亲关系以及申报出生登记的法定医学证明。我国进行户口登记所用的正是"出生医学证明"。

出身,现多指个人早期的经历或家庭经济情况所决定的身份,如记者出身、工人家庭出身等。"出身"是人的成长环境和经历赋予的,这些都不需要医学证明。

"伯牙"的姓与对弈的人

◎沈阳仁

2019年10月13日《今晚报》第8版刊载了《且做樵夫隐去来》一文,其中写道:"中国历史上最有名的樵夫应该是先秦的钟子期了,他准确地从姜伯牙的琴声中,听出'峨峨兮若泰山''洋洋兮若江河'来。晋朝的王质也是一著名樵夫。他到山里打柴,看到一童一叟在溪边一大石上下围棋,就丢下斧子观看……"这里引用了两个典故,但其中都有谬误。

钟子期和伯牙的故事见于《吕氏春秋·本味》,说当伯牙弹奏起描绘太山(即泰山)的曲子,钟子期称赞"善哉乎鼓琴,巍巍乎若太山";当伯牙弹奏起描绘流水的曲子,钟子期又称赞"善哉乎鼓琴,汤汤乎若流水"。这里的伯牙是春秋时一个精于琴艺的人,相传著名琴曲《水仙操》《高山流水》均为他所创作。高诱为《吕氏春秋》注:"伯,姓;牙,名,或作雅。"明代冯梦龙的话本集《警世通言》中有一篇《俞伯牙摔琴谢知音》,给伯牙造了个"俞"姓。而给伯牙加个姜姓,那是无史可依的。

关于樵夫王质的故事,最早见于东晋虞喜所作《志林》:"信安山有石室,王质入其室,见二童子对弈,看之。局未终,视其所执伐薪柯已烂朽,遂归,乡里已非矣。"这里说的是王质在山中看两童子对弈,不知不觉手中斧柄已烂,下山后发现已过去多年,物是人非。这个传说也载于《晋书》《述异记》等书,故事细节略有不同,但记述中王质见到的对弈人均是童子,并无"一童一叟"之说。

"日食带"不是"食道"

◎晋 相

2019年11月（上）的《老同志之友》上刊有《吴世英：56载天文梦》一文，其中写道："杂志里还介绍，每隔一段时间，太阳光就会被月亮挡住一部分，从而在地球上形成一个食道，出现日食。"这里的"食道"一词用错了，应是"日食带"。

日食是一种天文现象，通常在农历初一发生。当月球运行到地球和太阳中间，太阳的光会被月球挡住而无法射到地球上来，这种现象就叫日食。太阳全部被月球挡住时叫日全食，部分被挡住时叫日偏食，中央部分被挡住时叫日环食。发生日食时，在太阳光的照射下，月亮在地球上投射的影子在宇宙空间中形成了一个圆锥形，天文学上称为"影锥"。影锥又细又长，它落到地球表面所占的面积很小，至多也不超过地球总面积的万分之一。由于月球绕着地球转动，影锥会在地面上自西向东扫过，被扫过的面积形成一个长带，处在带中的人就能看到日食，这条长带也因此被称为"日食带"。带内能看到日全食的区域叫"全食带"，能看到日环食的区域叫"环食带"，而在带的两旁范围很广的一片区域内，人们能看到日偏食。

食道，现通常指食管，即人和某些动物连接咽头和胃的管状器官。"日食带"是天文现象，误成"食道"显然荒唐了。

「狄周割豆」

◎ 宗守云

《醒世姻缘传》(西周生著)第二十九回有这样一个情节:

一日,棉花地里带的青豆将熟,叫狄周去看了人,拣那熟的先剪了来家。狄周领了人,不管生熟,一概叫人割了来家。狄员外说道:"这一半生的都尽数割来,这是粃了,不成用的。"狄周强辩道:"原只说叫我割豆,又不曾说道,把那熟的先割,生的且留在那边。浑浑帐帐的说不明白,倒还要怨人!"狄员外道:"这何消用人说得?你难道自己不带眼睛?"

表面上看,狄员外和狄周的话都有道理,狄周认为,狄员外既然没有说割熟留生,那么就可以生熟全割;狄员外认为,虽然没有说割熟留生,但割豆就有割熟留生的意思,这是不需要说出来的。实际上看,狄员外的话是合情合理的,狄周的话则是强词夺理。这是因为,话语都包含有默认的内容,割豆默认割熟留生,狄员外遵循了话语默认,而狄周违背了话语默认,这是导致话语冲突的根本原因。

当我们说出一句话或一段话时,话语都会包含许多默认的内容,这就是话语默认。话语默认的内容是庞杂的,理论上是无限的,但都无需说出来,听话人只要真诚合作,都可以毫不费力地正确解码。比如,"明天要下雨",这句话有很多默认的内容:下雨将发生在说话时间的明天,而不是其他时间的明天;下雨将发生在说话人所在的地方,而不是其他地方;今天没有下雨,明天很可能下雨;说话人有经验或证据,不是信口开河;说话人希望传递给听话人新的信息,不是说废话;说话人说的是现实状况,而不是神话或科幻;说话人的态度是真诚的,不是开玩笑;等等。这些默认的内容都不需要说出来,听话人也能完全理解,这正是交际得以顺利进行的基础。人作为"宇宙的精华，万物的灵长"，很大程度上是因为人有出色的认知能力：我们所说出的话语，竟然包含了如此多默认的内容，而且对表达和理解毫无影响。

遵循话语默认，交际双方就能够很好合作，从而保证交际的顺利进行。反之，违背话语默认，交际双方就不能很好合作，从而导致交际冲突和交际中断。例如，王蒙在《雄辩症》中写道：

一位医生向我介绍，他们在门诊中接触了一位雄辩症病人。

医生说："请坐。"

病人说："为什么要坐呢？难道你要剥夺我的不坐权吗？"

医生无可奈何，倒了一杯水，说："请喝水吧。"

病人说："这样谈问题是片面的，因而是荒谬的，并不是所有的水都能喝。例如你如果在水里掺上氰化钾，这水就绝对不能喝。"

医生说："我这里并没有放毒药嘛。你放心！"

病人说："谁说你放了毒药呢？难道我诬告你放了毒药？难道检察院起诉书上说你放了毒药？我没说你放毒药，而你说我说你放了毒药，你这才是放了比毒药还毒的毒药！"

医生毫无办法，便叹了一口气，换一个话题说："今天天气不错。"

病人说："纯粹胡说八道！你这里天气不错，并不等于全世界在今天都是好天气。例如北极，今天天气就很坏，刮着大风，漫漫长夜，冰山正在撞击……"

医生忍不住反驳说："我们这里并不是北极嘛！"

病人说："但你不应该否认北极的存在。你否认北极的存在，就是歪曲事实真相，就是别有用心。"

这个病人的"雄辩"都违背了话语默认，因而导致了交际冲突和交际中断。

在常规的社会交际中，交际双方都要遵循话语默认，避免违背话语默认，这不仅是交际的需要，也是人际和谐的需要。

我们都爱"阿中哥"

◎朱玲奕

前些日子,"阿中哥"在网上爆红,各大网站随处可见"阿中哥"的粉丝对自己爱豆(即偶像)的表白,包括"我们都有一个爱豆,名字叫阿中""球圈 top 阿中哥""守护全世界最好的阿中",等等。

"阿中哥"是谁?实际上,阿中哥并不是具体的某个个人,而是中国网民群体特别是"饭圈女孩"对中国的一种爱称。"饭圈"即粉丝圈,"饭"源于"粉丝"的英文 fan 的音译,"饭圈女孩"是对追星女孩的统称。

"阿中哥"一词将中国拟人化了。将国家拟人化本身不是什么新鲜的事,比如为了迎接2020东京奥运会,日本有画师以各个国家的国旗为蓝本,为各国制作了不同的动漫形象,引发了国内外网友的热情转发。除此之外,我们经常听到的"祖国母亲"等说法,其实也是赋予了国家以人格特征。

"阿中哥"说法的特别之处在于带有浓厚的地域色彩与饭圈色彩。一方面,名字前面加"阿"显得通俗亲切;另一方面,饭圈女孩习惯称自己喜欢的男性偶像为"哥哥","阿中哥"的命名方式正体现了这一点。

饭圈女孩对她们"阿中哥"的坚定维护,让很多原来反感粉丝"控评"的人第一次对饭圈女孩产生了好感。"控评"即操控评论,通常的做法是闭眼夸自己的偶像,然后给同样是闭眼夸的评论点赞,借此达到把正面评论顶上热评的目的。除了控评,饭圈女孩平时还会为了自己的爱豆,动不动就和人吵得不可开交,种种不理智的行为都难免会给外人留下不好的印象。

但是在最近的香港事件

中,饭圈女孩发起的"阿中哥保卫战"扭转了她们以往在旁人眼中的形象。饭圈女孩充分发挥特长,灵活运用各种饭圈用语,向"香港暴力分子"开战,语言诙谐但态度严肃:"抱走我家阿中哥哥,请'暴力分子'独立行走,不要来碰瓷。""中华人民共和国的女人绝不认输。""为阿中哥疯狂打 call!"

大家还不忘为阿中哥加上各种偶像式标签:"五千年来顶级流量""全世界内人气TOP""官方注册粉丝14亿""东方之龙未来可期",等等。

与偶像阿中哥相对应,阿中哥的粉丝也拥有自己的称号——izhong。字母"i"在英文中的意思是"我",在汉语中谐音"爱","zhong"则是"中国"的"中"字的拼音,"i"和"zhong"连起来组成的"izhong"则意为"我爱中国"。事实上,"i"+"偶像名字中一个字的拼音"这种别出心裁的命名方式同样来自饭圈文化,如当红偶像蔡徐坤的粉丝自称"ikun"。因此,对用"izhong"指代阿中哥的粉丝群体的做法也就不难理解了。

"阿中哥"的称呼自诞生以来,不但在网民之间广为流传,而且得到了官方媒体的认可。其中,央视主播郭志坚为阿中哥录了应援视频,对该词进行了活学活用:

"今天的'阿中哥'是要个头有个头、要颜值有颜值的'高清'靓仔。高,说的是从一穷二白到位居世界第二大经济体,各方面发展芝麻开花节节高;清,指的是山河清丽政治清明。国庆将至,把一些小污点再清理清理,我们迎大庆!转发支持'阿中哥'!"

"阿中哥"一词的大热,在一定程度上可以归功为饭圈女孩的成功突围,但更重要的还是大家对祖国的深沉的爱。这份爱存在于饭圈内外我们每一个中国人的内心深处。因为这份爱的存在,我们愿意将祖国亲切地称为"阿中哥",愿意用自己的绵薄之力,为这个国民偶像阿中哥保驾护航。

万物皆可盘

◎朱灵益

"盘他"是一个非常神奇的词,无论是物品还是活人都可以被"盘",堪称"万物皆可盘"。

"盘他"也写作"盘它"。"盘"原是文玩圈的术语,指的是通过人体皮肤与文玩之间的反复摩擦,使得文玩表面更加光滑有质感。除了盘文物以外,还有为中老年人喜爱的盘核桃。据说在手里转两个核桃能够刺激手掌上的穴位,盘核桃于是成为了一些中老年人修身养性、祛病延年的一项活动。

"盘他"的流行源于德云社相声演员孟鹤堂、周九良两人合作的相声《文玩》。孟鹤堂说到周九良父亲喜欢盘各种东西,从核桃、家具到汽车、狗等等,他还模仿老人家的口气说了一句:"干巴巴的,麻麻赖赖的,一点都不圆润,盘他!"在这里,"盘他"的使用结合孟鹤堂夸张的表情,可以说"笑果"十足。

"盘他"的大范围走红则发生在抖音平台上。在抖音上,先是有视频主发表了"甭管他什么东西,盘他"这样的搞笑宣言,之后在很多评论区都可以看到类似的句子。网友们的"盘他"不单在口头上,还表现在具体行动上。网上一场以"盘他"为主题展开的创意大比拼中,大家纷纷发表与"盘"这一行为有关的照片或视频,其中有盘雪球、盘煤炭、盘仙人掌的,还有盘仓鼠、盘熊猫甚至于盘别人光头的。可以说,只有你想不到的,没有他们盘不到的。大伙儿用实际行动为那句"万物皆可盘"做了生动注脚。

与此同时,"盘他"一词在

流行的过程中,其含义也发生了不小的变化。

"盘"原本是一个动词,体现的是自我与他者之间的一种互动。这里的他者即"盘"的对象,一开始多是自己喜欢的东西,如自己的文物、猫狗等。因此,"盘他"的使用常常会带有说话人对某一事物或人的喜爱之情,喜欢到想要将其捧在手心里反复把玩,具体含义则会随语境的不同发生改变。例如,在"这件裙子双11打折,盘它"中,"盘它"的意思相当于"买它";在"这姑娘真好看,盘她"中,"盘她"相当于"和她搭讪、交朋友"。

但在实际使用过程中,被拿来"盘"的对象也不一定就是自己喜欢的。有的时候,"盘他"中的"他"也可以指代不好的事物。究其原因,或许是因为盘文玩时有捏、搓、揉、压等各种动作,从而使得"盘他"产生了"弄他""怼他""杠他"等引申义。评论者用"盘他"表达对某人某观点的不满,这在网上一些评论区中经常能够看到。

此外,"盘他"还经常用于表示"搞定某件事情""解决某个问题"。例如,有一则新闻标题,"森林起大火,连烧2天扑救困难,消防员怒喊:兄弟们,盘他!"这里的"他"具体指森林大火,"盘他"指的是努力扑灭大火。

再如今年高考前,某高中挂出的横幅上写道:"万物皆可盘,高考,盘他!"这里的"他"指代抽象的"高考","盘他"也就是成功挤过高考独木桥,在千军万马中脱颖而出的意思。

那么,"盘他"何以如此受大家青睐呢?

我们认为,"盘他"一词的流行,一方面是受到网络使用者普遍具有的游戏心态的影响,另一方面则和它独特的表现力密不可分。无论是现实中存在的物、人,还是抽象的概念、事件,在和动词"盘"结合后无一不变得鲜活可感。

万物皆可盘。今天的你是"盘他",还是被盘了呢?

"魔性"的魅力

◎代雨薇

"老弟,你这笑声太魔性了!"我正感叹之时,妈妈忽然转过头问:"什么是魔性?"对啊,当我们已经不自觉地在运用"魔性"的时候,魔性到底是什么呢?

"这个人太魔性了!""魔性表演""魔性文章""魔性音乐"这些形形色色的魔性在不知不觉中就涌进了我们的生活。一些报刊的标题也会用上"魔性"一词:"'魔性'的吸引力就是创新的魅力""这雷欧舞太魔性了!""魔性口音,笑料不断"……"魔性"一词就这样静悄悄地走进我们的生活,却声势浩荡地引发了一场"魔性"爆炸。

原来,"魔性"一词专门用来形容人、事、物古怪又不乏趣味,而且富有感染力。"魔性"这个词一开始看到的时候很难被大家接受,过一段时间后就会感觉还不错,最后还开启了洗脑模式广泛传播,"魔性"这个词的"魔性"在哪里呢?

"魔性"早在2014年已经出现,但是并未流行。获得人们的认可是在近些年,并有逐步蔓延之势。"魔性"一词慢热也有其原因,"魔"这个语素总会带来贬义的联想。"魔"是梵语"Mara"的音译简称,汉语本没有"魔"字,开始翻译佛典时,人们只好借用"磨"字来表示,后来才用了"魔"字。佛教把一切扰乱身心、破坏行善、妨碍修行的心理活动均称为"魔"。从与"魔"搭配的词语中我们也不难发现贬义的联想:魔鬼、魔怪、病魔、魔头等等。这让人们在使用魔性这个词时有了一定的顾虑,不了解"魔性"一词网络含义的人群也很容易将它作为一个贬义词来看待。

但是,"魔性"在当下又怎会"咸鱼翻身",如此受宠呢?原来,"魔"在《汉语大词典》中还有另一个释义:神秘、变幻难知的。人们抓住了这个解释的根源将"魔性"一词"发扬光大"。在这个义项上,我们也能发现很多有趣的词语:魔法、魔力、魔幻等。这些词让"魔"带上了一种神秘而令人向往的色彩,你看哈利波特的魔法成为多少少男少女的梦想。上海被称为"魔都"也是"魔"的褒义应用。上世纪20年代,日本作家村松梢风来到中国。在这里,他看见中国的租界和县城共存,并且两者之间的文化相互渗透、相互冲突,使得上海成为了一座"兼容"的城市。这些奇特的现象,都可以用"魔性"一词来笼统地概括。看来,"魔性"一词早已在我们的生活中埋下了种子。

现在,人们用"魔性"表达对某人某事的惊叹、惊异之感,这种形容中更多地包含了调侃、娱乐之意。"魔性"的魔力在影响着人们的生活:"尽情扭秧歌魔性洗脑""魔性舞步演绎'走路洗衣机'正确操作""魔性健康歌嗨翻全场"。这些魔性的人用魔性的事让我们的生活也因为魔性而充满快乐。

微语录·职场

晋升得先有这么一个"坑",然后你刚好优秀,合适这个"坑"。换句话说,如果没有这个"坑",你优秀也没用。但是,如果没有这个"坑",你也要让自己成为"萝卜"!如果成为了"萝卜","坑"迟早会有;如果不能成为"萝卜","坑"出现了也与你无缘。

(郭 庆/辑)

编者按

随着互联网络这一新的传播媒介的普及,现代人的交际生活发生了天翻地覆的变化:在线交流无所不在,电子传播全面崛起,语言形式日新月异。这些变化势必会催生新的交际法则,同时也呼唤新的语言规范。本栏目希望紧跟时代潮流,通过案例分析的方法,为大家归纳一些新媒介形势下的语言新用法、交际新规则,希望对大家有所帮助。

说说你是谁

——自我介绍的原则

◎徐默凡

刘婧大四了,一心想考研究生。她瞄准了知名专家李教授,想到他门下继续深造。打听到李教授的邮箱地址后,刘婧写了一封电子邮件投石问路。

尊敬的李教授:

我想报考您的硕士研究生,不知道您明年招生吗?报考要注意哪些事项呢?还有,您能不能给我推荐一些参考书?

一名仰慕您的学生

过了很长时间,李教授一直没有回复,邮件如石沉大海。李教授为什么不回复刘婧呢?这还得从头说起。

在互联网交际出现以前,

每个人打交道的范围很有限,同学、同事、邻居、朋友,常来常往的最多二三十人,可以说生活在一个熟人圈子里,所以也有比较多的精力去回应每个人的交际请求。但是基于互联网的交际形式极大地拓宽了人际交往的范围,现在打开微信通信录,一个人拥有几百个好友是很常见的,而一些活跃的微博用户拥有成千上万个可以直接对话的粉丝,也不算稀奇事。技术的进步使我们发现并联系陌生人的难度大大降低,不管白天黑夜、天南海北,只要能拿到对方的网络地址,立刻就可以去联络。但是这样的话,也就决定了我们不可能也没必要去回复每一个网络交流的请求,而事务繁多的忙人和名人就更不可能每信必复了。从你的角度看,只是提出了一个问题;但从他的角度看,可能会收到几十个类似的问题,如果一一回复,那么其他事情就都不用做了。想象一下互联网普及之前,你是不是可以不分青红皂白就给陌生人打电话或者上门拜访呢?这样做同样是会被别人拒绝的。互联网只是降低了互联的技术难度,并没有降低互联的人际难度。

因此在网络时代,要想得体地联系陌生人,并得到积极的回应,先必须有一个合适的自我介绍:要说明自己的身份、名字,介绍自己的联络原因,最好告诉对方是如何获取联系方式的,这样可以避免让对方感觉隐私受到侵犯,会比较礼貌一点。

自我介绍还有一个原则,介绍的复杂程度和对方回应的麻烦程度大致成正比。也就是说,如果你要求的是一个简单的回应,那么简单的介绍就可以了;如果需要一个复杂的回应,那么就要详细说明自己寻找对方的理由,以期对方能花费时间精力来回应你。

这下就可以解释文章开头刘婧的问题了,她对李教授提出的要求其实是挺复杂的,李教授如果认真回复至少要花20

分钟时间。而这封发出请求的信件丝毫没有对自己的情况进行介绍,只有寥寥几十字,却提出了一大堆要求,别人并没有义务和责任来回应你。

另外,刘婧的署名是"一名仰慕您的学生",这也是很不得体的。给人的感觉是你了解对方的情况,而且要索取很多信息,但你自己却不想暴露身份,连名字也不想说,潜台词是获得了答复就随时准备隐身不见。这是一种不对等的交流,让人感到不是很舒适。虽然信件的抬头写了"尊敬的李教授",但实际行文并没有显示出尊敬之意。

类似上述自我介绍的问题还是很常见的,比如写电子邮件不署名,微信加好友时没头没脑地发一句"请加我",在正规交往时用网名来自我介绍等等。我们要牢记,即使是不见面的网络交流,也必须根据双方的关系和本次交流的性质来选择合适的自我介绍方式。

根据以上讨论,我们为刘婧草拟了一封邮件。

尊敬的李教授:

您好!

我是××大学××系的应届毕业生刘婧。在本科阶段的学习中,我接触了您研究的××领域,想在这个方向继续深造。我自己对××问题很感兴趣,也已经拜读了您的一系列大作,深受启发,深感敬佩(此时最好能进一步列出文章名字以及阅读体会),因此非常想报考您的硕士研究生。

我在贵校的官网上查询到了您的电子邮箱,冒昧联系您,想咨询您几个问题,不知道是否方便回答:您明年招生吗?报考要注意哪些事项呢?还有,您能不能给我推荐一些参考书?

给您添麻烦了,期待您的回复。

顺颂

教祺!

　　　　　　　　学生　刘婧

如果你是李教授,你会回复这样的邮件吗?

编校差错扫描(十七)

◎王 敏

心愿得"偿"味须"尝"

【错例】兜兜转转好几年,他终于如愿以尝,找到了满意的工作。

【简析】"如愿以尝"应为"如愿以偿"。"偿",繁体字作"償",形声字,从人赏声,本义指归还。《说文解字》:"償,还也。"如"偿债"即还债。引申指补偿、抵偿,如"杀人偿命";又指回报、酬报,如"报偿";再引申指满足、实现,如"得偿所愿"。"尝",繁体字作"嘗",形声字,从旨尚声,本义是以口舌辨别滋味。《说文解字》:"嘗,口味之也。"如"品尝"。引申指试探,如"尝试";又指经历,如"艰苦备尝";还作副词,指曾经,如"未尝"。"償"与"嘗",字形区别明显,简化后,"偿"和"尝"容易混淆。"如愿以偿"指愿望得到实现,与品尝滋味无关,不能写成"如愿以尝"。

误把"天然"作"天燃"

【错例】公共区域安装天燃气管道须经业主同意。

【简析】"天燃气"应为"天然气"。"然",形声字,从火肰(rán)声,本义指燃烧。《说文解字》:"然,烧也。"如《史记·韩长孺列传》:"死灰独不复然乎?"有趣的是,现在常用的"然"都不指燃烧。"然"作代词,可指这样,如"知其然,而不知其所以然";作形容词,可指正确,如"不以为然";作动词,可指应允,如"重然诺";作助词,可充当词尾,表示状态,如"欣然""偶然"。还可作副词、连词等。这些"然"都是假借用法,其本义则另造"燃"字表示,两者从此分工,泾渭分明。当前民用燃气有"天然气"和"人工煤气"两种:"天然气"是从油田、煤田开采出来的,主要成分是甲烷;"人工煤气"是由煤炭等经干馏等过程制得的,主要成分是氢、甲烷、乙烯、一氧化碳等。"天然"与"人工"相对,指自然生成、非人为。"天然气"误为"天燃气",大概是与"燃气"混淆了吧。

唱歌莫唱"一阙歌"

【错例】这位歌手根据真实故事创作了《一生一阙歌》,感动了全场观众。

【简析】"一阙歌"应为"一阕歌"。形声字"阙"和"阕"形旁相同,含义都与门有关。阙(què),本义指宫门两侧的高台,中间有道路,台上起楼观。《说文解字》:"阙,门观也。"《三辅黄图·杂录》:"(阙)登之可以远观,故谓之观。"引申指帝王居处;又指京城,如"城阙辅三秦";还借指朝廷,如"待从头收拾旧山河,朝天阙"。因宫阙左右各一,中间通道如空缺,因此"阙"(quē)引申指缺口、空缺,如"付诸阙如"。"阕"(què),本义指祭事已毕而闭门。《说文解字》:"阕,事已,闭门也。"引申指止息、终了,如"东门帐饮乍阕"(东门送别宴刚结束)。特指乐曲终了,如"乐阕"即乐终。乐曲演奏一遍停止一次为一阕,因此"阕"可作量词。古代词入乐,因此一首词可称"一阕词",有两段者则称前阕、后阕(或称上阕、下阕)。而"一阕歌"就是一首歌,与楼观无关,不能写成"一阕歌"。

"破釜沉舟"无关"斧"

【错例】有时候,失败与成功之间只差一份破斧沉舟的勇气。

【简析】"破斧沉舟"应为"破釜沉舟"。形声字"釜"和"斧"声旁都是"父",区别在形旁。"釜",形旁为"金",表示材质为金属,省写去掉了"人",本义指古代的炊器,类似今天的锅。这种炊器可蒸可煮,有铁制的,也有铜制的。"斧",从斤(斧子),本义为动词,指用斧头砍。《说文解字》:"斧,斫也。"如"斧正"。也用作名词,就指斧头,如"班门弄斧"。"破釜沉舟"典出《史记·项羽本纪》:"项羽乃悉引兵渡河,皆沉船,破釜甑,烧庐舍,持三日粮,以示士卒必死,无一还心。"毁弃釜甑,凿沉渡船,都是下定了必死决心的表现。因此,"破釜"与"沉舟"并列,表示的是一往无前、不留退路的勇气。而"破斧"与勇气无关,不能与"沉舟"并列。

"山清水秀"指"清秀"

【错例】我的家乡,在山青水秀的江南。

【简析】"山青水秀"应为"山清水秀"。"青",会意字,金文字形从生从丹,本义指植物初生的颜色(丹),即绿色。《释名·释采帛》:"青,生也,象物生时色也。"引申指蓝色,如"青天";指黑色,如"青丝"。"清",形声字,本义指水清澈。《说文解字》:"清,朗也,澄水之貌。"引申指纯净、明白、秀美等。"山清水秀"是互文结构,即"山水清秀"。同类的还有"眉清目秀"。"清秀"指美丽而不俗气,与青色无关,不能写成"青秀"。

英语如何"甩锅"和"背锅"

◎陆建非

2018年8月,白宫发表声明,认为朝鲜半岛问题难以解决中国要负责任。而后美国总统特朗普更在其社交账号上发文,将半岛问题归咎于中国。8月30日我国外交部发言人华春莹在例行记者会上表示:对于美国各种"花式甩锅",对不起,我们不想接,也不能接。

华春莹"花式甩锅"的说法既形象又有趣,引起了国内外媒体的热议。"花式甩锅"是个口语化的表达,国人理解起来不难。那么英文媒体又是如何表达"花式甩锅"的呢?

美国当地时间2018年8月29日,《纽约时报》载文说:Asked about the remarks, Hua Chunying a spokesman for the ministry, said: "Sorry, we cannot accept, and will not accept, all the fancy buck-passing by the U.S. side."(在被问及特朗普的言论时,外交部发言人华春莹说:"对不起,我们不能接受,也不会接受美方的各种花式甩锅。")

《纽约时报》将"甩锅"译成了一个美国习语"buck-passing",前面加了形容词fancy(花式的、花哨的)。buck原意为雄鹿,但此处指的是刀柄用鹿角做成的猎刀;pass即传递。在西方的纸牌局上,每人发完牌就把猎刀传递给下一位发牌者,意为发牌的责任转交给他了,buck-passing由此延伸出"推卸责任"的意思。"猎刀"和"锅"的隐喻颇有异曲同工之妙。

2018年8月30日,美国另

一家著名媒体《华盛顿邮报》也对华春莹的发言进行了总结：Foreign Ministry spokesman Hua Chunying told regular news conference that China could not accept "the various ways" Trump tried to pin the blame on Beijing.（外交部发言人华春莹在例行记者会上说，中国不可能接受特朗普把责任强推到北京身上的各种做法。）

《华盛顿邮报》将"甩锅"译成了 pin the blame on sb. 这一常见动词习语。pin sth. on sb. 指使某人承担；blame 即（错事的）责任。这个习语就是将过错或责任推卸给某人的意思。

这两家媒体都准确把握了"甩锅"的含义。既然有人"甩锅"，就会有人"背锅"。那么英语里通常是如何表达"背锅"的呢？比较常见的有：

take the fall（替人受过），如 Few have lined up to take the fall for Wall Street's fall.（只有少数几个人被找来承担华尔街垮台的责任。）

take the blame for（为……承担责任），如 Jimmy takes the blame for me.（吉米为我担了责任。）

这两种说法都是将"背锅"的含义"为他人承受过错或承担责任"直接表达出来。实际上，英语中还存在着一些和"背锅"非常相似的说法。如"carry the can"，carry 义为扛，can 指装啤酒的容器，这个英式俚语原本指"帮士兵扛啤酒的人"，后引申出"承担所有指责，代人受过"的含义。又如"hold the bag for"，hold 义为拿着，bag 指包，这个短语的字面意思是"替人拿着包"，引申指"替人担责"。在这两种表达里，can 和 bag 相当于 blame（过错）或 responsibility（责任），类似于"锅"的意思。例如：It's all very well for those at the top; their subordinates often carry the can/hold the bag for them.（那些身居高位的人总是安然无恙，是因为下属经常替他们背黑锅。）

妈是爸

◎周振鹤

世界上的语言千差万别,互相之间很难沟通。但奇怪的是,几乎在所有的语言中,baba(爸爸)和mama(妈妈)表示的是同一个意思。于是对于人类语言的起源(这是一个永远说不清的问题,以至语言学界一度决议不得讨论这个课题)就曾经出现过这样一种理论,即认为语言是由婴儿无意识的发音演变而来的。māma和bàba是两个最容易发的音节,渐渐地,māma就发展为母亲的意思,而bàba则是父亲一词的源头。但是再研究下去便发现这一理论并不可靠,因为世界上还有少数一些语言,māma并不是母亲的意思,相反指的却是父亲,换言之,妈妈竟然是爸爸!格鲁吉亚语便是如此。这就推翻了上述语言起源的理论。其实,不但格鲁吉亚语以māma为父亲,我国的满族叫父亲也是阿妈(当然也可写成阿玛,这不过是ā mǎ的记音而已)。光绪皇帝称慈禧太后为皇阿妈,实即皇父的意思,因为慈禧素来喜用男性称谓。满族之外,台湾的阿美人也称父亲为阿妈。

如果我们再检索一下文献,还可以看到阿妈(或阿马)表示父亲意思的记载。关汉卿《哭存孝》一折:"(李克用云)孩儿存信,你做甚么哭?(李存信云)阿妈,俺两个也早起晚夕,舞者唱者,扶持阿妈欢喜,怎下的着您两个孩儿往邢州去?"又《拜月亭》二折:"(正旦作荒打惨打悲的科云)阿马,您可怎生便与这般狠心!"

(选自《逸言殊语》,上海人民出版社2008年8月出版)

王姓为什么这么多

◎郑张尚芳

2007年4月24日公安部治安管理局公布了最新户籍统计,我国姓氏中2 000万人以上的有10个:王、李、张、刘、陈、杨、黄、赵、吴、周;1 000万人以上不到2 000万的有12个:徐、孙、马、朱、胡、郭、何、高、林、罗、郑、梁。其中王姓9 288万居首位,李姓9 207万次之,张姓8 750万排第三。

旧时的《百家姓》是宋初浙江人编的(参宋王明清《玉照新志》),收了438个姓氏。因当时皇帝姓赵,浙江的吴越王钱镠姓钱,所以就依当时的贵戚高官先排了"赵、钱、孙、李、周、吴、郑、王",那并不是按人口多少排的。要是福建人编,按人口排,就要将"陈、林"居首了,因为闽人流传一句话"天下陈林占一半"。

姓李姓张的人多,是大家感觉得到的,因为中国人要列举某某人时,往往就说"张三李四",但想不到王姓更胜一筹。

为什么姓王的会这么多呢?宋郑樵《通志·氏族略》已经加以解释。

《通志·氏族略》四:"王氏,天子之裔也,所出不一:有姬姓之王,有妫姓之王,有子姓之王,有虏姓之王。"原来王氏里除了好些汉族帝王的后裔外,还有不少从其他民族称王来的。

此书先说从周王姬姓来的,就有两三个来源:"若琅琊、太原之王,则曰周灵王太子晋以直谏废为庶人,其子宗恭为司徒,时人号曰王家。若京兆、河间之王,则曰周文王第十五子毕公高之后毕万封魏,后分晋为诸侯,至王假为秦所灭,子孙分散,时人号曰王家。或言,魏至昭王彤生无忌,封信陵君,信陵生间忧,间忧生卑子,秦灭魏,卑子逃于泰山,汉高帝召为中涓,封兰陵侯。时人以其王族也,谓之王家。此皆姬姓之王也。"

再说从虞舜妫姓来的:"出于北海、陈留者,则曰舜之后也。其先齐诸田,为秦所灭,齐人号为王家。此妫姓之王也。"

又说从殷商王族子姓来的:"出于汲郡者则曰王子比干之后。此子姓之王也。"

这些氏族都因为先秦时祖先作过王,所以时人号曰"王家"。秦以后最高统治者叫皇帝,就不会有"王家"之称了。但又有许多非汉族的"王氏"加进来。

"出于河南者,则为可类氏;出于冯翊者,则为钳耳族;出于营州者,本高丽;出于安东者,本阿布思,此皆虏姓之王也。"

"以其所处既多,故王氏之族最为蕃盛云。"

《百家姓》各姓都旁注了郡望,许多人认为那就是本姓所来之处,其实它注的只是最主要或最出名的一处。像王氏只注"太原",其实《广韵·阳韵》就说"王"有二十一望:

1. 姓出太原、琅琊,周灵王太子晋之后;2. 北海、陈留,齐王田和之后;3. 东海,出自姬姓,高平、京兆,魏信陵君之后;4. 天水、东平、新蔡、新野、山阳、中山、章武、东莱、河东者,殷王子比干……之后号曰王氏;5. 金城、广汉、长沙、堂邑、河南。共二十一望。

还有来自赐姓、冒姓的。如汉代有燕王丹的玄孙嘉,被王莽赐姓王;五代时刘去非,冒姓王改名王保义。

别的民族改姓的,《通志》举了4例。其可类氏实际指西魏可频氏之祖王雄,钳耳族指西羌钳耳氏之祖王季,高丽指王氏高丽的开国君主王建,阿布思,指唐藩镇成德军节度使王廷凑,本乃回纥阿布思之后。

其实还有很有名的隋代王世充,本姓支,月支人,是属印欧种的白种人,卷发。其父为王粲养子,因姓王,在隋唐间曾自立为郑王郑帝。

在敦煌写本中还有《姓氏书》残卷,首句是"张王李赵",也许是更原始一些的《百家姓》,"张、王、李"都已居前了。汉应劭《风俗通义》有佚文"姓氏篇",也已经说:"张、王、李、赵,黄帝赐姓也。"说明张、王、李、赵是自古以来的大姓。

但这几个大姓都有其他民族"掺和"进来的记录(参看《广韵》《姓觿》《中国姓氏大全》等):

李:源于皋陶任舜的大理,以官为氏,殷末理徵与纣不合,逃伊侯之墟,子利贞改姓李,为老子李伯阳之祖,有陇西、赵郡等十二望。北魏叱李氏改为李。唐代徐、邴、安、杜、胡、弘、郭、麻,与张、董、罗等各氏,以及鲜于、阿布、阿跌、舍利、朱邪等氏,因建国有功,从皇族姓李氏。

张:本黄帝第五子青阳,生子挥,始造弦张网,因姓张;又晋国公族解张字张侯,其后以字为氏,有清河、南阳等十四望。三国诸葛亮征西南夷,斩雍闿,封龙祐那为酋长,赐姓张,设云南郡于白崖。

赵:本伯益孙造父,为周穆王御有功,封赵城,其后发展为诸侯,有天水、南阳等五望。汉代有匈奴人赵安稽,唐代有南蛮人赵曳夫,五代有牂牁酋长之后赵国珍都姓赵了。

汉族是由以华夏为中心的各民族融合而形成的,这从上面说的几个大姓的扩充增多,就可以看出来了。

(选自《胭脂与焉支》,上海教育出版社2019年4月出版)

"最后一个办法"

（文中有十处差错，你能找出来吗？答案在本期找）

◎伯　淮　设计

卢拉出生在巴西一个贫苦的家庭。为了维持生计，父母经常忙得长期不回家。

一天傍晚，卢拉放学回家，却发现钥匙不冀而飞了。想到父母要几天后才会回家，卢拉顿时乱了分寸。冷静下来后，卢拉试着用各种物件来捣鼓门锁，可终究赖何不了把门的"铁将军"。接着，他又想从窗口爬进屋里，但所有的窗户都锁死了。最后，垂头伤气的卢拉往屋顶上爬，打算从天窗跳进去。

住在邻屋的博尔巴注意到了卢拉鲁莽的举动，大声喊道："孩子，快停下！你想干什么？"

"钥匙丢了，我打不开门，只好跳天窗了。"

"这太危险了！你就不能想点其他办法吗？"

"我想过也试过，已经没有办法了！"卢拉委屈地回答道。

"不！还有办法，"博尔巴邹起眉头，"你至少还可以找我帮忙。"

"找你帮忙？"卢拉疑惑不解，"可你能怎么办呢？"

"快下来，我有办法。"

卢拉跟着博尔巴来到大门前，只见他从口袋里掏出一把钥匙，直接打开了门。原来，卢拉的父母未雨绸谋，给这位德高望众的临居留了一把备用钥匙。

"遇到问题时，想到自行解决是对的，"对着已喜笑言开的卢拉，博尔巴语重心长地说，"但别忘了还有最后一个办法——请求别人的帮助。"

博尔巴的淳淳教诲，影响了卢拉的一生。靠着"最后一个办法"，卢拉走出了种种困境，后来还当上了巴西总统。

"防火"有"危害"吗

王云峰

路过某林地时，笔者曾见到一条警示标语："森林防火危害大，害人害己害国家。"见此，相信不少朋友们都会不由发问："森林防火"怎么会"危害大"？"害人害己害国家"的究竟是什么？

先看上半句。凭常识判断，"危害大"的是森林火灾。森林火灾不但会烧毁森林，也会让林内动物面临灭顶之灾，还会破坏森林涵养水源，导致生态失去平衡。其危害之大，可想而知。如把"防火"改为"火灾"，庶几可通。

再看下半句。"害人害己害国家"没有出现主语，一般会依据"承前省"的原则把它理解为前一句的主语"森林防火"，而"森林防火"显然也不会"害人害己害国家"！然而，即使把"防火"改成"火灾"，此句还是欠通。稍稍体会便可发现，"害人害己害国家"的并不是"森林火灾"，"森林火灾"是不会"害己"的。那是什么呢？雷电等自然原因固然可能引发森林火灾，但在大多数情况下，引发森林火灾的是人为因素，如在林中吸烟、樵猎、搞迷信活动等等。标语原本的意思应该是，如果因为此类行为引发森林火灾，便会"害人害己害国家"！

这句荒唐的宣传语，简单地改，还真难改明白。

火眼金睛

图中差错知多少？

（答案在本期找）

徐建娇　邓天福　杨通沂　一沤　提供

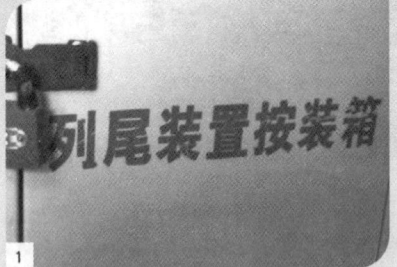

1

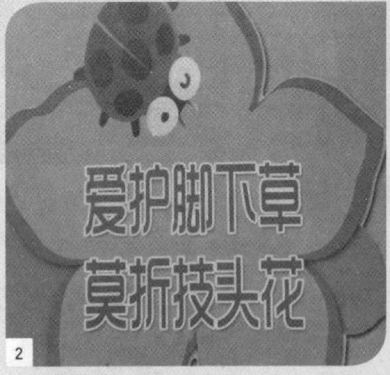

2

3

4　赶上年瑾

邮政
扫码订刊
轻松快捷

淘宝
扫码购书
优惠立享

微信公众号
扫码关注
精彩无限

ISSN 1009-2390

YAOWEN-JIAOZI

咬文嚼字

柿 柿科,落叶乔木,原产中国。果实扁圆,不同的品种颜色从浅橘黄色到深橘红色不等。"柿"古代又写作"柹"。"柹"本读fèi,指从树木上削下木片。柿子成熟后会从柿树上自动落下,与此景类似,故名"柹"。取得此义后,"柹"读成了shì,字也写成了"柿"。《本草纲目》在解释"柿"的得名时也说:"柿……削木片也。"

上海世纪出版集团

2020/02

欢迎至邮局订阅本刊 邮发代号 4-641
国内统一连续出版物号 CN 31-1801/H
定价:6.00元

雾里看花

这是什么汤

胡礼湘

这张照片拍摄于合肥某酒店的自助餐厅。瓦罐上第三个字是什么字?里面装的究竟是什么汤?猜猜看,答案见本期。

营养䐗汤

书窗

一年一本,25年来畅销不衰

2019年合订本来啦!

历年合订本均在热销中

精装:58元
平装:50元

邮购电话:021-64370935
邮购地址:上海市绍兴路7号2楼《咬文嚼字》编辑部
邮政编码:200020
更多优惠请登录:http://yaowenjiaozi.taobao.com

名家语画

"不要当院士"

黄文健/文　臧田心/画

屠呦呦获2015年诺贝尔生理学或医学奖后,杨澜抢先进行了采访。杨问:"人们称您为'三无'(没有院士头衔、没有博士学位、没有留洋背景)科学家,您为什么没当上院士?"屠回答:"如果当了院士,我怎么还会搞科研?"现场响起热烈的掌声。杨换了个话题,说:"您今年85岁高龄,请介绍一下您的长寿秘诀吧。"屠说:"我的长寿秘诀,就是不要当院士。"因为老人家的机智幽默,掌声经久不息。

咬文嚼字
2020年2月1日出版
2
总第302期

主管：上海文艺出版总社
主办：上海文化出版社
编辑、出版：《咬文嚼字》杂志社
集团网站：http://www.shwenyi.com
E-mail：yaowenjiaozi2@163.com
官方微博：
http://weibo.com/yaowenjiaozish
电话传真：021-64330669
发行电话：021-64372608-181
邮购电话：021-64370935
地址：上海市黄浦区绍兴路7号
邮政编码：200020
发行：上海市报刊发行局
发行范围：国内外公开
订阅处：全国各地邮局
邮发代号：4-641
ISSN 1009-2390
CN 31-1801/H
印刷：上海中华印刷有限公司
印厂电话：021-60829062
　　　　　021-60299079
定价：6.00元

如发现本刊有装印质量上的问题，请在当月与承印公司联系调换。

名家语画	"不要当院士" 黄文健/文 臧田心/画	/1
年度盘点	2019年十大语文差错	/4

追踪荧屏		
"三驾马车"的配图不对	雷　冰	/7
谦称不用"贵"	王先晓	/8
"黄浦区"与"黄埔区"	沈不凡	/9
此语非王熙凤所说	厉申东	/10

时尚词苑		
"文明交流互鉴"与人类命运共同体建设	代宗艳	/11
"举全×之力"办大事	徐靖怡	/13
"生图""P图"都是什么图	高丕永	/15

一针见血		
"势微"？"式微"！	李景祥	/17
"所幸"误为"索性"	李可钦	/17
何来"猪榭"	杨昌俊	/18
"百无一用是书生"是谁说的	汤生根	/18
不是"不谛"，应是"不啻"	厉国轩	/19
人生七十称"古稀"	陈福季	/19
"麻木不仁"不能写成"麻目不仁"	严志清	/20
立冬在几月几日	李华山	/20
"泥人张"并非出自无锡	姜伟光	/21
是"碓窝"非"兑窝"	方必成	/22
何来"惺眼未睁"	谢云秋	/22
"1945年秋天，红军过草地"？	周平果	/23

学林		
甲骨文研究说略（下）	苏培成	/24
游民、街友与寒士	高婉瑜	/26

校园丛谈		
"暝"不宜释作"夜晚"	乔　红	/28
也说"琵琶声停欲语迟"	胡礼湘	/29

语言哲思		
"恩重如山，爱深似海"	宗守云	/31

词语春秋

"趋之若鹜"的贬义色彩已趋淡化　　　　陈璧耀 /33

文章病院

何来"灰蛇草线"　　　　吴均平 /36
不可滥用"通家之好"　　　　阎德喜 /37
"拖油瓶"与工作态度无关　　　　汤青武 /38
古代四川有"茂州"而无"茂州"　　　　周振 /39
"博士生"是"研究生"的一种　　　　王旭 /40

有此一说

"完形填空"与"完型填空"　　　　林一 /41
说"匹"　　　　陈运舟 /42

社交新风

网络聊天的礼貌结尾　　　　徐默凡 /43

网言网语

"我太难了"？
　我们到底难在哪儿　　　　刘可欣 /46
"红红火火恍恍惚惚"
　——笑与虚无　　　　陈至远 /48
今天,你实现"自由"了吗　　　　何婧 /50

检测窗

编校差错扫描(十八)　　　　王敏 /52

八面来风

公布"十大语文差错",
　反思母语教育与传承　　　　张西流 /55
在"十大流行语"中感悟2019年　　　　杨朝清 /56
流行语中的时代活力　　　　石羚 /58

读书

"支那"真正的来源　　　　郑张尚芳 /60
东人新名词　　　　周振鹤 /63

向你挑战

偏见　　　　梁北夕　设计 /64

顾问
濮之珍　　何伟渔
陈必祥　　金文明
姚以恩

名誉主编　郝铭鉴
主编　　　黄安靖
副主编　　王敏

特约编委
汪惠迪(中国香港)
田小琳(中国香港)
林国安(马来西亚)
吴英成(新加坡)

责任编辑　施隽南
　　　　　　何中辰
　　　　　　朱恺迪
通联　　　戚新蕾
封面设计　王怡君

特约审校
蔡维藩　　陈以鸿
李光羽　　王中原
张献通　　黄殿容

凡本刊录用的作品,其与《咬文嚼字》相关的汇编出版、网上传播、电子和录音录像作品制作等权利即视为由本刊获得。上述各项权利的报酬,已包含在本刊向作者支付的稿酬中。如有特殊要求,请在来稿时说明。

2019年十大语文差错

《咬文嚼字》编辑部

（2019年12月）

一、足协致歉声明中的成语误用：以"差强人意"表示让人不满意。2019年11月，中国男足在世界杯预选赛中负于叙利亚队。赛后，中国足协通过微博为中国男足的糟糕表现向球迷致歉："中国男足表现差强人意，令广大球迷倍感失望，中国足协对此深表歉意！"其中误将"差强人意"当作"让人不满意"用了。差（chā）：略微；强：振奋。"差强人意"表示大体上还能使人满意。

二、明星微博中的知识差错：把"人非圣贤孰能无过"当成孔子的话。2019年11月，演员李小璐和贾乃亮宣布离婚。随后，李小璐发微博称自己是一个"普通女人"，还说"孔子曰：人非圣贤孰能无过"。这句话不是孔子说的。已有辞书收录"人非圣贤，孰能无过"条目，用例大约出现在明清时期，意思是：常人不是圣贤，谁能不犯错误？其出处可追溯到《左传·宣公二年》"人谁无过，过而能改，善莫大焉"一语。

三、干支纪年中的用字错误："己亥"误为"已亥"。2019年是农历己亥年，"己亥"在使用中常被误为"已亥"。干支是天干和地支的合称。天干中有"己"没有"已"，干支纪年中只有"己亥"年而没有"已亥"年。还有将"2019年己亥年"误为"2019年乙亥年"的。干支纪年中确实有"乙亥"年,但2019年不是。

四、科技新闻中的词形错误:"挖墙脚"误为"挖墙角"。 2019年8月,华为发布操作系统"鸿蒙",并许诺了众多优惠,力邀安卓应用程序开发者为鸿蒙效力。媒体一时调侃:这是在"挖安卓的墙角"。其中"墙角"是"墙脚"之误。墙角是指两堵墙相交接所形成的角;墙脚则指墙基。墙角被挖开对墙体损害有限,但墙脚被挖整堵墙就会坍塌。因此,汉语词汇系统中有"挖墙脚",而无"挖墙角"。"挖墙脚"即拆除墙基,比喻从根本上加以破坏。

五、影视新闻中的用字错误:"主旋律"误为"主弦律"。 2019年国庆期间,《我和我的祖国》《攀登者》《中国机长》三部主旋律影片集中上映,获得广泛好评。相关新闻中,"主旋律"常误为"主弦律"。"旋律"通常指若干乐音经过艺术构思而形成的有组织、有节奏的组合;"主旋律"指多声部音乐作品中的主要曲调,现在也用来比喻基本的观点、主要的精神。"旋律"不能写作"弦律","主旋律"自然不能写作"主弦律"。

六、经贸新闻中的不规范用字:"鲇鱼"误为"鲶鱼"。 2019年11月,美国确认中国鲇鱼监管体系与美国等效,中方表示欢迎。相关报道多将"鲇鱼"误为"鲶鱼"。鲇鱼,头扁平,口宽大,体表无鳞,多黏液,过去也作"鲶鱼"。2013年《通用规范汉字表》公布,确定"鲇"为规范字,而其异体字"鲶"未收入表中。此后,将"鲇鱼"写成"鲶鱼"就是不规范的了。

七、司法新闻中的词语误用:"不以为意"误为"不以为然"。 2019年10月,大连一名10岁女孩惨遭杀害,凶手蔡某因不满14周岁,依法不追究刑责。有媒体报道：蔡某行为素有不端，其父母虽有察觉却"不以为然"，未加严管，最终导致恶性事件。其中"不以为然"是"不以为意"之误。"不以为意"指不把事情放在心上，表示不重视；"不以为然"指不认为是正确的，表示不同意。父母不重视纠正孩子的不良行为，应用"不以为意"。

八、环保新闻中的用字错误："禁渔"误为"禁鱼"。2019年年初，多部委联合印发《长江流域重点水域禁捕和建立补偿制度实施方案》，对长江流域分阶段实施禁捕做了规定。在相关报道中，部分媒体把"禁止捕鱼"说成"禁鱼"，混淆了"鱼"和"渔"的区别。"鱼"是名词，即鱼类；"渔"是动词，即捕鱼。"禁渔"是为了保护渔业资源，在一定时期一定水域内禁止捕捞，不能写成"禁鱼"。

九、波音坠机事件中的用语错误："令人堪忧"。2019年3月，埃塞俄比亚一架波音737-8飞机发生坠机空难，举世震惊。不少媒体报道：波音飞机的安全性"令人堪忧"。"令人堪忧"是病态结构。"堪"指值得；"堪忧"指值得担忧，意即令人担忧。因此，可以说"波音飞机的安全性堪忧"，也可以说"波音飞机的安全性令人担忧"。但是，将"堪忧"与"令人担忧"杂糅成"令人堪忧"，是错误的。

十、外交新闻中的词语误用："令人不齿"误为"令人不耻"。对于美国无端挑衅的"霸凌主义"行为，我外交部发言人曾用"令人不齿"一词予以抨击。相关报道常将"令人不齿"误为"令人不耻"。"齿"本指牙齿，引申指并列；"不齿"指不与同列，表示鄙视。"不耻"指不以为有失体面，如"不耻下问"。对美国的挑衅行为表示鄙视，应用"令人不齿"。"令人不耻"是根本说不通的。

"三驾马车"的配图不对

◎雷 冰

湖北电视台《长江新闻号》某期节目中有这样一段话："随着英国脱欧，欧洲的引擎由法德英'三驾马车'再一次回归到法德'双火车头'。"为了让观众更

加明了嘉宾所述内容，屏幕还特别搭配了三辆古式马车的彩图。但可惜的是，这张配图不但没给内容添彩，反而添出了一个小小的差错。原来，嘉宾所说的"三驾马车"其实并不是三辆车，而是指三匹马拉的一辆车。

"三驾马车"是个舶来品，据《简明不列颠百科全书》，它指一种用三匹马牵引的运载工具，在匈牙利和俄国，曾一度被认为是崇高地位的象征。在我国，虽然没有"三驾马车"的说法，但这种形式的车是存在的。在古代，马车由几匹马牵引，可不是一个小问题。它不仅是财富的象征，也不仅关系到驾乘者舒适度的需要，而且是社会各阶层在资源分配上身份和地位的体现，是一种须严格遵守的礼制，超出这个礼制就会有僭越之罪。比如在《逸礼·王度记》中就有记载，天子驾六马，诸侯驾四，大夫三，士二，庶人一。用"三驾马车"对译这个

谦称不用"贵"

◎王先晓

电视剧《大宋提刑官》第一部第六集中,提刑官宋慈前往太平县视察狱事,太平县知县吴淼水向宋慈述职时说:"宋大人,贵县的臣民都是奉公守法的百姓。"其中"贵县"使用错误。

贵,意思是贵重、重要。用作敬辞,用来称与对方有关的事物。比如:询问对方姓氏说"贵姓",请对方饶恕或通融用"高抬贵手"。吴淼水是太平县知县,他向上级宋慈汇报时,不应用敬辞"贵"称自己管理的县,而应用谦辞"敝"。

敝,意思是破烂、破旧。用作谦辞,用于跟自己有关的事物。比如:介绍自己的姓氏用"敝姓",称自己的学校为"敝校"。故吴知县对宋慈描述自己管理的太平县时应称"敝县"。

来自西方的词,准确且生动。

"三驾马车"现在通常用在政治经济等领域,比喻推进事物发展的动力。如经济学上常把投资、消费、出口比喻为拉动GDP增长的"三驾马车";又如税收、国债和发行货币被称为国家财政的"三驾马车"。

"黄浦区"与"黄埔区"

◎沈不凡

2019年10月6日,上海电视台新闻综合频道《上海摩天轮》栏目,介绍了两项上海的非物质文化遗产,其一为"由黄浦区申报

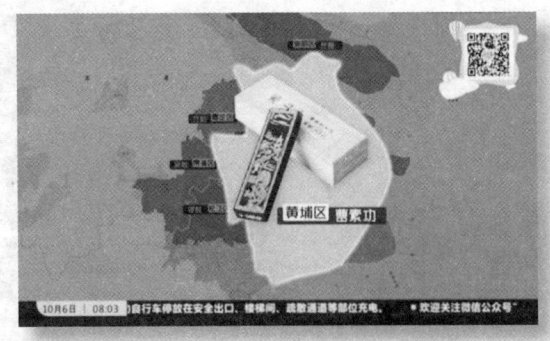

的曹素功墨锭制作技艺"。遗憾的是,节目误将"黄浦区"标注为了"黄埔区"。上海并无"黄埔区",只有"黄浦区"。

黄浦区是上海市辖区,在黄浦江和苏州河合流处的西南端,北起苏州河,东、南濒黄浦江。黄浦区因濒临黄浦江而得名。黄浦江是长江下游支流,旧称黄浦。"浦"的意思是河流入海处。相传,黄浦因战国时楚春申君黄歇疏浚而得名,别称黄歇浦(简称歇浦)、春申江(简称申江)。

黄埔区,则在广东省广州市东部,以历史上的黄埔军校闻名。黄埔军校,全称为"中国国民党陆军军官学校",是国共第一次合作时期,孙中山在共产国际和中国共产党的帮助下创建的军事政治学校。因校址在广州黄埔长洲岛(又黄埔岛),所以被称为"黄埔军校"。

将"黄浦区"和"黄埔区"混淆,实在不应该。

此语非王熙凤所说

◎厉申东

央视中文国际频道2019年4月19日晚播出的《海峡两岸》节目中,嘉宾在点评台湾当局领导人时说:"《红楼梦》里面有句话,王熙凤说的,叫'机关算尽太聪明,反误了卿卿性命'。我认为这句话用在蔡英文身上是非常妥当的。"(字幕同步显示)此处嘉宾对于《红楼梦》的引用表达得不够准确,王熙凤并没有说过这句话。

《红楼梦》第五回《游幻境指迷十二钗 饮仙醪曲演红楼梦》,讲了贾宝玉午睡做梦,在警幻仙姑的带领下,梦游太虚幻境,品茶饮酒,欣赏到了仙子新作《红楼梦》十二支曲。"机关算尽太聪明"便出自其中的一首《聪明累》。《红楼梦》十二支曲,是曹雪芹根据"金陵十二钗"所作,每一首都对应"一钗"的命运,《聪明累》即对应王熙凤,曲中第一句为"机关算尽太聪明,反算了卿卿性命",暗指王熙凤一生肆意弄权,"机关算尽",最终反被聪明所累,害人害己。

嘉宾用这个典故来品评蔡英文团队聪明自误的政治举措,是合适的。但是"机关算尽太聪明,反误了卿卿性命"这句话并非王熙凤所说。

"文明交流互鉴"与人类命运共同体建设

◎代宗艳

2014年3月27日,习近平主席在巴黎联合国教科文组织总部发表演讲时指出:"文明因交流而多彩,文明因互鉴而丰富。文明交流互鉴,是推动人类文明进步和世界和平发展的重要动力。"党的十八大以来,习近平总书记从推动人类文明进步和世界和平发展、推动构建人类命运共同体的高度,对促进文明交流互鉴做出一系列重要论述,提出一系列新理念、新思想、新论断。由此,新颖的短语"文明交流互鉴"横空出世,成为新闻媒体的高频用语。例如:

(1)多元文明共存是人类社会的基本特征,也是世界进步的重要源泉。文明没有高下、优劣之分,只有特色、地域之别。文明交流互鉴是促进民心相通的重要途径,人类文明因交流互鉴而更加精彩。(《人民日报》2019年10月22日)

(2)一位土耳其观众说,古"丝绸之路"将中国与世界联系在一起,从中国艺术家演奏的旋律中能够感受到东西文化碰撞出的"火花"。她希望中国提出的"一带一路"倡议能够进一步促进中欧文明交流互鉴,让欧洲人更加全面地了解中国,为中欧文化艺术交流增添新的华章。(《光明日报》2019年10月25日)

何为"文明交流互鉴"?"互鉴"即"互相借鉴"。"文明交流互鉴"是指不同国家不同民族在交往中能互相借鉴,吸收不同的文明成果。

在我国历史上,不乏"文明交流互鉴"的事例。日本为了学习中国文化,在公元7世纪初至9世纪末约264年的时间里,先后十几次向唐朝派出遣唐使团,使唐文化及佛教文化在日本广泛传播。著名的"丝绸之路"在促进中国与众多国家之间贸易的同时,也推动了文化交流,在世界文明史上写下了光辉的一页。

2019年5月15日,习近平主席在亚洲文明对话大会开幕式上发表了《深化文明交流互鉴 共建亚洲命运共同体》的演讲,深刻阐释了当今文化发展、文明交流面临的新形势,系统回顾了文明交流互鉴的历史和现状。自从习近平提出"深化文明交流互鉴,共建亚洲命运共同体"的理念以来,"文明交流互鉴"常与"人类命运共同体建设"如影随形,共现频率极高。例如:

(3)进一步拓展佛教对外友好交流,积极参与"中宗和"工作,增进中外人民友谊,服务"一带一路"建设,促进文明交流互鉴,助力共建人类命运共同体。(《人民政协报》2019年10月24日)

当下,"文明交流互鉴"在政治、文化、社会、生态等各个领域都得到了极大的关注。例如:

(4)进一步深入学习宣传贯彻习近平总书记关于文化和自然遗产保护利用、生态文明建设、文明交流互鉴等重要论述……进一步增强干部群众文化和自然遗产保护的意识和能力,推动全省文化和自然遗产保护利用工作实现新提升。(《福建日报》2019年10月24日)

(5)要站在构建人类命运共同体的高度,发挥奥林匹克在促进世界和平、坚持公平正义、推动交流互鉴、拉动经济增长、倡导绿色环保方面的综合价值和独特作用,为中国特色大国外交做出应有贡献。(《中

"举全×之力"办大事

◎徐靖怡

近年来,新闻媒体常用"举全国之力"形容国家聚集一切力量来完成某件大事。"举全国之力"在各种会议、讲话中频频出现。例如:

(1)习近平总书记在"4·13"重要讲话中明确指出:"海南全面深化改革开放是国家的重大战略,必须举全国之力、聚四方之才。"(《海南日报》2019年7月8日)

(2)发挥社会主义制度集中力量办大事的优越性,举全国之力对口支援新疆,各族群众的获得感幸福感安全感明显增强。(《人民日报》2019年7月5日)

"举全国之力"并不是人们新创的,这一用法在古汉语中就已出现。宋人史温在《钓矶立谈》中写道:"于是南生楚隙,西结越衅,晚举全国之力,而顿兵于瓯闽,坚壁之下,飞挽刍粟,征发徭戍,四境之内,为之骚然。"如今,人们用"举全国之力"来形容集中一国的人力、物

国体育报》2019年10月25日)

(6)中法:交流互鉴,美美与共——习近平夫妇在豫园会见法国总统马克龙夫妇(标题,《解放日报》2019年11月6日)

每一种文明都蕴含着一个国家和民族的精神血脉,既需要薪火相传、世代守护,又需要与时俱进、勇于创新。只有做好"文明交流互鉴",才能实现"各美其美,美美与共",推动构建人类命运共同体,共同书写人类文明发展的新篇章!

力、财力解决重大问题。

在"举全国之力"成为流行用语的同时,"举全×之力"也成为一个流行构式。所"举"的"×"可以替换为很多不同层级的名词,如"省""市""区""乡""村""校""厂"等。

(3)当前,广东正深入学习贯彻习近平总书记对广东重要讲话和重要指示批示精神,举全省之力强力推进粤港澳大湾区建设,坚定办好自己的事,奋力开创广东工作新局面。(《南方日报》2019年8月19日)

(4)通过普及环境保护法、《广东省环境保护条例》,认识到保护生态环境的重要性,该村举全村之力改造污水排放系统,对污水进行无害化处理,实施人畜分离,建设标准化圈舍,构建起较完善的环境保护机制,人居环境得到全面改善。(《法制日报》2018年5月22日)

(5)为此,广工(广东工业大学)专门出台《课程思政体系建设方案》,举全校之力建设一批融入思政元素、发挥思政功能的示范专业课程,设立专项教学改革课题研究项目。(《南方日报》2019年6月24日)

例(3)汇聚"全省之力"推进粤港澳大湾区建设,例(4)聚集"全村之力"改造污水排放系统,例(5)凝聚"全校之力"建设一批示范专业课程。人们用"举全×之力"形容他们集中一切力量解决重大问题,显示出他们的志在必得。

"举全×之力"成为热门用语,蕴含着人们对未来的美好期许,反映了华夏民族团结一致、同舟共济的优良品德,以及不畏困难、敢于挑战的人生态度。使用"举全×之力"这种构式,要注意两点。第一,其中的"×"应该是规模较大的单位,具有较厚实的人力、物力、财力的单位,所以一般不宜说"举全家之力""举全组之力""举全店之力"之类。第二,"全×之力"需要慎"举",不夸夸其谈,如此才能有的放矢,真正做出一番事业。

"生图""P图"都是什么图

◎高丕永

央视名嘴康辉和朱广权,在社交媒体上与网友互动时风趣幽默,深受喜爱。大家昵称康辉为"康帅"、朱广权为"段子手"。2019年11月14日,有网友分享了一张小松鼠捧着树叶的照片,开玩笑说小松鼠很像"康帅"。很快,"段子手"转发了这张图,并配文:"太过分了,怎么能放生图呢!"年轻网友一见,马上兴奋起来,开始聚集"围观"。"朱广权晒康辉生图"这个话题上了热搜,阅读量高达1.2亿。轰动一时的"生图"到底是什么图呢?这儿且从"生图"的反义词"P图"说起。

"P图"是从著名图像处理软件的名称"Photoshop"演变而来。英语里,"Photoshop"简称"PS"。"PS"还能用作动词,专指"在电脑上用Photoshop处理图像,修图"。"Photoshop"进入中国后,"PS"也经常出现在媒体上,用作动词的比较多见。比如:"给鸽子PS个'明星照'"(标题,《中国计算机报》2004年3月17日)。动词"PS"还可以缩略为"P"。"P(S)"过的图像一般称为"PS图"。比如:"将狗狗'P'得花枝招展'视频达人'玩转PS图"(标题,《武汉晚报》2011年11月2日)。"PS图"又可以缩略为"P图"。比如:"iPhone专用Photoshop随时随地P图发微博"(标题,《中国传媒科技》2009年第10期)。

随着其他电脑修图软件的相继问世,特别是手机"美图""美颜"App的出现,"P图"一词的使用明显多了起来,其中的"P"泛指"处理图像、修图"。比如:"美图秀秀网页版让你在线P图更轻松"(标题,《电脑迷》2010年12月15日)。动词"P图"可以拆开用。比如:"初中女生遭同学P不雅图 多日未上学"(标题,《辽沈晚报》2016

年12月29日)。年轻人还喜欢单用"P"作动词,饭圈里更是如此。比如:"网友:能给伴娘也P一下吗?"(标题,《大连晚报》2015年3月25日)。

"P图"为什么受欢迎?重要原因是"P"的读音恰好与汉语"批墙"的"批"差不多。"批墙",大家比较熟悉,是房屋墙面装潢的重要工艺。"批墙"的过程,一般先去除墙面的凸出,填平凹陷,仔细磨平;如此工序,可能要重复几次,然后抹上涂料等加以美化。可见,无论是目的还是过程,"P图"与"批墙"是何等相似!所以,大家喜欢使用"P图"一词。现在,"P图"几乎成为日常用语了。

解释了"P图",再来解释"生图"就方便了。"生图",饭圈用语,是"P图"的反义词,指"未经P图的照片",2018年下半年出现在饭圈内。当时,粉丝为了炫耀自己"爱豆(偶像)"的"超高颜值",把爱豆的"生图"直接发在网上,还怒赞爱豆"连生图都那么好看"。粉丝之所以创造"生图",可能是他们觉得自己之前常用的"未P图"不太顺口吧。最初,"生图"主要在圈内流行。段子手朱广权把小松鼠照片戏称为康帅的"生图",无意中让"生图"一词"风光""出圈"(出圈,饭圈用语,指"让饭圈外更多的人知道")。

"生图",是仿照另一个网络用语"生肉"所造的。"生肉"指"未配上汉语字幕的外语影视剧"。这个"生肉"的"肉",音译英语的"roll",指"胶卷、胶片"。"生肉"的"生",源头是英语的"raw"。在日常英语里,"raw"指"生的,未煮熟的";而在影像处理等专业英语里,则指"原始的,未处理的"。与"生肉"相对的是"熟肉(配有汉语字幕的外语影视剧)"。那么,有没有与"生图"相对的"熟图"呢?有的。2019年下半年开始在圈内流行。"熟图"是"P图"的同义词,但并不等同于"P图"。用圈内人士的话来说,"熟图"是"P得连亲妈都认不出简直是换了一个人"的"P图"。

"势微"?"式微"!

◎李景祥

2019年11月22日《北京晚报》第33版刊有《水印木刻 匠人精神继绝学》一文,其中写道:"无论是从它与书籍的'互文'关系,还是其作为独立绘画的存在方式来看,昔日盛极一时的水印木刻已日趋势微,几乎成为艺术的绝学。"句中的"势微"应改为"式微"。

"式微"为《诗经·邶风》中的一个篇名。该诗的第一句便是"式微,式微,胡不归",这里的"式"为发语词,"微"即衰微,指黄昏或者天黑,这句话直译便是:"天黑了,天黑了,为什么还不回家?"朱熹《诗集传》:"式,发语辞。微,犹衰也。"

"式微"本是天快要黑了的意思,后多形容事物由盛及衰。郭沫若《十批判书·古代研究的自我批判》:"武王以前的周室没有什么高度的文化,平王以后的周室则是式微得不堪了。"

前述引文想表达的是水印木刻这门艺术,从曾经盛极一时到如今几乎成为艺术的绝学,用"式微"十分贴切。

"所幸"误为"索性"

◎李可钦

2019年3月23日《呼伦贝尔日报》第5版刊有文章《半挂车侧翻海交警全力救援排险情》,其中写道:"经查,此次事故是因为车辆刹车出现问题,且行经路口转弯时车速过快,导致车辆失控侧翻,索性未造成人员伤亡。"文中的"索性"应是"所幸"之误。

索性,意思是直截了当、干脆。如《红楼梦》第四十三回:"如今我们索性往前再走二里,就是水仙庵了。"所幸,意思是幸好、还好,常用在不幸的事情之后。例如:家里电线走火,所幸父亲处理得当,才免去了一场火灾。

前述引文说的是车辆失控侧翻事故并未导致人员伤亡,用"所幸"符合上下文语意。"塮"与"榭"音同形近,当是致误原因。

何来"猪榭"

◎杨昌俊

2019年10月17日《松江报》第8版刊有文章《种蘑菇》,提及有机肥料的沤制方法时,这样写道:"用粪水浸泡的麦柴垫底,上面覆层猪榭、菜饼和少量化肥,再上麦柴。如此反复,形成一米多高的堆肥,加热发酵。"其中"猪榭"应为"猪塮"。

塮,读作xiè,方言,指猪羊等家畜圈里积的粪便。"猪塮"指的便是猪的粪便。老农有"种田无花巧,全靠猪塮红花草"的说法。种植蘑菇时制作有机肥料,会用到猪塮之类的原料。

榭,音xiè。可指建筑在高土台上的木屋,多是游观之所。古代还指无室的厅堂,多用作讲军习武或藏器之所。

"百无一用是书生"是谁说的

◎汤生根

中央编译出版社2011年9月出版的《文化名家谈生死》一书收有徐志摩的散文《我的祖母之死》。该文说:"我们念书人的幻想力是比较的丰富,但往往因为有了幻想力,就不管生命现象的实在,结果是书呆子,陆放翁说的'百无一用是书生'。"(第182页)陆放翁即陆游,"百无一用是书生"是陆游说的吗?不是,是清代诗人黄景仁说的。

黄景仁(1749—1783),字汉镛,一字仲则,江苏武进人,是清中叶代表性诗人之一,他怀才不遇,一生贫病交迫。"十有九人堪白眼,百无一用是书生"出自他的《杂感》一诗。诗人感叹自己有志难伸,自嘲只是"百无一用"的一介书生。重在溯源的《辞源》收有"百无一用是书生"词条,唯一的引例便是黄景仁的诗句。

南宋陆游留下了许多诗词,却并未写过"百无一用是书生"的诗句。徐志摩原文有误,编者宜加上注释予以说明,以免以讹传讹。

不是"不谛",应是"不啻"

◎厉国轩

2019年11月8日《文汇报·文汇学人》第8版刊登的《酋邦理论与中国考古学的渊源》一文中,有这样一段话:"获知上海古籍出版社将出版一套西方考古学与人类学译著。这一举措对于考古学界和史学界来说不谛是个期待已久的好消息。"其中"不谛"有误,应为"不啻"。

啻,音chì,表示但、仅、止。"不啻"可表示不仅、无异于等意义。如:母亲的去世,对她不啻是一个晴天霹雳。"谛"读dì,表示仔细(看或听),如谛视。佛教指真实而正确的道理,泛指道理,如真谛。

"啻"与"谛"音义不同,"不谛"根本说不通。

人生七十称"古稀"

◎陈福季

《书屋》2019年第2期《"无人共话小川町"》一文说:"蔡先生当时年已古稀,但和诗却是'游戏之中自有谨厚之气',令其颇感慨。周作人'自寿诗'曾引起一场风波,批判之声不绝于耳,但蔡元培的和诗,自是可令身在旋涡中的周氏感到温暖的。"文章中说的"自寿诗",是周作人于1934年五十大寿之际所作的打油诗。当时上海、北京文坛纷纷以和诗祝贺,后又引起了左派文人的批评,在文坛产生了很大的风波。但这里要说的并不是自寿诗与和诗。文章中说蔡元培"当时年已古稀",有误。

著名教育家蔡元培,生于1868年,卒于1940年。在1934年时,仅66岁。而"古稀"指70岁,语出杜甫《曲江》诗之二中的"酒债寻常行处有,人生七十古来稀"。因此当时的蔡元培先生尚不是"年已古稀",可以将之改为"年近古稀"。

"麻木不仁"不能写成"麻目不仁"

◎严志清

北京世界出版社出版的《老故事新道理全集》一书中,有一篇小故事《以盗治盗》,其中说道:"哪怕是最坏的人,内心深处也还是有责任心和尊严的,但是由于人们对他们的厌恶、仇恨和鄙视,使他们变得麻目不仁了,责任心与尊严被深深地埋了起来……"文中的"麻目不仁"应当改为"麻木不仁"。

"麻木不仁"是个成语。麻木,本义指人体的某部分失去知觉,同"麻痹"。引申为对外界事物感觉迟钝,反应不灵敏。不仁,即肌肤肢体麻木、不灵便。《后汉书·班超传》:"衰老被病,头发无黑,两手不仁。"句中的"两手不仁",就是说两只手已经失去了知觉,不能动弹。成语"麻木不仁",原指一种神经系统的病态,即肢体发麻,没有感觉。现常用来比喻某些人对外界事物反应迟钝,漠不关心。毛泽东《纪念白求恩》:"对同志对人民不是满腔热忱,而是冷冷清清,漠不关心,麻木不仁。"亦可作"麻痹不仁"。"麻目不仁"说不通。

立冬在几月几日

◎李华山

"赶到农历十一月七日,恰逢廿四节气当中的'立冬'。"此句出自2019年11月21日《辽宁老年报》第8版《诗意悟立冬》一文。立冬不会在农历十一月七日,文章是误把公历日期当成农历日期了。

立冬是二十四节气之一。我国古代历法根据太阳在黄道上的位置,将一年划分为二十四节气。太阳黄经每隔15度为一个节气。第一个节气为立春,此时太阳位置到达黄经315度,一般在公历2月4日或5日。当太阳位置到达黄经225度时,就到了立冬节气,一般在公历11月7日或8日。《月令七十二候集解》:"立,建始也。冬,终也,万物收藏也。"立冬即冬日之始。每到这时,北方的农耕工作基本结束,秋熟作物陆续登场,随之进入冬藏。二十四节气是古人在长期的劳动实践中不断完善的,有些老农至今还按二十四节气进行生产劳作。

我们现在用的公历是一种太阳历,而传统的农历则是一种阴阳合历,两种历法上的月日并不对应。以近几年的立冬为例,2017年11月7日为农历九月十九,2018年11月7日为农历九月三十,2019年11月8日为农历十月十二,都不在农历的十一月七日。农历的十一月七日一般在公历的12月里,在大雪节气前后,那时可不是"开始入冬",而是严冬了。不可把公历的月日当成农历的月日。

"泥人张"并非出自无锡

姜伟光

2019年10月3日《北京晚报》刊载《文化之花 土生土长》一文,介绍了中国和泥土有关的文化艺术,其中写道:"俗话说,靠山吃山,江苏无锡的泥土,可捏出各种造型,出了有名的'泥人张'……"事实上,"泥人张"并非出自江苏无锡,而是出自天津。

"泥人张"是人们对民间手艺人张明山的昵称。张明山(1826—1906)出生于天津,自幼随父亲从事泥塑制作。他心灵手巧,想象丰富,18岁即得

"泥人张"称号。他塑造的泥人一般高不过尺,形神兼备,极具个性,深受人们的喜爱。彩塑作品《编织女工》曾在1915年巴拿马国际博览会上获过奖。张明山开创的彩塑艺术,至今已有百余年的历史。

江苏省无锡市确实也出产泥人。在无锡惠山一带有一种棕黑色的黏土,质地细密,可塑性强,用这种黑土塑造的泥人,便是闻名遐迩的"惠山泥人"。"惠山泥人"和"泥人张"彩塑都是我国民间彩塑艺术瑰宝,但不能混为一谈。

是"碓窝"非"兑窝"

◎方必成

《微型小说选刊》2018年第16期刊文《崔三嘴》:"(催奶)具体方法是,采些新鲜的紫藤叶子,清水洗了晾干,放兑窝里捣碎,捧起来敷在奶上。"文中的"兑窝"当为"碓窝"。

碓,音duì,是我国古老的舂谷工具,用柱架起一根木杠,杠的一端装杵或系一块石头,舂碾时用脚连续踏另一端,石头就连续起落,脱去下面臼中谷粒的皮。碓的石臼可被称为"碓窝","窝"指凹陷处。

兑,音duì,有换取、汇兑等意义。"兑"与捣药材无关。

何来"惺眼未睁"

◎谢云秋

《京江晚报》2019年8月10日A16版《小巷的三伏天》一文中写道:"清晨,天刚麻麻亮,'倒马子'的吆喝声或是收垃圾的摇铃声,将我从梦中吵醒。惺眼未睁,就听见天井里那群妈妈们在絮叨⋯⋯"文中的"惺眼未睁"让人费解。

惺,音xīng,现在常用的义项有二:一是聪明;二是醒悟,清醒。无论用哪种解释,"惺眼未睁"都难以说通。汉语中有一个词"惺忪",可用来形容刚睡醒时神志和眼睛还处于模糊不清的状态。鲁迅《故事新编·采薇》:"街上行人还不多,所遇见的不过是睡眼惺忪的女人,在井边打水。"

前述引文描写的是,清晨时分,小巷里发出的各种声音扰了"我"的清梦,意识模糊,似醒非醒,此情此景用"睡眼惺忪"才恰如其分。

"1945年秋天,红军过草地"?

◎周平果

《老年知音》2019年第7期刊载的《长征路上的"红小鬼"的故事》一文中,有这样一句话:"1945年秋天,红军进入了草地。"说红军在"1945年"进入草地,不符合史实,应为"1935年"。

红军长征从1934年10月开始,到1936年10月结束,历时两年。长征红军过的草地,是川西北的松潘草地。松潘草地纵横300公里,海拔虽高,但与周边相比,地势低洼,水流淤滞,形成了连片的沼泽,人迹罕至、气候变化无常。长征红军之所以冒险过草地,是因为这个地方乃国民党围追堵截圈子中的缺口。

过草地的红军是红一方面军和红四方面军。红一方面军过了一次草地,红四方面军则过了三次草地。史料显示,红一方面军是1935年8月下旬过的草地。红四方面军第一次过草地与红一方面军同时,第二次是1935年9月中下旬,第三次是1936年7月初至该月底,用了将近一个月的时间。

上述文章没有说明具体是红军的哪一个部队,但不管是红军的哪个部队,过草地都不可能在"1945年秋天"。红军三大主力于1936年10月胜利完成了长征。说"1945年秋天,红军进入了草地"岂不谬哉?

甲骨文研究说略(下)

◎苏培成

唐兰和于省吾

唐兰(1901—1979),浙江嘉兴人。唐兰对甲骨文研究的贡献有:1.发表《古文字学导论》,提出考释古文字的四种方法,即:对照法、推勘法、偏旁分析法和历史考证法,从而确立了一套完整的古文字考释方法。2.在汉字的构成方面,他对"六书说"进行了批判,提出了"三书说",就是象形、象意、形声。3.在甲骨文考释方面,他发表的著作有《殷虚文字记》《天壤阁甲骨文存并考释》等专书和《获白兕考》《关于"尾右甲"卜辞》《释四方之名》等多篇论文。他考释确定的字有一百多个,其中的"秋""麋""兕"等许多字已为学界所公认。

于省吾(1896—1984),字思泊,辽宁海城人。他在20世纪40年代出版了考释甲骨文的专著《双剑誃殷契骈枝》及《续编》《三编》,50年代以后又发表了不少考释甲骨文的文章。后来对这些文章加以删选,编成《甲骨文字释林》,先后由中华书局和商务印书馆出版,产生了很大的影响。他强调研究古文字要注意每一个字本身的形、音、义三方面的相互关系,还要注意每一个字和同时代其他字的横的关系,以及它们本身在不同历史阶段的字形之间的纵的关系,反对没有充分根据地任意考释古文字。在古文字考释方面,他的成绩很大。他新释的字和对已释字在音读、义训方面纠正旧说而提出新解的接近三百字。他不但考释出不少难识之字,例如"屯""次""盗"等,而且还讲明许多难解之义,例如"乞""勿""庶"等。他对甲骨文的构形理论也突破"六书"理论提出了一些新的看法,发表《释具有部分表音的独体象形字》《释古文字中附划因声指事字的一例》等论文。

李学勤、裘锡圭

这是新中国培养出来的古文字学家,对甲骨文研究有很大的贡献。

李学勤(1933—2019),北京人。他写的《古文字学初阶》是学习古文字学的很好的入门读物,其中的《甲骨学基础知识》一章介绍甲骨的整治和占卜的过程、卜辞的读法,并举例说明卜辞的结构,很简明易懂。《殷代地理简论》受董作宾《殷历谱》的影响,用排谱法对甲骨文进行研究,用地理来贯穿,富有新意。殷墟妇好墓发现后,他经过认真细致的研究写成《论妇好墓的年代及有关问题》,认为把"历组卜辞"归属第四期武乙、文丁时期,年代断错了,其时代应提早到第二期武丁、祖庚时期,很有说服力。殷墟小屯南地出土甲骨公布后,李学勤发表《小屯南地甲骨与甲骨分期》一文,提出甲骨分期的两系说,引起学界很大的反响。

裘锡圭,浙江宁波人,1935年生于上海。他编写的《文字学概要》是新中国建立以来出版的最有影响的文字学教科书。在甲骨文研究方面发表多篇重要的论文,例如《论"历组卜辞"的时代》支持并发展了李学勤的观点,指出"历组卜辞应该属于武丁、祖庚时期"。并指出历组卜辞出在小屯村中村南,宾组、出组出在小屯村北,这说明历组和宾组、出组分属于不同的占卜机构,为后来的学者进行分类断代打下了基础。甲骨学者长期以来把殷墟卜辞的命辞(提出所要占卜的事情的话)一律看作问句。20世纪70年代以来,不少国外的甲骨学者提出了命辞基本上都

游民、街友与寒士

◎高婉瑜

"游民"是一个古老的词,古代指无田耕种、流离失所者,或称无固定职业者,今天则是指因社会、经济、个人等缘故,四处游荡,无固定工作,于公共场所栖宿或行乞者。

在台湾地区,"游民"是较正式的词,见于法规与报章,该词最早出现于《台湾省取缔散兵游民办法》,显示当时对游民的态度不友善,将他们视为犯人,认为应该取缔。后来,对游民的态度有所软化,各县市纷纷开展游民辅导,推出游民收容办法,设立游民收容中心。早期台湾报章常见"无业游民"一称,因为"游民"是不工作的。渐渐地情况改变了,某些游民会做临时工作,再就业稳定性不高,工作瓶颈期平均3个月,

---

不是问句的新看法。裘锡圭考察了已著录的全部殷墟卜辞,写成了《关于殷墟卜辞的命辞是否问句的考察》,认为目前能够确定是问句的命辞,主要是早期卜辞中那些带句末语气词"抑"和"执"的选择问句式命辞,以及带"抑"的是非问句式命辞。目前能够确定不是问句的命辞,主要是一部分复句式命辞。大部分命辞究竟应该看作陈述句还是是非问句尚待研究。这就把卜辞结构的研究推进了一大步。

甲骨文发现以来的120年,人才辈出,成绩斐然;希望今后能有更大的进步,迎接新的辉煌。

因此,报章出现"无业游民"的次数是大幅减少了。

随着时代、社会的变迁,台湾人对"游民"产生新称呼,从友人的角度命名。因为他们经常露宿街头,故称"街友",听起来比"游民"更有温度。官方亦与时俱进,有《街友安置辅导办法》,社会局有"街友业务",民间有"街友服务中心"。而且官方经常与民间合作,在春节前夕举办许多关怀活动,例如义剪、沐浴、义诊、聚餐;寒冬时提供睡袋、衣服、食物等;举办工作坊,辅导就业。

除了"街友"之外,还有更尊重的称呼是"寒士"。"寒士"也是一个古老的词,原指家境贫寒、身份卑微的人,"士"字可以是读书人、士兵或百姓,更重要的是,表人的"士"属美称(如女士、男士)。1987年有人发起"街友尾牙"活动,至今举办了30多年,"街友尾牙"后来改名"寒士吃饱30"。"寒士"的身份可能是街友、独居老人、清寒单亲妈妈、社会边缘人,扩大了照顾范围。

语言是社会变化的一面镜子,从早期所谓的"游民",到以"友"相称的"街友",进一步以"士"相称为"寒士",名称的改变反映了台湾地区社会观念的变化,朝着友善温暖的方向前进,希望达到"人间处处有温情"的境地。

《偏见》参考答案

1. 左临右舍——左邻右舍
2. 犹为——尤为
3. 观查——观察
4. 不止——不只
5. 宣染——渲染
6. 留传——流传
7. 主持——住持
8. 真象——真相
9. 慢不经心——漫不经心
10. 赔理道歉——赔礼道歉

"暝"不宜释作"夜晚"

○乔 红

《梦游天姥吟留别》是一首记梦诗、游仙诗,写诗人梦中一夜飞渡镜湖,游览天姥山,并见到种种奇景异物,此诗表达了作者不向权贵屈服的情感。诗中有这样几句:

脚着谢公屐,身登青云梯。

半壁见海日,空中闻天鸡。

千岩万转路不定,迷花倚石忽已暝。

熊咆龙吟殷岩泉,栗深林兮惊层巅。

云青青兮欲雨,水澹澹兮生烟。

列缺霹雳,丘峦崩摧。

洞天石扉,訇然中开。

其中"千岩万转路不定,迷花倚石忽已暝"是李白对天姥山奇丽景观的大笔勾勒。下句中的"暝"字,山东人民出版社高中《语文》第五册注释为:"暝,天黑,夜晚。"据此,"迷花倚石忽已暝"便被解释为"迷恋着花,依倚着石,不觉天色已经晚了"。但从诗的上下文来看,"暝"作"夜晚"解不恰当。

先看上文,"半壁见海日,空中闻天鸡","见海日"和"闻天鸡"都是一天方始的景象,表明此时天刚亮不久。再看下文,"云青青兮欲雨,水澹澹兮生烟。列缺霹雳,丘峦崩摧"。青青,即黑,"云青青"是说云层黑沉沉的。澹澹,波浪起伏的样子。前两句大意是说云层黑沉沉的,好像要下雨,水面波动起了烟雾。列缺,即闪电。后两句是说电闪雷鸣。这描绘的分明是山雨欲来的景象,与夜晚似乎没有关系。况且如果已经到了夜晚,那是无法看到"云青青"和"水澹澹兮生烟"之景

也说"琵琶声停欲语迟"

◎胡礼湘

人教版高中《语文》课本必修③第6课是白居易的《琵琶行并序》。对"寻声暗问弹者谁,琵琶声停欲语迟"这一句,课本注释:"欲语迟","要回答,又有些迟疑"。对这个注释,杨为仁老师撰文《"迟"是"迟疑"的意思吗?》,通过多方面分析得出结论:"把'迟'理解为'迟疑'是错误的,应该当作'缓慢''晚'来理解。"(《语文月刊》2019年第5期)对杨老师的分析和结论,笔者有些不同的看法,想与杨老师商榷。

课本将"欲语迟"注释为"要回答,又有些迟疑",的确是错误的。琵琶女在"水上"(江面上)的船上专心弹奏琵琶,怎能听到诗人在靠近"江头"(江边)的船上发出的"暗问"声?听不到"暗问"声,又何来"要回答"?即使听见了"暗问"声,而琵琶女在那船上还没"出来",江边船上的诗人又怎能看到她"要回答,又有些迟疑"的举动?这些疑问充分说明,这个注释不合上下诗句语境,正如杨老师所说"课本注释实在破绽百出,万难自圆其说"。

杨老师认为"琵琶声停欲语迟"即"欲琵琶声停语迟",意思是说"要等到琵琶声音停

的。如果将"迷花倚石忽已暝"中"暝"作"夜晚"讲,那便与上下文失去了照应。可见,这里的"暝"不应解释作"夜晚"。

暝,除夜晚之义,还可表示昏暗。如宋陆游《风云昼晦夜遂大雪》:"草木尽偃伏,道路暝不分。"即说道路昏暗无法分辨。据上下文意,将句中的"暝"释作"昏暗"为妥。正是因山雨欲来,天色变暗。据此,全句的解释也就应改为"迷恋着花,依倚着石,不觉天色已经昏暗下来"。

止了,再告知我们,就嫌慢(晚)了"。这样解释仍有破绽。其一,琵琶女究竟能否听到"暗问"声,还不得而知,这里将"语"理解为"告知",该从何谈起?其二,如果按此解释,"琵琶声停欲语迟"写的就是诗人的心理,即在琵琶声音没有停止之时,就有急于见到琵琶女、急于知道"弹者谁"的愿望。那么接着"移船相近邀相见",即在琵琶女弹奏还没结束的情况下,诗人就移动船只接近琵琶女并邀她相见,岂不是很无礼的打扰吗?于情于理,这样的事诗人应该是不会做的。故此,笔者以为,"琵琶声停欲语迟"所写并非诗人的心理,应是真实的存在——诗人的行为。

"琵琶声停",即琵琶声音停止;"欲语迟",到底该如何解释呢?在杨老师看来,第二段前面六句写主客邀见琵琶女的经过,行为主体都是江边话别的主客。说得十分有理。明乎此,笔者以为:"寻声暗问弹者谁",就是寻着声源"暗问"(悄悄地问)弹琵琶的是谁;"琵琶声停欲语迟",就是在琵琶声音停止之后欲"语"还迟。"语"照应前句中的"暗问",应是"明语"之意,即公开地问。"迟"应理解为"迟疑"。"琵琶声停欲语迟",意思当是"在琵琶声音停止之后,想公开地问又有些迟疑"。唯其如此,才能紧承上句"寻声暗问弹者谁",并转接下句"移船相近邀相见";唯其如此,才能凸显主客"忽闻水上琵琶声,主人忘归客不发"后的兴奋之情和犹豫之态。

杨老师以"'迟'单独运用,表示'迟疑''犹豫'的意思,尚无例句验证"为据认为,"琵琶声停欲语迟"中的"迟"不能解释为"迟疑"。笔者以为,这种判断也失之偏颇。《辞源》《辞海》《汉语大字典》等工具书就列了"迟"的"迟疑""犹豫"义项。曾读明代释今帾《黎方回务光兄弟至》,其中有:"少年同学款茅茨,愁思潜然欲语迟。"这里的"迟"就是"迟疑","欲语迟"就是"想说不知该说什么"。

"恩重如山,爱深似海"

◎宗守云

元代姬翼在《粉蝶儿·绿鬓朱颜》中写道:

(1)绿鬓朱颜,那禁两轮乌兔。被恩枷、爱绳缠住。重如山,深似海,浑身担负。转头看,只赢得一丘闲土。些子时光,白乾自招忧苦。早抽身、快寻出路。水云乡,闲笑傲,开怀行步。有玄珠,待归来向伊分付。

在例(1)中,作者说"恩"像山一样重,"爱"像海一样深,这是异类相比现象:"恩"和"山"、"爱"和"海"都是不同类别的对象,它们本来是不能放在一起比较的,但在文学作品以及其他特殊语境中也可以放在一起比较,于是就出现了异类相比现象。异类相比不仅用于等比,即两个对象相同,也可以用于差比,即两个对象不同。例如:

(2)这肯定是我一生中最长的一个吻,比长安街还长。(刘毅然《摇滚青年》)

(3)她戳着自己的脸蛋儿对尹小跳说,我的脸比城墙还厚呢,哼,倒要看看他们能把我怎么样。(铁凝《大浴女》)

例(2)把吻的时间长描述为比长安街还长,这是时间和空间的异类相比,例(3)把脸皮厚描述为比城墙还厚,这是性格和事物的异类相比,都是异类差比。

在比较句中,同类相比是常见现象,有同类等比,如"张三和李四一般高",有同类差比,如"张三比李四高"。异类一般情况下是不能放在一起比较的。《墨子·经下》说:"木与夜孰长?智与粟孰多?爵、亲、行、贾四者孰贵？"这就是著名的"异类不比"的墨辩逻辑命题。从逻辑事理的角度看，由于异类之间衡量标准不同，比如时间的长度和空间的长度，性格的不易改变和事物的不易改变等等，它们之间很难做出比较。但语言表达有时会突破常规，在特定的语境下，说话人为了取得特殊的表达效果，故意运用非常规的语言形式表达，异类相比就是这样的情形。

从表达目的看，比较句是用来比较事物异同的。但异类相比只是采用了比较句的形式，其目的并不是比较事物的异同。就一般比较句而言，差比句不但有"超出"式比较，如"张三比李四高"，也有"不足"式比较，如"张三不如李四高"，而异类相比没有"不足"式比较，不能说"我们的吻没有长安街长""我的脸没有城墙厚"。一般比较句，等比和差比性质是完全不同的，而异类相比等比和差比并没有什么不同，"我们的吻有长安街那么长"和"我们的吻比长安街还长"，"我的脸有城墙厚"和"我的脸比城墙厚"，意思都差不多，都是程度很高的意思，即"我们吻的时间很长""我的脸皮非常厚"。因此，异类相比实际上表达的是高程度意义，其比较基准往往都是超出一般的甚至是达到极致的，比如长安街之长超出通常街道的长度，城墙之厚超出一般事物的厚度，而在"心比天高，命比纸薄"中，天在高的程度上达到极致，纸在薄的程度上达到极致。

异类相比是语言中的特殊现象，是说话人故意突破语言常规而使用的表达手段，其目的不是比较事物的异同，而是用来夸张渲染人或事物在某一方面程度之高，从而突出人或事物的特征。语言从来不是规规矩矩地存在着的，常常有突破有创新，使身体与世界形成种种联结，正如莱科夫和约翰逊在《肉身哲学》中所言："如果没有这些，精神便索然无味。"语言的魅力正在于此。

"趋之若鹜"的贬义色彩已趋淡化

◎陈璧耀

1997年高考,有一道判断题为"齐白石画展在美术馆开幕了,国画研究院画家竞相观摩,艺术爱好者也趋之若鹜",是否正确。命题者认为"趋之若鹜"是贬义成语,用在这里错了,是误用,要纠正,所以出了这道题。

对成语"趋之若鹜",目前普遍的看法,确实就是只能用于贬义。商务印书馆2013年出版的《成语误用辨析200例》,其中有一篇就直接题为《"趋之若鹜"是贬义成语》,作者特别强调"趋之若鹜"只有贬义一种用法,其他都属误用。一些常用辞书也给"趋之若鹜"定性为贬义,如《新华字典》"形容很多人争着去,含贬义"(第11版527页),《现代汉语词典》"形容许多人争着去追逐某种事物(含贬义)"(第7版1078页),都是绝对的贬义。

"趋之若鹜"果真只有贬义一种用法?

事实恐非如此。"趋之若鹜"既有贬义用法,也有非贬义的中性用法,难以绝对地一概而论。就近来的语用实际看,似乎非贬义的中性用法逐渐多了起来,而原先的贬义色彩则渐趋淡化。

一般认为《史记·货殖列传》"走死地如鹜者,其实皆为财用耳",就是"趋之若鹜"的源头。"走"就是"趋","走死地如鹜"就是"趋之若鹜"。就这个用例看,明显含贬,因为所"趋"者"皆为财用",而"财用"在司马迁看来就是"死地"。

大概在明朝时,逐渐形成了四字格。坊间所见成语词典的书证,最早的引例都是《明史·萧如薰传》:"如薰亦能诗,士趋之若鹜,宾座常满。"这个最早的四字格用例,就是明显不含贬义的。萧如薰是明朝武将,本传说他"为将持重",曾"孤城抗贼","坚守不下"。他和戚继光一样还有诗名,文人多冲着他的诗名登门,家中因此经常宾客满座。清人袁枚《随园诗话》卷十一也有"毕尚书宏奖风流,一时学士文人趋之若鹜"的用例,也是明显不含贬义的。只是后来的许多引例,就目前的辞书书证看,却是多数含贬的了,如清人李渔《与赵声伯文学》的"蝇头之利几何,而此辈趋之若鹜"。

其实,"趋之若鹜"就字面义说,是无所谓褒贬的。《辞海》释义为"像野鸭般成群而往,比喻很多人争相前往",就比较客观,引的就是《明史》例,并不特别强调褒贬色彩。但最后五个字"后多含贬义",揭示后来的用法偏向了贬,也比较符合这条成语感情色彩变化的语用实际。"多含"并非"都含",也可以不含贬义的,如《汉语大词典》第九卷所引茅盾《脱险杂记(十)》:"在我们身后就有各种各样的摊贩,早上起来还没吃东西,自然大家趋之如鹜。"就是不含贬义的。《汉大》因此释义为"像野鸭成群而往。比喻很多人争相趋附、前往"。也只就字面义解释,并不特别附加主观的感情色彩。

一条成语是褒是贬,要在具体语境中结合其内涵才能确定。"趋之若鹜"是否含贬,是和所"趋"的"之"是什么有着密切的关系的。如果是为"财用",为"蝇头之利",那就含贬。清人纪昀就曾直接把"趋之若鹜"写成"趋利若鹜"(《阅微草堂笔记·姑妄听之(一)》"人情渐薄,趋利若鹜"),林则徐在他一篇折子中也直接说"小民趋利若鹜"。如果不是,就不一定含贬。如果所趋者比较高雅,那就一定不含贬。此类用例如今已越来越多了,兹略举数例如下。

(1)在上海美术馆的画展上,70多幅书画作品吸引了城中名流趋之若鹜,足见饶公在书画界的地位。(邵岭《饶宗颐:所谓大师,是要讲机缘的》,《文汇报》2012年7月3日)

(2)一部《顺生论》,火爆名书荟萃的图书交易会,购者趋之若鹜,一时洛阳纸贵,赢得了"近代社会《论语》"的美誉。(马嘶《雅人张中行》,陈品高主编《追忆与感怀》)

(3)泰戈尔的来访在中国文化界引起了极大的轰动,几乎所有人都以见他为荣,一时趋之若鹜。(梁钦宁《君子行不言之教——梁漱溟的独立思考与行动》,上图编《家教的力量》)

(4)辜(鸿铭)在东交民巷使馆区六国饭店用英语讲演他的《春秋大义》,讲演从无售票的先例,他的却要售票,且票价高于梅兰芳,但爆满,洋人趋之若鹜。(蔡小容《辜鸿铭的情诗》,《文汇报》2019年7月3日)

上引的四个用例,和文章开头的那道高考判断题完全一样,是谈不上什么误用的。《汉语大词典》第九卷出版于1992年,比1997年高考早了五年,《辞海》则更早,命题者若能稍稍注意到这些辞书的释义,就不会出此判断题了。

如前所述,"趋之若鹜"四字格成形之始的用例就是不含贬义的,虽说后来逐渐偏向了贬义,但近来的许多实际用例,却又多偏向了中性,贬义色彩已趋淡化。这种褒贬色彩发生变化的语用实际,或与当下多元时代的价值取向有关,所以不宜匆忙否定,不宜武断地以为只此一种用法,其他都属误用。

何来"灰蛇草线"

◎吴均平

读广陵书社出版的王干所著《夜读汪曾祺》,其中《有志者的困局》一文中有一个句子:"他(汪曾祺)对时代的关注、对政治的关注其实一点也不淡漠,只不过是用灰蛇草线的方式来表达。"句中"灰蛇草线"这个成语写错了,正确的写法应是"草蛇灰线"。

"草蛇"指一条蛇从草丛中穿过,总会留下一些不明显却仍然存在的痕迹;"灰线"指拿一条缝衣服的线,在烧柴后的灰里拖一下,由于线特别轻,留下的痕迹也是很恍惚的。"草蛇灰线"常用来比喻事物留下隐约可寻的线索和迹象。也常用作对文体文法评批的术语,喻指某一事物在作者行文中经常被提及,初看似是偶然,细看下去,却有一丝脉络可寻,在诗歌、散文、戏曲、小说的评批中被广泛使用。著名文学批评家金圣叹在评《水浒传》时就提到过"草蛇灰线法",说如景阳冈多次提到"哨棒",紫石街连写若干"帘子","骤看之,有如无物,及至细寻,其中便有一条线索,拽之通体俱动"。《花月痕》第五回回末评论:"写秋痕,采秋,则更用暗中之明,明中之暗……草蛇灰线,马迹蛛丝,隐于不言,细入无间。"

在前述引文中,作者是想表达汪曾祺并不是"闲云野鹤,琴棋书画,远离政治的旋涡,远离时代的风云",而是"深受儒教文化的影响",这一个特点可以从汪曾祺的作品中找到线索。这里用"草蛇灰线"十分妥当。

不可滥用"通家之好"

◎阎德喜

2019年4月3日《中华读书报》第18版刊载《盖斯凯尔太太的广厦》一文,其中提到了盖斯凯尔夫人与狄更斯的友谊:"通过文学同行又是作者与编者之间的友谊与业务的交流往来,盖斯凯尔太太与狄更斯遂结为通家之好。"这段话中"通家之好"用得不当。

通家,即世交,指两家世代交往,感情深厚,非常友好。《后汉书·孔融传》记载,孔融十岁时,想见河南尹李膺,便自谓是李膺的通家子弟。"膺请融,问曰:'高明祖父尝与仆有恩旧乎?'融曰:'然。先君孔子与君先人李老君同德比义,而相师友,则融与君累世通家。'"(李老君,指老子,相传姓李名耳。)后来,"通家"也可指姻亲。

盖斯凯尔太太,又称伊丽

伊丽莎白·盖斯凯尔画像

莎白·盖斯凯尔,是英国维多利亚时代的知名的小说家,代表作有《玛丽·巴顿》《北与南》等。在上述引文中,盖斯凯尔太太是在文字交往过程中,与同时代著名作家狄更斯相识,并且逐渐有了往来,远未达到"通家之好"的程度。历史上也未有两人后代交好的记载。盖斯凯尔太太与狄更斯,更是没有姻亲关系,"通家之好"显然用得不合适。

"拖油瓶"与工作态度无关

◎汤青武

2019年第12期《幽默与笑话》刊有小说《嫉贤妒能》，嫉贤妒能的老徐向校长告小张老师的状，说："那个小张，真是个拖油瓶"，"简直误人子弟嘛！讲课不参照课本，而是随意发挥，信口开河。学生闹成一团，他也不管，还说要和学生打成一片"。从上下文看，老徐说小张是"拖油瓶"，指的是他的工作态度不好。其实，"拖油瓶"并不涉及工作态度。

"拖油瓶"原本是一个方言词，旧时指妇女改嫁，一同带到后夫家去的同前夫所生的子女。如《初刻拍案惊奇》卷三三："天祥没有儿女，杨氏是个二婚头，初嫁时带个女儿来，俗名叫作'拖油瓶'。"为何称之为"拖油瓶"？有说"油瓶"本是"有病"，"拖油瓶"即"拖有病"。旧时妇女改嫁，带着前夫的儿女到现任丈夫家中，要立下字据，说明孩子本就"有病"在身。这样今后这些儿女如果发生不测，也与现任丈夫无关。而所带的子女因"有病"必须"拖衣行走"，所以被称为"拖有病"。"拖有病"后来以讹传讹变成了"拖油瓶"。也有说"拖油瓶"的说法与农村生活有关，是以拖在地上的油瓶比喻带到现任夫家的儿女。可备一说。

上述小说中并未叙述小张的身世来历，老徐说的也不是小张的身世，而是说他的工作态度。说小张是拖油瓶，是用错了"拖油瓶"。

古代四川有"茂州"而无"茂州"

◎周 振

作者登上高高的崇丽阁，统览远近河山，江山如画。他想起，唐代的李德裕、宋代的范成大在茂州修建的筹边楼，可以让文人墨客到此吊古。

这是《老年知音》2019年第5期刊载的《千古凭高嗟荣辱》一文中的文字，其中提到位于今四川省成都市望江公园内的崇丽阁。在古代，四川有"茂州"而无"茂州"。

茂州，唐贞观八年（634）改南会州置，"以郡界茂湿山"为名（《旧唐书·地理志》《茂州志》），治汶山（今茂县北）。明初汶山县划入茂州。清雍正五年（1727），茂州升为直隶州。民国初的1913年，废州留县改置茂县。中华人民共和国建立后，1950年改属阿坝藏族自治州，1958年与理县、汶川县合并置茂汶羌族

自治县。1987年改置茂县。

筹边楼相传为唐代李德裕所建，始建于今四川省理县杂谷脑河岸的薛城镇。当时唐朝与吐蕃之间冲突频仍，剑南西川是唐朝阻挡吐蕃入侵的前沿地区。李德裕为加强战备，激励士气，筹划边事，而建立此楼，名"筹边楼"。唐末，筹边楼被毁。南宋淳熙三年（1176），范成大重建于成都子城西南，后几经圮毁与重建，现存的为乾隆年间所重建。

"博士生"是"研究生"的一种

◎王 旭

特别让我震撼的是,这个核心团队中,绝大多数——包括这个工程的总指挥、总经理、总工程师,都是我们国家自己培养的大学生、研究生和博士生。

上述文字摘自2019年10月21日《人民日报》第20版的《又见"地火"》一文。这里将研究生和博士生并列不妥当,博士生其实也属于研究生。

研究生指的是在高等学校的研究生院(部)或科学研究机构学习、研究的学生。中国的研究生从大学、专门学院的本科毕业生或具有同等学力的人员中招收。设有攻读硕士学位的研究生和博士学位的研究生两种,学习年限一般各为三年。也设有在职硕士研究生和在职博士研究生。博士是学位的一种,是根据专业学术水平而授予的称号。我国学位分为学士、硕士、博士三级,取得相应学位者,可分别称学士、硕士、博士。上述文章所谓"博士生",一般作为博士研究生的简称,显然属于研究生之列,和"研究生"并列就不恰当了。

广义的大学生其实也包含研究生在内,因此"大学生"同样不适合与"研究生"并列。结合语境,将上文的"大学生、研究生和博士生"改为"学士、硕士和博士"就准确了。

莪,读shù,一般用于植物命名。如"蓬莪莪",是一种多年生草本植物,叶片长椭圆形,地下有粗壮的根状茎,可以做药材,通称"莪术"。古今典籍中并未见有"莪州"。

「完形填空」与「完型填空」

◎ 林一

〔有此一说〕

完xíng填空，英语名为"cloze"，是英语试卷中的一种常见题型，一般是在一段完整的文字中去掉一些词语，要求答题者在给出的词语中选择合适的词语填空，使语段完整，又叫"选词填空"。现在的英语试卷上"完xíng填空"有两种写法，有时写作"完形填空"，有时写作"完型填空"，两种写法都很常见，使用频率不分上下。笔者认为，这一题型名应写作"完形填空"，不能写作"完型填空"。因为，"完形填空"中的"完形"二字来自完形心理学。

完形心理学，现代心理学流派之一，在20世纪初时诞生在德国，也译作格式塔心理学。"格式塔"是德语"Gestalt"一词的音译，意思是形式、形状。"完形"中的"形"即形状、形式，"完形"的意思是完整形状、完整形式，即完整结构。完形心理学认为结构不是其组成部分的简单相加，内部系统性整体结构决定其组成部分的性质，并认为人们会按一定的完形组织法则将经验材料组织成有意义的整体。其中有一条组织法则是闭合（closure）法则：当人们看见一些不完整的视觉几何图形时，会有意识或无意识地将这些不完整的视觉图形补全，使其形状完整。

1953年，威尔逊·泰勒（Wilson Taylor）在完形心理学的理论基础上创造完形填空，并将其命名为"cloze"。从题型设计来看，答题者解答完形填空的过程其实就是将不完整的文章段落不断补充完整，这与完形心理学中的闭合法则相符，"cloze"一词正来自"闭合"（closure）。因其理论基础为完形心理学，在引入这一题型时，"cloze"被翻译为完形填空。

在心理学术语中，只有"完

说"匹"

◎陈运舟

匹,可作量词,如《史记·刘敬叔孙通列传》里说:"乃赐叔孙通帛二十匹。"也可与其他字组成词组,如匹配、匹敌、匹夫、匹马等。同一个"匹"字,"匹配""匹敌"需要有两方相配、相对,而"匹马"却只有一匹马,"匹夫"只有一个人。这是何故?或许,答案可以从"匹"字字源中找到。

对匹字字形,历来颇多歧见。东汉许慎《说文解字》的说法是:"匹,四丈也。从八、匚,八揲一匹。"揲,音dié,折叠。匚,fāng,古代一种盛放东西的方形器物。许慎认为,匹是四丈,从八、从匚,字形是布帛折叠成八段放在方匣中。清代王筠《说文句读》则认为:"古之布帛,自两头卷之,一匹两卷……汉谓之匹。"大意是说古代的布帛从两端卷起,一匹就是两个卷,汉代称之为"匹"。考诸"匹"字古文字,可印证王筠之说。匹字,篆文作匹,汉印作匹,江陵168号汉墓木简文字作匹,皆象两卷布在方匣中。

一匹二卷,"匹"于是有了"二""偶"之义。《春秋繁露》里说:"百物皆有合偶,偶之合之,仇之匹之,善矣。"匹配、匹敌等"匹"的古今常见义皆由此而来。

如本文开头所说,"匹"除了可指双方外,还可单指一方。如"匹夫",即一个人,泛指平常人。为何"匹"字又能单指一方?汉班固《白虎通》说:"庶人称匹夫者,匹,偶也,与其妻为偶。"意思是一个人称"匹",因为他和他的妻子是"偶",他是"匹"。朱骏声说:"匹者,先分而后合,故双曰匹,只亦曰匹。""匹"的单独义,正是由其合偶义转化而来的。

形"没有"完型"。《辞海》中有"格式塔心理学",释义中是"亦译'完形心理学'"。《心理学名词》第二版中"格式塔疗法"又称"完形疗法"。所以不应将"完形填空"写作"完型填空"。

网络聊天的礼貌结尾

◎徐默凡

下班的时候,宜欣发现自己没完成原定的工作计划,大量时间都花在和一个客户的工作聊天上了。晚上正是身心俱疲的时候,中学同学的微信又滴滴响个不停,强打精神聊完一看,已经11点了,明天肯定又是睡眠严重不足。宜欣觉得自己每天都在微信聊天上花费了过多的时间,一些没必要的沟通无法及时了结,东拉西扯拖得很长。但是宜欣又怕仓促结束的话对方会觉得自己态度冷漠,毕竟都是重要的客户和亲密的朋友,那她该怎么办呢?

让我们先从口语交际说起。一次完整对话的结束过程应该包含三个轮次:发出信号、确认结束、正式告别。比如:

甲:新产品的性能提升很多,希望您能选用。

乙:我考虑一下。

甲:那今天就不打扰了,有问题随时联系我。

乙:好。

甲:谢谢您,祝一切顺利!

乙:谢谢,再见!

第一轮对话甲发出结束对话的暗示,第二轮对话甲明确表达结束的意愿,两轮对话乙都表示认可,因此就进入第三轮互道祝福正式告别。经过这三轮的交接,甲、乙都会觉得交流过程圆满而又礼貌。

网络交流可能没有口语交际这么正式,"确认结束"的轮次可以省略,"正式告别"的轮次也可以大大简化,但如果想要有礼貌地控制会话结束的时间,"发出信号"的环节就特别值得重视了。归纳一下,"结束信号"可以有多种方式。如：

告知叙述完毕："这件事大概就是这样的。""这些就是老板要我转告你的。"

总结谈论内容："刚才说的都是我的个人建议。""总之，这就是我能理解到的要点了。"

评价对话态度："今天聊得真高兴。""很少有人给我这么有用的建议，谢谢你！"

提醒将来安排："你明天来上班别忘了带文件。""我们下次聚会见面聊。"

暗示没有时间："我今天还要接待一个客户。""时间不早了，早点休息吧。"

在这些铺垫发出以后，对方应该就会了解你结束聊天的意愿了，这时候再及时煞尾就不会显得太突兀。

口语交流中，有些表情和体态语也具有"结束信号"的作用，比如抬腕看看手表、露出焦急神色、眼光飘忽不定都意味着想要结束对话。而在网络交际中，交流双方不在同一空间，无法使用表情和体态语，但是网络语言也发展出了几种特殊手段：一是略微延迟回复时间，二是使用简短形式回复，三是使用网络表情（使用表情往往意味着已经无话可说了）。这三种手段连续使用几个话轮，就是在强烈暗示对方你现在可能有事，不方便继续聊天了。作为收话人，如果注意到对方有这些表现，而主要议题也已经讨论结束，那就应该及时终止对话了。

在选择得当的"结束信号"之外，网络交际的结束环节还有四个基本策略：一是尽量从对方角度考虑问题，同样一个结束信号从对方角度出发要比从自己角度出发好得多。比如同样是提醒将来的安排，说"你马上要下班了吧"比"我待会儿要出门呢"要礼貌，同样是暗示没有时间聊天，"你很忙吧，打搅你了"比"我今天还有很多事要做"要客气。从对方角度出发，是以对方为中心的换位思考，会让对方觉得你很体贴，但也要注意和情境的配合，晚上十点说"你要睡觉了吧"是合宜的,晚上八点说"你要睡觉了吧"就显得很做作。二是在想结束对话时,可以选择用疑问的方式征求对方的意见。因为疑问不是断言,给了对方肯定或者否定的选择权,尊重对方的意志,相对比较礼貌。如"今天就这样吧?""早点休息吧?""不聊了,好吗?"要比"今天就这样""早点休息""不聊了"客气得多。三是一定要有明确的结束信号,不能戛然而止。面对面的交际最后可以以握手、挥手甚至是目送来告别,但是网络交际则必须通过明确的信号来结尾,以免对方继续等候。除了常见的"再见""今天就聊到这里吧"这样一些明确的语言信号,各种表示"再见"的网络表情也是不错的选择。四是尽量由自己来结束最后一个话轮。这是由于在人际交往中,有一条普遍规律存在:让地位高的人先离场,由地位低的人来收拾残局。比如在宴请结束时,我们会让贵宾先离开;在会面结束时,我们会先给客人叫车,然后目送汽车离开。在会话中也是一样,打电话时的礼节是让尊敬的人先挂电话,口语会话中则是地位低的人最后说再见。在网络会话中,因为话轮既是按照时间顺序说出的,又是按照空间顺序排列的,所以谁先结束谁后结束的问题就特别醒目,口语中可能不太被重视的礼貌问题被凸显出来,成了网络会话中的一个显性的礼仪表现形式。

如果宜欣今后能综合运用这些策略来收束网络聊天,应该就能有效控制聊天时间提高工作效率了吧?

《火眼金睛》提示

图1,"黄之焕"应为"王之涣"。
图2,"消火检"应为"消火栓"。
图3,"无则嘉勉"应为"无则加勉"。
图4,"热枕"应为"热忱"。

"我太难了"？我们到底难在哪儿

◎刘可欣

期末，小明同学的复习过程就像竹篮打水一场空，一边看一边忘，他发了一条朋友圈："知识它怎么就不进脑子啊！我太难了！"

旁观者不禁要问，从来只听说做事太难，比方说买房太难、考驾照太难，怎么还能称自己太难了呢？大家有所不知，这就是最新的网络流行语了。"我太难了"说的是在人生的逆境中，各种棘手的难题同时汇聚到自己身上，一时百感交集、无法悉数，索性用"我太难了"一句带过。

"我太难了"这一用语最早出现在一则广泛传播的网络短视频中，视频中某网络红人扶额叹气道："我太难了，老铁，最近我压力很大。"凄凉的背景音乐下，他说出了几乎所有当代人所面临的无可奈何。在如今这个信息爆炸的快节奏社会，每个人都被时代的洪流裹挟着向前移动，人人都有些自己的难处，大到买车买房，小到人际关系，都在无形之中挑战着我们的抗压极限。每个人回头看是一步一个脚印跌跌撞撞，向前望又迷雾重重。从小学业繁重，初入社会又要面对职场的尔虞我诈，逐渐厌倦日复一日的工作，开始怀疑曾经的选择。等到为人父母，孩子的教育又是一道不得不面对的难题。成长的历程充满艰辛，最终我们都成为了"难"人。"别问！问就是我太难了，我简直难上加难！"

"我太难了"在网络交流

中兴起之后,机智的网友又加之以不同的语境,使其以谐音梗的形式在日常生活中大量流行。例如"难"与"南"的谐音让"我太南了"得以形成。其中最有意味的一个变形就是各大购物节时的流行语:我太"亢"了,因为我没有"￥"。"￥"是代表人民币的符号,当我们的账户里有钱的时候就是"南",无节制的购物消费之后账户空了,人民币("￥")没了就像是失去了"羊"的"南",成了一个空壳"亢"。随着消费观念的变化和互联网经济的发展,线上支付成为当代年轻人消费的主要方式,"花明天的钱,圆今天的梦"更是悄然渗透到了年轻人的消费观念中,这种消费主义的金钱观念导致的惨痛后果就是钱包空了,"我太亢了"。

与此同时,经过谐音梗加工过后的"我太南了"也开始变成自嘲式的网络狂欢,这就逐渐消解了抱怨哀叹的丧心态,变成了一种搞笑和游戏。有的网友制作了大量表情包,将"我太南了"带上麻将桌,两张"南"上下相叠,美其名曰"南上加南";两张"南"一左一右放置,这就是"左右为南"。还有更"南"的,把一副麻将仅有的四张"南"全部摆出来就是"南炸","难"炸了意味着问题棘手到了极端;如果四张"南"倒着放置,"南"倒了,就是"难倒了",意思是"真难倒我了"。

"我太难了"这句话给人的第一印象是困境中的自我嘲讽,但随着它逐渐走红,在平常遇到并非毫无解决办法的小困难时人们也习惯说"我太难了"。然而在抱怨之后,是就地放弃、知难而退,还是重整旗鼓、迎难而上?与其自我抱怨,不如冷静下来想想如何摆脱困境,不再犯"难"。

"红红火火恍恍惚惚"

——笑与虚无

◎陈至远

几年前,有个懒惰的网民看到了很好笑的东西,一边发笑一边用抽搐的手指敲下了八个"h",可是万能的输入法并没有像他预期的那样弹出"哈哈哈哈哈哈哈哈",而是显示了"红红火火恍恍惚惚"。于是这个由于输入者的懒惰和输入法的智能而创造出来的网络新词便一炮而红,在微信朋友圈、QQ空间等评论区频频登台亮相,并有了相当长的"保质期",沿用至今。现在,对于装有智能输入法的系统来说,对有趣的消息进行评论,都可以敲八个h方便地找到"红红火火恍恍惚惚"。

单从字面上理解,这个网络用语是两个看起来毫无关联的成语的拼接,然而值得注意的是,这并不是人为的拼接,而是输入法在其内部算法支持下的机械拼接。也就是说,在输入法的算法中,"红红火火"加上"恍恍惚惚"的使用频率是要高于"哈哈哈哈哈哈哈哈"的,这是很值得思考的。

一方面,这折射出我们中国人的用语习惯:表示笑声,一般使用的"哈"字最多重复三四次,但是这种日常交往的习惯是较为保守的,已远远不能满足网络生活中的夸张表达。所以当网民想使用八个"哈"时,输入法就认不出来了,误解为"红红火火恍恍惚惚"。

但是另一方面,"红红火火恍恍惚惚"这个拼接本身也大有趣味。"红红火火",是对于美好、富裕生活的憧憬,"恍恍惚惚",是一种神志不清的昏昧状态。前者是理想,后者是现实;前者是场面话,后者是真感受。在时代的洪流面前,个体是无力的、脆弱的,极易被潮流和快节奏的社会代谢搞得昏迷甚至休克。当被问到"你幸福吗"这类问题时,大家都不约而同地回答"幸福",这是面子,要排在前面。然而自省当下的生活,更多人是"恍恍惚惚",生活在一种重复的、既定的生活轨道上,或者说生活在一种失去了差异与变化的,因而是无意义的生活模式中。这两个成语组合起来,原来想要表述的竟然是一串"哈哈哈哈哈哈哈哈"的夸张笑声,两者结合的荒诞感觉,与表情包中的"哭笑脸"有着异曲同工之妙的。这种情绪也早已有之,鲁迅的《野草·立论》里,最后那无意义的"啊呀!这孩子呵!您瞧!多么……。阿唷!哈哈!Hehe!He,hehehehe!",不正是那个时代的"红红火火恍恍惚惚"吗?

"红红火火恍恍惚惚"的出现源于误会,本表笑声,但后来也慢慢接受了构成它的两个成语的意义,词义发生了演变,用来指不知所措的状态。使用者往往用它来表明自己的茫然,并在一定程度上缓解尴尬的气氛。例如你一觉醒来,发现微信群里的成员都在"@你",你便可以通过这个词来把内心的惊讶、茫然、尴尬表达出来。再如你本来以为无事一身轻,结果无意间打开手机,发现突然被布置了一大堆的工作,这时"红红火火恍恍惚惚"就可以表达出心态的逆转,并一定程度上帮助你积极地面对。需要指出,"红红火火恍恍惚惚"只能用于程度较轻松的日常场景,在比较正式的讨论中不提倡使用。

"红红火火恍恍惚惚"被制造出来,有一半原因是输入者的懒惰,因此这个词后来也用于懒惰者的自嘲,因为敲八个h是很容易的。而且由于输入法的不同,以及输入者平时输

今天，你实现"自由"了吗

◎何 婧

不少应季水果价格居高不下，网友们纷纷表示"水果自由"正在离自己远去，"车厘子自由""草莓自由""荔枝自由"成了人生追求的重大目标。然而一波未平一波又起，正当水果价格有些许回落的时候，节节攀升的猪肉价格又硬生生把广大网友逼成了段子手："家里有矿才吃得起排骨"；"现在想想老师当年叫我回家养猪是对我好"；"'二师兄'比'唐僧肉'还贵"；"今天去买猪肉，老板问我分期还是全款"。高昂的物价让人不禁感叹：今天，你实现"自由"了吗？

此处的"自由"并非西方语境中的通过革命获得解放，如同自由女神手中高举的火炬象征着反抗专制的崇高理想，也不是现代政治中诸如人身自由、言论自由等法律所赋予公民的活动权利。胡适在《自由主义》一文中写道："'自由'在中国古文里的意思是'由于自己'，就是不由于外力，是'自己作主'。"传承自古代，我们今天追求的"自由"与日常生活息息相关，是指收入可观，消费不受限制和约束，想吃什么就买什么，想买多少就买多少。可以随心所欲地出入水果店而不用

入热词频率的不同，"红红火火恍恍惚惚"在后来产生了很多变体，如"韩寒会画画后悔画韩红""红红火火何厚铧喊"，这就走上了"语言游戏"的搞笑道路。

看价格标签,不会因囊中羞涩而对红烧大排、糖醋排骨望而却步,我的消费我做主。

事实上,早在"水果自由""猪肉自由"风靡网络的前两年,就有网友将财务自由从低到高分为了十个阶段,如:"菜场自由"——能够把自己爱吃的瓜果蔬菜、鱼蛋肉奶全部放进篮筐而不用费尽心机去砍价。"旅行自由"——能够随意买一张机票,几小时内就能抵达向往的彼岸,无论去哪儿都能住最高级的酒店。"买房自由"——别人想的是如何贷款,自己想的是选什么样的户型;别人想的是如何最划算,自己想的是在什么城市买房最适合居住;别人用几十年奋斗的钱买一间房子,自己可以当下就付全款。

今天,"自由体"再次进入我们的视野不无道理。一方面,近年来的季节性涨价使一些生活用品贵得离谱;另一方面,追求高品质生活的消费升级也在层层加码。值得注意的是,网友们调侃的着眼点已由车、房缩小到了水果、猪肉这样的食品——"吃的不是水果,是贫穷","吃水果这种不良嗜好,还是趁早戒了好","猪肉是什么味道,我已经快忘了","我唯一达到的是喝凉水自由"……其实网友口中的"穷"与真正的贫穷存在着一定的差距,其中更多的是面对生活压力产生的失落感,透露出自嘲与戏谑的心态,他们在微博上晒出一颗打了价码的车厘子,举着一个肉夹馍在朋友圈炫耀,在开放的网络环境中通过吐槽和互动释放着压力,获得参与感和群体身份认同,这就形成了和"吃土""隐形贫困人口""贫穷限制了我的想象力"等流行语遥相呼应的网络词群。

面对物价对钱包的挑战,我们不能在一味的调侃中迷失方向,而是应该量力而为,保持理性的消费态度,不为盲目跟风追求超出个人承受能力的消费。同时,我们也应该以之为奋斗的动力,努力提高收入水平,争取早日实现各种"自由"。

编校差错扫描(十八)

◎王 敏

激动亢奋用"偾张"

【错例】赛车奔驰,引擎轰鸣,这画面真是让人血脉喷张啊!

【简析】"血脉喷张"应为"血脉偾张"。"偾""喷"都是形声字。"偾"(fèn)从人,本义指向后仰倒。《说文解字》中"偾"与"僵"互训:"偾,僵也","僵,偾也"。朱骏声《说文通训定声》:"却偃(仰倒)曰僵,前覆曰仆。"引申指死亡,如"偾其国而沉其宗"。又引申指失败,如"偾军之将,不可言勇"。还表示亢奋,如"偾兴""偾发"等。"喷"(pēn)从口,本义指发怒。《说文解字》中"喷"与"吒"(zhà,同咤)互训:"喷,吒也","吒,喷也,叱怒也"。由发怒引申指喷嚏,再引申泛指(液体、气体、粉末等)受压力而射出,如"喷泉""喷气""喷墨"等。赛车你追我赶的场面紧张刺激,使得现场的观众情绪激动、精神亢奋,此时观众出现血流加快、血管扩张、青筋突起的情况,实属正常。这种情况就叫"血脉偾张"——"偾"指亢奋,"偾张"指扩张突起。而"喷"指喷射,"喷张"指张裂喷射,"血脉喷张"的字面意思大概就是血管张裂、鲜血喷射。把皮开肉绽的反常情况,强加到那些受比赛刺激而情绪激动、精神亢奋的观众身上,显然是不合事理的。

"休戚与共"同甘苦

【错例】与城市和自然休憩与共的我们从哪里来？又如何与它们共处？

【简析】"休憩与共"应为"休戚与共"。"戚"，甲骨文是象形字，写作🪓，象斧头之形，本义就是斧钺。《说文解字》："戚，戉（同钺）也。"如"干戚"即盾与斧。斧钺能杀伤，故"戚"引申指忧愁、悲伤，如"悲戚""忧戚"等。斧钺能防身，故"戚"引申指亲近、亲密，如"相友甚戚"，又指亲属，如"亲戚""戚属"等。"憩"，会意字，从舌从自从心，以张嘴喘气会休息之义，如"小憩""游憩"等。"休"，会意字，从人从木，以人靠树会休息之义，引申指停止，如"罢休"，又引申指喜悦、欢乐，如《诗经·小雅》"既见君子，我心则休"。"休戚"即欢乐与忧愁，泛指有利的和不利的遭遇。"休戚与共"指彼此共同承受幸福与灾祸，是同甘苦、共命运的意思。而"休憩"仅指休息，与欢乐和幸福无关，"休憩与共"无法表达同甘共苦。还有，"休戚相关"指彼此间福祸互相关联，也不能写成"休憩相关"。

"源远"奈何成"渊远"

【错例】双方的友谊渊远流长，合作合资协议将进一步加深彼此间的感情。

【简析】"渊远流长"应为"源远流长"。"源"是"原"的加旁分化字。"原"是会意字，其金文字形上厂（hǎn，山崖）下泉，从泉出厂下，本义指水流始出处。如"原本"本义即水源和树根。后"原"字义多引申，便加水旁以"源"专指水源。《广韵·元韵》："源，水原曰源。"如"源头"。引申泛指事物的根由，如"根源""来源"。"渊"繁体字为"淵",其本字"开"是象形字,甲骨文字形为⊕,象洄流之水,甲骨文还有叠加水旁的,写成⑩,使其含义显豁。《说文解字》:"淵,回水也。"水流盘旋回转之处,其水必深,因此"渊"引申指深水池,如"如临深渊,如履薄冰"。又引申泛指深邃,如"渊博"。"源远流长"以"源""流"对举,指河流的源头很远,水流很长,常比喻历史悠久,这是用空间的长远比喻时间的长久。"渊"指水深,强调的是深度,不是长度,不能与"远"搭配,不能与"流"对举。

截止用"讫"到用"迄"

【错例】这张世界战争年表列出世界各国历代重要战争的起迄时间。

【简析】"起迄时间"应为"起讫时间"。"讫""迄"都是形声字。"讫"从言,其本义为停止、终止。《说文解字》:"讫,止也。"《礼记·祭统》:"防其邪物,讫其嗜欲。"郑玄注:"讫,犹止也。"引申指完毕、终尽,如"收讫""验讫"。"迄"从辵(chuò,作偏旁写成"辶",表示字义与行走有关),本义指到、至。《说文解字》:"迄,至也。"《诗经·大雅·生民》:"后稷肇祀,庶无罪悔,以迄于今。"毛传:"迄,至也。"还引申作副词,表示竟、终于,如"迄无成功"。在《说文解字》中,"讫"是正字,"迄"是新附字。有人据此判断"迄"是"讫"的后起分化字,认为改言为辵,是为了分担其与动作有关的含义。在古代汉语中,"讫""迄"二字确可通假,如典籍中既有"迄今"也有"讫今"。但发展到现代汉语,两字分工已明确:"迄"表示到、至,"自古到今"应作"自古迄今";"讫"表示截止,"起止时间"应用"起讫时间"。"起讫地点""起讫序号"都是表示起止,其中的"起讫"都不能写成"起迄"。

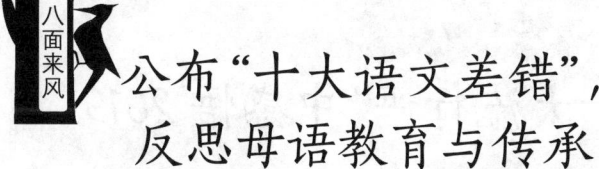

公布"十大语文差错",反思母语教育与传承

◎张西流

2019年12月25日,"2019年十大语文差错"公布,很快引发社会广泛关注。不管是把"人非圣贤孰能无过"当成孔子的话,还是误将"差强人意"当作"让人不满意"用,均是一种语文常识性错误,表明人们对语言文字的认知和运用,令人担忧。《咬文嚼字》曾开展"咬嚼名家"活动,有名家的差错率竟然超过了20/10 000,低级差错多得到了惊人的程度,如"令你们自豪"误成了"另你们自豪"等,实在令人难以容忍。

一项民意调查显示,认为当前社会存在汉语应用能力危机的占80.8%,认为造成汉语应用能力危机的原因在于"很多人重视外语学习,轻视汉语学习"的占52.0%。现在,到了初、高中阶段,甚至大学,学生的汉语水平之低令人震惊,许多并不冷僻的字不认识,许多经常用到的词语不懂意思,错别字比比皆是,病句泛滥成灾。据媒体报道,一名大学毕业生手写400字左右的简历,居然出现24个错别字,因此被招聘单位拒之门外。

随着高科技的迅猛发展,电脑的普及日益影响着社会生活的方方面面,就文字的编辑处理的强大功能而言,是传统的手写所无法企及的。比如,用电脑打印,1份400字的简历,可能仅需几分钟便可以完成;但如果用手写,效率再高,也需要十几分钟。而习惯了使用电脑的人们,往往出现"提笔忘字"的情况。在现行的教育评价机制下,我们的学校也有忽视母语教育和汉字书写的倾向。

在"十大流行语"中感悟2019年

◎杨朝清

近日,《咬文嚼字》编辑部发布2019年十大流行语,分别是:文明互鉴、区块链、硬核、融梗、"××千万条,××第一条"、柠檬精、996、我太难/南了、"我不要你觉得,我要我觉得"、霸凌主义。

"十大流行语"不仅是观照现实的一面镜子,也是捕捉社会变迁的一扇窗户。

比如,文明互鉴。近年来,习近平主席在一系列重大场合阐述"文明交流互鉴"主张,其内涵不断丰富,影响不断扩大。比如,今年5月,习主席在亚洲文明对话大会开幕式上再次强调,"文明因多样而交流,因交流而互鉴,因互鉴而发展",引起全球共鸣。"文明互鉴"是构建人类命运共同体的人文基础,这一词语已成为全球"热词",在国际、国内媒体上广为传播。

今年,区块链也很火。在理想的图景里,市场经济应该是一种信用经济,然而层出不穷的失信行为,让市场经济乱象丛生。

可见,公布"十大语文差错",反思母语教育与传承,意义重大。社会越发展,世界越进步,传统的民族文化越发显得珍贵。语言,不仅仅是一种符号系统,更是优秀的传统文化的载体。语言文字的学习和运用,是传承、弘扬民族文化的重要手段。学好、用好语言文字,不仅是当代人的责任,更是世世代代中国人永恒的责任;学好、用好语言文字,不仅是对中华民族负责,更是对世界负责,对人类负责。

(选自东方网《东方评论》)

因此,人们对区块链技术抱以厚重的期待。这种期待,说到底是期望通过这一信息技术,来简化人与人之间的合作关系;通过区块链技术来驱动人们认同契约、遵循规则,从而让人与人之间的社会互动变得透明化。

"硬核"一词则提供了一个发现个体力量的契机。面对遭遇恶意投诉下跪的快递员,民警"不必摒弃尊严乞求原谅"的"硬核证明"充满了正义;在腰部悬挂LED小牌显示"勿需让座",体现了"硬核老人"大度体谅年轻人的风范;30平方米宿舍培养出两个名校博士,而这两个超级学霸,假期内还在工地上帮母亲打工,"硬核家庭"彰显了寒门贵子脚踏实地、自强不息的格调。

身处日新月异的社会,每一天的生活都是新鲜的,这都会在人们的语言生活中反映出来。而评选流行语的意义就在于,通过流行语来观察社会,也让人们更好地进行反思和调适。

(原载2019年12月4日《湖南日报》06版)

《这是什么汤》解疑

膆,是个生僻字,读sà,过去通常和"肶"(读lā)字连用,组成"肶膆"一词,意思是肉杂。膆汤,原本应是杂肉汤。关于此汤的得名还有一个有趣的传说。相传,乾隆皇帝来到安徽,在一个月夜里,喝到了一碗老妇做的汤,感觉美味无比,便问这是什么汤。老妇年老耳背,没听清楚,便反问:"(你在问)啥汤?"由于口音重,乾隆也没听清楚,便问纪晓岚老妇说什么。其实纪晓岚也听得不大清楚。在当地方言中,"啥"的读音近"sà",纪晓岚灵机一动,说:"老妇说这汤叫sà汤。"乾隆再问这sà字如何写。纪晓岚说:"月字旁边一个天,天字下面一个韭。"其义为"月下天子救命汤"。("韭"谐音"救"。)乾隆龙颜大悦,此汤从此名扬天下。现在,"膆汤"大多由鸡、猪肋排、虾米、鸡蛋等食材加工而成。

流行语中的时代活力

◎石 羚

语言是社会生活的符号,流行语则反映着时代的侧面。近日,经过公开征集、专家评选、媒体投票等环节,《咬文嚼字》编辑部公布了"2019年十大流行语","文明互鉴""区块链"等热词榜上有名,引发网友广泛关注。

"岁月不居,时节如流",时间在语言上不断留下"辙痕"。新表达、新句式、新修辞为开放的语言系统注入生命力,有的甚至沉淀为常用语。但另一方面,有的内涵有限,在网络空间、娱乐文化中热闹一时后,无法逃脱"来也匆匆,去也匆匆"的命运。沉淀与流失,是语言流变的自然过程。

流行语是一个语言现象,更是一个社会现象,其中既有个人表达,也有宏大叙事。从更大层面看,正如"区块链"成为技术创新的重要突破口、"文明互鉴"向世界宣示交流对话的中国主张,流行语的变化与国家发展、社会进步的步伐相伴随。

在生活的场景中,有顺境也有挑战。流行语中,也自然存在一些带有情绪的真实表达。今年评选出的"我太难了",是一些人面对生活压力时的真实感受。但从当年的"蓝瘦香菇",到"扎心了,老铁""我太难了",不少流行语本身带有幽默调侃、自我解压的色彩,也有通过网络社交抱团取暖的含义。进一步说,"996"对企业的人性化管理提出更高要求,"融梗"与抄袭界限不清倒逼法律进一步细化,正视流行语中折射出的问题与挑战,个人才能在克服困难中成长,社会才能在解决问题中进步,进而激发出更多向上向善的正能量。

年度流行语是一个以年为跨度的社会观察哨。换上历史的广角镜头,流行语的变迁展现出时代的变与不变。以科学技术领域为例,从几年前的"互联网+""引力波",到时下的"5G""区块链",日新月异的革新不断拓展着生产生活的疆域。从"两弹一星""陈氏定理",到"神舟飞船""港珠澳大桥",中国科技的历史性跨越,成为新中国70年辉煌历程的生动注脚。流行语持续更新,归根结底是因为时代在变化、国家在发展。在这一过程中,无论是"铁人精神"还是"蛮拼的"态度,无论是"个体户"首吃螃蟹还是"创客"掀起创业热潮,拼搏奋斗的精神始终不变,人们对美好生活的追求始终不变,这些都将汇聚起推动中国向好发展的磅礴力量。

新与旧,小与大,变与不变,道出了流行语背后的辩证法。一个有趣的现象是:临近年末,很多机构相继发布了不同版本的年度热词,其选择各有不同。但无论如何,流行语只能投射社会生活的某些侧面,并不能代表时代的全部。流行语选择愈多样、变化愈快速,越说明我们这个时代充满了进步的多样性,越说明中国具有发展的无限可能。

(原载2019年12月11日《人民日报》05版)

微语录·职场

100米赛跑,是不能转头盯着对手的;如果这样,绝对跑不出最佳速度。跑得最快的方法,是盯着终点拼命跑。同样的道理,面对职场上的竞争对手,不要死盯着他的一举一动,要盯着目标努力。只有这样,才能获得真正的竞争优势。

(刘 芳/辑)

「支那」真正的来源

◎郑张尚芳

缅文古称中国为 Cin 或 Cina，和梵文 Cina、希腊语 Thinae 及其他欧洲语 Sin-（拉丁语 Sinae，英语、法语 Chin-）同源，通常都认为这些都是汉语"秦"的对音。

其实这种说法有几处疑点：

第一，秦始皇虽然一统中国建立了"秦"王朝，然而秦朝存在的时间，放在历史长河中，则过于短暂。而在此之前，在作为周之诸侯国这一段比较长的历史时期中，秦之先人对胡狄的影响远不逮三晋。按《史记》载，晋文公伐逐戎翟迎回被逐的周王，晋悼公甚至能使戎翟来朝晋；赵襄子逾疆吞并代地以临胡貉，赵武灵王胡服骑射北破"林胡、楼烦"置三郡，李牧致使匈奴不敢入边。晋相邻于三狄，其中赤狄潞氏、甲氏、留吁、铎辰，长狄鄋瞒，各部皆灭于晋景公，白狄因收留过文公重耳得免，而其后"肥、鼓"亦灭于晋昭公、晋顷公，仅鲜虞（中山）灭于赵惠文王。秦国的影响力则主要体现在与西戎的关系上。

秦之建国既远晚于晋，先期在全国的影响力也远逊于晋国，不可能越过晋而代表中国。

第二，"秦"字在上古音构拟为 *zin > dzin，古代汉语中一直念作浊音，至近代汉语时方始变清音。上引（见第一段）各外语大都并不缺浊声母，如是对译"秦"字，为什么却全都对译作清音，无一作浊音呢？令人怀疑。

第三，几种古印度语文献早于秦代就称中国为 Cina（较晚的有笈多王朝大臣所写的《治国论》，年代在公元前 300 年间，也早于秦武王，早于秦王嬴政则近百年），后来汉译佛经译为"脂那、支那、至那"，又或称 Cinisthāna，汉译"震旦、振旦、真丹"，按 -a, -isthana 皆为其语之邦域地名后缀，词根 cin

都回译为章母字"震振真"或"脂支至"等,也都明显是发清音的。波迪埃(G.Pauthier)说,据古老的《摩奴法典》,公元前1000余年前,人们从印度迁至中国西部成立 Thsin 国。Thsin 和 China 为同一个字。

H. 裕尔(H.Yule)《东域纪程录丛》第一章讨论 Cina 名称的起源时指出,"支那"Cina 自古就为印度人所知,并据德经等人所说,已提出"支那"可与"秦"有关,也可与某个具有类似称号的国家有关,其中即有晋 Tsin 和郑 Ching。我们现在知道,"郑"上古音读 deng,是不合要求的,而"晋"则较符合要求。

交通史告诉我们,最初印度及西方人,是通过中亚人从北方草原的胡人(狄、匈奴)处得知中国的。草原民族南下最初碰到的应是周成王时分封于北边的"晋"*ʔsin(>tsin)国(叔虞始封于唐,其子燮父因所都傍晋水而改称晋侯),过二三百年后才又碰到周平王分封的"秦"*zin(>dzin)国。(依夏商周断代工程所定,公元前1046年武王伐纣封建,至平王公元前770年封秦,共276年;若依"成王继位伐唐以封叔虞"说则减4年,若依我友吴瑞松的"伐纣在公元前1050年"这一说,则再加4年,相隔年数仍皆在272—280年之间。)

秦晋两国相邻,古音又相近,可能胡人乃据最初印象的"晋"而混称秦晋同为清音 Tsin。(何况汉以后还有晋代,可加深其清音印象,此外,历史上的"五胡乱华"正为五胡乱晋。)《史记·大宛列传》《汉书·匈奴传》《西域传》《佛国记》中所称的"秦人"之原语可能就是清音之秦晋混称。

晋北地区一向为胡狄集中之地,他们更熟悉其南之"晋"并以之代表中国,这不奇怪。跟后来以"契丹"及"大魏"转音的"桃花石"转称中国一样,也都是先由草原人熟知的北国之名,再命名为全国之称的。这也跟汉代人称印度为"天竺、身毒"(天、身古读 h- 声母),是学的伊朗语Hinduka,土耳其人称印度为Hint,是学的阿拉伯语,唐代人称阿拉伯为"大食",是学的波斯语Tajik一样,都是从跟自己更近的邻居处获取更远一国的名称的。所以唐代玄奘根据亲身至印度的所闻而改译"印度"时,他指斥早期译名"天竺、身毒、贤豆"皆讹,其实他不明白,那不是本语的讹译,而是从相邻中亚称呼转译的"从邻称"。从邻称是交通史上一种颇常见的惯例。

现今汉语称Russ、Russia为"俄罗斯"(Éluósī)以至"俄"(É)国,"É"就是因为北边阿尔泰语言("突厥、蒙古、通古斯")各族都没有把r放在词首的习惯,要发r-就得先加个元音,如柯尔克孜语说Orus,蒙语说Oros,于是罗斯就说成俄罗斯了,这是汉语中"从邻称"的典型例子。

历史上,中日交恶时期,日本有某些人故意地以"支那人"贬称中国人,这是不了解此词原义。其实这个词最早见于佛经对梵语Cina的翻译,在印度原含有称誉"文明智慧之国"之意。《翻译名义集》:"支那,此云文物国。"《慧琳音义》卷二十二震旦国:"或曰支那,亦云真丹,此翻为思惟。以其国人多所思虑,多所计作,故以为名。即今此汉国也。"

从Cina直到现代英语的China、法语的Chine,这些都是清音。有关唐时西邻的记录,还可看龚方震《唐代大秦景教碑古叙利亚文字考释》(《中华文史论丛》1983-1辑),文章指出,该碑文显示,古叙利亚文称中国为Sinstan,中国人为Sinaya,生在亚历山大的埃及人科斯马斯(Cosmas)在公元547—550年间用希腊语写的《世界基督教地志》则把中国写作Tzinistan(-stan是印度-伊朗语表地方、国家的后缀,该地志原文省作-sta),早在3世纪时,波斯萨珊王朝的钵罗婆文文献中即已有Cīnīstān,古叙利亚文、希腊文没有c,所以写成Sin、Tzin,但都指示着清音。后

东人新名词

◎周振鹤

东人新名词就是曾经说过的日本名词。林琴南是清末民初的大翻译家,极力主张古文不可用近代才出现的东人新名词。他在《古文辞类纂选本·序》中讽刺别人说:"所苦英俊之士为报馆文字所误,而时时复搀入东人新名词。"然事与愿违,恰恰是他老人家东人新名词用得最多。他翻译西方小说,采用的是古色古香的文言文,但文言文中缺少能恰当表达西洋事物和概念的词语,于是不自觉地就用上了新名词。在《块肉余生记》(即《大卫·科波菲尔》)中,这样的新词比比皆是。如"觉脸上一丝肌肉均未尝少动";"果嫁者,良足自由";"今日相逢,乃至幸福";"且在此小社会中,实冠其曹偶"等等。在《黑奴吁天录》(即《汤姆叔叔的小屋》)中亦复如此,如"彼夫妇在蜜月期间中,两情忻合无间"。试想将上述引文中加点的词语去掉,而代之以文言词,有可能吗?有时林氏自己也悟到,若采用意译,则东人新名词必不能免,因此改用音译。如"汝告尔之安琪儿,吾甚欲一见",但音译又怕读者摸不着头脑,只好加注。如他曾用"威克"来译week,然后下注:即今所言礼拜。这就无异于画蛇添足了。

(选自《逸言殊语》,上海人民出版社2008年8月)

来埃及的Maqrizi(1364—1442)在《埃及史》里称成吉思汗为Malik as-sīn(中国国王),中国也念清音sīn。

至于我国南方一些民族如毛南语称汉人为cin^1(水语的又称也相近),又如黔东苗语之cen^5,察其音韵,则c乃与见母对应,那又可能是指"荆"(楚国),而不见得与"晋"相关了。

(选自《胭脂与焉支》,上海教育出版社2019年4月)

偏 见

（文中有十处差错，你能找出来吗？答案在本期找）

◎梁北夕 设计

有一个养兔大户，为人精明，头脑灵活，且善于经营，没几年就发了大财。

日子过好了，时间也宽裕了，养兔大户对左临右舍的一举一动犹为关注。经过一段时间的仔细观查，他发现附近寺院里有个和尚行为不端，不止见钱眼开，还贪图女色。

这件事成了养兔大户茶余饭后的谈资。经他添油加醋的宣染，"和尚事件"在乡里坊间迅速留传开来。越传越走样，越传越邪乎，养兔大户甚至对人说："和尚都是好色之徒，没有一个好东西！"

香火原本很旺的寺院，一下子冷清了下来。

主持了解了事情的真象，派了一个和尚前往养兔大户处买兔子。养兔大户瞧不起和尚，慢不经心地挥挥手，让他自个儿去挑。和尚挑了一只毛发稀疏、皮色暗淡的老兔子。

和尚对养兔大户说："我把这只兔子带回去养，如果有人问起，我们就说是从你这里买的，你这里的兔子都如此，全是死不死活不活的。"

"不行，不行，"养兔大户的头摇得像拨浪鼓，"我的兔子大都活蹦乱跳，皮毛油亮，这只怎么能做代表？"

"那么，一个和尚行为不检点，难道能代表寺院里所有的和尚吗？"和尚微笑着反问道。

养兔大户无言以对，忙跟和尚赔理道歉。

广角镜

◆喜报◆

《汉字的味道》入选中宣部"优秀青少年读物出版工程"!

"优秀青少年读物出版工程"由中宣部出版局组织实施,此次全国各地共有30种优秀图书入选。《汉字的味道》讲述"汉字里的中国",挑选汉字里与饮食文化相关的字,文质兼美、图文并茂地讲述它们的来历、演变及文化功能,让读者领略祖先的智慧,激发青少年的想象力、观察力和语言表达能力。

陈文波著　定价:35元
上海文化出版社
上海咬文嚼字文化传播有限公司

 扫码购买可享 **8折** 优惠

书窗

别让一个错别字破碎了你的梦想

高考作文常见错别字(修订版)

《咬文嚼字》编辑部编

《高考作文常见错别字》一书多年来颇受欢迎。现在,编辑部做了全面修订:根据用字实际,对个别高频错别字做了调整;根据时代发展,对部分差错语例做了调换;根据近年考题,对热身赛做了重新设计。同时,书的整体框架不变,力求设计重点突出的题型,使用通俗易懂的语言,给出简洁实用的解析,助力莘莘学子。

定价:30.00元　扫码享优惠

火眼金睛

图中差错知多少？

李信宜　赵星　龙启群　江传力　提供

（答案在本期找）

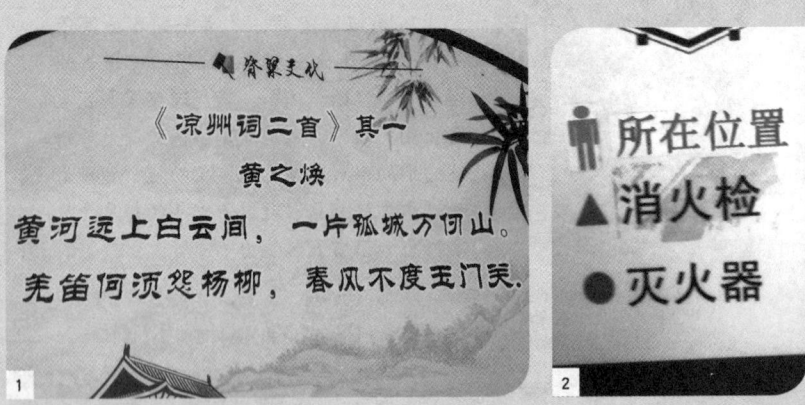

1. 脊梁支撑
《凉州词二首》其一
黄之焕
黄河远上白云间，一片孤城万例山。
羌笛何须怨杨柳，春风不度玉门关。

2. 所在位置　消火检　灭火器

3. 有则改之　无则嘉勉

4. 建设文明廉洁窗口
敞开热枕为民心灵

邮政　扫码订刊　轻松快捷

淘宝　扫码购书　优惠立享

微信公众号　扫码关注　精彩无限

ISSN 1009-2390

咬文嚼字

YAOWEN-JIAOZI

香蕉

芭蕉科,叶长而大,聚生于茎顶,呈伞状向四周张开。果实为稍弯的长柱形,有棱,肉质,香甜可口。香蕉新叶舒展而出,老叶便会枯干而焦,故名"蕉"。"蕉"即"焦"。陆佃《埤雅》云:"蕉……一叶舒则一叶焦,故谓之蕉。"

上海世纪出版集团

2020/03

欢迎至邮局订阅本刊 邮发代号 4-641
国内统一连续出版物号 CN 31-1801/H
定价:6.00元

雾里看花

"助眼"何物

王长民

画面上的大块牛肉十分显眼,但配文中的"助眼"令人费解。"助眼"究竟是什么?猜猜看,答案见本期。

书窗

一年一本,25年来畅销不衰

2019年合订本来啦!

精装:58元
平装:50元

历年合订本均在热销中

邮购电话:021-64370935
邮购地址:上海市绍兴路7号2楼《咬文嚼字》编辑部
邮政编码:200020
更多优惠请登录:http://yaowenjiaozi.taobao.com

莫言"买锅"

康 泰/文 臧田心/画

莫言应邀在法兰克福"感知中国"论坛上发表演讲。一上来他就说:因身体欠佳,本来打算不来的。可妻子说,既然答应了就要去,一是要遵守承诺,二是要尊重对方。临行前,妻子又说,听说那里的锅不错,买一个带回来。这会儿才明白,她让我来的真正目的原来是要买一个锅。台下笑声四起。

2020年3月1日出版

3

总第303期

主管：上海文艺出版总社
主办：上海文化出版社
编辑、出版：《咬文嚼字》杂志社
集团网站：http://www.shwenyi.com
E-mail: yaowenjiaozi2@163.com
官方微博：
http://weibo.com/yaowenjiaozish
电话传真：021-64330669
发行电话：021-64372608-181
邮购电话：021-64370935
地址：上海市黄浦区绍兴路7号
邮政编码：200020
发行：上海市报刊发行局
发行范围：国内外公开
订阅处：全国各地邮局
邮发代号：4-641
ISSN 1009-2390
CN 31-1801/H
印刷：上海中华印刷有限公司
印厂电话：021-60829062
　　　　　021-60299079
定价：6.00元

　　如发现本刊有装印质量上的问题，请在当月与承印公司联系调换。

名家语画
莫言"买锅"　　康　泰/文　臧田心/画 / 1

前线观察
从"火神山""雷神山"谈起　　狮子坡 / 4

疫情聚焦
防疫不是"狙击战"　　每　文 / 7
何为"核酸检测"　　林　凌 / 8
什么是"气溶胶"传播　　朱恺迪 / 9
"冠状病毒"的"冠"怎么读　　言　内 / 9
"方舱医院"是什么医院　　黄文健 /10
什么是"负压救护车"，
　　什么是"负压病房"　　蔡　玫 /11
是"革职"还是"辞职"？　　刘民钢 /12

锁定名人
穆桂英是"敌国番邦女子"吗　　唐九戒 /13
骨子里强硬不称"色厉内荏"　　王晓晗 /14

编校信箱
百问百答（6）　　郝铭鉴 /15

时尚词苑
借词"史诗级"表示哪个等级　　高丕永 /17
"同频共振"的前世今生　　代宗艳 /19
"996"，当休矣　　刘冰鑫 /21

一针见血
能说"叮了光"吗　　余培英 /23
"积是"怎能"成非"　　高良槐 /23
"等量齐观"是何义　　阎德喜 /24
脸不可"铰"　　谢云秋 /24
解放斗争绝非"蹉跎岁月"　　杨昌俊 /25
是"书券"不是"书卷"　　李延春 /25
非"莲牖"，乃"蓬牖"　　阎南岗 /26
杀手锏能"掣"吗　　曲　云 /26
应是"讳莫如深"　　李可钦 /27
《书锦堂记》当为《昼锦堂记》　　郭文佳 /27
名臣之死不称"毙"　　龙启群 /28

栏目	文章	作者/页码
学林	小议成语的意义和读音	苏培成 /29
追踪荧屏	莫将"束脩"写作"束修"	朱永丽 /33
	应该是"钟灵毓秀"	盛祖杰 /34
	竖起单手不称"揎"	孙晓青 /35
识物寻踪	"茶"与"荼"	陈璧耀 /36
文章病院	"旅顺口"不能代称"旅大"	李景祥 /39
	"祥"和"穿上衣服"无关	孙延宜 /40
	太史令皆由太监担任吗	葛青江 /41
	皇帝的行营不称"行所在"	沈阳仁 /42
语言哲思	炒面换汤面该不该付钱	宗守云 /43
有此一说	"蛋挞"到底是读"dàntà"还是"dàntǎ"？	张依莎 /45
	荆轲"出自燕赵之地"吗	刘曰建 /47
网言网语	现代人的"求生欲"	叶绩 /48
	"香蕉人"还是"芒果人"？	叶继 /50
社交新风	到底要不要说"在吗"	徐默凡 /52
检测窗	编校差错扫描（十九）	王敏 /55
东语西渐	鼠年译"鼠"	陆建非 /58
读书	史书中日本为什么叫"倭奴"	郑张尚芳 /60
	侃"侃"	周振鹤 /63
向你挑战	两种可能	伯淮 设计 /64

顾　　问
　濮之珍　　何伟渔
　陈必祥　　金文明
　姚以恩
名誉主编　　郝铭鉴
主　　编　　黄安靖
副 主 编　　王　敏
特约编委
　汪惠迪(中国香港)
　田小琳(中国香港)
　林国安(马来西亚)
　吴英成(新加坡)
责任编辑　　何中辰
　　　　　　施隽南
　　　　　　朱恺迪
通　　联　　戚新蕾
封面设计　　王怡君
特约审校
　蔡维藩　　陈以鸿
　李光羽　　王中原
　张献通　　黄殿容

凡本刊录用的作品，其与《咬文嚼字》相关的汇编出版、网上传播、电子和录音录像作品制作等权利即视为由本刊获得。上述各项权利的报酬，已包含在本刊向作者支付的稿酬中。如有特殊要求，请在来稿时说明。

从"火神山""雷神山"谈起

◎狮子坡

春节前后,新型冠状病毒肺炎肆虐神州大地,严重威胁人民群众的生命安全,阻击疫情成为全国的头等大事。为了收治患者,10余天之内,武汉便建造成两所应急医院——火神山医院、雷神山医院。霸气的名字,迅疾引起了社会的广泛关注。

为了"抗击非典",2003年北京也建成一所应急医院——小汤山医院。此医院因位于北京市小汤山镇而得名。但火神山医院位于武汉市的后官湖畔,而非"火神山";雷神山医院位于武汉市黄家湖地区,而非"雷神山"。武汉市没有叫"火神山""雷神山"的地方。这两所医院为什么要取这样的名字呢?已有学者做出了解释。

湖北地处古楚大地。传说,古代楚国君主的祖先就是火神祝融。祝融,本名重黎,高阳氏颛顼(Zhuānxū)之后。高辛氏帝喾(Kù)当政时,重黎居火正之官,甚有功,帝喾名之曰"祝融"。后世祀为火神。现在常见有人把火灾说成"祝融之灾",原因就在这里。火神山医院的命名,表现出了鲜明的楚文化色彩。古代盛行用"五行"解释万物的形成及其相互关系。"五行"指金、木、水、火、土五种物质,中医用"五脏"配"五行",肝属木、心属火、脾属土、肺属金、肾属水。新型冠状病毒感染人的肺部,引发肺炎。按"五行"理论,火克金,故"火神"能克制侵入人体肺部的疫魔。雷神,也称雷公、雷师,中国神话中的司雷之神。《山海经·海内东经》:"雷泽中有雷神,龙身人头,鼓其腹则雷。"后世演变成尖嘴猴脸的形象。在中国的传统观念中,雷神是惩处邪恶之神。民间还认为,谁做了坏事,就会受到五雷轰顶的处罚。在《周易》八卦中,火属于离卦,雷属于震卦,二者属相生关系,且都能克制"邪恶"。火神山医院、雷神山医院的命名,反映了人们战胜疫魔的愿望与决心。

"名不正则言不顺,言不顺则事不成。"可以说,人类认识世界、适应世界、改造世界,是从命名开始的。"名正"是"事成"的基础。自古以来,我国对"名"都有足够的重视。

从神话传说、传统文化宝库中寻找素材,一直是我们命名最重要的方式之一。汉语中有众多名号,都带着我们民族独特的文化内涵。

2019年8月9日,华为公司正式发布鸿蒙操作系统,在世界信息技术领域投下了一颗震撼弹。这款操作系统,为何命名为"鸿蒙"呢?

在中国神话传说中,鸿蒙指宇宙形成前的混沌状态,学者把那个时代称作鸿蒙时代。《庄子·在宥》:"过扶摇之枝而适遭鸿蒙。"西晋司马彪释"鸿蒙"云:"自然元气也。"《庄子》之后,"鸿蒙"在文献中频频出现,均指宇宙形成前的自然之气。宇宙孕育于鸿蒙之中,鸿蒙是万物的开端,是世界之本源。华为把操作系统命名为"鸿蒙",意图不难想象。华为还把自己的智能手机芯片命名为"麒麟",把自己的5G基站芯片命名为"天罡"。麒麟、天罡都是中国神话传说中重要的文化符号,引以为名,无疑也反映了华为的价值追求。

以神话传说命名,同样也是西方命名的重要方式,西方还盛行以希腊神话人物命名。

耐克(Nike)是全球著名的体育运动品牌。耐克是希腊神话中的胜利女神,所到之处胜利便紧随而至。法国卢浮宫藏品中,有三件被誉为"世界之宝"的藏品,其中之一便是胜利女神雕像。女神的头部和手臂皆已残损,但仍被认为是古希腊雕塑的杰作。不论从哪个角度观赏,都能感受到女神展翅欲飞的姿态。雄健的身躯,硕大的翅膀,无不体现出胜利者的雄姿。体育运动产品以胜利女神耐克命名,体育精神得到完美体现。这也许正是耐克品牌深受消费者喜爱的原因之一吧。

达芙妮(Daphne)是世界著名的女性用品品牌。达芙妮是希腊神话中的月桂女神,河神的女儿,十分美丽。爱神丘比特为了报复讽刺他的阿波罗,将一支使人陷入爱情旋涡不能自拔的箭射向了他,阿波罗便疯狂地爱上了达芙妮;同时,丘比特又将一支使人拒绝爱情的箭射向达芙妮,达芙妮便对阿波罗冷若冰霜。阿波罗用琴弹出优美的乐曲,不论谁听到,都会前来聆听。达芙妮也被琴声迷住了,情不自禁地向阿波罗走去。阿波罗立即上前,要拥抱达芙妮,达芙妮拔腿就跑。眼看就要追上时,达芙妮向父亲呼救。河神将达芙妮变成了一棵月桂树。阿波罗悲痛欲绝,发誓用月桂树的叶做发冠,用月桂树的枝做琴骨,不论到哪里都不离不弃。女性用品品牌用月桂女神达芙妮命名,带给人的是无限的浪漫之感。

不同的民族,有不同的神话传说,不同的历史文化。带有特定文化印记的名号,有时会成为其他民族的理解障碍,给相互间的交流造成负面影响。我国有许多以"龙"为名的品牌,但大都不受西方人欢迎。因为在西方龙类似恐龙,口中喷火,被视为破坏美好东西的恶魔。如将此类名号转换成目标民族可理解、可接受的形式,往往会取得比较好的效果。比如,法国人有"反向思维","野性""反叛"常被法国人视为"另类魅力"。一款名为Poison(毒药)的香水深受法国女性喜爱。但传统、内敛的中国女性并不接受它。后来,商家推出一款类似品质的香水,将中文名命名为与Poison谐音的"百爱神",获得了巨大成功。

我们期待"火神""雷神"爆发威力,火神山医院、雷神山医院定会频传佳音!

防疫不是"狙击战"

◎每 文

今年春节期间,我们举全国之力应对"超级疫情"。这是一次"历史上从未有过的对决",堪比战争。不少媒体称,这是一场防疫"狙击战"。很遗憾,这次防疫大战并非"狙击战"。

所谓"狙击",指的是暗中埋伏、伺机袭击,这是一种偷袭的作战方式。在影视作品中,现代战争里的"狙击手"藏于暗处,用狙击步枪进行伏击,他们经过特殊训练,精通伪装、侦察等技能,个个都是百步穿杨的神射手。

如果防疫战是"狙击战",那么奋战在一线的白衣战士就都是狙击手了。此说显然荒唐,医护人员何曾用出其不意的偷袭方式去防疫呢?这样做也不会有什么效果。

防疫是一场防御的战斗,这次全国人民都参与的其实是"阻击战"。"阻",即阻止、阻挡,"阻击"就是以防御手段阻止对方的行动,是公开的对抗和较量,目的是阻敌前进、断敌退路。目前,全国驰援湖北,会战武汉,有力地阻止了疫病的扩散,有效地阻断了疫情的发展,我们一定会打赢这场"阻击战"。

另外,通常认为"狙"本义指猕猴。根据是《说文解字》:"狙,玃(jué,大猴子)属。从犬且声。一曰狙,犬也,暂(猝然)啮人者。一曰犬不啮人也。"然而,《字源》以"一曰"为本义,认为"狙"本指犬伺机突然蹿出咬人,猕猴是假借义。这一纠正很有道理,因为它恰可与"狙击"的用法相吻合。试想,"狙"(犬)长时间不咬人,伺机突然咬人,由此引申指窥伺、伺察,再引申指偷袭,不正顺理成章吗?

"狙击"的构词是名词作状语,其结构类似"鲸吞蚕食""鲸吸牛饮",其解释就是像犬突然咬人一样进行攻击。如果解释成猕猴则很难说得通。且看

《庄子·齐物论》中那则著名寓言:"狙公赋芧(xù,橡子),曰:'朝三而暮四。'众狙皆怒。曰:'然则朝四而暮三。'众狙皆悦。"以这种认知能力,怎么能完成高难度的狙击任务呢?

何为"核酸检测"

◎林 凌

新型冠状病毒肺炎如何确诊?新闻报道中常提到确诊病毒感染的诊断手段"核酸检测"。那么,什么是"核酸检测"呢?

核酸(nucleic acid)是脱氧核糖核酸(DNA)和核糖核酸(RNA)的总称,主要贮存和传递遗传信息,是生命的最基本物质之一。病毒主要就是由核酸和蛋白质组成的。核酸检测,指通过一定的技术手段检测被测者体内是否存在某种病毒的核酸。如结果呈阳性,则表明被测试者体内存在该种病毒,如结果呈阴性,则表明被测试者可能并没有感染该种病毒。

但是,在各地公布的确诊病例中,常有核酸检测最初呈阴性,多次检测后才呈阳性的病例。据报道,杭州一位病人做了6次核酸检测都为阴性,直到第7次才测出阳性。专家分析,导致核酸检测"假阴性"的原因是多方面的,与试剂盒的质量、标本采集的方式、实验室条件以及操作的规范性等都有关系。核酸检测程序复杂,技术要求高,检测速度也受到一定限制。因此,除了核酸检测,CT检查也是病例确诊的重要依据。

CT是Computerized Tomography的缩写,义为"计算机层析成像"。CT检查利用人体不同组织对X射线的吸收与透过率的不同,经计算机处理,形成检查部位的断层的影像。在新型冠状病毒感染的肺炎诊断过程中,医生对病人的肺部进行CT检测,可以根据CT影像观察到被测者肺部是否存在病变。

其实,不管是核酸检测还是CT检查,都不可能做到"万无一失",都可能出现漏检。在国家卫健委发布的《新型冠状病毒感染的肺炎诊疗方案》中,除了核酸检测、CT检查,临床表现也列在其中,只有多种医疗手段"多管齐下",方能有效提高"确诊"的准确率。

什么是"气溶胶"传播

◎朱恺迪

2月8日,在上海市疫情防控进展新闻发布会上,有专家提出,新型冠状病毒肺炎存在气溶胶传播的可能。专家所说的"气溶胶"传播,究竟是什么样的传播?

气溶胶,是直径1～100纳米的微小颗粒弥漫于气体介质中而形成的气体分散体系。气,即气体。溶,本指溶化、溶解,这里指分散、分布、弥漫。这些微小颗粒弥漫在空气中,形成胶态气团,故为"胶"。森林燃烧的烟尘、天空中的云雾、汽车发动机排出的烟雾,以及烟囱里冒出的炊烟等等,都是气溶胶的实例。除了气溶胶,还有细微颗粒分布于液体中而形成的液溶胶,如墨汁等;还有细微颗粒分布于固体中而形成的固溶胶,如泡沫玻璃等。

带有新型冠状病毒的飞沫,悬浮于空气中,失去水分,形成微小的携带病毒的飞沫核。这些微小的飞沫核分散在空气中,有可能形成气溶胶,飘浮至远处,造成远距离传播。这就是新型冠状病毒的气溶胶传播。不过,目前一般认为,新型冠状病毒主要通过飞沫、接触传播,气溶胶传播还未得到确切证实。还有专家称,新型冠状病毒可以通过肠道传播,这也未得到确切证实。

"冠状病毒"的"冠"怎么读

◎言 内

如今,"冠状病毒"几乎无人不知,但是,媒体上、生活中,听到的既有"冠(guān)状病毒",又有"冠(guàn)状病毒",颇为混乱。这里想谈三点,以正视听。

首先,"冠"是多音字。读guān,是名词,本义指帽子,如"冠冕""衣冠",引申指像帽子一样的东西,如"树冠""鸡冠"。读guàn,是动词,指戴帽子,如"沐猴而冠";又特指古代男子二十岁行加冠礼,结发戴冠,表示成人,如"弱冠";还从帽子戴在人体最高处引申指位居第一,如"勇冠三军",并特指第一名,如"冠军";进一步引申,泛指在前面加上名号或文字,如"冠名"。

其次,"冠状病毒"因形状而得名。20世纪60年代,这种球形病毒在电子显微镜下被观察到,其外膜上有明显的棒状突起,看上去像中世纪欧洲王冠上的突起,因此被命名为"冠状病毒"。"冠状"指外膜突起像王冠一样,这是名词用法,应读"冠(guān)状"而不是"冠(guàn)状"病毒。

第三,"冠状"被简称后,更易误读。比如"新型冠状病毒肺炎"可简称为"新冠肺炎",误读为"新冠(guàn)肺炎"的很普遍。来看类似的冠(guān)状动脉性心脏病,此病因冠状动脉硬化、供血不足等引起。冠状动脉是给心脏供血的动脉,从主动脉根部,分左右两支,行于心脏表面,几乎环绕心脏一周,恰似一顶欧洲王冠。"冠状动脉性心脏病"名词特征鲜明,简称为"冠心病"后,名词特征隐匿,因此误读为"冠(guàn)心病"的比比皆是。有此前车之鉴,"新冠(guān)肺炎"能不慎乎?

"方舱医院"是什么医院

◎黄文健

近日,在"抗疫前线"的新闻报道中,"方舱医院"频频出现。"方舱医院"到底是什么医院?

"方舱"是一个军事设施术语,指以各种坚固材料有机组合而成的方形舱室，配有载车，根据不同需求，在其内部进行相应的结构设计，安装相关设备。"方舱"起源于美国，广泛应用于美军机动指挥、通信、医疗及后勤保障中，是美军机动部队的重要装备之一。

"方舱医院"是一个军事医疗设施名词，本指军队于前线临时搭建而成的医院，由"医疗""技术保障""生活保障"等等单元组成。因各组成单元建在"方舱"里，故称"方舱医院"。在城镇、村落，"方舱医院"多依托空阔、闲置的建筑物而建。"方舱医院"有持续的电源供应，有完备的医疗设施，有病房，可以进行各种医疗检测、检查，可以做手术。"方舱医院"也常见于地震、公共卫生事件等重大灾害的救治场所，在2008年汶川地震、2010年玉树地震的灾难救治中，"方舱医院"发挥了重要作用。"方舱医院"多用于对轻症伤病员的救治。

据媒体报道，近来在武汉国际会展中心、洪山体育馆、武汉客厅、光谷科技会展中心、武汉体育中心、武汉国际博览中心、塔子湖体育中心以及石牌岭职高、黄陂一中体育馆等地，建立了众多"方舱医院"，病床达数万张，为"抗疫救灾"发挥了重要作用。

什么是"负压救护车"，什么是"负压病房"

◎蔡 玫

在阻击新型冠状病毒肺炎疫情中，"负压救护车""负压病房"也频频出现于各类媒体报道中。"负压救护车"是什么救护车？"负压病房"是什么病房？

所谓"负压"是指利用技术手段，使车内或病房内气压低于外界气压，空气在自由流动时，只能从车外或房外流入车内或房内，而不能由车内或房内流到车外或房外。车内或房内的污染空气进行无害化处理后才排到车外或房外。

负压救护车,每小时换气20次,空气过滤率达99.9%。负压病房,由送风净化装置和排风净化装置组成,空气过滤率均达99.99%。负压救护车、负压病房,均可有效减少细菌、病毒向外界扩散、污染,最大限度地避免医务人员或外界人员感染疾病。

在新型冠状病毒肺炎阻击战中,"负压救护车""负压病房"均发挥了重要作用。

是"革职"还是"辞职"?

◎刘民钢

武汉市市长在新闻发布会上说:"因为关门(指武汉封城),最后说要问责,说人民群众有意见,我们愿意革职以谢天下。"市长此言,引起社会广泛关注。笔者想说的是,"革职"一词的使用是值得商榷的。

"革"字的本义是动物的"皮"经过去毛、鞣化等等整治之后,成为可供使用的没有毛的皮张。"革"从整治毛皮引申出"去除""改变"等意思。我们常说的"革命"一词中的"革"就包含了这个意思。"革命"原出《易经》中的"汤武革命",意思是商汤、周武王以武力分别改变了前一个王朝的所谓天命。"革"的这个意思还保留在"改革""变革"等词中。

因此,"革职"一词的意思是去掉原有的职务或职位。而官员职务的改变或免除,一般来说,有主动和被动之分;"革职"通常只用在官员被动地免除职务的情况下,而且通常是指因为犯错而被上级免职。如果是主动地要求免去职务,应该用"辞职",而非"革职"。

市长想说的是,愿意主动要求免去自己的职务,那么,正确的表述应该是"我们愿意辞职以谢天下",即愿意主动辞去职务向天下人谢罪。如果是革职,后面就不宜跟"以谢天下"这样的话了。因为这时的"谢"已经轮不到被革职者来说了。

穆桂英是"敌国番邦女子"吗

◎唐九戒

很多读过金庸作品《神雕侠侣》的人都会有个疑问：宋代人为什么不能容忍徒弟娶师父的行为？为了说清这个问题，金庸在《神雕侠侣（新修版）》(广州出版社2013年4月出版)第十四回《礼教大防》后做了几千字的注，其中有这样一段话："中国京剧中有一出好戏'辕门斩子'，故事说宋朝名将杨延昭（杨六郎）在辕门外绑了儿子杨宗保要斩，因他不守军纪，战争中与敌国番邦女子穆桂英成婚。"（第495页）称穆桂英是"敌国番邦女子"，这个说法有误。

穆桂英是民间传说中的宋代女将，杨宗保的妻子，曾挂帅抗辽，后多以为巾帼英雄的典型。其人物形象出自小说《杨家将》（改编自《北宋志传》）和《杨家府世代忠勇通俗演义》。很多戏剧中都引入了这个经典角色，比如上述引文提到的京剧《辕门斩子》（又名《三进帐》）。根据小说中的描述，穆桂英智勇双全，尤擅骑射。她击败来取降龙木的杨宗保，并自招杨宗保为婿。京剧《辕门斩子》讲的便是杨宗保之父杨延昭因不满儿子私自和穆桂英成亲，要将他绑在辕门斩首。后穆桂英携降龙木来投，终于救下丈夫。

番邦，旧时用来指称外国或外族。穆桂英出生于山东穆柯寨，地处北宋国内，虽然身在绿林草莽，却并非外族人。根

骨子里强硬不称"色厉内荏"

◎王晓晗

著名作家毕淑敏的小说《拯救乳房》(人民文学出版社2003年6月出版)在第18页上有这样一段描写:

褚强说:"反正你看到她就会有这感觉。外表柔柔的一个女人,骨子里很强硬。"申凌勾画出一个色厉内荏的女强人,便把心放下了,再接再厉盘问:"长得怎么样?"

此处讲的是褚强向女友申凌介绍主人公程远青,显然作者用了"色厉内荏"一词概括"外表柔柔"但"骨子里很强硬"的形象。这种用法是错误的。成语"色厉内荏"典出《论语·阳货》:"色厉而内荏,譬诸小人,其犹穿窬(yú,"穿窬"即挖墙洞和爬墙头)之盗也与?"色,神色;厉,严格;内,心里;荏,怯懦。色厉内荏,即神色外表严厉强硬,然而内心怯懦软弱。叶圣陶《四三集·英文教授》:"他跑遍租界的各处,观察了帝国主义爪牙的色厉内荏的窘态。"

小说中褚强描述的程远青外表上柔弱、骨子里强硬,恰恰与"色厉内荏"的词义相反。这里改用"外柔内刚"就好了。

据京剧《穆天王》中穆桂英的念白,其父甚至"也曾在朝为官",只因奸臣当道才落草山林。虽然是虚构出来的人物,但传说中的穆桂英一辈子抗击番邦保家卫国,其形象已然深入人心,将她归为"敌国番邦女子"实属荒唐。

百问百答（6）

◎郝铭鉴

为何"指手画脚"用"画"，"出谋划策"用"划"

请允许我对题目稍做一点修正：应该问为何"指手画脚"推荐用"画"，而"出谋划策"却推荐用"划"？因为"指手画脚"和"指手划脚"、"出谋划策"和"出谋画策"，各是一组全等异形词，本来用哪一种写法都是可以的，两者没有对错之分。

那么，题目出错了吗？也不能这么说。汉语中有一批异形词，它们音同、义同，用法也完全相同，只是写法有所不同而已。这些词不仅增加了学习的负担，有时还会造成混乱，因此有整理的必要。《第一批异形词整理表》便是首批整理的成果。在这个整理表中，"指手画脚"推荐用"画"，"出谋划策"则推荐用"划"。题目所要强调的，正是这个推荐的结果，并想探讨这样推荐的依据在哪里。

在《第一批异形词整理表》中，收入用"画"或者用"划"的异形词共八组。其中用"画"的四个词是笔画、勾画、刻画和指手画脚，用"划"的四个词是计划、筹划、谋划和出谋划策。这个推荐的结果，不是个人拍脑袋的产物，而是有规律可循的。

画，会意字。甲骨文最初的写法，上面是"聿"，为手持笔形；下面是画出来的图纹。后繁体字写作"畫"，现简作"画"。画本身是具体的动作，画出来的东西，目的是让人看的。因此，凡是语含这一特点的词，首先考虑用"画"。"笔画"自不必说，"勾画""刻画"也不例外；至于"指手画脚"，无非是用手和脚做笔，描摹出一定的形状或样子，让别人看得更明白一点，用"画"确定无疑。

"划"是"画"的加旁分化字，本写作"劃"，现简作"划"。"划"有多个义项，其中一个是：预先拟定做事的方法、步骤、安排等等。这个"拟定"的过程，是抽象的思维活动。预拟这些东西干什么？目的是在工作中参照或遵照执行。因此，凡是语含付诸思维、结果用于行事指导的词汇意义，首先考虑用"划"。"计划"自不必说，"筹划""谋划"也不例外；至于"出谋划策"，无非是经过头脑风暴，提供智谋、计策，以供人参照或遵照执行，当然应该用"划"。

可见，在"画""划"构成的异形词中，我们遵循的整理原则是：凡是通过具体动作做出的结果是让人看的，用"画"；凡是通过抽象思维取得的结果用来指导人去做的，用"划"。明白了这一点，某些词语即使没有收到《第一批异形词整理表》中，我们也能顺利作出判断。比如"比画"还是"比划"？"比画"就是用肢体或者器具做出某种样子让人看，首选自然用"画"。又如"企画"还是"企划"？"企划"就是事先策划，以便依据实行，首选自然用"划"。

唯有一个词语，似乎还需要讨论一下：擘画。无论是《现代汉语词典》，还是《现代汉语规范词典》，现行规范工具书几乎众口一词：首选词形用"擘画"。然而，"擘画"的对象不是经营方针，便是目标远景，它和筹划、谋划一样，都是想出办法，让人照着做的。既然筹划、谋划用的是"划"，为何"擘画"独树一帜，用的是"画"？那只有一个解释，便是在酌定异形词首选词形的过程中出现了小小的失误。正确的首选词形应是"擘划"。各位意下如何？

借词"史诗级"表示哪个等级

◎高丕永

新世纪伊始,借词"史诗级"开始出现在媒体上;近几年,其使用量明显增加。例如:

(1)电视剧《大江大河》:一幅致敬改革开放的史诗级画卷(标题,《电视研究》2019年第5期)

(2)70年,两万多天,见证一个国家的史诗级巨变。(新华社2019年9月10日电)

借词"史诗级"有两个义项。例(1)中的"史诗级",指"非常优秀的(文学作品、装备设施、游戏产品等)"(以下简称"史诗级①");例(2)中的"史诗级",指"意义重大的、前所未有的(英雄行为、政策、业绩等)"(以下简称"史诗级②")。"史诗级"的来历,不妨从借词"史诗"说起。

汉语的"史诗",转写自日语汉字词"史詩"。章炳麟的《文学说例》曾用到了这个词。日语的"史詩",明治维新时意译英语的名词"epic"。借词"史诗",与日语原词一样,都是褒义词,本义为"叙述英雄传说或重大历史事件的叙事长诗"。汉语借词"史诗",后来可以"借指史诗般的文学作品等"。比如:"人民除了需要庄严的史诗般的影片,也需要抒情的影片;同时,也需要喜剧片和惊险片。"(《戏剧报》1954年1月16日)又可以"比喻史诗般的英雄行为等"。比如:"他们不愿抱膝危坐,高谈诗篇,而是以千百万人的热情,创造这人类的'史诗'。"(《人民日报》1948年6月1日)

英语的名词"epic",后来又可以用作形容词,一般指"史诗般的(文学作品、英雄行为等)"。所以,十多年前,汉语翻译英语形容词"epic"时,创造性地写为用借词"史诗"构成的"史诗级"真是再合理不过了。例如:

(3)史诗级的电影当然需要史诗级的配乐,相信这张原声大碟绝不会令大家失望。(《电影评介》2004年第6期)

(4)未来的回合制战略游戏大体将是如下特点:史诗、魔幻以及互联网。类似《文明》这样的史诗级游戏依然将是回合制战略游戏的重点。(《电脑采购周刊》2004年第24期)

那么,为什么用"级"来构成"史诗级"?因为汉语常常用"仿照"的方式来构造新词语。"史诗级"仿照的,是比它早几年出现的借词"现象级"(一般指"非凡的、无与伦比的",详见《咬文嚼字》2015年第12期)。有时,"史诗级"的意义和"现象级"有点相似。比如:"史诗级长镜头 VS 现象级营销,谁赢?"(标题,《文汇报》2019年1月2日)不过,"史诗级"的"气场"和"格局"都要大得多。

人们可能会发现一个问题:不少句子中的"史诗级"不能套用"史诗级①""史诗级②"来理解。例如:

(5)扒着大门不肯撒手的宝宝、使尽浑身解数几近崩溃的父母、哭声一片的新生教室……9月如期而至,"史诗级灾难片"——《幼儿园开学了》全国热映中。(《北京青年报》2019年9月2日)

(6)苹果被曝史诗级漏洞 软件更新无法修补(标题,《香港商报》2019年9月30日)

什么原因?原来,英语的"epic"是中性的形容词,有时可以用来修饰带有贬义的词语。然而,借入汉语的"史诗级"天生自带褒义。因此,凡是把修饰贬义词语的"epic"也翻译为"史诗级",或者用借词"史诗级"来修饰汉语中有贬义的词语,都会给读者带来别别扭扭

"同频共振"的前世今生

◎代宗艳

"同频共振",顾名思义,就是同样频率的事物会产生共同振动的现象,它是物理学的术语。"共振"在声学中也称"共鸣",指物体因共振而发声的现象。例如:

(1)基于物体的共振原理,有人做实验,把一柄音叉的振动频率调到与防弹玻璃相一致的振动频率上,结果使坚不可摧的防弹玻璃应声崩裂,人们把这种物理现象称为"音叉效应"。(《解放军报》2018年8月10日)

按说,"同频共振"就是用来指称一种物理现象,可是近年来却以雨后春笋之势频频亮相,成为各大报刊和网络媒体的常用语。如今,"同频共振"可以用来指思想、意识、言论、精神状态等方面的共鸣或协同。例如:

(2)40年改革开放的壮阔历程清楚表明,改革开放是人民的要求和党的主张的同频共振。(《光明日报》2019年1月30日)

(3)国网天津市电力公司广泛深入开展劳动竞赛活动,通过竞赛大力弘扬劳模精神、劳动精神、工匠精神……实现了事业发展与职工成长同频共振、互促共进。(《工人日报》2019年6月27日)

"同频共振"这一四字短语被大家普遍接受并广泛运用,其原因主要有二:一是契合了汉语习用的"2+2"音步规律,读起来朗朗上口,如同"春暖

的感觉。另外,美国英语里有一个非常流行的固定词组"epic fail",美剧里的男女老少经常使用,意思应该是"很大的失败",可是进入汉语时被翻译为"史诗级失败"。"史诗级失败"大概是借词"史诗级"用于修饰汉语贬义词语的最早用例吧。

花开""莺歌燕舞""安居乐业"等;二是其隐喻义生动形象、通俗易懂,也符合人们希望实现"共赢"的价值取向。

"同频共振"的走红还离不开"政治催热语言"这一因素。所谓"政治催热语言",即某个非常用的词或短语一旦出现在重要政治文件或领导人讲话中,往往会被广泛传播沿用,成为热门的流行语。比如"补短板、顶层设计"等,都与习近平总书记的治国理念和治国新政有关。

2016年11月30日,习近平在中国文联十大、中国作协九大开幕式上的讲话中指出:"古今中外,文艺无不遵循这样一条规律:因时而兴,乘势而变,随时代而行,与时代同频共振。""与时代同频共振"的思想,启示文艺工作者要把握时代脉搏,承担时代使命,坚定文化自信,用文艺振奋民族精神。

当下,"同频共振"已经成为许多工作的新要求。例如:

(4)提倡基于党性的个性,既不是信口开河,搞自由主义,也不是标新立异,特立独行,而是以坚持党性原则为前提,用舒展个性的方式开展党内监督,实现党性与个性的同频共振、交相辉映。(《解放军报》2019年6月3日)

"同频共振"的使用范围渐次扩大,它从政治领域扩大至经济、社会服务等许多领域,全国各地各行各业的"同频共振"行动如火如荼。例如:

(5)盖北镇要崛起,必须借助"三服务"东风,实现商贸与旅游"同频共振"、集镇与乡村"两翼齐飞"。(《绍兴日报》2019年5月24日)

(6)穿越百年的文化符号!商务印书馆与历史发展同频共振(标题,《人民日报》2019年5月27日)

我国已经进入全面发展的新时代。我们要立足新时代,开启新征程,要拓展新作为,创造新业绩,努力实现与时代的"同频共振"。

"996",当休矣

◎ 刘冰鑫

2019年3月27日,名为"996.ICU"的项目在网络上传开。发起人这样介绍该项目:"什么是996.ICU?工作996,生病ICU。""996.ICU"是许多互联网企业程序员的工作状态,即从早上9点工作到晚上9点,每周工作6天,最后生病了就住进医院的ICU(重症监护室)。"996.ICU"项目引起大批程序员的共鸣,各大媒体纷纷报道了"996"这种不合理的工作制度。请看:

(1)在互联网公司,996并不是什么新鲜事。在最近裁员风声此起彼伏的背景下,996工作制成为一些企业逼退员工或是变相增加KPI的手段。(《中国青年报》2019年4月2日)

(2)不得不说,中国互联网企业近年来实现弯道超车,开始在国际互联网界占据一席之地,除了技术等方面的因素外,离不开"996"工作制下众多程序员们的辛苦付出。(《新京报》2019年4月17日)

"996"在互联网行业常见,甚至成为某些公司的硬性规定。现在更呈扩展趋势,不少行业都出现了"996"工作制。例如:

(3)互联网公司作为加班重灾区,"996"甚至是更长的工作时长已经被视为普遍存在的现象。而这种制度正在蔓延到其他行业,如快递员、外卖人员、媒体及其他企业员工。(《北京商报》2019年11月26日)

"996"工作制违反了《中华人民共和国劳动法》,是不合理的工作制,理应受到相关部门

的抵制,媒体对"996"也予以强烈批评。请看:

(4)从法律意义上讲,996工作制直接把加班转换为对员工的正常工作时间要求,与法律规定的标准工时明显不符。(《南方日报》2019年4月3日)

(5)从生理学角度讲,人体每日所能产生的能量是有一定限度的,有一个最佳的黄金值……休息是对人最起码的理解和尊重,"996"工作制明显缺乏这一点,已经有违道德规范。(《法制日报》2019年4月18日)

以"996"为代表的网络数字词很多,大致可分为谐音数字词、借代数字词、缩略数字词三类。谐音数字词,即汉语或英语中的词语若与某数字发音相近,则用数字来代替本字,如:88(拜拜)、1314(一生一世)、520(我爱你)等。借代数字词,即通过联想,将数字与其所指代的事物建立起联系,如:54(青年)、38(妇女)、123(木头人)等。缩略数字词,即将一句话中的数字提取出来,用部分表示整体,如:361(一种绩效管理制度,30%的人绩效最好,60%的人绩效中等,10%的人绩效最差)。很明显,"996"属于缩略数字词。

就"996"一词流行的原因而言,主要有以下三点:一是违反《劳动法》的"996"工作制,引发社会强烈关注,一时间该词的使用量激增;二是数字词"996"朗朗上口,便于记忆和使用,也满足了人们求新求异的心理;三是网络时代,人们追求聊天的快速度和便捷化,数字词"996"输入方便,有限的字符表示丰富的信息,符合经济性原则。

"996"出现以后,又出现了几个类似的缩略数字词。比如"995"表示早上9点上班,晚上9点下班,一周工作5天。又如"007"原先是一个间谍代号,现在还可以表示没有任何休息时间,一周全部时间都用来工作。这些数字词的出现也反映了人们对工作时间之外无限加班的担忧和不满。

能说"叨了光"吗

◎余培英

三联书店(香港)有限公司2019年11月出版的《情系调景岭》一书中,有这样一段话:"丈夫叨了光而获得美国绿卡,因此我们举家移民美国。"(第132页)"叨了光"应是"叨了光"。

叨是个多音字。一读dāo,表示话多,用于唠叨、叨叨等词。一读tāo,表示受到(好处)、沾。叨光,是客套话,表示沾光,如清代李渔《慎鸾交·悲控》:"郎争气,妾叨光。"上述引文中要表达的正是"沾光"的意思。

而叼,指用嘴衔住物体的一部分。古今文献中未见以"叼光"表示沾光之义。误"叨"为"叼",应是形近致误。

"积是"怎能"成非"

◎高良槐

2020年1月3日《福建日报》第10版上刊有《医生的良好形象不应该被玷污》一文,其中谈到有些媒体哗众取宠,故意用"泼脏水"的方式扭曲医生形象,说:"大量的不实指控和谬论,大多来自网络上的积是成非、以讹传讹。"这里的"积是成非"莫名其妙,应改成"积非成是"。

积,指习惯的、积久渐成的;非,指错误、过失;是,指正确、合理。所谓"积非成是",即长久的错误变成了正确,谓对错误已经习惯,反而以为本该如此,也作"习非成是"。胡明扬、谢自立等合著《词典学概论》第七章第二节:"对于一些早已积非成是、具有广泛群众基础的误读音,就不能太拘泥于语音本身的发展规律,而应该因势利导,从众从俗,承认它们的规范读音的资格。"代入上述语境,说对医生的"不实指控和谬论"是因网络上的谣言"积非成是"导致的,正合文意。

"积是成非"于理不合,也

不符合上文语境。

"等量齐观"是何义

◎阎德喜

2019年3月28日《文学报》第21版刊载了《在误解中发声》一文,内容是作家郑小驴和德国汉学家顾彬的谈话纪实,其中说:"德国留下了《铁皮鼓》《德语课》等优秀作品,现在有一种声音,认为中国文学错失了二十世纪,和二十世纪擦肩而过,并没有留下与这个世纪等量齐观的文学作品……"这里的"等量齐观"一词用得不对,不符合文意。

"等量齐观"是个成语,指用平等的眼光来看待有差异的事物。"等""齐"义为相同、平等。"量"义为审度,"观"义为观察。郭沫若《雄鸡集·努力把自己改造成为无产阶级的文化工人》:"高尔基是把做书的工作和做靴子、做椅子等工作等量齐观,一视同仁的。""与这个世纪等量齐观的文学作品"莫名其妙,显然讲不通。结合上述引文的语境,说话人显然是想表达中国文学没有留下与二十世纪相称的作品,这和"等量齐观"没有关系。

脸不可"铰"

◎谢云秋

2019年11月19日《扬子晚报》B3版《小城货郎》一文中写道:"接着,货郎又窜到板车中间,从一个绣花包裹中,掏出一团胭脂红的丝线。老王觉得这红丝线是那样的熟悉,他曾经看过母亲无数次用它铰过脸……"其中"铰过脸"的"铰"应是"绞"。

铰,作动词,指用剪刀等使东西断开,如铰头发,也可以指用铰刀切削,如铰孔。"铰过脸"之说匪夷所思。

绞,可表示拧、扭,如绞毛巾。还可以表示把两股以上条状物扭在一起,如绞绳子。绞面,是旧时妇女的修容术,是用绞在一起的细线一张一合去掉脸上的汗毛。上述引文中说的是老王曾看过母亲用红丝线来修饰面容,用"绞过脸"才合适。

解放斗争绝非"蹉跎岁月"

◎杨昌俊

2019年11月20日《西安日报》第7版上刊有《造访湖塘村》一文,湖塘村是方志敏的故乡,文中说:"1935年正是中国共产党民族解放斗争的蹉跎岁月,方志敏率领的队伍弹尽粮绝,他伤病交加,又遭叛徒出卖被捕。"这里的"蹉跎岁月"用错了,可改为"艰难岁月"。

蹉跎,本义为失足,也用来比喻失意。现多指时间白白过去,光阴虚度。"蹉跎岁月"即白白度过年月的意思,《傅雷家书》1954年8月11日:"所以你现在更能够定下心神,发愤为学;不至于像我当年蹉跎岁月,到如今后悔无及。""民族解放斗争"绝不是"蹉跎岁月"!

方志敏同志的斗争经历是艰难坎坷的,说那是段"艰难岁月"即可。

是"书券"不是"书卷"

◎李延春

2019年12月12日《中国电视报》B22版《看上去不像是成语的成语》一文引用《颜氏家训》书中语,曰:"博士买驴,书卷三纸,未有驴字。"查《颜氏家训》原文,引文中的"书卷三纸"应为"书券三纸"。

"书券三纸"中的"书"是书写的意思,"券(quàn)"是指买卖的契约。《颜氏家训》中的这句话翻译成白话就是:"有一个博士(旧时对从事某种职业的人的尊称)到集市上去买驴,买驴的契约写了三大张纸,没见一个驴字。"后来"博士买驴"成为成语,用来比喻文词繁冗,不得要领。也作"三纸无驴"。

书卷(juàn)指书籍,"书卷"与"博士买驴"之事无关。将"书券"错写成"书卷",或是形似音近所致。

非"莲牖",乃"蓬牖"

◎阎南岗

2017年10月26日《文学报》第12版刊登的《汪曾祺的"孟老板"和"陶老板"》中,说到汪曾祺先生的小说《岁寒三友》时,引用了小说人物季匋民的话,"吾乡固多才俊之士,而皆困居于莲牖之中,声名不出于里巷"。引句中"莲牖"应是"蓬牖"之误。

"蓬"是蓬草,"牖(yǒu)"是窗户;"蓬牖"即用蓬草编成的窗户。可借指穷苦人家的简陋房屋。上述引文中所说的是,"吾乡才俊之士"生活困顿度日艰难,处于一种"困居"状态,用"蓬牖"形容他们的居所,可谓形象之至。

"莲"也叫荷或芙蓉,它常和美好的事物相联系。莲牖,从字面上看似指用莲编成的窗户或印有莲花的窗户。"居于莲牖"倒是显得十分高雅,当是富足的表现。

查《汪曾祺短篇小说选》(北京出版社1982年2月出版),该句中使用的正是"蓬牖",而非"莲牖"。

杀手锏能"掣"吗

◎曲 云

近阅旧书《十年奇冤录》(群众出版社1986年12月出版),在《李立三最后的日子》一文中读到"他们立即向李立三掣出了杀手锏"(第7页)。杀手锏能"掣"吗?

锏是一种古代的兵器,鞭类。长而无刃,有四棱,上端略小,下端有柄。杀手锏,也作撒手锏,在旧时的小说中指厮杀的时候出其不意地向敌人投掷铜的招数。后来用来比喻最厉害的一手。如茅盾《陌生人》："因为它有靠山：一是茧厂规定洋种茧价比土种贵上三四成，二是它有保护，下了一记'杀手锏'，取缔土种。"

掣，音chè，可表示向后拉，如掣肘；表示抽，如掣签；还可表示一闪而过，如风驰电掣。"掣出了杀手锏"说不通。

应是"讳莫如深"

◎李可钦

2018年12月11日《北京日报》第11版刊有文章《环京楼市频现"押房赌局"》，其中写道："在大运河孔雀城，几位销售人员都对规避限购的操作模式忌讳莫深，最终叫来销售主管才详细说出。"这里的"忌讳莫深"写错了，应改为"讳莫如深"。

"讳莫如深"是个常用成语。深，深重。事情重大，提起来伤人的心，因而隐瞒不说。出自《穀梁传·庄公三十二年》："讳莫如深，深则隐。"说的是鲁国公子庆父谋杀太子般后出奔齐国，《春秋》中不明记其事，是因为认为事件重大，提起来伤臣子之心，所以讳而不言。后来"讳莫如深"指把事情（或信息）隐瞒得很深，生怕被人知道。

莫，可表示否定，"忌讳莫深"的意思可以理解为"忌讳不深"，与上述引文要表达的意思截然相反。

《书锦堂记》当为《昼锦堂记》

◎郭文佳

《妮古录》（沈阳出版社2016年1月出版）第19页上写道："吴中宣德间，尝织《书锦堂记》如画轴，或织词曲联为帷帐。"其中的《书锦堂记》应为《昼锦堂记》。

根据《汉书·项籍传》记载，项羽攻入咸阳后，有人劝他留居关中,但项羽看见秦宫已毁,便起了回江东的心思,并说:"富贵不归故乡,如衣锦夜行。"意思是人得了富贵后不返回故乡,就好像穿着锦绣衣裳却在夜间行走。后人据此反过来称富贵还乡为"衣锦昼行",省作"昼锦"。曾执政三朝的北宋名臣韩琦以武康军节度使知相州,因相州是他的故乡,遂筑一堂,称"昼锦堂"。欧阳修为其作《昼锦堂记》,明代画家董其昌又据此记绘制了《昼锦堂图》。

"书"的繁体字为"書","昼"的繁体字为"晝","晝"比"書"下面多了一横。将"昼"误为"书",应该是简繁转换时搞混了"晝""書"二字。

名臣之死不称"毙"

◎龙启群

浙江宁波月湖有一处爱国主义教育基地,是纪念名臣史浩的,叫"史浩故居"。门厅的墙上挂着块宣传板,上面是个记录史浩生平简历的表格,其中在史浩"89岁"那一行写着"毙于家",这个"毙"字用得不妥,最好改为"薨于家"。

"薨"读作 hōng,从死,瞢省声,君主时代专称诸侯或大官的死。根据我国古代封建礼制,在称呼人的死亡时会根据尊卑采用不同的说法。《礼记·曲礼下》:"天子死曰崩,诸侯曰薨,大夫曰卒,士曰不禄,庶人曰死。"史浩(1106—1194),南宋政治家、词人,昭勋阁二十四功臣之一,曾为岳飞平反冤案。后追封越王,谥号忠定。按照古礼,称史浩"薨于家"最恰当。

毙,读 bì,本义为仆倒,也指失败、死亡。"毙"多用于动物死亡,在用于人的死亡时多含贬义,且指死于非命,如倒毙、毙命。史浩作为爱国名臣为人所知,又是寿终正寝,在介绍他生平的文字中说他"毙于家"极不合适,即使不用"薨",也该用"去世""逝世"等说法。

小议成语的意义和读音

◎苏培成

成语属于固定词组,汉语的成语许多来自古代的典故,在意义上有二重性。这就是说许多成语字面上是一个意义,而在交际中使用的是另一个更深的意义。例如:"胸有成竹"这个成语来自苏轼的《文与可画筼筜谷偃竹记》,原文是:"故画竹,必先得成竹于胸中。"字面的意义是心里有完整的竹子,交际中是用来比喻做事之先已有成算在胸。汉语有丰富的成语,在交际中正确使用成语可以极大地提高语言的表达力。因为许多成语来自古代,它的意义和读音有些与现代不同。这就要求对成语的学习和运用要多下一些功夫,不要误解误读,造成交际的障碍。在这篇小文里,我们通过对三个在意义或读音上有分歧的成语稍做分析,供读者参考。

一、韦编三绝。《汉语成语词典(增订本)》(上海教育出版社1986年12月第1版)说:"韦:熟牛皮;韦编:古代用竹简写书,用熟牛皮绳把写书的竹简编联起来,就叫'韦编';三:概数,指多次;绝:断。《史记·孔子世家》:'孔子晚而喜《易》……读《易》,韦编三绝。'意思是孔子晚年很爱读《周易》,翻来覆去地读,竟使编联《周易》的皮绳断了好几次。后泛用以形容勤奋读书。"这是"韦编三绝"这个成语的传统讲法。古文字学家商承祚在《"韦编三绝"中的韦字音义必须明确》一文中对这种讲法提出了意见。他从文献及考古资料两方面证明,古代竹简皆以丝线、丝绳和绸条编联,而无用皮绳之例。"韦编"之"韦"实为"纬"之初字。商先生这个意见很有道理,胜过传统的讲法。他根据的是文献及考古资料,理由充足。今后在讲这个成语时应采用商先生的意见。

二、暴虎冯(píng)河。《汉语成语词典(增订本)》说:"暴虎:空手搏虎;冯河:徒步过河。比喻有勇无谋,冒险行事。《诗经·小雅·小旻》:'不敢暴虎,不敢冯河。'《论语·述而》:'暴虎冯河,死而无悔者,吾不与也。必也临事而惧,好谋而成者也。'"这是"暴虎冯河"这个成语的传统讲法。文字学家裘锡圭对这种讲法提出了意见。他在《文字学概要》里说:"由于表意字多数造得很早,有时候能借助于某个表意字的字形,纠正长期以来对它所代表的词的含义的不够确切的理解。例如:古代形容人勇敢的'暴虎冯河'一语中的'暴',《诗经·小雅·小旻》毛传和《尔雅·释训》释为'徒搏',这大概是相传的古训。从毛传开始,就把徒搏理解为空手搏虎(《诗经·郑风·大叔于田》毛传:"暴虎,空手以搏之。")。从有关古文字的字形,可以知道这种理解是有问题的。暴虎之'暴'是个假借字,通常作为'暴'字异体用的'虣',从'武'从'虎',是这个'暴'的本字。'虣'字在甲骨文里写作̇,在诅楚文里写作̇,表示用戈搏虎。可见暴虎应是徒步搏虎,并不是一定不拿武器。古代盛行车猎，对老虎这样凶猛的野兽不用车猎而徒步跟它搏斗，是很勇敢的行为。冯河是无舟渡河，暴虎是无车搏虎，这两件事是完全对应的。"裘先生根据《诗经·小雅·小旻》毛传和《尔雅·释训》把"暴"释为"徒搏"，又根据甲骨文和诅楚文里"暴"的字形确知"徒搏"的本义是用戈搏虎，而不是空手搏虎，否定了毛传的"暴虎，空手以搏之"的释义。裘先生的新解有充分的理由，可以相信。今后在讲"暴虎冯河"这个成语时应采用裘先生的意见。

三、高山景行。辞书对这个成语里"行"字的注音有分歧：《汉语成语词典（增订本）》注为xíng；《汉语成语大辞典（缩印本）》（上海辞书出版社1996年5月第1版）注为háng。《现代汉语词典》（商务印书馆2005年6月第5版）注为xíng，到了2012年6月第6版先注为xíng，后用"一说"补注为háng。释义是："高山景行 gāoshān-jǐngxíng《诗经·小雅·车辖》：'高山仰止，景行行止'（高山：比喻高尚的品德；景行：比喻光明正大的行为，一说"行"读háng，景行指大路；止：语助词），后来用'高山景行'指崇高的德行。"按照这样的解释，"景行"比喻光明正大的行为时，"行"读xíng；"景行"指大路时，"行"读háng。《现汉》的解释并没有解决读音的分歧问题。《诗经·小雅·车辖》是一首迎亲曲，写一个小伙子驾车去迎娶自己心爱的人。"高山仰止，景行行止"是说小伙子仰望高山，走着大路。朱熹《诗集传》说："仰，瞻望也。景行，大道也。"连同下面的几句诗，意思是说："高山则可仰，景行则可行，马服御良，则可以迎季女而慰我心也。"这说的是诗句的本义。《现汉》说的"高山：比喻高尚的品德；景行：比喻光明正大的行为"，用的是比喻义。这和"行"的读音没有关系。这两句诗里的两个"行"字的意义和语法性质不同。为了便于区别,我们给"行"分别加注1、2,写为"高山仰止,景行₁行₂止"。在汉语中古音里,"行"是多音多义字。与我们现在讨论的诗句有关的只有两个不同的音义。《广韵·唐韵》:"行,胡郎切、伍也、列也。"《广韵·庚韵》:"行,户庚切,行步也、适也、往也、去也。"演变到现代汉语,"行"表示名词性成分,如行列、道路等读háng,表示动词性成分,如行走、流行等读xíng。按照现代汉语来读"景行₁行₂止"时,"行₁"读为háng,"行₂"读为xíng。"高山景行"是"高山仰止,景行行止"的缩略语,其中的"行"是"行₁",所以要读为háng。根据汉语古音学的研究,在《诗经》时代,"仰"属疑母阳部,"行"属匣母阳部,"高山仰止,景行行止"这两句诗是押韵的。可是用现代汉语读,"仰"读yǎng、"行₂"读xíng,就不押韵了。这是汉语古今语音演变的结果。我们今天诵读古代的诗文,是现代人读给现代人欣赏的;如果用上古音来读,虽然能取得音韵的和谐,可是却改变了读音和意义的联系,现代人会听不懂说的是什么意思。因此只能按照现代汉语的读音来注音来诵读,这是无可奈何的事。

《两种可能》参考答案

1. 抽鉴——抽签
2. 这幅模样——这副模样
3. 尽管事情怎么发展——不管事情怎么发展
4. 派住——派驻
5. 不依不挠——不依不饶
6. 配制——配置
7. 骄躁——焦躁
8. 性命悠关——性命攸关
9. 毕竞——毕竟
10. 诵扬——颂扬

莫将"束脩"写作"束修"

◎朱永丽

电影《决胜时刻》中有这样一个情节:为筹备政协会议,毛主席请了一些社会贤达进行商讨,临别前亲自送到门外。工作人员对主席如此热情很是不解,毛泽东解释道:"建立新中国,一定要跟他们交朋友,多听听人家的指点和意见。古时候啊,拜老师那是要交束修(学费)的,起码两条干肉啊!"(同步字幕显示)字幕上的"束修"应改为"束脩",台词也有错误,"两条干肉"应改为"十条干肉"。

"束"可作量词,表示十个器物。"脩"是形声字,从肉攸声,指干肉。束脩,即十条干肉,在古代常作为送人的礼物。《论语·述而》中记载,孔子曾说:"自行束脩以上,吾未尝无诲焉。"这句话的意思是,凡是主动送上十条干肉作为见面礼的人,我从来没有不给予教诲的。邢昺疏:"束脩,礼之薄者。"十条干肉只是薄礼,但在孔子看来已经够作敬师的礼物了。"束脩"因此表示入学敬师的礼物,后引申为学生给老师的酬金。

修,有修饰、维修等义。古

应该是"钟灵毓秀"

◎盛祖杰

电视连续剧《外交风云》第43集中,美国总统尼克松访华来到杭州,周恩来总理在陪同时说道:"一九五三年,毛主席就在总统下榻的西湖刘庄,主持了第一部《中华人民共和国宪法》的起草。主席讲,在这清秀的钟灵毓秀之处,倍觉得和平的珍贵。"所用成语"钟灵毓秀"在同步显示的字幕中被误为了"钟林毓秀"。

在这清秀的钟林毓秀之处

"钟"有汇聚、集中的意思。"灵"读líng,指灵气。毓,意思是养育。秀,指优异的人才。钟灵毓秀,意思就是聚集天地灵气的美好自然环境产生优秀的人物。"林"读lín,指成片的树木或竹子,也可指聚集起来的同类的人或事物等。"钟林毓秀"语义不通。

时"修""脩"互通。1955年发布的《第一批异体字整理表》中将"脩"视作"修"的异体字废除。2013年发布的《通用规范汉字表》中"脩"字恢复使用,义指干肉;而用于其他意义时,仍是"修"的异体字。将"束脩"写作"束修"不符合规范。

竖起单手不称"揖"

◎孙晓青

电视连续剧《西游记》第15集《斗法降三怪》中有这样一个情节,师徒途经车迟国时遇到两个道士欺压僧人,孙悟空变作老道对他们行礼,说:"二位道长,贫道qǐshǒu啦。"同步字幕中将qǐshǒu打作"揖手",错了,应该是"稽首"。

贫道揖手啦

"稽"是个多音字,可以读jī,义为停留、延迟;也可读qǐ,即"稽首"之义。稽首,指古时一种跪拜礼,叩头至地,是九拜(古代祭祀时的九种礼拜形式)中最恭敬的一种。跪下,拱手至地,头也至地。后世也指举一手向别人行礼,多为道士所用。《老残游记续集遗稿》第一回:"只见那两个老姑子上前打了一个稽首。"电视剧中孙悟空变作老道行礼,用的便是这种礼仪。另外,电视剧里的这段剧情对应《西游记》原作第四十四回,原文中孙悟空对两个道士说的是:"道长,贫道起手。"起手,即稽首,字幕写作"起手"也可。

揖,读作yī,指拱手行礼,如作揖、揖别。"揖"是双手合用的动作,和"稽首"并不相同,电视剧中孙悟空做的是竖起单手的稽首礼,并非拱手。

"荼"与"茶"

◎陈璧耀

"茶之始,其字为荼",是宋人魏了翁《鹤山集·邛州先茶记》里的文字,意思是说,"荼"和"茶"是一对古今字,"荼"先于"茶","茶"的意思最早是用"荼"来表示的,"茶"是"荼"的后起本字。

许慎《说文解字》有"荼"无"茶",对"荼"的释义是"苦荼也。从艸,余声",北宋徐铉解释说"此即今之茶字"。说明汉时尚无"茶"字。

"荼"字从艸,最初的基本义指一种苦菜。《诗经·邶风·谷风》"谁谓荼苦"和《大雅·緜》"堇荼如饴",毛传都释"荼"为"苦菜也"。这是"荼"最初的基本义:苦菜。

"荼"的另一个意思指茅草上的白花。《诗经·郑风·出其东门》"有女如荼",毛传释"荼"为"英荼也。言皆丧服也",郑笺谓"英荼"为"茅秀,物之轻者"。这是以女子身着之"缟衣"喻为"英荼"即"茅秀"。这是"荼"的另一个常用义:茅秀,即茅草上的白花。如常用成语"如火如荼"。

徐灏《段注笺》说,"《尔雅》荼有三物",其一"苦菜",其一"茅秀",其一"苦荼"。前两物已如上述,"苦荼"则是《尔雅·释木》"槚(jiǎ)"字的释义。徐灏说此"槚""即今之茗荈(chuǎn,粗茶,泛指茶)也。俗作茶"。则"槚"义同《说文》所说的"荼",指的也是"茶"。

茶的历史很悠久,据唐陆羽(约733—805)《茶经·六之饮》所说:"茶之为饮,发乎神农氏。"似乎早在远古的神农时代我国就已有了茶。茶作为一种饮料被神农发现,据说是因为茶有解毒功能的缘故,如《本草》(本名《神农本草经》,后佚,唐时重修,所指或为《唐新修本草》)所说:"神农尝百草,日遇七十二毒,得荼而解之。"

神农所尝之"荼",就是"茶"。只是这个表示"茶"义的"荼",最初也是读为 tú 的,如顾炎武《音学五书·唐韵正》卷四所说,"荼,宅加切,古音涂"。他说"荼蓼之荼与荼苦之荼,本是一字。古时未分麻韵(开口呼 a 韵),荼蓼字亦只读为徒。……梁以下始有今音"。

1982年,唐作藩先生在参考各家古音学著作和丁声树先生《古今字音对照手册》的基础上,编著了一本《上古音手册》,其中"茶"字的注音就是"chá 荼(茶)——鱼定平"。"茶"今读 chá,上古时写作"荼",古音也是定母鱼韵平声,读为 tú。唐先生所说的"上古音",指的就是"以《诗经》音为代表的周秦两汉时期的汉语语音系统"。这就印证了顾炎武所说"梁以下始有今音"的说法:"荼"之表示"茶"义而读为 chá,是晚至南朝梁时才出现的,古音皆读为"涂"。

至于"茶"字何时出现,按魏了翁的说法,"惟自陆羽《茶经》、卢仝《茶歌》、赵赞《茶赞》以后,则遂易'荼'为'茶'"的,"其字为艸、为人、为木"。《茶经》成书于至德、乾元(756—760)前后,"茶"字出现的时间当在中唐。

清人顾炎武则认为"变于中唐以下"。根据是他在"游泰山岱岳观览唐碑题名"时,发现一些时间靠前的碑铭,所刻都是"荼",如大历十四年(779)的"荼药",贞元十四年(798)的"荼宴",以及"荼毗""荼椀",直至"会昌元年(841)柳公权书《玄秘塔碑铭》、大中九年(855)裴休书《圭峰禅师碑》'荼毗'字俱减此一画,则此字变于中唐以下也"(《唐韵正》卷四)。按初、盛、中、晚"四唐"的划分,公元841年和855年是属于晚唐的,所以顾炎武说"茶"字"变于中唐以下",就是晚唐了。

究竟是中唐还是晚唐？不妨再从工具书角度,看看"茶"字是何时被收入古代辞书的。

我国第一部楷书字典南朝梁顾野王的《玉篇》,已经出现了"茶"的读音,但还没有其字,说明"茶"字当时应该还未出现。《玉篇》卷第十三艸部"茶"字条释义为："杜胡切。苦菜也。又《尔雅》曰：槚苦荼。注云：树小似栀子,冬生,叶可煮作羹饮。又除加切。"(中华书局2019年9月版第458页)

"杜胡切"(丁声树先生注为"同都切",同唐作藩先生所注的"鱼定平",都是一个读音),即"古音涂"。《尔雅》释"槚"为"苦荼",晋郭璞注："树小似栀子,冬生叶,可煮作羹饮。今呼早采者为荼,晚取者为茗；一名荈,蜀人名之苦荼。"早采的称"荼",晚采的称"茗"。"荼"也叫"荈",蜀人叫它"苦荼",也就是"茶",所以顾野王又注音"除加切",就是"茶"的读音,但《玉篇》只有其音,还没有出现这个"茶"字。

收录"茶"字最早的辞书,是唐释慧琳(737—820)所著《一切经音义》。慧琳和尚生于盛唐而逝于中唐,则"茶"字出现的时间,应该就是中唐了,与魏了翁的说法比较吻合。但是,若按《茶经·一之源》"从草,当作'茶',其字出《开元文字音义》"之说,则"茶"字,并非始出陆羽《茶经》,时间上大约还要早三十年。《开元文字音义》是一部字书(今已亡佚),编成于唐开元二十三年(735)。按辞书通常的滞后性说,则"茶"字在民间实际出现的时间恐怕还要早些,应该在盛唐甚至可能是初唐。只是就目前所能见到的书面文献言,《茶经》是最早的。

综上可知,中唐是目前所知有确切文献记载的"荼"和"茶"的分界线。中唐以前只有"荼"字,虽说梁时已出现了"茶"的读音,但有音无字；"茶"这个现代常用汉字,大致是到了中唐,才正式出现在历史文献中的。

"旅顺口"不能代称"旅大"

◎李景祥

《七子之歌》中的"七子"是指香港、九龙、澳门、台湾、广州湾（今广东省湛江市）、旅大（今辽宁省大连市旅顺口区）、威海卫……

上述文字出自2019年12月26日《辽宁老年报》第7版刊载的文章《闻一多和他的〈七子之歌〉》，其中对"旅大"的括注是"今辽宁省大连市旅顺口区"，这是个常识性错误。这里的"旅大"应指旅顺口和大连湾。

《七子之歌》是爱国主义诗人闻一多于1925年3月在美国留学期间创作的组诗作品。诗歌序言交代了作诗缘由："吾国自《尼布楚条约》迄旅大之租让，先后丧失之土地，失养于祖国，受虐于异类……因择其中与中华关系最亲切者七地，为作歌各一章，以抒其孤苦亡告，眷怀祖国之哀忱……"作品用拟人化的手法把七个被割让、租借的地区比作祖国母亲被夺走的七个孩子，让他们来倾诉"失养于祖国，受虐于异类"的悲哀之情。那么这七个地方分别是哪里呢？按顺序来说：香港岛，1842年中英签订《南京条约》，割让香港岛给英国；九龙半岛，1860年中英签订《北京条约》，割让九龙半岛南端给英国；澳门，1887年中葡签订《和好通商条约》，允许葡萄牙"永居管理"澳门；台湾，1895年中日签订《马关条约》，割让台湾给日本；旅顺口、大连湾，1898年签订《中俄会订条约》，将旅顺口和大连湾及周边地区租让给俄国；威海卫，1898年中英签订《订租威海卫专条》，将威海卫

"祥"和"穿上衣服"无关

◎孙延宜

《中外文摘》2019年第24期上刊发了《羊有几种活法》一文,该文中有这样一段论述:

形象地说,你虽是"羊",但只要有"特色",就是为自己穿上一件漂亮的衣服,一旦羊穿上衣服,就成了"祥",一切吉祥了。

这里显然是把"祥"当作衣字旁的字了,这是错误的。"祥"是个形声字,从示,羊声。王国维《观堂集林》:"祥,古文作羊。"可见"祥""羊"古时互通,"祥"是"羊"加了示字旁构成的,义为福,也引申作善。有这个偏旁的汉字往往和神事有关。"祥"也作古丧祭名,周年祭为小祥,两周年祭为大祥。

对汉字有自己的理解当然可以,但解读时不应脱离字形凭空发挥。衣字旁只比示字旁多了一撇,容易混淆。把"祥"想成羊穿衣,显然想错了。

及周边地区租让给英国;广州湾,1899年中法签订《广州湾租界条约》,将广州湾及周边地区租让给法国。

"旅大"是地区名,在辽宁省辽东半岛南端,长期指旅顺口、大连湾两个港口及周边地区。这两个港口被俄国侵占后,又因俄国在日俄战争中战败,于1905年转让给日本。旅大地区收复后,于1950年正式命名为旅大市,又于1981年改称大连市。旅顺口一直是旅大市(大连市)的一个辖区,用旅顺口指代当时被侵占的旅大地区是不准确的。

太史令皆由太监担任吗

◎葛青江

中国华侨出版社2015年2月出版的《细看历史有学问》一书中,有一篇《汉武帝和司马迁:究竟谁阉割了谁》,该文中有这样一段话:"司马迁被'宫'了以后,汉武帝还是觉得不够解恨,便把身体残缺的司马迁安排到太史令的位置上,可谓用心险恶。因为太史令一职自创立以来,皆由太监担任……"(第51页)此说有误。

首先,太史令皆由太监担任吗?不是。太史令的前身是太史,徐连达编著《中国官制大辞典》(上海大学出版社2010年1月出版)中对"太史"有详细介绍:"商末、西周……掌理册命、制禄、图籍、礼制、占卜、祭祀以及记录历史、时令、天文、历法等事务,为三公之一,其地位仅次于卿事寮的长官太师或太保。《周礼》以'太史'属春官宗伯,掌典籍礼法兼司星历,位在下大夫,似是春秋以后太史地位下降的一种反映。秦汉以后,改称太史令,地位渐低。明清修史职归翰林院,故翰林亦称太史。"(第85页)由此段介绍可知,太史是古代的官职,在商代末期、西周时期地位颇高,秦汉改称太史令后地位逐渐下降,但仍是朝臣。说太史令皆由太监担任是没有根据的。

其次,从时间上推算,司马迁任太史令是在元封三年(前108),而他因李陵事获罪受腐刑是在天汉三年(前98),并不是受刑后才任太史令。汉武帝于元封元年前往泰山行封禅大典,当时司马迁之父司马谈任太史令,却未能参与其事,"发

皇帝的行营不称"行所在"

◎沈阳仁

2019年12月16日《辽沈晚报》第11版刊发了《鲟鳇巨鱼牵出大辽"春捺钵往事"》一文,其中写道:"辽史学家刘凤翥先生指出,捺钵为契丹语,译成汉语为'行所在',指皇帝的'行营'。……皇帝大部分时间并不在五京驻留,而是随季节变化巡游各地,很多军国大事都是在捺钵中决定的。"这里的"行所在"错了,改为"行在所"才对。

行在所,指古时皇帝所在的地方。《史记·卫将军骠骑列传》:"右将军苏建尽亡其军,独以身得亡去,自归大将军……遂囚建诣行在所。"裴骃集解引蔡邕曰:"天子自谓所居曰'行在所',言今虽在京师,行所至耳。"最早"行在所"指京师,后来指京师以外皇帝行幸所到之处。南宋多称临安(今杭州)为行在所(实为京师),名义上仍以旧都汴梁为京师,有想恢复旧河山的意味。

前述文章说契丹建国后虽仿照中原王朝建了都城,但采取"行国制度",皇帝仍保持游牧民族四时迁徙的习惯。那么按汉语习惯,称皇帝巡游时的行营为"行在所"是妥当的。

愤且卒"。在病危之际,"太史公执迁手而泣曰:'……余死,汝必为太史;为太史,无忘吾所欲论著矣。'"……"卒三岁而迁为太史令"(《史记·太史公自序》)。可见,司马迁是因父亲去世才继任太史令,并非因汉武帝折辱他才成为太史令。把太史令和太监硬扯在一起,完全是胡说。

语言哲思

炒面换汤面该不该付钱

◎宗守云

在小品《吃面》中,宋小宝要了一盘炒面,后来发现炒面竟然180元一盘,想退掉,于是出现下面的对话:

宋小宝:我可以选择不吃不?

厨师:不行。本店有规定,点了不能退。

宋小宝:不能退,能换不?

厨师:那行。

宋小宝:太干,换碗带汤的。

吃完汤面后,宋小宝准备不付钱离开,于是出现下面的对话:

服务员:哥,没给钱呢!

宋小宝:给什么钱?

服务员:汤面钱。

宋小宝:汤面我用炒面换的给什么钱?

服务员:那炒面你也没给钱呐!

宋小宝:那炒面没吃我给什么钱呐!

服务员:你等会儿啊……吃面就得给钱!

按照常理,吃面就得给钱;按照宋小宝的狡辩,炒面换汤面似乎又可以不用付钱。那么问题出在哪里呢?从语言学的角度看,问题就出在"换"上,"换"是多义词,前面说把炒面换成汤面,"换"是"更换"的意思;后面又说用炒面换了汤面,"换"是"交换"的意思。宋小宝正是利用"换"的多义性进行狡辩的,由于他把两个不同意义的"换"混为一谈,因而给听话人造成困惑。从语言事实看,前面的"换"是"更换",不涉及物权问题,后面的"换"是"交换",涉及物权问题。宋小宝与店家间的物权交易只在买面时发生过,之后的换面属于"更换"而不是"交换",因此炒面换汤面是需要付钱的。

多义是语言中普遍存在的现象,包括多义词、多义短语等。多义的语言形式由一个语言形式承担几个相关的意义,体现了语言的经济性原则。比如"串",可以表示"连接"("串起来")、"连接的事物"("羊肉串")、"用于连接的事物"("一串辣椒")、"错误连接"("串号")等意义,这些意义用同一个语言形式表达,就可以减轻记忆的负担,提高记忆的效率。相反,如果每个意义都用不同的语言形式表达,语言形式必然大大增加,记忆负担也会大大增加,这对于语言系统和语言使用来说都是不经济的,也是不方便的。因此,多义给语言带来了经济和便利。

语言的生命在于运用。多义的语言形式除了常规运用外,还有积极运用和消极运用。

多义语言形式的积极运用包括双关、返源、语言游戏等。比如,贾平凹《鸡窝洼的人家》有这样一句话:"谁也不知道,黑夜使炊烟没了颜色,但那烟中,却有着热。"这里的"热"是双关,有两个意思,一是烟中的热气,一是女主人公心里的热情,这就是对多义"热"的积极运用。再比如,王希杰在《返源格》(《修辞学习》1989年第3期)中举了一个返源格用例:"忽左忽右,航行万里全仗看风使舵;或红或白,作画千幅只靠察颜观色。"这里的"看风使舵"和"察颜观色"不是常用的意义,而是本义,因而谓之返源,这也是对多义语言形式的积极运用。

多义语言形式的消极运用包括误解、恶意曲解、偷换概念等。

"蛋挞"到底是读"dàntà"还是"dàntǎ"?

◎张依莎

2019年12月20日,中央电视台新闻中心官方微博央视新闻发起了"蛋挞的正确读音"的投票,引起了网络热议。"蛋挞"到底读"dàntà"还是"dàntǎ"? 约有20万人选择了"dàntǎ",1.6万人选择了"dàntà"。除以上两种读音,我们发现,还有相当一部分人将之读作"dànta"。

"蛋挞"是个外来词。《现代汉语词典》(第7版)解释为:"一种西式点心,用鸡蛋、奶油等制成,小碟状,馅料露在外面。也译作蛋塔。[挞,英tart]"tart,意思是果馅饼。就像"sofa"被称为沙发,"coffee"被称为咖啡,最初将这种点心称为"蛋挞",只是因为"挞"的读音与"tart"读音相似,约定俗成,并没有特殊的理据。既然人们约定俗成将之称为"蛋挞",而"挞"音tà,按理来说,"蛋挞"应该读为"dàntà",为什么又出现了"dàntǎ""dànta"这些不同的读音了呢?我们认为,主要有以下几个原因。

第一,受到韵律的制约。汉语词语要遵循韵律构词的"相对轻重原则"和"音步单核定律"。"相对轻重原则"要求一个音步中必须包含"一轻一重"两个成分,"音步单核定律"要求"一个音步至少,同时也至多有一个核心"。"蛋挞"原来的读音"dàntà",两个成分之间的关系为"重+重",可视为两个核心或没有核心,与上述规则相悖。在日常生活中，不管人们是读"dàntǎ"还是读"dànta"，都符合韵律的要求，读起来更加顺口，听起来更加顺耳。

第二，遵循语言使用的经济原则。"tà"是去声调，去声调发声时声带先拉紧后放松，而轻声音节发声时声带处于放松状态，两者相比较，使用"dànta"更加省力，符合经济原则。通过对调查人的发声进行观察，我们发现在单念"蛋挞"时大部分人会选择"dàntǎ"这个读音，但是一旦把"蛋挞"放到句子（比如说"我要两个蛋挞""蛋挞真好吃"）中，大部分人的读音都会发生变化，念作轻声或者一个接近轻声的音节。

第三，受到台湾地区的读音的影响。"蛋挞"在台湾地区多写作"蛋塔"，读作"dàntǎ"。随着近年来海峡两岸的交流的增多，"台湾腔"在大陆地区一度风靡，"蛋挞"的读音也受其影响。

第四，受"挞"的本义和年轻一代的心态的影响。"挞"在《现代汉语词典》（第7版）中的解释是："用鞭子、棍子等打人：鞭挞。""挞"虽只是因为读音相似被借用，但是在语言的使用过程中，"挞"的本义也会逐渐和这个词语相互渗透、交融。作为一种受到年轻人喜爱的点心，"挞"的意义显得过于沉重，和年轻人追求轻松愉悦的心态不相符合。而人们常用的"dàntǎ"和"dànta"的读音，则不容易使人们联想到"挞"的本义，显得轻松可爱，更加符合当下年轻人的心态。

总之，目前"蛋挞"在词典上的读音均为"dàntà"，但是在日常生活中多被读为"dàntǎ""dànta"，至于将来会怎么发展，我们或许可以大胆猜测：或者在词典中增加新的读音，或者保留"蛋塔"而弃用"蛋挞"，又或者"dàntà"为文读，"dàntǎ""dànta"为白读。语言的使用遵循从众原则，既然社会中的绝大部分人均读作"dàntǎ"，而不是"dàntà"，那就

荆轲"出自燕赵之地"吗

◎刘曰建

2019年12月11日《北京晚报》第34版刊发了《燕赵文武随想》一文,其中写道:"诚然如此,不论是耳熟能详的刺秦壮士荆轲,还是家喻户晓、智勇双全的蔺相如,都称得上出自燕赵之地的感慨悲歌之士。"荆轲真的如该文所说"出自燕赵之地"吗?并不是,他是卫国人。

荆轲是战国时的著名刺客,其事见《史记·刺客列传》。《史记》对他的介绍,开头便是:"荆轲者,卫人也。其先乃齐人,徙于卫,卫人谓之庆卿。而之燕,燕人谓之荆卿。"显然,荆轲祖上是齐国人,后迁徙至卫国,荆轲是卫国人。后来他去了燕国,被燕太子丹尊为上卿。赵国被灭燕国危亡之际,荆轲受太子丹之命刺杀秦王,后事败被杀。这些事迹虽然有名,但不会因此改变他的故乡在何处。

所谓"燕赵之地",即战国时燕赵二国所在。上述引文中的蔺相如是赵国大臣,确实"出自燕赵之地",但荆轲出自卫国。虽然卫与燕赵相邻,但荆轲毕竟不是当地人。

......需要引起我们的重视。还有相似的一个短语词——芝麻糊,《现代汉语词典》(第7版)将之作为"糊hù"字条的示例,但是在人们的日常生活中,多读作"hú"。而台湾《重编国语辞典修订本》中"芝麻糊"的"糊"的注音则为"hú"。"蛋挞"的读音最终会是什么样呢,我们且走着看吧!

现代人的"求生欲"

◎叶 绩

求生欲,原指在面对威胁生命的危险时刻,下意识地保护自己,从而求得最大可能生还的愿望。有人在求生欲的驱使下,激发出人体潜能,奇迹般地战胜凶险;有人在求生欲的怂恿下,卖国求荣,苟且偷生;但也有人用人性的力量战胜求生欲,将生还的希望留给他人,谱写出一首泰坦尼克式的生命悲歌。如今,"求生欲"以一种截然不同的意义出现在网络语言中。

在亲密的男女关系中,面对一些别有深意的问题,能够识破对方用意,机智地应变,做出让对方心满意足的回答,是拥有"求生欲"的表现。比如女友说:"我刚才吃药时看到一个新闻,真有意思!"直率的男生一般会说:"什么新闻?"但女友很可能是想借"吃药"发出"我生病了"的信号,真正目的是寻求你的关心和呵护。所以正确的回答应当是:"你怎么吃药了?什么病?严重吗?"这才能表明你把女友的健康放在第一位,可算是强烈"求生欲"的体现。这种一不小心就掉进陷阱,看似平常实则蕴含危机的"送命题",在恋爱交往中并不罕见。再如吵架时女友说:"你别和我说话!"这时,比起沉默,更有效的方式是回一句:"唉,我是不配和仙女说话。"总而言之,只要能使对方从你的答复中听出爱意和欣赏,从而获得安全感,就是满满"求生欲"的体现。

在日常生活中,生命受到威胁的极端情形一般很少碰到,最接近危险的时刻莫过于恋人生气。"求生欲"由此成为一种戏称,导致大词小用的现象,恋爱时说错话造成的紧张不亚于生命受到威胁,对恋人的珍视之情油然而生。打情骂俏的轻松与生死攸关的严肃形成反差,既有让我们会心一笑的甜蜜,又免不了一丝小心翼翼的苦涩。

除了亲密关系珍贵易碎,需要"求生欲"加以呵护,在面对恋人以外的其他对象时,亦不可掉以轻心。比如上司问:"你为什么不给我朋友圈点赞?"比如朋友问:"你上次为什么放我鸽子?"再比如父母问:"你为什么结婚之后就常常不回家了?"这些问话中都隐隐包含了失望和怀疑,就算是开玩笑的口吻,也需要我们认真应对,以机智的解释消除对方的疑虑,表现出强烈的"求生欲"。这里的"求生欲"之"生"扩展为各种人际关系之"生"。保持人际关系当然不如保命重要,但对于现代人而言,如果没能掌握足够的交际技巧,就很容易陷入危机,轻则一段友情淡化,重则一世落落寡合。以"求生欲"来形容对融洽的人际关系的渴求,这种用词的夸张,折射出中国人以"和"为贵的传统。

身处错综复杂的社会,时刻保持清醒头脑,注意一举一动,一言一行,同样也是"求生欲"的体现。比如和已婚的异性朋友来往时,要把握好分寸,适当避嫌,不可越界;再如和别人发生冲撞时,若是根源在于自己的失误,应当及时道歉,以避免引起更大的冲突。由此可见,"求生欲"不仅是在对话中以机智的回答避免人际危机,更是一门为人处世的生活哲学。

拥有"求生欲",意味着面对隐含危机的难题时不再如履薄冰,哑口无言,意味着沉着应对,化险为夷。但值得注意的是,不可一味在做错事后以"求生欲"补救,更不可借"求生欲"之名,巧言令色,掩盖真心。很多时候言为心声,表里如一,谁说不是"求生欲"的表现呢?

"香蕉人"还是"芒果人"?

◎叶 继

小说《围城》中,男主人公方鸿渐留洋归来,处于中西文化的冲突中,始终无法找到适合自己的人生坐标,以致被困"围城",举步维艰。距这个故事发生已近百年,中西文化有过交融,但依然存在激烈的冲突,身处其中的"香蕉人""芒果人"依然是今天网络讨论的热点。

"香蕉人"又叫"ABC"(American-Born Chinese),最初指出生在美国的华裔。他们表面上和父辈一样,是正宗中国人的黑头发黄皮肤,但由于自小受到美国教育和文化的熏陶,不说汉语而是说标准流利的英语,思维方式、价值观也是完全美国化的。和来美打拼、立下基业的父辈不同,他们从未接受过中国传统教育,也并不认同中式的传统思维,内心已经完全融入美国社会,由此产生了外黄内白的"香蕉人"说法。

如今,"香蕉人"指称范围扩大,用来泛指海外(而不止美国)华人移民的第二代、第三代子女。而在汉语语境中,"香蕉人"常常含有崇洋媚外、数典忘祖的贬义,这和他们与传统国人的政治立场、文化认同相距甚远,甚至完全对立是密不可分的。

不可否认,"香蕉人"是处于夹缝中的一代。一方面,同祖同宗的中国人会认为他们是西方人,因为他们不会说汉语且不认同中国思维、中国习惯;另一方面,与他们密切交往的西方人又会困惑于他们黄种人的相貌。无论在哪个社会中,"香蕉人"都尴尬于自己的边缘地位,是一群无奈迷惘的"方鸿渐"。因此,越来越多的移民子女开始一面接受西方教育,一面拥抱中国传统文化,努力做一个"外黄内黄"的"芒果人"。他们希望摘下别人扣上的"香蕉人"帽子,尝试在中西社会间获得平衡,并对文化融合做出贡献。从个性上看,他们既保持了中国人刻苦勤劳的品质,又在西方教育中提高了实践能力和创新能力;从文化上看,他们既熟悉和认同中国传统文化,又积极从西方文化中取精华去糟粕,改造后为我所用;从政治上看,他们一面倾听各方观点,一方面宣扬中国立场。就像王力宏的歌曲《落叶归根》里的歌词:"远离家乡不胜唏嘘,幻化成秋夜,而我却像落叶归根,坠在你心间。"他们以包容的心态拥抱世界,但内心却坚定如一,这便是"芒果人"的坚持。

同样甜润可口的香蕉和芒果,都各自拥有大量拥趸,很少有人会为了它们谁更好吃而争论不休,但到底是做一个"香蕉人"还是"芒果人",却是移民子女不得不面对的选择。即使是土生土长的国人,也不可置身事外:一方面,不要给海外的中华儿女随意贴上标签,一方面也当扪心自问,自己若是被置于这种境地,会做出何种抉择?

微语录·哲理

今天的结果,并不是今天造成的;只有未来,才决定于当下。不要追究过去,不要纠结于已成的事实;应该重视今天的每一个决定,每一个过程。把握好了今天,就是把握好了未来。

(康 宁/辑)

到底要不要说"在吗"

◎徐默凡

晨阳周末给女友发了一条信息,想约她去看电影,没想到女友心情不好,被抢白了一通。

晨阳:在吗?

女友:干吗?

晨阳:去看电影吗?

女友:不去!还有,别整天"在吗""在吗"的,烦不烦啊!我不在还能回答你啊?你这不是废话嘛!

晨阳十分委屈,因为前一天刚被老板批评过:"你呀,老是直来直去发信息,能不能先客套两句,礼貌一点?"那到底是听老板的还是听女友的?到底要不要说"在吗"?

晨阳的问题是一个如何正确开启会话的问题。在口语交际中,这个问题同样存在:发话者必须用一定手段引起受话者的注意,邀请他参与本次会话;受话者则必须做出恰当的回应,表示愿意参与这次交流。因此,会话的开端往往具有"召唤—回应"的结构模式。发话者实现召唤功能最普通的方式是运用惯例性的礼貌语,如"你好!""方便吗?"熟人之间使用称呼语也很常见,如"小王!""王总!"邀请的意向也可直说出来,如"刘老师,我想和你说几句话"。受话者实现回应功能最普通的方式是运用应答语,如"哎!""噢!""好的!"也常用疑问的方式,如"有事吗?""你想说什么呀?"

口语会话中的"召唤—回应"结构其实可以细分为三项子功能:

礼貌功能 通过礼貌用语

表达对收话人的尊敬。

定位功能　在多人场合确定本次交际的直接对象。

邀约功能　邀请对方进入本次交际活动。

在典型情况下，这三项子功能是合而为一的，如"王老师，我想问你几个问题"，通过使用尊称"王老师"表明了自己的礼貌态度，并且把交际对象限定为"王老师"，同时也发出了交际邀请。但是有时候会话开端仅侧重于某一项子功能，如两个偶遇的熟人互道"你好"后擦肩而过，并没有发生后续交流，这个会话开端就主要侧重于礼貌功能；再如在只有两个交际者存在的狭小空间内，发话者直接说"我问你件事儿"，就侧重于邀约功能。

网络会话的开端也遵循"召唤—回应"的基本模式，但无疑有自己的特点。在一对一的网络对话中，只要输入信息，会话对象已经明确，邀请对话的意图也由此彰显，因此会话开端的定位功能和邀约功能不是必需的。这样一来，网络会话就经常单刀直入，忽略开端而直接进入会话主体。因此，熟人之间发出一个没有实质功能的"在吗"或者"有空吗"，往往是冗余无效的。而且这样的询问隐含希望对方立刻回应的要求，给受话者带来反馈压力，其实是不太合适的。

网络会话的开端主要实现的应该是礼貌功能，如果交际双方不是很熟悉，觉得一开头就说正事有点突兀，那么可以使用一些礼仪性的开端语，比如问候语"你好""晚上好"是通用的。称呼语也是常见的，可以选择敬称或者昵称，如"王总""张姐"，这些称呼语能够为一个融洽的交际氛围预热。或者是称呼语和问候语的结合，如"老师您好""赵叔好"。

需要注意的是，在这些开端语之后最好直接说明自己的交际意图，不要等对方回应之后再说正事，这样可以一次性提供充足的信息给对方，以免对方猜疑你的用意。同样的，如果一定要确认对方是否在线,那么也不要用孤零零的"在吗",而应该在"在吗"之后马上把自己的交际意图说清楚。比如本文开头的案例中,晨阳就应该直接问:"在吗?下午去看电影吗?"再比如:"在吗?问一下,明天几点出发?""在吗?下午开会别忘了!"这样的用法可以让对方马上明白你的交际需求,从而决定是否要及时回复。实际上,这些对话中的"在吗"已经不是对对方是否在线的实际询问,而是虚化成了引发会话的招呼语,对方不必再针对这个问题进行回答。

还有一种情况,如果要转换交际媒介时也可以使用"在吗"。文字聊天不打搅别人,可以等到空闲时间再选择性回复,这是一种媒介优势。但是,文字聊天的即时性不能有效保障,有急事不一定能马上看到;另外表达效率比较低,也不太适合讨论复杂的事情。因此,我们往往还要选择语音或者面谈等交际方式,这时候就可以用"在吗"来确认对方是否方便了。但是,这种确认同样也要把自己的意图一起说明白,如:"在吗?我现在能和你通个电话吗?""在吗?我过会儿来找你讨论布展的事情,方便吗?"这时候的"在吗"实现的是邀约功能,邀请对方开启另一种交际模式。

除了文字表达,网络会话开端的"召唤—回应"结构也发展出了自己特有的变体形式,如用表情符号来进行"召唤"和"回应",这往往用于熟人之间,也预示着即将开启的会话是不太重要的,很有可能是闲聊。文章开头案例中,晨阳如果用俏皮的表情包来开启和女友的对话,也是一个不错的选择。

《火眼金睛》提示

图1,"今霄"应为"今宵"。
图2,"慰烫"应为"熨烫"。
图3,"驰聘"应为"驰骋"。
图4,"知声"应为"吱声"。

编校差错扫描(十九)

◎王 敏

暴露揭发用"披露"

【错例】报纸批露了一起教育腐败案——能干校长栽在书商上。

【简析】"批露"应为"披露"。"披",形声字,从手皮声,本义指分开。《广韵·支韵》:"披,分也。"如"披沙拣金"。引申指裂开。《集韵·纸韵》:"披,裂也。"如《史记·魏其武安侯列传》:"枝大于本,胫大于股,不折必披。"又引申指敞开、打开,如"披卷""披帙"指打开卷帙,"披肝胆"以敞开肝胆比喻真诚相见。"批",形声字,小篆字形从手毘声,楷化后写作搫,现规范作"批",本义指反手击打。《说文解字》:"搫,反手击也。"泛指用手掌打,如"批耳光"就是打嘴巴。引申指触犯,如"批逆鳞";再指评判,如"批评";又指判定是非、优劣,如"批示""批语"等;还指大量,如"批发";另作量词,如"一批货"。"披露"腐败案件,是指揭露腐败、使案件曝光,与批评、批发无关,不能写成"批露"。

"孚众望"非"负众望"

【错例】这位教练深负众望,多次带队获得国际大奖。

【简析】"深负众望"应为"深孚众望"。"孚"(fú),会意字,从爪从子。按照通俗的说法,"孚"是"孵"的本字,本义指鸟孵卵。《说文解字》:"孚,卵孚也。"南唐徐锴《说文系传》进一步解释:"鸟之孚卵皆如其期,不失信也。"因为禽鸟孵卵都有定期而不失信,所以"孚"引申指诚信,进一步引申指使信服、使相信,如《左传·庄公十年》:"小信未孚,神弗福也。""负"(fù),会意字,从人从贝,本义指倚仗、仗恃。《说文解字》:"负,恃也。从人守贝,有所恃也。"意思是人拥有货币,就有所依靠。"负"引申指背、驮,如"背负";再指承担,如"负担";又指违背、背弃,如"忘恩负义";还指失败,如"胜负";另指亏欠,如"负债"。"孚众望"指受众人信任,个人威望很高。"负众望"指辜负众人的期望,得不到大家的信任。上例的教练带队获国际大奖,当称之为"深孚众望",或"不负众望"。用"深负众望",显然是不恰当的。

"白费""作废"要分清

【错例】秀才遇到兵,讲道理纯属白废口舌。

【简析】"白废口舌"应为"白费口舌"。"费",形声字,从贝弗声,本义指花用钱财。《说文解字》:"费,散财用也。"如"花费"。引申指消耗、损耗。《广雅·释言》:"费,损也。"如"耗费"。又作名词,指费用。"废",形声字,从广发声,本义指房屋坍塌不能居住。《说文解字》:"废,屋顿也。"引申泛指倒塌。又引申指衰败,如"政之所废,在逆民心";再指没有用的,如"废物";还指停止,如"因噎废食";另指残疾,如"残废"。"费口舌"指耗费言辞,"白费口舌"指徒耗言辞、说话无效。"废"可指无用,"作废"指失效,但汉语里没有"废口舌"的说法,"白废口舌"也是于理不通的。

"印证"不与"映"相关

【错例】各位证人的证言表述准确,互相映证,最终为仲裁委采纳。

【简析】"映证"应为"印证"。"印",会意字,甲骨文作𢎘,金文作𠃌,从爪从卩(jié,古同节),象以手抑人而使之跪,是"抑"字的初文,本义指按压。因为使用图章须按压,后世"印"引申指图章,也指图章留下的痕迹,如"印记"。印迹与图章文字必定符合,"印"因此引申指彼此符合,如"心心相印"。"映",形声字,从日央声,本义指照射。《小尔雅·广言》:"映,晒也。"如"映射"。引申指因照射而显现,如"映衬""反映"等。"印证"指通过对照比较,证明彼此相符,与照射、显现无关,写成"映证"是错误的。

"怦然心动"莫用"砰"

【错例】人生总有那么一次砰然心动,有那么一个影像永难忘怀!

【简析】"砰然心动"应为"怦然心动"。"怦"与"砰"都是形声字。"怦"从心,本义指心急。《玉篇·心部》:"怦,心急也。"后用作象声词,形容心急貌,如《楚辞·九辩》:"私自怜兮何极,心怦怦兮谅直。"又形容心跳貌,如唐柳宗元《河间妇传》:"心怦怦恒若危柱之弦。""砰"从石,本义为象声词,多用于狂风暴雨、迅雷疾流以及大型器物等,形容物体坠落、碰撞、爆裂时发出的巨大声响。《广雅·释诂四》:"砰,声也。"如"砰砰的敲门声""枪声砰砰"。"怦然心动"指心怦怦地跳动,形容受到刺激而产生了某种念头或触动了某种情感,这种细腻的心动的感觉,是不适合用"砰砰"的巨声来形容的。

鼠年译"鼠"

◎陆建非

用动物来设喻是人类语言现象中一个共性,它反映出人类共同的心理特征和普遍的思维方式,不同族裔对某些动物的直观感受和认识往往是相同的,从而产生相同或相似的联想。今年是农历鼠年,老鼠(英文为 mouse 或 rat)为不少俗语的喻体。这里举例谈谈和"鼠"有关的成语该怎么译成英文。

鼠目寸光,可采用直译的方式,即 the eyes of a rat can see only an inch of light(老鼠的眼睛只能看到一英寸的光),或 a mouse can see only an inch(老鼠的视野只有一英寸)。也可采用意译,译为 short-sighted(目光短浅的),as short-sighted as mice(像老鼠一样短视),see no further than one's nose(除了鼻子底下什么也看不见),see only what is under one's nose(只看见鼻子底下)等。

投鼠忌器,译成英语有不少选择,如 spare the rat to save the dishes(为拯救餐具,放老鼠一回)。或译成 hesitate to pelt a rat for fear of smashing the vase beside it(因为怕打老鼠时砸碎旁边的花瓶而犹豫),这和中文俗语"打鼠休伤了玉瓶儿"的意思差不多。还可译为 beware of damages when pelting rats(向老鼠砸东西须避免损失)。另外,英语中还有一个类似的俗语可以对应: burn not your house to rid it of the mouse(不可焚屋驱鼠)。

抱头鼠窜,在翻译时 mouse

或rat有时出现,有时不出现,可译为cover one's face and creep away(遮住脸偷偷离开);flee like a mouse(像老鼠一样逃跑);cover one's head and scurry away like a rat to its hole(就像老鼠回洞一样遮着头匆匆离去)。

老鼠过街,也就是"老鼠过街,人人喊打",比喻害人的东西。这条俗语直译的话,外国人也能理解,譬如:A rat crossing the street is chased by all.(老鼠过街被所有人追逐。)有时喻体的老鼠不出现更易于英语受众理解。例如:A terrific hue and cry is raised against the new tax proposal.(人们大声疾呼抗议新的税收计划。即新的税收政策犹如老鼠过街,人人喊打。)但当出现人物时,用老鼠作为喻体,那便更对应一些。例如:Today, they are like a rat scampering in the street which everybody wants to beat up.(今天他们像过街的老鼠,人人喊打。)

其实关于老鼠,英语中用来做喻体的俗语案例有很多,而对应的汉语俗语采用的是其他动物,这里举些"外国老鼠"的例子,看看都对应了哪些动物。A smart mouse has more than one hole(聪明的老鼠不会只有一个洞)——狡兔三窟;like a rat in a hole(像只洞里的老鼠)——瓮中之鳖;like a drowned mouse(像只淹死的老鼠)——狼狈不堪;Rats desert a sinking ship.(老鼠逃离快沉没的船。)——树倒猢狲散。

《"助眼"何物》解疑

这是家西餐厅的广告。"助"其实是"肋"的误写。肋眼,从英文rib-eye翻译而来,指背肋中心部位的肉,也就是,位于整块里脊中心部位的肉。rib即肋;eye即眼,这里表示中心。该处肉质细嫩,精中带肥,烩炙后香嫩多汁,味美无比。

史书中日本为什么叫"倭奴"

◎郑张尚芳

据记载,先秦时日本就跟中国有联系了,记载常略称其名为"倭"。

《论衡·恢国》:"成王之时……倭人贡畅(《儒增篇》作'鬯草')。"

《山海经·海内北经》:"盖国在钜燕南,倭北。倭属燕。"(郭璞注:"倭国在带方东大海内,以女为主。")

汉时则又译有全称"倭奴"了:

《后汉书·光武帝纪》:"中元二年春正月……东夷倭奴国王遣使奉献。"

又《东夷列传》记:"建武中元二年倭奴国奉贡朝贺……光武赐以印绶。"

1784年"汉委奴国王"金印在九州筑前国糟屋郡志贺岛叶崎(今福冈县糟屋郡志贺町)出土,这证实了上述记载是完全确凿的。

而旧时有些日本学者讳言日本国王曾对华朝贡,于是三宅米吉等就硬说金印之"委奴国"要读作"倭"之"奴"(傩)国,说指的是倭国所属一个小国——傩国而已。不知金印乃汉王朝授予友善邦主的最高礼遇,岂是轻易得的,如果小大不分,也未免把汉光武帝朝廷上下看得太糊涂了。当时颁略小之国多为银印,而蛮夷则为铜印,而这颗金质蛇纽,阴篆三行:"汉—委奴—国王",唯有云南晋宁西汉墓出土的"滇王之印"金印可以类比。《史记·西南夷列传》亦记元封二年(前109)发巴蜀兵临滇,滇王举国降,"赐滇王王印,复长其民。西南夷君长以百数,独夜郎滇受王印"。

对于"倭奴"的语源,用汉语"倭,顺貌",或"倭通矮"之类由汉字望文生义而意含贬抑的说法来说,自然不足为训。(《玉篇》"倭,於为切,顺貌;乌禾切,国名"。音义不同。)光武帝所赐金印作"委奴",已表明那只能是译音,且必为其自称。中国古代史官有个好传统,记夷狄地名都必须"名从主人",何况国名?何况示好友邦的金印岂会有不用其原名之理?

日本学者内藤虎次郎、稻叶君山等说"委奴"来自"大和"Yamato 的急读(yama 省 ma 作 ya,音近 wa)。但 Yamato 当为《后汉书·东夷列传》"倭在韩东南大海中,依山岛为居,凡百余国……其大倭王居邪马台国"之"邪马台"原语,当释"yama(山)–to(门)",其音义皆很清楚。

而"倭奴"先秦音'ol–na、汉代音'oi–na(故倭奴可以通写作"委奴"),其音跟 Yamato 相差太远了。(说"倭"读 wa,"奴"读 do,所据都是唐代音,而非汉代音。"奴"日文汉字读 do,虽与 to 相似,但此等读法实际来自唐代中期的长安音,怎可用来解释汉代译名呢?)

1938 年学用社出版的李季《二千年中日关系发展史》,其第一章就以 54 页的篇幅专章讨论"历代对日本的称呼"问题,力主"倭奴"来自对日本原住民族阿夷奴 Ainu(虾夷)的译音。说是黄遵宪《日本杂事》已说到"日本土人即虾夷……日本称为毛人(亦呼为委奴)"了。但黄、李二先生不谙古音,他们此说都是据今音"奴"读 nú 立论的("奴"六朝音 no 后变 nuo,至唐代中期以后方变 nu),Ainu 是无法对上汉代的"委奴"的,除非有什么证据表明它原来从 Oina 转来。

曹魏代汉之后,仍用金印授给倭国王,改封为"亲魏倭王",并指明所封倭王是女王

3-61

卑弥呼。《三国志·魏志·东夷·倭人传》记明帝景初二年六月(《梁书》作三年)"倭女王遣大夫难升米等诣[带方]郡，求诣天子朝献"。十二月，诏书报倭女王卑弥呼："今以汝为亲魏倭王，假金印紫绶。"(按：此印有《宣和集古印史》拓本，收于日本《好古日录》中。)该传记载倭境内外诸属国甚详，皆以"女王国"为主叙其方向里数，其称女王国与称倭同。传内点明邪马壹[臺]国为"女王之所都"，而《后汉书·东夷列传》作"大倭王居邪马台国"，也表明女王即大倭王。

《集韵》乌禾切："倭，女王国名，在东海中。"唐时日本和尚昌住《新撰字镜》："倭，东海中女王国"，都同样注明"倭"意为女王国无异议，此亦与郭璞注《山海经》"倭国……以女王为主"同。

按日语称"女人"为 wonna (或作 wouna, wonago, 此据旧时日语词典，现在的写法是 onna)，正跟"倭奴"古音相合，当以此为原语。《三国志·沃沮传》记王欣追讨句骊王至其东界："问其耆老：海南复有人不？耆老言：有一国亦在海中，纯女无男。"那可能就是从女王国讹传来的。

《宋书·倭国传》记其王在刘宋元嘉间来书，尚"自称使持节都督倭、百济、新罗、任那、加罗、秦韩、慕韩七国诸军事，安东大将军倭国王，表求除正，诏除安东将军倭国王"(但其除正之衔去百济，称六国诸军事)，齐梁仍之，到唐高宗时方改称"日本"：

《新唐书·东夷传》："日本，古倭奴也……咸亨元年遣使贺平高丽，后稍习夏音，恶倭名，更号日本，使者自言近日所出，以为名。"

这是因为后来大和国皇室乃是以男王为主了，方才要提出改名的，倒不是只为了嫌恶夏音(汉语)里"倭"有柔顺之意吧。自此以后，因名从主人，我国史传也就改称日本了(所以《新唐书》只作日本，而《旧唐书》同

侃 "侃"

◎周振鹤

"侃大山"这样的话，现在是流行全国了，大家都知道这是聊大天的意思，如同四川的摆龙门阵，湖南的扯粟壳。但"侃"字起初还有人不知道怎样写，不少人写成"砍"字。其实，"侃"的一个意思就是形容人善于言词，从容不迫，如《论语·乡党》里头的"侃侃如也"。但直接将"侃"当成说话的意思，却是旧社会里江湖上的创造。江湖上混饭吃的人把他们所使用的黑话叫作调侃儿，譬如将男子调侃叫孙食，媳妇叫果食之类。今天将"侃"代表聊的意思，就是从过去的黑话演变来的。说来似乎有点玄，其实并不奇怪。语言里头最善变的成分就是词汇，大家用词都喜欢新奇，腻用套话，为了标新立异，甚至不惜使用黑话隐语，起初可能不为大众所接受，久而久之，也就成为共同语了，中外莫不如此。数十年前，O.K.还绝对不出教授之口，现在哪个人说英语逃避得了这个词？

（选自《逸言殊语》，上海人民出版社2008年8月出版）

....

一国却分"倭国""日本"两传，贞观二十二年前事列"倭国"传，嗣圣二十年即武周长安三年事就归入"日本传"了）。

总之，"倭奴"的汉语古音与日语"女人"相合，汉魏至晋时，日本正是女王当政，"倭奴"即是指的"女王国"。

（选自《胭脂与焉支》，上海教育出版社2019年4月出版）

两种可能

（文中有十处差错，你能找出来吗？答案在本期找）

◎伯 淮 设计

约翰大学刚毕业便被征兵，根据抽鉴结果，他要到最危险的海军陆战队去服役。得知这个消息后，约翰整日魂不守舍。

祖父看到约翰这幅模样，便开导说："孩子，不必为服役的事发愁。尽管事情怎么发展，都会出现两种可能。去了海军陆战队后，你要么被分配到内勤部门，要么被分配到外勤部门。如果分到了内勤，那是不会有危险的。"

"如果我分到了外勤部门呢？"约翰依旧愁容满面。

"那又会出现两种可能，"祖父回答，"一种是留守本国，另一种是派住国外的基地。如果能留下来，那依然很安全。"

"可要是被派到国外了呢？"约翰不依不挠地问。

"还是有两种可能，或者被配制到和平地区，或是到维和地区。如果是在和平地区，那就没什么问题。"

"可要是去了维和地区呢？在那里是要经历实战的啊！"这是约翰最担忧的事，语气顿时骄躁起来。

"确实，这是性命悠关的事。你可能会达成使命平安归来，也可能在战斗中受伤甚至死去。但既然有平安归来的可能，你就不必那么担忧了。"

"可毕竟有可能会死啊！"

祖父拍了拍约翰的肩，说："即便到了那个时候，还是有两种可能。一种是因英勇奋战而万世诵扬，一种是因退却不前而遗臭万年。我相信你不可能是后者，又何必这么烦恼？"

约翰被祖父说服了，决定去服役。

广角镜

◆喜报◆

《汉字的味道》入选中宣部"优秀青少年读物出版工程"！

"优秀青少年读物出版工程"由中宣部出版局组织实施，此次全国各地共有30种优秀图书入选。《汉字的味道》讲述"汉字里的中国"，挑选汉字里与饮食文化相关的字，文质兼美、图文并茂地讲述它们的来历、演变及文化功能，让读者领略祖先的智慧，激发青少年的想象力、观察力和语言表达能力。

陈文波著　定价：35元
上海文化出版社
上海咬文嚼字文化传播有限公司

 扫码购买可享 **8折** 优惠

书窗

"海上马车夫"的前世今生

风车与木鞋、郁金香与青花瓷、奶酪与鲱鱼是荷兰的符号。荷兰人成立东印度公司，曾垄断全球一半的国际贸易；建立第一个股票交易所，奠定今日资本市场的基础。这是一个我们应该仔细打量的国度，它不仅拥有悠久的传统文化，还是一个后工业经济繁荣的现代社会。

《荷兰细节》　许照人著
定价：38.00元　扫码享优惠

火眼金睛

图中差错知多少？

（答案在本期找）

易念祖　刘德成　张吉文　杨昌俊　提供

1

2

3

4

YAOWEN-JIAOZI

咬文嚼字

樱桃

蔷薇科。果实小，呈鲜红色，甜中带酸。果形似桃，故曰"桃"。"樱"取义"璎"，璎指似玉的美石。樱桃果实圆润，美如"璎"，故名"樱"。李时珍《本草纲目》："其颗如璎珠，故谓之樱。"

上海世纪出版集团

2020/04

欢迎至邮局订阅本刊 邮发代号 4-641
国内统一连续出版物号 CN 31-1801/H
定价：6.00 元

雾里看花

古桥

啥是"踩耳"

最近笔者在湖州大街上看到一家"朋友足道"店,店招上列出的服务项目中竟然有"踩耳"一项,让人耳朵发凉。用脚去"踩耳"?有人要这样的"服务"?到底指啥?猜猜看,答案本期找。

书窗

"海上马车夫"的前世今生

风车与木鞋、郁金香与青花瓷、奶酪与鲱鱼是荷兰的符号。荷兰人成立东印度公司,曾垄断全球一半的国际贸易;建立第一个股票交易所,奠定今日资本市场的基础。这是一个我们应该仔细打量的国度,它不仅拥有悠久的传统文化,还是一个后工业经济繁荣的现代社会。

《荷兰细节》 许照人著
定价:38.00元 扫码享优惠

名家语画

钟院士的眼泪

康 泰/文 臧田心/画

春节前夕,新冠肺炎疫情袭来,武汉成为重灾区。全国各地纷纷对武汉伸出援手,一支支医疗队奔赴武汉,一批批物资运往武汉……在接受新华社记者采访时,钟南山院士眼含泪水,激动地说:"有全国帮忙,武汉是能够过关的,武汉本来就是一个英雄的城市!"武汉人,湖北人,全国人民,无不动容。

栏目	文章	作者	页码
名家语画	钟院士的眼泪	康 泰/文 臧田心/画	1
前线观察	莫让语言成为"抗疫"的"旁观者" ——也说"国家语言能力"	施南仁	4
疫情聚焦	"抗击疫情"有语病?	狮子坡	7
	"带口罩"?"戴口罩"!	施隽南	9
	"截止12时"?	林 凌	10
	"疫情暴发"还是"疫情爆发"?	言 内	10
	"阴性""阳性"到底指什么	田 共	12
	应是"勠力同心"抗疫情	何中辰	12
	"两极分化"误成"两级分化"	大 田	13
时尚词苑	小议"我太难/南了"	代宗艳	15
	"吹哨人"和"深喉"	高丕永	17
	仰望"爱豆",脚踏实地	刘冰鑫	19
正音室	"老姥"不读"老lǎo"	姜 震	21
	"华州"的"华"不读Huá	盛祖杰	22
一针见血	蔡襄未撰《茶经》	刘曰建	23
	"过屠门而大嚼"?	凌 敏	23
	"鄙人"误成"俾人"	李 强	24
	"得陇"不作"得垅"	王宗祥	24
	"大仓祖"?"大仓组"!	李景祥	25
	"反腐"何来"重灾区"	周 振	26
	谁听过"几枢钟声"	得 喜	26
	品尝水芹"蛰于口"?	阎德喜	27
	"刚愎自信"含贬义	新 德	27
	应是"蜡嘴"	李光羽	28

栏目	标题	作者/页码
识物寻踪	"椅子"源自"胡床"	陈璧耀 /29
语言哲思	"鸡精"和"鸡成了精"	宗守云 /33
追踪荧屏	"矽"并非稀有金属	杨学建 /35
	写错"尴尬"	魏永超 /36
	自谦用"忝"不用"腆"	周玉芳 /37
	不是"外子"是"半子"	杨昌俊 /38
	"家无常礼"非"家无常理"	梁德祥 /39
	"形同末路"?"形同陌路"!	厉国轩 /40
	白发渔樵不在"江楮上"	王树凡 /41
词语春秋	"处处闻啼鸟":"处处"不是"到处"	陈璧耀 /42
	何谓"阑尾"	张晓旭 /45
有此一说	歌呼呜呜,真秦之声也	陈运舟 /46
文章病院	"车船店脚衙"?	郝永庆 /48
	何来"杳无黄鹤"	屠林明 /49
	是"大满贯"不是"大满冠"	徐俊培 /50
社交新风	敬辞、谦辞的简明用法	徐默凡 /51
检测窗	编校差错扫描(二十)	王 敏 /54
网言网语	鸡皮疙瘩和情感转喻	莫 凡 /57
	关于"上头"那些事儿	沈可轶 /60
东语西渐	"逆行者"如何切换成英语	陆建非 /62
向你挑战	"大鼻子、小眼睛"的秘密 梁北夕	设计 /64

顾　问　濮之珍　何伟渔　陈必祥　金文明　姚以恩

名誉主编　郝铭鉴

主　编　黄安靖

副主编　王　敏

特约编委　汪惠迪(中国香港)　田小琳(中国香港)　林国安(马来西亚)　吴英成(新加坡)

责任编辑　施隽南　何中辰　朱恺迪

通　联　戚新蕾

封面设计　王怡君

特约审校　蔡维藩　陈以鸿　李光羽　王中原　张献通　黄殿容

凡本刊录用的作品,其与《咬文嚼字》相关的汇编出版、网上传播、电子和录音录像作品制作等权利即视为由本刊获得。上述各项权利的报酬,已包含在本刊向作者支付的稿酬中。如有特殊要求,请在来稿时说明。

莫让语言成为"抗疫"的"旁观者"

——也说"国家语言能力"

◎施南仁

全国人民共赴危难,共克时艰,即将取得"抗疫"斗争的伟大胜利。我们的努力,为其他国家赢得了时间;我们的举措,为其他国家提供了经验。虽然目前部分国家还处于艰难的攻坚阶段,但只要"中国方案"发挥作用,相信全世界都将取得"抗疫"斗争的最终胜利。中国人民全力以赴,英勇"抗疫",获得了世界人民的点赞。不过,回首过往,也还有一些地方值得反思,值得总结。不重视语言问题,让语言"靠边站",成为"抗疫"的旁观者,就是其中之一。

语言不仅决定于社会生活,也作用于社会生活;语言不仅反映社会生活的变化,也对社会生活产生影响。语言与社会治理密切相关,应对任何重大社会突发事件,都不应忽视语言所能发挥的作用。

处理重大社会突发事件所需的语言应对能力,学界称为"国家语言能力"。海内外学者对"国家语言能力"的概念内涵,早已做出了比较深入的研究。有学者指出,"国家语言能力是国家综合国力的组成部分,是国家软硬实力、战略战术实力的重要支撑","推进国家语言能力建设是提升国家综合国力的需要,是语言文字事业围绕中心、服务大局的需要,是助力构建人类命运共同体的需要"。遗憾的是,"国家语言能力"目前还处于理论探讨阶段,在真正处理"涉及国家战略利益事务"时，还未能发挥其应有的作用。

命名是最重要的语言活动；世界上的任何国家，都十分重视对涉及国家战略利益对象的命名。"命名能力"是"国家语言能力"的基础能力。引发社会公共卫生突发事件的病毒、病疫，传播快，危害大，关注度高，理应建立起高效的命名应急机制，当威胁来临时，快速反应，妥善应对。然而，回顾"新冠肺炎"的命名过程，不难发现，我们的应对是何其被动，何其低效！

2019年12月，湖北省武汉市部分医院陆续发现不明原因所致的肺炎病例，当时多称"不明原因肺炎"，有媒体甚至称"武汉肺炎"（包括一些极度缺乏"敏感"意识的国内媒体）。2020年1月10日，中国科学家宣布，导致不明原因肺炎的病原体为"新型冠状病毒"，媒体便称此肺炎为"新型冠状病毒感染的肺炎"（这是对此肺炎的描述，而非名称）。2月7日，国家卫健委发布通知，暂时将新型冠状病毒感染的肺炎命名为"新型冠状病毒肺炎"，简称"新冠肺炎"，英文名暂确定为"Novel Coronavirus Pneumonia"，简称为"NCP"，novel即新型，coronavirus即冠状病毒，pneumonia即肺炎。2月21日，国家卫健委再发通知，决定将"新型冠状病毒肺炎"英文名称修订为"COVID-19"，中文名保持不变。

从2019年12月底至2020年2月21日，时间已经快过去两个月，国家卫健委才确定最终的命名方案，并且中间还有反复、变动。这两个月来，我国的"抗疫"斗争已经进入了"攻坚"阶段，疫情已经成为全世界关注的焦点，"不明原因肺炎""武汉肺炎""新型冠状病毒感染的肺炎"等等，已经传播到全世界。众所周知，对名称的接受，往往有"先入为主"的规律。人们最容易记住的，时常是最先听到（或见到）的；社会上最容易传播的,时常是最先出现的。境外一些借疫情对我大搞"污名化"的势力,不顾中方强烈反对,频频使用"武汉肺炎(或病毒)""中国肺炎(或病毒)",这当然主要归结于他们对我极尽"抹黑"之能事的本性。然而,这与我们名称意识薄弱,没能及早公布正式、易接受的名称,不无关系。这难道不值得反思吗?

提高汉语的国际地位,让汉语走向世界,在国际交往中发挥更大作用,也是"国家语言能力"建设的重要内容。一种语言的国际地位,往往与以这种语言为母语的民族的政治、经济、文化、科研能力有关。英语的国际地位的取得,与国际上各领域的主要成果以英语为呈现形式不无关系。在这次新冠肺炎抗击斗争中,站在"抗疫"前沿的是中国人。最先发现病原体的,是中国科学家;最早测出病毒基因序列的,也是中国科学家。一系列重要的科研成果,都是中国科学家取得的。这本来是展现汉语魅力的机会,是提高汉语国际地位的机会,是汉语为人类进步发挥更大作用的机会。

我们许多科学家,都把科研成果拿到国外去用英语发表。(已有权威学者提出过质疑。)我们知道,其中也有许多"无奈"。现今,各领域特别是科学技术领域,最权威的成果发布平台,都在欧美地区。要想让成果尽快为世界认知、接受,最便捷的办法是把成果拿到欧美权威英语平台上去发表。这对我们的母语——汉语而言,不能不说是一件遗憾的事情。其实,这正是需要我们突破的地方,需要社会各界共同努力的地方。"不积跬步,无以至千里",应该鼓起勇气走出眼前的一步。这难道不值得总结吗?

"国家语言能力",不能只停留在抽象的概念探讨阶段;而应该将之具体化,并行诸实践,让它成为真正的"国家能力"!

"抗击疫情"有语病？

◎狮子坡

自新冠肺炎肆虐以来，"抗击疫情""阻击疫情""防控疫情"等等，成了新旧媒体的高频用语，几乎天天见到。有人说，这些说法都有问题：情，指事情发展所表现出的总体状况；疫情，即疫病发生和流行的状况。"抗击""阻击""防控"的应该是"疫病"，怎么会是"疫病发生和流行的状况"呢？因此，"抗击疫情""阻击疫情""防控疫情"等等，都有语病。

我们在一定范围做过"语感测试"，发现绝大部分人都认为"抗击疫情""阻击疫情""防控疫情"很自然，不觉得有语病。语言是"约定俗成"的，既然绝大部分人都觉得很自然，就要分析为什么。

其实，这些说法，从学理上是可以解释的。

从不同角度，词语可以分为不同的类别。"抗击""阻击""防控"等等动词，在用法上有相同的特征，我们可视为一类。这类动词要求带一个事件宾语，在语法上的表现是，宾语由小句充当，如"抗击法西斯入侵""阻击倭寇犯我边境""防控传染病流行"，其中的"法西斯入侵""倭寇犯我边境""传染病流行"都是一个小句。这是这类动词的典型用法。在具体语用中，小句宾语的谓语部分都可以不出现，而把话说成"抗击法西斯""阻击倭寇""防控传染病"。小句宾语转换成名词宾语，但表达的意思，基本一致。

为什么这些句子把小句宾语转换成名词宾语后意思基本保持不变呢？用生成语法理论的术语讲，宾语转换而语义不变，是靠"内合并"（Internal Merge）的操作完成的。具体地说，之所以"抗击法西斯""阻击倭寇""防控传染病"能说，是因为"入侵""犯我边境""流行"已经移位"内合并"进"法西斯""倭寇""传染病"中去了,"抗击法西斯"就是"抗击法西斯入侵"、"阻击倭寇"就是"阻击倭寇犯我边境"、"防控传染病"就是"防控传染病流行"。

那么,为什么小句的谓语部分可以移位和主语进行"合并"呢?道理其实很简单,因为充当小句主语的词项隐含有谓语部分的语义,这里进行的语法操作,仅是把语义相同的项进行"合并"而已。也就是说,从语义上分析,"法西斯"本身含有"入侵"之义,"倭寇"本身含有"犯我边境"之义,"传染病"本身含有"流行"之义。这是词项合并的动因。

"抗击疫情""阻击疫情""防控疫情"等等之所以能说,是同样的道理。"抗击疫情""阻击疫情""防控疫情",其实就是"抗击疫情加重(蔓延或肆虐)""阻击疫情加重(蔓延或肆虐)""防控疫情加重(蔓延或肆虐)"。在这里,"加重(蔓延或肆虐)"也"合并"进了"疫情"之中。

"入侵"之所以能"合并"进"法西斯",是因为"法西斯"本身隐含有"入侵"的含义;那么,"加重(蔓延或肆虐)"能"合并"进"疫情"中的原因是什么呢?

道理一样,因为"疫情"隐含有"加重(蔓延或肆虐)"的语义。不过,稍有不同的是,"入侵"的含义是"法西斯"本身所具有的,而"加重(蔓延或肆虐)"的含义并非"疫情"本身所具有,而是当时的"社会语境"赋予的。我们知道,春节前后,疫情(新冠病毒感染肺炎的总体状况)已呈加重、蔓延、肆虐之势,确诊病例、疑似病例以及重症、死亡人数等,都在大幅增加,当时的社会现实,给"疫情"赋予了"加重、蔓延、肆虐"的含义。全国人民所"抗击""阻击""防控"的,其实就是疫情的加重、蔓延、肆虐势头。

可见,"抗击疫情""阻击疫情""防控疫情"等说法,没有语病,可理直气壮地说。

"带口罩"?
"戴口罩"!

◎施隽南

在全国人民全力阻击新冠肺炎疫情的时候,如何预防病毒感染是每一个人都关心的事情。许多医生、专家都通过各种途径进行各项防治措施的科普,其中最为重要的一点,就是要求大家"外出一定要戴口罩"。

因而在许多超市、菜场、商店的门口,我们都可以看到醒目的标语,提醒大家戴口罩才可进入。但是有不少店家把"戴口罩"写成了"带口罩"。

"戴""带"两字的区别虽然经常提及,但是依然容易出现差错。

"戴"是个形声字。初文为"異",为双手举物于头的形象,义为以头顶物。后来词义起了分化,在"異"的基础上加了声符,成了"戴"字。"戴"的意思也不再仅仅是把东西顶在头上,把东西加在能发挥其功能的身体的某一部位上皆可用"戴",如戴眼镜、戴项链、戴手表等。段玉裁在《说文解字注·異部》中也说:"戴,引申之,凡加于上皆曰戴。"

"带"是个象形字,象古人捆扎衣服的腰带。《说文解字》:"带,绅也。男子鞶带,妇人带丝,象系佩之形。"古人通常用两种腰带:一种是皮制的革,用以悬佩;一种是丝制的束在外衣上的大带,围在腰间,结在前,两头垂下,称作绅。后引申泛指各种带子或带状物,又引申出携带、随身拿着等义。

现代汉语中,动词"戴""带"分工明确,各尽其职,"戴"表示把某物加在能发挥其功能的身体的某一部位,"带"表示携带、随身拿着。口罩加于鼻和嘴之上,才能隔绝外界病毒对呼吸系统的入侵,显然应当"戴"。如果仅仅是"带"而不戴,岂不是白费功夫?

"截止12时"?

◎林 凌

有关新冠肺炎疫情的报道中,人们最为关注的便是每日更新的确诊病例数、疑似病例数以及死亡、重症人数。媒体在报道当日或累计数据时常会混淆"截止"和"截至"。如某媒体报道上海新增确诊病例数,标题为《截止12时上海无新增确诊病例》,其中的"截止"就是"截至"之误。

截止(zhǐ),指(到一定的期限)停止。止,停止。"截止"是不及物动词,作谓语时,时间名词须出现在"截止"之前,而不能直接出现在"截止"之后。如《鲁迅书信集·致郑振铎》:"似不如改为正月十五截止,一面即出书,希酌。"其中的"正月十五截止"不能说成"截止正月十五"。如时间名词要出现在"截止"之后,须加"到""于"等介词,如"截止到今日共有5人报名""报名截止于3月5日"等。"截止"也可以作定语,修饰"日期""时间"等,如截止时间、截止日期。

截至(zhì),相当于截止到。至,即到。"至"后须跟名词性成分,故"截至"后须出现时间名词。如"截至3月5日""截至今日"等。时间名词不能出现在"截至"之前,如不可以说"今日截至""3月5日截至"。"截至"也不能作定语,修饰"日期""时间"等。

"截止"和"截至"都可以和时间名词连用,表示某行为到某一时间为止,但是在具体使用时应注意两者的差别,不能混用。

"疫情暴发"还是"疫情爆发"?

◎言 内

疫情突如其来,有朋友问,"疫情暴发"与"疫情爆发",到底该用哪个?我反问他有什么意见,他说,根据传统用法,传染病突发用的是"暴发"。这个意见我赞同,但想补充一句:"疫情"搭配"爆发"也可以,而这次疫情,搭配"爆发"更合适。

请看常用辞书的解释。《现代汉语词典》中,"暴发"和"爆发"都有一个相同的义项——"突然发作"。《现代汉语规范词典》中,"暴发"和"爆发"也有一个相同的义项——"突然而猛烈地发生"。那么疫情突发,用"暴发"和"爆发"应该都可以了。

而且,《现代汉语规范词典》还特别强调了"暴发"跟"爆发"的不同:"'暴发'侧重于突发性,多用于洪水、传染病等;'爆发'侧重于猛烈性,多用于火山、重大事件等。"

从突发性来说,这次疫情当然可称"暴发"。但是,如果考虑其猛烈性(短短几十天造成数万人染病、数千人死亡)和重大性(武汉封城、全国延期复工、所有学生居家学习、世卫组织宣布新冠疫情进入"全球大流行"状态),那么称这次疫情为"爆发",恐怕更加合适。不妨比较一下几年前的猪流感病毒、禽流感病毒,甚至是十几年前的SARS病毒,其疫情的猛烈性与重大性,均无法与此次疫情同日而语。

为什么"暴发"侧重于突发性,而"爆发"侧重于猛烈性?关键在于用字不同。一看见"爆"中的"火",我们就会联想到"火爆""爆炸","爆发"的猛烈性高于"暴发"可谓一目了然。

另外,"暴发"的"暴"只能理解为副词,"暴发"是状中结构;而"爆发"的"爆"还可理解为动词,"爆发"可作为连动结构。因此"火山爆发"是先爆裂后迸发,而"疫情爆发"也可类比为先突发再扩散,但是"疫情暴发"却根本没有连动的含义。"爆发"的疫情突然发生、持续扩散,"暴发"的疫情只是突然发生,显然是前者更为猛烈吧。

当前,我们全民战"疫"取

得了阶段性胜利,但国际形势却日益严峻。请注意英文报道新冠疫情的一个高频词——outbreak(突发),译成中文时几乎清一色用了"爆发"。可以预见,"疫情爆发"的用法,不可能马上销声匿迹。谓予不信,不妨拭目以待。

"阴性""阳性"到底指什么

◎田 共

在报告新冠肺炎的医学检测时,会用到"阴性""阳性"两个术语。意思大家都明白,检测结果呈"阴性"表明未感染病毒,检测结果呈"阳性"则表明感染病毒。想问的是,"阴性""阳性"到底是啥意思?为什么未感染病毒称"阴性",而感染病毒称"阳性"?

"阴"本指山的北面、水的南面,"阳"指山的南面、水的北面。我国大部分地区位于北回归线以北,太阳常年偏南。从偏南方向照来的阳光,只能照射山的南面、河的北面,而山的北面、河的南面阳光是照射不到的。因此,"阴"又指阳光照射不到的地方,"阳"指阳光照射到的地方。进一步引申,"阴"可指不显露的,"阳"指显露的。在现代医学中,"阴""阳"用作诊断疾病时对某种试验或化验所得结果的表示方法:当结果表明体内不显露某种病原体时称"阴性",当结果表明体内显露某种病原体时称"阳性"。

对疑似病人进行核酸检测,如未发现新冠病毒,则称"阴性",如发现新冠病毒,则称"阳性"。

应是"勠力同心"抗疫情

◎何中辰

新冠肺炎疫情需要团结各界人士共同抵御,于是"勠力同心"一词开始频繁出现在新闻媒体的报道中。但在使用这个成语时,不少媒体都写成了"戮力同心",这是不规范的词形。

勠,义为合力、并力。"勠力同心"即把力量合并起来,齐心往一处使,谓团结一致。《后汉书·袁绍传》:"今欲与卿勠力同心,共安社稷,将何以匡济之乎?"戮,义为杀。因为古时"戮"通"勠",所以"勠力同心"也可写作"戮力同心"。《墨子·尚贤》:"与之戮力同心"。1955年公布的《第一批异体字整理表》将"勠"列为"戮"的异体字,所承义项也为"戮"所代。但国务院2013年公布实施的《通用规范汉字表》中,"勠"被确认为规范汉字,重新担起职责。现在"勠力同心"才是规范词形,"戮力同心"则为不规范的用法。

疫情防控是维护国家战略安全的一环,其胜利离不开全国人民"勠力同心"。《通用规范汉字表》是社会文字运用的依据,其推行也需各界齐心协力。

"两极分化"误成"两级分化"

◎大　田

为了防控疫情,中小学生悉数居家学习。这种特殊方式要求学生自律。能自律,学习不打折;不能自律,则几乎没效果。有评论因此称:"疫情过后,中小学生将出现明显的两极分化。"这个提醒很有针对性,遗憾的是,不少媒体把"两极分化"错成了"两级分化"。

"极",繁体字为"極",形声字,从木亟声,本义是房屋的正梁。《说文解字》:"極,栋也。"徐锴系传:"極,屋脊之栋也。""极"(正梁)在房屋的最高处,故引申指顶点,如"登峰造极"。也指最高的、最终的,比如"极点"指的就是程度上不能再超过的界限。

"级",繁体字为"級",也是形声字,从糸(mì)及声,本义是丝的优劣次第。《说文解字》:"级,丝次弟(第)也。"引申泛指等第,如"级别"。又特指学校中的年级,如"班级"。又引申指台阶,如"拾(shè)级而上"。

"两极"即两个极点,可指地球的南北极,也可指电极的阴阳极或磁极的南北极。还可比喻引申,泛指两个极端或两个对立面。比如"两极世界",指的是第二次世界大战后至20世纪90年代初的世界形势,当时美国、苏联两个超级大国成为支撑世界上两大对峙集团的两极。

"两极分化",是指事物不断向两个相反的极端集中,最终形成两个彼此对立的部分。能自律和不能自律,是相反的两个极端;会学习与不会学习,也是相反的两个极端。不同的学生朝相反的极端发展,那完全是背道而驰,最终的结果或可用"天差地别"来形容。在中小学阶段,这种分化其实普遍存在,有人曾戏言:"初(高)一相差不大,初(高)二两极分化,初(高)三天上地下。"

"两级"是两个级别,"两级分化"只能理解为分成两个等级。且不说分成两个等级根本不需要向相反的方向背道而驰,就说分化的结果吧,"两极分化"和"两级分化"也完全不同:分成"两极"那是彼此绝不相容、性质完全对立的两个极端,它们的区别就好比是一个在天上,一个在地下;分成"两级"则是按质量、程度、地位等的差异而区分的级别,它们会有相接、相容的部分,其存在形态就好像上下相连的两个台阶。

微语录·职场

1. 心有多大,舞台就有多大。
2. 今天最好的表现是明天最低的要求。
3. 蹲下来是为了跳得更高。

(吴景夏/辑)

小议"我太难／南了"

◎代宗艳

2019年12月,"我太难／南了"成了《咬文嚼字》公布的2019年十大流行语之一,同月,国家语言资源监测与研究中心发布"2019年中国媒体十大流行语","我太难／南了"再次入选。去年以来,众多新媒体都开始被"我太难／南了"霸屏,连传统纸媒也用得越来越多,其热度令人咋舌。例如:

(1)"我太难了",说到底是一种青年亚文化表达。这略带幽默的自我调侃,更像是年轻人的一种自我心理调适。(《人民日报》2019年12月29日)

(2)成人世界,藏着一万句"我太难了" 将苦闷一笔带过,和生活继续嬉耍(标题,《城报》2019年9月3日)

"我太难了"出自"快手"视频网站上的一个"土味视频"。视频配了一曲忧伤的音乐,主播眉头紧锁,眼神空洞,一边说着"我太难了,老铁,最近压力很大",一边欲哭无泪地用双手紧紧扶住额头。该视频一发布,"我太难了"立即爆红了。例如:

(3)生活里,上有老下有小,家庭责任重;职场上,正处于上升的瓶颈阶段。中年人说:我难,我太难了!(《中国妇女报》2019年11月28日)

(4)海归就业:"我太难了"(小标题,《中国青年报》2019年11月11日)

随着使用量的提升,"我太难了"逐渐泛化,其适用对象甚至由人扩展到动物(当然,也可以说,这是拟人修辞格的应用)。例如:

(5)经过5天的考核,150

条警犬成功升级,正式成为执勤处突的战斗员。警犬:我太难了。(《银川晚报》2019年9月9日)

"我太难了"走红之后,网络上迅速出现了多种以"我太难了"为主题的表情包。为了好玩,有人用麻将牌中的"南风"来代替"难",于是又有人据此把"我太难了"说成"我太南了",使表达变得生动有趣。例如:

(6)法国总统马克龙:我太南了!(标题,《湛江晚报》2019年12月11日)

2019年12月9日,法国再次爆发全国跨行业大罢工,反对政府进行退休制度改革,导致首都巴黎等多个城市的交通几乎完全瘫痪,政府怎样面对这场大罢工呢?例(6)的"我太南了"表达了政府急于摆脱这一困境之难。

谐音是汉语中常见的造词方法之一,使用谐音词可以含蓄地表情达意,并且幽默诙谐、意味深长。谐音式"我太南了",用法灵活多变,有时"南"可以叠加连用,增强语势。例如:

(7)曼联,我太南南南了!(标题,《东方体育日报》2019年9月2日)

"曼联"(曼彻斯特联合足球俱乐部)在新赛季四轮战罢仅赢一场只拿到五分,例(7)的"我太南南南了"用来强调"曼联"进球之难和赢球之难。

如今,"我太难了"及其谐音式"我太南了"两种表达方式都被广泛使用,主要用于表达说话人遭遇不顺、经历挫折时的沮丧、失落心情。"我太难/南了"的走红,既表达了当代年轻人因生活困境而产生的焦虑和无力感,也为处于艰难处境中的人们提供了一个情绪宣泄的出口。其实,"难"的不仅仅是当下身处困境的青年,国际上也因战略关切、武器采购、防务费用等而产生种种分歧,导致全球范围内的双边关系、多边关系和地区形势的难题不断。2019年12月20日,国家语言资源监测与研究中心、商务印书馆、人民网、腾讯公司联合主

"吹哨人"和"深喉"

◎高丕永

2019年4月11日,在建筑工地上打零工的窦师傅上传了题为《一线工人安全帽》的短视频。视频中,简单的实验证明工人戴的安全帽非常不安全,如脆皮般一碰就碎。很快,这段视频在网络上走红。但是,窦师傅却因此陷入困境,工地上再也没有人找他干活了。窦师傅不但丢掉了工作,精神上也压力山大,所以删掉了自己上传的视频。为此,一些媒体发专文声援窦师傅。比如,《必须保护好"吹哨人"的权益》(《中国质量报》2019年4月24日),《窦师傅这样的"吹哨人"理应受到保护》(《宁波日报》2019年4月24日),《社会"吹哨人"需要一顶结实的"安全帽"》(《深圳特区报》2019年4月24日)等。

"吹哨人"是个借词,本世纪初意译自英语的"whistleblower"。这个英语复合词,由动词词组"blow one's whistle"(吹响哨子)变化后加上表示"行为发出者"的后缀"-er"组成,一般指"揭露所在行业或企业问题的内部员工"。根据《韦氏大学英语词典》(第11版),"whistleblower"问世于1970年。这个词的源

办的"汉语盘点2019"揭晓仪式在北京举行,"难"当选年度国际字,由此可见一斑。

继"佛系""丧""扎心"之后,"我太难/南了"掀起了新一轮热潮。事实上,人的一生没有不经历磨难的,面临磨难往往是逃不掉、躲不开的,迎难而上才是每个年轻人应该有的态度。作为新时代的青年,与其扎堆抱怨"我太难了",不如抓住这难得的人生际遇,勇担"天将降大任于斯人"的时代使命,不断谱写新的青春之歌。

头在英国。英国的电影里经常有这样的画面:有罪案或危险发生时,英国警察会吹响哨子以引起同事和民众的注意。从2010年起,借词"吹哨人"的使用频率明显增加。

与窦师傅的遭遇相似,世界上其他国家的"吹哨人"往往也会受到打击报复。为了解除吹哨人的后顾之忧,美国在1989年制定了世界上第一部《吹哨人保护法案》(Whistleblower Protection Act)。保护吹哨人的法规,汉语里现在一般称为"吹哨人制度"。比如:"山西近日启动新的食品药品安全举报奖励办法,引入'吹哨人制度',特别创设了匿名举报奖励,鼓励了解行业内幕的知情人士主动揭发,举报人可以不提供其真实姓名、不提供身份信息,领取奖励时,可以按提前约定的代码委托他人代领。"(《人民日报》2015年7月13日)又如:"一段时期以来,有关'吹哨人'制度的字眼不时出现在公众视野中。当前全国人大常委会正在审议的疫苗管理法草案,从国家立法的层面规定了对举报企业违法行为的内部举报人给予奖励等内容。"(《光明日报》2019年4月21日)

近年来,汉语有时用"深喉"表示"吹哨人"的意思。比如:"职工'深喉'举报企业违法违规的行为,近年来并不少见,当民众因为这些'深喉'的一次次举报而享受到正当的权益之后,这些举报职工自身的安全和权益也越来越受到重视。"(《劳动报》2017年11月29日)又如,"深喉爆料:回收二手机的秘密"(标题,《消费质量报》2018年6月22日)。汉语的"深喉"也是借词,原词是英语的"deep throat"。"deep throat",字面意思是"低沉的嗓音",1972年曾用作一部美国电影的名称。1973年,最早报道水门事件的《华盛顿邮报》记者把"deep throat"用作水门事件内情提供者的化名。后来,"深喉(deep throat)"泛指"身居要职匿名揭发政府内部非法活动的人"。

仰望"爱豆",脚踏实地

◎刘冰鑫

如今,各类选秀节目层出不穷,粉丝们为了支持所喜爱的偶像,常常会打出"为爱豆打call""为爱豆刷榜"的标语。这里的"爱豆",可不是指绿豆、赤豆之类的豆科植物。"爱豆"是英语单词idol的音译,意为偶像,不限男女,从事娱乐行业的歌手、演员、乐队组合等都可称为"爱豆"。请看:

(1)追星追到和爱豆同框,还上了微博热搜,这也许就是传说中的"人生赢家"了吧!近日,喜欢"大神"木村拓哉近二十年之久的罗志祥,与爱豆首次同框的视频公开,迅速登上热搜。(《钱江晚报》2019年9月24日)

(2)韩剧中的爱豆:(边)伯贤徐(珠)贤郑振永结局很可怜(标题,《信息时报》2016年11月3日)

"爱豆"最初特指日韩明星,只在追星的小圈子里传播,是粉丝对自家偶像的爱称。随着粉丝队伍的扩大,"爱豆"也被越来越多的人接受。渐渐地,"爱豆"不再限于娱乐明星,一些正能量的优秀人物,也被称为"爱豆"。例如:

(3)我们喜欢这样的"铁榔头"郎平,如同喜欢"爱豆"张继科。(《环球人物》2016年8月26日)

(4)唐代书法家张旭,名号之响亮,堪称是唐朝文化界的C位"爱豆"。(《钱江晚报》2019年3月21日)

例(3)例(4)中乒乓球运动员张继科和唐代书法家张旭在自己所属的专业领域技艺超群,深受人们喜爱,也被冠以"爱豆"的称号。

随着使用量的增加,"爱豆"的意义继续泛化,漫画中的虚拟人物也可被称作"爱豆"。例如:

（5）到明年这个时候，《复联3》中那些灰飞烟灭的超级英雄们，如果复活了，影迷们喜大普奔："你看，就说漫威不舍得影迷伤心，复活这一招，又来了。"爱豆还是那个爱豆，那就继续爱呗。（《扬子晚报》2018年5月14日）

例（5）中"超级英雄们"都是根据漫画改编而成的虚拟人物，他们粉丝众多，影响力大，也被称为"爱豆"。

2019年10月1日上午，庆祝中华人民共和国成立70周年大会和阅兵式在北京天安门广场隆重举行，阅兵仪式大气磅礴、震撼人心。每一位观众都为祖国当今的盛世而骄傲、自豪。年轻网友们更是借用网络语言表达自己的爱国之情。请看：

（6）年轻网友把中国亲切地称作"阿中哥哥"，伟大的国家成为他们追的最大的"星"……成立了"阿中哥哥"后援团，用"我爱豆阿中的盛世美颜"赞美祖国大好风光，用"你爱上中国的理由"表达全民"爱豆"（偶像）的实力强大。（《人民日报》2019年10月7日）

网友们运用了拟人的修辞手法，将祖国拟人化为男性"爱豆"，并以"阿中哥哥"相称，显示出祖国的亲切与活力。官方媒体借用此类新词语，既新颖又幽默，既能够吸引年轻读者，又有利于进行爱国主义教育。

与"爱豆"类似的还有"麻豆""开心豆"。"麻豆"是英文model的音译，即模特。"开心豆"指某人有趣，常用于对小孩子的昵称。可见以"豆"指人的用例并不少见，且都带有褒义色彩。

仰望"爱豆"，又要脚踏实地。对于追星族而言，追星要注意适度、适量，为"爱豆"偶尔疯狂一次当然没有问题，但不能影响自己的正常生活，毕竟喜欢"爱豆"只是生活的一部分，不是全部。粉丝们在仰望"爱豆"的同时，更要在平凡的生活中努力前行，争取干出成绩，成就自我。

"老姥"不读"老lǎo"

◎姜 震

江西卫视2020年2月14日播出的《经典传奇》栏目中,提到了著名书法家王羲之"题扇赠老姥"的故事。主持人在节目中说:

"这则故事就叫作'题扇赠老姥'。"(字幕同步显示)但是,主持人把"姥"字读成了"lǎo",这就值得商榷了。

"姥"字确实有"lǎo"的读音。但是读"lǎo"时,重叠成"姥姥"指"外祖母",旧时也用来指称接生的妇女;"姥爷"则指外祖父。"姥"还有一个读音"mǔ",是古时老年妇女的俗称。《世说新语》:"未至十余里,有一客姥,居店卖食。"也可用来指母亲。《乐府诗集·琅琊王歌辞》:"公死姥更嫁,孤儿甚可怜。"

节目所讲的故事,是王羲之在蕺(jí)山,在一卖扇老妇人的扇子上题字,使她的扇子卖出了高价。"题扇赠老姥"中的"老姥"指的是"老妇人",那么,此处的"姥"字的正确读音应该是"mǔ"。

"华州"的"华"不读 Huá

◎ 盛祖杰

2020年2月3日央视播出《中国诗词大会》第5季第5场,康震教授在讲杜甫的《赠卫八处士》时说道:"杜甫当时在华州做司功参军,他回洛阳老家去探亲,回来的时候……他到华州之前去了奉先县,见到了卫八处士。"其中,康教授几次说到"华州",均念为"Huá 州",这样念有失规范。

华州,位于关中平原东部、渭河南岸。西魏废帝三年(554)改东雍州置华州,辖关中东部数县。隋代废华州。唐朝复置华州后,其辖境及名称屡有变迁。1913年改为华县,2015年10月经国务院批准撤销华县,设立华州区。华州区现隶属陕西省渭南市。

"华州"这一名称,据《同州府志》记载:"华,西魏州名,南有少华山,东连太华,故州以取名焉。"太华即西岳华山,就是说"华州"因南有少华山,东连华山而得名。"少华山"与"华山"的"华"皆音 Huà,所以"华州"历来都称"Huà 州",而不称"Huá 州"。

蔡襄未撰《茶经》

◎刘曰建

2020年1月16日《北京晚报》第44版刊有《肴馔俗且雅》,文章说:"宋代蔡襄所撰《茶经》和《荔枝谱》,则是文人闲情逸致的充分体现……"《荔枝谱》确是宋代蔡襄所著,但引文把《茶经》的作者张冠李戴了,《茶经》作者是"茶圣"陆羽。

陆羽(733—约804),唐代学者,以嗜茶著名,对茶道有精深研究,著《茶经》,旧时被视为"茶神",后被称"茶圣"。《茶经》成书于唐至德、乾元(756—760)前后。书中论述茶的性状、品质、产地、采制、烹饮方法及用具等,是中国第一部关于茶的专门著作,被誉为"茶叶百科全书"。

蔡襄(1012—1067),与苏轼、黄庭坚、米芾并称北宋四大书法家。对茶叶有研究,著有《茶录》,而非《茶经》。《茶录》总结了古代制茶、品茶的经验,全书上下两篇,上篇"论茶",下篇"论茶器"。

"过屠门而大嚼"?

◎凌 敏

星期天,最爱去的地方是明故宫和新街口,新华书店、科技书店,新书目不暇接,我就像刘姥姥走进大观园,瞧瞧这本小说,翻翻那本散文,欲"过屠门而大嚼",无奈囊中羞涩。

以上是2019年10月27日《文汇报》第4版《书箱·书橱·书房》一文中的一段话,其中"过屠门而大嚼"用得不妥。

"过屠门而大嚼"语出汉代桓谭的《新论》:"人闻长安乐,则出门西向笑;知肉美味,则对屠门而大嚼。"屠门,即肉铺。过屠门而大嚼,意思是经过肉铺门前时,想到了肉的美味,不禁空着嘴嚼了起来。后用以比喻心中羡慕而不能如愿以偿,只好用不实际的办法安慰自己。鲁迅《二心集·译者附记》:"古洋侠客往矣,只好佩服扮洋侠客的洋戏子,算是'过屠门而大嚼,虽不得肉,亦且快意'。"

第一段的引文显然误解了"过屠门而大嚼"的语义,似乎是理解为"进屠门而大吃"了,用来比喻进书店大买书籍。要符合语境,不妨改为:"瞧瞧这本小说,翻翻那本散文,无奈囊中羞涩,只好'过屠门而大嚼'。"这样就文从字顺了。

"鄙人"误成"俾人"

◎李　强

电视连续剧《素手遮天》第13集,琴镝被随从押至郝涩面前,郝涩向琴镝自我介绍:"公主殿下,欢迎光临寒舍,俾人姓郝名涩。"(字幕同步显示)其中"俾人"有误。

"俾"音 bǐ,意思是使(达到某种效果),如"俾众周知"就是让大家都知道,"俾有所悟"就是使有所悟。"俾人"在上述句中说不通。

"鄙"音 bǐ,有粗俗、低贱之意,可用作自谦之辞,如"鄙老"是老人自称的谦词,"鄙言"可用来谦称自己的言辞。剧中所说的应是"鄙人",用来谦称自己。将"鄙"误作"俾",许是两字读音相同,对谦辞一知半解所致。

"得陇"不作"得垅"

◎王宗祥

2019年9月18日《中华读书报》第15版刊载了《唐诗中的蜀韵》一文,其中写道:"'蜀'这个既具象形又具表意的汉字,揭示了蜀地文明起源的基因。……'蜀犬吠日''得垅望蜀'等成语就佐证了蜀地文明、蜀地文化的独具性。"这里的"得垅望蜀"应为"得陇望蜀"。

成语"得陇望蜀"语出《东观汉记·隗嚣传》:"西城若下,便可将兵,南击蜀虏。人苦不知足,既平陇,复望蜀,每一发兵,头鬓为白。"说的是既取得陇右,又想进攻西蜀,后用"得陇望蜀"比喻人贪心不足。《鲁迅书信集·致陶元庆》:"我很希望兄有空,再画几幅,虽然太有些得陇望蜀。"这里的"陇",本为山名,绵延于甘肃、陕西交界处,也指今甘肃东部一带。如今,甘肃省别称陇。

"垄"现在的规范写法为"垄",指耕地上培成的一行一行的土埂,也可指田地分界的稍稍高起的小路。虽然"陇"在古代可写作"垄",但是只能表示土埂的意思。"得陇望蜀"中"陇"和"蜀"都是地名,所以"陇"不可写作"垄"。

"大仓祖"?"大仓组"!

◎李景祥

2020年1月2日《沈阳晚报》第11版《沈阳最早公交——"马车铁道"的故事》一文介绍上世纪初沈阳市内的"马车铁道"。"马车铁道"即用双马拉着铁轮车厢行走在铺有铁轨的马路上。其中有这样几句话:"沈阳的马车铁道晚于西方百余年,是日商大仓祖将其国内淘汰的车辆买到中国来的。""这时,原经营马车铁道的日商大仓祖再次要求中日合办……"文章中多次出现的"大仓祖"有误,应为"大仓组"。

组,即组织、团体。日本侵华时期,有很多日资企业来我国发展,他们或以姓氏,或以地名为企业名称,构成"××组",如山田组、斋藤组等等。大仓,是大仓组创建人大仓喜八郎的姓,大仓组即以"大仓"为名称的组织。大仓喜八郎早年在东京从事杂货生意,后来靠贩卖军火发迹。1902年开始在我国及朝鲜积极投资,兴办抚顺煤矿公司、本溪湖煤铁公司等,掠夺我国东北煤矿、铁矿资源。1911年正式成立株式会社大仓组。1915年被日本大正天皇封为男爵。1918年梅兰芳先生赴日演出诸事就是大仓喜八郎经办的。

祖,是对父亲的父亲及以上的尊长的敬称。将"大仓组"误作"大仓祖",应是音同形近致误。

"反腐"何来"重灾区"

○周　振

《报刊文摘》2019年9月25日7版有《接连曝出高管贪腐事件　地产圈刮起反腐潮》一文,文章这样说道:"一场反腐风暴正在地产圈掀起……长三角地区更是本轮地产反腐的重灾区……"其中"长三角地区更是本轮地产反腐的重灾区"这句话有语病。

重灾区,指受自然灾害严重的地区。如:2008年5月12日四川省大面积发生强烈地震,汶川是重灾区;两湖平原水源丰富,是我国重要的农产品生产基地,也是洪涝灾害的多发地和重灾区。也比喻社会问题严重造成重大危害、损失的地区或单位。如:民国时期,地处中国东南沿海的福建是匪患的重灾区之一。

众所周知,腐败是社会毒瘤,给社会生活造成了严重的危害。所以,人民群众强烈要求开展广泛、深入、持久的反腐败斗争。反腐是正义之举,光明之举。而上述引文中"地产反腐的重灾区"这个说法,是把"反腐"(反腐败)说成了重大的灾难。如将"反腐的重灾区"改为"反腐的重点区域"就通顺了。

谁听过"几枢钟声"

○得　喜

《诗欢文爱》(上海书店出版社2007年7月出版)中有一篇《江南烟雨》,文中有作者登鸡鸣寺而作的诗句,其中"几枢钟声送夕阳"一句读之费解。"几枢钟声"是什么样的钟声呢?思之再三方有所悟,"枢"或许是"杵"之误。

杵,音chǔ,指木棒,也有

捅、戳等意义。寺庙中的大钟旁会悬挂一段长且粗的木棒,将这根木棒拉开一段距离后向钟撞击,钟便会发出悠扬的响声。在古诗文中便有将"杵"用作"钟声"的量词的例子。如滇池大观楼有一副长联,其中有这样几句:"只赢得,几杵疏钟,半江渔火,两行秋雁,一枕清霜。"疏即稀疏,"几杵疏钟"即古寺传来几声稀疏的钟声。

枢,音 shū,指门上的转轴,用于门的开合,与撞钟无关。汉语中无"几枢钟声"的说法。

品尝水芹"蛰于口"?

◎阎德喜

《书屋》2018 年第 9 期的文章《水乡泽国美》中写道:"以前有个农民认为水芹好吃,便送给村里的土豪,土豪尝后'蛰于口,惨于腹,众哂而怨之,其人大惭',因此才有了'芹献'的典故。"文中的"蛰于口"误矣,应该是"蜇于口"。

"蜇"读作 zhē 时,有两个义项:①指蜂、蝎子等用毒刺刺人或动物;②某些物质刺激皮肤或黏膜使发生微痛。上述引文中的土豪,在品尝水芹后,嘴里受到了刺激很难受,肚子也不舒服,因此样子不太好看。用"蜇于口"形容嘴里产生的微痛,十分准确。

蛰,音 zhé,本义指动物冬眠,藏起来不食不动。也借指蛰居,即像动物冬眠一样长期躲在一个地方,不出头露面。"蛰于口"不符合原文想要表达的意思。

"刚愎自信"含贬义

◎新德

《上海老年报》2020 年 1 月 21 日刊载《驻外使节的先驱——郭嵩焘》一文,说到中国历史上第一位驻外使节郭嵩焘,不畏顽固保守势力的污蔑、威吓甚至打击、凌辱,"刚愎自信的他依然矢志不渝地宣传西方文化",借鉴他国经验,推行变革。此处"刚愎自信"一词用错了。

"刚愎自信"是一个贬义词,形容倔强固执,拘于己见,自负专行。曾国藩《经世要谈》指出:"刚愎自信,即是自绝,谁敢语以至道。"茅盾的《子夜》中也有:"他说荪甫那样的刚愎自信是祸根。"

而郭嵩焘坚持宣传西方文化,反对闭关锁国,是顺应历史潮流,他的行为和勇气是值得赞美的,用"刚愎自信"显然不合适。

应是"蜡嘴"

◎李光羽

上海博物馆历代绘画馆中有一幅画,这幅画的说明牌上写有画作的名称《南宋腊咀桐子图页》。"腊咀"何物?仔细看画面内容,画面中有一只鸟,抓蹲在桐树枝上,这只鸟身量大,喙为黄色,圆锥状。原来,"腊咀"应是"蜡嘴",指的是蜡嘴雀。

蜡嘴雀,鸟纲,雀科。中国习见的黑尾蜡嘴雀,体长达20厘米。喙黄色,厚而大,呈圆锥状,头部色黑具光泽。多活动于高树,主食种子。蜡嘴雀的"蜡嘴"是指其嘴如黄蜡,孙锦标《通俗常言疏证·动物》:"《山堂肆考》:蜡嘴生于象山,似雀而大,嘴如黄蜡。"

蜡是动物、植物所产生的,或石油、煤、油页岩中所含的油质,如蜂蜡、石蜡。黄蜡,即黄色的蜡。而腊,古代在农历十二月合祭众神叫作腊,因此农历十二月叫作腊月,冬天腌制后风干或者熏干的鱼、肉、鸡、鸭也称腊。"腊"与黄色无关,"蜡嘴"的"蜡"不可写作"腊"。

再来说说"咀"。"咀"读 jǔ 时,表示咀嚼;读 zuǐ 时,是"嘴"的俗字,在地名中常见,如香港的"尖沙咀"。但"鸟嘴"写成"鸟咀"不规范。所以,上述说明牌上的"腊咀"应写作"蜡嘴"。

"椅子"源自"胡床"

◎陈璧耀

"椅子"在我国是一种传统坐具,但这种坐具,却是由北方游牧民族的"胡床"演变而来,并非汉族原创。

我国早期没有椅子一类高足坐具,人们都席地而坐,坐具就是一张坐席,一般由蒲草或蔺草编成,薄薄的一层,铺垫在身体下面。人们最初就坐在这张席上。而其时所谓的"坐"就是跪坐:屈足向后,膝盖抵住坐席,大腿压着小腿,臀部压在脚跟上。这就是我们早期的坐姿。后来北方胡人入侵,他们的一些坐具由骑马而发明,也随之融入我们的日常生活,坐姿由此发生了变化。

胡人的坐具称"胡床",形制很小,床面只能坐一人,并且是张开两腿跨坐,也叫"据",就是我们现在的垂足而坐。坐具的变化,直接影响到人们的起居,因为垂足坐比跪坐舒适且方便,有人于是也开始用胡床了。

"胡床"是游牧民族为便于携带而创制的一种高足坐具,和我国所习用的"安身之几坐"(《说文》)的"床"不是一个概念,所以时人加一"胡"字以示区别。但胡床这种来自西北游牧民族的新型坐具,却就此改变了人们原先的坐姿乃至生活习惯,被认为是对我国后世家具产生最大影响的一种。如果没有胡床,或许不会有今天的椅子。

关于"胡床"的形制和结构,宋人陶毂在《清异录·陈设门》中有个说明:"胡床施转关以交足,穿绦绦以容坐,转缩须臾,重不数斤。"这是说胡床是一种可以随意折叠起来的轻便坐具，四个脚两两交叉，形似如今的马扎，床面两根横木用绳带绷成，分量轻，便于携带。因为床面是用绳带绷扎，所以也叫"绳床"。又因为四个脚两两交叉，隋时又曾改称"交床"。宋人程大昌《演繁露》卷一四说："今之交床，制本自虏来，始名胡床，隋高祖意在忌胡，器物涉胡名者咸令改之，乃改交床。"隋文帝杨坚忌讳"胡"字，所以"胡床"按其形制又改称了"交床"。

据《续汉书·五行志》"（汉）灵帝好胡服、胡帐、胡床、胡坐、胡饭"的记载，胡床应该是在公元2世纪也就是东汉末年才开始引入我国的，以后便屡见记载，如《三国志·魏志·武帝纪》注引《曹瞒传》"公将过河，前队适渡，超等奄至，公犹坐胡床不起"，《世说新语·容止》"（庾亮）因便据胡床与诸人咏谑"，《世说新语·简傲》"（王恬）据胡床在中庭晒发"，《南唐书·刘仁瞻传》"世宗在城下，据胡床督攻城"，等等。胡床最初多为将军出征随带或有权势者居家所用，大概在唐以后逐渐多了起来。唐朝时长安有很多胡人，因而胡风盛极一时，有胡骑、胡妆、胡乐、胡舞、胡服、胡食，还有胡姬酒肆，乃至胡人美食街。《旧唐书·舆服志》说"贵人御馔，尽供胡食，士女皆竞衣胡服"，可见其时长安城的胡风之盛。李白诗中多有写胡姬的，如"胡姬貌如花，当垆笑春风"（《前有一尊酒行》）；也有写胡床的，如"去时无一物，东壁挂胡床"（《寄上吴王三首》）。在盛行胡风的唐代，用胡床应该已经比较普遍了。

胡床中有一种"倚床"，有背可以靠倚，唐以后在此基础上，出现了更为舒适的坐具，就是椅子。椅子最初叫"倚子"，"椅"原是谐音"倚"的俗字。《正字通·木部》："椅，坐具后有倚者，今俗呼椅子。"《中华大字典》在此释义后有一段按语说："按《通雅》云：倚卓之名，见于唐宋，而小说中有椅桌字，但当用倚卓。然考朱子家礼载用器具,有卓子交椅,亦以椅为之,是不得斥为俗也。"看来如今的规范字"椅",在清末民初还有人斥之为俗字。

椅子就是有靠背的坐具。因为多为木质,所以字从"木"作"椅"。除了木质之外,椅子还有藤、蒲、竹等多种材质。《唐语林》卷六写七十五岁的颜鲁公,奉使李希烈之前,为表示自己"气力壮健"而"立两藤倚子相背,以两手握其倚处,悬足点空",说的就是一种藤制的有靠背的椅子。

椅最初只是背面有"靠",时称"校(jiào)椅",也就是"交椅",《水浒传》中多见,如"只见林冲双眉剔起,两眼圆睁,坐在交椅上大喝道"(十八回)。"交椅"是由隋时改称的"交床"演变而来,因为"交床"最初多为将领出征时携带,演变为"交椅"之后,就成了权力的一种象征,被借来表示座次,如"众人扶晁天王,去正中第一位交椅上坐定"(十八回),"(宋江)居中正面坐了第一把交椅"(五十九回)。"交椅"之被借指权位的座次,后来成了非常普遍的一种借喻手法。而这种借喻义,是原"交床"或"胡床"所没有的。

《汉语大词典》释"交椅"为:"坐具。腿交叉,有靠背,能折叠。古时称'胡床''交床',后世称'太师椅'。"

所说"后世称'太师椅'"或有可商。因为"太师椅"原是"交椅"的改制,两者有所不同。宋人张端义《贵耳集》卷下说"今之校椅,古之胡床也,自来只有栲栳样"。"栲栳"是一种柳条编成的盛物器具,那么所谓"栲栳样",可能就是一种三面圈围起来的胡床,只是圈围得比较低,尤其是靠背还不能托住头部。所以当时"京尹吴渊",为"奉承时相"秦桧,就特地让工匠在交椅靠背上添了"荷叶托首(荷叶状头托)"而"号太师样(秦桧曾官太师)"。张端义说"今改为太师样,非古制也"。这是说"太师样"和原来的"交椅"是不同的。由交椅改制而来的"太师样",就是后来所说"太师椅"的前身。

明人沈德符《万历野获编》卷二十六"物带人号"条说,"古来用物,至今犹系其人"而"流传后世者","无如苏子瞻、秦会之(即秦桧,"会之"为其字)二人为著。如胡床之有靠背者,名东坡椅","椅之栲(杯)栳联前者,名太师椅"。"东坡椅"就是"交椅";"栲栳联前者"就是三面圈围起来的宋人所说的"太师样",明人称之为"太师椅"。但明代的太师椅,在形制上比宋代的太师样要宽舒得多,有了比较高的靠背和扶手,和其前身宋代的太师样又不完全一样了。所以,不能笼统地说交椅或交床,"后世称'太师椅'"。两者是有所不同的。

交椅虽说在唐代已经比较流行,但一直到宋代,却还不是人人都可以坐。女性,尤其是士大夫家的女性,一般不被允许。陆游《老学庵笔记》卷四说:"徐敦立言:往时士大夫家,妇女坐椅子、兀子,则人皆讥笑其无法度。""兀子"也作"杌子",是没有靠背的坐具,就是现在所说的"凳子"。宋朝时椅子和兀子的使用已经更普遍了,士大夫家的妇女却还是不被允许坐。原因就在椅子无法跪坐,只能垂足,而垂足的坐姿有点类似箕踞。箕踞在男子或可视为一种傲慢或随意,在女子就是不雅,被视为不合礼仪缺少教养。当然,这只是士大夫家的妇女有此约束,民间一般家庭,恐怕没有那么多讲究,妇女坐椅子或兀子,应该也很普遍了。

《火眼金睛》提示

图1,"署光"应为"曙光"。

图2,"赞积分"应为"攒积分"。

图3,"共坑病毒"应为"共抗病毒"。

图4,"诲莫如深"应为"讳莫如深"。

语言哲思

"鸡精"和"鸡成了精"

◎宗守云

作家肖克凡在《继续练习》(《星火》2019年第5期)中写道:

金萍抹抹额头汗水说,这鸡精上市做广告时,我还以为是《西游记》里的鸡成了精。

"鸡精"是一种调味品,用鸡肉、鸡蛋、鸡骨和味精等为原料加工制成(《现代汉语词典》第7版)。"鸡成了精"也是"鸡精",是妖精。在《西游记》原著中其实并没有鸡精,《西游记》中的昴日星官和他的母亲毗蓝婆菩萨似乎和鸡精有关,但昴日星官是神仙,毗蓝婆菩萨是菩萨,都不是妖精,因此不是真正的鸡精。香港出品的电视剧《西游记》(李文龙、刘仕裕执导)里倒是有个真正的鸡精,是由演员邓兆尊饰演的。

这样看来,"鸡精"实际有两个,一是作为调味品的"鸡精",一是作为妖精的"鸡精"。两个"鸡精"反映了语言系统中存在的两种语言成分:词汇性成分和语法性成分。

作为调味品的"鸡精"是词汇性成分。词汇性成分包括词、成语、惯用语等,其特点是从组成成分的意义不能推知整体意义。也就是说,知道"鸡"的意义,也知道"精"的意义,但并不能推知"鸡精"的整体意义。正因为如此,小说中的金萍才误以为是"鸡成了精"。由于语言使用者不能从组成成分的意义推知整体意义,因此词汇性成分需要收录到词典中,越是不容易推知整体意义的,越需要收录到词典中。比如,"酒望",很难从字面看出整体意义,其整体意义是"旧时酒店的幌子,用布做成"(《现代汉语词典》第7版);"旗枪",不是旗子和步枪,而是"绿茶名,由带顶芽的小叶制成,茶芽刚刚舒展成叶称旗,尚未舒展称枪"(《汉语大词典》);"二百五",不是二百加五十,而是"讥称做事莽撞,有些傻气的人"(《现代汉语词典》第7版)。词汇性成分没有很强的规律性,不可类推,比如不能从"鸡精"类推出"鸭精、鹅精、鱼精、虾精"等等,因此对学习者来说,是需要一个一个地记忆的。

作为妖精的"鸡精"是语法性成分。语法性成分包括构词形态、自由短语、常规句式等,其特点是可以从组成成分的意义推知整体意义,知道"鸡"的意义,也知道"精"是妖精的意义,就可以推知"鸡精"就是"鸡成为妖精"的意义。语法性成分有很强的规律性,理论上可以自由无限地类推,"鸡成为妖精"是"鸡精",那么相应地"狐狸成为妖精"就是"狐狸精","树成为妖精"就是"树精","白骨成为妖精"就是"白骨精",理论上,"鸭精、鹅精、鱼精、虾精"也都可以是妖精,只是不一定在文学作品中出现而已。作为妖精的"鸡精"是自由短语。构词形态和常规句式也是语法性成分,比如英语名词变为复数,通常只要加s即可,有很强的规律性;比如汉语主谓结构,只要不违背语义要求,都可以自由无限地造句,也有很强的规律性。语法性成分是开放的,不能在词典中收录,但可以根据规律编成语法书,学习者只要按照规律学习即可,不需要逐个记忆。

在语言运用中,语法性成分一般不会理解为词汇性成分,但词汇性成分有时会理解为语法性成分,像小说中金萍把"鸡精"理解为"鸡成了精"就是如此,这就是所谓的"望文生义"。最后我们再以一个"望文生义"的例子结束全文:

"四十七八,五十出头的都有。人跟人不一样。"我说,"你例假怎么样?"

"农民,哪有假。"她笑了,"只要想歇,都是假。"

"我说的是月经。"(乔叶《月牙泉》,《西部》2011年第2期)

"矽"并非稀有金属

◎杨学建

2019年国庆献礼电影《我和我的祖国》的第一部分《前夜》,讲述中华人民共和国成立前夕,林治远等人分秒必争、攻坚克难,确保新中国第一面五星红旗成功升起的感人故事。片中,为了使旗杆阻断球免于因脆弱而破裂,林治远的助手梁昌寿建议道:"应急之法必须往合金里加入矽、铬、镍这三种稀有金属。"(字幕同步显示)事实上,"矽"并不属于"稀有金属"。

稀有金属是在地壳中含量较少、分布较散、提炼较难的金属,是特种钢等生产所必需的原料。剧中提到的"铬""镍"两种元素就属于稀有金属。

"矽"是元素硅的旧称。1953年,中国科学院召开化学物质命名扩大座谈会,正式将"矽"改称为"硅"。硅在元素周期表中排在第14位,虽然处于金属和非金属的分界处,但它通常被归为非金属元素,"硅"字的石字旁也在一定程度上体现了它的这一属性。硅也是一种常见元素,在地壳中的含量约占地壳总质量的四分之一,含量仅次于氧元素。硅的开采量和使用量都非常大。剧中将"矽"归为稀有金属是不正确的。

写错"尴尬"

◎魏永超

热播电视剧《鹤唳华亭》第5集,作为主考的卢世瑜因考题泄露遭软禁,与中书令李柏舟共处一室。李柏舟嘲讽卢世瑜失职之罪,用笔先写下"监""介"二字,解释说:"这监有监督之意,而介是防备之意。"随后加偏旁,并说道:"加上这个,便是过错之意。"屏幕同步显示书写过程。根据剧情,此处李柏舟所写的应该是"尴尬"二字,然而,李柏舟把"尴尬"的偏旁"尢"误写成了"九"。

"尴尬"二字均为形声字,形旁"尢"表意。段玉裁《说文解字注》:"尢本曲胫之称,引申之为曲脊之称。""尢"本义是人的一条腿弯曲。《说文·尢部》有:"尲,尲尬,行不正也。""尲尬"即"尴尬"。"尴尬"的本义即行为、态度不端正。《水浒传》第十回:"却才有个东京来的尴尬人,在我这里请管营、差拨吃了半日酒。"后来"尴尬"在方言中又引申指事情不顺,段玉裁注:"今苏州俗语谓事乖剌者曰尴尬。"现在一般用"尴尬"表示处境困难、神色不自然。

另外,剧中李柏舟对"介""尴尬"的解释都稍显勉强。查辞书未见"介"有"防备"的义项。介有间隔、处二者之间、凭借等意义。如《汉书·翼奉传》:"前乡崧高,后介大河。"其中的

自谦用"忝"不用"腆"

◎周玉芳

爱奇艺平台播放的《奇葩说》是个具有辩论元素的节目,在该节目第6季第8期中,辩论的正方导师罗振宇为选手补充观点,一上来就说道:"虽然 tiǎn 为导师,但实际上我在我们的讨论群里主要是给他们负责发红包……"同步字幕将"tiǎn 为导师"写作"腆为导师",错了,正确的应是"忝为导师"。

"忝"是个形声字,从心天声,读作 tiǎn,义为辱没、有愧于。常用作谦辞,如忝列门墙、忝属知己等。在上述节目的语境中,罗振宇称自己"忝为导师",又说在团队中主要"负责发红包",显然是要表达自己没有尽到教导的职责,有愧于担当导师,这是典型的自谦。

腆,也读 tiǎn,本义指菜饭丰盛,也有丰厚、美好、凸起等义。"腆"还可表示厚着脸皮,现一般写作"觍",用来指责他人厚颜无耻的行止。

"介"便是间隔的意思。李柏舟所说的"防备"之意,或许是从"介"的"间隔"意引申而来的。

而将"尴尬"说成"过错之意",则也许是从"尴尬"的本义"行不正"引申出的。

不是"外子"是"半子"

◎杨昌俊

电视剧《河山》第17集中,汉奸曹鉴卿奉命劝说东北军师长、女婿姜怀柱归顺日军不成,向杵村久藏复命时说道:"这次,虽然未能说服外子弃暗投明,不过,我倒是帮杵村兄干成了一件大事。"曹鉴卿话中的"外子"指的显然便是女婿姜怀柱,这无疑用错了"外子"一词。

虽然未能说服外子弃暗投明

旧时夫妻相称曰外、内。妻子称呼丈夫为"外子",丈夫则称妻子为"内子"或"内人"。许地山《无忧花》:"你若肯提拔,就请派外子一点小差事,那就感激不尽了。"除了妻子称呼丈夫外,"外子"也用来称呼外妇所生的儿子,即在别处另娶的妾或私通之妇所生之子。这两个义项均不符合剧中的情况,也未见有以"外子"称呼女婿的例子。

正确的说法应该是"半子"。"半子"可指女婿,《旧唐书·回纥传》:"时回纥可汗喜于和亲,其礼甚恭,上言:'昔为兄弟,今为子婿,半子也。'"俗话说:"一个女婿半个儿。"把女婿这个"半子"误称为"外子",错得离谱。

"家无常礼"非"家无常理"

◎梁德祥

央视戏曲频道《空中剧院》栏目2019年12月26日播出了京剧《珠帘寨》。这出戏写的是刘银屏激李克用出战的故事。李克用是唐末五代初军阀,刘银屏是李克用的夫人。戏里,李克用说:"这是帅位,那是客位,孤王坐哪里呀?"刘银屏说:"你呀,那边戳着吧!"李克用说:"那边就那边,家无常礼,家无常礼呀。"同步字幕却将"家无常礼"误作了"家无常理"。

"礼"即礼仪,"常礼"指通常的礼制。家无常礼,就是指家人之间平居不必拘礼。在《珠帘寨》中,李克用本来想摆"孤王"的架子坐正位,刘银屏却让他一边戳着,杀他的威风。因他怕老婆,只好自我解嘲,连连说"家无常礼",意思是家人之间不拘礼,我不和你计较了。

常理,指通常的道理。"家无常理",即说居家过日子,不用通常的道理,这显然不合事理,也与此处要表达的意思不同。

"形同末路"？"形同陌路"！

◎厉国轩

央视中文国际频道2019年12月3日播放的《海峡两岸》节目中，受邀嘉宾在评论时谈到台湾政治人物宋楚瑜，形容他"已经跟国民党完全形同 mò 路"。荧屏上的同步字幕显示为"形同末路"，错了，应该是"形同陌路"。

陌，读 mò，本义是田间东西方向的小路，后泛指道路，如巷陌。也指生疏、不熟悉，如陌生。陌路，指陌生、不相识的人。"形同陌路"的意思就是表现得像陌生人一般。黄宗英《大雁情·她》："人们啊，往往如此，有时在一起工作几十年，却依然形同陌路；有时，才碰头，就好像几辈子之前就相知了。"宋楚瑜曾是国民党人，但在十几年前退党，所以说他和国民党之间"形同陌路"。

末，有尖端、最后的意思。末路，指最后一段路，也比喻失意潦倒或没有前途的境地。"形同末路"字面上看意思是好像陷入没有指望的境地，代入上述节目的语境解释不通。

白发渔樵不在"江楮上"

◎王树凡

2020年1月18日,中央电视台综艺频道播放了《我们的中国梦——2020年文化进万家》慰问演出。节目中,著名男中音歌唱家杨洪基先生演唱了电视剧版《三国演义》主题曲《滚滚长江东逝水》。在唱到"白发渔樵江渚上"一句时,杨洪基唱得很清楚,是"白发渔樵江zhǔ上",而字幕显示的却是"白发渔樵江楮上",这就错了。

这首歌的歌词,原是明代文学家杨慎所作的长篇弹唱叙史之作《廿一史弹词》中第三段《说秦汉》的开场词:《临江仙·滚滚长江东逝水》。全词是:"滚滚长江东逝水,浪花淘尽英雄。是非成败转头空。青山依旧在,几度夕阳红。　白发渔樵江渚上,惯看秋月春风。一壶浊酒喜相逢。古今多少事,都付笑谈中。"词中"白发渔樵江渚上"的渚,读作zhǔ,原指水中的小块陆地。如:洲渚、渚田、鼋头渚等。此处指江岸边。这首词下阕的意思是说,相逢在江岸边的白发渔人和樵夫,早已习惯于意趣盎然的秋月春风环境之中,朋友相会,开怀畅饮,那些古往今来的纷纷扰扰,都成了饮酒、品茶中的闲谈资料而已。

楮,读chǔ。通称构树。落叶乔木,叶似桑,树皮是制造桑皮纸和宣纸的原料。古时亦作纸的代称。如:楮墨、楮币、楮钱(旧俗祭祀时焚烧的纸)。楮皮和叶、实均可入药。"白发渔樵"是不可能在"江楮上"相逢、饮酒、谈心的。

"处处闻啼鸟"："处处"不是"到处"

◎陈璧耀

阅读或赏析古诗文，多有以今释古者，尤其是常用词，其间之误释或误译似更普遍。譬如三岁小儿都会背诵的孟浩然《春晓》诗"处处闻啼鸟"，这"处处"一词该如何理解？先引两本为小学生编写的古诗文今译：

只听得窗外到处是小鸟的鸣叫声（《小学古诗文辞典》，汉语大词典出版社1998年）

晨光里到处是鸟儿啼叫（《小学生必背古诗词75首》，中华书局2012年）

"处处"《现汉》释义为"各个地方"，就是"到处"的意思，但在这首诗里译为"到处"似不太妥帖了。

"到处"是一种眼之所见的视觉实景，指的是这里那里放眼望去全都是某种景象。而诗人此时应该是刚被鸟声闹醒，人还在床上。窗外鸟啼声，在诗人，只是耳之所"闻"，非眼之所"见"，所以并不知鸟声是否这里那里到处都有，还是只集中在某处时断时续地啼。就像昨夜"风雨"所引发的"花落知多少"，也是只闻其"声"而不知花究竟落了多少。这些都只是听觉上的一种感受，或一种猜想，并非实景。所以诗里的"处处"应该不是"到处"，而是"不断地""不时地"，也就是"时时"的意思。译为"到处"似欠妥帖，也可视为一种误译。

诗人何以不用"时时"而用"处处"来表听觉的感受，或如张相先生所说应是"律诗须谐平仄"的缘故。张先生说诗人写诗常为"声韵所限，下字易寡,斯字义宽假之处,当亦愈多"(《诗词曲语辞汇释·前言》)。"春眠"是平声,"处处"以仄声对,换成平声的"时时"就不合律了。以"处处"表"时时"义应该就是张相先生所说的"字义宽假之处"。

"处处"之有"时时"义,是因为"处"有"时"义的缘故。《汉语大字典》"处(chù)"的第二个义项就是"时刻;时间",引例如宋柳永《雨霖铃》:"都门帐饮无绪,留恋处,兰舟催发。""留恋处"即"留恋时";如宋岳飞《满江红》:"怒发冲冠,凭栏处,潇潇雨歇。""凭栏处"就是"凭栏时";再如《西游记》第六回:"他变庙宇,正打处,就走了。""正打处"也就是"正打时"。此外,其他古典小说或古文用"处"表时间的也时有所见,如"正没理会处"(《水浒传》第二回)、"每至春风动处,秋月明时"(唐牛僧孺《玄怪录·许元长》)、"闲处便坐"(宋苏辙《龙川别志》卷下),"处"都作"时"解,表时间。

这是常用词古今义不同比较典型的一个例子。《诗词曲语辞辞典》(中华书局2014年版)"处chù"第一个义项就特别做了强调:"表示时间,作用与时间名词略同,有'……时''……际'的意思,并不是指处所。"引例更多。如敦煌词《天仙子》:"满楼明月夜,三更无人语,便是思君肠断处。"又如宋杨万里《儿啼索饭》:"朝朝听得儿啼处,正是黄粱欲熟时。""处""时"互文,"儿啼处"就是"儿啼时"。

我大致统计了一下《唐诗三百首》,其中含"处"字的33句,含"处处"的4句,其义大多与今义同,如韦应物《寄全椒山中道士》"落叶满空山,何处寻行踪",王昌龄《塞上曲》"出塞入塞寒,处处黄芦草"。但也有不同的。以金性尧先生《唐诗三百首新注》为例,发现几处应作时间词理解而《新注》未注。如韦应物《初发扬子寄元大校书》"今朝此为别,何处还相遇"(第36页),"何处"与"今朝"

对,其义当为"何时",强调的是时间;又如王湾《次北固山下》"乡书何处达,归雁洛阳边"(第166页),"何处"也是"何时",《新注》也未注;再如王维《九月九日忆山东兄弟》"遥知兄弟登高处,遍插茱萸少一人"(第327页),"登高处"强调的也是时间而非处所,即九月九日这一天兄弟们登高插茱萸时,会想起还有一个我未能和他们在一起,《新注》也没注。徐放译为"在这遥远的地方|料想兄弟们在那些登高之处"(《新诗翻译〈唐诗三百首〉》,辽海出版社1998年),也译为处所了。

再回到孟浩然"处处闻啼鸟"句,发现名家对"处处"一词也都未作今译或加注。如:

鸟雀声处处喧闹(《唐诗今译集》,余冠英译,人民文学出版社1987年)

处处都有鸟儿们在啼唱(金性尧《唐诗三百首新注》,上海古籍出版社1980年)

此诗从听觉角度着笔,用处处啼鸟声写春晓(沈蘅仲《知困录——中学古诗词备课札记》,上海教育出版社1996年)

不译或不注,应该是认为不需要译或注,以为就是"到处"。与此类似,《唐诗三百首》所收白居易《长恨歌》,其中"骊宫高处入青云,仙乐风飘处处闻"的"处处",《新注》(第101页)也未加注,韦君宜译为"宫中仙乐飘,人间到处都能听到"(《唐诗今译集》),徐放译为"到处都能得闻",也都作今义"到处"解,似也不妥。请注意句中"风飘"二字。根据我们的生活经验,"骊宫高处"的"仙乐"既然是随风飘来的,那么只有在顺风时才能听到,还可能时断时续,背风处是听不到的,所以这里也应该就是"时时"的意思。

综上所述,"处"和"处处"的古今义有同有异。"同"在都用来表示地方或方位,"异"在古义还可表时间,今义不能。所以,阅读或注译古诗文,对此类"异"处,应特别重视,不可以今义误释误译,或该译不译,或该注失注。

何谓"阑尾"

◎ 张晓旭

阑尾,指位于盲肠末端的蚯蚓状突起物,也称为"蚓突"。那为何以"阑尾"来指称该人体部位呢?"尾"表末端,很好理解,可"阑"作何解?

阑,金文作 ![]。《说文解字》记:"阑,门遮也。从门,柬声。"即为门口的栅栏(表栅栏之义,由后起形声字"欄"字承载,现简化为"栏")。如:

屋前有隙地,客舍不可无。花阑及菜圃,次第当耘锄。(金·元好问《学东坡移居八首》)

因设置栅栏有拦阻之义,继而"阑"字引申出遮拦、阻拦之义(表阻拦之义,由后起形声字"攔"字承载,现简化为"拦")。如:

梯云阑干峻,廊廊清眺展。(金·元好问《题张左丞家范宽秋山横幅》)

由栅栏之阻拦,使得不能再行进,进而又引申出尽头、末端之义(此义则由"阑"字承载)。如:

当暑度之未至,信辉赫之徒增。泊夫良夜欲阑,繁星渐没。(唐·柳喜《日浴咸池赋》)

每至冬谢春归。暑阑秋至。云壑改色。烟郊变容。(唐·卢照邻《释疾文》)

以上二例中"阑"皆为末端、尽头之义。"阑"字词义演变及相关汉字孳乳关系如下图所示。

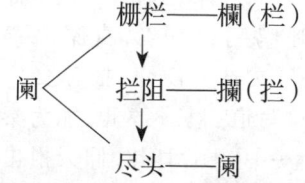

由此可知,"阑尾"是以该物的自身特点,即处于末端为理据命名,以表末端之义的"阑""尾"这两个同义字并举来指称盲肠的末端。

有此一说

歌呼呜呜,真秦之声也

◎陈运舟

读过《史记·廉颇蔺相如列传》的人,无不为蔺相如威武不能屈的精神所感动。当秦王命赵王鼓瑟,以达到羞辱赵国的目的时,蔺相如针锋相对地要求秦王:"赵王窃闻秦王善为秦声,请奉盆缶秦王,以相娱乐。"秦声即秦地的音乐,它到底是怎么样的音乐?

李斯《谏逐客书》说:"而歌呼呜呜快耳者,真秦之声也。"《文选·杨恽〈报孙会宗书〉》写道:"家本秦也,能为秦声。……酒后耳热,仰天拊缶而呼呜呜。""呜呜"是何声?呜字,从口乌声。近代学者刘师培:"乌鸦二字之音,近于乌鸦之声。"秦声就是一边敲着缶盆、拍着大腿,一边嘴里发出类似乌鸦叫声的"啊啊"的声音。这种音乐今人看来未免单调,然而它却古朴。闻一多对古代音乐曾有过论述,他认为最早的歌就是人们因情感的激荡而口中发出"啊啊"的声音。他说:"这样介乎音乐与语言之间的一声'啊',便是歌的起源。不错,'歌'就是'啊'。"(《歌与诗》)"啊"是歌曲借以抒情的重要元素,古今概莫能外。

最初的诗歌是可以吟唱的。《史记·孔子世家》:"古者诗三千余篇,及至孔子,去其重……三百五篇孔子皆弦歌之,以求合韶武雅颂之音。"《诗经》分为风、雅、颂三大类,其中雅是周王朝统治中心地区的歌曲。《左传·昭公二十年》:"天子之乐曰雅。"《大雅》《小雅》之名从何而来?章太炎认为：" 《说文》：'雅，楚乌也。'雅乌古同声……大小雅者，亦即秦声乌乌。"他认为雅乐即乌乐。《大雅》《小雅》中不乏"乌乌"秦声。如《诗经·小雅·白华》："白华菅兮，白茅束兮。之子之远，俾我独兮。"——那开白花的菅草啊，用白茅草来捆绑它，这个人远离了我，让我多么孤独啊。其中的"兮"按郭沫若《奴隶制时代》之说，古时便是读如"啊"的。（《奴隶制时代》："一个常见的兮字，便是一把钥匙，这个字今音虽读如牺，古音是读如'啊'的。"）

周、秦之地喜用类似乌鸦的叫声"啊"来抒情，这或许是因为先秦时期人们对乌鸦的观念与今人迥异。他们认为乌鸦是反哺父母的孝鸟，是能预测凶吉祸福的吉鸟，甚至是驭日运行的神鸟。周王朝对乌鸦有着特别的喜爱，汉代董仲舒《春秋繁露》里说："周将兴之时，有大赤乌衔谷之种而集王屋之上者。武王喜，诸大夫皆喜。"

西周（前1046—前771），统治时间长达二百余年，周地为政治文化中心，"雅乐"即相对于地方乐曲的"正乐"。（《诗经·关雎序》："雅者，正也。"）周京丰镐（今西安西北）又为王都之地，五方之音必以此为正。学者钱穆《论语新解》："西周人语称雅，故雅言又称正言，犹今国语或标准语。"周地音乐谓之"雅乐"，周地语言谓之"雅言"，于是"雅"便成了正确、美好、高尚的同义词。现代汉语中文雅、高雅、风雅、温文尔雅等都是如此。

《啥是"踩耳"》解疑

原来，是店招上把"采"误成了"踩"。"采"有摘取的意思；"采耳"是一个民间行业用语，即通过一些专用的工具，把人耳朵里影响听力的耵聍取出来。通俗地说，就是"掏耳朵"。耳朵是个娇嫩的器官，怎经得起"踩"？

"车船店脚衙"?

◎郝永庆

中国致公出版社2012年2月出版的《重说中国近代史》中这样写道:"中国古代有句话,叫'车船店脚衙,无罪也该杀'……"(第230页)这里的"车船店脚衙"错了,"衙"应该是"牙"。

牙,即牙人,旧时为买卖双方撮合从中取得佣金的人。为何将买卖双方的中间人称作"牙"?古代学者认为"牙"来源于"互"。北宋刘攽《中山诗话》:"古称驵侩,今为牙也。刘道原云:'本称互郎,主互市,唐人书互为牙,因讹为牙。'"近来也有研究认为"牙"字来源于牲畜交易,因牲畜交易时要察看动物的牙齿,故称之为"牙",后便用"牙"指买卖双方的中间人。

"车船店脚牙"指的分别是车夫、船夫、店家、脚夫、牙人。古代常将这五种职业并举,如《三侠五义》第六十四回:"俗语说的,'车船店脚牙',极是难缠的……"《儿女英雄传》第三回也有:"世上最难缠的无过'车船店脚牙'。"古代重农抑商,对"车船店脚牙"这些职业普遍带有歧视和偏见。这些行业以他人为谋利对象,从事这些职业的人,也不乏投机取巧、坑人行骗之辈。于是慢慢有了"车船店脚牙,无罪也该杀"或类似的说法。如《樊山政书》:"语曰:车船店脚牙,无罪便当杀。"

衙,是旧时官署之称。"衙"显然不能与"车船店脚"并举,对"衙"也不会有"无罪也该杀"的说法。误"牙"为"衙",是完全没有道理的。

何来"杳无黄鹤"

◎屠林明

2019年8月18日的《文汇报》第5版刊载的《一桩百年罕见的"天价伪画案"让他重回公众视野》一文中,有这样一段文字:"钱培琛,1979年于上海画坛初露峥嵘,后出国研习绘画,这一去,杳无黄鹤。谁料,约30年后,平地响惊雷,他因卷入一场世所罕见的'天价伪画案'重回公众视野。"其中的"杳无黄鹤"错了,应是"杳如黄鹤"。

杳,音yǎo,义为远得看不见踪影。南朝任昉《述异记》有云:"(荀瑰)憩江夏鹄鹤楼上,望西南有物,飘然降自云汉,俄顷已至,乃驾鹤之宾也。鹤止户侧,仙者就席,羽衣虹裳,宾主欢对。辞去,跨鹤腾空,眇然烟灭。"受此事的启发,唐代诗人崔颢在诗作《黄鹤楼》中写道:"昔人已乘黄鹤去,此地空余黄鹤楼。黄鹤一去不复返,白云千载空悠悠。……"后来,人们以"杳如黄鹤"比喻毫无踪影。郭沫若《革命春秋·脱离蒋介石以后》:"在三号晚上我带着两个同志,带着驳壳枪到财政厅长周雍能的家里去准备捉他,但他已杳如黄鹤了。"

汉语还有"杳无音信"或"杳无消息",指一直得不到一点消息,却没有"杳无黄鹤"。"杳无黄鹤"似乎是"杳无音信"与"杳如黄鹤"的杂糅,词形似是而非,词义扞格难通。

是"大满贯"不是"大满冠"

◎徐俊培

2019年8月26日《新民晚报》第18版刊有《马龙,马龙》一文,介绍了我国著名乒乓球运动员马龙,其中说:"您是中国第十位大满冠得主,28次公开赛冠军。"句中的"大满冠"写作"大满贯"才是。

"大满贯"源于英语"grand slam"。最初指桥牌比赛中全赢十三墩牌。之后又用来指棒球的"四分本垒打",是本垒打的最高得分。后泛指在某项运动,尤指网球、高尔夫球、业余英式橄榄球,一个赛季(通常是一年)中赢得所有锦标赛或重要比赛。现亦引申为在某一领域中取得全胜。

"grand slam"当年随着桥牌等竞技项目一同传入我国,被翻译成"大满贯"。汉语中本有"满贯"一词,"贯"义为穿钱币的绳子,"满贯"即钱穿满绳子。后比喻达到了极限。多指罪恶。后来,"满贯"意义有所延伸,成为打麻将牌用语,指凑满番数或同花式的牌而摊牌取胜。"满贯"是麻将中番数最大的牌,和了"满贯"牌,相当于取得一场大胜。丁玲《庆云里的一间小房里》:"吃黑呢,只除了人没输去,什么都精光了。背了三个满贯,五个清一色。"麻将和桥牌是类别相近的竞技游戏,"grand slam"和"满贯"都指大胜,两者之间在词义和认知上是有一定的关联的。

而"冠"虽然有第一的意思,但"大满冠"在与"grand slam"的词义联想上,不如"大满贯"。而"大满贯"作为一个已经固定使用的词,还是不要随意改动为好。

敬辞、谦辞的简明用法

◎徐默凡

吴萌萌爱好照相,自费出版了一本摄影集。她给中学语文老师寄了一册,还夹了一张纸条,上面写着:

吴老师敬启:

小书一册,请您拜读以后,奉复宝贵意见!

萌萌

老师收到书的当天就给她打了电话:"萌萌啊!很感谢你给我寄书,不过这条子错误太多了,怪我当年语文没教好啊!"萌萌听老师一一分析以后,羞得涨红了脸。那么,她的错误有哪些呢?这要从敬辞和谦辞的用法说起。

新时代的语言不断发展演变,礼貌用语也不例外,所以在大多数情景下,如果要传达自己的心意,没必要使用文绉绉的古语,能够文从字顺、感情真挚就很好了。但还是有一些特殊情况,比如赠书、留言、请柬等,需要营造一种简洁典雅的氛围,那也不妨适当使用一些程式化的礼貌用语。

礼貌性的古语词主要有两类:第一类用于称呼对象,可以分为称呼对方和称呼己方两种。称呼对方就用敬辞,称呼己方就用谦辞,敬辞往往是褒赞的,谦辞往往是贬抑的。常见的称呼对方的敬辞有"令""贤""贵""高""大"等,如"令尊"尊称对方的父亲,"贤弟"称呼平辈,"贵校"称呼对方的学校,"高足"称呼对方的弟子,"大驾"通过借代对方的车驾来尊称对方。常见的称呼己方的谦辞有"鄙""愚""拙""家""小"等,如"鄙人"称呼自己,"愚见"用于自己的见解,"拙作"用于自己的文章或书稿,"家兄"称呼自己的兄长,"小女"称呼自己的女儿。

第二类用于描述行为,可以分为己方实施的涉及对方的行为和对方实施的涉及己方的行为两种。这两类通常都使用敬辞,但敬辞指向的对象是不同的,前者指向的是自己的行为,后者指向的是对方的行为。

己方实施的涉及对方的行为,可用的敬辞有"恭""敬""拜""奉"等,如"恭迎"表示己方恭敬地迎接对方,"敬候"表示己方恭敬地等候对方,"拜读"表示己方阅读对方的文章,"奉还"表示己方归还对方的东西。

对方实施的涉及己方的行为,可用的敬辞有"赐""垂""惠""雅"等,如"赐教"表示对方教诲己方,"垂问"表示对方询问己方,"惠存"表示对方保存自己的赠品,"雅正"表示对方指教己方的作品。

有一个"敬启"的例子很能说明问题。"敬"是敬辞,用于修饰行为时表示"恭敬"的意思,但是"启"用在不同的地方就有不同的含义。"启"如果用在信件内容中,是表示"陈述"的意思,用于表述自己的行为。过去写信,在开头处常有"敬启者"字样,是对收信人的尊称,意思就是"我恭敬地进行陈述的人",也可以用在信的结尾,写作"某某敬启","某某"是自己的名字,意思就是"我恭敬地(向您)陈述"。但是,如果"启"用在信封上,就不再是"陈述"的意思,而变成"打开、开启"了,这时候"启"这一行为的实施者也从己方变成了对方,如果在信封上写"某某(对方的名字)敬启",就等于是说"你要恭敬地打开我的信",那意思就完全弄反了,这是非常不礼貌的。所以信封上是万万不能请对方来"敬启"的,如果一定要在信封上用"启"这个字眼,那也应该是"惠启""安启""台启"而绝不是"敬启"。

按照这个分析思路,我们可以再解释几个现象。比如居委会发通告说:"在我们的鼎力支持下,小区退休居民的文娱活动日益丰富。"这个说法好不好呢?不太妥当。因为"鼎力"是敬辞,应该用于对方涉及己方的行为,夸赞对方对己方的帮助很大。而居委会如果用"鼎力"来描写己方为居民的服务,就是在夸耀自己的功劳,这是不合适的。再比如随处可见的"温馨提醒"这个说法,按照刚才的原则来看,也是有问题的。这里的"提醒"是己方实施的涉及对方的行为,把己方的行为描述为"温馨",对自己夸耀一下,恐怕也不是什么谦虚有礼的做法。

回到本文开头的案例,吴萌萌的问题就很清楚了:"吴老师敬启"是信封上对"敬启"的误用,用在留言中称呼对方,就更加错误了。可能她是把信封上的"惠启"和信件中的"敬启"两种用法杂糅在一起了。其实直接称呼"吴老师"就可以了,"敬启"根本没必要出现。另外,"拜读"和"奉复"都应该是描写己方实施行为的敬辞,现在都用到对方身上去了,都用反了。所以,如果要显得典雅一点,这个留言条可以写成"小书一册,敬请赐教",其中"赐教"也可以换成"惠存""雅正"或者"垂示"。

《"大鼻子、小眼睛"的秘密》参考答案

1. 远近弛名——远近驰名
2. 诩诩如生——栩栩如生
3. 穿流不息——川流不息
4. 理采——理睬
5. 迷底——谜底
6. 秘决——秘诀
7. 熟炼——熟练
8. 面面相觑——面面相觑
9. 相象——相像
10. 也要——都要

编校差错扫描(二十)

◎王 敏

"举一反三"须"类推"

【错例】发现问题,立即整改,各级负责人须认真履职,举一返三,切实做好疫情防控工作。

【简析】"举一返三"应为"举一反三"。"反",会意字,甲骨文作㕁,金文作㕁,从又("手"的变形)从厂(hǎn,山崖),会用手翻转山石之意,本义指翻转(物体)。《说文解字》:"反,覆也。"如"易如反掌"。引申指颠倒、相反,与"正"相对,如"适得其反"。再引申指对立,如"反对";指抵制,如"反抗";指违背,如"反常"。还指返回,如"寒暑易节,始一反焉"。此义后加旁分化作"返"。"返",形声兼会意字,从辵(chuò)从反,反亦声,本义指回归。《说文解字》:"返,还也。"如"流连忘返"。引申指归还,如"返还"。"举一反三"典出《论语·述而》:"举一隅,不以三隅反,则不复也。"意思是教导学生一个方面,如果他不能推知其他三个方面,就不再教了。"举一反三"指触类旁通,其中"反"指类推,与返回、归还无关,不能写成"举一返三"。

"代庖"与"疱疹"无关

【错例】处理压岁钱家长切忌越俎代疱(标题)

【简析】"越俎代疱"应为"越俎代庖"。"庖"(páo)和"疱"(pào)都是形声字，区别在形符。"庖"从广(yǎn，象形字，象房屋之形)，含义与房屋有关，本义指厨房。《说文解字》："庖，厨也。"如"庖有肥肉"。引申指厨师，如"良庖"。再引申指烹调，如"善庖者"即善于烹调的人。"疱"从疒，本字作"皰"，另有异体字"皰"，本义指一种皮肤病——脸上的疮。《说文解字》："皰，面生气也。"徐锴《说文系传》释为"面疮也"。引申泛指皮肤上水泡状的小疙瘩，如"疱疹"。"越俎代庖"语出《庄子·逍遥游》："庖人虽不治庖，尸祝不越樽俎而代之矣。"意思是即使厨师不下厨，祭祀主持人(尸祝)也不会超越权限，去代理厨师的事务。"樽"是盛酒之器，"俎"是盛肉之器，代指厨师掌管之事。后以"越俎代庖"比喻越权办事或包办代替，也有简称"代庖"或"庖代"的。上例提醒家长别替孩子处理压岁钱，与皮肤病无关，写成"代疱"显然有误。

"肄业"指修习课业

【错例】只有普通高校肄业证书的考生，应提前向拟报考的高校研究生招生办公室咨询。

【简析】"肄业证书"应为"肄业证书"。"肄"(yì)与"肆"，古今字形均有讹变，情况比较复杂。"肄"的小篆字形为𦘒，写成楷体是䏑。《说文解字》："䏑，习也，从聿(niè，指手捷巧)𢁫(yì，指长毛兽)声。"这个形声字，本义是学习、练习。在字形演变中，"聿"讹为𦘒，"𢁫"讹为矣，现在"肄"是通行正字，但其字义不变。如"肄习"即练习，"肄练"即操练，"肄武"即练习武事。"肆"的小篆字形为𣬛，写成楷体是䏑。《说文解字》："䏑，极陈也。从长隶声。""䏑"也是形声字，但其声符"隶"后讹为"聿"，现以"肆"

为通行正字。"肆"本义"极陈也",《说文解字注》释为"穷极而列之也",意思就是尽力陈列,引申泛指陈列,如"肆筵设席",又引申指陈设物品的店铺,如"茶肆""酒肆",再引申指纵恣、放纵,如"放肆""肆虐",还引申指勤奋、尽力,如"肆业"即勤于所业。在古汉语中,"肄"和"肆"曾相互通假。但现代汉语中,此二字写法已规范,用法也分开。"肄业"指修习课业,在现代学校教育中,"肄业证书"是在校学习的证明,"结业证书"是在校学完了所有课程的证明,"毕业证书"则是学完所有课程且达到学习要求的证明。"肆业"一词如今罕用,它并非学校教育的概念,事实上也不存在能够证明学习经历的"肆业证书"。

莫将"大名"配"顶顶"

【错例】这家大名顶顶的网红店,号称不排队吃不到。

【简析】"大名顶顶"应为"大名鼎鼎"。"鼎"甲骨文作䇷,象形字,象鼎之形。"鼎"盛行于商周,本为烹煮食物的器具,亦为祭祀用的礼器。相传夏禹铸九鼎,为传国重器,后遂以"鼎"指代政权和帝位,如"问鼎"。又引申指显赫、大,如"鼎力相助"。"顶"是形声字,从页(含义与人头有关)丁声,本义指头顶。《说文解字》"顶"与"颠"互训:"顶,颠也","颠,顶也"。"顶""颠"本字均为"天",金文作𠂂,象形字,人头的圆点象征头顶,此为其本义。"顶"引申泛指物体最上部,如"顶点"。又引申指用头支撑,如"顶天立地",又泛指用物体撑抵,如"顶梁柱"。还用作副词,指程度最高,如"顶好",用法类似"最"。"鼎鼎"指盛大,形容词,"大名鼎鼎"指声名显赫。副词"顶"叠用为"顶顶",与"最最"类似,无法与名词"大名"搭配,"大名顶顶"即"大名最最",显然不通。

鸡皮疙瘩和情感转喻

◎莫 凡

"一听到这旋律就想哭,感动得浑身起鸡皮疙瘩。"

"中国概念车!太先进了!自豪得起了一身鸡皮疙瘩!"

近来,网络上这些用法频频出现,但让人有点摸不着头脑,"起鸡皮疙瘩"不是指"恶心""恐惧"吗?怎么能用来形容"感动""自豪"?这样的用法对不对呢?

"鸡皮疙瘩"是因寒冷或者情绪激动而在皮肤上产生的小疙瘩,这时候皮肤的样子和去掉毛的鸡皮相似,因此就被叫作"鸡皮疙瘩"。人为什么会有"鸡皮疙瘩"呢?原来在皮肤毛囊后面有一种平滑肌,叫作"立毛肌"。当人体受冷或者情绪变化时,交感神经兴奋,促使立毛肌收缩,就会产生鸡皮疙瘩,同时也会牵动毛囊使毛发都直竖起来。在动物身上我们也能够看到这种生理反应,这是有原因的:寒冷时,肌肉收缩会释放热量,毛发竖立也能隔热;恐惧时,全身毛发竖立会使体型明显增大,从而恐吓敌人。

起"鸡皮疙瘩"是一个生理现象,但是在日常语言里经常被我们用来表示情绪状态,比如"这些情话让她起了一身鸡皮疙瘩",这里的"起鸡皮疙瘩"就代表了"肉麻"的情绪。生理现象为什么能代表心理情绪?原来这是语言中常见的"转喻"用法。所谓"转喻",表现形式类似于传统修辞格里的"借代",但现代认知语言学认为这是一种人类普遍的思维方式,即用认知上显豁的对象去代替具有相关性的隐蔽对象,从而帮助我们认识世界。比如我们用"笔杆子"代替写作能力出众的人就是一个转喻,"笔杆子"是写作者使用的工具,工具和使用者之间具有相关性,而且"笔杆子"是可见的,比隐藏的"写作能力"更容易被我们感知到。

在语言表达中,我们面临一个困境,情绪、情感都是一种内在的体验,是很难观察也很难表达的,这时候就往往会使用转喻的方法,通过描写可以感受可以观察的生理现象来反映内在情绪状态,比如用"心惊肉跳"表示"恐惧",用"眉飞色舞"表示"得意"。内在的心理情绪是因,外在的生理表现是果,两者具有因果相关性,而且用外在的生理表现描写内在的心理情绪,这就是"情感转喻"。

很多生理现象背后的心理原因是多样的,因此情感转喻往往具有多义性,比如"心跳加快"既可以表示"紧张",也可以表示"激动",还可以表示"兴奋"。

"起鸡皮疙瘩"显然也是一个多义性的转喻,"鸡皮疙瘩"既可以表示"寒冷"这样的感受,也可以表示"恶心""肉麻""害怕""惊恐"等情感,如果说前者是"感受转喻",那么后者就是不折不扣的"情感转喻"了。

不过,虽然汉语中"起鸡皮疙瘩"能表达各种情感,但这些情感无一例外都是负面的,因为能引发"鸡皮疙瘩"的主要是发冷和恐惧,这些体验是令人不快的。与此类似,立毛肌收缩而带来的情感转喻还有用"汗毛倒竖"表示受到惊吓,用"毛骨悚然"形容很害怕的样子,用"怒发冲冠"表示极端愤怒,无一例外都是负面情感。

因此,当我们看到本文开头的用法,就会觉得不太适应,"自豪""兴奋""感动"这些正面的情感也能用"起鸡皮疙瘩"来转喻吗?我们觉得这个问题要从理论和实践两个方面来展开讨论。

理论上是可以的,因为导致起鸡皮疙瘩的生理原因其实并不仅限于寒冷和恐惧,在激动、兴奋等剧烈的情感变化时同样会产生鸡皮疙瘩,我们对此应该都有切身体会,而这正是"起鸡皮疙瘩"褒义用法的生理基础。类似正面、负面情感并存的情感隐喻并不少见,比如"血压升高"既可以表示负面的情感"愤怒恼恨",也可以表示正面的情感"高兴兴奋",具体指什么要看上下文语境。

不过,在实践上则不太可行。"起鸡皮疙瘩"在长期的使用中已经和"恶心""恐惧"等负面情绪挂上了钩,带上了比较明显的贬义色彩,并且也被一些工具书确认了。这和"血压升高"是不太一样的,"血压升高"主要还是用于描述生理变化,转喻的情感到底是什么要靠语境判断,而"起鸡皮疙瘩"即使离开语境,也往往被认为是表达"恶心""恐惧"等负面情感。因为语言符号约定俗成的力量,"起鸡皮疙瘩"已经不能自由用于正面情感的表达。所以,为了表意明确,建议正规媒体还是不要超常规地使用,否则会带来大众的理解困难,也会搞乱语言的规范。如果一定要用,可以看作是一种"贬词褒用"的修辞用法,必须加上引号,表示这是一种特殊含义。

微语录·职场

做事有两种方式:一是事情找你。每天等着别人安排事情给自己,你会发现事情很多,应接不暇,一天下来,可能还有许多事情没有完成,身心十分疲惫。二是你找事情。每天安排好自己要做的事情,根据实际情况一个一个完成,一天下来,看到已经完成的工作,会有成就感,觉得很享受。

(刘　芳/辑)

关于"上头"那些事儿

◎沈可轶

"一晚上能刷八集！这部韩剧实在上头！"

"凭本事荣登年度美食榜第一！这家川味火锅店真是太上头了！"

"几百岁的故宫还是这么上头，竟引一亿'90后'上线敲门。"

看看近期朋友圈、微博及娱乐资讯，"上头"这个词开始频频出现，成为现代社会人们表达某种日常情感的词语之一。通过这些网络新闻标题来看，让人"上头"的对象似乎带有一种让人神魂颠倒、欲罢不能的魔力。

"上头"这一网络用词来源于竞技游戏"魔兽争霸"，原指游戏玩家在游戏中击杀一定数量敌人后本可以见好就收，却因追求胜利快感继续战斗，最后反而被"杀"。2019年7月，热播电视剧《亲爱的，热爱的》主演李现拿着写有"太上头了"四字的折扇，在微博上公开发表照片，"太上头了"一时之间成为了当时的热门用语，此时"上头"的意思已经用来表达某一事物所引发的过分冲动、激动、兴奋乃至难以自控的情绪。该电视剧热播之后，甚至还产生了一定数量的女性粉丝，因为被剧中的美好桥段感动，兴奋到无法停止，被戏称为"上头姐妹"。

其实从语源学考证，"上头"这个词并非近年才出现的新词，而是早已有之。《现代汉语词典》（第7版）中就收录了"上头"（这里的"头"声调为阳平,不是轻声):"指喝酒后引起头昏、头疼。"这一传统义项至今仍然活跃在我们的语言世界中,如"好酒不上头"。从该义项可以看出,"上头"所指的头昏、头疼实质上是一种负面的生理状态,而热衷于某游戏、明星、影视作品所产生的"上头"感受则往往用于表达粉丝们兴奋、愉悦的心情,这里不仅有生理反应向心理情绪的变化,而且发生了一个贬词褒用的过程。那么这种头昏头疼的生理状态与激动兴奋的心理状态为何会被联系到一起呢?

语义变化的中介物就是"酒","酒"这样东西对丰富人类语言内涵做出的贡献着实不小,类似的语言现象早已有之。2014 年,一句"我也是醉了"红遍大江南北,网传该金句可以追溯到金庸先生笔下的令狐冲身上:"我一看到别人的谄媚样,就浑身难受,摇摇晃晃几欲醉倒。""醉了"与"见人谄媚"都让人难受,于是就在生理和心理状态上建立了关联。同理,"上头"本是由醉酒引起的,但是其他刺激物也可以像酒一样让人过度兴奋,于是"上头"就变成受到刺激后大脑"难以自控"的状态,具有了更宽泛的意义,同时也不再表示负面状态。这种义项扩大本质上也反映了一种隐喻认知,在这种认知方式下,刺激点能够从酒精扩大到一切让人产生兴奋情绪而不愿停止的人和物上,如"今年秋季新款穿搭已上线,第一眼就上头!"此时引发上头的已经不是"酒",而是"新衣服",导致的也不是"头昏头疼",而是"爱到神魂颠倒"。

此外,"上头"在句子中的完整表达应该是"这首歌真让我上头",在运用时,该句往往会省略为"这歌太上头了吧!"这种更加自由、灵活、新颖的语句搭配方式同样为"上头"增添了活力。

从饮酒"上头"到追剧"上头"、听歌"上头"、读书"上头",体现的是人们不断丰富的精神文化追求。

东语西渐

"逆行者"如何切换成英语

◎陆建非

在这场对抗新冠肺炎的人民战争中,数以万计的普通中国人不惧风险,驰援湖北。这些在危难之中闪闪发光的普通人,公众和媒体称其为"逆行者"。

何为"逆行者"?我们常把不走寻常路的人叫逆行人。"逆行者",应是一个群体由于职责和信念所系,在发生危险时不顾个人安危,反而迎着危险向人流相反的方向行进去拯救他人生命和财产的人。英语的对应词可选择 counter 和 march。

根据《韦氏词典》,counter 作为形容词的意义是"方向或效果相反的";march 作为动词的意义是"步调一致地行进"。这两个词可搭配为词组 counter march,也可作为合成词 countermarch,即"逆行"。

那么,如何切换"逆行者"的"者"呢?由于 march 加后缀 er 不能表示行者的意义,故需另加一个表示"者"的词,person 或 people 比较适合。"逆行者"可译成 countermarch person(单数)或 countermarch people(复数),或 countermarching person/people。"最帅逆行者"可译为 the smartest countermarching people,"最美逆行者"译成 the most beautiful countermarching people。

与此同时,笔者也留意到一些英语媒体有关"逆行者"的译例。

例如 Shanghai Daily(《上海日报》)有一译例为:Many Shanghai medical workers are already in or on their way to support Wuhan, a city now severely stricken by the novel coronavirus outbreak. They are called "the most beautiful people who are going in the reverse direction than most others" by the public.(许多上海医护工作者已经在支援武汉的路上,现在该

城是新冠病毒暴发的重灾区。公众称他们为"最美丽的逆行者"。)这里"最美逆行者"被译为"the most beautiful people who are going in the reverse direction than most others",即"逆向奔跑的最美丽的人"。

China Daily(《中国日报》)的译例是：The Bravest is a movie that salutes the heroes who rushed headfirst into the disaster, unlike civilians who ran the other way. If you want to know more about firefighters' jobs and lives, it's the film for you this summer.(如果你想更多地了解消防队员的工作和生活,这部向最美的"逆行者"致敬的影片,这个暑假不应在大屏幕上错过。)这里则把"逆行者"译为"heroes who rushed headfirst into the disaster, unlike civilians who ran the other way",意思是"不同于平民跑的方向,一头冲往灾害的英雄"。

以上两例都用了一两句话来解释,而不是严格对应切换中文的"逆行者"。这种"意译"往往更能"达意"。事实上,这里再可举几例：1. the person who goes against the flow(逆潮流行走的人); 2. the person walking in face of adversity(迎着逆境行走的人); 3. upstream runner(逆流奔跑者); 等等。

中国外交部部长王毅在第56届慕尼黑安全会议上的演讲中也提到了"逆行者"。他说："一百多支医疗队、两万多名医护人员从全国各地向湖北重灾区集结,被誉为当代'最美逆行者'。"新华社的译文是：Hailed as heroes in harm's way, over 20,000 healthcare workers in 100 plus medical teams converged in Hubei, the hardest hit province, from across the nation to support epidemic control. 其中的"最美逆行者"被意译为"Hailed as heroes in harm's way",即"被誉为身处险境的英雄"。

翻译从来没有统一的标准版本,任何翻译均为跨语言跨文化切换的再创作。"逆行者"的译法确实是当下一个热门话题。

"大鼻子、小眼睛"的秘密

（文中有十处差错，你能找出来吗？答案在本期找）

◎梁北夕 设计

古希腊有一位擅长雕刻的匠人。他声名远播，远近弛名。凡是他雕刻出的人物，莫不诩诩如生，神态逼真，有时甚至比模特本身更加灵动。前来请教或拜师学艺的人，穿流不息，络绎不绝，可是这位名匠都不予理采，一位也不教。

许多年过去了，匠人垂垂老矣。临终之时，他终于向人们揭开了迷底："其实，我根本没有什么秘决，只不过是熟炼运用了一种技巧——修改、反复地修改罢了。要想做到这一点，必须保证两个前提，一是要把鼻子雕得大一些，二是要把眼睛雕得小一些。"

听匠人这么说，人们面面相觑，均大惑不解。有人忍不住问："倘若大鼻子、小眼睛，整个雕像不就比例失调了吗？怎么能保证与真人相象的效果呢？"

匠人笑着回答："只有这样才能保证比例恰到好处。你想想看，鼻子大了，我们可以向小的方向修改；眼睛小了，我们可以再加大。如果情况相反的话，我们就无能为力了。"众人一听，顿时心有所悟。

事实上，无论做任何事，也要保留一些余地。

看图说话

岂能"舞文弄法"

李 澜

一日,我经过某法院,看见一宣传海报上竟然出现了"舞文弄法"一词,"舞文弄法"可以这样用吗?

"舞文弄法"是一个成语。"舞"和"弄"皆有玩弄之意;"文"指法令条文,"法"即法律。"舞文弄法"表示曲解法律,玩弄文字,以达到徇私舞弊的目

的。《史记·货殖列传》中即有"吏士舞文弄法,刻章伪书"之句,这是对"舞文弄法"者的批评。《北齐书·孝昭帝纪》也说"执法所在,绳违按罪,不得舞文弄法",这是对执法者的告诫。

居然宣扬"舞文弄法",真是岂有此理!

火眼金睛

图中差错知多少？

龙启群 余 华 孙凯歌 曲 云 提供

（答案在本期找）

1. 迎接胜利署光的到来

2. 相互帮助赞积分，次年一起减租金

3. 加油 万众一心 共坑病毒 全中国

4. 对此是诲莫如深哪

邮政 扫码订刊 轻松快捷

淘宝 扫码购书 优惠立享

微信公众号 扫码关注 精彩无限

ISSN 1009-2390
04>
9 771009 239203

咬文嚼字

YAOWEN-JIAOZI

梨

蔷薇科，落叶乔木。梨的得名和它的药性有关，《本草纲目》引震亨语："梨者，利也。其性下行流利也。"古人发现梨可以通便秘、利消化，故称"梨"。

上海世纪出版集团

2020/05

欢迎至邮局订阅本刊 邮发代号 4-641
国内统一连续出版物号 CN 31-1801/H
定价：6.00元

雾里看花

杨东辉

"鹉汤"是什么汤

这是笔者在武汉街头看到的一家餐馆。"鹉"字前所未见,到底是何物,是一种鸟吗?"鹉汤"是用这种鸟做的汤?猜猜看,答案见本期。

书窗

25年,一年一本
《咬文嚼字》合订本,热销中……

2019年精装:58元
2019年平装:50元

历年合订本等你选购

扫码购书享优惠
咬文嚼字官方淘宝店

咨询电话:021-64370935

把病毒"闷死"

康 泰/文 臧田心/画

早发现、早报告、早隔离、早治疗,是"抗疫"取胜的关键。复旦大学附属华山医院感染科主任张文宏,在谈到"隔离"时表示:"你在家里不是隔离,是在战斗啊!你觉得很闷吗?病毒也要被你'闷死'了,'闷'两个礼拜!"

名家语画

把病毒"闷死" 康 泰/文 臧田心/画 /1

纪念专辑

悼文选登 /4

《咬文嚼字》是追思郝铭鉴先生
　的丰碑 苏培成 /4
提高全民语文能力的先行者 田小琳 /6
我跟郝老总的三次握手 汪惠迪 /9
斯人已逝,业绩长存! 林国安 /12
郝铭鉴的文风 陈必祥 /14
忆好友郝铭鉴 何伟渔 /16
忆郝铭鉴先生 刘志基 /18
怀念郝铭鉴老师 韩秀凤 /20
燃烧生命激情,点亮"咬嚼"之光!
　——记郝铭鉴先生写最后一篇
　　"咬嚼"文章 王 敏 /22
郝铭鉴:我职业生涯的引路人 黄安靖 /25

挽联选登 /28

唁函选登 /29

前线观察

抗击疫情中常用的缩略词 高丕永 /32
正能量满满的"逆行""逆行者" 东 湖 /34

疫情聚焦

"休止符"不表示终止 张遵融 /36
"临床实验"?"临床试验"! 唐慈富 /36
为"综合征"呐喊 大 田 /37
是"共度难关"还是"共渡难关"? 周桃芝 /39
抗疫救援怎可"弛" 梁北夕 /40
"细菌""病毒"的区别,
　你真知道? 林 凌 /41
"双黄连"与"莲"无关 历 环 /42

锁定名人

宋太宗不可能给黄庭坚下令　　陈振林 /43

"濯缨"不是洗帽缨子　　李景祥 /44

一针见血

原油不能"冶炼"　　李华山 /46

误把"楚江"写作"楚天"　　阎德喜 /46

挥的是"麈"不是"尘"　　木子 /47

春节是"日"不是"月"　　廖宁 /48

不是"缮草"是"苫草"　　李奉天 /48

"萋萋焉焉"应为"萋萋蔫蔫"　　盛祖杰 /49

识物寻踪

"桌"原是"卓"的俗字　　陈璧耀 /50

文章病院

何来"碎木绊子"　　沈阳仁 /53

不是郴州是剡县　　晋相 /54

机器人能"忝列门墙"吗　　王雅楠 /55

语言哲思

"人造钻石"是不是钻石　　宗守云 /56

社交新风

朋友圈的五种禁忌语言　　徐默凡 /58

检测窗

编校差错扫描(二十一)　　王敏 /61

向你挑战

"请您先等等"　　伯淮 设计 /64

顾　　问

濮之珍　　何伟渔

陈必祥　　金文明

姚以恩

名誉主编　郝铭鉴

主　　编　黄安靖

副 主 编　王　敏

特约编委

汪惠迪(中国香港)

田小琳(中国香港)

林国安(马来西亚)

吴英成(新加坡)

责任编辑　何中辰

施隽南

朱恺迪

通　　联　戚新蕾

封面设计　王怡君

特约审校

蔡维藩　　陈以鸿

李光羽　　王中原

张献通　　黄殿容

凡本刊录用的作品，其与《咬文嚼字》相关的汇编出版、网上传播、电子和录音录像作品制作等权利即视为由本刊获得。上述各项权利的报酬，已包含在本刊向作者支付的稿酬中。如有特殊要求，请在来稿时说明。

纪念专辑

编者按

2020年4月2日10时12分,著名语言学家、出版家、《咬文嚼字》杂志创始人郝铭鉴先生,于上海静安区中心医院因病不幸去世,享年76岁。郝先生去世,中国语言学界、出版界顿失一位重量级领军人物!

郝铭鉴先生1995年创办《咬文嚼字》杂志,担任主编长达18年。在郝先生的精心培育下,《咬文嚼字》从"一棵小草"长成了"参天大树",成为中国期刊界的"一线名刊",为我国语文规范事业做出了重大贡献。

《咬文嚼字》编辑团队,由郝铭鉴先生亲手缔造而成,为了培育这个团队,他付出了半生心血。他也曾以此而自豪,说:这是一个"很有战斗力"的团队!此时此刻,我们无不悲痛万分。郝先生已离我们而去,郝先生开创的事业就在我们面前,我们必须拭干眼泪,勇敢地迈向新的征程。不忘初心,牢记使命,让《咬文嚼字》沿着健康的发展轨迹,稳步前行。唯有如此,才能不辜负郝先生的厚望!

社会各界,或作悼文,或撰挽联,或发唁函,沉痛悼念郝铭鉴先生。我们特辟专栏,选登如次,以表达对郝先生去世的哀思。

悼文选登

《咬文嚼字》是追思郝铭鉴先生的丰碑

◎苏培成

惊悉郝铭鉴先生不幸去世,我十分伤感。我和铭鉴先生交往几十年,彼此相知。他是大才,是出版界的名家。他比我年轻,本来还可以做出更多的贡献,可如今却走在了我的前面,可惜呀!

我面前放着四卷本的《周有光语文论集》,这是铭鉴先生与我合作的产物。二十多年前的一个傍晚,铭鉴先生出差来京顺路来我家聊天。我们聊了很多,聊到了周有光先生对语文研究的贡献。我们对周先生都十分敬仰。我对他说:"为了传播周先生的学术思想,我想编几本周先生著作的选集,你那里能不能接受出版?"铭鉴先生立刻回答:"可以。我也早有此心,可以出版四卷本。"他还说:"这是赔钱书。社里的编辑都有创收指标,我没有指标,就由我来做责编。"他又说:"编辑周先生的著作,我的知识不够,要你来协助。"我说:"你的知识比我丰富得多,你不要客气。但我很愿意尽力协助。"他走后,我把这件事报告给周先生,周先生表示同意。很快周先生和上海文化出版社签订了出版合同,我和铭鉴先生就进入了编辑程序。我和周先生商订了入选的篇目,我把入选的著作复印后做初步编辑加工,然后寄到上海铭鉴先生那里,由他排版打出小样,再寄还给我,由我校对。几经往返,书稿编校完成,交周先生审定后付印。我们的合作十分顺畅,2002年初出版问世。周先生的生日是1月13日。铭鉴先生赶在周先生生日那天专程来到北京,然后我们一起去周先生家祝寿并送交样书。周先生十分高兴,翻阅样书表示满意。这部《周有光语文论集》汇集了周先生语文思想的精华,不包含其他杂质,是研究周先生学术思想的善本。《论集》出版后不久,被评为吴玉章人文社会科学奖特等奖。发奖那天,周先生要我陪他去中国人民大学领奖,可是正值中日韩第一次汉字学术讨论会开幕,我是中方代表,不便请假。后来得知周先生在领奖会上做了精彩发言。人的寿命是有限的,而优秀的学术著作的影响要长久得

提高全民语文能力的先行者

◎田小琳

在新冠肺炎全球大流行之际,传来郝铭鉴先生离世的噩耗。不能开追悼会,不能送花圈,只有用这篇小文送郝铭鉴先生最后一程。

认识郝铭鉴先生是多年前的事,因为北大同学高国平兄在上海文艺出版社工作,他是郝先生的同事,我到上海出差,和郝先生、高兄一起吃饭欢聚。交谈

......

多。没有铭鉴先生的支持,这部著作是很难出版的。

前两天我刚收到了今年第3期的《咬文嚼字》,刚刚读完铭鉴先生的大作《为何"指手画脚"用"画","出谋划策"用"划"》,谁能料到这竟然成为铭鉴先生的绝笔。《咬文嚼字》是铭鉴先生贡献给语文事业的厚礼。从它的创刊号起我就是它的忠实读者,从中获益匪浅。我听铭鉴先生说过,创办一种刊物不难,难的是要与时俱进,常办常新。《咬文嚼字》经过多位编辑部同仁的努力,不断丰富,已经站稳了脚跟。这是一本小刊物,但25年来却产生了大影响。铭鉴先生的创始之功发展之功不可磨灭。如今,它又成了追思铭鉴先生的丰碑。

最近几年,我经历了几次生离死别的创痛。我的老伴患癌症走了,我的兄嫂走了,我的婶母走了,我的弟妹走了;我敬仰的学界专家有几位也走了。如今铭鉴先生又突然离去。人总是有生有死,这是无可奈何的事。为了抒发怀念之情,我仅敬献心香一瓣祝逝者安息。

(作者为北京大学教授)

时，我感到我们有共同的话题，共同的看法，思想十分投契。

谁是提高全民语文能力的先行者？我们的前辈里有很多是这样的先行者。新中国成立之后，1951年吕叔湘先生、朱德熙先生联名在《人民日报》上连载《语法修辞讲话》，引起读者强烈反响，后结集出书，对语言文字的规范化起了积极作用。二十世纪五十年代，周恩来总理提出的文字改革的任务是"简化汉字，推广普通话，制定和推行《汉语拼音方案》"。三项任务在大师级学者的参与下逐一完成。1955年的第一次全国文字改革会议，给"普通话"下了明确的定义，提出了大力推广普通话的任务；1956年公布了《汉字简化方案》；1958年公布《汉语拼音方案》。五六十年代，这些语言学大师级人物有黎锦熙、罗常培、陈望道、林汉达、王力、吕叔湘、叶籁士、周祖谟、倪海曙、周有光、朱德熙、林焘、张志公等等，他们都是提高全民语文能力的先行者。吕叔湘先生在为《倪海曙语文论集》写序言时最后说，"他，倪海曙，是以殉道者的精神做他的工作的。他是我们学习的榜样"。

为什么我说郝铭鉴先生也是提高全民语文能力的先行者？是因为他秉承前辈先行者的精神，创办了《咬文嚼字》杂志。而《咬文嚼字》是中国出版界唯一一份纠正社会语言运用中错误的杂志，所以他够得上先行者的资格。《咬文嚼字》1995年创刊，已经风行二十五年。它对全国的报刊等出版物、电影电视字幕以及广告标语中的语言文字，进行查验，咬嚼文字，订正差错，讲解典故，并推出新词新语、流行语，推介语言运用的亮点。每月一册薄薄的小书，像是一个语文的小百宝箱，如果每篇都认真读完，真像是听了名家的一次讲座，顿时长了知识！无怪乎，杂志一出版就得到前辈吕叔湘先生的称赞和支持。

提高全民的语文能力，出版界、教育界首先要担起重任。郝铭鉴先生作为出版人担当起了这个责任,他和他的同事们工作得非常出色。

《咬文嚼字》这本刊物,出版界的编辑们常常放在案头作为参考资料,杂志里指出的多是出版物里的差错。书刊本是读者学习语言文字表达的范本,里面的差错不纠正,以讹传讹,影响面就很大。《咬文嚼字》让做编辑工作的,要打起十二分精神,字斟句酌,严谨严肃严格,要具有工匠精神!

这本刊物,中小学语文教师也常常放在案头,里面丰富的谈古论今的语料,生动活泼的故事,都在给教师的"一桶水"里添加清泉。学生们爱用的网络词语、流行语怎么用最好,成语典故的字面承载着怎样的传统哲理,用语法知识分析一下作家也会写出的病句,还有名家的真知灼见,在在都是老师们上课可抖的包袱。我常把这本小书推荐给香港的老师们,他们都非常喜欢。

这本刊物还放在了很多喜欢语文刊物的读者的案头,各行各业,谁能离开语言文字的表达?谁不愿意自己的表达受到别人的夸奖?能出口成章,能下笔成文,就会在工作中发挥更大的作用并受到重用。《咬文嚼字》深入浅出,通俗易懂,没有"高大上"的面孔,看起来不费劲,是广大读者学习语文知识和提高语文能力的好读物。

《咬文嚼字》杂志,在提高全民语文能力方面发挥了积极的作用,被誉为"语林啄木鸟",郝铭鉴先生功不可没!

郝铭鉴先生坐言起行,一直开辟专栏,发表《咬嚼日记摘钞》,为年轻编辑做出榜样。在2020年第1期、第3期里,我们还看到他的新专栏《百问百答》的文章,这就是说,他即使在病中也是预计要写百篇的。现在,这专栏才写了六期,只是个开端哪,怎么说走就走了呢?天妒英才啊!他,郝铭鉴,也是以殉道者的精神做他的工作的。这让我热泪盈眶!这让我肃然起敬!他是我们学习的榜样。

(作者为本刊特约编委)

我跟郝老总的三次握手

◎汪惠迪

暮春三月,江南草长,杂花生树,群莺乱飞。三月下旬,我回到了故乡,看到《咬文嚼字》第3期上发表的郝铭鉴先生在专栏《百问百答(6)》中撰写的文章,跟以往一样,马上拜读。郝老总退休多年,笔耕不辍,令人钦佩,老将果真是宝刀不老啊!没想到,4月2日传来郝先生因病逝世的噩耗,一时无法相信,无法接受。然而接连收到同样的消息,内心十分沉重,十分哀伤。我跟郝老总二十多年来互动的往事——清晰地浮现在眼前。

《咬文嚼字》创刊于1995年1月,每月一期,32开本,体量小无可小。当时全国有8 000多种刊物,语文刊物就有200多种,然而这只"语林啄木鸟"在创办人郝铭鉴先生的精心培育下,乘着改革开放的东风一飞冲天,从上海飞向全国,飞向境外港澳台地区,1996年底越洋飞到新加坡,随后越过新柔长堤,到了马来西亚。《咬文嚼字》在华语圈产生了广泛影响。

其时,我在新加坡《联合早报》专事文字工作,每天"咬嚼"《联合早报》,查看有无语用失误,若有,就写短评,由专人通过网络发送到编辑部同事的终端机,请他们注意。同时,我还得帮助同事解决新闻写作或稿件处理中遇到的语用问题。身在异国,单兵作战,孤立无援,我是多么希望《咬文嚼字》陪伴我"咬嚼"啊!我的这个心愿,终于得以实现。

我第一次跟郝铭鉴先生握手是在1996年11月中旬。当时,郝先生因参加华东书展到新加坡公干,一日到我任职的公司参观。初次见面,我就向郝先生表明心愿,希望得到他的帮助。郝先生回国后,便按月寄赠刊物给我,我如获至宝,每期都通读一遍。这样,我跟《咬文嚼字》结下不解之缘。弹指间,已经二十四度春秋了。我能结识郝先生,全仗何伟渔教授,当时,何教授是《咬文嚼字》编委(现为顾问),是他把我介绍给郝老总的——我习惯称郝铭鉴先生"郝老总"。

我第二次跟郝铭鉴先生握手是在1999年10月22日。当时我回家乡常州度假,郝老总获悉后一再打电话给我,说是要到常州来探望我。他重任在肩,日理万机,我怎能让他耗费那么多时间专程来常?于是跟他约定日子,我到上海去拜访他。当时刊社在上海颇具盛名的文化街,亦称出版街的绍兴路。郝老总把顾问张斌教授、编委何伟渔教授、金文明编审都请来了,大家就社会语文应用问题展开了广泛的交流,当时在座的还有责编唐让之先生和韩秀凤女士。

我跟郝铭鉴先生第三次握手是在2010年9月中秋节前,那时《咬文嚼字》编辑部已乔迁至打浦路新址。时隔十一年,老朋友第三次重逢,自是格外兴奋。郝老总和我还有编辑部的同事三句话不离本行,就语文应用问题相互交流,畅所欲言,交谈甚欢。也就是这次见面,我和现任主编黄安靖先生第一次握手。

就在初次见面后不久,《联合早报》副刊获得授权,可以转载《咬文嚼字》的文章,这样不但充实了副刊的内容,而且使新加坡读者认识了《咬文嚼字》。1997年12月28日《联合早报》报道,《咬文嚼字》1996年合订本同时成为新加坡三家华文书局年度十大畅销书之一,排行榜上名列第六。此事标志着《咬文嚼字》正式落户新加坡,而且颇受当地华文读者欢迎。

《联合早报》按月结算稿酬

并汇到《咬文嚼字》编辑部。后来,我在一个偶然的机会里得知,郝老总决定将稿酬悉数转发给文章作者。他们收到稿酬,方知自己的文章又在新加坡发表了,还拿到了第二次稿酬,无不喜出望外,纷纷点赞《咬》刊。这个小故事说明《咬文嚼字》舵主郝铭鉴先生胸中既装着读者,也装着作者。没有作者投稿,刊物怎能存活?一本小刊物,每期有将近二十个栏目,仅《一针见血》专栏,每期都有十多位作者写稿,以今年第1期为例,作者有十五位之多。全国有哪家语文报刊是这样做的?我想,这就是《咬文嚼字》获得社会各界认可的原因。

词语无国界,到处流通,进入网络世纪,语言碰撞,时时擦出火花。我在媒体工作,几乎每天都会遇到同事们提出的语用问题,尤其是词汇上的问题。我记得曾跟郝老总谈起"七月流火"的使用问题。我一直认为应当接受"七月流火"的新用法。郝先生告诉我,《咬文嚼字》创刊十年来,不断收到批评用"七月流火"形容天气炎热的稿件,可是编辑部一直不采用。2005年《咬文嚼字》第11期的《百家会诊》专栏公开讨论"七月流火"的应用问题,结论是新用法救活了一个濒临死亡的词语,赋予传统旧词以新生命,这是对语言资源的开发。2016年9月出版的《现代汉语词典》(第7版)增收了这个词条。同时,在"咬文嚼字"条下增补了新的义项"也用来指对文字的使用反复推敲,十分讲究"。这个新义项的增补,跟二十年前郝铭鉴先生用"咬文嚼字"做刊名不无关系。

往事并非如烟,往事值得回味。让我们铭记郝老总,学习郝老总,为语文规范化,为祖国语言的健康,继续贡献我们的一份力量。

安息吧,郝铭鉴先生!

(作者为本刊特约编委)

斯人已逝,业绩长存!

◎林国安

4月2日午后,微信"华语圈"群组田小琳教授传来《咬文嚼字》原主编郝铭鉴先生辞世噩耗,震惊不已,也难以接受这一事实!

2017年秋到上海开会,抽空拜访《咬文嚼字》编辑部。那天郝先生也在,就和安靖主编陪我在新迁的办公楼转了一圈,之后到附近的茶室喝咖啡聊天叙旧。这是1999年相隔18年后我和郝先生的重逢,没想到这次重逢竟成永诀。

说起和郝先生相识,是颇有传奇性的。1995年《咬文嚼字》创刊,马来西亚吉隆坡学林书店即引进代售。1996年某天(具体时间不记得了),郝先生随团到马来西亚考察图书出版业务,通过学林书店老板谢先生的引荐,给我打来电话,邀请我出任《咬文嚼字》海外编委,协助在马来西亚推介《咬文嚼字》。当天傍晚我乘公交到距离住处30公里外吉隆坡市中心郝先生下榻的宾馆拜访郝先生。但郝先生外出参加活动,迟迟未归,而我又要赶末班公交返回住处,只好托宾馆前台转赠拙编《修改病句》予郝先生,算是我们的"见面"礼。

1997年秋,我取道上海去苏州参加研讨会。由于初次到上海,人地生疏,就请郝先生代为预订宾馆。抵达上海虹桥机场,郝先生亲自接站,他在海关安检出口处手持《咬文嚼字》为记。这是我们第一次见面。我在上海逗留20多小时,获郝先生盛情接待和细致安排,参观鲁迅公园,拜谒鲁迅之墓,拜访鲁迅纪念馆和鲁迅故居,夙愿得偿;更对郝先生的儒雅风范、博学多识、乐善助人,留下深刻印象。

上世纪九十年代中期,我在马来西亚主持中学华文教材编纂工作,推动中学华文课程教学改革,注重学生语言文字运用能力的培养,强调语言文字应用规范化教学。《咬文嚼字》成了我编写华文作业练习和设计考试题目的素材。但是当时社会对语言文字的规范化意识不强,教师对语言文字应用规范化教学也不以为然,甚而心存抗拒,认为那是"蓄意刁难学生,连老师也被考倒了"。就以成语"再接再厉"为例吧,报章刊作"再接再励",教师把"厉"作"鼓励"解,还以报章用词辩解,认为那才是对的。为此,我引据成语出处,写了短文《"厉""励"有别》,拍了报章用词错误照片,经郝先生斧正,在《咬文嚼字》1998年第2期《有照为证》栏目发表。这是我第一次在《咬文嚼字》发表文章,参与咬嚼文字。

我和郝先生见面不多,也不常联系,但杂志社按月逐年寄赠《咬文嚼字》月刊和年度合订本,20多年来从不间断。《咬文嚼字》成了案头良伴,是我了解中国语言生活状况、汉语新词新语、社会语言文字应用规范化的窗口。在《咬文嚼字》时常可以读到郝先生的文章,即使后期他卸下主编职,也不忘助力咬嚼。近期更通过微信,及时针砭社会语言运用乱象,为广大读者解疑。

郝先生咬嚼文字,短小精致,准确到位,语言洗练,文风朴实;辨析语言现象,既有科学思辨,又内蕴趣味,开创"语言笔记文"独特风格。语言文字应用规范化问题可以有学术研究的长篇巨制,但郝先生的"语言笔记文"却是深入社会文化各阶层,对宣导规范用语用字,发挥了很大的作用。

郝先生倾心于社会生活语言的规范化工作,致力维护祖国语言文字的科学化与现代化,鞠躬尽瘁。斯人已逝,业绩长存。谨以拙文,忆述交往点滴,以为志念。

(作者为本刊特约编委)

郝铭鉴的文风

◎ 陈必祥

郝铭鉴老师是一位语言学家,确切地说,他是一位社会语言学家,也是一位杰出的语言教育家。他说,"语言是一条流动的河",他创办《咬文嚼字》,就是为守护这条河的纯净和健康,不被污染,尽到社会责任。

怎样才能发挥刊物的社会效应?他制定刊物的选稿标准:除了科学性的要求外,特色主要是三个字、短、通、实。短,让读者能在会前饭后,随时抽空阅读;通,行文力求通俗易懂,少用专业名词术语,实现零障碍阅读;实,言之有物,重视信息量,议论不流于空泛,读了让人感到解渴、过瘾,豁然开朗。

他率先垂范,破除一般语言类文章重书本轻实践、重学术性轻可读性的学究风气,精心创造了一种郝式特有的清新脱俗、趣味十足的文章风格:既有散文的优美,又有杂文的犀利,更有小品的幽默;把语言生活中的种种乱象在轻松谈笑中一一化解。他的畅销书《文字的味道》,可看作是这种风格的代表;他的一千多条语言微博,吸引了几十万粉丝,更是有力的明证。

郝老师说,语言是一面镜子,一个现代人,他的修养表现在非常优雅地运用我们的母语正确地表达自己的感情。郝老师做到了。如《"臊子面"探名》一文,在辨析到底是"嫂子面""哨子面""燥子面"还是"臊子面"时,他天南地北,古今中外,广为求索;从民间传说、历史故事、字形演变,细心考辨,从容不迫,娓娓道来。读罢全文,在获得知识的同时,仿佛一碗鲜美爽口的陕西"臊子面"也端到了你的面前,有滋有味。

郝老师追求"文字的完美"。他的作品本身就体现了汉字文化的魅力。他在微信课堂讲"侬"字,从刘禹锡的《竹枝词》、《红楼梦》的《葬花词》到赵孟頫的《我侬词》,从字典辞书到吴语方言,把"侬"字为何既可表个体(第一、第二、第三人称),又可表群体的多种身份,描述得绘形绘色。最后他说了一段"吴侬软语",听者无不称快。

联系社会现实,重视语用功能,是郝老师文章的又一特色。去年他在病床上写成的《"原领导"和"前领导"有区别吗》一文,在区分了两者的细微差别后,笔锋一转,特别指出,领导干部作自我介绍时,"就要清醒地意识到,'原'也好,'前'也好,都是过眼烟云,不要总是念念不忘,这种领导职务终身制的遗风,无意间透露的是一种低级趣味"。但是,向别人介绍本单位领导时,"无论用'原'还是用'前'都近乎官样文章,少了一点温度,不妨改为'老'——这位是我们的老局长,显得更有敬重之情,也许更为得体"。看似没有什么差别的两个词,经作者这么一点拨,"一语惊醒梦中人"。

郝老师的文章,针对性强,捉错纠错,一锤定音,被公认为咬文嚼字的权威。这除了他的深厚学养,娴熟的文字技巧以外,还在于他那份对任何疑难杂症都扭住不放的钉子精神。有一年,中国汉字听写大会出现了"鸡枞菌"一词,"枞"到底是木字旁还是土字旁,编辑部与中央电视台发生分歧和争论,郝老师虽然此时已经退休,但他还是与编辑部的年轻人一道,翻阅群书,还亲自向农学家、植物学家请教,最后根据充分的材料得出,在汉字系统中,从"木"的字从来没有表示菌类的结论。

郝老师清新脱俗的文风,一丝不苟的精神,永远值得我们学习,值得我们办刊人继承和发扬。《萤火虫你慢慢飞》,这是郝老师多年微博短文的合集。他自谦是小小的萤火虫,有一份热,发一份光。但他"短暂的生命,努力的发光,让黑暗的世界,充满希望"。

最后,我还想起了一件事。上世纪八十年代,人教社中学语文教材中,曾编有语法、修辞、逻辑等语文知识短文。后来听说,教师不会教,学生不爱

忆好友郝铭鉴

◎ 何伟渔

好友郝铭鉴先生在久病之后,于2020年4月2日离我们而去,到天国去了。由于新冠疫情,不能前往送别,我只好写一点文字,以寄托哀思。

郝铭鉴是我们上海师范大学的老校友,1962—1966年(当时校名为上海师范学院)在中文系就读。郝铭鉴入学时,我是中文系62级3班的班主任,并教"现代汉语"课,而他在62级1班,所以没有过交集,四年间从未说过一句话。不过,我认识郝铭鉴(因为他是1班的学习尖子,今称"学霸"),郝铭鉴也知道我。

我们俩第一次交谈是在十余年之后。那是改革开放初期,百业待兴,出版业也不例外。上海要从"独此一家"的上海人民出版社恢复到拥有众多的专业出版社。可是编辑队伍中,许多资深老编辑已经退休,没有青年编辑,严重的青黄不接。新招聘来或新分配来的年轻编辑,往往没有专业学历,而且缺乏编辑业务知识和语文基础知识。上海市出版局当机立断,为各出版社的青年编辑开办了三期"编辑业务进修班"。在进修班上,郝铭鉴主讲"编辑学导论"课程,我主讲"汉语语法"课程,于是我们俩成了同事了。我万万没有料到的是,当我第一次走进教室时,郝铭鉴居然比我早一步坐在教室里了。已然在出版业崭露头角的他谦虚而虔诚地对我说:"何老师,我来旁听。大学里学过汉语语法,忘得差不多了,现在重新跟你学一遍。"此后每逢周一周四上午8点到10

读,于是取消了,由此还闹出"要扭断语法的脖子"的争论。现在想来,语文知识短文是否进课本,不在于知识,而在于如何写,如何教。不信,把郝老师的文章让学生读读看!

(作者为本刊顾问、华东师范大学教授)

点,他都会风雨无阻前来听课,一课不落。我给学员编印的一套语法练习,他都兴致勃勃地拿去仔细琢磨,认真推敲。

之后十多年,我们经常通过电话讨论一些有关词汇、语法、修辞以及语音、文字等方面的问题。由于郝铭鉴想得多,思考得深,因此我们的讨论各抒己见,取长补短,十分融洽,十分投机,并且给我启发多多,帮助多多。

1994年夏,在一次活动中我们相遇,郝铭鉴送我一份小报,小报的名称就叫"咬文嚼字",内部赠阅的。每期四个版面,所有文稿都是他一人所写,自己写,自己编,自己排版,自己校对。我匆忙读了几个标题,当即表示很感兴趣,他便约我写稿,此后每期发一篇。所谓"内部",就是上海文艺出版社、上海文化出版社、上海音乐出版社人手一份,为的是广泛听取意见。不久,市内外的兄弟出版社和报社闻讯,纷纷前来索取,因而印数越来越多,却还是供不应求。社外的同志还建议定期出版,公开发行。这份《咬文嚼字》小报就是《咬文嚼字》刊物的雏形和试验品。第二年,也就是1995年,《咬文嚼字》即以丛刊形式"粉墨登场",每月一本,在新华书店发行。

1995年1月的创刊号,新华书店总店提前向全国各省区市大大小小的新华书店征订。想不到订数加在一起只有五百多本,其中上海的书店竟然只订了两本。怎么办?郝铭鉴有办法。他在第一期上刊登了一则编后语,叫"向我开炮":凡是能够在第一期《咬文嚼字》上找到一个差错的,就奖励100元;如果在标题上找到一个差错的话,则奖励1000元。消息一传十,十传百,读者非常感兴趣。新华书店卖光了,有的读者就直接向编辑部邮购。接下来一封封"纠错"的读者来信飞向编辑部。经过编委会评议认定,奖励了九个100元,奖励了一个1000元(两人分享,各500元)。郝铭鉴发起的"向我开炮"有奖活动,产生了奇妙的积极效应:

忆郝铭鉴先生

◎刘志基

清明前夕,惊悉郝铭鉴先生仙逝,庚子年的悲哀,又加了一码!

我与郝先生相识,起因于《咬文嚼字》创刊,屈指算来,竟已二十五载。记得那时遵我的研究生导师李玲璞先生之命,为《咬文嚼字》创刊号写了一稿,交稿后没几天的一个晚上,突然接到一个陌生电话,对方自我介绍:"我是《咬文嚼字》的郝铭鉴……"那是我和郝先生的第一次对话,而且知道他是主编,不免有点拘束,然而郝先生接下来一句玩笑马上就消除了我心中的距离感:"李玲璞老师告诉我你的电话号码,很好记,4040979,就是司令吃酒。"然后就我的稿子讲了些鼓励赞扬的话,并邀请我继续写稿,

许许多多陌生的读者为了找差错,从封面到封底,从第一页到最后一页,认认真真地、仔仔细细地阅读了一遍,他们发现这本小开本的刊物富有真材实料,具有针对性、知识性、可读性,很有实用价值,能够解决实际问题。他们爱上了这本刊物,他们成了第一批忠实订户。从第二期开始,新华书店的征订数噌噌噌地往上蹿,不是成倍,而是成十倍、百倍地增长。《咬文嚼字》初战告捷,打开了局面,站稳了脚跟,郝铭鉴立了第一功。

郝铭鉴走了。他所倡导的"咬嚼"精神,后继有人,代代相传,一定会发扬光大!

老郝同志,一路走好!

(作者为本刊顾问、上海师范大学教授)

并参加汉字栏目的组稿。就这样,在《咬文嚼字》问世开初几年,蒙郝先生不弃,我除了自己写稿,还曾负责过《字里乾坤》《汉字神聊》等栏目的组稿改稿。在那一段时间里,与郝先生打交道挺多的。郝先生一般是晚上来电话,所说的无非是稿件,印象里郝先生对我组的每一篇稿子的剖析,都能鞭辟入里,甚至比我看得还细。一开始这令我很疑惑:您不是主编吗,怎么像个责编?后来也就习惯了,便把郝先生的名字与他这种风格联系起来:不管什么文章,都能过目不忘,这不就是"铭"吗?无论什么语病,都能一览无余,这不就是"鉴"吗?郝先生对于稿件,有着自己的标准:内容必须出新,令人读后有顿悟感;语言必须准确、生动、通俗,绝不掉书袋。对此标准,郝先生非常坚持,可谓锱铢必较,甚至吹毛求疵,因此往往要求一些成名老师将自己的稿子左改右改,甚至直接拿掉。而这种稿子往往是好不容易组来的。在很多人的印象里,《咬文嚼字》最擅长的是"放大招",经常能营造出一些社会热点。而在我看来,这家刊物最大的特点则是自创刊以来一直坚持的编稿的"细功夫"。

最后一次见到郝先生,是几年前在钦州南路出版大楼的巧遇,那时他好像刚参加完图书评奖,告诉我获奖书中有我的一种。没想到,这竟是与他相见的最后一面。

回想以往,有两件事情自己挺对不住郝先生的,在此说出来,希望先生能够听到我的歉意:一是当年郝先生曾经希望把我调去他的麾下,他没有直接跟我说,而是通过李玲璞老师来转告的。但是我害怕坐班,就没有听命。二是为《咬文嚼字》汉字栏目组稿之事,由于种种原因,最终没能坚持下来。然而,先生对此似乎并没有像对文章那样苛刻,见到我依然笑容可掬,真诚相待。

"咬文嚼字",通常被认为是一个贬义词。但在一些中国人

怀念郝铭鉴老师

◎韩秀凤

郝铭鉴先生离我们远去了！从此再也看不到他温暖的微笑，再也听不见他的连珠妙语，只剩下我们对他的绵绵哀思和无尽怀念！

我1982年调入文艺出版社，那时跟郝老师不熟，仅限于全社职工大会上听过他几次发言。一般领导讲话，总有人开小差；可郝老师一开口，几句话便让下面"观众"即刻"入戏"，台上激情洋溢，台下一片寂静。进出版社前，我在上海某区业余大学讲授现代汉语和古代汉语，所以对郝老师发言中关于语言文字的知识特别感兴趣。记得有一次他在谈到错别字时举了个有趣的例子：竹林七贤中有个阮籍，有人下笔时往往吃不准"籍"是草字头还是竹字头，你只要记住一句话，阮籍不是草包，以后就不会写成草字头了。台下一片笑声。我顿时对他倍增好感：这位领导是内行！其实岂止内行，随着了解加深，越来越体会到郝老师是专家，是奇才！

1995年，我调到《咬文嚼字》编辑部，虽非主动请缨，但干我喜欢的专业，又能在敬重的郝老师身边工作，对于我来说是正中下怀。此后直至2007年退休，我有幸与郝老师共事并受其教十二年，见证了他严

说中国话并不怎么顺溜的今天，我相信，越来越多的人会认识它的价值。郝先生虽然走了，但他留下了自己的"咬文嚼字"精神，我会一直记住，终身学习。

（作者为华东师范大学教授）

谨细致的工作作风以及睿智、幽默、谦和、包容的人格魅力。

创刊伊始，编辑部只有一个主编两个编辑，发行量才几百本。当时谁也不知道这本小刊物命运会如何。可是就在郝老师手中，《咬文嚼字》创造了奇迹，它一年一个样，不仅做到了赢利，更重要的是影响超过了许多著名大型刊物。《咬文嚼字》年年得到表彰，成为语言学界的一面旗帜。有人说，郝铭鉴就是《咬文嚼字》，《咬文嚼字》就是郝铭鉴。此话倒是千真万确。我们刊物年年玩出新花样，先是发动读者"向我开炮"，然后炮火对准全国十二张大报，接着又"咬"了十二份杂志，十二位名作家，还给国内十二个城市"洗脸"，又连续几年给央视春晚字幕挑错……这一波又一波大动作的策划人便是郝老师。他常说刊物要生存要发展，就得做到常办常新，要让读者永远保持一种新鲜感，于是不断地出新招、大招。有人说郝铭鉴是天生的出版人，是个奇才。确实，郝老师是个灵感频出的天才，但天才背后的勤奋和付出是许多人看不到的。他身兼数职，大会小会不断，案头堆满选题报告、终审稿件，他还常常亲自回复读者来信……虽然日理万机，却鲜有哪期《咬文嚼字》没有他的耕耘。印象中郝老师好像没有什么个人嗜好，不抽烟不喝酒，不唱歌不跳舞，不打牌不下棋，也许真的不喜欢，也许确实没时间。当然他也有感兴趣的事：关注社会的语言动态，关注网络用语，关注语言学界新的理论或观点……有时和我们同行时，和大家一起午餐时，会突然冒出一个问题让我们谈谈看法，常常被他考蒙。他把心思完全融入了自己钟爱的事业中，甚至已经"走火入魔"。郝老师是个工作狂，也要求我们多读书多关注语言发展动态，多请教各方面专家，他曾说读者中就有很多高人。

郝老师对待工作的严肃认真、一丝不苟的态度让我们

燃烧生命激情,点亮"咬嚼"之光!

——记郝铭鉴先生写最后一篇"咬嚼"文章

◎王 敏

今年第3期《百问百答》,郝先生讨论"为何'指手画脚'用'画','出谋划策'用'划'"。当初看到此文,没人想到郝先生4月2日就会西去,也很少有人知道,他在病重时,至少将此文精心修改了两稿。

说起来,郝先生写作此文,还与我有关。

去年12月31日下午,我和

....

敬畏,也给我们树立了学习的榜样。他又是一个平易近人、关心下属、极具人情味的好领导:曾有个编辑的妻子得了绝症,他亲自去医院探望,也默许我这位同事天天上班时间去医院照顾病人,并叮嘱我平时多为这位同事分担些工作。《咬文嚼字》有个编委会,由各路专家组成,他们是我们的智囊团,但逢这些老先生七十、八十寿辰,郝老师都会为他们准备礼物,为他们祝寿,以示感谢和敬重。记得还有一件事也让我对郝老

师的为人很佩服,大概2000年前后吧,社里分到无偿献血指标,郝老师已年近六十,居然也报名献血。我想他是尽一个党员干部的带头责任吧,这在当今社会很难得!

如今这么难得的好老师离开了我们,实在让人痛惜!我想,我们纪念郝老师就要传承他的做人做事风格:认真,勤奋,谦和,包容。郝老师,您安息吧,天堂将会多一位博学睿智的谦谦君子。

(作者为《咬文嚼字》退休编辑)

安靖兄如约去瑞金南路探望郝先生。我们向郝先生拜贺新年，汇报工作，聊了约50分钟。当时，郝先生专门对我说："你在《检测窗》里谈到了'擘huà'。这个词到底用'计划'的'划'还是'画画'的'画'？我认为应用'计划'的'划'，因为'图画'是给人看的，'计划'是让人做的。我打算写一篇文章。"

我回来后，找到2019年4月的《检测窗》栏目，其中《"擘"是剖开"擎"是举》一则里确实有"'擘划'现多写作'擘画'"的说法，这是在辨析"擘""擎"二字时，顺带提到的。我当时虽然也注意到了"擘划"与"擘画"的词形选择问题，但是没有深究，只是按现行工具书的意见提了一句。没想到，郝先生敏锐地捕捉到了这个问题，重病期间还在研究、思考，甚至已经拿出成果来了。

果然，今年1月10日下午，郝先生微信发来了文章，还附言道："曾经给你说过这个问题，现在我把它写出来了。请你帮忙瞄一眼，看看能否成立。"

郝先生分析"画"与"划"的构字理据，根据字义区别提出了"画""划"构成的异形词的整理原则，还指出，现行工具书以"擘画"为首选词形违背了这一原则，理应首选"擘划"。郝先生的文章，有理有据，逻辑严密，让人不得不赞同他的观点。我微信为他点赞。

1月12日上午，郝先生又给我发了第二稿，附言"改了一稿"。当天下午，田娟华编审说收到了他征求意见的文稿。后来，安靖告诉我，他也收到了。而3月份刊发的定稿，和第二稿相比又有明显改动。

比较三个版本，可以发现郝先生的思考轨迹。且看他对以"画""划"构成的异形词的整理原则的概括：

凡是让人看的，用"画"；凡是引导人照着做的，用"划"。（初稿）

凡是让人看的，用"画"；凡是指导做的，用"划"。（二稿）

凡是通过具体动作做出的结果是让人看的，用"画"；凡是

通过抽象思维取得的结果用来指导人去做的,用"划"。(定稿)

二稿中"指导做",比初稿中"引导人照着做",用词更加准确。而定稿中增加的两个"通过",是质的飞跃,让人在概念上对"画"与"划"的区别有了更为精准清晰的认识。

这篇千字短文,很实用,也很尖锐,如果没有明察秋毫的敏锐眼光,没有深厚精湛的专业素养,没有实事求是的探索精神,没有挑战权威的批判勇气,是很难写出来的。而且,这篇短文精悍有力,起伏有致,让人不敢相信,它是一位年逾古稀的重症病人在生命的最后阶段写成的!要知道,郝先生当时黄疸严重,住院治疗,暴瘦20斤。元旦前后短暂出院,随后不久,病情转重,再次住院,直至病危。在这种情况下,郝先生还一稿接一稿地反复推敲,字斟句酌地精心打磨,虚怀若谷地征求意见,竭尽全力为读者奉献最完美的作品。每每思之,我都心生敬意——春蚕到死丝方尽,蜡炬成灰泪始干!他燃烧生命的激情,点亮了"咬文嚼字"的灯光!

我是2001年到《咬文嚼字》工作的,至今仍记得郝先生在2002年《咬文嚼字》合订本出版时写的感言:

"满纸真诚言,一把辛酸泪;莫云编者痴,且解其中味。编定2002年合订本,油然想到的一句话是:'八年了!……'酸甜苦辣,一齐涌上心头。在这八年中,我们没有偷懒过一天,没有敷衍过一次,视刊物如生命,视读者为至友,在语文规范的长途中,留下一串浅浅的足迹。也许一阵轻风,便会把一切覆盖,然而,我们无怨无悔,因为我们投入过,我们追求过。刊物中的每一个字,都可以为我们作证。"

如今,捧着先生最后这篇辨析"画"与"划"的文章,我忍不住想对他说:"何止八年!……您留下的每一个字,都可以为您作证!"

这些年来,在先生的感召下,我为"咬文嚼字"事业敬献

郝铭鉴：
我职业生涯的引路人

◎黄安靖

1999年7月,我从华东师大毕业进入《咬文嚼字》编辑部。从此,我拜入郝铭鉴先生麾下,郝先生成为我编辑职业生涯的引路人。我的每一个进步,每一次成长,都与郝先生有关。先生已去,往事却恍如昨日,历历在目。

《咬文嚼字》曾以"净化城市语文生活"为主题,检查北京、上海、天津、杭州、西安等12个大城市的语言文字运用状况。绵薄,深以为荣。同时,我也为先生在文化领域的突出贡献深感骄傲——他不仅创办了《咬文嚼字》这本刊物,重新定义了"咬文嚼字"这个成语,还以卓有成效的努力付出,推动了社会语文规范的发展,改变了社会语文生态的格局,丰富了汉语文化的优秀传统。

郝先生常说,编辑的生命在作品中,作品的生命在读者中。他是一位才华横溢的作家,还是一位成绩斐然的出版家,更是一位声名卓著的语言学家。他的作品,无论是编辑的还是著述的,都有着鲜明的个性,充满着智慧和魅力,飞扬着文采和激情,让人念在心中,爱不释手。先生的作品,必将同汉字而长在,伴读者而永生!

高山仰止,景行行止。虽不能至,心向往之。

郝先生走了,但他留给了我们不朽的作品、不朽的精神,它们将永放光芒,给人前进的力量。让我们追随先生点亮的灯光,把"咬文嚼字"精神发扬光大!

在郝先生的安排下,我主持了第一站北京的"检查"工作。天坛祈年殿旁有一方形石台,名叫"具服台",其介绍文字说:"皇帝于大典前先行至于此,净手并换上兰色祭服,恭候大典开始。典礼完毕,仍回此处,更衣后起驾回宫。"无疑这里把"蓝色"误成了"兰色"。我拍了照片并写成了短文。郝先生看后说:误"蓝"为"兰"是个很典型的差错,你也把这两个字辨析清楚了;但我们是在编《咬文嚼字》,要有更高的要求,还要去查查有关皇帝祭天着装的资料。当时网络没有现在发达,查资料远不如现在方便。我马上请教专家。在专家指导下,我在一本著作的注释中找到一条线索:皇帝祭天穿蓝色祭服确有其事,《大清会典》中有相关记载。我把这条注释给郝先生看,郝先生说,这是条重要线索,去查查《大清会典》。我到上海图书馆去查阅,终于在《大清会典》中找到了相关资料:清代皇帝用于祭祀的礼服有四种不同的颜色,祭祖用黄色,祭天用蓝色,祭日用红色,祭月用月白色。我又去查《清史稿》,在《舆服志》"皇帝冠服"中也查到:"朝服,色用明黄,惟祀天用蓝,朝日用红,夕月用月白。"看到这些"成果",郝先生满意地点点头,说:《咬文嚼字》,就要这样编。通过此事,郝先生让我对"编辑"的含义有了更深入的理解,知道了怎样做编辑、怎样编《咬文嚼字》。

我曾把编好的一期稿子交给郝先生审阅。郝先生把几十篇稿子中用到的"惟一"都圈出来改成了"唯一"。在加工稿件时,我是查过《现代汉语词典》(2002年增补本,当时的最新版本)的,其中收的就是"惟一"。我"据理力争",郝先生和颜悦色地说:辞书确实收的是"惟一",但这并不能说明什么问题;辞书是语文规范的重要参考,但任何辞书都有缺陷,我们"信辞书,不能尽信辞书"。郝先生当场交给我一项任务:组织专家讨论到底应用"惟一"还是"唯一"。我组织专家"会诊",

终于弄清楚了"唯""惟"两字使用的变化过程。在先秦时,"唯""惟""维"都可以表示"单单,仅仅,只,独"。《左传》用"唯",《毛诗》用"维",《尚书》用"惟"。汉唐之间,"唯""惟"并存,"维"字退出舞台。朱熹《四书章句集注》在表示"独,仅"义时,基本上都用"惟",导致宋以后"惟"字基本"一统天下"。"五四"后,西方思潮传入,"唯物""唯心"等语词从日语中进入汉语,导致"唯"字大流行。1978年《光明日报》发表《实践是检验真理的唯一标准》,用的就是"唯一"。最后得出结论:在表示"仅仅,只"义时,现代汉语用"唯"比较符合汉语用字的演变规律。郝先生看完我编好的这组"会诊"稿件时,满意地点了点头。后来出版的《现代汉语词典》第5版,也以"唯一"为首选词形。郝先生曾说,语言是"一条流动的河",《咬文嚼字》要站在这条"大河"的"潮头浪尖",要引导语文生活的潮流!郝先生用实际行动,践行了自己的语文观。

我们曾收到一篇"纠错"文章,文中认为"罐子差一点没被这小子打破"的"没"字多余。我们当时认为有道理,是应该删除"没"。郝先生提醒:"没有这么简单!"我马上去查阅相关资料,原来这是个"老话题"。朱德熙先生早在1959年就发表过《说"差一点"》,他敏锐地观察到:肯定式"差一点打破了"和否定式"差一点没打破"意思都是否定的,都表示没打破;而肯定式"差一点及格了"和否定式"差一点没及格"意思却不一样,前者表示没有及格而后者表示及格了。后来吕叔湘先生主编的《现代汉语八百词》进一步指出:在表示不希望出现的情况时,"差点"与"差点没"意思一样,都表示否定的意思;在表示希望出现的情况时,"差点"与"差点没"的意思则不同,前者表示否定的意思,后者表示肯定的意思。这也是一个"热点"话题,沈家煊、江蓝生等等都分析过。郝先生的判断是对的,上引语句中的"没"没有问题,不必删。郝先生一直强调,编《咬文嚼字》不能"自说自话",要时刻关注学界的研究动态,要站在学术研究的前沿。在郝先生的建议下,我们建立了"咬文嚼字沙龙",每周召开一次(周三下午),编辑部成员轮流主持,讨论语言文字学术问题。我们的编辑大都是语言文字专业出身,熟悉语文学科的研究动态,能熟练运用认知语法、功能语言、生成语法等等前沿理论分析语言文字运用问题。去年92岁高龄的乔姆斯基在加州大学洛杉矶分校讲解语言学理论,我们的年轻编辑还找到了相关资料,并进行了介绍。郝先生长期参加沙龙活动,直到近年病情加重才未能前来。他曾发微信对我说:我们的沙龙很有特色,要坚持办下去!

郝先生离去,对《咬文嚼字》编辑团队而言,犹如泰山崩顶,我们无不悲痛万分。我们唯有克勤无怠,把郝先生开创的事业发扬光大,让《咬文嚼字》品牌永闪光辉,才能不辜负郝先生的厚望!郝先生安息!

挽联选登

铭鉴同仁千古,
《咬嚼》长留人间!

——原国家教委副主任、国家语委原主任柳斌

推陈出新,苍天可鉴;
咬文嚼字,金鼎留铭。

——著名学者、厦门大学教授易中天

唁函选登

《咬文嚼字》编辑部
并转郝铭鉴先生家属：

惊悉郝铭鉴先生辞世噩耗，现代汉语规范系列工具书编委会全体同仁至感悲痛，于此谨表由衷惋惜和深切哀悼之情。

语言文字是人际交流的工具和维系社会的基础，而其规范化是这一作用发挥的必要条件。铭鉴先生倾心力于社会语言生活的规范化工作：创办《咬文嚼字》杂志，坚持评选年度"十大流行语""十大语文差错"；宣传国家规范标准循循善诱、诲人不倦，纠正使用偏差失误纤毫必较、严肃认真，为捍卫祖国语言文字的纯洁与健康孜孜矻矻、不遗余力，用心血和汗水为国民语言能力的提升和国家语言实力的形成做出了贡献。先生生前，用多种方式对以《现代汉语规范词典》为代表的规范系列工具书的编纂和传播给予坚定支持；先生主持的刊物及团队与本编委会和编写组亦有长期的深入合作。今日先生遽然辞世，"推广和规范使用国家通用语言文字"少健将，我们的规范辞书编纂工作失挚友，哀痛何似！

斯人往矣，事业长存。铭鉴先生安息！

现代汉语规范系列工具书编委会
李行健　张世平
2020 年 4 月 2 日

《咬文嚼字》杂志社：

惊悉先生驾鹤西行，不胜痛惜！先生是有知识分子自觉自省意识的智者、能者，是上世纪末强大的逆行者，保持定力，独辟蹊径，开辟语言文字规范化的一片天地，世人皆醉唯我独醒！对全民的规范意识和社会语文应用有指引之功。当初有幸在一片聒噪中得遇先生,有幸同行一段,近距离感受他的专业、实干精神和超前意识,学到不少有益做法和经验。先生走好!

教育部老干部局局长　于虹
2020年4月3日

《咬文嚼字》杂志社:

惊闻郝铭鉴先生辞世,深感悲痛!

郝铭鉴先生一生精勤不倦,严谨求实,为我国语言文字事业做出了卓越贡献。先生学养深厚,才高识远,道德文章,皆为楷模,为我们留下了宝贵的知识积累和精神财富。他的逝世,是我们语文报刊界的巨大损失。

相交有年,深情厚谊,去岁岁末,忽闻抱恙,赴沪探望,竟成永别,哀音遽至,痛何如哉!大星陨落,天地同悲,薪尽火传,精神长存。

我谨代表中国语文报刊协会,并以我个人的名义,对先生的逝世表示深切哀悼,并向先生的家人表示诚挚慰问。

先生千古!

中国语文报刊协会　王晨
2020年4月3日

《咬文嚼字》编辑部:

惊悉著名编辑家、语言学家郝铭鉴先生遽逝,不胜悲痛之至!

铭鉴先生曾一手创办《咬文嚼字》期刊,素为我国语文生活健康发展的一面旗帜,众望所归;铭鉴先生亦曾担任上海市语文学会副会长多年,为上海语言学队伍的建设和语言学研究的发展殚精竭虑,贡献卓著。铭鉴先生的逝世是编辑界的重大损失,更是语言学界的重大损失。云山苍苍,江水泱泱,先生之风,山高水长,上海语言学人将永远缅怀先生!

上海市语文学会谨此向贵编辑部,并通过贵部向铭鉴先生家属表示最沉痛的悼念和最深切的慰问!

上海市语文学会
2020年4月3日

上海文艺出版社、《咬文嚼字》编辑部：

惊悉郝铭鉴先生病逝，我们极为悲痛！

郝铭鉴先生是著名的语言学家、编辑出版大家，更是我们敬重的良师益友。先生创办《咬文嚼字》期刊，对汉语语文的健康发展，贡献殊大。他以一生的奋斗，宣传、守护和宏扬祖国的语言文字，传承中华的优秀传统文化。先生的风操学问，一直为学界所崇敬和景仰。他的逝世使中国语言文字界失去了一位导师，中国出版界失去了一位大师。我们当秉承遗志，不懈努力，继续为促进祖国语言文字的健康发展而不断奋斗。

值此万分悲痛之时，我会全体会员向贵社和贵编辑部，并通过你们向郝铭鉴先生家属表示沉痛悼念和诚挚慰问！

上海市语言文字工作者协会
2020 年 4 月 3 日

《咬文嚼字》编辑部、郝铭鉴先生治丧办并转其亲属：

惊悉我会原常务副会长、卓越的出版人、著名语言文字学家郝铭鉴先生驾鹤西去，不胜悲痛！

先生策划选题，编校书稿，作品长销不衰，影响万千读者；先生创《咬文嚼字》，办《编辑学刊》，著书立说，成果丰硕，泽被后人；先生为学会发展鞠躬尽瘁，创不可磨灭之功绩。先生为新闻出版事业做出了巨大贡献。

先生的离世是上海出版事业的重大损失，是上海编辑工作的重大损失，更是我会的重大损失，我们为失去先生这样一位德高望重、学贯古今、敦厚儒雅的师长而深感痛惜。谨此表示沉痛悼念，并请转达对先生家人的慰问，请节哀保重。

郝铭鉴先生千古！

上海市编辑学会
2020 年 4 月 2 日

抗击疫情中常用的缩略词

◎高丕永

"流调""留观""洗消""消杀""医废""疾控""院感"等缩略词,是医务人员为了满足工作中需要的简便表达而创造的,也常在医学专业报刊上使用。这些缩略词,以前在"非典"等疫情防控时也曾走出"象牙塔",但公众关注度不高。抗击新冠肺炎疫情的阻击战中,这些缩略词又跟随逆向而行的医务人员出征,这一次成了各种媒体的"常客"。例如:

(1)上海"一号病人"是这样流调的——流调人员通过病例分析,发现上海疫情发生特征,为决策调整提供依据(标题,《新闻晨报》2020年2月23日)

(2)发热门诊新增6个隔离留观病房(标题,《北京日报》2020年1月28日)

(3)"硬核突击队"洗消校园全力保障复课(标题,《江苏金融报道》2020年3月19日)

(4)火神山,机器人消杀送药(标题,《健康报》2020年2月28日)

(5)贵阳强化医废处置执法检查(标题,《人民日报》2020年2月13日)

(6)披荆斩"疾"疾控人(标题,《海南日报》2020年2月2日)

(7)"头发剪短,控制院感"(标题,《镇江日报》2020年2月9日)

"流调""留观""洗消""消杀""医废"分别是"流行病学调查""留院观察""洗涤消毒""消毒杀菌(消毒杀虫)""医疗废弃物(医疗废物)"的缩略。缩略词和全称的用法基本一致。"流调""留观"用作名词或动词。比如：例（1）（2）。又如："天津隔离留观1474人"（标题，《中老年时报》2020年2月9日）。"留观"的地点，除了"医院（医疗机构）"，也可能是临时征用的宾馆、留观对象的家等。比如："居家留观得温暖　感恩锦旗送社区"（标题，《西安日报》2020年2月23日）。"洗消""消杀"一般用作动词。比如：例（3）（4）。以上五个缩略词，都是截取两个词的前一个语素缩略构成。"疾控"，有时是"疾病预防控制"的缩略，截取第一个词的第一个语素和第三个词的第一个语素缩略构成，一般用作名词。比如：例（6）。有时，"疾控"是"疾控中心"的缩略，截取第一个词缩略构成。比如："抗疫靠科学，疾控需要话语权"（标题，《江苏科技报》2020年3月4日）。

"院感"是"医院感染"的缩略。"医院感染"的意义需要强调"感染发生的地点"，所以截取前一个词的第二个语素"院"和第二个词的第一个语素构成。缩略词"院感"还构成了一般用作名词的"院感控制/管理"。后来，再次缩略，截取"院感控制/管理"第一个词构成了新的缩略词"院感"。所以，"院感"有时指"医院感染"。比如，例（7）。有时指"院感管理/控制"。比如："四一六医院感染科、院感科主任王嘉川　除夕凌晨四点　跑步赶去会诊"（标题，《家庭与生活报》2020年2月11日）。为减少误会，有时截取"医院感染控制"第二个词的第一个语素和第三个词的第一个语素，缩略构成"感控"。比如："感控先行，赴传染病医院全力援建新冠肺炎重症病区——记邯郸市新冠肺炎市级感控组组长、邯郸市中心医院感控科主任李临英"（标题，《邯郸晚报》2020年2月10日）。

正能量满满的"逆行""逆行者"

◎东 湖

2019年底,新冠肺炎疫情在武汉蔓延,并开始向全国扩散。危急之下,1月23日,武汉等地全部"封城"。全国4万多医务人员迅速组成340支救援队驰援,与当地的医务人员、社区干部、环卫工人、公安干警、志愿者等一起抗击疫情。媒体上,"逆行""逆行者"持续"刷屏"。比如:"致敬逆行医生 相信武汉力量"(标题,《北京晚报》2020年1月23日),"有一趟高铁'逆行'准点驶入武汉,这趟高铁上的'逆行者',就是上海驰援武汉的第一批医生"(《人民日报》2020年1月25日),"一个个了不起的巾帼'战士',卸下'红妆'、剪去长发,逆行而往奔赴疫区"(《中国妇女报》2020年1月30日),"最美逆行者,武汉永远记得你!"(标题,《新华每日电讯》2020年3月21日)

不过,上面例句里正能量满满的"逆行""逆行者",工具书上找不到合适的解释。纵观百年来现代汉语里的"逆行"一词,一般有三个意义。比较早的有两个。一个是"逆民意、历史潮流而行"。比如:"史料:与民意逆行之意国棒喝团"(标题,《星期评论(上海民国日报附刊)》1928年第2卷第16期)。另一个,《现代汉语词典》(第

7版)有收录,指"(车辆等)反着规定的方向走"。比如:"单行线除消防车救护车警备车工程救险车因有紧急任务外任何车辆不得逆行。"(《人民日报》1949年9月10日)后来,"逆行"有了第三个意义,指"反着众人的方向而行,不随大溜"。比如:"考古人——时空隧道的逆行者"(标题,《中国青年》1995年第9期)。又如:"做高楼价的'逆行者'!"(《羊城晚报》2007年12月7日)本文第一段例句里满满正能量的"逆行""逆行者",就是在"逆行"第三个意义的基础上发展而来的。

2015年8月12日深夜,天津港瑞海公司危险品仓库发生特别重大火灾爆炸事故。消防官兵第一时间到达现场,哪里有危险,哪里就有他们冲进火场的身影。媒体上,满满正能量的"逆行""逆行者"第一次"刷屏"。比如:"连日来,悲泪成河,敬意绵延。人们用得最多的,是'逆行'二字。'最伟大的逆行''最帅的逆行'……"(《人民日报》2015年8月18日)又如:"向火前行:世界上最伟大的'逆行者'"(标题,《海南日报》2015年8月16日)。自此,"逆行""逆行者"有了固定的新义,指"和平时期舍身忘我(的最可爱的人)"。比如:"勇敢逆行,她是消防女兵——灭火战士周宇坤:用超人的毅力,让百姓远离火患"(标题,《三湘都市报》2016年11月7日)。又如:"在埃博拉疫情肆虐最为严重的时刻,中国医务工作者成为'最美逆行者'。"(《人民日报》2018年9月3日)

跟随全新意义"逆行""逆行者"的,还有同样正能量满满、比较书面语化的"逆向而行""逆行战士(英雄、勇士)"等。比如:"致敬!逆向而行的白衣天使"(标题,《人民日报》2020年1月25日)。又如:"面对疫情,同济医院呼吸内科无一例医务人员感染,他被称为科学防护的'逆行战士'。"(《人民日报》2020年2月1日)

"休止符"不表示终止

◎张遵融

疫情防控积极向好,虽然仍不可放松警惕,但随着各地开始复工,全国人民对获得疫情阻击战的胜利更有信心了。于是,媒体的报道中开始频频出现"休止符"这个词,比如"疫情尚未画上休止符,但防控措施成效明显"。不难理解,这里的"画上休止符"是想表达疫情终止之义,但"休止符"并不表示终止。

"休止符"是个音乐术语,指乐谱中用来表示音乐停顿时间长短的符号。常用的有全休止符、二分休止符、四分休止符、八分休止符、十六分休止符、三十二分休止符六种。看到休止符并不意味着曲子完结,等过了停顿时间,音乐还将继续。显然,我们所期望的并不是疫情暂时停顿,而是希望新冠病毒带来的威胁可以从此远离我们的生活,永不再来!

想要表达疫情终止的愿望,我们可以说"画上终止符"或"画上句号",这样就不会引发误会了。

"临床实验"?"临床试验"!

◎唐慈富

全球有数十家科研团队正在研发新冠疫苗,目前已有数种进入临床试验阶段。在报道相关新闻时,有媒体把"临床试验"误成了"临床实验"。

"实验"和"试验"都是一个双音节合成词,有一个共同的构词元素"验",都含有对某种情况进行检验的意思。两词的区别,在于"实"和"试"两个不同的构词元素。

"实"即进行实践活动,"实验"即通过进行某种实践活动来检验某种理论或假设。在科学探究中,可以根据观察或已有认知提出某种理论或假设,但此理论或假设是否成立,必须通过某种实践活动来加以检验,这个实践、检验的过程,就是"实验"。实验既可以在实验室进行,也可以在野外某场所进行。亚里士多德曾断言:物体从高空落下的速度与物体的重量成正比,重的快,轻的慢。伽利略发现这一理论在逻辑上讲不通,进而假设:物体的下降速度与重量无关,如果空气阻力忽略不计,重量不同的两个物体将以相同的速度下落。为了验证、检验这一假设,传说伽利略登上比萨斜塔塔顶,将两个重量不同的铁球同时抛下,结果,两个铁球同时落到地面,证实了他的假设。这就是一个典型的"实验"活动。

"试"即尝试,"试验"即通过做尝试性的活动来检验某事或某物的效果或性能。在科学探究中,某事或某物的效果或性能最初可能是未知的,必须通过一系列尝试性活动(试做或试用)来加以检验,这个尝试、检验的过程,就是"试验"。如飞机在交付使用前,要进行一系列飞行试验,以对其设计指标、适航性能及使用性能进行检验。船只正式投入使用前,要进行一系列航行试验,以检验各种指标是否符合要求。机器正式投入生产前,也要进行一系列操作试验,以检验其性能是否符合标准。

"临床试验"是一个医药学术语,指在人体(病人或健康志愿者体内)对药物进行的系统性研究,以检验药物的功效、不良反应或吸收、分布、代谢、排泄情况等等,目的是检验药物的有效性与安全性。它是通过让病人或健康志愿者"试用"(尝试性服用或尝试性注射)的办法,来检验药物的性能,而不是通过某种实践活动来检验某个理论或假设。所以,是"临床试验"而非"临床实验"。

为"综合征"呐喊

◎大 田

因为新冠疫情,媒体时常提到 SARS(Severe Acute Respiratory

Syndrome,严重急性呼吸综合征)和MERS(Middle East Respiratory Syndrome,中东呼吸综合征),其中"综合征"屡屡被写成"综合症",这是不规范的。

Syndrome是一个西医学名词,它随西医传入中国后,长期存在"综合征"和"综合症"两种译法。近年来,由于医学日益发展,新的Syndrome不断出现,"综合征/症"也由医学领域走向大众生活,人们用它来表示在面对巨大社会压力时表现出来的异常感觉和状态,如"考试综合征/症""春运综合征/症""假期综合征/症"。

目前,大众媒体常用"综合症",因为"症"比"征"更容易联想到疾病。但是,医学界意见统一,以"综合征"为规范词形,是全国科学技术名词审定委员会审定公布的规范名词,对应的英文正是Syndrome。

专家的意见早就在权威辞书中反映出来了。比如《现代汉语词典》,早年曾收录"综合症",但1996年修订本已改为"综合征",如今对词条"综合征"的解释是"因某些有病的器官相互关联的变化而同时出现的一系列症状"。

根据这一概念及其用法,可简要分析"综合征"与"综合症"的两点区别。

首先,"征"指病征,"症"指病症。病征,是疾病显示出来的征象,如"同样是肺炎,病征不同";病症,就是疾病,如"疑难病症"。再比如,肺结核是疾病,而咳嗽、盗汗、下午发热则是其病征。

"综合征"指的是"同时出现的一系列症状",而不是"同时出现的一系列疾病"。比如由英国医师唐(John Langdon Haydon Down,1828—1896)首先描述的"唐氏综合征"(不少综合征用首先发现者的姓氏命名),是由染色体异常而导致的疾病,又叫"21三体综合征"。其症状表现为"智力低下,面容特殊(眼小、眼梢上斜、鼻梁宽平、口半开、舌常露于口外),皮肤细腻"(《辞海》)。这"一系列症状"显然与

"一系列疾病"还相去甚远。

其次,一种"综合征"常被当作一种疾病。如"唐氏综合征",又称先天愚型,"是一种先天性脑发育不全的疾病"(《辞海》)。而"获得性免疫缺陷综合征"(Acquired Immune Deficiency Syndrome),简称为"艾滋病"(AIDS)。还有,"严重急性呼吸综合征"(SARS),我们更熟悉的名称是"非典型肺炎"。若称"综合症",其字面含义则是一系列疾病而不是一种疾病。

总之,"综合征"(Syndrome)原本是一个医学名词,有其专业的含义。多年来,《咬文嚼字》一直支持选用"综合征",今天我们仍要为"综合征"摇旗呐喊,希望"综合症"早日退出历史舞台。

是"共度难关"还是"共渡难关"?

◎周桃芝

新冠肺炎肆虐全球,各国齐心协力,共渡抗疫难关。在谈到相关话题时,许多人将"共渡难关"误成了"共度难关"。

"度"本指测量长度的标准。引申指限度、尺度、制度、法度、气度等等。作动词用,"度"还可以表示"跨过""越过""经过"等意思。《字汇·广部》:"度,过也。"既可以与空间概念搭配使用,如"羌笛何须怨杨柳,春风不度玉门关"(唐代王之涣《凉州词》),也可以和时间概念搭配使用,如"孤馆度日如年,风露渐变"(宋代柳永《戚氏》)。

"渡"的本义是过河。《说文·水部》:"渡,济也。"如"项梁乃以八千人渡江而西"(《史记·项羽本纪》)。字义引申,可泛指"跨过""越过""经过"。《广韵·释诂三》:"渡,过也。"可用于空间,如"愿得远渡以自娱"(汉代张衡《思玄赋》),也可用于时间,如"梅歇春欲罢,期渡往不还"(南朝宋鲍照《幽兰》诗)。

可见,在古汉语中"度""渡"都可表示"跨过""越过""经过",不管是时间还是空间概念,都可以搭配使用。

在现代汉语中,"度"与"渡"的使用逐渐分化:"度"与时间概念搭配,如"度年""度日""度假"以及"欢度佳节""虚度青春"等等;"渡"与空间概念搭配,如"渡口""渡河""远渡重洋"等等。

那么,与"难关"搭配的到底是"度"还是"渡"?应用"渡",因为"难关"是一个空间概念。"关"繁体字作"關",本指门闩,引申指门、城门、要塞等,还指在险要地方或边境入口设立的守卫处所。"难关"即难以通过的关口,比喻不易克服的困难。

抗疫救援怎可"弛"

◎梁北夕

在这场对抗新冠肺炎的战争中,中国人民齐心协力,共克时艰。在湖北医疗资源面临巨大压力的时候,数以万计的医护人员和志愿者不惧风险,增援湖北。中国境内疫情基本得到控制,但伊朗、意大利、塞尔维亚等国家又成为了疫情的重灾区,于是国人又把援助之手伸向了世界需要的地方。在谈到相关话题时,有报道把"驰援"误写成了"弛援"。

"驰"和"弛"两字都是形声字,音同形近,很容易混淆。"驰"形符是"马",本义为车马疾行。《说文解字》:"驰,大驱也。"引申泛指奔跑、疾行。毛泽东《沁园春·雪》:"山舞银蛇,原驰蜡象,欲与天公试比高。"由疾行又引申出(名声、美誉等)传播、传扬的意思,如驰誉全国、驰名海外等。"驰"还可以用来比喻心神意念向往的状态,如心驰神往、意动神驰等。

"弛"的形符为"弓",本义与弓箭有关。段玉裁《说文解字注》:"弛,弓解弦也。"弓是一种射具,为了延长使用寿命,保持它的弹性,古人在不用时把弓弦解开,使它不必长时间处于紧绷状态,这就是"弛",与"张"的本义相对。由此引申指放松、松懈,如弛缓、松弛。又引申有解除、(时间上)延缓、衰减、放纵等义。

我们常说"疫情如火",救援行动越快,能挽救的生命就越多。"驰"能表达紧急、快速的意思,"驰援"是指向发生紧急情况的地方迅速前进,予以救援。"弛"的状态是放松的,速度是缓慢的,救援怎能放松?汉语中没有"弛援"的说法。

"细菌""病毒"的区别,你真知道?

◎林 凌

新冠肺炎是由新型冠状病毒感染所致。提到病毒,人们大都听说过,比如感冒就有两种,一种是细菌性的,一种是病毒性的。细菌和病毒皆为微生物,均可导致人体疾病。但到底什么是细菌,什么是病毒,并不是谁都很清楚,常有人将它们混为一谈。

细菌是一种原始单细胞生物,细胞结构简单,大小大约一至数微米,只能在显微镜下被看到。细菌广泛地分布在自然中,对自然界物质循环起着巨大作用。有部分细菌能引起人类疾病,被称为致病菌。致病菌是许多疾病的病原体,通过呼吸道、消化道、体液、接触等,侵入人体,并在人体内繁殖,引发疾病,造成人体损伤。病菌传染性强,危害性极大。比如,肺结核就是由结核分枝杆菌引起的慢性传染病。人体被致病菌感染患病后,可以使用抗菌药物治疗,如青霉素、阿莫西林、头孢、左氧氟沙星、红霉素等,都是常见的抗菌药物。

病毒是由核酸(脱氧核糖核酸 DNA 和核糖核酸 RNA 的总称)、蛋白质等组成的结构更简单的微生物,没有细胞结构,必须寄生在宿主细胞内。在基因组作用下,由宿主细胞提供物质和能量,以核酸复制的方式形成新的个体。离开宿主,病毒无生命活动,更无法繁殖。病毒同样通过呼吸道、消化道、体液、接触等,侵入人体,引发疾病,传播快,危害大。艾滋病就是由艾滋病病毒(HIV)引起的一种危害性极大的传染病。目前,大多数病毒感染的疾病,缺乏特效药物治疗。板蓝根颗粒、连花清瘟胶囊、双黄连口服液、清开灵颗粒、银翘解毒片等中成药,有一定的抗病毒作用。

冠状病毒是一个大型病毒家族,中东呼吸综合征(MERS)、严重急性呼吸综合征(SARS)等,就是由冠状病毒引起的。新型冠状病毒,是以前从未在人体中发现的冠状病毒新毒株。

"双黄连"与"莲"无关

◎历　环

1月31日,中国科学院发布了《上海药物所、武汉病毒所初步发现中成药双黄连口服液可抑制新型冠状病毒》一文,该文公布了一项研究结果:中成药双黄连口服液可抑制新型冠状病毒。这则消息引来社会广泛关注,虽然根据之后的消息,双黄连对新冠肺炎是否有效还需经过长期的临床研究才能下结论,但无疑这种口服液已经在疫情期间红遍全国。有些媒体宣传时误将"双黄连"写作"双黄莲",显然是不知其得名由来。

双黄连是一种常见的中成药,具有疏风解表、清热解毒等功效,主要用于外感风热所致的感冒。这种中成药的主要成分为金银花、黄芩、连翘。金银花,即忍冬,作中药材时也称"双花",中医以其花入药,有清热解毒等作用。黄芩,中医以其根入药,有解热降压等作用。连翘,中医以其果实和果壳入药,有抗菌解毒等作用。双黄连的得名是取这三种原料(双花、黄芩、连翘)的第一个字组合而成。莲,即荷花。双黄连和"莲"没有任何关系。

锁定名人

宋太宗不可能给黄庭坚下令

◎陈振林

央视科教频道《百家讲坛》邀请王立群制作解读宋史系列节目，其第一部《宋太祖》第16集中，王先生讲后蜀皇帝孟昶曾亲笔撰写了一个二十四句的《官箴》，据说后来宋太宗赵光义从中挑了四句，"然后请宋代四大书法家之一的黄庭坚把这四句写下来，叫《戒石铭》……"这里搞错了一个史实，赵光义没有也不能让黄庭坚写《戒石铭》。

赵光义（939—997），宋太宗，继承其兄宋太祖对割据政权各个击破的策略，在位时结束了五代十国分裂割据的局面。黄庭坚（1045—1105），北宋诗人、书法家，擅长行书和草书，为"宋四家"之一。由此可见，宋太宗在黄庭坚出生几十年前便已过世，即使以皇帝之尊，也不可能让黄庭坚写《戒石铭》。

其实，宋太宗从孟昶的《官箴》（又称《令箴》）中挑出四句作铭确有其事，他将"尔俸尔

"濯缨"不是洗帽缨子

◎李景祥

央视中文国际频道2019年12月21日播出《中国地名大会》第6期,节目中有一题考察的是诗情画意的江南园林的取名方式,提问留园、个园、狮子林、沧浪亭中哪一个是因遍植青竹而得名的。正确答案为个园。康震教授在解说沧浪亭时引《孟子·离娄上》:"沧浪之水清兮,可以濯我缨;沧浪之水浊兮,可以濯我足。"并解"濯缨"为"洗帽缨子"。

禄,民膏民脂,下民易虐,上天难欺"四句颁于州县,敕令刻在石上立于衙署大堂前,后称《戒石铭》。这一举措后成为惯例,从宋代一直延续到清代。黄庭坚确曾写过这四句《戒石铭》,宋高宗时还将其所书摹本颁给各郡县,其事见于宋李心传《建炎以来系年要录·绍兴二年六月》:"癸巳,颁黄庭坚所书太宗御制《戒石铭》于郡县,命长吏刻之庭石,置之座右,以为晨夕之戒。"这里记载的时间是绍兴二年(1132),那个时候不仅宋太宗,就连黄庭坚也早已过世了。

如此解释，似乎不确。

《说文》："缨，冠系也。""缨"的本义是系在颔下的帽带子。《说苑》《韩诗外传》上皆记载了一个"绝缨"的故事。楚庄王夜宴群臣，灯火被风吹灭，有个人趁机扯敬酒美人的衣服，美人回手扯下了那人的冠缨并报告庄王。庄王不怪罪，并下令群臣都把冠缨扯下，点燃灯火继续畅饮。后来楚晋交战，一楚将奋死赴敌，大胜。那人就是曾被美人扯下冠缨者。楚庄王气度宽宏，待人宽厚，由此留下了"绝缨"之典。"绝缨"的"缨"指的正是其本义帽带子。后来"缨"又引申指用丝线等制成的穗状物。"缨子"就是系在衣帽或器物上的穗状饰物。萝卜、芥菜等的叶因为像缨子，也被称呼为"萝卜缨子""芥菜缨子"等。"帽缨子"就是帽穗子，影视剧中清代官员帽子上所缀的那种红缨便是帽缨子。"帽带子"与"帽缨子"各有所指，是两个完全不同的概念。

"缨"的穗状物之义为后起义，《汉语大词典》中最早的用例出现在《水浒传》中，《水浒传》第三回："史进头戴白范阳毡大帽，上撒一撮红缨。"而"沧浪之水清兮，可以濯我缨"出自《孟子》，《孟子》成书于战国时期。将其中的"缨"解释为"缨子"不准确。上述节目中提到的这句"沧浪之水清兮，可以濯我缨"中的"缨"，朱熹《孟子集注》中解释为"缨，冠系也"。所以此处"缨"取的应当是其本义帽带子。

《"𪇈汤"是什么汤》解疑

"𪇈"是个方言俗字，指湖北省阳新县饲养的一种禽类，也称阳新番鸭。番鸭的外貌似鸭又似鹅，肉质鲜美。相传阳新县饲养番鸭已有数百年历史，被视为该地特产。当地人一般以俗称称呼这种禽类，其发音近"屯"，汉语中没有现成的字，便造了一个左屯右鸟的"𪇈"字。"𪇈汤"便是以阳新番鸭作为原料的汤。

原油不能"冶炼"

◎李华山

《辽宁老年报》2020年2月18日头版刊有《王英杰：情系下一代 不忘初心献余热》一文，文章开头说道："葫芦岛市，新中国第一桶原油冶炼在这里起步，第一组锌锭在这里铸成，新中国化工机械制造工业在这里兴起……"句中的"原油冶炼"用错了词。原油不是金属，怎能冶炼呢？

冶，义为熔炼金属。冶炼，就是用焙烧、熔炼、电解、化学等方法，从矿石或其他原料中将其所含的金属制取出来，以便加工应用。而原油是从油井中取得的未经加工的石油。石油是不同的碳氢化合物的混合物，其中所含元素主要是碳和氢，还有少量的硫、氮、氧元素，只含有微量的金属元素，如镍、钒、铁等。原油是无法冶炼的。

加工原油以产出各种石油产品、化工原料的过程，应该称之为炼制。石油炼制，一般是通过蒸馏、重整、裂化等加工手段，以得到汽油、煤油、柴油等燃料油，以及各种润滑油、化工产品等，如塑料、合成橡胶、合成纤维。所以上述文章中的"原油冶炼"应改为"原油炼制"。

误把"楚江"写作"楚天"

◎阎德喜

《江南烟雨》（载上海书店出版社2007年7月出版的《诗欢文爱》）中有这样一段话："'天门中断楚天开，碧水东流至此回。两岸青山相对出'，谁也无法阻挡千帆片片日边来……"文章引用了李白《望天门山》中的诗句，但是把诗中的"楚江"误写作"楚天"了。

《望天门山》全诗为："天门中断楚江开，碧水东流至此回。两岸青山相对出，孤帆一片日边来。"诗首句中的"天门"即天门山，在安徽当涂县西南，是东西梁山的合称。东西梁山夹江对峙,好像一座天设的门户,天门山由此得名。"楚江"即楚国地域的江河,此处指长江。天门山属于旧楚地,故流经这里的长江被称为楚江。"天门中断楚江开"一句的意思是天门山犹如被从中劈断了,长江的汹涌流水仿佛是冲破了天门,奔腾而过。

楚天,古时长江中下游一带属楚国,故泛指南方的天空。如辛弃疾《水龙吟·登建康赏心亭》:"楚天千里清秋,水随天去秋无际。""楚天"和下句的"碧水"毫无关联,如用"楚天"则前后句缺少逻辑关系。

挥的是"麈"不是"尘"

◎木 子

2020年1月14日《辽宁老年报》第7版上刊发了文章《"水上漂"巧修庙——太清宫的传说》,其中写道:"民国二十三年十一月初九……他(葛月潭)招手命弟子准备纸张笔墨,挥毫绘'兰'一幅,题诗于上曰:'一花一世界,一叶一仙槎。挥尘东溟去,云天到处家。'"这里所引诗句错了,其中的"挥尘"应改为"挥麈"。

麈,从鹿主声,读作 zhǔ,古书中指一种像鹿的动物。古人将这种动物的尾巴接上把柄来制作驱虫、掸尘的工具,称"麈尾",也就是通常说的拂尘。"麈"也作"麈尾"的省称,"挥麈"即挥动麈尾。古人尚清谈,喜欢执麈尾,挥麈助谈。后来道教赋予了麈尾宗教含义,将其作为一种法器,挥麈有拂去烦扰的意思,道士常会携带。葛月潭(1854—1934),道号明新,山东邱县(今河北邯郸邱县)人,近代著名道士、书画家,生前曾任沈阳太清宫方丈。鉴于道士的身份,葛月潭将"挥麈"入诗非常自然。

尘,即尘土、灰尘。"挥尘"从字面上看指抛撒尘土。"尘"的繁体字为"塵",和"麈"字形相近,只不过下面是"土"而不是"主"。误"廛"为"尘"可能是因此所致。

春节是"日"不是"月"

◎廖 宁

2020年1月18日《沈阳日报》第6版上刊发了《小寒连大吕 欢鹊垒新巢》一文,上面写道:"顺便说明一下,中国三代有三正之说,即以哪个月为岁首,三代不同。周代建子,商建丑,夏建寅……夏朝将寅月作为岁首,即春节,而商朝将腊月作为岁首,周朝将冬至月作为岁首。"这里将"寅月"等同为"春节"是不准确的。

中国古代以天干地支计时,一年中的十二个月也被分别配属了十二地支,按冬至所在月份为子月依次排序。正如上述文章中说的,夏商周三代历法在哪个月为岁首(正月)的问题上设置不同,夏历以寅月为岁首,殷历以丑月为岁首,周历以子月为岁首。我们现在使用的农历采用的是夏制,正月为寅月。春节,节日名,古时指立春,现在指的是农历正月初一,也就是一年的第一天。

"岁首"指一年的开始,既可以指一年的第一个月,也可以指一年的第一天。"寅月"作为第一月可以称岁首,"春节"作为第一天也可称岁首。但它们一个是月,一个是日,两者不能等同。

不是"缮草"是"苫草"

◎李奉天

寒冷的冬天里,乡村的人们与火最亲。屋内生火久了房顶的积雪便悄悄融化,悄悄融化的雪水顺了缮草小瓦渗到屋檐,渗到屋檐便一点一点冻结,一点一点凝结便形成长长的冰挂。

这段文字出现在2020年1月13日《辽沈晚报》第15版刊载的《乡村的冬天》一文中。文中出现的"缮草"应改为"苫草"。

"苫"是个形声字,从艸,占声。可以读shān,指用草编成的覆盖物,如草苫子;也可以读shàn,指编茅盖屋,泛指用席、布等遮盖,如给货物苫块盖布。旧时的房屋都会在屋顶上覆盖厚厚的草苫,既可以防止漏雨,也有一定的保暖作用。"苫草"很好理解,即盖在屋顶上的茅草,只要苫盖时理得平整均匀,下雨时雨水自然会顺着苫草流下,和屋瓦的功能相同。上述文章说的应是这种盖在房顶的苫草。

缮,读shàn,修补、修整之义。"缮草"字面上看是用来修缮的草,和文中用来作为房瓦用的"苫草"还是有区别的。

"萎萎焉焉"应为"萎萎蔫蔫"

◎盛祖杰

2019年第44期《中国电视报》B24版《床头有盆绿萝》一文中写道:"全家出门旅游,十几天才回来,一进家门就看到床头的它低垂着脑袋,花茎变得萎萎焉焉……"其中"焉"应为"蔫"。

"蔫"是形容词,形容花木、水果因失水而萎缩。"萎"意思是枯萎。"萎蔫"即植物由于缺乏水分而茎叶萎缩。上述文章中,由于十多天未浇水,绿萝枝叶低垂,用"萎萎蔫蔫"来形容正合适。

"焉"本是象形字,《说文》释为:"焉鸟,黄色,出于江淮。"《禽经》:"黄凤谓之焉。"此义已不用。文言中,可用作疑问代词,相当于"哪里""什么""怎么"。也常用作语气助词,如"心有戚戚焉"。又兼有介词"于"加代词"是"的语法功能,如"善莫大焉"。"焉"不叠用,"萎萎焉焉"无可解。

"桌"原是"卓"的俗字

◎陈璧耀

在我国古代家具中,桌子是随着椅子的出现应运而生的。因为椅子比较高,原先席地而坐用以凭依的几和案已不方便使用,于是产生了与椅子高度相配的高桌。

宋初杨亿《杨文公谈苑》说:"咸平(998—1003)、景德(1004—1007)中,主家造檀香椅卓,言卓然而高可倚也。"这"椅卓"的"卓"就是"桌子"的"桌"。"卓"原是个借字,因为直到宋朝,今天常用的"桌"字尚未产生,所以借"卓"表示"桌"。之所以借"卓"表示"桌",是因为"桌"比"几"高,而"卓"有高义的缘故,所谓"言卓然而高可倚也",是说高桌与高椅相配,就可以互相靠倚了。"卓然"就是形容高的。在"桌"字产生之前,"桌子"也因此写成了"卓子",如《五灯会元》卷二十《临济宗·侍郎张九成居士》的"叙语未终,公推倒卓子"(今本"卓子"已校改为"桌子")。

《说文》与《玉篇》时代,"卓"只表高义,说明晚至南北朝还未出现高桌。目前所能见到的最早的桌子,出现在一幅描绘唐代宴饮的壁画(敦煌473窟)中:一个凉亭,亭里一张长桌,两边两张条凳,一张条凳坐了四个男子,一张坐了五个女子,桌上有装在盘子里的菜肴,各人面前,还有配套的汤匙和筷子。这情景很像如今的分食制会餐。五代十国时南唐画家顾闳中《韩熙载夜宴图》,也绘有桌子和椅子,说明桌椅在唐五代已经流行了。所以"卓"之被借来表示"桌",应该是在唐以后。目前所见较早的用例有唐封演《封氏闻见记》卷五"巾幞"条的"若无才,虽以卓琰子裹一簸箕,亦将何用"。句中"卓琰子"就是"桌琰子",指一种覆盖在桌面上的材料或物品。

用"卓"表示"桌"之后,又有加"木"写成"棹"的,如明方以智《通雅·杂器》所说:"倚卓之名,见于唐宋。唐末小说有椅棹字。宋黄朝英言:'椅,木名(按:《说文》释"椅"为"梓也",即山桐子,音yī,不是今天椅子的意思,汉代还没有椅子);棹与櫂通,但当用倚卓。'"黄朝英认为"椅"是树名,"棹"则同"櫂",指一种吊置在船舷上的长桨,两者不宜用来表示"椅桌",应该用"倚卓"。但他在《靖康缃素杂记》卷三中又说:"今人用倚卓字,多从木旁。"这是说到了宋朝,人们"用倚卓字"大多已写成他原先不认可的"椅棹"了,就连大学者朱熹也是,如"于所舍设棹"(《朱子语类》卷九十)。可见到了宋朝,"从木旁"的"椅棹"已很流行。

宋人之"用倚卓字多从木旁",应该是认为椅桌多为木质的缘故,所以改写为从"木"的"椅棹"。"卓"加"木"成为"棹"。明清以后又有把"棹"旁的"木"移至"卓"下,改写为"桌",之后又在"桌"旁加"木"再繁化为"槕",从而形成一组从木的异体字。只是所有这些异体字,最初都被视为"卓"之俗字。

从唐代宴饮的壁画看,至迟在唐朝已经有了食桌。章太炎先生在《印度人之观日本》中说:"至于卓倚之用,中国行此既千余岁,虽田舍亦施之。"这是说桌子在我国民间流行已有一千多年的历史了。

相对于桌子一千多年前就已流行,"桌"这个字出现的时间却要晚得多。

目前辞书所引书证都是明人张自烈所撰《正字通·木部》

的"桌,俗呼几案曰桌"。这是目前所知收录"桌"字最早的字书。张自烈生于1564年,卒于1650年,《正字通》撰于崇祯末年,即张自烈去世前十年左右,则"桌"字的历史,至今不足四百年;而且很长一段时间,"桌"一直只是俗字在民间使用,见诸文字的基本都是"卓"。如明人冯梦龙《喻世明言》卷二十一"取出十两重一锭大银,放在卓上",清人颜光敏所辑《颜氏家藏尺牍》"敢借卓围二条"等。所以清人叶廷琯在《吹网录》卷三中说:"考卓即桌字。俗以几案为桌。当以卓为正。"可见明清时期就是以"卓"为正字,以"桌"为俗字的。

1936年版《辞海》还是"以卓为正",释义为:"③几案也。俗作桌、棹、槕,徐积诗:'两卓合八尺。'"而"桌"字条则释为"卓俗字,几案也"。

1915年出版的《中华大字典》则以"棹"为正字,而以"卓"为古字。其"卓⑨"条释义为"几案也。今作桌。详棹字"。"桌"释义为"古卓字",但有个按语:"《字汇》训高,《正字通》云:俗呼几案曰桌。"则"桌"在《中华大字典》中还是认同《正字通》说法视为俗字。"棹"却成了正字,释义为:"㈠倚卓也。见《正字通》。"也有一个按语:"《杨亿谈苑》:咸平景德中,主家造檀香倚卓,是即今之椅棹也。字或作桌。"

今本《辞海》始以"桌"为正字,释"桌"为"①桌子",而释"卓"为"③同'桌'",释"棹"为"㈠同'桌'"。

如今汉字规范化,"桌"成了正体,"槕"是废止不用的异体字,"卓""棹"则另表他义。从字形结构分析,"桌"是一个从木从卓省的会意字,只是省形的"卓"表义也表声,所以"桌"又是一个形声字。从家具演变的角度说,高桌的出现,既可认为是我国古代家具演变的一次伟大变革,也是我国饮食方式上的一次巨变,传统席地而坐的分食制,就此走向了在高桌大椅上用餐的会食制。

何来"碎木绊子"

◎沈阳仁

《品读》杂志2020年第2期上刊载了《卑微如此之美》一文,其中讲到一位卖烤地瓜供养女儿上大学的母亲,对她有这样一段描写:"在街角,一大把年纪却衣衫整洁、笑容可掬的她,常年守着一个烤地瓜摊。铁皮烤具里的碎木绊子烧得通红,那些个头大小不一却个个外焦里嫩的地瓜,在烘烤中散发着一股诱人的甜香,老远就能闻到。"这里出现的"碎木绊子"令人费解,应是"碎木柈子"。

"柈"是个多音字,可读pán,同"盘",指盛物的器皿。也可读bàn,即"柈子",方言,指大块的劈柴。周立波《暴风骤雨》第一部五:"民主联军……住在我们家,一早起来,又是担水,又是劈柈子,又是扫当院,真是处处为咱老百姓。"在使用劈柴时,为了能够更方便地填入炉膛、灶膛,往往要把柈子进一步劈细劈小,那小块的劈柴便称"碎木柈子"。上文作者说填充在烤具中烧作燃料的,当是碎木柈子。

绊,从糸半声,读作bàn,本义是御马的绳索,也指走路时被东西挡住或缠住。绊子,用腿绊倒对方的一种招数,也比喻害人的手段。世上并无"碎木绊子"一物,误"柈"为"绊"当是音同形近所致。

《火眼金睛》提示

图1,"不带"应为"不戴"。

图2,"历行"应为"厉行"。

图3,"不鸣则矣"应为"不鸣则已"。

图4,"精妆"应为"精装"。

不是郴州是剡县

◎晋 相

2020年1月21日《辽沈晚报》第16版《浪漫的雪》一文中有这样一段话：

古人同样是热爱雪的，晋代赫赫有名的大书法家王羲之，他的儿子王子猷也是一个有艺术气质的人。那晚一觉醒来，一股寒意袭来，他打开窗户，惊喜地发现外面大雪纷飞，好一个白茫茫、银装素裹的世界！于是，他命仆人热菜、温酒，忽然想，友人戴逵在干吗呢？越想，思念越甚，他索性唤仆人摇橹驾舟去千里之外的郴州拜访老友。费了九牛二虎之力，终于到了戴逵的家门前，仆人正欲敲门，王公子却摆摆手说："回吧！"仆人那个气啊，疑惑地看着他们的公子，王曰："吾本乘兴而来，兴尽而返，何必见戴？"

这个王子猷雪夜访戴的故事确实浪漫，但上引段落中有一处差错。《世说新语·任诞》记载有这则故事，其中说道："王子猷居山阴……时戴在剡，即便夜乘小船就之。经宿方至，造门不前而返。"可见，戴逵当时并不在郴州，而在剡县。

戴逵（kuí），字安道，本是谯郡（今安徽濉溪西南）人，后徙居剡（shàn）县。剡，古县名，在今浙江嵊州西南。而王子猷（yóu）居住在山阴，山阴在今之浙江绍兴。现在的绍兴为地级市，嵊州为其下辖的县级市，两处相距并不远。所以王子猷雪夜访戴，能"经宿方至"，一夜到达。

郴（chēn）州，在今之湖南

机器人能"忝列门墙"吗

◎王雅楠

《中关村》杂志2016年第1期上刊载了《贺岁机器人,爱你没商量》一文,其中写道:"人机之间互动乃至互生,将成为新常态。今后,除了工业机器人外,服务机器人更是非常受欢迎的朋友和清廉的仆人。还有宠物机器人、类人形机器人……都将忝列门墙,成为探索人类与机器人互动的新领域。"此处的"忝列门墙"属于成语误用。

忝,本义为辱没、有愧于。常用作谦词,如忝为人师、忝属知己、忝列衣冠等,都是表达愧于担当某种身份地位的意思。

"忝列门墙"是对师长的自谦之辞,意思是自己有幸列入弟子之中,生怕辱没师门,心中有愧。门墙,即师门、门下。上文将能与人类互动的机器人机型归为"门墙"之内,本就不合成语的本义。更重要的是,"忝列门墙"是自谦的用法,只适用于说话人自己,说其他对象"忝列门墙"是不礼貌、不合适的。

结合上文语境,宠物机器人、类人机器人等机种能加入到人类和机器人间的互动关系中,无疑是件好事。但不能说它们"忝列门墙",要是改成"加入其中"就好了。

省东南部。从绍兴乘汽车最快也要十二三个小时才能到郴州,如是摇橹而至,那就更不知要用多少天了。"剡""郴"二字音形义皆不同,不知怎会看错。从绍兴摇橹驾舟能在一夜之间到达千里之外的郴州?怪哉!

语言哲思

"人造钻石"是不是钻石

◎宗守云

"人造钻石"是不是钻石？20多年前，因为"人造钻石"是不是钻石的问题，曾经有过一场官司：

去年10月，上海手表厂为纪念毛泽东诞辰100周年，限量生产6666对钻石纪念金表。该表设计采用国际流行款式，表盘、表圈共镶有近百粒"奥地利名贵钻石及红、蓝宝石"。消费者吴某起诉"裕华金行"，认为广告中"奥地利名贵钻石"应该为天然产品，由于受了误导才买了一只，后了解到其所谓"名贵钻石"为进口人造钻石，觉得受了骗而提起诉讼。"裕华金行"声称，产品说明中"近百粒奥地利名贵钻石"并没有说是天然钻石，行业中称人造钻石都为钻石。(《扬子晚报》1994年4月22日)

消费者吴某认为，钻石是钻石，人造钻石是人造钻石，二者不是一回事，钻石一定是天然产品。而"裕华金行"则认为，钻石既包括天然钻石，也包括人造钻石，人造钻石也是钻石。那么，他们到底谁是谁非呢？

从词语构成看，"钻石"是无标记词语，"人造钻石"有"人造"作为区别性标记，是有标记词语。"钻石"和"人造钻石"两个词语的形成过程是这样的：首先，人们发现天然存在的金刚石，命名为"钻石"；其次，人们又发现，可以通过人工手段制成类似钻石那样的事物，命名为"人造钻石"。由于语言的惰性，原来的"钻石"不需冠以"天然"的标记，于是就形成"钻石"和"人造钻石"对立并存的情形。从归类的角度看，"人造钻石"和天然的钻石有许多物理性质都是相同的，因此可以作为钻石的一类；另一方面，"人造钻石"是钻石类别中非典型的成员，因此即使不作为钻石的一类，也是有道理的。《现代汉语词典》(第7版)"钻石"有两个义项：1.经过琢磨的金刚石,是贵重的宝石;2.指硬度较高的人造宝石,可用来做精密仪器、仪表的轴承或装饰品。显然,《现代汉语词典》是把"人造钻石"归到钻石一类的。

从语言系统看,"人造钻石"可以作为钻石的一类(根据《现代汉语词典》的处理),即"人造钻石"就是钻石;但从语言运用看,"人造钻石"是不能直接称为"钻石"的,必须加上"人造"标记。

在语言运用中,有标记词语都需要加上标记,否则会造成误解。比如,在肉类中,猪肉是无标记的,其他肉都是有标记的,如果是猪肉做成的食物,可以直接说"肉",如"小炒肉、红烧肉、东坡肉、肉炒腐竹"等,如果是其他肉做成的食物,必须加上标记,如"鸡肉卷、鱼肉丸子、红烧牛肉、孜然羊肉"等。再比如,在蛋类中,鸡蛋是无标记的,其他蛋都是有标记的,如果是鸡蛋做成的食物,可以直接说"蛋",如"卤蛋、水煮蛋、番茄炒蛋、洋葱炒蛋"等,如果是其他蛋做成的食物,必须加上标记,如"咸鸭蛋、大葱炒鹅蛋、鹌鹑蛋罐头"等。无标记词语一般不需要加标记,但在特殊情况下,比如强调或对比的情况下,也可以加上标记,比如"红烧肉"也可以说"红烧猪肉","肉炒白菜"也可以说"猪肉炒白菜","蒜苗炒蛋"也可以说"蒜苗炒鸡蛋","蛋黄炒花菜"也可以说"鸡蛋黄炒花菜"等。

就"钻石"和"人造钻石"而言,在语言运用中,"人造钻石"必须加上"人造"标记,不能直接说成"钻石";"钻石"一般不需要加上"天然"标记,如果在强调或对比的情况下,也可以加上"天然"标记,比如说,"你买的是人造钻石,我买的是天然钻石"。回到前面的"钻石"官司上来,从语言学的角度看,虽然"人造钻石"也属于钻石,但如果不加标记,"钻石"就默认为是天然的,因此我们认为,消费者吴某应该胜诉。

社交新风

朋友圈的五种禁忌语言

◎徐默凡

使用社交软件发布生活状态,已经成了很多人的生活习惯。生活中的趣闻轶事,工作中的喜怒哀乐,阅读中的点滴感悟……都被我们发布在朋友圈,这既满足了表达的欲望,也加深了人际联系,很多人已经成为深度使用者。朋友圈交流,已经日益成为现代人的一种重要的社交生活。

但是也要提醒大家,朋友圈不是日记本,它是向外界开放的,不能随心所欲地乱说乱讲,有很多禁忌的语言,还是要尽量避免,否则"后果很严重"。我们给大家整理了发布朋友圈的五种禁忌,帮助大家排险避雷。

一、杜绝脏话。

朋友圈是一个没有分级制度的社交圈,你的一言一行都会被所有人看到。如果在家人、朋友老少并存的朋友圈说脏话,一定会被别人认为是没教养,所以不管多么愤怒我们都要保持基本风度,各种污言詈语都绝不要出现。

还有一种情况会让我们放松警惕:有些脏话通过谐音、字母缩写、字谜等方式已经被"漂白"了,比如煞笔、逼格、碧池(bitch);还有些污辱性称呼甚至成为某个阶段的社会流行语,如心机婊、智障、脑残;但是我们不要认为很多人说了就脱敏了,也不要为了跟风而去使用它们,这些话语既不好玩也不时尚。

二、慎言"听说"。

"听说下周股市要大涨

了!""据说老板昨天发怒暴走了!"……

这些道听途说的消息,还是不要发布。随口一说,好像显示了你神通广大,消息灵通,但一旦落空,就给人带来口无遮拦、毫不靠谱的坏印象。

更严重的是,有很多公众性谣言都是通过这样的"听说""据说"方式流传开来,一不慎重发布者就有可能成为信谣、传谣的乌合之众,甚至可能触犯法律。

至于"我有一个朋友,他说……"这样的形式,也已经被网友们讽刺为"无中生友",可信性大打折扣了。

三、少用"求赞"。

发布一条朋友圈状态以后,亲友之间互相欣赏,互相勉励,互相点赞,这是积累情谊的社交之道。但是有时候,点赞量会成为利益诉求(比如发商品广告满100个赞打折)或者评选评比(比如根据点赞量评选最佳人气奖)的手段。如果为了好玩、为了人情我们偶尔求个赞,这是无可厚非的。但是不要忘记朋友圈也是信用圈,通行的"货币"就是点赞,假如你总是为了优惠券、为了子女的排名、为了公司的任务向别人"求赞",那就会导致"信用"破产,把朋友圈变成生意圈,肯定是得不偿失的。

四、澄清"某人"。

"某人"是个不定指,但在朋友圈中往往被用作定指,如:"某人送的生日礼物,太有心了!""某人最近很乖,天天在家做饭。"这里的"某人"其实就是自己的恋人或者伴侣,不好意思明说,但又忍不住要夸,这属于"花式秀恩爱"的常见手段,并不是我们反对的对象。

我们反对的"某人"用法,是在"某人"之后跟进一大串批评、指责甚至是谩骂,如"某人太过分了!你自己照照镜子,就你这德性,还来瞎指挥!"这样使用"某人",最大的麻烦就是会造成误伤,你的朋友会想:"这是不是在说我?""这是不是指桑骂槐?"即使知道不是在说自己,也会情不自禁地对号入座,去猜疑自己的言行是否也是如此。

而且你要知道,这样的情绪发泄一点也不隐蔽,虽然可能已经屏蔽了当事人,但是难免别人不会传话甚至截屏。

五、不要"找我买"。

在线经济崛起,商业模式革新,很多人都专职或者兼职做了微商,但是一天十几条甚至几十条的"找我买×××""×××特惠""超值限购"实在是让人倒胃口,不仅透支了朋友圈的注意力,而且透支了亲情和友谊。

我们不反对做生意,但是要把生意和生活区分开来。朋友圈是分享生活乐趣和感悟的,如果要做生意,强烈建议再申请一个专门的营销号,去给有需要的人群展示商品信息。

网络世界的虚拟生活越来越和现实世界的真实生活靠拢,朋友圈早已不再是一个游戏的地方,语言文明、言辞智慧也要及时跟进,照耀这片新兴的社交园地!

《"请您先等等"》参考答案

1. 应骋——应聘
2. 默守成规——墨守成规
3. 意谓着——意味着
4. 仑库——仓库
5. 看的上眼——看得上眼
6. 坐以待悫——坐以待毙
7. 捉摸——琢磨
8. 他接过纸条——面试官接过纸条
9. 别出新裁——别出心裁
10. 如愿以尝——如愿以偿

编校差错扫描(二十一)

◎王 敏

树木量词今用"棵"

【错例】瞧,这一颗树长得真大呀!

【简析】"一颗树"应为"一棵树"。"棵"和"颗"都是形声字,区别在形符。"棵"从木,本义是截断的木头。《广韵》:"棵,断木。""棵"现常用作量词,用于有茎的植物,比如"一棵毛竹""一棵小草"。"颗"从页(含义与人头有关),本义指小头。《说文解字》:"颗,小头也。"段玉裁注:"引伸为凡小物一枚之称。珠子曰颗,米粒曰颗,是也。"引申泛指粒状物,如"颗粒"。"颗"现也常用作量词,用于粒状物体,如"日啖荔枝三百颗"。要注意,量词"颗"的用法,古今大不同。在历史上,"颗"可用于树木,如明《西游记》第二五回:"你去把那崖边柳树伐四颗来。"可用于兽畜,如清和邦额《夜谈随录·戴监生》:"有黑狐十余颗,奔逸而出。"但是今天,量词"颗"不再用于树木和兽畜,只用于粒状物体,"一棵树"不能写成"一颗树"。

集中力量不用"卯"

【错例】卯足干劲、扎实工作,就没有无法战胜的困难。

【简析】"卯足干劲"应为"铆足干劲"。"卯"字在甲骨文中已多见，但其本义历来说法不一。"卯"的常用义主要是两种。一种是表示地支的第四位，可表年，如"寅吃卯粮"，可表月，如"夏正建寅，二月为卯"，可表时，即晨五点到七点。旧时官署办公从卯时始，故点名称"点卯"，签到称"画卯"。另一种是表示器物上安榫头的孔眼，即"卯眼"。中式建筑和家具利用凹凸咬合的榫卯结构连接不同构件，凸出部分叫榫，凹进部分叫卯，榫和卯相互连接，相互支撑。"铆"是形声字，从金卯声，特指铆接，是用铆钉连接金属板等器件的一种方法。铆接先要钻孔，然后穿钉，还要使铆钉膨胀以连接并固定器件，这是个技术活，也是个力气活，因此"铆"引申指集中全部力量，所谓"铆劲"就是鼓足力气，猛劲使出。总之，"铆"是动词，"卯"是名词，"铆足干劲"不能用"卯"。

"通牒"与"间谍"无关

【错例】边防部队发出"最后通谍"，要求入侵者马上撤出边境，否则，立即开战。

【简析】"最后通谍"应为"最后通牒"。形声字"牒"和"谍"区别在形符。"牒"从片，本义指古代书写用的小而薄的木片。《说文解字》："牒，札也。""札，牒也。"古代书写用的木片，"长大者曰椠（qiàn），薄小者曰札、曰牒"，"厚者为牍，薄者为牒"（段玉裁《说文解字注》）。"牒"引申指簿籍，如"史牒"，又指公文，如"公牒"。"谍"从言，本义指刺探军事情报。《说文解字》："谍，军中反间也。"如"谍报"。引申指刺探情报的人，如"间谍"。"通牒"，政权之间通知并要求对方限时答复的文书；"最后通牒"，特指要求对方必须接受，否则使用武力等手段强制实施的外交文书。"通牒"与刺探情报无关，不能写成"通谍"。

"报仇雪恨"别用"血"

【错例】两位围棋高手再次杀入决赛,最终上次的亚军报仇血恨,勇夺魁首。

【简析】"报仇血恨"应为"报仇雪恨"。"雪"是形声字,从雨,彗省声,本义指空气中的水蒸气在0℃以下时凝结成的白色结晶体,多为六角形。引申指白色,如"雪帆"即白帆。白雪洁净无瑕,"雪"由此引申指去除(蒙受的耻辱、冤仇),如"一雪前耻"。"血"是象形字,甲骨文写作䀀,象器皿中的血块,其本义指祭祀用的牲畜血。《说文解字》:"血,祭所荐牲血也。"引申泛指血液,再引申指有血缘关系的,如"血亲",又指用鲜血涂沾,如"兵不血刃",还指刚烈的气质,如"血性男儿"。上例"雪恨"指洗刷输棋的耻辱和仇恨,与血液无关,不能写成"血恨"。

"虎视眈眈"莫"耽耽"

【错例】股市大跌才有机会,大资金一直在虎视耽耽呢。

【简析】"虎视耽耽"应为"虎视眈眈"。"眈"和"耽"都是形声字,区别在形符。"眈"从目,本义指注视近前而意志深远。《说文解字》:"眈,视近而志远。"段玉裁注:"谓其意深沉也。"如"眈眈",即深沉注视貌。"虎视眈眈"形容像老虎一样凶狠地注视,有伺机攫取之意。"耽"从耳,本义指耳大而下垂。《说文解字》:"耽,耳大垂也。"假借指沉溺享乐,如"耽乐"。引申指专心研习,如"耽思"。又引申指迟延,如"耽搁"。"眈眈"在古籍中有写成"耽耽"的,但如今"眈""耽"分工明确,"虎视眈眈"不能写成"虎视耽耽"。

"请您先等等"

(文中有十处差错,你能找出来吗?答案在本期找)

◎伯 淮 设计

沃尔克很有主见,也很有个性,刚成年便决定到社会上打拼,闯荡自己的未来。然而,正逢经济不景气,应骋了十多家公司均未有结果。他意识到,如果默守成规,很难找到好工作。

这天,沃尔克去一家物流公司面试。他先去该公司的人事部门领取面试卡。尽管提前了一个小时到达,但沃尔克的面试卡上赫然显示一个数字——21,这就意谓着,在他前面已经有足足20个人在等候面试了。

该怎么办?这是调配仓库物资的工作,沃尔克觉得很适合自己,而且薪水也不低。可"21"这个位置实在是太不利了,这份工作并没有特殊的技能要求,而且只招收一个人,只要前面20个人中有一个让面试官看的上眼,那自己就没机会了。

不能坐以待毙,沃尔克捉摸了一会儿,有了一个大胆的主意。沃尔克叫来一个工作人员,托他给面试官捎去一张纸条。他接过纸条,只见上面写着:"先生,我相信自己最适合这个职位。由于我排在第21位,所以请您先等等,看到我前不要急着做决定。"看完这张别出新裁的纸条,面试官笑了起来……

最后,沃尔克如愿以尝,获得了那个职位。

郝铭鉴先生著述作品精选

《咬文嚼字》创办人郝铭鉴先生一生著述颇丰,始终心系祖国语言文字,关注出版文化大业。本期谨择选介绍其近年来出版的几种经典作品,以志纪念。

《常见别字辨析手册》

这是本实用性强的小型工具书,收录数百例典型别字,几乎将汉语言实际运用中普遍碰到的别字一网打尽。书中的别字差错全部来自实例,分析透彻,往往一语中的,令人豁然开朗。

《萤火虫你慢慢飞——郝铭鉴语文微博一束》

这是一个语言传播狂欢的时代,这是一个语言品格萎缩的时代。"莫道萤光小,点点总含情。"本书以百余字议语文运用疑难杂症,千余条侃语文生活热点话题,守护着祖国的语言文字。

《出版的灯光》

书籍是人类智慧的灯光,编辑就是传承灯光的使者。这本编辑随笔集,记录了郝铭鉴先生多年来对出版界热点现象的思考,从《纽约时报》议到"万宝全书",从日本的报纸谈到莫言的萝卜,意蕴隽永,耐人寻味。

《中华探名典》

简单的名称里蕴藏着社会对事物的认知,先民对未来生活的期盼。探名,不仅是追求一种文化趣味,更是挖掘一种文化蕴藏。全书分为九部分,以天文、地理、植物、动物、食物、服饰、建筑、器物、娱乐为序排列。每部分再分若干细目,文图并茂。

购书请扫码　　咬文嚼字官方淘宝店

火眼金睛

图中差错知多少？

（答案在本期找）

小逸 周伟 盛祖杰 陈默 提供

不鸣则矣 一鸣惊人

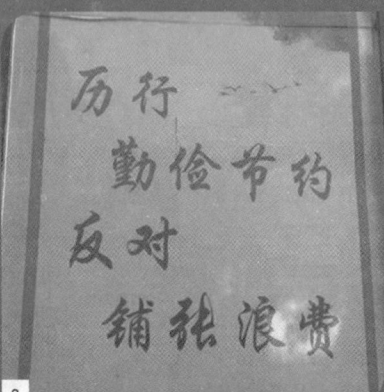

邮政
扫码订刊
轻松快捷

淘宝
扫码购书
优惠立享

微信公众号
扫码关注
精彩无限

ISSN 1009-2390

YAOWEN-JIAOZI

咬文嚼字

菠萝

菠萝科，原产美洲地区，大约明代时传入我国。因外形类似波罗蜜而得名。波罗蜜，一种热带水果，隋唐时由印度传入我国，其名译自梵语。菠萝果实的一端有一簇绿叶，形似凤凰的尾巴，加之味道甜中带酸，似梨，故又称凤梨。

上海世纪出版集团

2020/06

欢迎至邮局订阅本刊 邮发代号 4-641
国内统一连续出版物号 CN 31-1801/H
定价：6.00元

广角镜

喜报

国家新闻出版署近日印发《2020年农家书屋重点出版物推荐目录》。咬文嚼字公司6种图书入选文化类目录。这6种图书分别是《常见别字辨析手册》《咬文嚼字二百问》《词辨百话》《语病百讲》《灯谜谐趣园》《高考作文常见错别字》。

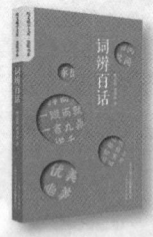   

购书可扫码

咬文嚼字官方淘宝店

书窗

25年，一年一本
《咬文嚼字》合订本，热销中……

2019年精装：58元
2019年平装：50元

历年合订本等你选购

 扫码购书享优惠
咬文嚼字官方淘宝店

咨询电话：021-64370935

名家语画

李院士没做年夜饭

康 泰/文 臧田心/画

据说,由于工作太忙,李兰娟院士每年只做一次饭,即年夜饭。不过,这一惯例已经被打破了。去年大年三十,李院士在北京参加有关新冠肺炎防控工作部署会议,年夜饭只好由丈夫郑树森医生代劳。为此,李院士还发了一条"朋友圈",调侃道:"今天我轻松了,可以不烧年夜饭了,由郑院士替代,手术刀改厨刀。"

2020年6月1日出版

6

总第306期

主管：上海文艺出版总社
主办：上海文化出版社
编辑、出版：《咬文嚼字》杂志社
集团网站：http://www.shwenyi.com
E-mail：yaowenjiaozi2@163.com
官方微博：
http://weibo.com/yaowenjiaozish
电话传真：021-64330669
发行电话：021-64372608-181
邮购电话：021-64370935
地址：上海市黄浦区绍兴路7号
邮政编码：200020
发行：上海市报刊发行局
发行范围：国内外公开
订阅处：全国各地邮局
邮发代号：4-641
ISSN 1009-2390
CN 31-1801 / H
印刷：上海中华印刷有限公司
印厂电话：021-60829062
　　　　　021-60299079
定价：6.00元

如发现本刊有装印质量上的问题，请在当月与承印公司联系调换。

名家语画	李院士没做年夜饭		
		康 泰/文 臧田心/画	/ 1
前线观察	"抗疫"确认了"例"的新用法	高丕永	/ 4
	开启"投喂"新模式	南 园	/ 6
疫情聚焦	"熔断"到底是什么	林 凌	/ 8
	"几率""概率""机率"，到底哪个对	梁北夕	/ 9
	"负作用"还是"副作用"？	崔国胜	/10
	特朗普"反映"太慢？	伯 淮	/11
	特朗普与人"唇枪舌战"？	言 内	/12
	自限性疾病是什么样的疾病	林 怡	/13
	"'挤兑'资源"还是"'挤对'资源"？	唐慈兵	/14
时尚词苑	"霸凌""××霸凌""霸凌主义"	东 湖	/16
	一方有难　八方"驰援"	何俊萍	/18
	"举旗定向"：新时代的思想纲领和行动指南	代宗艳	/20
一针见血	误用"平分秋色"	李 军	/22
	"耷拉"应是"耷拉"	荣可寄	/22
	"开国"并非指"打开国门"	罗献中	/23
	"蓦得"应是"蓦地"	李可钦	/23
	"跫音"才指脚步声	杨昌俊	/24
	"折戡沉沙"？"折戟沉沙"！	居容人	/24
	"焚天"应写作"梵天"	王宗祥	/25
	何来"蠹鱼"	李 五	/26
	何来"虐浪笑傲"	汤青武	/26
	《长歌行》非郭茂倩所写	李信宜	/27
	错将"钩玄"作"钓玄"	阎德喜	/28
	"淋沥"不可取代"淋漓"	得 喜	/28
	"出人""投地"两不搭	郭志国	/29

栏目	标题	作者	页码
学林语言哲思	谈"及"和"暨"	苏培成	/30
	"司马缸砸光"	宗守云	/32
追踪荧屏	毛泽东不会自称"润之"	高良槐	/34
	与蚌"相争"的不是鹤	李强	/35
	"预后"不要误为"愈后"	王重阳	/36
	误把"寿幛"写作"寿帐"	梁德祥	/37
识物寻踪	"几"与"案"	陈璧耀	/38
文章病院	"侯生"到底是谁	流苏	/41
	楚国金币称"郢爰"	周振	/42
	悼亡诗？悼诗！	汤生根	/43
	误用"泯然众人"	阎南岗	/44
	应为"骈四俪六"	葛青江	/45
社交新风	不回消息怎么办——网络交际的反馈时效性	徐默凡	/46
检测窗	编校差错扫描（二十二）	王敏	/49
网言网语	"抄作业"，抄什么	曹艺	/52
	"彩虹屁"是彩虹色的吗	姚越	/54
	从"放鸽子"到"鸽了"	薛月朗	/56
重读经典	谈谈写文章	王力	/58
说文解字	甲骨文中的"疫"情	刘志基	/62
向你挑战	烤肉上的头发丝	梁北夕 设计	/64

顾　　问　濮之珍　何伟渔
　　　　　陈必祥　金文明
　　　　　姚以恩
主　　编　黄安靖
副 主 编　王　敏
特约编委
　汪惠迪(中国香港)
　田小琳(中国香港)
　林国安(马来西亚)
　吴英成(新加坡)
责任编辑　施隽南
　　　　　何中辰
　　　　　朱恺迪
通　　联　戚新蕾
封面设计　王怡君
特约审校
　蔡维藩　陈以鸿
　李光羽　王中原
　张献通　黄殿容

凡本刊录用的作品，其与《咬文嚼字》相关的汇编出版、网上传播、电子和录音录像作品制作等权利即视为由本刊获得。上述各项权利的报酬，已包含在本刊向作者支付的稿酬中。如有特殊要求，请在来稿时说明。

"抗疫"确认了"例"的新用法

◎高丕永

在抗击新冠疫情期间,我们天天高度关注"疑似(病例)""确诊(病例)""重症(病例)""治愈(病例)"等的数量变化,也注意到了数量统计的单位是"例"。

这个"例",《现代汉语词典》里标明是名词,有多个义项,其中一个义项为"调查或统计时指合于某种条件的事例",给出的例子有两个:"病例"和"十五例中,八例有显著进步,四例进步不明显,三例无变化"。然而,名词"例"在现在"抗疫"报道中,往往用作量词。也就是说,"例"已经演变为兼类词了,兼名词和量词。请看以下例句:

(1)我市新增5例疑似病例(标题,《闽北日报》2020年1月31日)

(2)这几例患者是怎样感染的?(标题,《天津日报》2020年2月3日)

(3)每例重症患者都有精确治疗方案(标题,《青年报》2020年2月15日)

(4)本市新增5例境外输入病例(标题,《北京日报》2020年3月27日)

为什么说以上4个例句里的"例"是用作量词呢?

汉语的量词有两个语法特点:经常附在数词或指示代词的后边,构成数量短语;单音节量词可以重叠使用。所以,同时具备这两个语法特点的,都可视为量词(或用作量词)。

以上4个例句里的"例",构成数量短语后修饰后面的名词性成分,已经具备了第一个语法特点。那么,是否有第二个语法特点呢?答案是肯定的。"例"字的重叠使用,语文生活中不乏用例。比如:"在非洲大地他们完成了一例例高难度手术"(标题,《河南日报》2020年1月21日)。"例"的这种用法过去就有。如:"211医院脊柱侧弯手术例例成功 三百'驼背'挺直腰板"(标题,《人民日报》1988年10月22日)。可见,从用法上看,"例"字已具备了量词所有的语法特征。

其实,名词"例"用作"病例"统计的量词,在上世纪三四十年代的医学专业杂志上已经可以看到,比如:"两例疑属偻麻质斯性之先天性心内膜炎"(标题,《中华医学杂志(上海)》1934年第4期)。1950年代起还出现在面向普通读者的媒体上,但仍然不多见。比如:"三年来又曾以大力改善环境卫生,……并有重点地注射霍乱疫苗,使我国已经是第四年度未发现一例真性霍乱。"(《人民日报》1952年9月27日)又如:"每例非典病人都要有详细流行病学调查"(标题,《人民日报》2003年6月9日)。不过,这种用法过去比较少见。

名词"例"在数量统计时用作量词,近年来不限于统计"病例",也可以统计"案例"。比如:"鄂州市局着力构建行政执法监督制约机制——成立12年无一例行政复议和行政诉讼案件"(标题,《中国医药报》2013年7月24日)。此外,还可以统计"事例"。比如:"窗口服务无一例投诉是怎么做到的"(标题,《中国劳动保障报》2019年4月3日)。

"例"字的量词用法,在这次"抗疫"报道中得到了确认。最后,我们建议《现代汉语词典》修订时,为"例"增加一个义项,即标明"量词"的义项。

开启"投喂"新模式

◎南 囡

2020年3月27日晚,上海东方电视台播放了一则视频新闻:意大利的一家医院启用来自中国的AI(人工智能)辅助诊断系统来初步筛选新冠肺炎患者。该系统20秒就能报告疑似病例,给出的判断与最终的核酸检测结果比较,准确率高达98.5%。为什么这么高效?因为中国IT科技人员给这个系统"投喂"过一千多例新冠患者的CT图像等数据。看到这里,有读者可能会认为"投喂"的用法不对。确实,"投喂"一词本来仅有一个意义,只是指"抛撒饵料给鱼类、飞禽等动物喂食"。但是,近十年来"投喂"里"喂"的"养育"和"有爱"语义特征得到了加强,用途也就多了起来。

现在的"投喂",有从"养育"引申而来的"训练"意义,训练的对象可以是物,常见的正是包括机器人在内的AI系统。"投喂"怎样训练AI系统?简单地说,就是"制定数据标注规则,再将数据'投喂'给人工智能系统,对其进行不断的训练,使之更好地为人类服务"。上面提到的AI辅助诊断系统能有这么高的诊断效率,就是"投喂"训练的结果。又如:"将成千上万张经过标注的图片组成的数据集'投喂'给机器,它才能在一张全新的图像中分辨出人物在哪个区域、具有怎样的外貌特征。"(《科技日报》2018年11月26日)"投喂"AI系统,已经成为一种新的职业——人工智能训练师,2020年2月正式列入《中华人民共和国职业分类大典》。

有时,"投喂"训练的对象是人,但具体方式有点像"填鸭式教育"。比如:"在基础教育阶段,我们习惯了被老师'投喂',而忽视了主动学习能力的培育,这与大学的学习方式截然不同。"(《光明日报》2018年11月20日)又如:"'戏曲身段开展云课堂真心不容易。'柴轶佳说。线上教学虽是不得已而为之,但也为戏曲教学提供了新的视角。相对于原先面对面的'技术投喂',线上教学的过程被全程录制,自动生成视频,更方便学生课后巩固学习,帮助他们从自身出发,寻找知识盲点。"(中国新闻网2020年3月12日)

最讨厌的"投喂"训练,是网络平台"嗅探"到用户的喜好意向后无休止地定点推送。这引起了普遍的关注和批评。比如:"从'我'的角度来看,我只是一个样本,一个接收器,一个等待喂食者。信息是主动的,它来'投喂'我,而我在它的'投喂'中,也逐渐变成数据预定的'我',直至我分不清,哪一个'我',才是真正的我。"(《长江日报》2019年6月13日)又如:"在投喂时代,当点击率和可读性取代了真理性与可信性成为新的评判标准时,人们的阅读品味与注意力将会不自觉地被从众心理和大众趣味所裹挟,表现出'点击替代思考''思想让位猎奇'的现象。"(《文汇报》2020年4月2日)

现在,"投喂"用得最多的是表达"有爱"。在抗击"新冠肺炎"疫情的斗争中,人们开启了最有爱、最诚恳的"投喂"模式。比如:"民间'投喂'一线工作者——送上一口热腾腾饭菜"(标题,《新民晚报》2020年2月8日)。又如:"由于担心白衣天使们过于忙碌无暇吃饭,众多市民们开始疯狂'投喂'模式。网红汉堡、奶茶咖啡、车厘子、大闸蟹……愣是将沪上多家医院变成'美食聚集地'。"(文汇报客户端2020年2月20日)此种"投喂",反映了民众对抗疫英雄的敬仰与感恩。

"熔断"到底是什么

◎林 凌

近来"熔断"一词频频出现在新闻报道中,如《人民日报》2020年3月24日《美国会议员涉嫌内幕交易惹众怒》:"连日来,美国股市在新冠肺炎疫情等影响下出现暴跌,短期内四次熔断。"那么,"熔断"到底是什么意思?美国股市为什么会"熔断"?

为防范风险,美国股市设有熔断机制。熔断制度是指在证券、期货或其他金融衍生产品交易中,为其单日价格波动幅度规定区间限制,一旦成交价触及区间上下限,交易随之中止一段时间,或可以继续进行但报价不能超过该限制位,否则报价不被接受。1987年10月19日,美股道琼斯工业指数大跌22.6%,引发全球股市暴跌。这一天也被美国金融界称为"黑色星期一"。为避免再次出现此类情况,美国采取了熔断制度。根据美国现行的相关规定,当指数在短时间内下跌幅度达到7%时,美国股市就将熔断,证券市场交易暂停15分钟。"熔断制度"现为国际通用的一种资本市场价格稳定制度。

作为金融术语的"熔断",英语为circuit breaker。"circuit"义为电路,"breaker"义为断路器。"circuit breaker"本指"电路断路器",但汉语中将其译为了"熔断"。"熔断器"(俗称"电路保险盒")大家并不陌生,过去几乎每家每户都装有。为防止电路设备损坏或故障扩大,当电流超过规定值一定时间后,以电流本身产生的热量使熔体("保险丝")熔化,分断电路,这种装置即"熔断器"。相较"电路断路器","熔断"的语义更加显豁。

2020年之前,美股市场仅发生过一次熔断。1997年10月27日,道琼斯工业指数暴跌7.18%,收于7161.15点,触发熔断。而受到新冠肺炎疫情等影响,美国股市在今年3月出现4次"熔断",引发全球关注。

"几率""概率""机率",到底哪个对

◎梁北夕

随着新冠肺炎疫情在世界范围扩散,全球对病毒传播、防控措施等等问题的认识、讨论进入了新的阶段。"几率""概率"常出现在新闻报道中,如:"美国政府将要求疫情热点地区的人,在公开场合戴布制口罩,以降低新冠病毒传播几率","新冠肺炎是急性病毒性传染病,病程较短,导致肺纤维化发展概率比较低",等等。"几率""概率",到底哪个对?

稍加体会不难发现,不管是"几率",还是"概率",表达的是相同的意思,它们是同一个词。其实,这是一个数学术语,对应的英文是probability。某个事件在同一条件下,可能发生,也可能不发生,发生的可能性大小的量,即probability。作为数学术语,probability翻译成汉语,过去主要有三种形式,即或然率、概率、几率。"或然"即有可能,但不一定;"概"即大略,大致;"几"即接近,差不多。可见,把probability译成"或然率""概率""几率"基于同一思路,即都着眼于"可能性"这一语义要素。熟悉英文的朋友知道,作为普通词语,probability的意思就是"可能性"。在英文中,与probability词根相同的probably一词,就表示"大概""或许""很可能",与"或然率""概率""几率"中的"或然""概""几",意思大致相当。

1993年,全国科技名词审定委员会把数学术语probability的中文词形审定为"概率",载于《数学名词》第一版中。物理学、化学、大气学、测绘学、农学、冶金学等学科,也引入了probability这一术语,其中文词形都被审定为"概率"。此后出版的辞书,大都以"概率"为词形正条,而把"几率""或然率"

当作"概率"的"旧称"。

因此,作为科技名词术语,"概率"是规范词形,写作"几率""或然率"是不规范的。作为日常大众用语,使用"几率""或然率"虽不算什么大误,但我们还是提倡使用"概率"。因为,从语言的"经济性"角度考虑,科技术语如能与大众用语统一为同一种形式,是最佳的选择。

还需指出的是,也有一些媒体使用的是"机率"。如:"卫生官员还表示,经济条件较差的新冠病毒患者面临着更高的死亡机率。"《辞海》第六版收有"机率"词条,但也是作"概率"的旧称。因此同样不建议使用。

"负作用"还是"副作用"?

◎崔国胜

4月29日,美国国家过敏症和传染病研究所所长福奇表示,瑞德西韦(美国吉利德科学公司一款在研药品)在缩短新冠患者的恢复时间上有显著的积极作用。受该"利好"消息影响,吉利德科学公司股价上涨了5.7%。不过,也有学者表示,临床试验表明,瑞德西韦对治疗新冠肺炎疗效并不明显。并且,这款药品的副作用太大,最明显的是肝酶升高、腹泻、皮疹、肾损伤及低血压等等,还会出现多器官功能障碍综合征、感染性休克。有媒体在报道相关新闻时,把"副作用"误成了"负作用"。

"副作用"是一个药学术语。任何药物的药理作用,都不是单一的,但对于某种特定的疾病而言,只有部分起治疗作用,而对治疗无效的其他药理作用,就是"副作用"。"副"的意思是"附带的",跟"主"相对。药物的药理作用,本没有什么"主作用""副作用"之分,所谓"主作用""副作用"是就具体的疾病而言,对某疾病有治疗效果的作用即"主作用",对其无治疗效果的作用即"副作用"。对某种疾病无治疗效果的"副作用",有可能对其他疾病有治疗效果,相对于此,所谓的"副作用"就成了"主作用"。如阿托品对消化性溃疡有治疗效果,但"副作用"明显,会引起口腔干燥。而阿托品引起口干的药理作用,对流涎症有治疗效果,相对于此,这种作用就成了"主作用"。"负"即负面的、消极的、不好的等意思,对药物而言,其药理作用本身无所谓"负面的""消极的""不好的"。因此,"副作用"不能写成"负作用"。

治疗某种具体的疾病时,某种药物的"副作用",往往会引起肌体的不良反应。对肌体而言,这些作用确实是"负面"的,这就是"副作用"常被误作"负作用"的原因。但还是不能把"副作用"写作"负作用"。"副作用"是从药物的药理作用命名的,而"负作用"是就肌体反应而言的,二者不在同一个层面。肝酶升高、腹泻、皮疹、口干等等肌体不良反应,是药物的某药理作用在肌体引起的症状,与药理作用本身不是同一概念。既然是药学术语,当然应从药理作用本身命名。如果不从药理作用本身,而从药理作用引起的症状,为药理作用命名,在逻辑上明显不合理。全国科技名词审定委员会发布的《药学名词》第二版,收的就是"副作用",释义为:"当一种药物具有多种药理作用时,除治疗作用外其他不希望出现的作用。"生物化学与分子生物学、核医学、化学工程等等学科,也引入了此术语,均作"副作用"。

特朗普"反映"太慢?

◎伯 淮

随着新冠肺炎在全球范围大流行,美国已成为确诊人数、死亡人数最多的国家。疫情之所以会在美国发展到如此地步,国际媒体大多认为这和特朗普的决策不无关系。在4月的一次民意调查中,65%的美国民众抱怨,面对新冠肺炎,特朗普的"反应"太慢。国内不少媒体在报道相关新闻时,把"反应"误成了"反映"。

"反映"和"反应"音同义异,要正确使用这两个词,首先要分清"应""映"的字义。

"映"从日,本指阳光照射,字义引申,因阳光照射而显现出物体的形象或影子也称"映"。"反映"本指物体的形象反照到另一物体上,如"水面反映出宝塔的倒影"。词义引申,"反映"可比喻通过某种方式把事物表现出来,如"小说反映出旧社会的现实生活"。进一步引申,"反映"还可以指把情况、意见等报告上级或有关部门,如"把疫情反映给国家卫健委"。

"应"的繁体字为"應",从心,本指从心理上接受某事,字义引申,有机体对外物的刺激所产生的回应、响应、应对也称"应"。"反应"指有机体受到某种刺激而产生的相应活动或变化,如"对方射门太快,守门员没有反应过来,球进了"。词义引申,"反应"可指某事的发生在人群中或社会上引起的意见、态度或行动,如"他的演说在群众中反应热烈"。

可见,"反映"与"反应"的语义侧重点不同。"反映"侧重"映",强调对客观事物的呈现。"反应"侧重"应",强调对某刺激的应对。面对新冠肺炎疫情,特朗普政府重视不够,行动迟缓,防控不力,以致疫病在美国大面积传播,美国成为世界上确诊病例、死亡病例最多的国家。显然,美国民众抱怨的是,特朗普对疫情应对太慢,没有及时采取有效的防控措施。因此,是特朗普"反应"太慢,而非"反映"太慢!

特朗普与人"唇枪舌战"?

◎言 内

美国成为新冠疫情重灾区,特朗普本性难改,仍四处开

怼。媒体在相关报道中多次用到了"唇枪舌战",如:

① 白宫发布会上,记者阿科斯塔和特朗普进行了一番"唇枪舌战"。

② 特朗普斥《纽约时报》"疫情来自欧洲"是"假新闻",网友围观两者唇枪舌战。

③ 美、俄、沙特三国领导人"唇枪舌战",历史性石油协议谈判推至下周四。

"唇枪舌战"把"唇枪舌剑"和"舌战"杂糅到了一起,是错误的。

唇枪舌剑:唇如枪,舌似剑,形容争辩激烈,言辞犀利。亦作"舌剑唇枪"。语出元代高文秀《渑池会》第一折:"凭着我唇枪舌剑定江山。"

舌战:口头交战,谓激烈争辩。语出《三国演义》第四十三回目中的"诸葛亮舌战群儒"。"舌战群儒"指同很多人辩论,并驳倒对方。

"唇枪舌剑"和"舌战"都用于激烈争辩的语境,因此容易混淆。我们要抓住它们的关键区别,即结构。

"唇枪舌剑"是并列式结构,"唇""枪""舌""剑"都是名词,两两组合,构成比喻,"唇枪"对"舌剑"。类似的结构还有"风刀霜剑""枪林弹雨""车水马龙"等。

"舌战"是偏正式结构,名词"舌"作状语修饰核心动词"战",意思是"以舌作战"。类似的结构还有"枪击""炮轰""笔耕"等。

"唇枪舌战"结构杂糅,不伦不类,是典型的词语结构错误搭配。《咬》刊早在2007年就把"唇枪舌战"评为年度语文差错,我们要像防病毒一样时刻提防,及时纠正,防止它泛滥成灾。

自限性疾病是什么样的疾病

◎林 怡

目前国内新冠肺炎疫情已得到控制,人们开始关注新冠肺炎的愈后康复问题。在近日召开的国务院联防联控机制新闻发布会上,专家称,新冠肺炎是一个自限性疾病,大部分病人都会得到有效的救治和恢复,不会出现后遗症等问题。此前也有多位专家称新冠肺炎是一种自限性疾病。那么,什么是自限性疾病呢?

自限性,其英语为self-limited,意思是自我限制。在感染病学中,指自身免疫系统经过一段时间可完全清除病毒,从而使疾病在发生发展到一定程度后能自动停止恶化,并逐渐痊愈而不会造成慢性损伤的一种特性。(参见《感染病学名词》第一版)具有这种特性的疾病,即自限性疾病。自限性疾病,是靠自身免疫或修复能力可以逐渐恢复的疾病,如水痘、流行性感冒、流行性腮腺炎等等。

据专家介绍,新冠肺炎是一种自限性疾病。轻症患者如果身体基础条件比较好,休息好,保持良好心情,饮食得当,发病以后,人体免疫整体上占有优势,就有可能逐渐康复。而重症患者,因症状较重,可能会伤及人体其他机能,或引起并发症,需要及时、专业的治疗,维持一个好的机体免疫状态来对抗病毒。而患者在治愈后,一般不会有后遗症出现。

"'挤兑'资源"还是"'挤对'资源"?

◎唐慈兵

新冠肺炎在全世界大规模传播以来,医用资源紧缺成为了世界难题,呼吸机、口罩、防护服极度缺乏,医疗体系面临崩溃边缘。据媒体报道,一些西方国家医院人满为患,医疗资源出现严重"挤兑",许多患者因得不到及时的救护而大量死亡。在谈到相关话题时,"挤兑"有媒体写作"挤对"。到底用哪个对?

我们认为,用"挤兑"比较妥当。

"兑"指"交换",特指"以票据换取现金或其他某物"。茅盾《林家铺子》四:"林老板,这庄票,费神兑了钞票给我罢!"其中的"兑"就是此义。现代汉语中有很多以"兑"构成的双音节合成词。如"兑付",根据票据上所标明的数额支付现款;"兑换",将有价证券换成现金,或按照一定的汇率将一种货币换成另外一种货币;"兑奖",凭中奖券换取奖品或奖金;"兑现",凭证券换取现金;等等。"挤兑"是一个金融术语,原指银行券持有人争相向发行银行兑换现金的现象。现在多指货币信用危机暴发或严重通货膨胀时,存款人争相向银行提取存款。"挤兑"往往引起银根紧缩、借贷资金短缺、利率上扬、部分银行或金融机构倒闭,形成金融风暴。

在新冠疫情的肆虐之下,西方国家准备严重不足,而新冠病例却在不断增长,并呈激增势头,有限的医疗资源被疯狂挤占。这与金融危机爆发后银行券持有人或存款人争相到银行兑换现金,在情形上有类似之处。把不断增加的大量新冠病例疯狂挤占有限的医疗资源说成"挤兑",可视为对"挤兑"一词的灵活运用,符合汉语的语用规律。

"挤对"是一个方言词,本指"逼迫使屈从",比如"他不愿意,别挤对他了"。引申指"排挤""欺负",如"他硬给人挤对走了"。"挤对"与"医疗资源"搭配,难以说通。

《烤肉上的头发丝》参考答案

1. 战国——春秋
2. 炙烤——炙烤
3. 亲睐——青睐
4. 宫庭——宫廷
5. 挖墙角——挖墙脚
6. 希翼——希冀
7. 一楞——一愣
8. 竹鉴——竹签
9. 使拌子——使绊子
10. 合盘托出——和盘托出

时尚词苑

"霸凌""××霸凌""霸凌主义"

◎东湖

2019年12月《咬文嚼字》编辑部公布了2019年十大流行语,"霸凌主义"入选。该条目作如下解说:"霸凌"指"横行霸道、恃强凌弱","霸凌主义"指"用'霸凌'的方式处理国与国之间的矛盾";还指出:"霸凌"音译自英语的"bully"。(详见《咬文嚼字》2020年第1期)英语的"bully",是名词也是动词,名词指"霸凌者",动词通常指"霸凌"。"bully"的派生词"bullying",可以泛指"霸凌行为"。借词"霸凌"先在台湾地区使用,改革开放初期就传入大陆。新世纪以来,出现了不少"××霸凌"词语,最常见的也是从台湾流传而来的"校园霸凌""职场霸凌""网络霸凌"。

"校园霸凌",音义兼译,借自英语的"bullying"。英语的这个"bullying"特指"校园内学生之间欺凌和压迫行为"。(参见《牛津英美文化词典(英汉双解)》,牛津大学出版社2007年出版)比如:"近年来,台湾地区的校园霸凌问题日趋严重。针对这种情况,台湾地区教育主管部门采取了各种措施来保障学生的权益,《校园霸凌防制准则》的制订就是其中之一。此准则的执行能一定程度上遏制台湾地区的校园霸凌行为,维护学生的身心健康。"(《世界教育信息》2013年第17期)在台湾地区,"校园霸凌"的意思常用"霸凌"来表达。比如:"'霸凌'是台湾特有用词,意指校园内恃强凌弱的行为。"(新华社台北2012年7月12日电)

"职场霸凌",音义兼译,借自英语的"workplace bullying",通常指"在工作场所,对同事或下属的欺凌和压迫行为"。比如:"台湾'1111人力银行'公布'上班族职场霸凌黑数调查',显示有13.3%的受访者常常遭受欺压,霸凌者以主管或老板(66.2%)以及同事(60.9%)占多数。"(《海峡导报》2017年10月13日)又如:"为了解决'职场霸凌'问题,16日起,韩国开始正式实施《职场霸凌禁止法》。这项法律规定,用人单位或员工利用职权和资历优势,超出工作范围,给其他员工造成精神、身体痛苦,或导致工作环境恶化的行为属于霸凌行为。"(《广州日报》2019年7月19日)

"网络霸凌",音义兼译,借自英语的"cyber(计算机的、网络的)bullying""internet bullying"或"online bullying"。"网络霸凌"一般指"利用网络的各种媒介对他人进行欺凌和压迫的行为"。比如:"台'刑事局'最近发现,岛内网络谣言已成为一种'霸凌'手段,而网络留言板更是'网络霸凌'的温床。"(《世界报》2009年8月5日)又如:"联合国儿基会与联合国秘书长暴力侵害儿童问题特别代表4日联合发布的一项调查显示,约三分之一的年轻人曾遭遇网络霸凌,五分之一的年轻人曾为躲避网络霸凌和暴力而选择逃学。……近四分之三的受访者认为,脸书、Instagram和推特是网络霸凌最常发生的社交应用。"(《城市快报》2019年9月6日)

以上几种"××霸凌",是指个体对其他个体的"欺凌和压迫","霸凌主义"强调的则是一个国家对其他国家的"霸凌"。比如:"习近平指出,中国坚持走和平发展道路,坚持大小国家一律平等,坚决反对单边主义和霸凌主义,积极倡导各国共同构建人类命运共同体。"(《人民日报》2019年12月14日)"霸凌主义"一词,如果有明确的上下文,可以用"霸凌"替代。比如:"今年,美国继续四处挥舞关税大棒,实施贸易霸凌,先后对中国、墨西哥、印度、欧盟等输美产品加征关税。"(《人民日报》2019年12月30日)

一方有难 八方『驰援』

◎何俊萍

2020年伊始,一种新型冠状病毒在荆楚大地上肆虐,并迅速向全国扩散,所到之处,感染患者甚多。面对日益严峻的形势,全国各地的医疗专家和医生、护士紧急集结,千里驰援武汉;面对物资的紧缺匮乏,全国各行各业纷纷行动,全力驰援。在这场没有硝烟的战"疫"之中,一次次驰援的壮举,一个个驰援的画面,都让人感动,令人敬佩,更催人奋进。在此,让我们来了解一下"驰援"这个词。

"驰援"是一个偏正结构的动词,由"驰"和"援"两个语素组成。《说文解字》:"驰,大驱也。""驰"的本义是使马长驱,引申义为疾行。《说文解字》:"援,引也。"其本义是用手牵引,引申义为帮助、救助。"驰援",就是当发生紧急情况时,以最快的速度前进,予以援救。由此可见,"驰援"的含义中既有客观上的紧急情况,也有主观上的极速救援。

"紧急情况",可以指地震、海啸、洪灾等导致伤亡惨重的自然灾害,也可以指战争等残酷的人为祸患。例如:

(1)地震发生后,演练就地变成实战,参与演练的所有应急救援队伍星夜驰援,火速奔赴震区。(《人民日报》2019年7月2日)

(2)俄罗斯最强战舰驰援叙利亚 声称并非与美国对抗(《环球时报》2017年4月11日)

今年1月的"紧急情况"是新冠病毒酿成的特大规模的疫情。为了最大限度地遏制疫情,挽救生命,减少损失,各级政府、各个部门、各行各业都迅速及时地做出反应,予以驰援。

(3)致敬!上海医疗专家驰援武汉,本市各大医院医务人员坚守岗位。(《文汇报》2020

年1月24日）

就在万家团圆的除夕，面对武汉严重扩散的新冠疫情，上海医疗专家放下饭碗，背起行囊，辞别家人，义无反顾地逆向奔赴战"疫"第一线。

（4）千里驰援！北汽福田雷萨支援火神山雷神山建设（《北京日报》2020年2月2日）

战"疫"在前，再遥远的距离也阻挡不了全国人民战"疫"的热情。就在大年初二，远在千里之外的张家口宣化的北汽福田雷萨重型机械公司便紧急派出多台泵车、搅拌车及起重机械设备，驰援武汉火神山工地，两天后又调配泵车和搅拌车前往雷神山。

此外，在通信发达、网络全覆盖的今天，救援还可以打破时空的界限，利用互联网为全国人民提供网络咨询、问诊，既快速便捷，又避免交叉感染，也可缓解一线医疗的压力。

（5）"云"看病在线问诊助战"疫" 互联网平台"远程驰援"（《人民日报海外版》2020年2月5日）

"驰援"本身就包含快速救援的意思，但为了进一步凸显形势的严峻和施救者的使命及责任，在"驰援"一词前经常加上一些如星夜、紧急、火速、全力、硬核等修饰语。

（6）紧急驰援 共赴时艰——全国各地各有关部门支援武汉抗击疫情（《人民日报》2020年1月25日）

（7）菏泽巨野：1300套医用被服火速驰援武汉（《齐鲁晚报》2020年1月29日）

（8）中联全球采购、南航协调运力，全力驰援湖南疫情防控一线（《潇湘晨报》2020年2月3日）

（9）全国"抗疫"债券首发 深圳金融系统硬核驰援（《上海证券报》2020年2月6日）

一方有难，八方"驰援"。与时间赛跑，同病魔较量。全国上下，各行各业，同心勠力，共克时艰。期待着，期待抗"疫"胜利之时，人们闲庭信步，共赏凯旋之歌。

"举旗定向"：新时代的思想纲领和行动指南

◎代宗艳

2017年10月5日，七集政论专题片《不忘初心 继续前进》的第一集《举旗定向》在中央电视台播出。专题片指出，围绕"中国梦"和"中国道路"的具体实施路径，以习近平同志为核心的党中央举旗定向、谋篇布局、攻坚克难、强基固本，中国特色社会主义进入了新的发展阶段。《举旗定向》的热播，带红了"举旗定向"这个四字格新颖词语。如今，"举旗定向"已被媒体和公众广泛使用，成为人人用、人人知的流行语。例如：

（1）在命运攸关的历史转折点举旗定向，在决定成败的发展关键期把舵领航，40年来，党带领人民不断开辟中国特色社会主义事业新境界，持续夯实道路自信、理论自信、制度自信、文化自信的根基。(《文汇报》2018年12月11日)

流行语"举旗定向"由"举旗"（举起旗帜）和"定向"（确定方向和目标）构成。《现代汉语词典》(第7版)中，"旗帜"的第三个义项为"比喻有代表性或号召力的某种思想、学说或政治力量等"。显然，"举旗"的"旗"正是这个意义。

新时代，举什么旗、定什么向、走什么路，乃是头等大事。中共十九届四中全会公报指出："高举中国特色社会主义伟大旗帜，坚持以马克思列宁主义、毛泽东思想、邓小平理论、'三个代表'重要思想、科学发展观、习近平新时代中国特色社会主义思想为指导……为实现'两个一百年'奋斗目标、实现中华民族伟大复兴的中国梦提供有力保证。"公报为我们提供了"举旗定向"的准确诠释,"举旗"就是高举中国特色社会主义伟大旗帜,"定向"就是要实现"两个一百年"奋斗目标、实现中华民族伟大复兴的中国梦。

中央吹响了"举旗定向"的号角,各地纷纷按照中央的要求,把"举旗定向"作为工作的总基调。例如:

(2)无论是改革出发前的举旗定向,还是迈进新时代的稳舵领航……始终拥有坚强的领导核心,"中国号"巨轮才能乘风破浪、行稳致远。(《解放军报》2019年10月21日)

(3)党的十九届三中全会以来,以习近平同志为核心的党中央举旗定向、运筹帷幄,准确把握国内国际两个大局,着力抓好发展和安全两件大事,坚持稳中求进工作总基调。(《陕西日报》2019年11月2日)

由于高频使用,"举旗定向"的使用语境逐渐泛化,从最初的政治领域扩展至经济、文化、科技等多个领域。只是在不同的语境中,"举旗定向"的含义也随之有所变化,变得更具体、更实际。例如:

(4)举旗定向,鼓足干劲。摸清底数,聚焦突出问题,明确时间表、路线图,加大工作力度,拿出过硬举措和办法……与绝对贫困的决战正在如火如荼地进行中。(《人民日报》2019年10月17日)

(5)举旗定向换羽新生 守护长白林海安全(标题,《中国应急管理报》2019年10月16日)

(6)为新时代科技事业发展举旗定向(标题,《人民日报海外版》2018年5月29日)

例(4)"举旗定向"强调摆脱贫困必须立场坚定,态度坚决;例(5)"举旗定向"指坚定信念,维护长白山林海的安全;例(6)"举旗定向"表明新时代科技事业的发展要树立目标、锲而不舍、勇往直前。

误用"平分秋色"

◎李　军

2020年3月16日《环球时报》第12版《国羽男单创全英赛最差战绩》报道了3月15日晚上的比赛情况,文中说:"本届全英赛上,中国队……在全部5个单项共10个决赛席位中抢得两席,这一数字与日本、印尼、中国台北三强平分秋色。"这句话中"平分秋色"这个成语用错了。

"平分秋色"语本宋玉的《楚辞·九辩》:"皇天平分四时兮,窃独悲此凛秋。"唐代韩愈《合江亭》诗:"穷秋感平分,新月怜半破。"说的是把秋天的景色平均分配,昼夜各得一半。后用"平分秋色"来比喻双方各得一半。老舍《四世同堂》:"长顺既是个孩子,当然不能和一个成人,况且是世袭基督徒,平分秋色。"

在这次全英羽毛球公开赛5个单项中共10个决赛席位,中国队在女双和女单两个项目中各拿到了一席,日本(男双、女双)、印尼(男双、混双)、中国台北(男单、女单)三支队伍与中国队一样,各得两席,剩下的两个名额,泰国和丹麦各占其一。10个决赛晋级席,6支队伍均有斩获,哪里是"平分秋色"?

"耸拉"应是"耷拉"

◎荣可寄

2019年11月14日《中国电视报》B24版《床头有盆绿萝》中有这样一段话:"有时候很忙,好多天都不管它,不理不顾,可它也依旧在那,耸拉着耳朵像是和我赌气。"此处"耸拉"应是"耷拉"。

耸,有高起、向上动的意思。如耸立,即高高地直立。耸肩,即微抬肩膀。根据文意,显然不应用"耸"。

耷,指大耳朵。耷拉,是个方言词,表示下垂,如耷拉着脑袋。也写作搭拉。将"耷拉"误作"耸拉",或是字形相似所致。

"开国"并非指"打开国门"

◎罗献中

人教版高中《历史》(选修1)第八单元讲述日本的明治维新,其中第1课介绍其历史背景,标题为《从锁国走向开国的日本》。该课导言说:"当历史进入19世纪……日本的统治者仍然坚持锁国政策……"课文在讲述了日本当时遭受的一系列侵略之后,说道:"从此,日本紧锁两百多年的国门被打开了,不得不面向世界。"述及其国门打开之后的情形时,又说道:"日本开国以后,欧美国家的廉价工业品大量倾销日本……"课本中的"开国"是"锁国"的反义词,要表达的是"打开国门"的意思。这样使用"开国"并不准确。

"开国"的含义是"指建立新的国家(在封建时代指建立新的朝代)"。"开"义为建立。(《现代汉语词典》第7版)在常用的语词中,有开国元勋、开国皇帝、开国大典等,其中的"开国"都指建立新的国家(或政权)。查《汉语大词典》《辞海》,也未见"开国"有"开放国家"之义。

教材使用"开国",可能是因为日语中"开国"有打开国门之义。但因其在汉语中并无此义,应加引号作注,或改为"开放"为妥。

"蓦得"应是"蓦地"

◎李可钦

2020年3月1日《人民日报》第7版刊有《群山的馈赠》一文,其中写道:"一次,从里约机场出来,清晨四五点的光景,乘车上路,抬眼窗外,蓦得惊艳。"这里的"蓦得"写错了,应是"蓦地"。

蓦地,读作mòdì,是一个双音节词,《汉语大词典》《现代汉语词典》等权威辞书都列为词条，通常作副词用，意思是出乎意料地（做某事，或出现某情况）、忽然。例如《水浒传》第十一回："林冲把衮刀杆剪了一下，蓦地跳将出来。"沙汀《意外》："李涛蓦地纳闷起来，试想猜准那个老钉着问他的是什么人。"

"得"在作助词的时候，为补语标记；而"蓦地"是一个固定词形，其中"地"不能作"得"。

"跫音"才指脚步声

◎杨昌俊

2020年2月4日《潮州日报》第4版刊有《寻香》一文，其中写道："走在浓荫的林间，天空是若隐若现的访客，叶落却变成检验冬来的巩音了，窸窸窣窣的，我们踩碎时光的身影，如嚼饼干似的孩童，一步一口吃掉年轮，直到古道的尽头，而日子也流逝到底了。"我们知道，树叶落下的声音是非常细微的，作者用"窸窸窣窣"来修饰十分贴切，但引文里的"巩音"无疑是"跫音"的误写。

跫，读作 qióng，形容脚步声，黄庭坚《送彦孚主簿》诗："伏藏鼪鼯径，犹想足音跫。"也可作动词指蹑步、行走。"跫音"，即指脚步声。宋代范成大《留游子明》诗："得得跫音喜，匆匆笑口开。"上文中把冬天拟人化，将叶落声与脚步声关联起来，比之为"跫音"，形象生动。但不能误作"巩音"。

巩，读作 gǒng，本义为用熟牛皮捆东西。《易·革》："巩用黄牛之革。"高亨注："谓以黄牛之革束物也。"引申出使牢固、巩固等义。"巩音"难以索解。

"折戟沉沙"？
"折戟沉沙"！

◎居容人

《潮州日报》2020年1月

13日第5版《遥远的边塞》一文中有这样的句子："站在楼兰斑驳的废墟上,我看不到远去的折戟沉沙激烈争战的画面,我的耳际悠悠拂过呼啸的漠风。"这句话中"折戢沉沙"应为"折戟沉沙"。

戟,音 jǐ,是古代的一种兵器,合戈、矛为一体,略似戈,长柄一端有枪尖,旁边附有月牙形的利刃,兼有戈之横击、矛之直刺两种作用,杀伤力强于戈、矛。成语"折戟沉沙",字面意思为被折断的戟埋没在泥沙里,成了废铜烂铁,用来形容惨重的失败。唐代杜牧《赤壁》诗:"折戟沉沙铁未销,自将磨洗认前朝。东风不与周郎便,铜雀春深锁二乔。"

戢,读音 jí,本义为收藏兵器。《后汉书·光武帝纪下》:"戢弓矢而散牛马。"引申出停止战争、止息、收敛、约束等义。如"戢兵",可指收起兵器,也指停止军事行动;"戢鳞",指鱼敛鳞静止不游,比喻蓄志待时。"折戢沉沙"说不通。

把"折戟沉沙"写成"折戢沉沙",或许是"戟""戢"两字音形相近致误。

"焚天"应写作"梵天"

◎王宗祥

2020年2月26日《文汇报》第12版刊有《去印尼,一定要去日惹》,该文写道:"普兰巴南离日惹市区更近,是印尼最大的古代印度教寺庙群,……其中湿婆神庙最高,46米。焚天、庇湿奴的神庙,高达三十多米。"文中出现的"湿婆""焚天""庇湿奴"(一般译作"毗湿奴"),应是指印度教中的三位主神。其中的"焚天"应写作"梵天"。

梵,音 fàn,梵语中"梵摩"的省略,原是"清净""寂静"的意思。梵文为古代印度书面语,佛教经书原来也是用梵文写成的。"梵"在汉语中一般引申指与古印度或与佛教有关的,如梵寺、梵刹、梵宫。

梵天（Brahmā），亦译婆罗贺摩，是婆罗门教、印度教主神之一，即创造之神。婆罗门教和印度教皆说世界万物（包括神、人）皆由梵天创造，梵天被称为万物始祖。

焚，音 fén，意思是烧、焚烧。"梵天"为外来词，异译有梵摩天、婆罗贺摩等，不见有译作"焚天"的。

何来"蠡鱼"

◎李 五

《厦门日报》2019 年 10 月 13 日 A07 版刊有文章《人生至乐 无如读书》，其中写道："记得那时，父亲讲得最多的两句话是：'自得读书乐，不邀为善名。''读书不知味，不如束高阁；蠡鱼尔何如，终日食糟粕。'"这里的"蠡鱼"有误，应是"蠹鱼"。

蠹，读作 dù。蠹鱼，虫名，即蟫，又叫蠹虫，体小，因其身体有银白细鳞，尾分二歧，似鱼，故称。这种虫子常蛀食衣服书籍，亦称"书鱼""纸鱼""衣鱼"等。北宋邵雍在《蠹书鱼》诗中描绘："形状类于鱼，其心好蠹书。"唐代白居易《伤唐衢》其二："今日开箧看，蠹鱼损文字。"后"蠹鱼"也被用来指啃书本，或指称那些死啃书本的读书人。

"读书不知味，不如束高阁；蠹鱼尔何如，终日食糟粕"，语出清代袁枚《随园诗话补遗》卷十。意思是读书如果不懂书中的精髓，还不如把它束之高阁，不然就和那些像蠹鱼的书呆子一样，整天死读书，吞食些无用的糟粕。"蠡鱼"大概是形近误植。

何来"虐浪笑傲"

◎汤青武

第十届"茅台杯"《小说选刊》年度奖"新人奖"颁给了《猪嗷嗷叫》的作者李司平。授奖词这样评价："四条懒汉与一头扶贫种猪,一个驻村干部的斗智斗勇与隐忍勤苦,故事跌宕起伏,波澜横生,幽默诙谐,虐浪笑傲。对现实的正面强攻,对政策的准确理解和把握,对人性的洞幽烛微,对底层的悲悯与宽怀,都证明了李司平的才华和小说品质的优异。"(《小说选刊》2020年第1期)

这段授奖词对小说特点的概括十分到位,但百密一疏,当中出现了一处错误,"虐浪笑傲"应该为"谑浪笑敖"。

"谑浪笑敖"是一个成语,也作"谑浪笑傲",语出《诗经·邶风·终风》:"终风且暴,顾我则笑。谑浪笑敖,中心是悼。"诗句摹写了男子纵情放浪,而女子内心忧惧,担心将来被抛弃。谑,音 xuè,戏谑,开玩笑;敖,放纵。谑浪笑敖,即戏谑放浪,调笑戏弄。钱锺书《围城》:"今天是几个熟人吃便饭,并且有女人,他当然谑浪笑傲,另有适应。"

虐,音 nüè,义为残暴、暴烈。汉语中没有"虐浪笑傲","虐浪笑傲"也讲不通。

《长歌行》非郭茂倩所写

◎李信宜

"郭茂倩的《长歌行》,十来岁时记诵,只觉得最后一句'少壮不努力,老大徒伤悲'非常好,又顺口又警醒。"这是2020年3月23日《石家庄日报》第7版所刊文章《阳春召我以烟景》中的一段话。这里表述有误,古诗《长歌行》并非郭茂倩写的。

引文中提到的《长歌行》是一首汉朝乐府诗。乐府本是采集各地民间诗歌和乐曲的官署的名称,后来把乐府所采的诗也叫作乐府,或称乐府诗。《长歌行》的作者已不可考,诗歌因有警句"少壮不努力,老大徒伤悲"而广为流传。

郭茂倩,北宋学者,曾编撰《乐府诗集》。《乐府诗集》辑录了汉魏到唐五代的乐府歌辞,兼及先秦至唐末歌谣,包括乐曲原辞与后人仿作,其中有民间歌谣,也有文人作品。上述引文中提到的《长歌行》便收录在内,引文是将诗集编者与诗歌作者混为一谈了。

错将"钧玄"作"钓玄"

◎阎德喜

《黑龙江广播电视报》2019后第36期22版所刊《你的后悔》一文中写道:"看张中行的《负暄续话》,感慨他在80岁时陆续推出《负暄琐话》《禅外说禅》等著作,钓玄提要,百炼工纯,受到海内外的广泛关注。"文中的"钓玄提要"错了,当是"钩玄提要"。

钩,即探索;玄,指精深的道理;提,摘出、举出;要,纲要、重点。"钩玄提要"义为探取精微,摘抉要义。郭沫若《今昔集·关于"授受文学遗产"》:"不求多,只求精,含英咀华,钩玄提要。"也作"钩元提要"。上述引文是称赞张中行《负暄琐

话》《禅外说禅》等著作写得好,用通俗易懂的文字表达了许多深刻的道理,用"钩玄提要"形容还是比较准确的。

钓,指用钓钩捕鱼或其他水生动物,也比喻用手段猎取(名利等)。汉语中没有"钓玄"这个词,"钓玄提要"难以说通。

"淋沥"不可取代"淋漓"

◎得 喜

《南方周末》2019年4月25日C22版《神闲意定始一扫》中,写到南宋诗人陆游与隐士师伯浑的故事,其中有这样一句话:"醉中乘兴之作,笔墨酣畅淋沥。"此句中"酣畅淋沥"乃"酣畅淋漓"之误。

酣畅,本指畅饮,引申指畅快、舒适。唐代白居易《郊陶潜体诗》之四:"一酌发好容,再酌开愁眉。连延四五酌,酣畅入四肢。"后也用以形容(文章、艺术作品等)感情饱满,表达尽

意。鲁迅《中国小说史略》第十九篇:"然笔锋恣横酣畅,似尤胜《金瓶梅》。"淋漓,形容湿淋淋地往下滴,如大汗淋漓,也可形容畅快,如淋漓尽致。酣畅淋漓,即非常尽兴、畅快,也可形容文章等详尽透彻。如袁鹰《悲欢·不灭的诗魂》:"在另一首里,他的耿耿丹心和峥嵘意志,更加表达得酣畅淋漓。"上述引文中写师伯浑在青衣江上为陆游饯行,豪饮之后写了一帧很大的条幅。因是醉中乘兴挥毫,所以气韵生动,笔酣墨畅,用"酣畅淋漓"形容,可谓恰当矣。

淋沥,在古汉语中可形容液体滴落的样子,现代汉语中已不太常见。"淋沥"没有畅快的意思,"酣畅淋沥"在此处说不通。

"出人""投地"两不搭

◎郭志国

电视剧《人大主任》中有个情节,市长魏兆吉和其情人国宝灵提及自己的理想,说道:"我要出人 tóu 地。"字幕同步显示的却是"出人投地"。这里的"出人投地"应是"出人头地"。

"出人头地"是个成语。《宋史·苏轼传》:"(苏轼)后以书见修(欧阳修),修语梅圣俞曰:'吾当避此人出一头地。'"意思是说应当让此人高出一头。后来就用"出人头地"比喻高人一等、超出一般人。《喻世明言·明悟禅师赶五戒》:"吟诗作赋,无不出人头地。"也作"出一头地""出一头"。在上述剧中,使用"出人头地"正合剧中魏兆吉不满足于当一个市长,还想进省里当省长的心理。

"投地"指仆倒于地,或掷物于地,语义无法与"出人"搭配。

谈"及"和"暨"

◎苏培成

"及"读 jí,"暨"读 jì,读音相近;两个字都可以用作连词,表示"和"或"与"。它们有什么区别呢?对此本文试做些说明,供读者参考。郭沫若曾经讨论过"及"的意义的变化。他说:"'及'同'逮',即逮捕之意。此为本义,后假为暨与之及,而本义遂失。然考殷、周古文,如甲骨文与两周彝铭,暨与义之联词均用眔,无用及者。用及为联词乃后起事。"(郭沫若著《保卣铭释文》,《考古学报》1958年第1期)《说文·又部》:"及,逮也。"这个"逮"的意义是追上,不是逮捕。这是"及"的本义,后来才假借为"和"或"与"。正如郭沫若说的:甲骨文、金文里表示"和"或"与"用"眔"。例如,《殷墟文字乙编》3297:"癸未卜,殻贞:告于妣己眔妣庚?"("告于妣己眔妣庚?"译成白话文就是:"告祭妣己和妣庚吗?")

眔字甲骨文本作 ⿱罒水。郭沫若说:"此当系'涕'之古字,象目垂涕之形。""眔字卜辞及彝铭习见,均用为接续词,其义如及,如与。"(《甲骨文字诂林》第566页)眔至《说文》分化为眔和㮮两个字。《说文·目部》:"眔,目相及也。从目,从隶省。"("目相及":目光触及到)读 dà。《说文·仈部》:"㮮,众词,与也。从仈,自声。"读 jì。㮮是 ⿱罒水 的讹变,继承 ⿱罒水 的假借义,为连词,表示"和"或"与"。

再说"暨"字。《说文·旦部》:"暨,日颇见(xiàn)也。从旦,既声。"("日颇见":旭日略微呈现)这是"暨"的本义,读 jì,在传世的经典里假借为"和"或"与"。例如,《尚书·尧典》:"帝曰:'咨,汝羲暨和。'"孔传:"暨,与也。"《尚书·尧典》:"禹拜稽首,让于稷、契暨皋陶。"《说文·仈部》"㮮"

字下引《虞书》"皋繇繇"。可见"暨"通"泉","咎繇"通"皋陶"。

"暨"字除了上述意义外，还可以表示"至"或"到"。例如，《尚书·禹贡》："东渐于海，西被于流沙，朔南暨声教，讫于四海。"("声教"：政令教化)"朔南暨"的意思是"朔暨南"，译成白话文就是"自北方至南方"。清末为发展南洋华侨教育，从《禹贡》里取出"暨南"两个字作为校名建立"暨南学校"，现为广州的"暨南大学"。

下面再说"及"字。《说文·又部》："及，逮也。从又，从人。"表示"和"或"与"是它的假借义。《诗经·豳风·七月》："七月亨葵及菽。"《史记·高祖本纪》："为泗水亭长，廷中吏无所不狎侮，好酒及色。"

小结：为了表示汉语里的"和"或"与"，在甲骨文、金文中用"眔"。在战国至秦汉的典籍里主要用"暨"。近代现代主要用"及"，有时也用"暨"。二者都可以表示"和"或"与"，区别在语体色彩。"暨"使用得早，在传世的典籍里大量使用，旧时的知识分子对这个字很熟悉。而"及"到了现代大量使用，取代了以前的"暨"。所以现代要表示"和"或"与"时主要用"及"，只有少量带有典雅色彩的语句有的用"暨"。下面举出使用"及"或"暨"例句各一句：

在不丧失领土主权的范围内，和一切反对日本侵略主义的国家订立反侵略的同盟及抗日的军事互助协定。(毛泽东《为动员一切力量争取抗战胜利而斗争》)

昨天下午，北京新冠肺炎疫情防控工作领导小组第五十四次会议暨首都严格进京管理联防联控协调机制第二十一次会议召开，深入贯彻习近平总书记关于疫情防控工作的一系列重要指示精神，落实中央应对新冠肺炎疫情工作领导小组会议精神，进一步研究调度疫情防控工作。(《北京晚报》2020年4月14日)

语言哲思

"司马缸砸光"

◎ 宗守云

说起"司马缸砸光",我们马上会想到赵丽蓉出演的小品《英雄母亲的一天》。在小品中,侯耀文扮演导演,赵丽蓉扮演老太太,导演要求老太太说"司马光砸缸",但老太太屡屡说错,或者说成"司马缸砸缸",或者说成"司马光砸光",把导演弄得晕头转向,让人不禁捧腹。有人认为这是口误现象,其实不是,口误是说话人不小心说错了话,而小品里老太太是在学话过程中出现的问题,老太太并不知道是"司马光砸缸",还是"司马缸砸光",因此谈不上是口误。这实际上是传声错置现象。老太太说"司马缸砸光"等话语,都是一种传声行为,是在传声过程中把"司马光砸缸"错置为"司马缸砸光"等等。对老太太来说,"司马光砸缸"就是一串声音,无法和所表达的实际意义结合起来,因此,"司马光砸缸"="司马缸砸光"="司马缸砸缸"="司马光砸光",所有这些声音串价值都是等同的。

传声和转述都是说话人传达他人话语的现象。转述是传达他人的意思,说话人理解他人的意思并进行转述;传声是传达他人的声音,说话人并不理解他人的意思,只是把他人的声音传达出来。传声是不太常见的话语现象,对说话人来说,他人的话语只是一串声音,说话人并不理解这串声音的意义,或者只是刻板地传达,或者是按照自己理解的意义传达。金庸的《天龙八部》中有这样一个情节:

(1)游坦之年轻识浅,不学无术,如何能和玄慈辩论?但他来少林寺之前,曾由全冠清教过一番言语,当即说道:"我大宋南有辽国,西有西夏、吐蕃,北有大理,四夷虎视眈眈,这个……这个……"他将"北有辽国、南有大理"说错了方位,听众中有人不以为然,便发出咳嗽嗤笑之声。

例(1)游坦之刻板地传达全冠清的话语,他自己并不知道"北有辽国、南有大理"的意义,因此在传声中错置为"南有辽国、北有大理"。

说话人有时会按照自己理解的意义传声,这样也会造成错置。例如曹雪芹的《红楼梦》中有这样一个情节:

(2)贾政看时,认得是宝玉的奶母之子,名唤李贵。因向他道:"你们成日家跟他上学,他到底念了些什么书!倒念了些流言混语在肚子里,学了些精致的淘气。等我闲一闲,先揭了你的皮,再和那不长进的算账!"吓的李贵忙双膝跪下,摘了帽子,碰头有声,连连答应"是",又回说:"哥儿已念到第三本《诗经》,什么'呦呦鹿鸣,荷叶浮萍',小的不敢撒谎。"说的满座哄然大笑起来。贾政也撑不住笑了。

例(2)李贵是传达贾宝玉的话语,李贵不懂"呦呦鹿鸣,食野之苹"的意义,这个声音串被李贵理解为"呦呦鹿鸣,荷叶浮萍"并传达出来,也是传声的错置。

传声是言语交际中的特殊现象,说话人实施传声行为,必然有他人的原声存在,但说话人不能正确理解他人原声的意义,不能把声音和意义准确地结合起来,因此在传声过程中容易发生错置。传声错置现象的出现,主要是说话人不具备相关知识,像上述各例,老太太不了解司马光砸缸的故事,游坦之不知道相关地理知识,李贵没学过有关古典文学作品,等等。当然,也可能有说话人不愿意合作的因素在内,比如《英雄母亲的一天》中的老太太,因为急着买豆腐而不愿意接受拍摄,因此潜意识中有不愿意合作的因素,这也是屡屡出现传声错置的原因。从言语交际看,传声错置多为消极现象,但从艺术创造看,艺术家们常常以此作为素材充实作品,从而使作品充满趣味。

毛泽东不会自称"润之"

◎高良槐

电视连续剧《井冈山》第8集中讲到毛泽东率领工农革命军上井冈山,受到农民自卫军领袖王佐的热烈欢迎。两人见面后王佐激动地拜倒行礼,毛泽东见此赶紧将他扶起,并说:"请起,请起!王首领如此厚待,润之我实不敢当啊!"此处台词不妥,毛泽东不可能自称"润之",这不合传统礼仪。

润之我实不敢当啊

古代男子二十岁行加冠之礼,以示其成人。按旧时礼仪,对成年男性以名相呼是不礼貌的,所以在冠礼后长辈会为他再取一个别名,即表字。表字通常和本名的含义相关,也用来显示此人的德行。用表字称呼他人以示尊重,这是基本礼貌,但因为是敬称,表字不可用在自己身上。毛泽东,字润之,众所周知,但台词中"润之我"的自称却犯了常识性错误。

查阅毛主席过去的一些发言记录,他一般都自称"我",电视剧中照此即可。编剧只知道表字含有敬意,为了显示毛泽东对王佐的尊重设计了"润之我"的台词,却不知如此自称是不合传统礼仪和历史事实的。

与蚌"相争"的不是鹤

◎李 强

电视连续剧《远大前程》第7集中,沈青山、陆昱晟等人在凤鸣楼威逼洪三,要他交代秦虎杀死史双龄的原因,洪三回答时说了这样的话:"正所谓,鹤蚌相争,渔翁得利,一箭双雕,实属高招!"(字幕同步显示)"鹤蚌相争"应是"鹬蚌相争"。

"鹬(yù)"是一种栖息在河岸边的水鸟,嘴细长而尖,以捕食小鱼、贝类或小虫为生。"蚌"是一种软体动物,有两个椭圆形介壳,可以开闭,生活在淡水中。《战国策·燕策二》中有这样一个故事。蚌张开壳晒太阳,鹬啄蚌的肉,蚌合起壳钳住鹬的喙。鹬说:"今天不下雨,明天不下雨,就会有死蚌。"蚌对鹬说:"你的喙今天出不来,明天出不来,就会有死鹬。"鹬蚌相持,结果渔翁将它们一起捉走了。后来就用"鹬蚌相争,渔翁得利"比喻双方争持不下,让第三方得了好处。

鹤,头小,颈、腿细长,翼大善飞,叫声高亢而清脆。与蚌相争的是鹬,不是鹤。

"预后"不要误为"愈后"

◎王重阳

2020年3月8日晚中央电视台《新闻联播》有关新冠肺炎的报道中有这样一个片段——

钟南山说:"孕产妇的yù后会是什么样?"

中国工程院院士乔杰说:"总体上yù后好,重症的少。"字幕将"yù后"均写作"愈后"。

其实,这个片段里的"愈后"均应为"预后"。

"预后"是医疗术语。其英语为prognosis,pro义为"在……之前",gnosis义为"认知、认识"。"预后"就是对病人患某一疾病之后的发展过程和最后结果的估计,是由病期、病人的体质和精神状态、致病因素、治疗情况,以及其他有关因素决定的。而"愈后"从字面上可理解为痊愈以后、疾病治愈之后。

推敲上述新闻,乔杰院士所说的"重症的少",正是对孕产妇患新冠肺炎的发展过程及后果的估计。此处应使用"预后",而非"愈后"。

误把"寿幛"写作"寿帐"

◎梁德祥

CCTV-11戏曲频道《空中剧院》栏目2020年3月28日播出京剧《杨门女将》,开场就是穆桂英的四句唱词:"宗保诞辰心欢畅,天波府内喜气洋。红烛高烧映寿zhàng,悬灯结彩好辉煌。"同步显示的字幕将"寿zhàng"写作"寿帐",其实应该是"寿幛"。

"帐"和"幛"两个字都读zhàng,但字义不同。帐,指用布、纱或者绸子等做成的遮蔽用的东西,如蚊帐、营帐、帐篷等。幛,即幛子,是题上词句的整幅绸布。用作祝贺的礼物,如寿幛、喜幛;用作吊唁的礼物,如挽幛。古汉语中"帐"有时可通"幛",如"帐子""帐词"。但现代汉语中已有较明确的分工。按规范,上述字幕中的"寿帐"应该写作"寿幛"。

"几"与"案"

◎陈璧耀

旧时辞书释"桌"为"几案",说是"俗呼几案曰桌"。其实"桌"和"几案"是有区别的,无论大小形状还是高低。之所以如此释义,恐怕只在两者形制比较相似,而又找不到其他更确切的语词来释义的缘故。这是辞书释义中以非描述性语言释词的一个局限。

从形制相似角度说,"几案"确实可以说就是"桌"。或者说"几案"就是短足的"桌","桌"是高足的"几案"。然"几案"在古代原是"几"与"案"的合称,两者"浑言义同"而"析言有别","桌"究竟与哪一种更形似呢?"几"还是"案"?

"几"在古代是一种长方形小家具,其大小高低据承培元《引经证例》所说为"几长五尺,高尺有二寸,博二尺"。以古一尺合今不到八寸计,则几长不足四尺,高不满九寸,宽约尺半。

《说文》释"几"为"踞几也。象形",是说"几"是象形字,象蹲踞之状。《段注》释其形为"象其高而上平可倚,下有足",但却认为"踞几"之"踞"当作"凥"。他说:"'凥'各本作'踞',今正。凥几者,谓人所凥之几也。凥,处也。处,止也。古之'凥'今悉改为'居',乃改云'居几',既又改为蹲'踞'俗字。古人坐而凭几,蹲则未有倚几者也。"段氏以为《说文》各本之"踞"皆应作"凥","凥"有"处"义"止"义(《说文》释"凥"为"从尸得几而止",谓人可靠着几安坐),后被改作"居",不久又改为俗字"踞",于是"凥几"就成了"踞几"。段氏认为人坐时可以凭几,蹲着是没有可能倚几的。看来段氏是以"踞几"为人蹲踞时倚几之意,所以改"踞"为"凥"。其说似非。王筠《释例》释"踞几"为"似谓几之体卑,如人之蹲踞者然"。当以王说为是。

明梅膺祚《字汇》说"几"为"古人凭坐者",这是"几"最初的功用:可以靠着坐。"几"之"靠"古代有两种:以手微靠叫"凭",如《尚书·顾命》载周成王病重时"凭玉几,乃同",说成王坐起时手微靠着玉几召见诸侯。以身子靠在几上称之为"隐",如《庄子·徐无鬼》"南伯子綦隐几而坐";《世说新语·贤媛》"韩康伯母隐古几毁坏",韩母身子靠着古几,古几被压坏了。

汉以后"几"开始被用来放置物品,即《释名》所说"几,庪也,所以庪物也"。庪音 guǐ,同"庋",就是放置的意思,如《汉书·刑法志》"文书盈于几阁"之"几"。《晋书·王羲之传》说羲之见其学生家"棐(木名)几滑净",于是技痒在"几面"上写字,"真草相半"。能够在几面上写字,可见其高、宽、长都已非踞几可比,其实已是"案"了。

"案"在汉时有两个基本意思。

其一指食案。如孟光"举案齐眉"之"案"。食案与今托盘大致相仿,只是盘下有脚。"无足曰盘,有足曰案"(《急就篇》颜师古注)。食案多为长方形,大致长60厘米,宽40厘米,高6厘米(足高2厘米)。"食案"与"几"无关。

其二指书案。如《东观汉记·刘玄载记》说更始帝韩夫人"尤嗜酒",每当与更始饮酒时有人前来奏事就会发怒,"起抵破书案"。又《三国志·吴书·周瑜传》注引《江表传》之"权拔刀斫前奏案",此"奏案"也是书案。书案之形如"几"而大,以方便阅读书写或其他劳作。因置于胸前,又称"前几"。

在椅子产生之前比较低矮,有了椅子之后,案就常被用来指称高桌,如蒲松龄《促织》"成妻纳钱案上",指的就是供佛的长桌。所以从严格的意义上说,"案"的形制与功用才是与"桌"最接近的。

但"案"之初义却非食案或书案,而是坐床,如《周礼·天官·掌次》"王大旅上帝则张毡案,设皇邸"之"案"。

"掌次"是西周掌管王出行之官,负责安排王休息的一切事务。"旅"郑玄注谓"国有故而祭",原是祭山神的,此祭上帝,因称"大旅"。王出祭上帝,掌次安排"毡案"和"皇邸"以供憩息。"毡案"之"案"贾公彦疏曰"谓床也",《说文》释"床"为"安身之几坐",则此"案"就是"坐床",坐床之后"设皇邸",就是安置一个后背可以靠的靠板。《说文》释"案"为"几属",应为汉时之常称,但非初义。初义就是这"安身之几坐"之"床",即"坐床"。恐怕这就是"案"之取音于"安"的缘故,"安"之于"案"是兼表义的。所以,安身之"坐床",实为"案"之初义,也是"案"字以"安"构形之缘由。只是汉以后已无此类"坐床"用例,"案"多被用来表示"食案"和"书案",初义因此淡出。

《说文》以"案"为"几属",至《玉篇》释"几"为"案也",说明到了南朝,"几"之形状功用已与"案"相仿,所以"几"常用以指"案"。嵇康《与山巨源绝交书》"堆案盈几"之"几"就是"案","案"则别指案卷。《三国演义》九十五回"孔明就文几上拆开视之,拍案大惊",这"文几"也即"拍案"之"案"。

"桌"产生之后,用"案"表示"桌"更是常见,只是"案"多用于书面,"桌"多用于口语,两者有文白之别。形制上也略有不同。"案"一般为条几状,"桌"则除长方形如办公桌、餐桌外,还有圆形和方形等。办公桌有时也称"案",如"伏案""案头",圆桌和方桌则一般不称"案"。

"侯生"到底是谁

◎流 苏

2019年第10期《老人春秋》所刊《老人情怀也是诗》一文中,作者援引了明代诗人郑昆的《送族孙时敬游大梁》一诗,说此为嘱托后昆之作:"白头不厌监门役,虚左常承公子迎。此去梁园须访古,相烦为我吊侯生。"作者赏析曰:"明末才子、复社名士侯朝宗,大节有亏,连秦淮名妓女李香君都红颜一怒,血溅桃花扇。作者老而不昏,与公子为旧好,希望族中子弟凭吊时,以之为鉴,保有士子节操。"此处大谬。首先,《桃花扇》的故事里,李香君血溅桃花扇是为了反抗阮大铖逼自己嫁给田仰,而非对侯朝宗(即侯方域)失望自残。其次,侯朝宗虽然也姓侯,但绝非此诗中的"侯生",这里的"侯生"指的是侯嬴。

侯嬴是战国时期魏国人。家贫,年七十始为大梁(今河南开封)监门小吏。后被信陵君魏公子无忌迎为上客。历史上有名的"信陵君窃符救赵"一事,即是公子无忌在侯嬴的指点和帮助下完成的。魏安釐王二十年(前257),秦攻赵,赵向魏求兵援,但魏却屯兵不进,侯嬴为信陵君献计窃得兵符,夺权代将,救赵却秦,又自感对魏君不忠,所以自刎而死。《史记》《资治通鉴》对此事都有记载,历代文人墨客对侯嬴也有较高评价。郑昆此诗,"白头不厌监门役,虚左常承公子迎"写的就是信陵君奉侯嬴为上宾的事。信陵君慕侯嬴之才德,亲自执辔御车,前往夷门请侯嬴参加宴会,为了表示对侯嬴的尊重,他还把象征尊贵的左边的座位空下来,留给侯嬴坐。"此去梁

楚国金币称"郢爰"

○周振

《南方文摘》2020年第6期12版刊登的《河边捡到的"巧克力"竟是2500年前国宝》一文记述了这样的轶事：2007年夏，江苏大丰县的村民们无意中从河里捞出多枚"金子"，上面还有奇怪的花纹和字迹，"专家经过仔细的鉴定之后确定，这些金子是2500年前战国时代的一种货币，名叫郢爱。郢爱有两种形制：一种是方形的金板，另一种是圆形的金饼"。其中"郢爱"的说法有误，应为"郢爰"。

郢（yǐng），是楚国都城的名称，位于今湖北省荆州市荆州区。爰，音yuán，有多个义项，其中一个指古代的一种货币单位或重量单位。《毛公鼎》："王为取赋卅爰。"郢爰，指在楚国都城郢铸制、在全楚流通的黄金货币，也叫爰金，又名印子金，或称金钣、金饼，是我国现存最早的黄金货币。这种金钣大多呈方形，少数呈圆形，上面钤有小方印。今湖北、安徽、陕西、河南、江苏、山东等地均有出土。

先秦时期的楚国没有所谓"郢爱"的黄金货币。"爰"和"爱"两字形似，可能是致误之因。

园须访古，相烦为我吊侯生"的意思是，去古魏国大梁一定要访古，烦请替我去凭吊有义有节、忠信两全的侯嬴。

而《桃花扇》的主角侯朝宗是明末清初河南商丘人，商丘睢阳曾有西汉梁孝王修建的"梁园"，司马相如、枚乘等人也曾应邀来此游览、做客。作者当是以商丘"梁园"联想到侯方域来解读此诗，却不知大梁城监门役侯嬴，因而张冠李戴，谬以千里。

悼亡诗？悼诗！

◎汤生根

1963年12月16日，开国元帅罗荣桓逝世。毛泽东得知噩耗，悲痛不已，一连几天夜不能寐，满怀深情地写下了《七律·吊罗荣桓同志》。这首诗充分肯定了罗荣桓的丰功伟绩，高度赞扬了罗荣桓的高尚品格，表达了失去老战友的无限痛惜和哀思，读来感人至深。人民文学出版社2017年9月出版的《毛泽东诗词全编鉴赏》（增订本）在为这首诗写的考辨及赏析文章中，多处称这首诗为"悼亡诗"（第290、292、296页）。这首诗是"悼亡诗"吗？不，是"悼诗"！

悼，意思是追念。所谓"悼亡"，有其特定的含义，特指悼念亡妻，始于西晋文学家潘岳的《悼亡诗》。潘岳与妻子杨氏共同生活了二十多年，恩爱情深，杨氏亡后，潘岳写了悼亡诗三首。从此以后，"悼亡诗"成了丈夫哀悼亡妻诗作的专用词。查各大辞书，对"悼亡"一词的释义基本相同。如第7版《现代汉语词典》："悼念死去的妻子，也指死了妻子。"第6版《辞海》："晋潘岳妻死，作《悼亡诗》三首，后人因称丧妻为'悼亡'。"第3版《辞源》："晋潘岳妻死，赋悼亡诗三首，后因称丧妻为悼亡。"第3版《现代汉语规范词典》："晋朝文学家潘岳因妻子死去，作《悼亡诗》三首。后称悼念亡妻为悼亡；也指妻子亡故。"从这些辞书中可见，"悼亡"专指悼念亡妻，约定俗成，毛泽东悼念老战友的诗绝不能称为"悼亡诗"。

误用"泯然众人"

○阎南岗

2019年9月4日《中华读书报》第3版《林非的儒雅》中写道："以前我见过萧军、刘绍棠、从维熙等名家，但只是泯然众人的一个听众而已，远远地伫望，无缘亲炙謦欬。"此处"泯然众人"用得不妥，属于误用。

泯然，义为消失，形容消失干净的样子，有一个从有到无的过程。"泯然众人"语出北宋王安石的散文名篇《伤仲永》。"仲永"即方仲永，幼有奇才，五岁就能作诗，一乡的秀才对他的才华都很称赞，乡里人甚至有人花钱求取方仲永的诗。他的父亲以为奇货可居，便每天带着方仲永四处拜访，没有让他继续学习深造。王安石曾经在舅父家中见到方仲永，那时他已经十二三岁了，能作诗，但水平很一般，与从前的名声不相称。又过了几年，仲永长大成人，再问起他时，都说"泯然众人矣"。"泯然众人"即指方仲永原来才华横溢的特点完全消失了，和普通人没有什么区别。

上述引文想表达的意思是，"我"在认识林非之前，虽然见过几位名家，但只是一个业余作者，与一般听众没什么两样。用"泯然众人"与实际情况不相符合。

其实1986年9月人民文学出版社出版的《毛泽东诗词选》中，在为《七律·吊罗荣桓同志》作注释时，是称这首诗为"悼诗"的。1996年中央文献出版社出版的《毛泽东诗词集》中也将其称为"悼诗"而非"悼亡诗"。"悼诗"与"悼亡诗"虽一字之差，但意义不同，"悼诗"即悼念死者而写成的诗，不应将"悼诗"误作"悼亡诗"。

应为"骈四俪六"

◎葛青江

朗声新修版《鹿鼎记》(广州出版社2013年4月第1版)第四十五回中有这样一段文字:"到得这年夏天,王进宝忽又率领大船数艘到来,宣读圣旨。这次的圣旨却骈四骊六,文辞深奥。"引文中"骈四骊六"的"骊"字有误,正确的是"骈四俪六"。

骈四俪六指的是骈文,即骈体文。俪,读lì,本义为配偶,引申有双、两之义,后也指对仗、对偶;骈,读pián,本义是两马并驾一车,引申也有并列、对偶的意思。骈体文多用偶句,讲求对仗,以上四言下六言或上六言下四言,双句相对成文,故被称为骈四俪六。唐柳宗元《乞巧文》:"骈四俪六,锦心绣口。"宋赵鼎臣《竹隐畸士集·十一·谢宏词启》:"且比事属辞,乃典章之故实;而骈四俪六,亦翰墨之弥文。"弥文,指文章富于文采,由此可见骈体文曾被重视的程度。由于骈文中多四、六字句,故宋人也称之为四六文。骈文起源于汉末,形成并盛行于南北朝,在发展过程中,形式重于内容,故渐渐没落。但骈文讲究对仗工整、声律铿锵的特点,很适合古代公文的写作要求,故金庸在小说中专门强调了这一点,意谓皇帝这一次的圣旨写得郑重其事,大不同于上一次的口语化密旨。

骊与俪两字读音相近,字形相似。骊,读lí,本义指黑色的马,引申为黑色。"骈四俪六"不能写作"骈四骊六"。

社交新风

不回消息怎么办
——网络交际的反馈时效性

◎ 徐默凡

伟宏刚入职,经常做一些通知会议、征求意见的杂活儿。他给公司经理发信息,请经理选择一个活动方案,经理一直没理他。伟宏就又催了一条:"您收到我的微信了吗?请问选择哪个方案?"经理这次回答了,但是语气不善:"收到了!我需要时间考虑!"

伟宏又要负责通知一个临时会议,他给自己的带教师父发了微信通知,对方没有回复。吸取教训,伟宏没有催他。但是师父开会迟到了,事后还埋怨伟宏:"我没回你就再催我一下,我根本没看到通知。"

经过这两件事,伟宏完全蒙了,以后要是别人还不回消息怎么办呢?

伟宏的问题涉及交际反馈时间,这是一个网络交际中出现的全新现象。在口语交际中,交际反馈时间极短,话轮交替几乎即时发生。偶尔出现反馈时间长,也就是一方陷入沉思而使对话中断,则预示着发话者的犹豫和迟疑,或者是对当前话题的思考和抉择。不过,这种停顿不可能太长,双方面面相觑是不可能维持多久的,很快就会有一方打破沉默,进行话语反馈或者转换话题另开讨论。

但是在网络会话中,反馈时间的调整力度要大得多,反馈时间可以从几分钟到几个小时,有时候甚至隔天反馈也是容许的。反馈时间的长短取决于交际双方默认的反馈时间容忍度。在容忍度的范围内,我们不应该去催促对方,否则就会显得很不礼貌;超出了容忍度的范围,我们就可以去提醒对方,否则也容易耽误事情。

交际双方默认的反馈时间容忍度是随着交际关系和交际情景不断变化的,但也不是完全随心所欲,而是受到一些基本参数的影响。首先是交际事项的紧迫程度,越是迫切需要获得解答的问题,容忍度就会越低。发出一个闲聊的邀请"有空聊聊吗?"或者一个咨询的请求"我想咨询你一个问题,方便吗?"显然前者会容许更长的反馈时间。如果是需要及时反馈的重要事项,我们建议不要采用文字信息的交流方式,而是直接拨打电话。

其次是交际关系的亲密程度,双方关系越是亲密,容忍度反而会越低,也就是说关系越亲密,越期待对方能及时反馈。这是因为亲密度越高就会希望对方越重视自己,另外,亲密度越高双方相处就越是随便,不需要太顾及礼貌而可以随时督促对方回应。这就可以解释我们为什么对同事的回应愿意等待几十分钟,而对恋人的回应五分钟也等不了了。

最后就是交际环境的便利程度了。交际环境包括网络是否畅通、查看手机是否方便、交流时间是否恰当等等。如果你预知对方在出差或者在开会,对反馈时间的容忍度肯定会提高。而在吃饭时、午休时的反馈时间容忍度也会有提升;至于晚上,一般在十点以后,我们的容忍度就可以延伸到第二天了。

交际反馈时间的容忍度并不是一个确定的值,需要双方在每次交际时进行估算。比如伟宏要公司经理选择活动方案,一则问题比较复杂又不是很紧迫,二则双方不亲密还有较大的权势差,所以反馈时间的容忍度应该是很高的,即使对方几个小时不回复也应该继续等待一下。而通知自己的带教师父开会,时间紧迫关系也相对亲密,反馈时间容忍度就低,应该在对方没有回复半小时左右就可以再次提醒了。

另外,我们也要看到,交际反馈时间的容忍度是一个估算的值,因此就存在交际双方估值不一致的可能性,此时就有可能发生沟通困扰。比如发话者估计的容忍度低于受话者估计的容忍度，就会使发话者提前进行二次提醒，并对受话者不说明延迟反馈的原因而感到不快。所以我们对受话者也有两个建议：第一，如果不能及时反馈对方的具体要求，最好能告诉对方已经收到信息并且会稍后回复，比如那个经理可以回复伟宏："方案我收到了，具体选哪个我还要考虑一下。"这样就不会引发之后的二次提醒了。第二，如果回复时间耽误过长，可能已经超越了对方的容忍度，那么最好对此表示歉意并解释原因，如"对不起，刚才忙没有看到你的信息""不好意思，有点忙，没来得及回复"。

我们再来看一个实例：

09：51

学生：老师，主语和主题的区别是什么？

11：45

学生：（发了一个"可怜"的微信表情）

14：47

学生：（发了一个"抱拳"的微信表情）

17：29

老师：不好意思，今天出门开会，一直没空回复你。

老师：……（此处具体回答了学生的问题）

老师：一天都在开会，实在不好意思啦！

上例中，学生认为反馈时间容忍度应该低于2小时，因此在间隔快2小时后用网络表情提醒老师答复，但依然没有回音，因此在又过了3小时后第二次用网络表情提醒老师回复，依然没有得到回复，学生意识到老师可能不方便回复，因此就不再第三次提醒。在学生提问7个多小时后，老师终于回复，首先主动进行解释并且做出道歉，之后进行问题回复，因为本次拖延时间太长，所以在回复内容后老师为延迟回复再次道歉。这个例子充分反映了交际者对交际反馈时间的认知和相关的一些交际策略。当然，如果老师能在容忍度时间内回复"有点忙，晚一点答复你"就更好了。

编校差错扫描(二十二)

◎王 敏

"垂涎"形容人贪馋

【错例】这座小城名不见经传,当地的美食却令人垂诞三尺!

【简析】"垂诞三尺"应为"垂涎三尺"。"涎"本字为"次"(xián),本义指口水。《说文解字》:"次,慕欲口液也。"段玉裁注:"俗作涎,郭注《尔雅》作唌。"次,从欠从水,是会意字,甲骨文作𣶒。于省吾《甲骨文释林》:"甲骨文次字,有的象以手拂液形,有的象口液外流形,故后世形容人之贪馋,以垂涎为言。"涎(次)与羡是同源字,因羡(贪欲)而垂涎,这是贪欲的口水。"诞",形声字,从言延声,本义指说大话。《说文解字》:"诞,词诞也。"引申指荒唐、虚妄,如"荒诞""怪诞"。又借用指出生,如"诞生""诞辰"。"垂涎三尺"指嘴边挂着三尺长的口水,形容贪馋想吃的样子或比喻羡慕到极点,极想据为己有。误"涎"为"诞",是因为字形接近,"垂诞"是根本说不通的。

"安详"稳重"慈祥"善

【错例】双手合十作膜拜状,神情安祥,样子十分虔诚。

【简析】"安祥"应为"安详"。"详"和"祥"都是形声字,区别在形符。"详"从言,本义指周密、细致地述说、评议。《说文解字》:"详,审议也。"如"面详"即当面细说。由动词,引申为形容词,指周密、完备,如"详细""周详",又指沉静审慎,如"详审",再引申,指庄重、稳重,如"安详"。"祥"从示,本义指福祉。《说文解字》:"祥,福也。"如"作善,降之百祥"。引申指吉兆,如"国家将兴,必有祯祥",又指吉利,如"祥瑞""祥和"。再引申指和善、善良。《尔雅·释诂上》:"祥,善也。"如"慈祥"。古汉语中,"详"与"祥"常有混用的情况。但现代汉语中,"神情安详"指神情稳重从容,"神情慈祥"指神情慈爱和善,"详"和"祥"已明确分工,"慈祥"不能写成"慈详","安详"也不能写成"安祥"。

"潦草"粗率"缭乱"缠

【错例】小学生抄写作业普遍存在书写缭草、涂改液滥用等现象。

【简析】"缭草"应为"潦草"。"潦"和"缭"都是形声字,区别在形符。"潦"从水,本义指雨水大的样子,读音为lǎo。《说文解字》:"潦,雨水大貌。"《玉篇》:"潦,雨水盛也。"引申为雨后积水,如"潦水""积潦"。雨大水积,任意漫溢,由此引申泛指人的内心率意、心志涣散,如用作"潦草",形容做事不认真、字迹不工整,又用作"潦倒",指颓丧、失意。表示这些抽象的含义,"潦"读音为liáo。"缭"从糸,读音为liáo,本义指缠绕。《说文解字》:"缭,缠也。"如"绍缭"即缠绕。引申泛指围绕,如"歌声缭绕"。又引申指纷杂、纷乱,如"眼花缭乱"。"潦草",无论是做事不认真还是字迹不工整,都是因为主观心意的粗率造成的;"缭乱"则是客观事物的缠绕造成的。可见,"潦草"不能写成"缭草"。

"麟角"珍稀"鳞"寻常

【错例】 她常说,像东坡先生这样趋于完美的人凤毛鳞角。

【简析】 "凤毛鳞角"应为"凤毛麟角"。"麟"和"鳞"都是形声字,区别在形符。"麟"从鹿,本义指体型较大的母鹿。《说文解字》:"麟,大牝鹿也。"又特指麒麟,古代传说中一种象征祥瑞的动物,形体像鹿,头上有角,尾巴像牛,全身有鳞。如"麟、凤、龟、龙,谓之四灵"。"鳞",从鱼,本义指鱼鳞。《说文解字》:"鳞,鱼甲也。"可借代指鱼,如"锦鳞游泳"。引申泛指其他动物身上的鳞片,也泛指有鳞甲的动物。如《礼记·月令》:"(孟春之月)其虫鳞。"郑玄注:"鳞,龙蛇之属。"再引申,比喻像鱼鳞一样的事物,如"遍体鳞伤""鳞次栉比"。"凤毛麟角"指凤凰的毛、麒麟的角,比喻珍贵而稀少的人才或事物。"凤毛麟角"与鱼鳞无关,不能写成"凤毛鳞角"。

"相辅相成"勿用"承"

【错例】 众所周知,阅读与写作是相辅相承的。

【简析】 "相辅相承"应为"相辅相成"。"成",形声字,从戊丁声,本义指完成。《说文解字》:"成,就也。"如"落成""成功"等。"承",会意字,甲骨文字形象双手捧着一个席地而坐的人,本义指承托、捧着。《说文解字》:"承,奉也,受也。"引申指接受、承受,又指接续、继承。"相辅相成"指的是两件事物互相配合、辅助,互相促成,其中的"辅"指"辅助","成"指"促成"。而"相承"指的是前后相接,没有"相互促成"的意思。

"抄作业",抄什么

◎曹 艺

抄作业,几乎是每个人在学生时代都会遇到的事情,这种行为对学生没有好处,也是被老师严禁的。但是最近在网络上,"抄作业"的表述却开始渐渐兴起。"这游戏关卡太难了,想过?还不快来抄作业!""如何在家做蛋糕不翻车?快进来抄作业!"这可能让人不解:什么时候还能催着别人抄作业了?

其实从使用语境就可以推测,这个"抄作业"并非是学生时代的抄作业,而是对前人或强者经验的一种承袭。在游戏语境中,"抄作业"代表着借鉴通关攻略,攻略与学生时代的作业答案类似。在生活语境中,它可以表示各种过来人的经验。比如"梨形女孩如何穿搭?好想抄作业","作业"就是穿搭达人的着装经验。可以看出,在网络语言中"作业"不再限于答案,这种含义的扩大也使得它的运用范围不断扩大。

也有把"抄"和"作业"分开的用法,比如"游戏关卡太难,有没有作业借来抄抄""感谢博主对于穿搭的分享,作业抄得太开心了"。这种用法增加了使用的灵活性,使得表达更加多样。"作业"也可以拿出来单独使用,这种情况下,它已经扩大了的含义也并不会消失。拿同样的语境举例子,"游戏关卡太难了,我连作业都没有找到""别人分享的梨形身材穿搭作业,好像都不适合我"。

除了"抄作业"从校园文化中脱身而出,"优等生""学霸""学渣"等概念也应运而生。在"抄作业"时,提供"作业"的人会被借鉴者称为"优等生""学霸",而经常借鉴他人"作业"的人也会自嘲是"差生""学渣"。比如"不行我太学渣了,大佬的作业都抄不好""学渣又来抄三好生作业了,感谢分享"等。

与同样来自校园文化的"敲黑板,划重点""课代表出来解释一下"相同,这种把借鉴经验称作"抄作业"的做法,在使用之初带有活跃气氛、吸引眼球的意味。它与每个人都曾经历的校园生活相关,甚至还能表现出"借鉴经验"等普通说法所不能表现的微妙情感含义(比如自嘲、赞叹等),这使得它快速地进入到各个语境中,并且热度不退。但也正因为这一特性,在一些正式场合或表达严肃内容的时候并不适合使用。比如在2020年新冠肺炎疫情中,在中国疫情向好,国外逐渐水深火热之时,"抄作业"的表述再次兴起,希望外国借鉴中国的经验和做法。这种心态无可非议,但"抄作业"的表述让一些人觉得过于娱乐和轻浮,甚至带有高高在上的意味,是对防疫背后所付出的巨大代价的不尊重。可见,"抄作业"并不能摆脱它本身活跃气氛的特性,虽然可能含义相似,但它并不能完全代替"借鉴经验"等正式表达。

在网络社会中,许多人乐于分享各种各样的经验,这也给后来人提供了便利。借鉴前人的做法,当然可以少走许多弯路,从更高的起点出发,从而获得更大的成就。但是需要注意的是,在学生时代,抄作业通行是因为大家所做的题目都是一模一样的,因此有参考答案的存在。可在生活中,情况复杂多样,人与人不同,事与事不同,国与国不同,并没有绝对的参考答案。因此,"作业"该不该抄,该怎么抄,应该结合自身情况有所取舍。创新,超越,青出于蓝而胜于蓝,才是"抄作业"能给人们带来的最好礼物。

"彩虹屁"是彩虹色的吗

◎姚 越

彩虹梦幻而美丽,与彩虹相关的词语也常常充满希望与欢乐,比如彩虹旗、彩虹桥、彩虹糖……但如果你在微博搜索关键词彩虹,出现最多的恐怕不是彩虹的图片,而是追星女孩对她们偶像的夸赞,俗称"彩虹屁"。高雅的"彩虹"与恶俗的"屁"怎么能连在一起说呢?"彩虹屁"又怎么能用来表示夸赞呢?

"彩虹屁"现象源于韩国,韩国的网民擅长用各种各样的修辞方法对偶像进行全方位无死角的夸赞,用词之夸张有趣令人叹为观止,于是中国的追星女孩就给这种夸偶像的方式起了个名字叫"彩虹屁",意思是就连偶像放的屁都能被面不改色地吹成如彩虹一般绚烂的事物。"彩虹"和"屁"这两个感情色彩反差强烈的词语,拼合出一个夸张搞笑的组合。

"彩虹屁"之所以用"彩虹"而不是"钻石"或"鲜花"之类同样有褒扬色彩的词,是因为"彩虹"是各种鲜艳的颜色集结在一起,"彩虹屁"也是五光十色充分调动人类创造力的华丽表达。一个完美的彩虹屁,一定要与谦虚谨慎等传统美德做最大的背离,文案越华丽越好,情感越震惊越好。我们来举一个例子,一般的夸奖是:"哥哥好帅!""彩虹屁"则是:"哥哥的腿不是腿,塞纳河畔的春水;哥哥的背不是背,保加利亚的玫瑰;哥哥的皮肤是华东平原,水嫩散发着青春;哥哥的眼睛是夜空恒星,闪闪发光勾人魂;哥哥的嗓音是黑洞,我们是光,逃不出声音的引力;

哥哥的腹肌是丘陵，一不小心就摔在里面；哥哥的手指是麻醉针，碰一下，便沉醉了。"连用七个比喻句，可谓深情至极。还有"你的汗水不是汗水，是玫瑰花的露水；你的胡子不叫胡子，是玫瑰花刺；你的脚丫子不叫脚丫子，是玫瑰花根"，可能对于这位粉丝来说，偶像就是一朵行走的玫瑰花。与此同时，一些夸张的"彩虹屁"也激发了网友们的奇思妙想，一些戏仿之作也给大家创造了很多快乐。

随着"彩虹屁"的使用数量逐渐增加，它的用法也出现分化：一些人开始用相对隐晦的优美文字来表达自己的爱慕，另一些人则选择对偶像以及偶像的作品进行无脑吹捧。前者如"风带着秘密吹过一整片森林，于是每一棵树都知道，我只喜欢你"，这类表白无可非议，毕竟连诗仙李白都曾经表白过孟浩然"吾爱孟夫子，风流天下闻"。但无脑吹捧的彩虹屁却实在让人摸不着头脑，在一些粉丝心中，他们的偶像是十全十美的，偶像的作品也是超凡脱俗的艺术品，这部分粉丝不仅对偶像吹"彩虹屁"，还会对不认同他们观点的人横加指责，这部分粉丝就成了我们口中所说的"脑残粉"。"脑残粉"的主要特长就是对偶像的一切全部接纳，每天创作花式"彩虹屁"，但这其实对偶像的成长是不利的，在欢呼中偶像很难听见理性批评的声音，只沉浸在鲜花和掌声中很容易迷失自我。正视并适当使用"彩虹屁"，在某种程度上也是正视自己的偶像，承认人无完人并不会有损于偶像形象，反而给了偶像成长和进步的空间。

《火眼金睛》提示

图1，"狙击"应为"阻击"。
图2，"长提"应为"长堤"；"德知"应为"德如"。
图3，"淋浴"应为"沐浴"。
图4，"过结"应为"过节"。

从"放鸽子"到"鸽了"

◎薛月朗

如今在浏览社交媒体时,经常能看到这样的发问:"被鸽是种怎样的体验?""为什么我总被鸽?""不小心鸽了朋友怎么办?"……当然,这里的"鸽"指的不是象征和平与纯洁的动物使者"鸽子",而是一种网络上的流行用法,用"鸽"来表示已定下约会却爽约的行为。同样的意思也可以用鸽子的"咕咕"叫声来表示,如在网络上常见的"她咕咕了我"即为"她爽约了"的意思。

为什么"鸽"可以表示爽约?这一用法还要溯源到俗语"放鸽子"。从唐代起,鸽子开始广泛地被用来传递信函,称为"飞鸽传书"。《酉阳杂俎》中说:"鸽,大理丞郑复礼言,波斯舶上多养鸽,鸽能飞行数千里,辄放一只至家,以为平安信。"由于鸽子可以作为信使,对古人的生活有很大的帮助,所以很多人家都养鸽子。后来有人开始用鸽子进行比赛,称为"赛鸽",类似于赛马。《广东新语》中有记载:"岁五六月广人有放鸽之会,……择其先归者,以花红缠鸽颈。"说的就是赛鸽的盛况。"赛鸽"使品种优良的鸽子成了名贵的"抢手货",因此也催生了一种叫"裹鸽子"的勾当。一些人专门盯着别人放鸽子的时候,放出自家养的"诱鸽",混到鸽群中,三两下就把一大群品种名贵的鸽子拐为己有了。对于原来的主人而言,放飞的鸽子再也回不来了,只能是空等一场,仿佛是被鸽子"爽了约",所以后来就用"放鸽子"

表示失约。

除此以外,还有一种关于"放鸽子"的说法,据说是来自旧上海的博彩业。当时发行一种起源于赛鸽赌博的彩票,俗称"白鸽票",中奖率很低,参与者投入的资金基本有去无回,所以用"放鸽子"来形容,后来慢慢引申为答应别人的事情做不到、有违誓言或爽约的意思。

在网络语言中,"放鸽子"被简化为"鸽","鸽"的用法也随之动词化了。"鸽"的名词动用现象属于网络语言的常见用法,比如"雷"本来是指一种自然现象,但逐渐动词化为"惊吓到、震撼到"的意思,如"这件衣服的配色雷到我了"。同样还有"水"这个词,本来是与人密切相关的液体,但在网络中逐渐动词化为"划水"的意思,用来描述"偷懒、胡混"的行为,比如上大学时老师经常强调"我这门课千万不能水过去"。"鸽"也是同理,在网络传播中,人们更偏向于用易感知、易记忆、易辨认的部分替代整体。如果仅用一个字就能生动形象地传递一段话或一句俗语的意思,那么这个核心字就会由于它的凸显特征而被保留下来,这就像进化论中的"适者生存"。由于"鸽"可以完整表达"放鸽子"的含义,且更简洁轻快,所以在网络语言的进化中"鸽"作为"适者"在"优胜劣汰"中生存了下来。

重读经典

谈谈写文章

◎ 王力

《新闻战线》编辑同志要我写一篇文章,谈谈写文章。我自己的文章写不好,这个题目我怎能谈得好呢?我推辞了几次都不行,只好硬着头皮谈几句。

文章是写下来的语言。文章和语言都是用来表达思想的,我们不应该把文章和语言分割开来。现在许多写文章的人,从中学生到新闻记者、大学教授,拿起笔来写一篇文章的时候,心里想,我现在是写文章,跟说话不一样,要写得"文"一点,多加上一些辞藻,多加上一些政治名词,多绕一些弯子。这些人在小学高年级和初中的时候,文章本来是很通顺的,到了高中和大学,文章越来越不通了。毛病在于,他们错误地认为文章越"文"越好;他们不懂得,文章脱离了口语,脱离了人民大众的语言,绝不能成为准确、鲜明、生动的文章。

文章又是有组织的语言。在这一点上,也可以说文章和口语不一样。我们平常说话的时候,往往是不假思索,想到哪里就说到哪里,有时候语言不连贯,甚至前后矛盾,句子也不合逻辑,不合语法。有的同志在小组或大会上发言,头头是道,娓娓动听,但是人家把他的话记录下来,发表出去,读者却又发现他的话毛病百出,缺乏逻辑性和科学性。因此,我们在写文章的时候就要好好地构思,在文章的条理以及逻辑性和科学性方面多多考虑。所以写文章要仔细推敲。我认为主要是要在逻辑性和科学性方面仔细推敲。

毛主席教导我们,写文章要有三性:准确性、鲜明性、生动性。我觉得,现在我们的报纸上的文章,鲜明性方面做得较好,准确性方面做得较差。所以我这里主要还是谈谈准确性的问题。准确性有两个方面：一方面是内容的准确性，另一方面是表达形式的准确性。我这里主要是谈表达形式的准确性，也就是语言的逻辑性。不但逻辑推理要有逻辑性，我们造一个句子也需要有逻辑性。凡是不合事理的句子，也就是不合逻辑的句子。平常我们所谓主谓搭配不当，动宾搭配不当，形容词和名词搭配不当等等，严格地说，都不是语法问题，而是逻辑问题。例如《新闻战线》一九七九年第二期梁枫同志批评的"最好水平"，是形容词和名词搭配不当，表面上是语法问题，实际上是逻辑问题。依汉语语法，形容词用作定语时，应该放在其所修饰的名词的前面，"最好水平"这个结构并未违反语法规则，因此也没有犯语法错误。但是，"最好水平"这个词组是违背事理的。"水平"的原义是水的平面，水的平面永远是平的，没有好坏之分，只有高低之分，因此说"最好水平"就是不合事理。这种例子真是举不胜举。有一天我听中央台的广播，讲到某人民公社所走的道路是"行之有效"的，我觉得很奇怪：我们平常只听说"有效方法""有效措施"，没有听说过"有效道路"。第二天看报纸，已经改为"走上了正确的道路"。改得好！这样一改，就没有毛病了。又有一次，我在报纸上看见某公社"闯出了一条正确的道路"。正确的道路是客观存在的，不是任何人闯出来的。我们平常只说"闯出一条新路"，不说"闯出一条正确的道路"。有时候，过分夸大的语句也会有毛病。最近我看了一篇文稿，其中有一句话："我们要为台湾回归祖国贡献一切力量。"我说："你把一切力量都用于争取台湾回归祖国了，还有什么力量再贡献给四个现代化呢？"把"一切"二字删了，就没有毛病了。有时候，不但是逻辑性问题，而且是科学性问题。例如冰心同志嘲笑的"月圆如镜，繁星满天"，比不上曹操的"月明星稀"更合乎事实。皓月当空,三、四等以下的星星都被月光遮掩住了,我们还能看见繁星满天吗?

由此看来,要学好写文章,首先要学好造句。古人的语文教育,要求人们写出通顺的文章。所谓"通顺",指的是语言合乎语法,合乎逻辑,主要是用词造句的问题。而在造句的问题上,主要是用词不当的问题。什么叫作用词不当呢?就是把某一个词用在不合适的上下文里。为什么会用词不当呢?这是因为写文章的人不懂那个词的真正意义(如"水平"),或者是懂的(如"有效""闯出"),到下笔造句时却又忘了。韩愈说过:为文须略识字。拿今天的话来说,就是写文章要懂得词语的真正意义。韩愈是一代文豪,尚且说这样的话,可见识字的重要性。我老了,写文章还常常查字典、词典,生怕用词不当。识字是基本功,同志们不要轻视它。

为了写好文章,需要有好的语文修养。毛主席说:"语言这东西,不是随便可以学好的,非下苦功不可。"毛主席要求我们:第一,要向人民群众学习语言;第二,要从外国语言中吸收我们所需要的成分;第三,我们还要学习古人语言中有生命的东西。这个道理很重要,我在这里谈谈我的体会。

第一,要向人民群众学习语言。这一点非常重要。人民群众的语言,最鲜明,最生动,值得我们学习。为什么报纸上多数文章总是那么干巴巴的?就是因为作者喜欢掉书袋,堆砌辞藻,半文半白,离开人民群众的语言很远,失掉宣传的效果。这是走错了路。希望这些同志回过头来,好好地学习人民群众的语言。

第二,要从外国语言中吸收我们所需要的成分。毛主席说:"我们不是硬搬或滥用外国语言,是要吸收外国语言中的好东西,于我们适用的东西。因为中国原有语汇不够用,现在我们的语汇中就有很多是从外国吸收来的。……我们还要多多吸收外国的新鲜东西,不但要吸收他们的进步道理,而且要吸收他们的新鲜用语。"我们吸收外国的语汇,要提到社会主义现代化的高度来认识。今天,现代汉语的语汇中从外国吸收来的词语,比"五四"时代以前高出数十倍,如果我们要学得像,不走样,最好是学好外语。例如"水平"一词来自外语,我们看见英语 Level 只有高低之分,没有好坏之分,就不会再写出"最好水平"这样的话了。又如"词汇"一词来自英语的 Vocabulary(即毛主席说的"语汇"),指的是一种语言里的全部的词(斯大林叫作"词的总和")。现在有人说:"某词典共收了两万个词汇。"那就错了。一部词典只有一个词汇,不能有几千或几万个词汇。我们只能说这部词典共收了两万个词,或两万个单词。我们应该把吸收外语而走了样的情况改变过来。

第三,我们还要学习古人语言中有生命的东西。这主要是指成语来说的。学习成语,可以丰富我们的词汇。许多成语都能起言简意赅的作用。这也和吸收外语一样,要学得像,不走样。有一次,我看见一张电影说明书上把"突如其来"写成了"突入其来",这显然是因为作者不懂"突如"是什么意思。"突如"就是"突然"。作者不懂,所以写错了。我的意见是:最好少用自己不懂的成语;如果要用的话,请先查一查词典。

关于写文章,还有一个篇章结构的问题。这主要是逻辑推理的问题。要学习一些典范文,学会逻辑推理的本领。我的意见是:可以熟读马、恩、列、斯、毛的文章,注意篇章结构是如何严密。我们不但要学习马、恩、列、斯、毛的革命理论,同时也要学习他们的文章的逻辑推理。我建议大家读毛主席的《实践论》和马克思的《工资、价格和利润》。这两篇文章是逻辑推理的典范。当然还有其他的文章,这里不一一介绍了。

(选自《王力论学新著》,广西人民出版社 1983 年出版)

甲骨文中的「疫」情

◎ 刘志基

疫中读书，遂探"疫"字之源。翻检甲骨卜辞，便觉字中"疫情"颇似现实疫情，同样一波三折，耐人寻味。

最先被认为与"疫"有关的是如下甲骨文字：

合集 13658 正

这个字由"殳（手持器械）""人"构成，与《说文》"役"古文"伇"同形，于是便被认为是"役"字。"役"是"疫"的声符（《说文》释），而这个字所在卜辞的辞例又是"疾役不延"，于是这个"疾役"就被看成"疾疫"，而"疾疫不延"，也被认为是占卜传染病是否蔓延的意思。

然而，这种解读显然是有问题的。就造字理据而言，根据《说文》的本义解说，"役"是"戍边"，所以从"彳"（表示移动）得义。而从"人"得义的"伇"与行役之义无涉，它的造字意图是手持器械击打人，没有办法表达行役或戍边之义。就卜辞辞例来说，甲骨文时代不可能有"疾疫"这样的双音词，却有"疾目不延"等与"疾役不延"相类似的辞例，"疾目"就是眼睛得病，由此可知这个"役"也是被"疾"所殃及的人身的某一部分。

那么甲骨文中"疫情"是否就此消除了呢？不然，近年来人们又发现另一个表示"疫"的甲骨文，该字有字形如下：

这些字形由"彳""人""又（手）"或"廾（两手）"等字符构成。过去一般被认为是"永"字，表示吉祥之类意思。近年学者通过"字形比较和辞例推勘"，将其新释为"役"，在卜辞中用为"疫"。这一新说影响很大，得到很多信从。

然而，这个新释又存在一个令人费解之处：该字既然是"役"字，却为啥在甲骨文中并没有"役"的意思呢？于是又有学者将其释为"殣"（道中死人）。即认为字形中的"人"形是"尸"，而以"彳""尸"构形，又有"又（手）"或"廾（两手）"在彳与尸之间下端，表示用手拉尸体搬走尸体。但是这个说法有望文生义之嫌，用以解释甲骨文相关辞例也是不妥的。

我们认为，该字应该就是甲骨文时代的"疫"字。这一判断的一个重要理由是，甲骨文时代不太可能有"役"这个字。回顾汉语史，可以发现一个断代有一个断代的字符集和词汇库，而要弄清楚一个字词在某一断代是否存在，可以用穷尽相关语境来搜索它是否出现的办法来做出判断。而我们进行了这样的搜索，却没有发现它的存在。比如甲骨文中最应该被占卜者役使的对象无非是"众""民""羌"之类下层身份者，而卜辞中涉及殷王或其他贵族对他们处置的用字有"令""乎（命令）""廾（召集）"等，却从未见到"役"这个字，这只能说明"役"这个字当时并不存在。

那么，被新释为"役"的那个字的造字意图，是否可以是"疫"的表达呢？答案是肯定的。"彳"，在汉字中历来是一个表示空间移动的字符，🦴等字形中的"彳"，自然表达的是造字者对于疫病的流行性的认识。卜辞表明，当时人们对于疫病的这种性质，完全是了解的。甲骨文不乏疫病迅速传播的记载（如合集137等）。除了"彳"以外，🦴中的另外两个主要字符是"人"与"又"。"又"在古文字造字中，是用来表达抽象"控制"意义的。𠬝，被俘的敌人，字形的表达是以"又"对着跪地之人：𠬝。执（执），抓捕，字形以"又"对着被拷之人：𡘜。及，被敌人追及，字形为手触及人的腿部：🦴。疫，病痛，字形的表达是以"又"对着卧床之人：🦴 🦴。

由此可见，在甲骨文中，凡"人"与"又"的组合，通常是表达人被某种负面力量所控制，这种负面力量也包含疾患。由此可见，在"疫"字造字之际，限于对"疫情"认识的局限，造字者用"又"这只无形的"手"来进行一种模糊表达。

烤肉上的头发丝

（文中有十处差错，你能找出来吗？答案在本期找）

◎梁北夕　设计

传说，战国时期的晋文公喜欢吃烤肉。

有一位厨师因炙烤肉食的精湛手艺，受到了晋文公的亲睐，得到了特别优渥的待遇。宫庭里有厨师不服气，觉得自己的手艺并不差，只是缺少机会罢了。他甚至做手脚，挖墙角，陷害那位厨师。

一次，这个厨师趁人不注意，偷偷地将一根头发放在即将呈献给晋文公的烤肉上，希翼以此来激怒晋文公，治烤肉厨师的罪。果然，晋文公看到烤肉上的头发后勃然大怒，命人将烤肉厨师押上来，想立即治他大不敬之罪。没想到烤肉厨师磕了个响头，说："我有三条大罪，请一并治。"晋文公听了一楞，问他有哪三条大罪。

烤肉厨师说："第一，我把刀磨得十分锋利，却没能切断这根头发；第二，我把肉丁一个个串到竹鉴上，却没发现这根头发；第三，我把炉火生得那么旺，肉都烤熟了，却没能烧掉这根头发。"

晋文公若有所思，立即命人去调查。使拌子的厨师双腿发抖，满脸恐惧，没被问几句，便把事情的经过合盘托出，认罪了。

看图说话

"兄不以长悌"?

单亚非

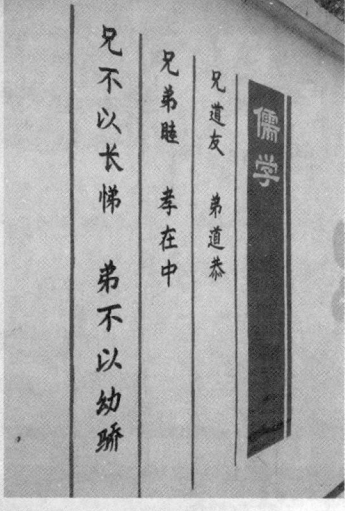

这是一则宣扬兄弟相处之道的标语。"弟不以幼骄"容易解释,意思是,做弟弟的不要因年幼而骄纵;"兄不以长悌"是什么意思?

悌,音tì,义为尊敬、爱戴兄长。《论语·学而》中有句名言:"弟子入则孝,出则悌。"意思是,年轻人在家要孝顺父母,出门要尊敬、爱戴兄长。后世人们常用"孝悌",指孝顺父母、敬爱兄长。据此,"兄不以长悌"只能理解为,做哥哥的不要因年长而敬爱兄长。这成什么话?

查阅典籍,有古语云:"弟勿幼而骄,兄勿长而恃。"这是北宋官员徐平对两个儿子的教诲,意思是:做弟弟的不要以年幼而骄纵,做哥哥的不要以年长而固执。如果将上述标语的"兄不以长悌"改为"兄不以长恃",就文从字顺了。

火眼金睛

图中差错知多少?

（答案在本期找）

杨丹　赵星　余华　杨昌俊　提供

YAOWEN-JIAOZI

咬文嚼字

苹果

　　蔷薇科，落叶乔木。果实呈圆、椭圆等形，果皮青、黄或红色。"苹果"古代称"柰""林檎"等。其中一个西域输入的品种在元代被人误认为梵语中的"频婆果"（也作"苹婆果"），便以此称呼。"苹果"之名则是由"苹婆果"演化而成。19世纪时另一个新品种（即"西洋苹果"）从欧洲、中亚传入，仍以"苹果"称之。现在人们所说的"苹果"，通常指"西洋苹果"。

上海世纪出版集团

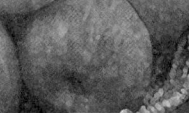

欢迎至邮局订阅本刊 邮发代号 4-641
国内统一连续出版物号 CN 31-1801/H
定价：6.00 元

雾里看花

王印矩

"燃动"该怎么"动"

这是笔者在芜湖市某高架桥上看到的汽车销售广告。"燃动"是什么意思?用燃烧来推动?"时刻"如何"燃动"呢?猜猜看,答案见本期。

书窗

经典力作,一网打尽常见别字

《常见别字辨析手册》是一本实用性很强的小型工具书,收录数百例典型别字,几乎将汉语言实际运用中普遍碰到的别字一网打尽。书中的别字差错全部来自实例,具有针对性。作者分析透彻,往往一语中的,令人豁然开朗。

楚山孤 / 著
定价 /38元

 扫码购买可享 优惠

"把一生的眼泪流光了"

石 安/文　臧田心/画

2019年12月26日,湖北省中西医结合医院呼吸内科主任张继先大夫,发现四位病人的胸部CT呈现出相同的异样。张继先曾作为专家组成员参加过"非典"的防控工作,敏感地意识到"有问题",向医院做了汇报。医院立即上报武汉市江汉区疾控中心。张继先是"疫情上报第一人"。有记者致电医院,想去采访张大夫,医院有关领导却告诉记者:"现在别来,张继先主任正在病房大哭!"后来张继先解释了痛哭的原因:"病人太多了,我们的医护人员太苦了!"还说:"这次把一生的眼泪流光了!"

栏目	篇名	作者/页码
名家语画	"把一生的眼泪流光了"	石 安/文 臧田心/画 /1
前线观察	"零号病人"与"一号病人"	高丕永 /4
	从"新冠肺炎"到"新冠××"	南 园 /6
疫情聚焦	"期间"与"其间"	梁北夕 /8
	"首当其冲"不等于"首先"	孙延宜 /9
	不合理的"白衣执甲"	陈云聪 /10
	蔓延·漫延	戴佳明 /11
	特朗普"神药"引起的误读	大 田 /13
	"群体免疫"是什么	林 怡 /14
	"叹为观止"的误用	安宗华 /15
追踪荧屏	勿将"膈膜"作"隔膜"	徐婷婷 /16
	疾病是"癣"不是"薛"	重 阳 /17
	一塌糊涂《武则天》	谷兴云 /18
时尚词苑	"基于":介词中罕见的流行词	东 湖 /19
	"饭圈女孩"新形象	徐靖怡 /21
	"融梗",褒贬不一	刘冰鑫 /23
一针见血	春联贴哪里	谢云秋 /25
	误把"戤"字写成"或"	厉国轩 /25
	"兰田""盈联"都是错	李景祥 /26
	秀才不称"痒生"	新 德 /26
	1948年尚无五星红旗	沈阳仁 /27
	笔架山不在葫芦岛	晋 相 /28
	"后金"改"清"不在入关后	李华山 /28
	"泥凡"应是"泥丸"	国 轩 /29
	没有一个"吴天上帝"	木 子 /29
	用"板油"铺路？	盛祖杰 /30
	庄子说"子非鱼,焉知鱼之乐"？	刘曰建 /30
	可以启闭的不是"楔闸"是"碶闸"	龙启群 /31
	"甚嚣尘上"含贬义	阎德喜 /32
	唐诗宋词赞的不是"君子兰"	廖 宁 /32
	误加标点减功绩	杨 光 /33

栏目	标题	作者	页码
正音室	"员"作人名不读"圆"	李奉天	/34
	"恶寒"之"恶"不读è	王树凡	/35
语言哲思	出版一本,卖出两本	宗守云	/36
文章病院	地名"绍兴"与年号"绍兴"	孙利政	/38
	臣子岂能上诏书	葛青江	/39
	1959年中国科学院有"院士"吗	杨顺仪	/40
	《上山采蘼芜》不在"古诗十九首"中	陈福季	/41
	北宋词人岂能"暗用"南宋诗人的诗句	汤生根	/42
	谁是最年轻的诺贝尔文学奖得主	曾秋华	/43
	"人生得一知己足矣"是鲁迅写的吗	陈力勇	/44
	阮籍未列"建安七子"	郭天骄	/45
	此"祭酒"非彼"祭酒"	冯俊杰	/46
学林	汉字的讹变	苏培成	/47
网言网语	问答式标题:是标题,也是对话	朱玲奕	/50
	你学会"断舍离"了吗	翟子顾	/53
社交新风	群聊九忌	徐默凡	/55
检测窗	编校差错扫描(二十三)	王敏	/58
说文解字	"妇好"还是"妇子"——简析殷商之"好"	刘志基	/61
向你挑战	"把帽子扔过高墙"	伯淮 设计	/64

顾　问　濮之珍　何伟渔　陈必祥　金文明　姚以恩

主　编　黄安靖

副主编　王　敏

特约编委

汪惠迪(中国香港)

田小琳(中国香港)

林国安(马来西亚)

吴英成(新加坡)

责任编辑　何中辰　施隽南　朱恺迪

通　联　戚新蕾

封面设计　王怡君

特约审校

蔡维藩　陈以鸿　李光羽　王中原　张献通　黄殿容

凡本刊录用的作品,其与《咬文嚼字》相关的汇编出版、网上传播、电子和录音录像作品制作等权利即视为由本刊获得。上述各项权利的报酬,已包含在本刊向作者支付的稿酬中。如有特殊要求,请在来稿时说明。

"零号病人"与"一号病人"

◎高丕永

新冠疫情下,有关传染病的一些词语成了流行词语,如"零号病人"。据新华社报道:

美国新泽西州埃塞克斯县贝尔维尔市市长迈克尔·梅尔哈姆日前表示,他的新冠病毒抗体检测结果呈阳性,他认为自己是去年11月感染新冠病毒的。

这无疑给美国"零号病人"的出现时间画上一个大问号。早期检测缺乏、某些新冠患者被误认为是流感、许多无症状患者"潜伏"……种种因素可能导致美国的"零号病人"像首例死亡病例一样"未被及时发现"。(《新华每日电讯》2020年5月7日)

也许,有人会问:"零号病人"这个词语的确切意义是什么呢?它是怎么产生的呢?我们得从大约四十年前说起。

上世纪八十年代初,美国加利福尼亚州暴发了艾滋病疫情,科学家在进行流行病学调查时,发现一位法裔加拿大籍病人在当地感染了几十人。病例报告里,那位病人用"Patient O"指代。"Patient"是"病人"的意思,字母"O"是介词短语"Out of California(来自加州之外的)"中首词的首字母。不久,一位美国记者读到了这份报告,误以为"Patient O"中的字母"O"是表示"计算起点"的数字"0",并武断地认定那位法裔加籍病人是"第一个患有艾滋病并开始传播病毒的病人"。

从此,"Patient 0(Patient Zero)",泛指"第一个患有某种传染病并开始传播病毒的人"。由于"Patient 0"不一定会出现症状,后来又用"仿造"的方式,把"第一个患有某种传染病并出现症状、传播病毒的人"称为"Patient One"。汉语把这两种病人分别意译为"零号病人(0号病人)"和"一号病人(1号病人)"。例如:"调查确认零号和一号病人不只是要从流行病学的角度出发,还要从生物学的角度进行研究,才能获得比较可靠的结论。"(光明网时评频道2020年3月2日)

借词"零号病人(0号病人)",可以指"一个国家内第一个感染某种传染病并开始传播病毒的人"。比如:"意大利疫情暴发的0号病人是谁"(标题,《江苏科技报》2020年4月3日)。有时,也用于城市等相对较小范围中"第一个感染某种传染病并开始传播病毒的人"。比如:"寻找新加坡会议中的'零号病人'"(标题,《文摘报》2020年2月2日)。

借词"一号病人(1号病人)",可以指"一个国家内第一个感染某种传染病并出现症状、传播病毒的人"。比如:"意大利'1号病人'影响超5万人"(标题,《新消息报》2020年2月26日)。也可以指城市等相对较小范围中"第一个感染某种传染病并出现症状、传播病毒的人"。比如:"发现上海'一号病人'"(标题,《文汇报》2020年4月15日)。又如:"从武汉回老家过年的我,成了小县城的'一号病人'"(副标题,《新华每日电讯》2020年3月16日)。

有时,"零号病人"用于比喻,指"恶性事件、事故的触发者"。比如:"美媒揪出次贷危机'零号病人'"(标题,《时代商报》2009年2月13日)。体育资讯里,"一号病人"可以喻指"最早显露出竞技状态不佳的成员或团体"。比如:"一号病人 皇家马德里"(标题,《重庆晨报》2012年9月17日)。

从"新冠肺炎"到"新冠××"

◎南园

2019年年底,一种不明原因的病毒性肺炎,从武汉悄然蔓延开来。2020年1月7日,查明起因是一种"新"的冠状病毒。媒体上开始将这种肺炎称为"新型冠状病毒感染的肺炎",有时"感染的"三字省去。1月11日的《北京晨报》上有篇报道,标题中用"新型冠状病毒肺炎",行文中用"新型冠状病毒感染的肺炎"。1月12日,武汉市卫健委的疫情通报启用"新型冠状病毒感染的肺炎"。从此,这个11字的短语暂时用作正式称谓。有时,"的"字可以省去。比如:"武汉12日无新增新型冠状病毒感染肺炎病例"(标题,新华社武汉2020年1月13日电)。"新型冠状病毒肺炎"和"新型冠状病毒感染(的)肺炎",意义比较明确,但字数较多,不能满足一般场合简便表达的急需。

没几天,有三四个简称"召之即来",最常见的有两个。一个是"新型肺炎"。比如:"新型肺炎已确诊62例 传染源尚未找到"(标题,《每日经济新闻》2020年1月20日)。又如:"中国'全速'应对新型肺炎"(标题,《环球时报》2020年1月22日)。另一个是"新冠肺炎"。比如:"'我的城,我来守!'——不拜年,不串门,拍防疫视频、送口罩给路人,市民自发迎战新冠肺炎"(标题,《长江日报》2020年1月24日)。又如:"严防新冠肺炎疫情向农村扩散"(标题,《湖北日报》2020年1月24日)。这两个简称中,大家更容易接受的是"新冠肺炎",因为它特指这种肺炎是由"新型冠状病毒"感染所引起的,既简便又达意。2月7日,国家卫健委发通知决定将"新型冠状病毒感染的肺炎"暂命名为"新型冠状病毒肺炎",简称"新冠肺炎"。

为了满足更简便表达的急

需,第一线奋斗的医务人员把1月中旬出现的简称"新冠肺炎"进一步简称为"新冠"。"新冠"可以独立使用,先在新媒体上出现。比如:"抗击新冠 信阳疾控人为您风雨前行"(医药卫生网2020年1月26日)。报纸快速"跟进"。比如:"防治新冠 从症状反应入手"(标题,《健康报》2020年2月5日)。比较多见的是与"非典""流感"等双音节词一起使用。比如:"非典主要感染青壮年、新冠主要传染中老年 这种说法有科学依据吗"(标题,《科技日报》2020年2月5日)。又如:"药监局批新试剂 可辨流感与新冠"(标题,香港《文汇报》2020年2月24日)。"新冠"还可以组成"新冠××"系列新词语——"新冠疫苗""新冠疫情""新冠检测""新冠病例""新冠药物""新冠险"等。比如:"多国加紧研发新冠疫苗药物"(标题,《西宁晚报》2020年1月27日)。又如:"新冠疫情被列为国际突发事件对中国经济影响几何?"(标题,《新闻晨报》2020年2月1日)新媒体上还有"新冠防控""新冠抗体""新冠拐点""新冠概念股""新冠种族主义"等。

简称"新冠肺炎"的顺利问世,得益于简称"新冠病毒"。2012年到2013年期间,另一种新型冠状病毒感染引发的"MERS"肆虐。那时,就有了"新型冠状病毒(新冠状病毒)"的简称"新冠病毒"。比如:"武警部队新冠病毒暨冬季呼吸道传染病防控技术培训班在疾控中心举办"(标题,《武警医学》2012年第12期)。如今,"新冠肺炎"进一步简化为"新冠"也有"神助攻"。1月28日下发的《国家卫生健康委员会办公厅关于做好新型冠状病毒感染的肺炎疫情期间医疗机构医疗废物管理工作的通知》规定:废弃物包装袋(或利器盒)的中文标签特别说明里、废弃物转移登记的内容里,须特别注明"新型冠状病毒感染的肺炎"或"新冠"。

"期间"与"其间"

◎梁北夕

屋漏偏逢连夜雨!"新冠"疫情还未得到有效控制,美国又爆发了反种族歧视大规模抗议活动。有媒体报道:"美国各地的反种族歧视抗议活动愈演愈烈,期间许多人未采取严密的自我保护措施,无疑会使疫情防控雪上加霜。"这里的"期间"明显有误,可以改成"其间"。

"期间"和"其间"读音相近,词形相似,语义都指向"时间"范畴,常被人误用。

"期间"略等同于"时期""阶段""时候"等词语。这类表达时间的词语,语义"不自足",必须在其前面加上适当的定语加以补充,才能表达"完足"的时间含义。如"时期,他加入了共产党""阶段,他进步很快""时候,他就读了大量古典小说""期间,他竟然睡着了"等等,语义均不明确,必须在"时期""阶段""时候""期间"等词语前面加上定语,而把话说成"抗战时期,他加入了共产党""初中阶段,他进步很快""很小的时候,他就读了大量古典小说""开会期间,他竟然睡着了"等等,时间含义才明确。

如果上文已经交代了某个明确的时间,也可在这类词语前面加上"这""此""那"等指示代词标记前面所说的时间。如"抗日战争时期,张志明积极投身民族救亡运动。这时期,他加入了共产党""初中时,张敏转到母亲任教的学校读书。此阶段,他进步很快""八九岁时,王晓曼就表现出对传统文化的极大兴趣。那时候,他就读了大量古典小说""昨天下午李军开了一个会,由于太疲劳,这期间他竟然睡着了"等等。这些句子均表示了明确的时间含义,都是成立的。

我们再回到文章开头说到的句子:"美国各地的反种族

歧视抗议活动愈演愈烈,期间许多人未采取严密的自我保护措施,无疑会使疫情防控雪上加霜。"期间"一词的前面缺乏定语,必须补上句子才成立。由于"美国各地的反种族歧视抗议活动愈演愈烈"一句已经暗含了事件发生的确切时间,即"美国各地的反种族歧视抗议活动愈演愈烈"的时候,"期间"前只要加上指示代词"这"就能标记这个时间。因此,可以把这个句子改成:"美国各地的反种族歧视抗议活动愈演愈烈,这期间许多人未采取严密的自我保护措施,无疑会使疫情防控雪上加霜。"句子的时间概念明确,是成立的。

如果不用指示代词"这"标记前句暗含的时间,也可以把"期间"改成"其间":"美国各地的反种族歧视抗议活动愈演愈烈,其间许多人未采取严密的自我保护措施,无疑会使疫情防控雪上加霜。""其间"的语义就相当于"这期间"或"那时期",这里的"其"就是指示代词,可标记前面已经交代的时间。"其间"可单独使用,前面不加其他成分。如:"专家们说,美国很可能进入一个贯穿整个夏季的新冠肺炎病例'缓慢发作'时期,其间虽然病例数量和死亡人数会从峰值下降,但仍将造成严重损失。"其中"其间"即指"新冠肺炎病例'缓慢发作'时期",所表示的时间概念很明确。

"首当其冲"不等于"首先"

◎孙延宜

"新冠"病毒全球大流行已经持续数月,除了加强防控措施外,各国都开始研究如何结束疫情以及避免疫情二次暴发。为了取得抗疫的最终胜利,有媒体总结各方意见,表示"首当其冲是要研发疫苗"。疫苗的研发确实是当前"首先"要做的工作,但说"首当其冲"就错了!"首当其冲"不等于

"首先"。

"首当其冲"是一个常用成语,准确理解这个成语的含义,关键是要理解"冲"字的含义。一般认为,"冲"作"要冲""交通要道"解。"首"即首先,最早;"当"即面对,承受。"首当其冲"指处在冲要位置,比喻最先受到攻击或遭遇灾难。封常曦先生曾在《咬文嚼字》1996年第5期发表《"首当其冲"的释义和语源》一文,认为:"冲"本指古代的一种战车,是一种重型的攻城野战武器,"首当其冲"即首先承受冲车的撞击,比喻最先受到攻击或遭遇灾难。不管如何解释"冲","首当其冲"这个成语的语义、用法都未发生变化。"首当其冲"含有两个语义要素:一是"首先",二是"受到攻击或遭遇灾难"。"首当其冲"比"首先"多出了"受到攻击或遭遇灾难"这一语义,两者的含义不同,用法自然也有异。

上述"首当其冲是要研发疫苗"的说法,显然将"首当其冲"当成"首先"用了。"研发疫苗"确实是现在"首先"要做的事,但不会"受到攻击或遭遇灾难"!

不合理的"白衣执甲"

◎陈云聪

新冠疫情牵动人心,社会各界各尽其能,医务工作者更是最先上阵,战斗在最前线,为抗疫做出了突出贡献。不少媒体为了赞美医务工作者的英勇形象,称他们"白衣执甲,时代英雄"。"时代英雄"当之无愧,但"白衣执甲"的表述并不合适。

"白衣天使"向来是对医护人员的美称,"白衣"本是他们代表性的穿着。但"白衣"如何"执甲"?"甲"又是否能"执"呢?

甲,指古时战士穿的护身衣,用皮革或金属制成,也叫"铠"。通常与"甲"搭配的是"擐(huàn)""披",这两个字都有穿戴之义。"擐甲""披甲"即穿上铠甲。汉语中有"擐甲执兵"这一成语,即身穿铠甲,手持武器,喻指准备战斗。《左传·成公二年》:"擐甲执兵,固即死也。"与之相类的词语还有"擐甲执锐""披甲执兵""披坚执锐"等。

执,有拿着、握持的义项。战斗时手上拿的是什么?自然是杀敌的武器。"执兵""执锐",都是手拿兵器的意思。"白衣执甲"似乎只能理解成白衣天使拿着铠甲。问题是,白衣天使应该拿手术刀、注射器等医疗器械,干吗要拿铠甲呢?就算白衣天使有铠甲,干吗不穿着而要拿着呢?

"白衣执甲"中的"执甲",很可能是化用"擐甲执兵"而来。这种化用并不合理,在这个成语中,"甲"和"擐"、"兵"和"执"搭配,是不能错位的。如果非要化用这个成语,只能说成"白衣擐甲"。将抗疫前线比作战场,将防护服比作铠甲,用"白衣擐甲"指代医务工作者战斗在抗疫前线,还是可以成立的。为通俗易解起见,也可说成"白衣披甲"等。

蔓延·漫延

◎戴佳明

自从新冠疫情暴发以来,"蔓延"成了一个高频词,几乎天天在媒体上看到。如:"新冠病毒在美国的蔓延速度超出预期。""大流感'掩护'新冠蔓延,美国如何错失防控窗口?""新冠肺炎在欧洲蔓延,在德华人急救医生讲解防控措施。"有时也见到有人用"漫延",如:"世卫专家在谈及新冠疫情在中东多地漫延的形势时发出上述警告。"那么,"蔓延"与"漫延"有区别吗?到底用哪个准确?

"蔓延"与"漫延"读音相同,含义同中有异,异中有同,常有人混淆不清。

蔓,从草,本指草本植物细长柔软、不能挺立的枝茎。茎能攀援、缠绕或贴着地面四处延展生长即蔓生，有此类生长特征的植物即蔓生植物。生有长茎能缠绕、攀缘的杂草，即蔓草。蔓延，本指蔓草一类植物不断向四周延伸、扩展，如"野草蔓延"。词义引申，"蔓延"也指向周围扩散、延伸，如"贼之众且百万，蔓延往往千余里不绝"。

漫，从水，本指水过满而外流，如"杯子里的水漫出来了"。引申指遍布、充满，如"弥漫""漫山遍野"等。漫延，本指水满而向四周扩散，如"洪水漫延"。词义引申，"漫延"也可泛指向四周延伸、扩展，如"霎时间，这同一个口号声漫延开去"。

"蔓延"和"漫延"的区别还是很好把握的。首先，其本义不同，有不同的适用对象，前者用于"草"，后者用于"水"，不能错位使用。只能说"野草蔓延"而不能说"野草漫延"，只能说"洪水漫延"而不能说"洪水蔓延"。其次，"蔓延""漫延"的引申义是相同的，都泛指向四周延伸、扩展。在此义项上，两词可视为异形词，过去人们常互换使用。把"贼之众且百万，蔓延往往千余里不绝"中的"蔓延"换成"漫延"、把"霎时间，这同一个口号声漫延开去"中的"漫延"换成"蔓延"，过去都不算错。不过，异形词的存在不符合语言的"经济性"原则，现在人们多主张在此义项上用"蔓延"。《现代汉语规范词典》(第3版)"漫延"条第二义项即："见885页'蔓延'②。现在一般写作'蔓延'。"

因此，说到新冠病毒或新冠肺炎的扩散，用"蔓延"比较符合现在的语用习惯。

其实，与"蔓延""漫延"相纠缠的还有"曼延"。

曼，本义指长、远。《诗·鲁颂·閟宫》："孔曼且硕，万民是若。"郑玄笺："曼，修也，广也。"曼延，指连绵不断。如"群山曼延""曲折的羊肠小道一直曼延到远方""沙漠一直曼延到天边"。"曼延"虽然是动词，但它所描写的对象如"群山""羊肠小道""沙漠"等,其实是静态的,并未发生任何变化,动的是人们的观察视角及心理感受。这就是"曼延"与"蔓延""漫延"的区别。不管用本义还是用引申义,"蔓延""漫延"描写的都是事物动态变化。

特朗普"神药"引起的误读

◎大　田

据外媒报道,美国总统特朗普力推"神药"羟氯喹来预防新冠肺炎,在美国掀起了跟风潮,引发了巨大争议。且不论以抗疟药对付新冠病毒是否有效,就说这个"神药"的读音,把"羟氯喹"误读成"轻氯喹"的大有人在。

其实,"羟"本是形声字,读qiān,《说文解字》:"羟,羊名。从羊,巠声。"但是,"羟氯喹"中"羟"的读音却是qiǎng。

羟基,是一个化学名词,是氢氧基的简称,也叫氢氧根,指的是由氢和氧两种原子组成的一价原子团。

"羟(qiǎng)""羟(qiān)"同形,但其构字理据不同。"羟(qiǎng)"不是形声字,可视为会意字,从氢省,从氧省,取氢、氧二字的下半部分,表示由氢和氧两种原子组成的原子团,字音则取氢的声母和氧的韵母反切合成。

"神药"引起的误读,还让我想起了读"嵩"为"蒿"的例子。

今年2月8日,央视新闻频道报道,河南嵩县闫庄镇竹园沟村,村民于天寒地冻时奋战3天,手拔10万斤大葱,由该村村支书亲自送至武汉。遗憾的是,播音员把因处于嵩山起脉而得名的"嵩县"读成了"蒿县"。

"蒿"是形声字,从艹,高声,读hāo,其本义即青蒿。

而"嵩"是会意字,从山,从高,读sōng,本义为山高,后特指嵩山。《说文解字》:"嵩,中岳,嵩高山也。从山从高,亦从松。"作为山名,"嵩山"先秦原称"崈山",也称"崧山",如《诗经·大雅·崧高》:"崧高维岳,骏(同峻)极于天。"后来用字发生分化,读音、字义均不相同。"嵩"成了中岳的专用字,"崈"泛指高大,"崧山"则不用了。

"羟氯喹"的"羟","嵩山"的"嵩",都不是形声字。按照"秀才识字读半边"的思路去推测它们的读音,其结果大概就像特朗普力荐"神药"一样不靠谱吧。

"群体免疫"是什么

◎林 怡

新冠疫情正在全球肆虐。一些西方国家试图依靠"群体免疫"抗击新冠,引发巨大争议。那么,何谓"群体免疫"?

群体免疫(herd immunity),又称社区免疫(community immunity),是指社区群体中大部分个体已对特定病原体具有免疫力,以致一个已患病个体在此群体中传染他人的可能性变小。(《免疫学名词》第一版)面对传染病时,如要使人群获得群体免疫,一般是根据传染病的流行病学特征,如流行区域、发病人群分布等,在人群中大规模地进行疫苗接种,以此切断传染病的传播链,以控制该传染病的传播。

然而,新冠肺炎的疫苗尚未研制成功,这些试图通过群体免疫来应对新冠疫情的国家,是希望民众在普遍感染后,自行产生抗体,获得个体对新冠病毒的免疫力,待大多数民众获得免疫后,在国家层面获得群体免疫,以达到抗疫的目的。但是,要使人群获得群体免疫,需要群体中六成到七成的成员被感染并康复。现有研究显示,已有新冠肺炎抗体的人群仍然比例很低。在没有疫苗的情况下,期待感染者自行产生抗体以最终实现群体免疫,将不得不牺牲掉更多人的健康，甚至生命。

"叹为观止"的误用

◎安宗华

根据美国约翰斯·霍普金斯大学实时数据，截至美国东部时间5月27日，美国新冠肺炎累计死亡人数破10万。有媒体在报道相关新闻时，竟然用"叹为观止"来评价。这是值得商榷的。

叹：赞叹；观：看；止：停止。"叹为观止"是个成语，出自《左传·襄公二十九年》。该文讲了一个故事，说春秋时吴国的季札在鲁国观看各种乐舞，看到舜时的乐舞时，他大声赞叹："观止矣。若有他乐，吾不敢请已。"意思是，再没有什么功德能超过这个乐舞所表现出的舜的功德了，观看停止吧，如有其他乐舞，我不敢欣赏了。后世便以"叹为观止"赞扬看到的事物好到了极点。如徐迟《牡丹》："她不仅把包厢中那些迷恋她的野心家征服了，便是后厅、楼座、阁楼那些后排听众，他们是真正爱好戏剧艺术的，也莫不叹为观止。"

"叹为观止"用于"好到了极点"的事物上，是用来赞美、称颂这种事物的。新冠肺炎患者死亡人数破10万，这事虽然是美国的，但灾难属于全人类的，怎么能用"叹为观止"来评价呢？

微语录·处世

人要心中有别人，要讲究待人之道。待人要宽厚，要谦虚，要礼貌，要诚恳，要大方。这是我国自古以来正确的待人之道。爱人者，人恒爱之；敬人者，人恒敬之！如果心中只装着自己，没有别人，待人自私，待人小气，待人悭吝，怎么能获得别人的爱戴、尊敬呢？

（邢世言/辑）

勿将"膈膜"作"隔膜"

◎徐婷婷

电视连续剧《重生》第3集中，秦驰受伤，医生为他缝合伤口，对他说刀刃扎进去不到两厘米，这下手的一看就是个外行。还说："你这脏器啊，gé膜、血管都没事。""gé膜"应为"膈膜"，但字幕错成了"隔膜"。

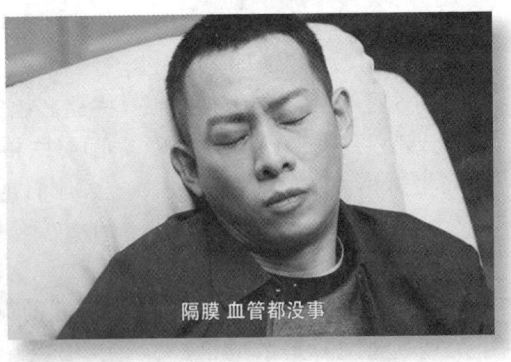

隔膜 血管都没事

"隔"字的偏旁是"阝"，"阝"即"阜"(fù)。"阜"字本义为土山，所以从"阜"的字多与山地、地势高低等有关，如"陵""陡"等。"隔"本义指山阜阻障，引申指隔断、隔阂。"隔膜"指的是两人之间感情沟通的障碍或者思想上的距离。如一对夫妻同床异梦，彼此不沟通，感情交流有障碍，就叫"有隔膜"。

"膈"字的偏旁是"月"，即"肉"。古文字里"肉"和"月"相似，隶变后"肉"作偏旁时多写作"月"。"膈膜"指的是人或哺乳动物胸腔和腹腔之间的膜状肌肉。膈膜收缩的时候胸腔扩大，松弛时胸腔缩小。如声乐训练中的"腹式呼吸法"，就是指让膈膜上下移动，进行深度呼吸。在上述电视剧里，"gé膜"跟"脏器""血管"并列，显然应该是"膈膜"，而不是看不见摸不着的"隔膜"。

疾病是"癣"不是"藓"

◎重 阳

上海广播电视台都市频道2020年4月9日播出的《X诊所》栏目中,受邀医生现场为嘉宾们做诊断。为其中的一位做了诊断后,医生说:"她小时候很可能就是有奶xuǎn。"同步字幕上的"奶藓"错了,应改为"奶癣"。

癣,读xuǎn,由霉菌引起的某些皮肤病的统称,患处常会发痒。奶癣,又名"胎疮",中医学病名。常见于一个月至两岁的小儿,是头面瘙痒、浸淫或起白屑的疾病。多发于两颊,继则蔓延额部、头皮等处。患病处皮肤潮红、干燥脱屑,且出现小丘疹和水疱。该病易反复发作,至两岁才能逐渐自愈。一般采用外治法,并配合内服疏风、利湿、清热剂。节目中医生说到的正是这种疾病。

藓,读xiǎn,苔藓植物门的一纲,古时也泛指苔藓。属于这一纲的植物茎和叶都很小,常生在阴湿的地方。既没有一种叫"奶藓"的疾病,也没有一种叫"奶藓"的植物。

一塌糊涂《武则天》

◎谷兴云

由刘晓庆主演的电视剧《武则天》第2集中有一段剧情,讲的是太子李承乾告诉唐太宗自己无意因争权加害四弟,甚至引用典故表示可以让出太子之位:"古有孤独君的两个儿子,傅仪和舒其,为让皇位先后出走,隐居在守义山直到白头。"(字幕同步显示)错得有些离谱,"孤独君"应是"孤竹君","傅仪和舒其"应是"伯夷和叔齐","守义山"应是"首阳山",兄弟俩最后也非"白头"而终。

古有孤独君的两个儿子 傅仪和舒其

伯夷和叔齐是商朝孤竹国国君的长子和三子,他们的事迹见于《史记·伯夷列传》。孤竹君生前想让叔齐继位,待他死后叔齐根据传统"立长"制度要将国君之位让还长兄。伯夷以父命为由拒绝,最后还出国逃走;叔齐见此干脆也逃了。两人便开始一起流浪。正逢武王伐纣,周代殷商,伯夷和叔齐认为武王之举缺乏仁义,遂隐居首阳山,并拒食周粟,最后一起饿死在山中。

根据史料记载,上述台词和字幕应改为:"古有孤竹君的两个儿子,伯夷和叔齐,为让王位先后出走,隐居在首阳山直至身死。"

时尚词苑

『基于』：介词中罕见的流行词

◎ 东 湖

改革开放以来，汉语里出现了许多流行词。这些流行词，几乎都是名词、动词、形容词。一般说来，介词、连词、助词这三类是不会出现流行词的。但是，介词"基于"是个例外。近三十年来，"基于"越来越多地出现在各种媒体上，尤其是科学技术类文章里用得特别多。根据对中国知网的不完全统计，2018年介词"基于"的使用量竟然是1990年的二十多倍。可见，"基于"已经成了介词中罕见的流行词了。

介词"基于"，《国语辞典》（1937年）没有收录；20世纪30年代至90年代出版的许多语法著作中，我们也很难在介词一类的举例中找到"基于"的踪迹。不过，《现代汉语词典》倒是从1978年第1版起就有收录。很多学者认为，介词"基于"相当于介词"根据"，即"以某种事物作为结论的前提或动作、行为的依据"（参见《现代汉语常见虚词词典》，浙江教育出版社1992年出版）。实际上，如今的介词"基于"之所以成为流行词，不是因为其"以某种事物作为结论的前提或动作、行为的依据"这一义项（以下简称"基于①"），而是因为其另外一个百年前已经开始使用但不大受到关注的义项，即"以某一事物作为另一事物产生的基础"（以下简称"基于②"）。比如，以下例（1）（2）中的都是"基于②"：

（1）此机乃纯基于言语皆由五音化合之理而成也。（《清华学报》1915年第1期第4号）

（2）基于移动互联网、云计算、物联网等新一代信息技术的分享服务，将分散、闲置的海量社会资源通过平台集聚起来反复使用，可以较好实现供需

匹配,创造新的商业价值。(《人民日报》2019年9月5日)

"基于①"和"基于②",可以从意义和使用两个方面加以区别。从意义上来区别较容易。"基于①"的宾语只是句中结论的"前提"或动作、行为的"依据",而"基于②"的宾语是句中另一事物"产生的基础"。例如:

(3)基于以上理由,我不赞成他的意见。(《现代汉语词典》第1版"基于"例句)

(4)推进产业组织、商业模式、供应链、物流链创新,支持基于互联网的各类创新。(《中共中央关于制定国民经济和社会发展第十三个五年规划的建议》,2015年10月29日)

例(3)中的是"基于①",相当于介词"根据","以上理由"只是作出"我不赞成他的意见"判断的依据。例(4)中的是"基于②","互联网"是"各类创新"产生的基础。又如,"网络电视,是基于IP协议的电视广播服务,人们可以通过宽带网络交互式地收看电视节目"(《现代汉语词典》第7版第1763页),其中"IP协议"是"网络电视"("电视广播服务"中的一项)产生的基础。

"基于①"和"基于②",也可以从使用上加以区别。与介词"根据"一样,"基于①"介词短语用在句首作状语的比较多,还常用于谓语动词之前。作句首状语的,比如例(3)。又如,"正是基于这样的判断,中国有信心和勇气坚定不移实行对外开放"(《人民日报》2019年9月18日)。位于谓语动词前的,比如,"美国基于错误的认知,把中国当成战略对手甚至敌手,是极其危险和不负责任的"(《人民日报海外版》2019年9月19日)。"基于②",常见的是"介词短语+的+名词"结构,大多用于标题。比如,"推进多边主义和基于规则的自由贸易体系"(标题,中新社2018年11月16日电)中,介词短语"基于规则"修饰"自由贸易体系","规则"是"自由贸易体系"的基础。据

"饭圈女孩"新形象

◎徐靖怡

2019年夏天,面对乱港分子持续的肆意造谣、公然破坏,人们不再沉默,强烈呼吁"反暴力,救香港!"其中,"饭圈女孩"作为最先站出来的人群之一,在外网上成功引导舆论,反对港独,用她们独特的饭圈文化表达对祖国的热爱。随后,《新闻联播》节目播发的"央视快评"提及了此次声援活动:

(1)"这些天,从饭圈女孩到帝吧网友再到广大海外留学生,所有爱国爱港的力量正在汇聚成一股强大的正能量,呵护香港、力挺香港!"

所谓"饭圈",即"粉丝圈子"的简称。"粉丝"在英语中是"fans",取其读音并简化为"饭",他们组成的群体就叫"饭圈"。"饭圈女孩",顾名思义,是指有共同偶像的女生组成的粉丝群体,又叫"追星女孩"。长期以来,"饭圈女孩"由于狂热的追星行为,小众的饭圈文化,以及在网络上时常上演的同对家粉丝的大战,往往不为人们所理解。请看:

(2)徐芸是个饭圈女孩,有时候想跟室友聊聊偶像,可室友们对追星嗤之以鼻,言语间

对国家社科基金项目数据库统计,十年来立项项目的标题中用到介词"基于"的有两千多,其中"基于②"占绝大多数。

随着人工智能等引领新一轮科技革命和产业变革的战略性技术迅速发展,基于这些技术开发的应用也会越来越多,因而介词"基于"特别是"基于②"的使用肯定会越来越多。

总是透出某种"恨铁不成钢"的态度,"我不傻,能察觉到她们不认同"。(《中国青年报》2019年10月11日)

而"饭圈女孩"自发组织的这次网络声援,被多家新媒体平台报道转发,赢得了广大网友的一致好评,也改变了人们对"饭圈女孩"的固有印象。

(3)这次香港的局势也惊动了一个大家都没有想到的群体,一大批很少关心政治的、疯狂追星的"饭圈女孩"。这是中国95后、00后为主的小女生,平时路人看不懂她们的许多言行,但不久前"饭圈女孩"倒是做了一件大事,为维护国家主权领土完整集体"出征"海外社交媒体,怒怼香港"废青",守护全世界最好的"阿中哥"。(《中国日报》2019年10月1日)

"饭圈女孩"面对大是大非时力挺"阿中哥"的爱国行为,让健康的粉丝文化逐渐得到了大众的宽容与认可。同时,娱乐文化日益繁荣,年轻人追求精神享受的心理使得饭圈文化也渗透到他们当中。因此,"饭圈女孩"成为一个流行标签,常用来指代有某种精神需求的年轻群体。例如:

(4)8月片种单一的遗憾,或许能在接下来的9月得以弥补——因为这个月纷至沓来的新片类型极其丰富,无论是钢铁直男还是饭圈女孩,都能有合口味的选择。(《羊城晚报》2019年9月2日)

(5)在"佛系养生、饭圈女孩、懒癌晚期、有矿家庭、理智消费派、肥宅快乐族"等一系列年轻人习惯的调侃标签背后,是消费者的不同圈层、不同的审美偏好和不同的产品需求。(《人民日报》2019年3月18日)

"饭圈女孩"这一网络词语的流行,反映的是当下年轻人追求自我个性表达的精神需求。"饭圈女孩"作为一个年轻群体,敢于发声,勇于表达。这样一个日益庞大、生机勃勃的群体,需要大众更多的理解和引导,让健康的饭圈文化发挥更大的积极作用。

"融梗",褒贬不一

◎刘冰鑫

2019年10月底,电影《少年的你》成为热门话题。观众曾给予这部电影很高的评价,但随着电影的热度提升,网友们发现跟《少年的你》相关的原小说《少年的你,如此美丽》"融梗"了日本推理小说家东野圭吾《白夜行》和《嫌疑人X的献身》的经典桥段,因而小说作者被质疑"抄袭",网友们议论纷纷。新话题"融梗"引起广泛关注。请看:

(1)好评之外,也有杂音。比如《少年的你》原著被指"融梗",不少"抄袭"的棒子直接打到了电影头上。(《北京日报》2019年11月5日)

(2)随着影响的不断外溢,《少年的你》也逐渐衍生出非议,质感被融梗代替。(《北京商报》2019年10月31日)

"梗"来源于"哏",本指某些艺术作品(如相声等)中的笑点,后来引申指故事情节、片段或创意。"融梗",顾名思义就是把别人好的创意或精彩内容融合进自己的作品。既然是参照了别人的创意或作品内容,那么"融梗"与"抄袭"的界限在哪里呢?人们对文学作品中的"融梗"现象也是褒贬不一。例如:

(3)"融梗"比洗稿还要高级,因为它复制的是创意和智慧,而不是简单的文字。但这种所谓高级的"抄袭",正在毁灭原创。(《新京报》2019年10月30日)

(4)网络文学"洗稿""融梗"与传统纸媒情境下的"抄袭"在具体界定上尚存在一定的差异:网络文学因其更新速度快、语言生成性强以及口语化特征明显等特点,很难确认一部网络文学作品是否在文字表述或故事情节上存在"抄袭"现象。(《人民日报海外版》2019年7月11日)

（5）我不认同网友所说的"融梗"指责,我的作品中或许有着共通的思考,但没有任何抄袭"融梗"。由于"融梗"没有统一的标准,它渐渐演变成一个"心证"的东西。我想,这时候需要更专业的人来探讨和解决这个问题。(《中国知识产权报》2019年11月12日）

例（3）反对"融梗",将"融梗"定义为高级的"抄袭",认为采用别人的创意也是"抄袭"的一种,破坏了文学创作的纯净性。例（4）持中立态度,认为"融梗"和"抄袭"仍有不同,要结合网络背景,理性看待。例（5）是《少年的你》原著小说作者对于"融梗"事件的回应。此外易中天也在微博上对此事件发文点评,认为"除非极个别的天才,很少有作家能够做到绝不借鉴,关键在于是笨拙地模仿甚至直接抄袭,还是创造性地用人如己"。他们认为仅仅是共通的想法,不能称为"抄袭"。

随着"融梗"一词的流行,"×梗"式词语层出不穷。比如:"撞梗"指与别人的创意想法相似,但属于无意行为,与"撞衫"类似;"盗梗"是有意而为之,带有贬义色彩。"融梗"的程度介于"盗梗"和"撞梗"之间。另外还有"玩梗",指综艺节目中有目的地再现某个搞笑场景,引发观众共鸣,具有娱乐性质。

虽然对"融梗"评判不一,但大多数媒体和网友还是持否定态度。如今,人工智能高速发展,还出现了"写作神器",只要输入人物设定和情节大致脉络,软件就能在融合多部作品的基础上自动生成一部情节完整的小说。不过,机器终究代替不了人脑,机器无法创造情感和关怀,还需要人脑去创造。

"融梗"的流行反映了当代网络文学中,抄袭界限不明晰。有关部门应该正视这一问题,促使法律细化,营造一个好的市场环境,让作者尊重原创,少一些急功近利,多一份艺术追求,创作出更多优秀的作品来。

春联贴哪里

◎谢云秋

《京江晚报》2020年3月20日A08版《自己写春联》一文中写道:"那时贴春联的位置很多,除了门,粮仓、米缸、猪圈、水缸等处都要贴上。记得灶台上贴的是'小心火烛'……"读毕这段文字,不禁会问:春联贴哪里?

春节时,家家户户贴春联。春联,亦名"门对""春帖",是春节时用红纸写成贴在门上的联语,源出于古代的"桃符"。春联由上下联组成,要求对偶工整,平仄协调。文中提到的灶台上贴的"小心火烛",并不贴在门上也并不是对联。春节时在粮仓上贴的"仓满粮多"、米缸上贴的"缸实米足"等,一般称为"春条"。《现代汉语词典》"春条"云:"春节时贴的用红纸写着吉利话的单条幅,短的如'抬头见喜',长的如'一入新春,百福并臻'。"

所以,前引文字中的头两句应该改成"那时除了门上贴春联外,粮仓、米缸、猪圈、水缸等处还要贴上春条"。

误把"馘"字写成"或"

◎厉国轩

唐代诗人陆龟蒙曾是一名嗜酒如命之徒,因饮酒过度而致病,后作《中酒赋》表示后悔并承诺决然戒酒:"有或卓擒伶之伍,我愿先登……"

上面这段文字出自《科学养生》杂志2016年第1期上的《与其弃身 不宁弃酒》一文。对照《中酒赋》原文,"或卓擒伶"中的"或"是别字,应改为"馘"。

馘,读 guó,古代战争中士兵需要杀敌献功,靠割取敌人左耳来计数,这种行为就称"馘"。擒,擒拿、捉住之义。"馘卓擒伶"中的"卓"指晋吏部郎毕卓,他因饮酒而废职;"伶"指"竹林七贤"中的刘伶,曾作

《酒德颂》。这两个人都嗜酒成癖，后人常用他们指代嗜酒的人。"有鱼卓擒伶之伍，我愿先登"，意思就是如有专门擒捕像毕卓、刘伶这样嗜酒之徒的军队，我愿意加入去当先锋。

"或"有多种义项，可以表示也许、有时，可以指代某人，可以表示稍微。"或卓擒伶"语义难解，显然是错误的。

"兰田""盈联"都是错

○李景祥

《老同志之友》杂志2020年第8期刊载了《贺龙给老乡赠婚联》一文，讲到八路军路过新绛县万安村时正遇上村民结婚，贺龙"要给结婚的村民送一副婚联"，而后"一副上联为'碧岸雨收莺语柳'，下联是'兰田日暖玉生香'的盈联被贺龙相中"。这里有两个别字，"兰田"应改为"蓝田"，"盈联"应改为"楹联"。

蓝田，县名，位于陕西省西安市东部，以蓝田山得名。该地以盛产玉石出名，蓝田玉被称为中国四大名玉之一，秦始皇传国玺便是以蓝田玉制成。上述对联的上下句其实各有出处：下联"蓝田日暖玉生香"改自唐李商隐的《锦瑟》，原句为"蓝田日暖玉生烟"，而上联"碧岸雨收莺语柳"改自唐杜荀鹤的《春日行次钱塘却寄台州姚中丞》，原句为"两岸雨收莺语柳"。将"蓝"误为"兰"当是受"二简字"的影响所致。

楹，从木盈声，厅堂前部的立柱。我国自古有在楹上悬挂或张贴对联的传统，所以对联也称"楹联"。盈，有充满、多余等义，世上并无"盈联"一物。

秀才不称"痒生"

○新德

2020年4月28日《上海老年报》第7版刊载了《东郡马生闽中薛生》一文，文中说到明代诗人谢肇淛之妻产后虚脱，多方求治无效,此时"有一个通晓医术的痒生(秀才)马尔麒"用胡黄连治好了她。是"痒生"吗?不是,是"庠生"。

庠,从广羊声,读xiáng。原指殷、周时的学校,后指古代乡学,泛指学校。庠生,指科举时代府、州、县学的生员。明清时期考上县学的生员称秀才,"庠生"也作为秀才的别称。

"痒"读作yǎng,指皮肤或黏膜生病或受到刺激引起的想抓挠的感觉。汉语中没有"痒生"这个词。

1948年尚无五星红旗

◎沈阳仁

2020年4月4日《今晚报》第8版刊发了《怀念父亲》一文,其中有段描述是:"1948年12月,咸水沽地区解放,父亲亲手在校园里升起五星红旗。父亲积极拥护党的政策,把学校全部捐赠给国家,受到当地政府的表彰。"五星红旗是我国国旗,但在文中提到的时间点它尚未被设计出来。

1949年7月,经全国政协会议筹备会讨论决定,通过登报的方式向全国公开征集国旗、国徽图案,并设立国旗、国徽图案评选委员会。1949年7月14日至8月15日,《人民日报》《解放日报》《新华日报》等刊登了征求国旗图案的通知,之后收到了三千幅左右的设计图案。1949年9月27日中国人民政治协商会议第一届全体会议通过中华人民共和国国旗为五星红旗。旗面红色,左上方缀一大四小黄色五角星。小五角星环拱大星之右,各有一个角尖正对大五角星的中心点,象征着中国革命人民的大团结。五星红旗原名红地五星旗,设计者为曾联松,采用时对其原稿有一定修改。

既然五星红旗是在1949年9月才最终被设计决定的,那么《怀念父亲》一文中的记述就有误。当时作者父亲升起的可能是象征革命的红旗。

笔架山不在葫芦岛

◎晋 相

2020年4月11日《北京晚报》第16版刊载了《志英的"孤帆远影"》一文,作者回忆了在葫芦岛旅游时结识友人的经历,文中写道:"菊花岛、笔架山是葫芦岛的两个景点……"菊花岛确实是葫芦岛的景点,但笔架山却不是。

菊花岛,现名觉华岛,属于辽宁省葫芦岛市,是渤海北部近岸小岛。岛上有大龙宫寺、大悲阁、海云寺、石佛寺等古迹,有"北方佛岛"之称。至于"笔架山",国内以此命名的景点颇多,能和"菊花岛"产生联系的应是在渤海之滨的辽宁笔架山风景区。笔架山岛,属于辽宁省锦州市,毗邻锦州港,是笔架山风景区主要景点。岛上有三清阁、太阳殿、吕祖亭等。

葫芦岛和锦州市相邻,都是辽宁省西部城市。菊花岛和笔架山岛也都是渤海上的岛屿。上文作者在旅游时很可能先后游历了这两处景点,但因不熟悉当地的行政区划,误把笔架山也当作了葫芦岛的一部分。

"后金"改"清"不在入关后

◎李华山

2019年5月14日《沈阳日报》第10版刊发了《踵其事而增其华》一文,其中在讲到"沈阳地区从古至今的历史变迁踪迹"时有这样的描述:"后金立国从辽阳迁沈阳为都城,易名为'盛京';皇朝入关后改国名为'清',沈阳成为陪都。"这里有个常识性错误,后金改国号并非"入关"之后的事。

后金是明朝时女真族建立的政权。1616年女真族首领努尔哈赤统一了女真各部后即汗位,建都赫图阿拉(今辽宁新宾西),国号为金,史称后金。1621年迁都辽阳,1625年再迁都沈阳。天聪八年(1634)皇太极改沈阳为"天眷盛京"。天聪十年（1636）皇太极即皇帝位,改国号为清。1644年,李自成攻破北京,明朝灭亡。同年,吴三桂投降清军,并引清军入关击败李自成,清顺治帝遂迁都北京。

上述引文的内容基本符合史实,但却搞错了后金改清的时间点。其实早在清军入关前,后金就已将国号改为了清。

"泥凡"应是"泥丸"

◎国　轩

《中老年时报》2019年4月21日《刘完素论修真之要》一文说：金代医学家刘完素主张"泥凡欲多栉,天鼓欲常鸣"。其中"泥凡"应是"泥丸"。

"泥丸欲多栉,天鼓欲常鸣",见于刘完素的《素问病机气宜保命集》。泥丸,道家以人体为小天地,各部分均赋以神名,脑神称为"精根",字"泥丸",故后世称头为"泥丸"。

"栉"是梳理头发,天鼓是道家的一种法术,指中央牙齿上下相叩。所谓"泥丸欲多栉,天鼓欲常鸣",即要经常梳头,中央牙齿要常常上下相叩。

没有一个"吴天上帝"

◎木　子

2020年4月14日《辽宁老年报》第7版刊载了《沈城印记　街道阡陌入神坛》一文,其中写道："从汉代开始,祭天大礼即在南郊圜丘举行。古代文献记载郊祀分南郊和北郊,南郊祭天,即祭吴天上帝,其祭坛制为圜丘……"这里说的"吴天上帝"有误,正确的应是"昊天上帝"。

昊,读hào,指广大的天。昊天上帝,又称天帝、上帝、老天爷等,代表上天或等同于上天,是我国神话传说中主宰万物的神。古代帝王会在郊外祭祀天地,称为郊祀,是最重要的祭祀制度。冬至于南郊祭天,夏至于北郊祭地。所谓"祭天",就是祭祀天神、上天,即昊天上帝;所谓"祭地",就是祭祀地神,即皇地祇。根据"天圆地方"之说,祭坛的形制也有不同,祭天的天坛要选用圜(yuán,义同"圆")丘,祭地的地坛要选用方丘。"在南郊圜丘举行"的大礼无疑祭的是"昊天上帝"。

吴,古代诸侯国名,泛指江苏省南部和浙江省北部一带,也作姓。汉语中并没有"吴天"的说法,更没有一个"昊天上帝"。

用"板油"铺路?

◎盛祖杰

《世界知识》杂志2019年第21期上有《亲历朝鲜罗先市的划时代变革》一文,其中写道:"罗先只有一条水泥路,另有一条板油路,其他则都是沙石路。"其中"板油路"错了,应改为"柏油路"。

柏油,指松柏科植物的树脂,也称沥青,指煤焦油经初步分馏后得到的残留物。这种残留物色黑而有光泽,有臭味,呈黏稠的液态或固态。因具有防水、防腐和绝缘等特性,所以常用作铺筑路面的原材料。柏油路,即使用柏油铺成的路,和用水泥铺的路各有优点,而早期人们通常用沙石铺路。上述文章中和"水泥路""沙石路"并称的无疑应是"柏油路"。

板油,猪的体腔内壁上呈板状的脂肪。显然,脂肪不能用来铺路。

庄子说"子非鱼,焉知鱼之乐"?

◎刘曰建

2020年4月27日《北京晚报》刊有《和蒋勋一起追求生活里的美》一文,文章说:"蒋勋最喜欢庄子,所以他写《庄子,你好》。……庄子说啥?庄子说,'子非鱼,焉知鱼之乐''北冥有鱼,其名为鲲'。""北冥有鱼,其名为鲲"出自《庄子·逍遥游》,确为庄子所言。但"子非鱼,焉知鱼之乐"却不是庄子说的。

《庄子·秋水》记载,庄子和惠子在濠水桥上游玩时见鲦鱼出游从容,辩论鱼是否知乐。庄子说:"鱼悠闲自在游水,这是鱼儿的快乐呀。"惠子说:"子非鱼,安知鱼之乐?"即你不是鱼,怎么能知道鱼之乐趣?庄子说:"子非我,安知我不知鱼之乐?"即你不是我,怎么知道我不知鱼的乐趣?

可见,"子非鱼,安知鱼之乐"是惠子反驳庄子的话,文章却张冠李戴安在庄子头上。另外,文章将"安知鱼之乐"写作"焉知鱼之乐",也欠严谨。

可以启闭的不是"楔闸"是"碶闸"

◎龙启群

宁波月湖公园东北隅有一个文物保护单位,是叫作"水则碑"的古代水利设施。水则碑旁的说明牌上有它的介绍,其中写道:"利用平水的原理,城外诸楔闸均视'平'字两横出没为启闭,启闭适宜,民无旱涝之忧。"其中的"楔闸"错了,应改为"碶闸"。

碶,读 qì,指水闸。古人在修建水坝时会预留缺口,修砌可根据蓄水盈枯而启闭的石块,用以拦水或泄水,这就叫作"碶"。碶闸就是水利工程中用以蓄泄水的闸门,《农政全书·水利》:"西南乡之田,所恃者广德一湖,环百里,周以堤塘,植榆柳以为固,四面为斗门碶闸。"水则,指立于水中测量水位高低的标尺。水则碑又称"平字碑",立于河水中,石碑上镌一"平"字作参照,根据水面在石碑上的位置测量水位,并以此作为启闭碶闸的依据。

"楔"读作 xiē,有多个义项。作名词可指楔子、门两边的木柱,作动词指把楔形物插入或锤打到物体里面。汉语里没有"楔闸"的说法。将"碶闸"误作"楔闸",应是形似所致。

"甚嚣尘上"含贬义
◎阎德喜

《文艺报》2019年9月18日第8版《"克隆一个鸡蛋?"》中有这样一段话:"(《文艺报》的工作人员)要求从改革中寻找生机和活力的呼声,甚嚣尘上。"这里"甚嚣尘上"显然用错了地方。

《现代汉语词典》对"甚嚣尘上"有详明的释文。楚国跟晋国作战,楚王登车窥探敌情,对侍臣说:"甚嚣,且尘上矣。"意思是晋军喧嚣纷乱得很厉害,而且尘土也飞扬起来了。(见于《左传·成公十六年》)后来用"甚嚣尘上"形容对传闻之事议论纷纷。现多形容某种言论十分嚣张(含贬义)。上述引文说的是,上世纪末,处于困境的《文艺报》穷则思变,困则谋通,工作人员们要求改革的呼声十分强烈,决心从困境中奋起。这是一种意气风发的场面,是值得称赞的,说成是"甚嚣尘上"与文意大相径庭。将"甚嚣尘上"改为"非常强烈"就没有问题了。

唐诗宋词赞的不是"君子兰"
◎廖 宁

2020年4月22日《辽沈晚报》第16版刊载了《泡桐花开不寂寞》一文,文中写道:"漫步唐诗、宋词的文苑中,有吟咏牡丹、樱花、郁金香的,有礼赞菊花、海棠、栀子花的,有赋诗蜡梅、君子兰、水仙花的……"唐诗宋词中有赞美"君子兰"的吗?恐怕是没有的,因为中国古代还没有君子兰。

君子兰,别称大花君子兰、大叶石蒜,石蒜科多年生草本。根肉质,叶子呈宽带形,花为红黄色,有很高的观赏价值。君子兰原产非洲南部,大约在20

世纪30年代传入中国,因受到人们的喜爱而被广泛栽培,后被选为长春市市花。君子兰虽然具有很高的人气,但它传入中国尚不满百年,作于千百年前的唐诗宋词自然不可能去颂扬它。

中国人素来将"兰"视作高洁的象征,国画中甚至将其与梅、竹、菊并称为"四君子",古人赋诗作词也经常以兰为主题。这里的"兰"主要指两种植物:一是指兰草、泽兰,菊科多年生草本,多生于水边,有香气,可供观赏;二是指兰花,兰科多年生草本,也是观赏植物。古人所爱的兰并不包括"君子兰"。

误加标点减功绩

○杨 光

2006年黄山书社出版乾隆《颍州府志》。其中卷二《建置制·陵墓·太和县》中有这样一段:

纺织娘冢 县治东南隅。相传妇归而早寡,翁姑老,家贫,矢志靡他,勤纺织供养,至衣衾棺椁,皆其一手足。烈也,故称为纺织娘。

纺织娘的故事感人至深,但其中有一处标点错了。"皆其一手足。烈也"应为"皆其一手足烈也"。

"皆其一手足烈也"是个典故,出自《礼记·表记》:"子曰:后稷,天下之为烈也,岂一手一足哉!"郑玄注:"烈,业也,言后稷造稼穑天下,世以为业;岂一手一足,喻用之多,无数也。"这是说,后稷创造农业的伟大功业,是依靠群众力量,并不是他一个人干出来的。"烈",意思是功业、功绩;"一手一足",比喻一人之力。

再看"纺织娘"这段话。纺织娘年轻守寡,靠勤劳纺织供养公婆,至于衣衾棺椁,"皆其一手足烈也"——都是她一人之力创造的功绩。这句"皆其一手足烈也"怎能从中间断开呢?

"员"作人名不读"圆"

◎李奉天

2020年2月9日央视综合频道播出的《中国诗词大会》节目第五季第十场比赛中,主持人在第二组选手对抗时给出了这样一道题:"请问,以下哪一项能体现苏州风貌?"

其中一个选项是"A.涛声夜入伍员庙,柳色春藏苏小家"。主持人在读这个选项时将"伍员庙"的"员"读作yuán,这是错误的,正确的发音应是yún。

"员"是个多音字,有三种读音。可以读yuán,指从事某种工作的人、团体或组织中的成员,也作量词用于武将;可以读yún,表示增益,或用于人名;还可以读Yùn,用作姓。伍员,即春秋时期著名的吴国大夫伍子胥。他名员,字子胥,这里的"员"应读yún,属于古代人名中的特殊读音。民间传说伍子胥死后被封涛神,故为他立祠祭祀,称伍公庙(即伍员庙)。

节目中给出的选项"涛声夜入伍员庙,柳色春藏苏小家"出自唐代白居易的诗《杭州春望》。(钱塘江的)涛声在夜晚传入伍员庙,这是杭州特有的景象,该选项虽不是正确答案,但"伍员"的读音还是要读正确的。

"恶寒"之"恶"不读è

◎王树凡

电视连续剧《忍冬艳蔷薇》第29集中,名医展大夫想要考考准备投考中医大学的女主角忍冬,便问她"风热感冒和风寒感冒有什么不同",忍冬答道:"风热感冒的症状为è寒轻。"同步字幕显示的是"风热感冒的症状为恶寒轻"。这里将"恶寒"读作"è寒"错了,应读"wù寒"。

风热感冒的症状为恶寒轻

"恶"是个多音字,常用读音有四个。"恶"可以读è,与善相对,有罪过、不好、凶猛等义;可以读ě,即恶心,令人厌恶或想呕吐;可以读wū,通常用在古文中作表示疑问的代词或叹词;还可以读wù,有讨厌、忌讳、害怕等义。"恶寒"是中医的一种说法,指病人有怕冷、畏寒的症状,还可分为外感恶寒和内伤恶寒两类。汉张仲景《伤寒论·辨脉法》:"病有洒淅,恶寒而复发热者,何?"电视剧中台词的意思是风热感冒会出现轻度畏寒的症状,"恶寒"的"恶"指的是畏惧、害怕,自然该读wù而不读è。

语言哲思

出版一本，卖出两本

◎宗守云

苏教版六年级《语文》课本有一篇课文《小草和大树》，其中有这样一段话：

文学这条路毕竟太狭窄、太陡峭了。夏洛蒂姐妹的诗倒是写了不少，发表出来的却寥寥无几。姐妹三人节衣缩食，于1846年自费出版了一本诗集，结果仅卖出了两本！

有学生提出疑问：出版了"一本"，却卖出了"两本"，不够卖啊！

显然，出版的"一本"书和卖出的"两本"书是不同的，出版的"一本"书是作为精神产品的书，有且仅有一本；卖出的"两本"书是作为物质产品的书，是印刷出来装订成册的物品，有很多本。《现代汉语词典》（第7版）把"书"解释为"装订成册的著作"，把"著作"解释为"用文字表达意见、知识、思想、感情等"，这样的话，"装订成册"反映了书作为物质产品的属性，"著作"反映了书作为精神产品的属性。

书既是精神产品，又是物质产品，具有双重属性，这区别于其他事物。其他事物，有的只具有精神产品属性，比如诗歌、散文、小说、文章、小品、电影、电视剧等；有的只具有物质产品属性，比如桌子、椅子、茶杯、鼠标、插座、树皮、油漆等。精神产品重在内容，对某一精神产品做出评价，主要依据就是内容的优劣。比如一首诗歌的优劣，就是看内容的优劣。物质产品则内容和形式并重，对某一物质产品做出评价,一是看内容如何,一是看形式如何,比如一张桌子的优劣,一看内容,是不是结实耐用,二看形式,是不是美观典雅。书兼有精神产品和物质产品双重属性,因此可以分别从精神产品和物质产品两方面做出评价。比如"这本书很好",首先可以从精神产品方面做出评价,即这本书的内容很好,健康,有趣,可读,等等;其次可以从物质产品的内容方面做出评价,即这本书的质量很好,纸张精良,装订完好,等等;再次可以从物质产品的形式方面做出评价,即这本书的外观很好,新颖别致,装帧精美,等等。

书可以成为所及对象,不同的及物动词,对应书的不同属性,比如"读书、写书、抄书、背(bèi)书",对应书的精神产品属性;"撕书、烧书、拎书、背(bēi)书",对应书的物质产品属性。"买书",一般情况下是因为书具有精神产品属性,可以阅读学习,但特殊情况下也可以把书作为物质产品。比如,有人买书不是用来阅读和学习的,而是用来装饰房间的,这时书的价值就等同于装饰品的价值。笔者读大学时买了一套丛书带回村里,村里一位文盲大妈听说笔者花了很多钱买书,非常不解,说:"别说让我花钱买,就是白送我也不要,用来做手纸太硬,用来包鸭梨不够尺寸。"显然在这位文盲大妈眼里,书只不过是物质产品,书的功能无非就是做手纸和包鸭梨之类。

书的价值主要在于它的精神产品属性,因此凡是涉及书的名言,都是着眼于书作为精神产品属性的。比如,"书籍是人类进步的阶梯"(高尔基语),"书籍是人类知识的总统"(莎士比亚语),"理想的书籍是智慧的钥匙"(托尔斯泰语),"书籍是人类思想的宝库"(乌申斯基语),"书是我们时代的生命"(别林斯基语),"书籍是屹立在时间的汪洋大海中的灯塔"(惠普尔语)。

地名"绍兴"与年号"绍兴"

◎孙利政

清代目录书《四库全书总目》(原名《四库全书总目提要》)在介绍宋代邓名世撰写的《古今姓氏书辨证》一书时说:"宋时绍兴有刊本,今已散佚。"文献学家余嘉锡在《四库提要辨证》中对此提出质疑:"椿年序题乾道四年,而提要谓有绍兴时刻本,不知何据?"这个疑问的产生其实是因搞错了"绍兴"的词义。

"绍兴"一词有多个义项,既可指地名,也可指年号。宋高宗时以"绍兴"为年号,并在绍兴元年(1131)升越州置府,以年号为其命名,称绍兴府。之后"绍兴"也被用作市名、县名。《古今姓氏书辨证》是宋代姓氏谱牒研究的集大成之作,由南宋学者邓名世编撰。但他生前未能完成全书,殁后由其子邓椿年编次而成,这些内容都写在邓椿年于乾道四年(1168)写的序中。据此可以认为《古今姓氏书辨证》的成书时间应在1168年前后,说绍兴年间(1131—1162)就"有刊本"确实令人生疑。不过这个疑问产生的前提是将"宋时绍兴有刊本"的"绍兴"当作年号来解读。

寻绎文义可以发现,"宋时绍兴有刊本"中"时"字存在问题:"绍兴"如果指年号,通常会说"宋绍兴时",而不是"宋时绍兴"。再考据本篇中所援引的《朱子语类》,其卷一三二中有这样的记述:"邓名世,临川人,学甚博,赵丞相以白衣起为著作郎……有考证文字甚多,考

臣子岂能上诏书

◎葛青江

花城出版社2019年9月出版的《历史与传奇》一书中有篇谈西汉陈汤的文章,叫《如何描述一个不孝顺的冒险家与贪污犯》。文中这样写道:"本文主角上了一道漂亮的诏书,陈述自己的所作所为都是出于强烈的爱国心……在他著名的诏书里,聪明地将他的擅自行动,归为'赖陛下神灵',将他的目的归结为一句名传后世的话:'以示万里,明犯强汉者,虽远必诛!'"(第78页)陈汤真的上了一道"诏书"吗?显然不可能,诏书只能由帝王颁发。

诏,告诉、启示之义。诏书,秦汉以后专指帝王向臣民布告的文书或颁发的命令。《史记·秦始皇本纪》:"臣等昧死上尊号,王为'泰皇',命为'制',令为'诏',天子自称曰'朕'。"也就是说,下诏书属于皇帝的特权。建昭三年(前36),甘延寿任西域都护,陈汤任副校尉。在任期间,陈汤经实地考察后决定攻打郅支单于,解除匈奴对西域的威胁。他假托朝廷命令进行军事行动,成功击杀郅支单于,事后和甘延寿共同上奏朝廷为自己辩护。《汉书·陈汤传》中对相关事迹都有记述,使用的是"上疏"一词。

疏,分条记录或陈述的文书,也就是奏章。上疏,即臣下向皇帝进呈奏章。陈汤作为臣子,给皇帝"上"的无疑是"奏章",不可能是"诏书"。"诏书"也不可能"上",只会由皇帝"下"给臣子。

证姓氏一部甚详,绍兴府有印板。"由此可以推断"宋时绍兴有刊本"中的"绍兴"应指绍兴府。《四库全书总目》中将"绍兴府"省作"绍兴",使得余先生误将地名当成了年号。

1959年中国科学院有"院士"吗

◎杨顺仪

《第二次握手》(四川人民出版社2012年9月出版)是一部讲述科学家丁洁琼、苏冠兰、叶玉菡爱情生活故事的小说。小说中有一个情节,在1959年"热烈欢迎丁洁琼教授海外归来"大会上,周恩来总理做了讲话,书中这样写道:

周恩来总理的讲话进入尾声:"国家和人民对丁洁琼教授给予崇高评价。她已经被增补为中国科学院院士,还将在高教界和科学界承担重要职责,在国家政治生活中发挥作用……"(第371页)

其中的"院士"应为"学部委员"。院士是某些国家所设立的科学技术方面的最高学术称号,一般为终身荣誉。在中国,院士通常是指中国科学院院士或中国工程院院士。但是,在1959年时,中国科学院并没有"院士",有的是"学部委员"。

中华人民共和国成立后,中国科学院于1949年11月成立。中国科学院成立之初,并没有实行院士制,而是推行学部和学部委员制。1955年中国科学院成立学部,首批选聘233位学部委员。改革开放后,为便于国际通联,1993年10月国务院召开常务会议,决定将中国科学院学部委员改称中国科学院院士,中国科学院学部委员始称中国科学院院士。中国工程院于1994年6月成立,在建立之初便设立院士制度。

《上山采蘼芜》不在『古诗十九首』中

◎陈福季

贵州人民出版社出版的《诗经全译》一书在前言中写道："这章写出结婚，勤苦持家，生活渐裕，被遗弃，为兄弟所讥笑，感到无限哀痛的事件过程和内心活动。古诗十九首《上山采蘼芜》、《乐府·孔雀东南飞》及杜甫的《佳人》等，都是由这脱胎出来的。"这里有一个错误，《上山采蘼芜》并不是"古诗十九首"之一。

"古诗十九首"是组诗名，出自《文选》（即《昭明文选》）。古诗，古体诗的简称，也是后人对古代诗歌的泛称，但在南北朝时专门用来指汉魏时期无名氏所作的诗。《文选》是南朝梁萧统主编的我国现存最早的诗文总集，其中选录了十九首传世的"古诗"，题为《古诗十九首》，列在"杂诗"类之首，后世遂作为组诗看待。它们以首句作题，分别是《行行重行行》《青青河畔草》《青青陵上柏》《今日良宴会》《西北有高楼》《涉江采芙蓉》《明月皎夜光》《冉冉孤生竹》《庭中有奇树》《迢迢牵牛星》《回车驾言迈》《东城高且长》《驱车上东门》《去者日以疏》《生年不满百》《凛凛岁云暮》《孟冬寒气至》《客从远方来》和《明月何皎皎》。其中不包含《上山采蘼芜》。

《上山采蘼芜》也属于南北朝时所谓"古诗"，但并未收入《文选》。收录该诗的是南朝陈徐陵选编的《玉台新咏》，该书成书略晚于《文选》。《玉台新咏》中有组诗《古诗八首》，《上山采蘼芜》编入其中。

在1959年欢迎海外学者回归祖国大会这样的正式场合下，周恩来总理是不会轻易将"学部委员"改称为"院士"的。

北宋词人岂能"暗用"南宋诗人的诗句

◎汤生根

北宋女词人魏夫人有首《菩萨蛮·春景》,上片四句是:"溪山掩映斜阳里,楼台影动鸳鸯起。隔岸两三家,出墙红杏花。"中华书局2014年6月出版的《中国古代才女诗词》为"出墙"句作注:"暗用叶绍翁《游园不值》'一枝红杏出墙来'。"咄咄怪事,北宋词人怎能"暗用"大约一个世纪后的南宋诗人的诗句?

魏夫人,生卒年不详,是北宋宰相曾布之妻,人称魏夫人。其著作颇多,以诗词见长。这首词上片四句大意是:斜阳下溪水、山林互相掩映;楼台的倒影在溪水中晃动,戏水的鸳鸯从水中飞起;溪对岸两三户人家,有红艳杏花枝伸墙外。寥寥数语,写出了美丽景色,盎然春意,勃勃生机,确是"能文者"。曾布的生卒年为1036—1107,宋徽宗即位后任宰相。魏夫人既为曾布之妻,和曾布自是同时代人。

叶绍翁,字嗣宗,号靖逸,生卒年不详,一说生于1194年,南宋江湖派诗人,大约比魏夫人晚生一个世纪。叶擅长写七言绝句,《游园不值》是其代表作,该诗的后两句为"春色满园关不住,一枝红杏出墙来",广为传诵。这"一枝红杏出墙来"也许正是从魏夫人的"隔岸两三家,出墙红杏花"变化而来的。若是如此,那么是叶绍翁"暗用"了魏夫人的句子,而不是相反。当然,该句也有可能是化用了陆游(1125—1210)的诗《马上作》:"平桥小陌雨初收,淡日穿云翠霭浮。杨柳不遮春色断,一

谁是最年轻的诺贝尔文学奖得主

◎曾秋华

笔者最近看了两本书,其中都提到了史上最年轻的诺贝尔文学奖得主。民主与建设出版社 2012 年出版的《大地史诗:赛珍珠》中写道:"1938 年,赛珍珠成为了历史上最年轻的诺贝尔文学奖获得者……"而湖南文艺出版社 2015 年出版的《我读:陪你读到世界尽头》在第 137 页的一条脚注为:"阿尔贝·加缪(Albert Camus,1913—1960),法国作家、哲学家,1957 年成为有史以来最年轻的诺贝尔文学奖获得者……"这两个说法到底哪个是正确的呢?其实都不是,迄今为止最年轻的诺贝尔文学奖得主是吉卜林。

吉卜林(1865—1936),英国作家。作品多描述英国殖民者在印度的生活,颂扬殖民政策。主要作品有长篇小说《吉姆》、诗歌《营房歌谣》、儿童故事集《丛林故事》等。他在 1907 年获得诺贝尔文学奖时尚未满 42 岁。至于上述两本图书中提到的作家,获诺贝尔文学奖时也确实较为年轻:赛珍珠(1892—1973),美国女作家,主要作品有小说《大地》《儿子们》等,1938 年获奖,时年 46 岁;加缪(1913—1960),法国哲学家、作家,主要作品有小说《局外人》《鼠疫》等,1957 年获奖,时年 44 岁。由此可以看出,吉卜林获诺贝尔奖时不仅年纪最轻,时间还早于赛珍珠和加缪,截至目前他才是史上最年轻的诺贝尔文学奖得主。

枝红杏出墙头。"叶诗与陆诗的最后一句仅差一个字。

"红杏出墙"本义是春意盎然,却逐渐演变为比喻已婚妇女发生婚外恋,含有贬义,这又是另外一个话题了。

"人生得一知己足矣"是鲁迅写的吗

◎陈力勇

2020年5月11日《新民晚报》第15版刊发《得一而足》一文,其中写道:"又记起了三国时会稽名士虞翻的话:'得天下一人知己者,足以无恨。'鲁迅将之脱化为赠送挚友瞿秋白的对联:'人生得一知己足矣;斯世当以同怀视之。'"文中所用的"脱化"一词,《汉语大词典》解作"发展变化",按此解释,《得一而足》作者显然认为,鲁迅是在三国名士虞翻"得天下一人知己者"这句话的基础上加以点化而写成"人生得一知己足矣",就好像王勃《滕王阁序》"落霞与孤鹜齐飞,秋水共长天一色"是化用庾信《马射赋》"落花与芝盖同飞,杨柳共春旗一色"而来。真是这样吗?非也。

在鲁迅书赠秋白的这副对联中,下联"斯世当以同怀视之"左侧的落款为"洛文录何瓦琴句"。"洛文"是鲁迅上世纪三十年代用过的笔名之一。实际上,鲁迅已写明这副对联出自何瓦琴之手。

查清代徐时栋《烟屿楼笔记》卷八,有这样一段记载:

何瓦琴溱集禊帖字属书云:"人生得一知己足矣,斯世当以同怀视之。"亦佳。

鲁迅的弟弟周建人有一篇文章《我所知道的瞿秋白和鲁迅》(后收入《回忆大哥鲁迅》,上海教育出版社2001年版,第151页)曾提及这一鲁迅书赠瞿秋白的对联:

对联中的话,鲁迅说是录何瓦琴的话,我记得是秋白说

阮籍未列"建安七子"

◎郭天骄

高等教育出版社出版的教材《中国古代文学作品选》(第三版)上册第344页上有一段对阮籍的介绍,其中写道:"阮籍(210—263),字嗣宗,陈留尉氏(今河南开封)人。'建安七子'之一。"这里犯了常识性错误,阮籍并非"建安七子"的一员。

所谓"建安七子",指汉末建安年间(196—220)的七位文学家,他们是孔融、陈琳、王粲、徐干、阮瑀、应玚和刘桢。曹丕在《典论·论文》中曾以此七人并举,称赞说:"斯七子者,于学无所遗,于辞无所假,咸以自骋骥騄于千里,仰齐足而并驰。"又因为他们同居邺中,也称"邺中七子"。其中的阮瑀是阮籍的父亲。

阮籍虽不是建安七子之一,但也有贤名。魏晋年间,他和嵇康、山涛、向秀、阮咸、王戎、刘伶六人交友,常在竹林下宴聚,时人称他们为"竹林七贤"。上述教材中恐是搞混了"建安七子"与"竹林七贤"。

的,而鲁迅有同感,所以书录下来,又赠送给秋白。后来有人纠正我,说何瓦琴在历史上确有此人。可能我记错了,也可能这句话是秋白找来的,而鲁迅书写了。总之,这句话代表两人的共同心意。

由此可以进一步推出两点:其一,"人生得一知己足矣,斯世当以同怀视之"的作者当属清人何瓦琴;其二,瞿秋白和鲁迅对这一对联"心有戚戚焉",作为二人共同的心声更符合鲁迅书赠瞿秋白的背景。但不管怎样,"人生得一知己足矣"不是鲁迅在虞翻"得天下一人知己者"的基础上"脱化"而成的。

此"祭酒"非彼"祭酒"

◎冯俊杰

少年儿童出版社2019年3月出版的《最新版上下五千年》第381页上有一篇《许慎编著〈说文解字〉》,文中有这么一段话:

这个年轻人名叫许冲,是前南阁祭酒(主管教育的官员)许慎的儿子,箱子里放着的是他父亲新近完成的巨著《说文解字》。

这段话中将《说文解字》作者许慎的官职"南阁祭酒"注释为"主管教育的官员",南阁祭酒真的是主管教育的官员吗?

准确地说,"南阁祭酒"应是"太尉南阁祭酒"。许慎之子许冲在给皇帝的呈文中写道:"臣父故太尉南阁祭酒慎。"太尉是全国的军政首脑,与司徒、司空并称三公,南阁祭酒是太尉的下属官吏。《后汉书·百官志》中对"南阁祭酒"没有明确记载。不过段玉裁《说文解字注》说:"太尉南阁祭酒,谓太尉府掾曹,出入南阁者之首领也。《百官志》:太尉掾史属二十四人,黄阁主簿录省众事。黄阁即南阁也。"根据段玉裁的说法,南阁祭酒是太尉府负责记录审查各种事务的官员。

上述引文把"南阁祭酒"注为"主管教育的官员",是因为将南阁祭酒理解为博士祭酒或国子祭酒、国子监祭酒了。据《后汉书·百官志》记载,博士祭酒是太常的下属官员,"掌教弟子。国有疑事,掌承问对"。汉代之后的国子祭酒、国子监祭酒地位相当高,主管国家的最高学府和教育行政机构。像我国甲骨文的发现者王懿荣,他的身份就是清朝国子监祭酒。但是,应注意此"祭酒"非彼"祭酒"也。

汉字的讹变

◎苏培成

汉字是表意文字。在造字时,字形和字义有一定联系的字叫表意字。"六书"里的象形字、指事字、会意字就是表意字。有些字的字形不但和字义有联系,而且和字音也有联系,这样的字叫形声字。造字时最初使用的字形是这个字的"初文",初文表示的字义是这个字的"本义"。学者研究汉字时,十分重视初文和本义的研究,因为这是随后汉字发展演变的根源。了解了初文和本义,对掌握这个字的形音义的发展变化,是若网在纲,可以有条不紊。汉字在发展变化中,它的字形如果和字义失去了联系,或者和字音也失去了联系,在文字学上这样的变化叫讹变。东汉人许慎编著的《说文解字》是传统汉字学的经典,这部书十分重视初文和本义的研究,这是它的精华。但是受到时代和资料的局限,有的字采用了讹变的字形,这样得出的结论并不可靠。我们研究汉字的讹变,就是要找出字的初形和本义,揭示汉字形音义的发展规律,以便汉字的现代应用。下面举出十个有讹变的汉字供有兴趣的朋友参考。

美。甲骨文作𦰫,是一个正面的人,头上有羽毛的装饰。金文与甲骨文相同。小篆讹变为𦍌,变为从羊从大的会意字,《说文·羊部》:"𦍌,甘也。从羊,从大。羊在六畜,主给膳也。美与善同意。"徐铉等曰:"羊大则美。"这种说法靠不住。"甘"指味美,不是本义。根据甲骨文🐏，美的本义是漂亮、好看，味美是它的引申义。

为。繁体作爲，甲骨文作🐘。罗振玉《增订殷虚书契考释》："（甲骨文爲）从爪从象。……卜辞作手牵象形……意古者役象以助劳，其事或尚在服牛乘马以前。"罗振玉指出的初形和本义是正确的。小篆讹变为爲。《说文·爪部》："爲，母猴也，其为禽好爪。爪，母猴象也；下腹为母猴形。"《说文》指出的初形和本义都是不妥的。

解。甲骨文作🖐，象两只手分解牛角，本义是用手分解。讹变为小篆解。两只手省略为一只手，这一只手讹变为刀，《说文·角部》："解，判也。从刀判牛角。"本义变成了用刀分解牛角。《说文》根据的是讹变后的字形。

习。繁体作習，甲骨文作習。郭沫若《卜辞通纂考释》说："此字分明从羽从日。盖谓禽鸟于晴日学飞。"这是会意字。后来日讹变为白，成为小篆習字。《说文·習部》："習，数飞也。从羽，从白。"（数飞，频频试飞。）"从羽，从白"不是会意字了。徐锴《说文解字系传》指出："白"作"白（zì）声"，意思是"白"读作"自"。段玉裁认为"白"字表音，是"合韵"。但在上古，習字是邪母缉韵，白字是并母铎韵，二字声韵不同，不是合韵。把"白"读作"自"，自字是从母质韵。邪母和从母虽然都是齿音，但是这样分析过于曲折，不如回到"从羽从日"为好。

虎。甲骨文作🐅，象虎形。小篆把虎尾讹为人，整字讹变为虎。《说文·虎部》："虎，山兽之君。从虍，虎足象人足。象形。""虎足象人足"的说法是根据讹变的字形作出的解说，是不可靠的。

射。甲骨文作🏹，象搭弓欲射的样子，是会意字。金文或加手，如射。后来讹作射，弓和矢分开，弓讹变为身，矢在右侧竖立，又讹为寸，成为隶书楷书射字。《说文·矢部》："射，弓弩发于身而中于远也。从矢，从身。"《说文》对"射"之初形的分析是错误的。

鬯。甲骨文作🍶，象装着酒的器具。小篆讹为🍶。《说文·鬯部》："鬯，以秬酿郁草，芬芳攸服，以降神也。从凵，凵，器也；中象米；匕所以扱之。《易》曰：'不丧匕鬯。'"（大意是：鬯，用黑黍和郁金香草酿成的酒，芬芳通畅，用以降神。从凵，凵是盛饭食的器具；中间的部分象米；匕是取食的勺子。《易经》说："不丧失勺子里的鬯酒。"）《说文》根据讹变后的字形进行分析，有关凵、匕的说明都是不妥的。

出。甲骨文作🌿。上部是止，下部是供穴居的坎穴。脚趾背离坎穴，表示外出，是会意字。字形讹变为🌿，成为隶书楷书的"出"。《说文·出部》："出，进也。象艸木益滋，上出达也。"（大意是：出，长进。象草木渐渐滋生，向上长出来。）《说文》的分析是不对的。

贵。繁体作貴，小篆作🐚。《说文·贝部》："🐚，物不贱也。从贝，臾声。"是形声字。楷书"贵"音符讹变为中字下面一横，不再表音。

圆。圆形的圆本作员，甲骨文作🍶。上面是个〇，下面是鼎。如果只有上面的圆，人们不知道这是什么意思。下面是个鼎，告诉人们🍶是鼎口那样的圆。员从〇从鼎，是会意字。后来发生了讹变。〇变成了口，因为古文字的鼎和贝相似，所以鼎讹变成了贝。🍶就成了小篆的员。意思变为物的数量，读 yuán。圆形的圆怎么表示呢？于是造了从口员声的圆，沿用至今。

《火眼金睛》提示

图1，"绿草成荫"应为"绿草成茵"。

图2，"包箱"应为"包厢"。

图3，"途经"应为"途径"。

图4，"当恩"应为"当思"，"一丝一缕"应为"半丝半缕"。

问答式标题：
是标题，也是对话

◎朱玲奕

在这个互联网极度发达的时代，通过电脑、手机等媒介，天南地北、五花八门的信息都向你扑来。

为了能从信息之海中脱颖而出，成功抢夺到你的眼球，文章标题肩上的担子比起传统新闻标题显得更为沉重，久而久之就形成了文章标题的种种套路。在此之中，就有一种问答对话式的标题。例如：

支付宝改名叫瀚宝，花呗可以不还了？不存在的！（《新闻晨报》2019年1月9日）

联想宁愿放弃5G也不选华为？回应：纯属谣言（《环球时报》2019年3月7日）

99岁的你能干什么？这位老人选择奔跑（澎湃新闻2019年5月10日）

这些标题有着共同的构成形式，即都由前面一个问句加上后面一个与之相关的答句构成，形成了一段问答式的对话。

在这些对话中，说话人特别是答话人的身份往往是多种多样的。

一者，答话人可以是作者自己，如标题"《欢乐喜剧人》第6季谁能夺冠？我选孟鹤堂，三点原因给你答案"（大海观娱2020年2月18日），后面答句中的"我选孟鹤堂"表明了作者对于前面问题的主观看法。

二者，答话人也经常是一些权威机构或专业人员，像标题"抽电子烟真的安全吗？世卫组织给出答案"（搜狐网2019年1月21日）中的世卫组织，"68万元能买片海送女友？律师：买的是使用权,拍卖合法"(澎湃新闻2019年5月27日)中的律师等,都是某一领域的权威或代表,在标题中特别点出可以大大增强文章的说服力与可信度。

再者,应答部分也可以是由当事人自己发声,比如标题"穿'和服'进武大赏樱被保安打?当事人:我爱国,我穿的是唐装"(搜狐网2019年3月25日)。这则新闻讲的是当日下午在武汉大学校园里,大学保安和游客之间发生的一起冲突,其中引用了当事人的话,不仅增强了新闻内容的真实性,同时也让新闻的现场感呼之欲出。

此外,问答对话式网络新闻标题还常常让一向处于屏幕背后的网友们出镜,将网友的评论作为对前一事件或说法的应答。例如"电影院准备复工?网友一致反对:着什么急!"(界面新闻2020年2月24日),该新闻发布于2020年新冠肺炎疫情期间,说的是由于2月下旬疫情得到明显好转,中国电影发行放映协会推出了一份《关于电影院复工准备工作的建议》,还没等各影院落实就遭到了网友们的极力反对。此类标题中的网友往往不是一个具体的人,而是普通民众的化身,从普通人的视角观察问题,阐述普通人的心声,因此也更加容易引发你我的共鸣。

更有甚者,还有的在标题中让一些非人角色担任答话方,如标题"地铁修建变'挖坟'考古?西安:我也很无辜啊"(《人民日报》2019年4月10日)中的西安,又如"数米粒、听风声,又来放风筝式遛狗?狗狗:高空被吊,真的太难了"(腾讯新闻2020年2月18日)中的狗狗等,都以拟人化的形象出现,一问一答之间平添妙趣。

现如今,各类媒体上,问答式标题俯拾即是。原因是多方面的,其中最重要的一点,或许是这样的标题契合了现代人处理信息的习惯,在对信息的接受和传达之间达到了某种微妙的平衡,从而呈现了双赢的结果。

从信息接收者的角度来看,在一切追求快节奏、高效率的今天,碎片化阅读和浅阅读日趋流行。问答式标题先是靠问句吸引读者散漫的目光,再是靠答句托出某部分人对此的应答。与平铺直叙相比,这样的一问一答就像构建了一个多声部的互动场景,鲜活有感染力。

问答式新闻标题有着非常强的互动性。它不仅体现为标题中问句的问话人和答句的答话人之间的互动,也体现为位于标题底层的作者和读者间的互动。这里的问答场景,其实不妨可以看作是作者在以邀请的姿态,欢迎读者加入思考与讨论。

从信息传达者的角度看,问答式标题也有其优势。网媒新闻标题的一大特点在于"题文分离",即标题与正文处于不同的页面,因而读者无法像阅读报纸那样,将一则新闻的标题和正文一次性尽收眼底。提高读者阅读量对于任何一家网络媒体都是头等大事。尽管问答式标题表面上给出了答案,然而由于字数的限制,加上作者有时故意"语焉不详",导致标题中应答部分给出的信息量无法满足读者需求。于是在好奇心与求知欲的双重驱动下,读者很多时候还是会乖乖点击阅读正文。

当你看到标题"'啥是佩奇'?古代江苏人这样告诉你"(中国江苏网2019年2月4日)或者"'杭州开始堵车了,啥时候恢复限行?'杭州交警表示……"(环球网2020年2月25日)的时候,你是不是很想知道古代江苏人、杭州交警都说了啥?如果你的回答是"是",并情不自禁地点击了标题链接,那么恭喜你正中作者之意。

即使知道了这种问答式标题的套路,我们还是会深陷其中。不得不说,这样的标题真是叫人欲罢不能啊。

你学会"断舍离"了吗

◎翟子颀

各大购物节控制不住"买买买"的冲动,疯狂囤货后发现真正实用的寥寥无几;被接二连三的饭局纠缠,深受其苦但为了维持社交仍不舍拒绝……朋友,也许你需要学会"断舍离"了!

"断舍离"是将"断绝""舍弃""脱离"三个词各取一字缩略而成。"断",就是断绝想买不实用物品的欲望;"舍",就是要舍弃家里多余的废物;"离",就是要脱离对物品的执念。这是日本杂物管理咨询师山下英子在她的畅销书《断舍离》中提出的概念。用山下英子的话来说,提出"断舍离"是为了引导读者思考"物品和自己的关系",不买不需要的东西,处理掉家里没用的东西,放弃对物质的迷恋,让自己处于宽敞舒适、自由自在的空间中。

"断舍离"的本义,是一种家居整理的收纳术,和近年来非常流行的极简主义生活不谋而合。一时间大家纷纷效仿,加入"断舍离"的大军。扔掉尘封多年的旧玩具、捐献不合身的旧衣服、舍弃已经没用的小物件,大胆的"断舍离"让家居生活看起来更加有序。"断舍离"这个词也迅速进入人们日常生活交流中,我们经常可以看到这样的表达:

房间太乱?也许你需要的是"断舍离"。

断舍离,是一个人自律能力的最好体现。

随着语义的泛化,"断舍离"慢慢与人际关系、选择决策等生活中的其他方面也联系起来了。人们开始用"断舍离"

表示自己对人际关系的处理方式,例如"对无效社交'断舍离'",就是指不再把时间浪费在诸如饭局、舞会这样看似热闹,实际真诚不足、收效甚微的社交场合,而是珍惜长期互相陪伴的知心朋友。再如"学会'断舍离',与'选择困难症'说'再见'",则是把"断舍离"作为解决困扰当代大多数年轻人的"选择困难症"的一个方案。

除了含义深刻,与现代生活理念契合以外,"断舍离"能够在网络上迅速流行的另一个原因,是它具有独特的语言特点。"断""舍""离"三个动词,本身也极简化,三字连用,音节铿锵,传达出一种力量感。而且,"断""舍""离"三个词,都包含"去除"的共同义素,并列连缀,强化语气,传递给读者更强有力的信念。最后,三个动词构成了一种祈使语义,具有较强的号召力,能够让读者快速地接受词中传达的观念。

从风靡网络的"断舍离"到近年来兴盛的极简主义生活,这种受人们追捧的生活方式,不仅体现出人们对生活模式评价的改变,更反映出人们深层次价值观的改变。近几年来,奔波于现代快节奏社会的人们越来越向往简单、纯净的生活,人们追求"断舍离",正是在寻求一种最适合自己的真纯生活。今天,你学会"断舍离"了吗?

微语录·亲情

她在省城工作,回家前给父亲打电话:爸,你需要啥?父亲:用不着,别浪费钱!她觉得父亲真的不需要什么,自此以后,每次都空手回家。一次出差,她想起父亲爱喝酒,顺手买了一瓶带回家。好多年后,邻居到省城,笑着对她说:当年你给你爸买的酒,他喝了一年,逢人就夸!她一下没控制住,泪奔如河。

(黄文健/辑)

社交新风

群聊九忌

◎ 徐默凡

群聊是很多社交软件的标准功能,给我们带来了很大的生活便利,已经深入到我们日常的工作和生活中。每个人多多少少都会加入相对稳定的亲戚群、工作群、同学群和朋友群,还有大量临时组建的聚会群、项目群、打卡群,但是有很多人并不了解群聊的规则,一不小心就成了"害群之马",被大家嫌弃甚至被群主踢出群聊。那么群聊有哪些规矩,怎样参与才好?这实在是一个太复杂的问题,而且因人而异、因群而异,一篇短文无法一一道尽,但是我们可以列出一个负面清单,提醒大家只要不去触犯那些显而易见的禁忌,就能大概率避免在群聊中"触雷"了。

群聊和日常交际一样,也主要涉及三个要素——交际目的、交际对象和交际环境。所有交际活动都是在一定交际环境的制约下针对特定交际对象完成当下交际目的,所以群聊的禁忌也可以从这三个方面来展开。

首先是交际目的。除了那种由亲密无间的友人建立的闲聊群、八卦群,大多数群聊都是有针对性的,必须围绕主题展开。因此,针对交际目的的第一忌就是发表和本群无关的话题。不管是再有趣的文章,再珍贵的秘闻,只要主题不符,就不要随意分享。至于拉票、求赞、刷阅读量,甚至做广告、卖东西就更是大忌,任何群都不会欢迎这样随意骚扰大家的群员。第二忌是把群聊当作求助平台。比如在家长群里问校服的尺码、教材的版本、考试的时间、秋游的地点，虽然都算是和群聊的主题相关，但这些事情随手一查就可以获知，事无巨细都拿到群里问大家，就是浪费别人的时间和精力来给自己带来方便。第三忌是把群聊当作自己的颁奖台。有的人平时基本潜水，很少发声，只要发声就一定是和自己有关的信息——发表的文章、获得的奖项、受到的表彰等等。这些内容可能也是和本群的话题有关的，但群聊并不是显摆自己的舞台，相关内容还是发到亲朋好友群去接受祝福为好。

其次是交际对象。群聊是一个公共平台，默认的交际对象是全体成员，所有的聊天都是给所有人看的。因此，针对交际对象的第四忌就是占据公共平台私人聊天。经常有一些几百人的大群，两人对聊或者三四人互聊搞得热火朝天，其他成员一言不发，场面就很尴尬。你感觉很有趣的谈话，总有人会觉得很无聊，所以只要不是大家都需要参与的事情，还是私聊为好。第五忌是过分关注个别对象。这种关注有正面的好感，所以经常要@他来回答问题或者表扬他；也有负面的厌恶，所以经常拿他开玩笑甚至直接开怼。对当事人或者其他群员来说，这样的行为都算是一种骚扰，私人恩怨私下解决，不要带到群里当众表演。第六忌是不管三七二十一把所有群员都加一遍好友。建立群聊本来就是为了公众交流，有话在群里说就行了。出于特殊原因需要私聊，可以说明事由后去私下加好友。但是把全体群员加一遍就显得太热情了，互相都不了解的情况下实在没必要增加太多的交际负担。

最后是交际环境。借助网络技术，群聊不需要固定的物理空间，但是也产生了特殊的虚拟空间——每个人都要面对的电子屏幕。而且，群聊同样有交际时间的制约。因此，针对交际环境的第七忌就是肆意刷屏。有的人每天在群里转发大量的文章，发布各种消息。这些内容对某些人可能有用，但不可能对所有人都有用，还是要有所节制。第八忌是无效反馈。群主或者权威发布消息后，除非是要求人人回复确认的重要消息，否则最好不要使用"收到""明白""同意"之类反馈话语。如果是几百人的大群，这种刷屏很快就会把重要的消息淹没。至于群主或者权威转发了一篇文章，大家纷纷花式叫好，表情包满屏飞就更加属于网络时代的拍马屁了。第九忌是发消息缺乏时间观念。工作群的工作类消息不宜在工作时间之外群发，非亲密群的消息一般不要在晚上十点以后发，通勤时间、用餐时间不要发紧急通知，这些都是群聊基本的时间观念，最好能遵守。也许有人会辩白说，群员一般是静音的，所以任何时候发都不会打扰，也不一定要求对方及时回复。其实不然，因为不择时段地发消息，就是给对方增加了及时查看及时回复的压力，这是很不礼貌的。

群聊九忌，如果都能避免，不能保证使你成为一个受欢迎的人，但至少能使你不成为一个被讨厌的人。相较于成功鸡汤，这是一件更重要的事情。

《"把帽子扔过高墙"》参考答案

1. 义气风发——意气风发
2. 初出茅芦——初出茅庐
3. 心力交悴——心力交瘁
4. 嘴逸——嘴馋
5. 气绥——气馁
6. 恶做剧——恶作剧
7. 办法总会冒出来"。——办法总会冒出来。"
8. 破斧沉舟——破釜沉舟
9. 坚难——艰难
10. 度过了难关——渡过了难关

编校差错扫描(二十三)

◎王 敏

发表"帖子"非"发贴"

【错例】发贴点赞都赚钱,网上这类消息都是骗人的。

【简析】"发贴"应为"发帖"。"帖"和"贴"都是形声字,区别在形符。"帖"(tiè)从巾,本义指帛制的书签。《说文解字》:"帖,帛书署也。""帛书署"就是把字写在帛上,做记号便于查检。段玉裁注:"木为之谓之检,帛为之则谓之帖,皆谓幖(biāo)题,今人所谓签也。"后代引申指书疏,如王羲之《兰亭帖》,又指拓本、书画、范本,如"碑帖、字帖"。另读 tiě,指官府文书(如"军帖")、请柬(如"请帖")。还读 tiē,指顺从(如"服帖")。"贴"(tiē)从贝,含义与钱财有关,本义指典当。《说文解字》:"贴,以物为质也。"引申指补助、补贴,如"倒贴、津贴"等。再引申指附着,如"粘贴、贴挂"等。"帖"与"贴",在古汉语中有通用现象,但在现代汉语中已明确分工,如今"贴"只作动词。网络上"发帖(tiě)子"指发表意见、文章等,简称"发帖",不能写成"发贴(tiē)"。

稀少用"寥"姓用"廖"

【错例】"挂职扶贫3年"出现"应者廖廖"的尴尬局面,

我们当深刻查找原因。

【简析】"廖廖"应为"寥寥"。"寥"和"廖"都是形声字,区别在形符。"寥"(liáo)从宀(mián),本义指空虚无形。《玉篇》:"寥,空也。"《老子》:"寂兮寥兮,独立不改。"王弼注:"寥者,空无形。"引申指深远、高旷,如"寥廓"。又引申指稀少,如"寥寥无几"。"廖"(liào)从广,本为古代国名。《汉书·地理志》:"湖阳,故廖国也。"又为姓氏,如"蜀中无大将,廖化作先锋"。古文字中"广"与"宀"字形相近,均为房屋之象形。因此,"廖"在古汉语中与"寥"通假,"寥廓"亦作"廖廓"。但如今二者不可混用,"寥寥"一指空阔,一指稀少。"应者寥寥"指响应的人很少,写成"应者廖廖"是错误的。

自古"辰星"不称"寥"

【错例】投资股票"一年五倍者如过江之鲫,五年一倍者却寥若辰星",这是为什么?

【简析】"寥若辰星"应为"寥若晨星"。"辰"甲骨文写作冎,象形字,郭沫若认为是"古之耕器",最初以蜃贝或石片加上手柄制成。"辰"其实是"耨"(nòu)的初文,是一种锄形农具,多用于清除草木。在甲骨卜辞中,"辰"多借用作干支字,为地支第五位,可用于表示年、月、日、时。古人还以"辰"特指北辰(即北极星)或二十八宿中的心宿(也叫商星、大辰),又作为日、月、星的总称,还可泛指"星辰",另根据日月星辰的运行把一天分为十二个"时辰",因此,"辰"还可泛指时光,如"吉日良辰"。"晨"字有两个来源,一个是"晨"字,一个是"曟"字。"晨"是会意兼形声字,从臼(表示两只手)从辰,辰亦声,以双手持农具"辰"开始劳作表示"早晨"之义。《说文解字》:"晨,早昧爽(早晨将明未明之时)也。""晨"是形声字,从晶辰声,本指二十八宿中的房星。《说文解字》:"晨,房星,为民田时者。"农历三月中旬,清晨时房星在正南方出现,古人以此作为农事之始,故曰"为民田时"。"晨""曟"今一律演变为"晨",专指早晨。"寥若晨星"指稀少得像早晨的星星,形容数量少。"辰星"古代多指水星,是单独概念,是无法以"寥"(稀少)称说的。

"变本加厉"无关"利"

【错例】忍一时得寸进尺,退一步变本加利!怎能以忍让求太平呢?

【简析】"变本加利"应为"变本加厉"。"厉"繁体字作"厲",是形声字,从厂蠆(虿,chài)省声,本义指粗糙的磨刀石。《说文解字》:"厉,旱石也。""旱"通"悍",徐锴系传:"旱石,粗悍石也。"如《史记》:"使河如带,泰山若厉。"用作动词,指磨砺,如《左传》:"郑穆公使视客馆,则束载、厉兵、秣马矣。""厉兵"即磨兵器。"厉"由磨砺引申指猛烈,如"厉害""凌厉""雷厉风行"。再引申指严格,如"厉行节约"。"利"是会意字,从禾从刂(刀),以刀割禾会意,本义指锋利。《说文解字》:"利,銛(xiān,锋利)也。"由锋利引申指顺利、吉利,如"无往不利"。又引申指好处、利益,如"兴利除弊",作动词则指"对……有利",如"利国利民"。另外,还特指私利(如"利令智昏")、利润(如"薄利多销")、利息(如"高利贷")。"变本加厉"语本南朝梁萧统《〈文选〉序》:"盖踵其事而增华,变其本而加厉,物既有之,文亦宜然。"原意是在本来的基础上加以发展,后多形容情况比原来更加严重,其中的"本"指本来的样子,"厉"指程度加深。错成"变本加利",大概是与"一本万利""连本带利"混为一谈了吧。

"妇好"还是"妇子"
——简析殷商之"好"

◎刘志基

殷商女杰"妇好",在甲骨文中似乎还有另一个称呼:"妇子"。妇好有两个名字吗?非也。甲骨文以"帚"为"妇","帚"即殷王之"妇"。而"帚"后一字,则为此"帚"之名,也就是其所属族名。所谓"帚某",即来自某族的殷王之妇。然而此种妇名,往往更多会被添加一个"女"字旁:"诸帚中之帚井、帚羊、帚良、帚子、帚女、帚多、帚豐,这些人的私名,因其为女性,所以加女旁又写作姘、婞、娘、好、奿、侈、娶。这种繁化现象,我们称之为形旁系统化。"(赵诚《诸帚探索》,《古文字研究》第十二辑)如此看来,"妇好"本来应该叫作"妇子"。然而真叫"妇子"的话,又似乎乱了套:"子"本是殷族之姓,殷王姓"子",其妇也姓"子",难道殷王娶了自家姊妹为"妇"?有的学者还真这样认为,如唐兰先生说:"帚好者,妇子也。好为女姓,即商人子姓之本字。此武丁之妇,同姓不通婚姻,周之制也。"(《天壤阁甲骨考释》)殷商没有同姓不婚之制,殷王娶同族女子,当然也就不奇怪了。然而这只是一种看法,也有学者认为妇好之"子"族,并非殷之"子"族。此种争议,各说其理,但是限于资料不够充分,都尚难定论。我们也无从表态站队。然而,由此带来另一个问题,却让这个话题无法就此打住。

"妇好"既然就是"妇子",妇好之"好",其实就是"子"字。然而,殷商时代,除了"妇好"之"好",就没有见到过其他的"好"字。殷商甲骨文中出现400多次"好"字,皆指"妇好";商代金文中"好"凡95见,87例见于"帚(妇)好",8例独用,而这8例独自出现的"好"字铭文之器,皆出于河南安阳殷墟妇好墓,可见也只能是指妇好。由此我们不能不思考这样一个问题:殷商时代,有没有"好"字?

其实这种思考,在古文字研究中早就存在。姚孝遂先生认为:甲骨刻辞🉐字的形体结构与篆文的🉐完全相同;🉐与篆文的🉐完全相同;🉐与篆文的🉐完全相同;🉐与篆文的🉐完全相同。但是,这些字在甲骨刻辞中皆用为专用名词,与训为"美"的"好"、训为"静"的"妌"、训为"兄之女"的"姪"、训为"人所生"的"姓"很难说就是同字。其原因在于我们在辞例上不能加以证明。

"很难说是同字",当然也就意味着"很难说不是同字",所以我们就看到了这样的情况:目前几乎所有列有古文字字形的工具书,都在"好"的字目之下列了甲骨文、殷商金文的字形。即使认定"妇好"应是"妇子"的学者所编古文字文字编或引得,依然将"妇子"之加"女"旁的"子"列于"好"字之下。这是似是而非,还是似非而是,真的没有办法判断吗?其实不然。

我们曾经提出过一种判断特定断代文献中某一字词是否存在的方法,即系统调查相关断代文献是否存在相关字词必须出现的语境,如果有这种语境而未出现相关字词即可认为当时并不存在这一字词。

按照这一思路,我们对殷商出土文献进行了系统的语境分析(传世文献或许因后世传抄致误),得到了如下一些不支持殷商有"好"的证据:"好"主要用来表示"美善"义,而甲骨文在此种表达语境中,用的是"吉"是"鲁"是"臧",比如《甲骨文合集》(后简称《合集》)10133片正面刻辞占卜是否"黍年"(黍子获得好收成),背面刻辞则曰:"王固曰:吉,鲁。"

这是说王观察卜兆预判收成佳美。《合集》3297："王固曰：其隻（获），其隹丙戌戠（臧），其隹乙戠（臧）。"这条卜辞是说王预判，"获（猎获抑或战获不明）"将"臧"，即有好结果，或者在丙日，或者在乙日。甲骨文多有卜问疾患的辞例，而"病好"的表达绝不用"好"而用"瘳"。《合集》14118："御帚鼠子于妣已，允㞢（有）瘳。""允㞢（有）瘳"就是果然病有好转。"好"又可以表示滋味之美好，然而在此语境中，甲骨文用的是"羞"，《合集》30768："丁巳卜，〔贞〕……祀其羞，王受又。"这是占卜殷王以好吃的美食祭祀神灵，是否会得到保佑。"好"也可以表示"完毕"的意义，而甲骨文用"咸"来表示，《合集》11498："乙巳明雨，伐既雨，咸伐亦雨……""伐"是一种祭祀，"咸伐"就是"伐祭完毕"。

上述辞例甚多，甲骨文以外，殷商金文亦然。限于篇幅，姑且打住。而对于殷商到底有没有"好"这个问题的判断，材料似乎已经够了。如果此说不误，则我们许多工具书都应该做个修改：删去"好"字之下那种似"好"而实"子"的字形，以免继续驴唇不对马嘴下去。

《"燃动"该怎么"动"》解疑

"燃动你的时刻"是该款汽车的主打广告词。查相关的宣传资料可知，"燃动"其实是"燃情启动"的缩写。"燃情"是个很时尚的词语，通常用来形容火热炽烈的情感，如"燃情岁月"。"燃情启动"可理解为"怀着火热炽烈的情感启动"，"启动"什么呢？有人说，"启动"这款汽车。那"燃情启动(汽车)"与后面的"你的时刻"如何搭配？有人说，"启动"后面的"你的时刻"。那"你的时刻"究竟是什么时刻？"燃情启动"能与这样的时刻搭配吗？看来，这期我们"搞砸"了，这个"疑"是没法"解"了。读者朋友，你能帮我们解解吗？如此运用祖国语言文字，让人莫名其妙！

"把帽子扔过高墙"

(文中有十处差错,你能找出来吗?答案在本期找)

◎伯 淮 设计

大学毕业后,威廉义气风发,踌躇满志,办了一个自己的公司,走上了创业之路。但初出茅芦的他接连受挫,公司的发展陷入了停滞状态。

一天,心力交悴的威廉回到家中,希望父亲能为他出谋划策,帮他走出困境。父亲对他讲了自己童年的一个故事。

"我小时候嘴谗,经常溜进你祖父的果园偷吃果子。为了防止我进入果园,你祖父在果园周围建起了高墙。但这没能阻止我进入果园。我是怎么做到的呢?每当我气绥想要放弃时,我就把帽子扔过高墙,让它先进果园!丢了帽子的我无路可退了,无论如何也要想办法进入墙内。每次我都成功地进入了果园。长大以后,我不再做那种恶做剧了,但这段经历让我产生了一个信念——如果想翻越人生的障碍,要先把退却的后路切断。如果心里想的是'必须成功',而不是'可能失败',办法总会冒出来"。

听完故事,威廉豁然开朗。自己之所以在"高墙"前束手无策,不就是因为害怕失败,顾忌太多吗?如果能拿出破斧沉舟的勇气,一定能激发出无限的潜力,攻克任何坚难。

后来,威廉终于走出了困境,公司度过了难关。

看图说话

这个"措施"需要"落实"

谢海华

这是笔者在深圳市某建设工地看到的一条宣传标语。稍做揣摩不难发现,"和"字前的"早发现""早报告""早隔离""早治疗"是动词性结构,"和"字后的"集中救治措施"是名词性结构,前后并列不妥当。

查阅相关资料发现,这条标语出自今年2月国务院印发的《关于进一步强化责任落实,做好防治工作的通知》。其中指出:各地区各有关部门要深入落实"早发现、早报告、早隔离、早治疗"及"集中患者、集中专家、集中资源、集中救治"的要求。按照此内容,标语改成"落实早发现、早报告、早隔离、早治疗和集中救治措施"才妥当。

"落实"是动词,"措施"是宾语的中心成分,"早发现、早报告、早隔离、早治疗和集中救治"是"措施"的定语。标语漏掉动词"落实",以致整个句子结构混乱,成了一个病句。

火眼金睛

图中差错知多少？
（答案在本期找）

胡礼湘　李再兴　提供
杨昌俊　陶凯龙

1. 绿草成荫　人间仙境

2. 湘西水鸭　平价消费　高档享受　内设：空调包厢

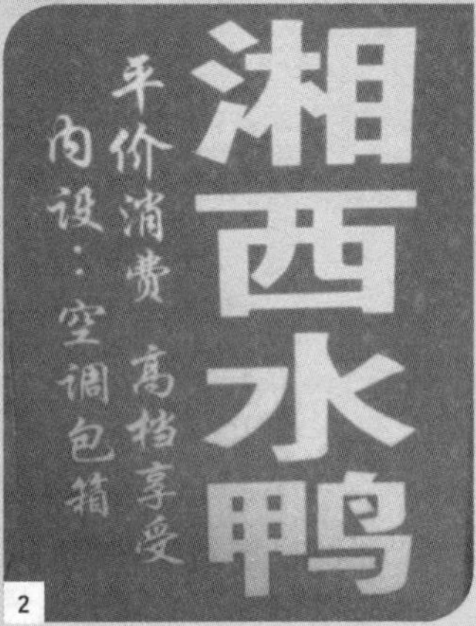

3. 传播的途经不一样

4. 一粥一饭，
当恩来之不易；
一丝一缕，
恒念物力维艰。

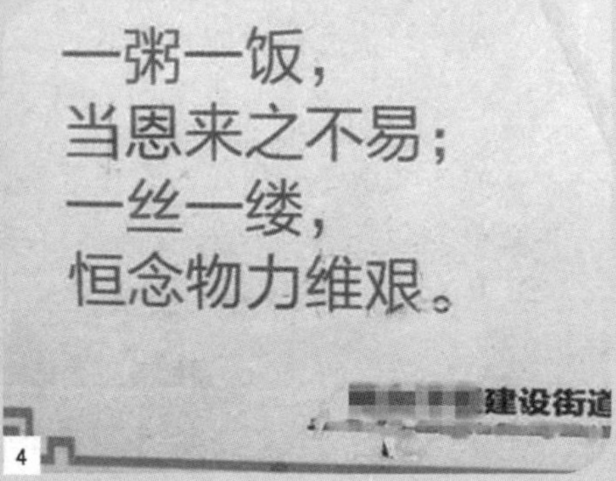

建设街道

邮政　扫码订刊　轻松快捷

淘宝　扫码购书　优惠立享

微信公众号　扫码关注　精彩无限

ISSN 1009-2390
9 771009 239203
07>

咬文嚼字

YAOWEN-JIAOZI

无花果

桑科。原产于亚洲西部及地中海沿岸,后通过丝绸之路传入我国。果实呈扁圆形或卵形,黄白色或紫褐色,成熟后顶端开裂,肉质柔软,味甜。因花生于囊状隐头花序内,外观上只见果而不见花,故得名"无花果"。

上海世纪出版集团

2020/08

欢迎至邮局订阅本刊 邮发代号 4-641
国内统一连续出版物号 CN 31-1801/H
定价:6.00元

雾里看花

"好年东"是什么

张子方

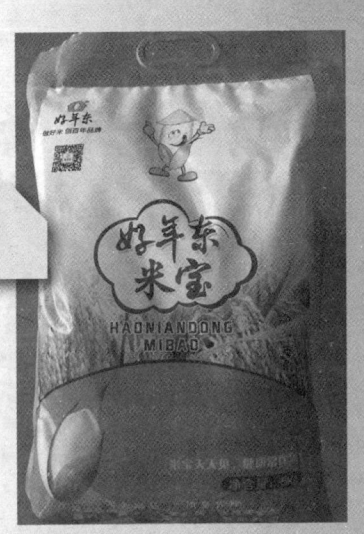

这是一包大米的外包装。"好年东"是什么意思?猜猜看,答案本期找。

书窗

逐字饱览汉字的风景

有三千年历史的汉字,内涵丰厚,深刻关联着中华民族传统文化。本书以最真实的古文字图,带领读者领略汉字的源流演变全景,开启人类表意文字的学习。

《汉字的风景》
刘志基 萧晟洁 著
定价:42元

咬文嚼字
官方淘宝店

"一切都是该做的"

刘 芳/文 臧田心/画

据媒体报道,中国军事科学院陈薇院士率领的研发团队走在了世界前列,他们研发的"新冠"疫苗已在军队使用。为了加快研发进度,研发人员跟时间赛跑,每天在实验室工作十几个小时,尽量少吃少喝,有人甚至穿着成人纸尿裤。陈院士在接受采访时说:"穿上这身军装,就意味着这一切都是该做的!"

名家语画	"一切都是该做的"	
	刘 芳/文 臧田心/画	/1

前线观察	"窗口期""时间窗口"和"机会窗口"	高丕永 /4
	磨玻璃影·毛玻璃影·白肺	东 湖 /6

锁定名人	采石矶上忆李白	史良高 /8
	王蒙先生的一处误记	董寅生 /10

时尚词苑	"自由"一族新词语	之 苹 /11
	"稳、准、狠"的"靶向"	南 园 /13

一针见血	何来"楚翘"	余培英 /15
	"趟"已不是动词	禾 宝 /15
	"淡言微中"错在何处	阎德喜 /16
	"倚门望间"?"倚门倚间"!	阎南岗 /16
	"民归德厚"作何解	徐广舟 /17
	"评骘"应为"评骘"	王宗祥 /18
	表示磨刀应用"抢"	李景祥 /18
	莫把"机杼"写作"机抒"	阎心士 /19
	哪个"刚果"须注明	毛纬武 /19
	京口瓜洲岂是同在长江北岸	汤生根 /20

学林	汉字字形里的文化信息	苏培成 /21
	谈谈汉语中的"版权"与"著作权"	陈李睿祯 /23

栏目	标题	作者	页码
追踪荧屏	"荒芜人烟"说不通	杨学建	/27
	兄弟齐心,其力断金?	孙晓青	/28
	麦麸,还是麦糠?	谢荣征	/29
	"扁舟"误为"偏舟"	厉国轩	/30
识物寻踪	"筵"与"席"	陈璧耀	/31
语言哲思	狗不像狗,狗像熊,狗像狗	宗守云	/34
文章病院	"鬓龄失恃"考	王瑞祥	/36
	杜牧不是节度使	张 林	/37
	《瓦尔登湖》的作者是谁	刘振修	/38
	祖孙焉能成父子	吴伟伟	/39
	骊山没有阿房宫	李华山	/40
	这不是"抬头"	盛祖杰	/42
校园丛谈	如何理解"风雨送春归"	华柳生	/43
微型讲坛	说"鳄"	陈运舟	/45
	从"狗带"外来说起	史有为	/46
检测窗	编校差错扫描(二十四)	王 敏	/49
社交新风	事必有复,复必有时	徐默凡	/52
网言网语	"疫"字当头	李传芝	/55
	摸不透的"迷惑行为"	何 婧	/57
	i 网络热词集合!	刘可欣	/59
说文解字	"国"史琐议(上)	刘志基	/61
向你挑战	不能提前完成的事	梁北夕 设计	/64

顾　问　濮之珍　何伟渔
　　　　陈必祥　金文明
　　　　姚以恩
主　编　黄安靖
副主编　王　敏
特约编委
　汪惠迪(中国香港)
　田小琳(中国香港)
　林国安(马来西亚)
　吴英成(新加坡)
责任编辑　施隽南
　　　　　何中辰
　　　　　朱恺迪
通　联　戚新蕾
封面设计　王怡君
特约审校
　蔡维藩　陈以鸿
　李光羽　王中原
　张献通　黄殿容

凡本刊录用的作品,其与《咬文嚼字》相关的汇编出版、网上传播、电子和录音录像作品制作等权利即视为由本刊获得。上述各项权利的报酬,已包含在本刊向作者支付的稿酬中。如有特殊要求,请在来稿时说明。

"窗口期""时间窗口"和"机会窗口"

◎高丕永

近年来,"窗口期"和"时间窗口"的说法在媒体上多了起来。但是,有些读者还是不太理解这两个词的确切意义。在抗击新冠肺炎疫情的阻击战中,这两个词又在媒体上频频出现。请看下面例句:

(1)专家认为,春节一周期间是"大隔离、大消毒"发挥作用的最佳窗口期,也是武汉以外地区遏制疫情蔓延的关键时期。(《人民日报》2020年1月27日)

(2)复工潮来临 疫情防治进入关键期——业内人士表示,目前是控制输入性疫情的重要时间窗口(标题,《经济参考报》2020年2月12日)

(3)中国为全球防疫争取了"时间窗口"——160多个国家领导人和30多个国际组织表示慰问和支持(标题,《解放日报》2020年2月22日)

(4)慎终如始 持续用力——二十论抓紧抓牢极其重要的窗口期(标题,《湖北日报》2020年3月7日)

以上例句里的"窗口期"和"时间窗口",是一对等义词,均源自"发射窗口"。"发射窗口",1970年代意译英语航天航空术语"launch window"借入,指"(航天器或导弹为达到预期的交会、对接、遭遇等而择定的)合适发射时段,最佳发射机会"。比如:"阿波罗着落的表面分辨率的要求大约为1米。希望在一些部位上有着落场地,以满足阿波罗计划的探索和科学目的并提供适当的发射窗口,以达到满意的照度。"(《光学机械》1975年第5期)又如:"火星绕太阳转一圈是700多天,也

就是两年时间,这期间火星与地球要交会一次,交会时它离地球最近,发射窗口最理想。"(《人民日报》2013年12月18日)

借词"发射窗口",有时说成"(发射)窗口时间"。比如:"中国火星探测器计划在2020年火星探测的最佳窗口时间发射,实现对火星的环绕和着陆巡视探测。"(《人民日报》2017年4月25日)"发射窗口",还经常说成"时间窗口"和"窗口期"。比如:"因为火星探测要26个月才能遇到一个时间窗口,所以专家们正在严密地制定工程计划,争取在2020年这个窗口发射我国第一个火星探测器。"(《人民日报》2016年8月12日)又如:"每隔大约26个月,地球与火星会运行至最近的位置,此时发射探测器将节省大量燃料,2020年是火星探测活动的窗口期。"(《人民日报》2020年3月12日)

现在的"窗口期"和"时间窗口",更多的是用于泛指,指"合适时段,最佳机会",比如例(1)(2)(3)(4)。有时,泛指的"窗口期""时间窗口"还缩略成"窗口"使用。比如:"券商股有望迎来第二轮做多窗口"(标题,《中国证券报》2020年1月3日)。这个"窗口"还可以"开启"或"关闭"等。比如:"新一轮养老金上调窗口再度开启"(标题,《江苏金融报》2020年1月9日)。

泛指的"窗口期""时间窗口"意义,与改革开放初期意译英语固定词组"window of opportunity"借入的"机会窗口"基本相同。比如:"实施乡村振兴战略'四川的时间窗口和机会窗口已到来'"(标题,《华西都市报》2018年4月17日)。因此,有时用"窗口期"翻译"window of opportunity"。2020年2月4日,世卫组织总干事谭德塞敦促相关国家抓住新冠疫情防控的"window of opportunity",《人民日报》等主流媒体把这个固定词组译为"窗口期"。通常,为了强调"window of opportunity"的"机

磨玻璃影·毛玻璃影·白肺

◎东湖

2020年4月15日晚,中美日意四国抗"疫"经验交流会在网上举行。会上介绍:2月至4月初,安徽推想科技研发的人工智能肺部辅助诊断系统,已经在德国、意大利、日本、美国等国的三百四十多家医院投入使用,每天辅助医生完成超过五万例的临床诊断工作。这套AI辅诊系统,有肺部CT影像诊断功能,能够迅速准确发现感染新冠病毒的肺部"磨玻璃影"等病变。

说到"磨玻璃影",人们一般会马上想到"磨玻璃",一种半透明的玻璃。"磨玻璃"一词,意译英语词组"ground glass"借入。(这里的"ground"是动词"grind"的过去分词,作定语,意思是"研磨过的")早在民国前,磨玻璃已经作为一种时尚的装饰材料引入中国。那时,磨玻璃是用金刚砂研磨玻璃表面制成的,所以又称为"磨砂玻璃"。磨玻璃表面粗糙,故又称"毛玻璃"。民国初期,引进了用氢氟酸侵蚀玻璃表面制作磨玻璃的工艺。后来,又有了喷砂工艺。大批量磨玻璃的制作,早就不用"研磨"了,不过"磨玻璃""磨砂玻璃""毛玻璃"这几个名称都沿用了下来。

装饰用的磨玻璃,朦朦胧胧很有美感。但是,肺炎患者肺部出现了"磨玻璃影"就不美了。新冠肺炎患者,感染初期的双肺

不可失"意义,就用与之完全对应的"机会窗口"。2月21日,谭德塞强调当前全球遏制新冠疫情蔓延的"window of opportunity"依然存在,但正在收窄,我们需要在它完全关闭之前尽快采取行动。这次用到的"window of opportunity",《人民日报》等主流媒体译为"机会窗口"。

CT显示正常,如果得不到及时治疗,很快就会出现像磨玻璃一样的朦胧影像,可以用"磨(砂)玻璃影"表示。"磨(砂)玻璃影",意译英语的"ground-glass opacity(模糊)"借入。"磨玻璃影",也称为"磨玻璃样阴影"。比如:"由于母亲双肺有磨玻璃样阴影,笑笑当天被送往武汉儿童医院新生儿内科住院,随后确诊。"(2月22日)(本文例句均出自2020年的《人民日报》,故只标注月日)"磨玻璃影"还称为"磨玻璃样病变"。比如:"怀胎37周多时,她的CT检查显示肺部明显磨玻璃样病变。"(3月11日)还有称为"磨玻璃状"的。比如:"对方语气急迫,有一位不明原因肺炎患者,肺部呈磨玻璃状,疑似一种新型传染病。"(4月1日)

肺炎患者肺部的"磨玻璃影",还俗称"毛玻璃影"。比如:"2月12日晚,发热门诊一名医学观察期患者突发急性肠梗阻,急需手术,但是CT显示其肺部片状毛玻璃影,存在新型冠状病毒感染的可能。"(3月6日)"毛玻璃影"也可以称为"毛玻璃样""毛玻璃状"。比如:"影像结果让她有些紧张:肺部呈现毛玻璃样。"(2月17日)又如:"那位84岁的老婆婆,之前做过肺部CT,影像显示呈毛玻璃状。"(2月21日)

新冠肺炎患者肺部的"磨玻璃影",必须尽快治疗,否则有可能会很快发生充血,渗出及炎性细胞浸润,密度变高,双肺大面积严重病变,形成凶险的"白肺"。比如:"'白肺、呼吸窘迫、心脏骤停,快来帮忙……'在南一区新冠肺炎隔离病房,广安门医院急诊科主任齐文升的对讲机里突然收到呼叫……"(4月24日)患者肺部严重病变呈深暗色,怎么会是"白"的呢?因为,X光片、CT片是肺部影像的负片(底片),它与肺部实际颜色、正片(用负片洗印出来的照片)为"黑白颠倒"的关系。严重病变造成的"黑肺",片子上就呈现为"白肺"了。白肺也是借词,意译英语的"white lung"借入。

8-7

采石矶上忆李白

◎史良高

这习惯在家乡黄州就养成了,那时是不愿去看东坡赤壁里面的苏东坡像。之后到秭归的屈原祠不愿看屈原像,到平江的杜甫墓和成都的杜甫草堂不愿看杜甫像,到芜湖的城陵矶不愿看李白像,到和县的霸王祠不愿看项羽像。

太白楼是为纪念诗人李白所建。始建于唐元和年间,原名"谪仙楼",清康熙年间重建易名"太白楼"

这是刘醒龙先生《瑞雨为安》中的一段话,刊载于《光明日报》2018年11月2日15版。文章语句典雅,感情真挚,只是其中一句疑似不妥:先生到东坡赤壁不愿看苏东坡像,到秭归不愿看屈原像,到和县霸王祠不愿看项羽像,这些都可以理解,都没问题;"到芜湖的城陵矶不愿看李白像",就不那么确切了。

城陵矶位于湖南省岳阳市,隔江与湖北省监利县相望,是长江重要的河港之一。而芜湖属于安徽省,与湖南的城陵矶相距甚远。那是不是芜湖也有一个城陵矶呢?笔者致电芜湖的朋友,朋友说芜湖繁昌有板子矶,战国时称"吴楚关锁",历来是兵家必争之地。那里,只有为纪念抗清名将黄得功而建的黄公阁,没有诗仙李白的塑像。

在查阅了一些资料后,笔者认为刘醒龙先生想说的李白像所在地,应该是指采石矶。采石矶又名牛渚矶,位于距芜湖不远的马鞍山。采石矶绝壁临江,水湍石奇,风景瑰丽,与岳阳城陵矶、南京燕子矶并称为"长江三矶"。古往今来,这里吸引着许多文人雅士,像白居易、王安石、苏东坡、陆游、文天祥等都曾来此题诗咏唱。特别是唐代大诗人李白,晚年谪居宣城,时常来这里饮酒赋诗,排遣郁闷,流连忘返。相传因其夜间荡舟采石矶附近的江面,酒醉扑水,捉月而逝。郭沫若先生曾作《水调歌头》:"久慕燃犀渚,来上青莲楼。日照长江如血,千里豁明眸。洲畔渔人布罾。正是鲥鱼时节,我欲泛中流。借问李夫子:愿否与同舟? 君打桨,我操舵,同放讴。有兴何须美酒,何用月当头?《水调歌头·游泳》,畅好迎风诵去,传遍亚非欧。宇宙红旗展,胜似大鹏游!"

采石矶上的翠螺山,筑有太白楼与青莲祠,内有诗仙李白塑像,笔者曾两次拜谒。我猜想,刘先生可能是去的地方多了,记错了,一时思维短路,就把安徽马鞍山的采石矶误为湖南岳阳的城陵矶了。

微语录·职场

加班是应该的,不加班也是应该的;只有完不成工作是不应该的。完不成工作,当然应该加班;能完成工作,又何必加班?因完不成工作而加班,要悄悄的,千万不要声张。

(乔 桥/辑)

王蒙先生的一处误记

◎董寅生

《王蒙八十自述》(人民出版社2013年9月出版)是王蒙先生年届八十时,对其以往经历的回顾。该书延续了王先生一贯的文风,深入浅出,汪洋恣肆,亦庄亦谐,夹叙夹议,虽不乏对他人的批评,但更注意对自身的反思。王蒙先生不仅发表了许多影响深远的小说,也在体制内担任过许多要职。1982年当选为候补中央委员,1985年当选中央委员,直至1992年届满;他任过三年多的文化部部长,亲身经历参与了许多重大历史事件。这本书中讲到这样一件事:"我怀着忐忑不安的心情参加了十二届一中全会,主要任务是产生新的政治局、主席副主席、书记处与中央军委。"此处说产生新的"主席"是一个误记。

自七届一中全会到十一届六中全会,中共中央的负责人是中央委员会主席,先后担任过这一职务的有毛泽东、华国锋、胡耀邦。胡耀邦同志在担任中共中央总书记之前,曾于1981年6月,在十一届六中全会上当选中央委员会主席,但他任主席仅一年零三个月。1982年9月,中共十二届一中全会召开,胡耀邦当选中央委员会总书记,从此,中共中央即不再设主席,而是以总书记作为党的领导人。

或许因为两次会议相距较近,当选者又都是胡耀邦同志,所以年近八旬的王蒙下笔时,脑海中存储的信息发生了错位。

"自由"一族新词语

◎之 苹

2019年春节期间,有一篇内容涉及"财务自由"、标题为《26岁,月薪一万,可依旧吃不起车厘子》的网文热传。作者把女生日常生活的一些"小型财务自由"从低到高排列:最低的是"辣条自由",然后依次是"奶茶自由""视频网站会员自由""外卖自由""星巴克自由""车厘子自由""口红自由""衣服自由"等。这些"自由"一族新词语是什么意思呢?又是从哪里来的?这需要从"财务自由"说起。

汉语的"财务自由"是借词,意译英语的"financial freedom"。英语的"financial freedom"有两个义项,因而汉语中"财务自由"也有对应的两个义项。一个义项,指"当你不工作或失去工作的时候,你拥有的资产所孳生的收益能够让你有足够的财力维持体面的生活"(以下简称"财务自由①")。"财务自由①"是理财方面的术语,2000年代借入汉语。1997年,美国理财大师苏茜·欧曼(Suze Orman)出版了《THE 9 STEPS TO FINANCIAL FREEDOM》一书,汉译本书名是《九步达到财务自由》。"财务自由"的另一个义项指"因有足够的财力而消费不受限制"(以下简称"财务自由②")。"财务自由②",改革开放初期已经在英译汉的资料中出现。比如:"申克对他们的电影不惜工本,尽量给他们以最大的财务自由,曾慷慨地同意他们连续毁掉六辆汽车。"(《世界电影》1985年第1期)

一般人所理解的"财务自由",首先是"财务自由②"。不难看出，上文提及的那篇爆款网文里，作者心心念念的"财务自由"也是"财务自由②"。网文所说的这些"自由"一族新词语有两个特征：一是词语里的"自由"是"财务自由②"的缩略形式；二是"自由"前边的名词性成分一般是"消费对象或消费场所等"。所以，"星巴克自由"的意思是"有足够的钱能不受限制地在星巴克喝咖啡等"；"视频网站会员自由"，指"有足够的钱注册成为会员，能不受限制地观看付费视频"；以此类推。另外，"自由"一族新词语的否定形式用"不自由"构成。比如："荔枝苹果价格大涨　惠州人'水果不自由'"（标题，《南方都市报》2019年5月29日）。又如："从'车厘子自由'到'苹果不自由'"（标题，《金融时报》2019年6月1日）。

继"车厘子自由"等之后，又产生了一批"自由"一族新词语。其中，与"吃喝"有关的仍然较多，有"荔枝自由""榴梿自由""西瓜自由""小龙虾自由""外卖自由""菜篮子自由"等。比如："春节将至，沪郊田头提前预案，保障市民'菜篮子自由'"（标题，《东方城乡报》2020年1月23日）。当猪肉涨价时，出现了"猪肉不自由"的说法。也有与"出行"有关的"共享单车自由""骑行自由"等，还有与"娱乐"有关的"电影票自由"等。

除了上述"小型财务自由"的新词语，还出现了与教育、医疗、居住等"大型财务自由"有关的"自由"一族新词语。例如：

（1）去年，"月薪三万却撑不起孩子一个暑假"引发舆论热议，今年，"暑假不自由"又成为新热词。(《光明日报》2019年7月17日）

（2）从靠老公、靠女儿到靠社会　一位普通农妇终于实现了"医疗自由"（标题，《人才就业社保信息报》2019年7月23日）

（3）成都太宜居！1900元就可实现"租房自由"居住焦虑少很多（标题，四川在线2019年12月31日）

"稳、准、狠"的"靶向"

◎南园

近四五年来,"靶向"一词,在媒体上频频出现。比如,"靶向治疗精准惩治推动作风建设"(标题,《新民晚报》2019年1月17日),"靶向发力,确保全面脱贫摘帽"(标题,《人民日报》2019年3月13日),"'靶向招商'要'月亮'也要'星星'"(标题,《南方日报》2019年3月26日),"靶向整治校外线上培训乱象"(标题,《法制日报》2019年7月24日)等。

汉语的"靶向",源自英语的"target"。"target"用作名词,意思是"靶(子),目标";用作动词,一般指"以……为目标"。早年,在研究一些类型的贫血症病因时,发现是红细胞有了病变。显微镜下,病变的红细胞看起来像靶子:中心一个黑圆点,圆点外有同心的黑色圆环。因此,把"病变红细胞"取名为"target cell"。上世纪五六十年代,肿瘤病理学借用"target cell"泛指"癌变细胞",并另外组成"target organ(器官)"。稍后,直接用名词"target"简称"target cell""target organ";相应的,动词"target"也有了"以癌变细胞等为定位方向(目标)并加以灭杀"的意义。

改革开放早期,编译国外肿瘤研究资料时,通常把"target cell"译为"靶细胞","target organ"译为"靶器官",把名词"target"译为"靶细胞"或"靶器官";又把动名词"targeting"译为"靶细胞/靶器官定向作用",缩略形式为"靶向"。"靶向",作为先进的治疗癌症方法,原理是用药物或其他物质,精准识别"靶点"(靶分子、靶细胞、靶器官的统称,译自英语的"target spot"),精准攻击靶点并"掐断"其"命脉",大大减少了对正常细胞的"误伤"。所以,"靶向"治疗,疗效好,安全系数高,副作用小。说简单些,"靶向"是以"稳、准、狠"为显著特点的治疗手段。"靶向",近年来已扩展到治疗其他的恶疾顽疾,如阿尔茨海默病、哮喘、牛皮癣、红斑狼疮、带状疱疹等。

人体内的恶疾顽疾非常需要"靶向"治疗,社会上的"恶疾顽疾"也非常需要"稳、准、狠"地处理解决。有如此强烈的表达需求,医学术语"靶向"在新旧世纪交替之际开始用于泛指。现在,"靶向"已经变得很像日常用语了,这一点可以从本文开头的例句感受到。

用于泛指的"靶向",2015年以来使用量大增。习总书记在谈到"反腐""扶贫"问题时,也曾多次用到这个寓意"稳、准、狠"的词语。例如:

(1)要坚持因人因地施策,因贫困原因施策,因贫困类型施策,区别不同情况,做到对症下药、精准滴灌、靶向治疗,不搞大水漫灌、走马观花、大而化之。(《在贵州调研时的讲话》,2015年6月18日)

(2)现在,中国在扶贫攻坚工作中采取的重要举措,就是实施精准扶贫方略,找到"贫根",对症下药,靶向治疗。(《携手消除贫困 促进共同发展——在2015减贫与发展高层论坛的主旨演讲》,2015年10月16日)

(3)要坚持靶向治疗、精确惩治,聚焦党的十八大以来着力查处的重点对象,紧盯事关发展全局和国家安全的重大工程、重点领域、关键岗位,加大金融领域反腐力度,对存在腐败问题的,发现一起坚决查处一起。要深化标本兼治,夯实治本基础,一体推进不敢腐、不能腐、不想腐。(《在十九届中央纪委三次全会上的讲话》,2019年1月11日)

何来"楚翘"

◎余培英

《珠江商报》2020年3月19日A8版《恩施不计他人报 朝夕还为济世航》一文中有这样一句话:"陈登是一位艰苦创业的商界楚翘,更是心怀家国、慷慨无私的慈善家。"这句话中"楚翘"错了,应是"翘楚"。

"楚"本指一种灌木,又名"荆",枝干坚劲,可以做杖。"翘楚"语出《诗经·周南·汉广》:"翘翘错薪,言刈其楚。"郑玄笺:"楚,杂薪之中尤翘翘者。"本指高出杂树丛的荆树,后用以比喻杰出的人才或突出的事物。《孽海花》三二回:"梦兰本是交际场中的女王,来做姐妹花中的翘楚,不用说灵心四照,妙舌连环,周旋得春风满座。"上引文想说陈登是一位出色的企业家,用"商界翘楚"恰如其分。

"翘楚"一词历史悠久,已成为一个固定词形,不可随意颠倒成"楚翘"。

"趟"已不是动词

◎禾　宝

2020年4月18日《环球时报》第7版刊载的《全球供应链经不起折腾》一文中写道:"中国自改革开放以来趟出的国际供应链,是和平崛起的供应链……"其中,"趟"应该用"蹚"。

蹚,读tāng,意思是踩、踏,在浅水中或积雪、泥泞等松软地面上走过去。引申为探路,如刘亚舟《男婚女嫁》第四十章:"他凭着记忆,一步步蹚到门口,伸手一摸,冰冰凉一把大铁锁。"上述引文说我国的国际供应链是改革开放40年来逐渐形成的,是在探索中构建的,用"蹚"正合适。

趟,读tàng。作量词,用于来往的次数、按次序运行的车船班次以及成套的武术动作等。也作名词,指行进中的队伍、行列。

"蹚"字曾在1955年公布

的《第一批异体字整理表》中，被列为"趟"的异体字，予以淘汰。但2013年国务院公布实施的《通用规范汉字表》已恢复"蹚"为规范字，明确"不再作为'趟（tàng）'的异体字"。"蹚""趟"二字的读音、字义都已分开，不应混用。

"淡言微中"错在何处

◎阎德喜

《卧闲草堂评本·儒林外史》（岳麓书社2008年1月出版）的前言中写道："李汉秋在《〈儒林外史〉的评点及其衍递》一文中指出：卧评'文简意赅，淡言微中，为后人广泛接受，确是最早而影响最大的对《儒林外史》评点'。"这里的"淡言微中"明显有误，正确的应是"谈言微中"。

"谈言微中"是个成语，义为说话隐微曲折而切中事理，语出《史记·滑稽列传序》："天道恢恢，岂不大哉！谈言微中，亦可以解纷。"卧闲草堂本是今见最早的《儒林外史》刻本，其卷首有署名"闲斋老人"所作序一篇，绝大多数回末都附有无名氏的总评。有的是对小说的主旨进行分析，有的是对人物刻画艺术的探索，有的是对讽刺艺术的总结……灼见迭出，言之有物，被后世研究者所重视。称这样的"卧评"为"谈言微中"恰如其分。

"淡"常用的义项有味道不浓的、轻微的、不密切等，"淡言"在这里说不通。

"倚门望闾"？"倚门倚闾"！

◎阎南岗

2019年2月13日《中华读书报》第12版文章《战时的故宫人》中写道："祖母在沦陷中的北京，则以抄写白居易诗集来排遣做母亲的倚门望闾之苦。"文中"倚门望闾"有误，正确的是"倚门倚闾"。

闾，音lǘ，指里巷的门。"倚

门倚闾"出自《国策·齐策六》:"王孙贾年十五,事闵王。王出走,失王之处。其母曰:'女(汝)朝出而晚来,则吾倚门而望;女(汝)暮出而不还,则吾倚闾而望。'"王孙贾的母亲对他说:你早上出门晚上回来,我倚着门而盼望着你回来;你晚上出去不回家,我倚着里巷的门而盼望着你回来。后来就用"倚门倚闾"来表示父母殷切盼望子女归来的心情。上述引文是作者回忆父亲离开沦陷区后,祖母思念父亲的情景。把"倚门倚闾"用在这里,十分形象。

"倚门望闾"说不通。

"民归德厚"作何解

◎徐广舟

《光明日报》2020年4月4日头版评论员文章《全国哀悼,为了更好地前行》,在清明节对新冠肺炎疫情斗争中牺牲的烈士和逝世同胞表达了深切的哀悼。文中有这样一段话:"慎终追远,民归德厚。作为中华传统节日之一,清明节承载着人们对逝去故人的祭奠和思念,对礼俗社会人伦情感的尊重,因而是中华传统文化中的重要节日。"其中"民归德厚"错了,当为"民德归厚"。

"慎终追远,民德归厚"出自《论语·学而》:"慎终,追远,民德归厚矣。"慎终,谨慎地对待父母的去世;追远,虔敬地追念自己远代的祖先。杨伯峻《论语译注》把整句译为"谨慎地对待父母的去世,追念远代祖先,自然会导致老百姓归于淳厚老实了"。这里"归"可理解为"趋向","民德归厚"即指"老百姓的道德品行趋向厚道",符合儒家重视教育强调教化作用的思想。

追念先祖和追念先贤的情感是同构的,《全国哀悼,为了更好地前行》引用"慎终追远,民德归厚"来表达对抗疫烈士和逝世同胞的追思是恰当的,而"民归德厚"难以索解。

"评鸷"应为"评骘"

◎王宗祥

《中华读书报》2020年1月15日第10版刊有《以问题为导向、以世界为参照的清代小通史——戴逸〈清史三百年〉策划后记》一文,其中有这样一句话:"顾颉刚写于1945年的《当代中国史学》评鸷断代史清史的成就,认为贡献最大的是孟森和萧一山。"这里"评鸷"错了,正确的写法应是"评骘"。

骘,读作zhì,本义为公马。《尔雅·释畜》:"牡曰骘。"骘还有安定、评定的意思,"评骘"为联合式合成词,义为评定、评论,语出唐代柳宗元的《柳常侍行状》:"敢用评骘旧行,敷赞遗风。"《柳河东集注》引童宗说曰:"《说文》云:骘,定也,升也。骘,音质。"

鸷,也读作zhì,本义为凶猛的鸟,如鹰、雕、枭之类,《说文·鸟部》:"鸷,击杀鸟也。"引申有凶猛、狠戾之义。将"评骘"错成"评鸷",应是"骘""鸷"两字音同形似之故。

表示磨刀应用"抢"

◎李景祥

《辽沈晚报》2020年5月20日16版《戗剪子 磨菜刀》一文中写道:"小区最近来了一位戗剪子、磨菜刀的老大爷。'戗剪子喽,磨菜刀……'小区特有的宁静常常被那拖着长腔的吆喝声打断。"这篇文章标题和正文中的"戗"皆应改为"抢"。

"抢"是个多音字,读作qiǎng时,除了有抢夺、争夺的意思外,也可用来指刮掉或擦掉物体表面的一层。锅底结了锅巴,就要用铲刀把锅底抢一抢;小孩子玩耍时摔破了膝盖,膝盖上会抢去一层皮;菜刀钝了、锈了,磨刀师傅用专门工具刮刀的刃部,使它变得锋利,这个过程就是"抢"。

"戗"也是个多音字。读作qiāng时,义为方向相对,逆向,引申也表(言语)冲突；读作 qiàng 时,义为支撑。"戗"和磨刀没有什么关系,"戗剪子"说不通。

莫把"机杼"写作"机抒"

◎阁心士

《中华读书报》2019年2月13日12版刊登的《怀人天气日初长》中,有一段对往事的回忆:"在排练演出久已绝迹舞台的《牧羊记·告雁》一出时,吴小如先生称赞,'可以说完全自出机抒,一空依傍'。"此处"自出机抒"应为"自出机杼"。

"杼"音 zhù,义为织梭。"机杼"乃织布机,引申义为事情的关键,也可用来比喻诗文创作中的新巧构思和布局。"自出机杼"比喻作文章能创造出一种新的风格和体裁。《魏书·祖莹传》:"文章须自出机杼,成一家风骨。"上述引文说的是,朱家溍先生爱戏,他向专业演员请教,一招一式地从名师学戏,久而久之有了深厚的功力。正因如此,所以在排练演出久已绝迹的《牧羊记·告雁》时,在没有参考资料的情况下,唱念方面竟完全是余派的劲头和风格,这正是名副其实的"自出机杼"。

"抒"音 shū,有舀出、表达、缓解等义。"机抒"难以索解。

哪个"刚果"须注明

◎毛纬武

2020年4月23日《杭州日报》A7版《水秀文化 为"一带一路"增光添彩》一文末段说:"此后,水秀文化先后在越南、刚果、尼日利亚、埃塞俄比亚、吉布提、土耳其、安哥拉、埃及、阿塞拜疆、乌克兰、伊朗、老挝、马里等国家拿下项目……"这里出现了国名"刚果"。然而,世界上有两个名叫"刚果"的国家,究竟指的是哪个刚果应该在文章中写明。

这两个刚果分别为刚果(金)和刚果(布)。刚果(金)的全称为刚果民主共和国,也简称民主刚果。刚果（布）的全称为刚果共和国。两国都位于中非,均于1960年独立,法语名称皆为"Congo",因此须加缀各自首都简称来区别国名——"金"即刚果（金）的首都金沙萨,"布"即刚果（布）的首都布拉柴维尔。一定还有读者见过"刚果（利）",其实就是刚果（金）,1960年6月至1966年5月,因当时其首都为利奥波德维尔,故这6年里称"刚果（利）"。1966年5月其首都改名为金沙萨,国名简称便改为"刚果（金）"了。

京口瓜洲岂是同在长江北岸

◎汤生根

王安石有一首广为传诵的经典诗作《泊船瓜洲》："京口瓜洲一水间,钟山只隔数重山。春风又绿江南岸,明月何时照我还。"大象出版社2019年6月出版的《人间烟火皆是诗》在品读这首诗时说："瓜洲,镇名,在长江北岸,今扬州南……'京口',今江苏镇江京口区,位于长江北岸,与瓜洲隔江相对。"这里出现了一个矛盾,按作者说,既然瓜洲和京口都在长江北岸,何谈"隔江相对"？

宋神宗熙宁八年（1075）二月,王安石第二次拜相奉诏进京,从南京出发,经长江至瓜洲,转运河北上前往北宋都城汴京（今开封）。这首诗就写于停船于瓜洲之时。诗除了写景纪行,还表达了作者重返京城亦喜亦忧的复杂心情。"瓜洲"是个镇名,位于江苏扬州市邗江区南部、京杭运河分支入江处。原为江中沙洲,因形似瓜而得名。也有说法因古时吴人卖瓜于此,故有此名。京口是古代军事重镇,位于长江南岸,在今江苏镇江市京口区。瓜洲在长江北岸,京口在长江南岸,两地被江水隔开,正所谓"隔江相对",也就是王安石在诗里所写的"京口瓜洲一水间"。说京口和瓜洲同在长江北岸且"隔江相对",既不合逻辑,也违背事实。

汉字字形里的文化信息

◎苏培成

汉字与拼音文字不同。汉字记录的是汉语的语素,例如汉字"国"记录的是汉语语素"国",所以我们说汉字是语素文字。因为汉语语素都是有意义的,所以我们也可以说汉字是表意文字。拼音文字的字母记录的是相关语言的音素或音节,不直接显示相关语言的文化信息。只有用拼音文字记录相关语言的语句时,才能显示该语言的语义成分和文化因素。从造字法说,古汉字是以象形和指事为基础,后来才有了会意和形声。可见汉字的字形里包含有丰富的表意成分。这是汉字的特点,也是汉字的优点。汉字有悠久的历史,许多字的字形几经变化,在现行的楷书里不少字的表意成分已经消失。如果追溯到古文字的形体,许多字的构字理据和它包含的文化因素也就清晰地展示在我们的面前。这是汉字字形里蕴含的宝贵信息,我们要认真地研究,继承这份珍贵的遗产。本文举出七个例字,追根溯源,试图揭示其中包含的文化因素,供关心的朋友阅读参考。

農。金文农字作䕼,上面是林,下面是辰。辰本为蜃的象形字。蜃指大蛤蜊,有卵圆形或其他形的硬壳。在石器时代,先民把蜃的外壳磨制锐利,作为农具用来开垦土地种植作物。这就是最早的农字。裘锡圭说:"按照辰的功用来看,它(指农字——引用者)应该就是古书中常见的耨等一类农具,大致相当于现在的短柄锄。""辰这种耨器大概主要是用来清除草和小灌木之类的东西的。"(《甲骨文中所见的商代农业》)䕼字上部的中间是田,四周的中指杂草,下部是蜃:合起来表示用蜃壳铲除杂草。古文字中"林"和"田"可以相通,这是農字的初文。小篆作農,上部中间的"囟"是由"田"讹变来的。楷书繁体字作"農",简化为"农"。

車。金文盂鼎作🚗。左侧中部的圆形为车厢,两侧为车轮。轮之外的短横为车辖,车辖是穿在车轴两端的销钉。贯穿车轮和车厢的是车轴。与车轴垂直的是车辕。右侧的是车衡,车衡的两侧是套马用的车轭。殷商时代的车是独辕,一车只驾二马,与后世的双辕不同。🚗清晰地显示出殷商时代车的构造。

婚。金文作🔣、🔣。这是"闻"的本字,借用为"婚"。小篆"婚"是后起的形声字。《说文·女部》:"婚,妇家也。礼:娶妇以昏时,妇人阴也,故曰婚。从女,从昏,昏亦声。"(大意是说:婚,妻子的家。礼规定:娶妻应在黄昏的时候,因为女人属阴,所以叫作婚。由女、由昏会意,昏也表声。)根据上引的《说文》,"昏"不但表音而且表意,因为女人属阴,所以娶妻应在黄昏的时候。这是许慎的阴阳观。张舜徽《说文解字约注》:"古娶妇必以昏时者,当缘上世有劫掠妇女之风,必乘夜昏人定时取之,以避寇犯也。"这是对"婚"字里面"昏"的字义的两种解释。仅供参考。

录。旧字形作録。金文録作🔣。上部象井上提水的辘轳,中间是汲水的工具,小点是水滴。这是漉的初文,清晰地显示出殷商时代辘轳的构造。《简化字总表》规定"録"简化为"录",与这里说的井上提水的辘轳无关。

灾。甲骨文作🔣,象洪水横流成灾的样子。《说文·川部》:"🔣,害也。从一雝川。《春秋传》曰:'川雝为泽,凶。'"(大意是说:"🔣,水害。由一雝塞在川字中间,会意。《春秋左传》说:'川流壅塞为水泽,是不吉祥的预兆。'")🔣是🔣的形声字,从水才声。从🔣和🔣可以看出,古代的洪水泛滥给人们带来了严重的危害。

昔。甲骨文作🔣。上面是

谈谈汉语中的"版权"与"著作权"

◎陈李睿祯

版权是近年来人们越来越关注的一个话题。进入信息时代,互联网凭借免费、便捷的传播特性迅速在我国普及,但其快速发展也引发了许多有关版权的纷争。我国有没有针对版权的法律呢?有的,但这部法律正式名称为《著作权法》,而不叫"版权法"。而我国管理著作权的行政部门叫作"国家版权局"。版权与著作权有什么不同?为什么法律要使用"著作权"呢?

如果去查找"版权"或"著作权"的解释,就会发现"版权即著作权""著作权即版权"的说法。这是由于我国《著作权法》附则中规定,条文中使用的"著作权"就是版权。所以我国大陆一般认为这两个词是同义

日,下面是灾字。洪水灾害肆虐的日子,给人们留下了极为深刻的记忆,成为昔日最重要的事件。《说文·日部》:"昔,干肉也。从残肉,日以晞之。与俎同意。腊,籀文从肉。"许慎据小篆讹变的形体立说,出现了许多差错。

年。甲骨文作 ![], 从人负禾。甲骨文年表示谷物丰收,不表示年月的年。殷商时表示年月的年用"祀"。《说文》小篆作 ![]。"人"变为"千",成为从禾、千声的形声字。《说文·禾部》:"年,谷熟也。从禾,千声。《春秋传》曰:'大有年。'""大有年"的"年"仍表示谷物丰收。因为古代北方谷物多一年一熟,所以"年"引申为年月的"年",沿用至今。

词。然而抛开规定,单就词本身探讨,"版权"和"著作权"在词义和词源上都有差别。

版权原为"板权","板"即我国古代雕版印刷中使用的原板。从字面上理解,版(板)权就是指用于复制印刷的原板使用权,侧重于复制出版发行的层面。而著作权显然就是指创造作品而具有的权利,重在作者。从词义上看,"版权"的内涵要小一些,如美术、造型作品等,具有独一无二的性质,显然是不包括在"复制发行"的作品行列内的。"著作权"则可以囊括所有被创作的作品类型。不过,法律选用"著作权"不仅仅是出于词义上的考虑。虽然二者看似都是中文词,其实均为从日本借来的汉字译词。追溯词源更能看出它们有何不同,又为何不同。

"版权"一词英文为copyright,可理解为"复制权"。这个概念最早在1709年英国颁布的《安娜女王法令》中提出,用于表述作者的权利。当时,欧洲作为近代印刷术的发源地,成为印刷商、出版商活跃的地区,同时也存在着类似"出版权"的概念。但这时的"出版权"并非后来的"版权"。由于印刷出版涉及知识与思想传播,一般须经由官方批准,所以此时的"版权"是出版商的权利,是一种特权。人们通常只考虑维护印刷出版方的经济利益。直到《安娜女王法令》的颁布,"版权"一词才作为作者的权利而诞生。《法令》中的"版权"将作者置于法律保护的第一位。从这时起,人们开始意识到智慧创造活动本身的重要性。从前的"版权"仅仅相当于"经营许可",而新生的"版权"从统治者之公权变为私权。作者享有版权就如同享有其他财产的权利,并可以进行转交。

同样是在18世纪的欧洲,法国提出了"著作权"的概念。最初法国也是以特权形式来管理出版。基于资产阶级大革命中人权至上的思想,法国在1793年颁布了《法国著作权法》,其中使用了"droit d'auteur"（作者权利），来保护作者的人格权利。这一权利从"人"出发，对作者的精神权利和相应财产权利给予同等重视，拓展了版权保护的内涵。

到19世纪时，日本将英语中的"copyright"翻译为汉字词"版权"，并在立法中采用。但在后来的考察中，日本发现"版权"的定义较为狭隘，也不符合《伯尔尼公约》（关于著作权保护的国际条约）中的理念。于是日本从德语"Urheberrecht"及法语"droit d'auteur"（都是"作者权利"）中重新用汉字翻译出"著作权"一词，取代"版权"。此后日本的法律一直使用"著作权"的概念。

20世纪初，清政府欲立版权法，向日本和西方学习，于是"版权""著作权"两个概念经日本传入中国。经过斟酌，决定使用"著作权"一词修法，成《大清著作权律》。此过程一方面是考虑到"版权"的词义偏窄、易起误解的问题，另一方面由于较先引入的版权仍是一种官方批准的特权，故采用"著作权"以显示出公权到私权的转变。此后民国立法仍沿用"著作权"一词。

中华人民共和国成立后，旧政府法律文件全数废除，需要重新订立版权保护的法律。但最初在"著作权""版权"的选择上较为混乱。相关立法工作尚未完成，"文革"便来了，法制工作又遭到破坏。直到十一届三中全会后，版权保护的法律工作才再次展开。当时正是20世纪90年代，国内外交流频繁，国外普遍使用"copyright"一词，于是"版权"一词较为流行。我国此时设立的国家版权局也是采用当时最为通行的"版权"一词。1980年7月，国家版权局起草了《中华人民共和国版权法》（草案）。在该法律的讨论过程中，就出现了"版权法""著作权法"之争。由于有专家认为著作权含义包含版权，于是在1986年的《中华人民共和国民法通则》中，采用了"著作权（版权）"的形式。这一形式也颇受争议，最终是在1990年《中华人民共和国著作权法》的颁布下,以附则规定"著作权即版权"的方式,结束了争论。

那么,最终我国法律采用"著作权"的理由是什么?其一,因为其含义更为宽泛且不易误解。其二,涉及法律体系的问题。目前世界各国的法律主要分为两大派系:英美法系与大陆法系。显然,英美法系沿用的是从英国诞生的"版权"概念,大陆法系沿用的则是来自法国的"著作权"。从历史来看,英美法系并无考虑精神权利的传统,而重视物质、外在的财产权。沿用该法系传统的,也多为资本主义国家。而大陆法系则是从人权出发,一开始便同时考虑精神权利与物质权利。之后因实际情况的需要及《伯尔尼公约》的号召,不管是"版权"还是"著作权",都包含了精神与物质双重权利。所以今天,虽然各国使用的版权概念不同,但它们之间实际内涵的差异是很小的。由于我国与大陆法系关系较为密切,故和日、德等国一样遵从大陆法传统,采用"著作权"概念。

尽管如此,今天我们在日常生活中碰到最多、使用频率最高的依然是"版权"。这又是为什么?最简单的原因是,"版权"一词既然与著作权同义,音节又更少,自然能得到更频繁的使用。不过更根本的原因是,当下的国际市场内英美法系国家的产品最为流通,而且版权保护的实际应用也总是集中在机器生产的复制品。尽管我国在法律中采用了"著作权"概念,但当下国际流通的各种受版权保护的产品、作品,大部分都是在资本主义方式下生产的,英美等国也是重要的输出国,故而他们使用的"版权"最为流通。现在我们在各种地方都能看到"©"这个符号,圈内就是 copyright 的首字母。

同时,这也是我国著作权法要定义著作权与版权同义的原因。这不仅仅是为了消除歧义结束争论,也是为了在实际使用中更灵活,在与不同地区进行交流时更为便利、主动。

"荒芜人烟"说不通

◎杨学建

中央电视台中文国际频道2019年11月16日晚播出了《中国地名大会》,在介绍"油城"克拉玛依时这样说道:"诗人艾青说过,最荒凉的地方,却有最大的能量。本是荒wú人烟的戈壁,如今却因石油而辉煌。"其中的"荒wú人烟",字幕同步显示的是"荒芜人烟"。"荒芜人烟"有误,应是"荒无人烟"。

本是荒芜人烟的戈壁

"人烟"即住户的炊烟,古时候有炊烟的地方就被认为是有人居住的,因而"人烟"也泛指人家,"荒无人烟"即形容地方偏僻荒凉,见不到人家。

"芜"的本义指草多而乱,也可指长满野草的地方。我国现在一些地名中的"芜"也基本上保持着这些意思。例如山东莱芜,《水经注》中解释说"齐灵公灭莱,莱民播流此谷,邑落荒芜,故曰莱芜";又如安徽芜湖,《中外地名大辞典》在解释该地名由来时写道"蓄水不深而多生芜藻,故名"。"荒芜"即指(田地等)因无人管理而长满野草,引申也可指(学业、技艺等)荒疏、废弛。

"荒芜"与"人烟"搭配在一起欠通顺。将"荒无"写成"荒芜",恐是两者音同形似所致。

兄弟齐心,其力断金?

◎孙晓青

电视连续剧《双刺》第9集中,演员说了这样一句话:"我们兄弟齐心,其lì方可断金啊。"其中"其lì方可断金"字幕同步显示为"其力方可断金",其实应为"其利方可断金"。

其力方可断金啊

"兄弟齐心,其利断金"是化用古语"二人同心,其利断金",意思是:两人一条心,力量如同利刃能切断金属,用来比喻团结一致,无坚不摧。语出《周易·系辞上》:"君子之道,或出或处,或默或语。二人同心,其利断金;同心之言,其臭如兰。"这段话是引用孔子语来阐发爻辞"同人,先号咷而后笑"的。黄寿祺、张善文两位先生的《周易译注》解释为:"君子(处事待人)的道理,有时(可)外出行事,有时(要)安居静处,有时(要)沉默寡言,有时(可)畅发议论。两人心意相同,犹如利刃可以切断金属;心意相同的言语,其气味像兰草一样芬芳。"可见,"二人同心,其利断金"与下句"同心之言,其臭如兰"互相对照,一脉相承,用的都是比喻的手法。错用为"力",就没有了比喻意味,失去了古汉语的语言魅力。

麦麸，还是麦糠？

◎谢荣征

山东是我国冬小麦的主产区之一，麦子黄了，农民忙了。

2020年5月24日，中央电视台纪录频道播放了《航拍中国》山东篇的节目，其中有一段视频介绍郯城的秸秆回收再利用。配合着航拍麦收画面，解说词为："郯城的麦田里，联合收割给出了答案。收割机是第一方阵，所过之处，除了谷粒，剩下的秸秆和麦麸，都重新扔回田里。"这段描述中的"麦麸"属于误用，应换为"麦糠"。

麦麸，即麦皮，是小麦加工成面粉的副产品，色泽呈麦黄色，片状或粉状，富含纤维素和维生素，主要用途有食用、入

剩下的秸秆和麦麸

药、做饲料原料、酿酒等。收割机收获小麦之后，麦麸还包裹在麦粒的外面，只有把小麦运到面粉加工厂，经过磨面机的打磨才能脱下麦麸。显然，扔在田里的不是麦麸。

那么收割机所过之处，和小麦秸秆一起被扔在地里的到底是什么呢？应该是麦糠。紧贴在麦粒外面的种皮，脱下后叫麦糠。过去没有联合收割机的时候，长在麦秸上的麦穗，

"扁舟"误为"偏舟"

◎厉国轩

东方卫视七彩戏剧频道 2020 年 4 月 1 日播出了沪剧宗师丁是娥解洪元流派演唱会。其中有沪剧《江姐》,叛徒甫志高在劝降江姐时唱道"你如今象一叶偏舟过大江"。(字幕同步显示)其中的"象"如今应规范为"像",在此不赘述;"一叶偏舟"则应是"一叶扁舟"。

扁,读 piān 时,表示狭小。扁舟,意思是小舟。如苏轼《前赤壁赋》:"驾一叶之扁舟,举匏樽以相属。"而"偏"是个多义词,可表示边远、不公正等义,没有狭小的意思,也无"偏舟"一词。上述字幕是音同致误了。

要经过脱粒机使麦糠和麦粒分离。更早的时候,则是靠着拖拉机或是畜力或是人力拉着碌碡碾轧使得它们分离。那时麦粒和麦糠还是掺和在一起,需要用木锨,借助风力把它们分离,这在农村叫作"扬场"。现在大型的联合收割机能够直接把麦粒和麦糠分离开来,于是麦糠和秸秆一起被扔在田里。

很明显,央视这个节目中没有把麦麸和麦糠分清。

"筵"与"席"

◎陈璧耀

与低矮的"几""案"相配的古代坐具,就是"筵"和"席"。这是古人席地而坐时最基本的坐具。

"席"字从巾,《说文》释为"籍也",意谓用于铺垫的东西。《玉篇》释为"安也",意指可安坐之物。"筵"字从竹,《说文》释为"竹席也",这是说"筵"也是"席",但强调是竹篾编成的席。但《诗经·小雅·宾之初筵》郑玄笺则单说"筵,席也",《玉篇》也说"筵,席也",那么"筵"并非都是竹席。

说"筵"也是"席",两者有何区别呢?

《周礼·春官》"司几筵",郑玄注:"铺陈曰筵,藉之曰席。"贾公彦疏曰:"设席之法,先设者皆言筵,后加者为席。"孙诒让正义:"筵长席短,筵铺陈于下,席在上,为人所坐藉。"则"筵"与"席"的区别,就是筵在下用于铺陈,席在上为人坐藉。所以"筵"是贴地之席,用于铺底;"席"乃贴身之席,是和身体接触的坐垫。这应是"筵"与"席"最主要的区别。但贾疏又说"假令一席在地,或亦云筵"。认为席下无筵时,席有时也称筵的。所以"筵"与"席"的区别其实是相对的,"凡对文,则筵长席短","散文则筵亦席",席亦筵也。

因为"筵长席短",所以"筵"就被用作单体建筑设计中的"面积模数"。《周礼·冬官考工记》:"周人明堂,度九尺之筵,东西九筵,南北七筵,堂崇一筵,五室,凡室二筵。""九尺之筵"就是一个面积模数。周人用于宣教的明堂东西长九个筵,南北深七个筵,堂高一筵,五间内室都是二筵。换算成今制,九尺合今2.025米,则明堂宽18.225米,深14.175米。一筵的面积为4.1平方米,是比较大的,所以用于铺底,很自然地就被用作了面积模数(日本如今室内面积用"席"表示,其源或本此)。"筵"字从竹延声,延有长义;《释名》释为"衍也",衍有广义。长和广都有大义。这应是"筵"与"席"的又一区别:"筵"大"席"小。筵大所以铺地,席小所以为坐垫。

用于坐垫的小席,具体尺寸如今不详,但有合席与单席之分,又有重席之说。

席之用作坐垫,上古时其形制较小且多为长方形(汉以后又有其他如正方形等,大小也相对随意些),长的合席可坐四人,称"席次",长者居席之端,称"席端"。如果有五个人,《礼记·曲礼上》说"群居五人,则长者必异席",长者必须另设单席。也有设独坐专席的,如《艺文类聚》卷六十九所引《东观汉记》:"上特诏御史中丞与司隶校尉、尚书令会同并专席而坐,故京师号曰三独坐。"

同席者一般是身份情趣相近的,如《艺文类聚》卷六十九"荐蓐"所引"庄子曰,申屠嘉,兀者也,与郑子产同师合堂,同席而坐"。如果身份不同或情趣有异,就会有离席乃至断席之举。《史记·田叔列传》"褚先生补"说,卫将军舍人任安与田仁去平阳公主家,卫将军"令两人与骑奴同席而食,此二子拔刀裂断席,别坐",应是感到有辱自己的身份而断席。又《世说新语·德行》说管宁与华歆"尝同席读书,有乘轩冕过门者,宁读如故,歆废书出看",于是"宁割席分坐,曰:'子非吾友也。'",则情趣不同的也割席。

关于重席,《礼记·礼器》说"礼有以多为贵者",所以礼制规定"天子之席五重,诸侯之席三重,大夫再重"。"再重"就是"重席":一筵一席。这是用于大夫的礼制规定。大夫以下恐怕只有一张铺底的筵,也就是一张大席,所谓"席地而坐""寝不安席"之"席",应该就是这张大席。当时一些贵族之家,平时也有只铺一张大筵不设小席的,如《左传·哀公元年》所说"昔阖庐食不二味,居不重席",《艺文类聚》卷六十九"荐蓆"引《韩子》所说"孟懿伯相鲁,食不二味,坐不重席"都是。如果是下层平民,恐怕连铺底的筵都没有。《史记·孙子吴起列传》说"起之为将,与士卒最下者同衣食,卧不设席",下层士兵就是直接睡在地上的。

有学者以为"重"指的是"下铺之筵",说"所谓天子席五重,诸侯席三重之类,皆指重筵而言";又引《周礼·春官·司几筵》谓王"设莞筵""加缫席""加次席"而认为筵"上铺的坐席称'加',不称'重'"。此说或有可商。

"加"乃"加席",谓再加一层席为两层,这就是"重席"了。清人孙希旦《礼记集解》卷二十三引宋陆氏佃语说,"缫席、次席皆重设,并莞筵为五重也"。"重设"就是设两层同样的席,所谓"加缫席"就是多加一层缫席为两层缫席。所以王的坐席,下面一层莞筵,上面两层缫席两层次席,合起来就是五重;诸侯只"加缫席"就是三重。陆佃又说"筵皆单设,席则重也。大夫再重,有筵则席亦单设,无加席,则筵盖重尔"。是说大夫没有加席的,与筵合称"重席",为一筵一席两重席。所以"重"不是"重筵",所指并非"下铺之筵"。

"席"加于"筵"上有时不称"重席"也称"筵席"的,如《汉语大词典》"筵席①"所释"铺地藉坐的垫子。古时制度,筵铺在下面,席加在上面"。所释之"筵席"其实就是"重席"。而"筵席②"所释"酒席;宴会。亦指酒宴时的座位和陈设",那就是今义了。今义当由古义"筵席①"衍变而来,只是如今"筵"称桌布,"席"是高椅,所指已经不同,但其间衍变的脉络还是很清晰的。

语言哲思

狗不像狗，狗像熊，狗像狗

◎宗守云

作家尹学芸在《贤人庄》（《长城》2020年第1期）里写道：

> 城里的狗都不像狗，像熊，像羊，像鹿，像狼，像狮子。总之都不像狗。来的时间不长，赵庆福就闹明白了一件事，不像狗的狗才体面，瞧他们牵在手里，像是拉着一捆子人民币，那叫一个闲庭信步！村里的狗都纯得像狗，啥都不像，只像狗。能逮兔子，能捉小偷，能看家护院。

"城里的狗都不像狗，像熊，像羊，像鹿，像狼，像狮子"，"村里的狗都纯得像狗，啥都不像，只像狗"，这是作品主人公赵庆福的心理状态和内心活动，赵庆福是以农村人的视角看问题的。在赵庆福看来，村里的狗最像狗，是典型的狗；城里的狗不像狗，是非典型的狗。这涉及狗的典型性问题。事物和行为一般都有典型与非典型的区分，典型的事物和行为是一个范畴中最具有代表性的成员，非典型的事物和行为是一个范畴中的边缘成员。比如，对于"鸟"这个范畴来说，麻雀和知更鸟是这个范畴的典型成员，鸵鸟和孔雀是这个范畴的边缘成员。

那么，典型性是怎样产生的呢？在认知语言学看来，典型性是理想认知模型的产物。理想认知模型是产生典型性的背景和条件，是用来组织我们知识的结构和方法。当我们定义一个事物或行为的时候，都需要在理想认知模型中定义，凡是处在这个理想认知模型中的成员，就是典型的，反之是非典型的。

比如，"星期二"在多数国家都是一周的第二天，其理想认知模型包括：人类社会中存在着历法体系；历法体系和太阳运转的自然周期有关；具有旧的一天结束和新的一天开始的标准特征;具有七天一个周期的历法概念。凡是在这个理想认知模型中的"星期二",就是典型的,如"2020年6月9日是星期二";反之是非典型的,如"唐代贞观二年的一个星期二"。我们所处的时代是在理想认知模型之中,而唐代不在这一理想认知模型之中。

再比如,"单身汉"是未婚的成年男性,其理想认知模型包括:人类社会中有婚姻制度存在;理想的婚姻制度是一夫一妻制;具有公认的婚龄存在;具有婚姻成立的过程。凡是在这个理想认知模型中的"单身汉",就是典型的,如"在微信上联系我的那位快递员是单身汉";反之是非典型的,如"天主教堂的那位神父是单身汉"。虽然都是未婚的成年男子,但联系我的那位快递员在理想模型之中,而天主教神父不在这一理想认知模型之中。

从农村人的视角看,"狗"的理想认知模型包括:农村人有养狗的习惯;农村人养的狗主要是土狗,即中华田园犬;农村的狗能逮兔子、捉小偷、看家护院。因此在赵庆福看来,这样的狗才像狗,才是典型的狗,城市的狗不在这一理想认知模型之中,是不典型的,所以不像狗。

理想认知模型随文化的不同而不同,不同的文化群体,有不同的理想认知模型。从城市人的视角看,"狗"的理想认知模型又有不同,包括:城市人把狗作为宠物饲养;城市人养的狗是多种多样的;城市人养的狗主要用来陪伴主人。这样一来,农村人养的土狗反而不是典型的狗,因为不符合城市人关于"狗"的理想认知模型。作家阿袁在《烟花》(《长江文艺》2020年第2期)里就是这样写的:

一只土狗,拴根狗链子戴个金色项圈,穿件宝蓝色或翠绿色的绸缎小褂子,怎么看,都显得怪里怪气的,它甚至不像狗了,像什么呢?不知道,反正不像狗。

"鬓龄失恃"考

◎王瑞祥

近日阅读报刊,看到这样一件事。1940年11月20日,邓颖超同志的母亲不幸逝世,一位朋友发来慰问信,信中写道:

> 昨阅晨报,惊悉令堂仙逝,无任痛悼。令堂一生襄助革命工作,对中国人民之自由解放,不遗余力。今不幸谢世,实堪为国家一大损失。惟逝者已矣,女士鬓龄失恃,母女相依为命,尚望节哀顺变,善自珍惜,以应时艰。

朋友之真情,跃然纸上。但对其中"鬓龄失恃"一说,有所不解。

邓颖超同志是河南光山人。1904年生于广西南宁。其父邓廷忠,1911年暴病身亡。时邓颖超7岁,随母亲杨振德迁居天津。后来在天津求学,参加革命。所以慰问信中所言,应说"女士您小时候就失去了父亲,母女俩一直相依为命"云云,但是所写"鬓龄失恃"即为不顺。

首先,遍查汉语类工具书,有"壮龄""学龄""芳龄""幼龄""妙龄""椿龄""衰龄",唯独不见"鬓龄"。愚以为,此是"髫龄"之误。源出陶渊明之《桃花源记》:"黄发垂髫,并怡然自乐。"唐代王勃有句"筠抱显于髫龄,兰芬凝于龆齿",赞美人有少年才华。邓颖超父亲去世之时,她正是垂髫之年。

其次,《诗经·小雅·蓼莪》:"无父何怙,无母何恃。"后即以父亲去世为"失怙",母亲去世为"失恃"。

此慰问信简要回顾邓颖超之生平,当言"女士髫年失怙,母女相依为命"。几十年时光流逝,文字辗转传抄致误,或当时作者临文仓促,错用典故,均为有情可原,而我们今天行文之际能有发现而仍之,恐未必是对先人之尊重。

杜牧不是节度使

◎张林

> 西廊外有许多摩崖石刻,是大唐历史最直接的见证。当年繁华,历历在目。曾在此地任节度使并负责监制贡茶的有杜牧、袁高、裴汶、张文规等等,摩崖字迹清晰可辨。

上引文字出自2020年3月16日《齐鲁晚报》A12版《顾渚山 大唐贡茶院》一文,其中说法有误。引文中的"此地"指的是顾渚山,位于浙江省湖州市长兴县城西北17公里,以紫笋茶、金沙泉闻名,所产紫笋茶曾为贡品。杜牧、袁高、裴汶、张文规均未在此地担任过节度使,他们担任的是刺史。文章混淆了"刺史"与"节度使"。

刺史,官名。刺,检举不法;史,官名,原为驻守在外的武官,后成为王左右掌管祭祀和记事等的文官。西汉武帝时,将全国分为十三部(州),每部(州)设刺史一人。本为监察官性质,其官阶低于郡守。唐时,刺史为州之长官,由监察之责变行政之责。

节度使是唐代设立的地方军政长官。唐以后称特派负责某种政务者为"使"。因受职之时,朝廷赐以旌节,旌以专赏,节以专杀,故又称为"节将""节帅",所镇守的藩镇则称"节镇"。所辖区内之各州刺史均为其下属,本身并兼任所驻在之州刺史。

杜牧,在唐文宗大和二年(828)中进士。曾为江西、宣歙观察使沈传师和淮南节度使牛僧孺的幕僚,历任监察御史,黄、池、睦、湖诸州刺史,后入为司勋员外郎,官终中书舍人。杜牧在唐宣宗大中四年(850)担任湖州刺史,并留下《茶山下作》等诗。根据史料记载,袁高、裴汶、张文规三人也均担任过湖州刺史,没有任过节度使。

《瓦尔登湖》的作者是谁

◎刘振修

2014年3月22日是第22个世界水日,《光明日报》05版刊登了《水:瑞泽万物 生生不息》一文。其中写道:"在文学作品中,状写水的就更精彩丰富。比如,庄子观鱼游水之乐,杜甫《春夜喜雨》'润物细无声'的可贵与可爱,……将水之清润、空明,与人格融为一体。又比如,卢梭《瓦尔登湖》,海明威《老人与海》,高尔基《海燕》,普希金《致大海》中对水不同的艺术表达,异彩纷呈。水被人格化、诗意化。"这段话中把《瓦尔登湖》的作者给弄错了,该书作者并非卢梭,而是梭罗。

梭罗(1817—1862),是美国著名的作家、思想家、自然主义者。梭罗的著作都是根据他在大自然中的体验写成的,1854年出版的《瓦尔登湖》是他的代表作,该书记录了梭罗隐居瓦尔登湖畔,与大自然水乳交融,在田园生活中感知自然重塑自我的心路历程。《瓦尔登湖》内容丰厚,语言生动,文笔优美,意境深邃,闪现着哲理的灵光。

卢梭和梭罗国籍不同,生活的时代也不同。卢梭(1712—1778),是法国伟大的启蒙思想家、哲学家、教育家,18世纪法国大革命的思想先驱。他的主要著作有《论人类不平等的起源和基础》《社会契约论》等。卢梭也是位文学家,他在文学上的著名的作品有《爱弥儿》《新爱洛绮丝》等。卢梭没有写过《瓦尔登湖》。

祖孙焉能成父子

◎吴伟伟

《皇帝的名字》(中华书局2012年5月第1版)第19—20页有这么一段话:

宋人王谠《唐语林校证》卷四也记载:"玄宗在禁中尝称'阿瞒',亦称'鸦'。寿安公主是曹野那姬所生也,以其九月而诞,遂不出降。常令衣道衣,主香火,小字'虫娘',玄宗呼为'师娘'。时代宗起居,上曰:'汝在东宫,甚有令誉也。'因指寿安曰:'虫娘是鸦女,汝后可与一名号。'及代宗在灵州,遂命苏发尚之,封寿安公主也。"因女儿虫娘的关系,唐明皇以"鸦"的称呼,嘱咐太子代宗,要他将来善待自己的妹妹。

唐玄宗即唐明皇。这段话中有三个主要人物,分别是唐玄宗、虫娘(寿安公主)和唐代宗。其中引文大致是说:唐玄宗在宫中曾被称作"阿瞒",也被称呼为"鸦"。虫娘是唐玄宗和曹野那姬的女儿,因为未满月而生,(受到父亲的厌恶)迟迟未能出嫁。唐玄宗曾嘱咐代宗,说虫娘是"鸦女",要当时还是太子的代宗以后给虫娘一个名号。后来唐代宗将虫娘下嫁给了苏发,封了"寿安公主"的名号。作者的引文无误,相关的史实也有其他书证为据。

但是,作者称虫娘为代宗的妹妹就不确切了。唐代宗李豫是唐肃宗李亨的长子,而唐肃宗是唐玄宗第三子。唐代宗与虫娘,应该是侄子与姑姑的关系。

唐玄宗李隆基(685—762),延和元年(712)即位。天宝十四载(755)爆发了安史之乱。次年,唐玄宗逃往蜀中。李亨(唐肃宗)即位于灵武,玄宗被尊为太上皇。至德二载(757),唐玄宗返回都城长安,被安置在兴庆宫,后迁于甘露殿。父子关系受到李辅国的挑拨,唐玄宗亲信高力士、陈玄礼等多

骊山没有阿房宫

◎李华山

2020年4月30日《光明日报》第13版《西方人眼中的杜甫》有这样一段文字：

755年，杜甫赴奉先县省亲，见证了忍饥挨饿的百姓，以及饿殍遍野的惨状。想到唐玄宗及其朝廷在骊山阿房宫过着骄奢淫逸的生活，杜甫发出了"朱门酒肉臭，路有冻死骨"的感慨。

其中有两误：一是骊山没有阿房宫，当时"唐玄宗及其朝廷"是在骊山的华清宫；二是杜甫去奉先不是"省亲"，而是"探亲"。

天宝十四载（755）杜甫任右卫率府胄曹参军，十一月去奉先探看住在那儿的妻儿。奉先县即今陕西省渭南市蒲城县。老杜夜半出发，"凌晨过骊山"，继续前进。到家后把旅途中的所见所闻所感写成了《自

被贬谪，致其郁郁寡欢，直至病逝。

唐代宗李豫，乾元元年（758）被立为太子。宝应元年（762）李豫继位。唐玄宗在代宗来请安时，将女儿虫娘托付给当时的太子李豫，类似托孤，兼有愧疚和弥补之意。

顺带一提《唐语林校证》的作者问题。准确地说，北宋王谠的著作应该是《唐语林》，是一部模仿《世说新语》体例的著作，内容多为唐代历史、政治、文学等遗闻轶事。《唐语林校证》则是由中华书局出版的图书，周勋初负责校证。显然，《唐语林》和《唐语林校证》不能混为一谈。

京赴奉先县咏怀五百字》,"朱门酒肉臭,路有冻死骨"就是这首诗中的千古名句。

骊山为秦岭山脉的一个山峰,因山形似一纯青色的骏马而得名。位于今西安市临潼区。山之西北麓有华清宫。贞观十八年(644)唐太宗建汤泉宫,咸亨二年(671)唐高宗改温泉宫,天宝六载(747)唐玄宗扩建改名华清宫。每年十月玄宗偕杨贵妃、百官及其眷属到华清宫避寒,连带办理朝政,接待外使,更多的是在那里吃喝玩乐。华清宫中宫室园林满山,有汤池一十八所。杜甫从那路过时,宫中"君臣留欢娱,乐动殷胶葛"。而远处的安禄山起兵造反,"开元全盛日"已不会再有。

秦始皇三十五年(前212),于今西安市西郊30里处阿房村(俗名郿邬岭)开始修建宫殿,至秦亡时该宫殿尚未竣工,当时并未命名,时人以所在之地称为"阿房宫"。《史记·秦始皇本纪》说:"先作前殿阿房,东西五百步,南北五十丈,上可以坐万人,下可以建五丈旗。"但"戍卒叫,函谷举",秦亡。传说是项羽将阿房宫烧毁了。考古发现该处今尚存夯土台基,高约7米,东西广约千余米。

华清宫与阿房宫的位置不同,修建时代不同,唐时阿房宫早已被烧毁,作者怎么能说"唐玄宗及其朝廷在骊山阿房宫"呢?

另外,"省亲"是探望父母或其他尊长,杜甫去奉先县是因为"老妻寄异县,十口隔风雪",去探看饥寒中的妻儿。此时不能用"省亲",应该用"探亲"。"探亲"即探望亲属,多指探望父母或配偶,现在夫妻分居异地也还有探亲假呢!

《"好年东"是什么》解疑

"年东"是闽南话中的词,读音接近"你当"。《闽南话漳腔词典》里收有"年冬"词条,释义为"年成"。看来"好年东"即"好年成"的意思。

这不是"抬头"

◎盛祖杰

2020年5月20日《环球时报》头版《美搅局难阻世卫获广泛支持》一文中,说:"(美国总统)给谭德塞的信打印在有白宫抬头的纸上,18日晚被特朗普全文放在推特上。"其中"抬头"这个词用错了。

抬头,可指在信件、票据或单据上写收件人或收款人的地方。高晓声《陈奂生转业》六:"这五吨材料,将来的发票,自然只能开奂生厂里的抬头。"还可指老式信件、公文行文中的一种格式——为表示尊敬,凡是有关对方的名称或涉及对方时,要在前面空一个字或另起一行。留一字空白称"挪抬",另起一行称"平抬"。书信、公文等行文抬头的地方,也称"抬头"。

笔者在网上见到了特朗普这封信的原貌。信件首页上方正中印着美国国徽中的白头鹰图案,下面两行英文分别是"THE WHITE HOUSE(白宫)"和"WASHINGTON(华盛顿)"。这种纸可称为"白宫专用笺"或"有白宫版头的纸",不能称"有白宫抬头的纸"。

校园丛谈

如何理解"风雨送春归"

◎华柳生

人民教育出版社2016年出版的五年级《语文》上册收录了毛泽东的词《卜算子·咏梅》:"风雨送春归,飞雪迎春到。已是悬崖百丈冰,犹有花枝俏。俏也不争春,只把春来报。待到山花烂漫时,她在丛中笑。"在与这本教材对应的《教师教学用书》中,将"风雨送春归,飞雪迎春到"解释为"风风雨雨刚刚把春天送走,漫天飞雪又迎春天来到"。风风雨雨送走春天应该在初夏时节,而漫天飞雪迎接春天的到来应在冬末,不可能刚把春天送走,又迎接春天到来。这样的解释存在问题。笔者认为,第一句"风雨送春归"的意思应该是风雨把春天送回大地。

"风雨送春归,飞雪迎春到"采用了互文的手法。互文,也叫互辞,就是上下文各有交错省略,相互补足来表达完整意思的一种修辞手法。互文形式有单句、对句、隔句、排句等。单句互文,如杜牧的《泊秦淮》:"烟笼寒水月笼沙。"即轻烟和月色笼罩着寒水和沙。对句互文,如毛泽东的《沁园春·雪》:"千里冰封,万里雪飘。"意思是千万里冰封冻,千万里雪花飘。

《卜算子·咏梅》中的"风雨送春归,飞雪迎春到",应属对句互文。"风雨"和"飞雪"是前后分置、互相补充来表达一个完整的意思:风风雨雨和漫天雪花迎接着春天,将春送回大地。"归"与"到"也互相呼应,指春天归来,该句中的"归"应是返回、回归的意思。

从词的创作背景来看,此处的"风雨送春归"也应当指

"风雨将春天送回大地"。这首词是毛泽东读陆游的同题词,反其意而作的。陆游的原词《卜算子·咏梅》:"驿外断桥边,寂寞开无主。已是黄昏独自愁,更着风和雨。 无意苦争春,一任群芳妒。零落成泥碾作尘,只有香如故。"其中写到驿站外的断桥边的梅花,寂寞开无主,已是黄昏独自愁时,又遭到了风雨的摧残。陆游当时主张抗金北伐收复失地,但南宋皇帝不信任他,朝廷中主和的投降派又排斥攻击他,陆游难酬壮志,伤感悲凉。这首词是他当时处境的写照。陆游原词中出现的"风和雨",毫无疑问是指梅花开放时节的风和雨。

毛泽东的《卜算子·咏梅》中的"风雨",应当与陆游的原词中摧残梅花的"风和雨"所指一致,而不可能指春末夏初时的风和雨。毛泽东作这首词时,正值我国遭受三年严重困难,国际反华势力猖獗,新中国受到了严峻的考验。写这首词是托梅寄志,表明中国共产党人决心在险恶的环境下坚强不屈,勇敢地迎接挑战,直到取得最后的胜利。毛泽东在这首词中,是将陆游原词中"风""雨"摧残愁苦的梅花,反其意成"风雨是在把春天送回大地"。句中虽有"风雨""飞雪",但给人的感觉迥异于陆词的阴冷压抑,是欣喜舒朗的。

因此,在毛泽东的《卜算子·咏梅》这首词中,"风雨"是指严冬梅花开放春天将要来临时的风和雨,而不是春末夏初时要把春天送走的风和雨。第一句中"归"是"返回、回归"的意思,"风雨送春归"的意思是风雨即将把春天送回大地。

《火眼金睛》提示

图1,"大牌档"应为"大排档"。
图2,"不防"应为"不妨"。
图3,"租凭"应为"租赁"。
图4,"正直"应为"正值"。

说"鳄"

◎陈运舟

鳄鱼属于恐龙的一支,由中生代至今,至少有一亿五千万年的历史。鳄鱼自古及今繁衍生息于我国南北江河。早在三千年前的商朝甲骨文中就有鳄字出现,字形作 (《甲骨文合集》28250,罗振玉《增订殷虚书契考释》中释为"噩")。字形躯干部分有头有尾有足,四周有四口,突出鳄的叫声。

鳄性凶残,面目狰狞,全身覆盖硬皮厚鳞,口巨齿锐,坚硬的两颚威力无比。它不仅吞噬马牛羊等大型动物,甚至捕食人类,因此古人对其常怀恐惧之心。唐人刘恂《岭表录异》记述有李德裕官贬潮州,经鳄鱼滩时,所携文物书籍尽沉江中,见鳄多而不敢打捞之事。韩愈在潮州刺史任上常听闻鳄吞食人畜之事,而写了《祭鳄鱼文》:"鳄鱼睅然不安溪潭,据处食民、畜、熊、豕、鹿、獐。"警告"尽三日,其率丑类南徙于海",否则"必尽杀乃止"。

鳄令人惊愕。古文中"鳄"有写作"鳄",也有写作"鼍"的。如清代叶方蔼《海氛清》诗:"有鲸有鳄,有蛟有鼍。"其中作"鳄"。唐韩愈的《祭鳄鱼文》中则作"鼍"。咢、愕、噩在古籍中相通。《新唐书·逆臣传中·朱泚》:"或说泚迎天子,泚顾望咢然。"其中的"咢然",即愕然,指惊异貌。《周礼·春官·占梦》:"以日月星辰占六梦之吉凶,一曰正梦,二曰噩梦。"郑玄注引杜子春云:"噩,当为'惊愕'之'愕',谓惊愕而梦。""噩""愕"相通。所以令人心惊的梦为噩梦,死人的消息为噩耗,不幸的遭遇为噩运。《尔雅·释天》:"(太岁)在酉曰作噩。"清郝懿行义疏:"《释文》云:噩本或作咢。"

至于现在湖北省简称鄂,说起来恐怕也与鳄有关。古时候,山西西南部有一个鄂国(在今山西省乡宁县南),是个小诸侯国。当地汾河支流鄂水里盛产鳄鱼,近代其地有鳄鱼化石出

从"狗带"外来说起

◎ 史有为

前些日子,从微信上见到一则视频,一个电视台大讲堂上,有位大学语言学教授在从容地普及语言学知识,微笑着说:你们都熟悉的"狗带",就是一个外来词,还有"因吹斯汀",也是啊。那一刻,台下一片笑声,呼应着。

"狗带"怎么成了外来词?不是拴狗的带子吗?我蒙了。赶紧上网一查,原来是英语"go die"的谐音,就是"去死"。干吗要用这两个字翻译啊?网上告诉我,一开始是歌手黄子韬2014年在一次演唱会上表演了一段自创的Rap,歌词里有"我不会就这样轻易地go die, Huh?"这样一句,不知哪位将

土,古生物学定义为汾河鳄。后来鄂国被周成王之弟叔虞所建立的晋国灭亡。《左传·隐公六年》:"翼九宗、五正顷父之子嘉父逆晋侯于随,纳诸鄂。"杜预注:"鄂,晋别邑。"在外敌压力下,鄂人被迫南迁,至湖北今鄂州市一带,建立鄂国,其地亦得以称为鄂。此鄂国在楚国熊渠当政时被其灭亡,《史记·楚世家》:"熊渠甚得江汉民和,乃兴兵伐庸、杨粤,至于鄂。"随后,熊渠封儿子熊红为鄂王。秦实行郡县制,该地名之为鄂县。三国时孙权定吴都于鄂县,但改其名为武昌,意为"以武而昌"。隋时又改鄂县为鄂州。元明两代设湖广行省,省会武昌。清代将湖北省从湖广省分离,省会仍为武昌,因武昌为古鄂州,故而湖北省又简称为鄂。

出土文物"鄂侯簋""鄂侯鼎"也可证噩、咢、鄂之关联。容庚《武英殿彝器图录·鄂侯簋》:"《史记·楚世家》'熊咢',《索隐》曰:'咢',亦作'噩',《十二诸侯年表》作'鄂'。《尔雅·释乐》释文:'咢,本作鄂。'是知咢即噩,又孳乳为鄂也。噩侯即鄂侯。"

go die 改成了"狗带",于是在网上就流传开了。看来我还真是孤陋寡闻!可是,英语的动词怎么用名词"牵狗的带子"去翻译?这是严肃的翻译,还是故意捣乱,把汉语搅成一锅浑汤?我真有点恍惚了。

按理说,引进外来词,有两种类型,一是补缺堵漏,一是换味好玩。我们欢迎的是为汉语填补缺漏,为的是促进汉语能表达更多复杂事物。例如古代的"骆驼"(匈奴.*dada),现代曾经流行的"盘尼西林"(panicillin),今日的"皮卡"(pickup)。而引进 go die 是完全不必要的,汉语"去死"难道还不够吗?用"狗带"去翻译 go die,看起来有趣,其实就是把汉语原有的构词体系搅乱,对汉语有百害而无一利。至于"因吹斯汀"(interesting,有趣的),汉语里也早已有之,用不着硬塞进来。这些都只是出于"玩儿",是"无聊"当有趣,并非为汉语好。

有些英语词,几乎已经成了国际通行词,例如 OK,Bye-bye,虽然汉语里也有同样的表达语词,但出于国际通行的考虑,也可以引进,方便在某些场合下的人际交流。但条件是不与汉语撞车。所谓不撞车,就是音译汉字选用上最好不会望文生义,不会因而误解。而 go die 和 interesting 是国际通行词吗?不是!

为了不发生撞车与误解,通常有两种音译用字法:

其一,大多数音译都是避免望文生义,遇到多音外来词,设法选用字义之间距离尽可能大的字。缺乏常有的联想或意义联系,就可以达到消除原字义的效果,并突出了表音功能。例如"沙发"(sofa)、"菩提"(梵.bodhi,觉悟)。

其二,偶尔有带意义的音译,或文字同形的音译,必须词性相同而使用场合完全不同,交流时不产生撞车。如 fans,台湾译成"粉丝",与原有的食物"粉丝"都属名词,却带有某些诙谐性比喻:多而缠绕。因而还获得反对欧化汉语者余光中的赞许。没有想到如今风行大陆,启发出许许多多fans新词。

又如Bye-bye译成"拜拜"(都读为第二声),当然并不理想。开始曾有"唪唪"的形式,想与拜菩萨的"拜拜"相区别,后来也是觉得笔画太多而放弃。幸亏二者出现场合完全不同,而且声调不同(固有的是第四声)。于是,也就宽容了下来。

再如"尖头鳗"(gentleman,绅士)、"黑漆板凳"(husband,丈夫),则是故意谐趣音译,博人一笑而已,偶尔用之,不入大雅之堂。

用"狗带"去译go die,一没有使用上的必要,二是形象完全不协调,三是词性不对,按汉语的习惯,动词性的用成名词性可以(如"扑克胜",boxing,拳击),而名词的用成动词,那一定只是个别。如果有也是特例中的特例,必须万分小心,别让汉字义把词义带偏。为了汉语的健康,希望后一种的这类外来词越来越少。

现在媒体低平化,翻译也低平化了。谁都可以翻译,谁都想着在汉语里塞进一些奇语怪词,以显示"成就"。但是我们大众却千万不要昏昏然跟着风走。那些时髦都是没有"根"的风。

再说,为什么在中国唱歌,唱中国歌,非要加些英语词儿,甚至整一句英语呢?歌手们,你们到底想唱给谁听?有几个人听得懂?你们要把艺术带向何方?

当然,还有我们的老师们,尤其是语言学的老师们,肩负教育的责任,有保护汉语、让汉语健康发展的责任,你们可千万不要把下一代带偏,把汉语带歪啊!

年轻的人们,千万别把无聊当有趣,为了汉语的健康,请大家都负起一点责任吧!

编校差错扫描(二十四)

◎王 敏

"薅羊毛"无关"褥子"

【错例】集赞免单！免费褥羊毛，不褥白不褥！

【简析】"褥"应为"薅"。"薅"读hāo，是形声字，从蓐(rù)，好省声，本义指拔去田中杂草。《说文解字》："薅，拔去田草也。""薅草"即除草。引申泛指拔或揪，如"薅头发"。"褥"读rù，也是形声字，从衣辱声，本义指坐卧用的垫具，用棉胎或兽皮等制成。《说文解字》无"褥"有"蓐"。"蓐"，形声字，从艸辱声，本义是指陈根草又长出来。《说文解字》："蓐，陈草复生也。"引申指厚、繁密，又指草席、草垫。《尔雅·释器》："蓐谓之兹。"郭璞注："兹者，蓐席也。""褥""蓐"二字同源，清王筠《说文解字句读》："俗作褥字，盖即蓐之分别文。""薅羊毛"即拔羊毛，现在的"羊毛党"热衷于参加各类商家优惠活动，以低成本甚至零成本获取各种实惠。这种行为，与"褥子"无关。同为形声字，"褥"的声旁在右边，"薅"却是"好省声"，声旁在左下角。弄清了这一点，就不会把"薅"错成"褥"了吧。

莫将"羸弱"当"赢"家

【错例】身体本就羸弱，又经寒雨久淋，怕会落下风疾之症啊!

【简析】"羸弱"应为"羸弱"。"羸"和"赢"字形接近,但两者构字理据不同,读音差别很大。"羸"(léi)是形声字,从羊羸(luǒ)声,本义指瘦,《说文解字》:"羸,瘦也。"徐铉注曰:"羊主给膳,以瘦为病。故从羊。""羸弱"即瘦弱。"赢"(yíng)则是会意字,从贝,从赢。段玉裁《说文解字注》:"赢字当云从贝羸。羸者,多肉之兽也。故以会意。"因此,"赢"的本义指经商获利。《说文解字》:"赢,有余,贾利也。"引申泛指多余,再引申指获胜,如"输赢"。要注意,《说文解字》将"赢"释为形声字:"从贝羸声。"但徐铉注曰:"当从赢省乃得声。"因"羸"与"赢"音去甚远。而段玉裁进一步指出:"惟赢赢("骡"的异体字)字可云赢声。"并判定"赢"为会意字,其中的"羸"表义不表音。另外,《说文解字》释"赢"曰:"从女赢省声。"段玉裁指其"非也",据《韵会》将"赢省声"改为"赢省声"。个中关键,仍是"赢"与"赢"音去甚远。其实,徐锴早在《说文解字系传》即释"赢":"从女赢省声。"如今,随着语音学的发展,语言学者们构拟出了先秦汉语的上古音系,其中,"赢"属歌部,而"赢""赢"属耕部。这就证明了大小徐、段氏的意见是正确的。因为"羸""赢""赢"字形太近,古汉语中三者经常混用。但自古以来,"羸"与"赢""赢"读音迥别,因此历代学者一直努力要分开它们。现代汉语中,更不能把"羸弱"误为"赢弱"了。

泉水"清澈"好"沏"茶

【错例】泉水自涌而出,清沏甘冽,一年四季长流不断。

【简析】"清沏"应为"清澈"。"澈"是形声字,从水,彻(现简化为"彻")省声,读chè,本义指水澄清。《玉篇·水部》:

"澈,水澄也。"如"明澈""澄澈"。引申指穿透、透彻。如柳宗元《至小丘西小石潭记》:"潭中鱼可百许头,皆若空游无所依,日光下澈,影布石上。""沏"也是形声字,从水切声,读qiè,本义指波浪相冲击。《玉篇·水部》:"沏,流貌。"《文选·木华〈海赋〉》:"飞涝相磢(chuǎng,摩擦),激势相沏。"刘良注:"沏,浪相拂也。"现在常用其引申义,指用开水冲茶,读qī。如《红楼梦》八一回:"袭人见他看书,忙去沏茶伺候。"对比语例,"沏茶"的用法明显是晚起义。"清澈"指清净透明,错成"清沏",大概是受"澈"简化为"彻"的影响而类推致误吧。

缺乏用"匮"赠用"馈"

【错例】用地规划不足、后备资源馈乏等问题,影响并制约着全区经济发展。

【简析】"馈乏"应为"匮乏"。"匮"和"馈"都是形声字,声符都是"贵",区别在形符。"匮"从匚(fāng,盛放东西的方形器物),读guì,本义指收藏东西的匣子。《说文解字》:"匮,匣也。"此义后加旁分化为"櫃"字,如今简化为"柜"。"匮"很早就被假借指竭尽、空乏,读kuì。如《诗经·大雅·既醉》:"孝子不匮,永锡(通"赐")尔类。"毛传:"匮,竭。""馈"从食,本义指赠送食物给他人。《说文解字》:"馈,饷也。"如《左传·桓公六年》:"于是诸侯之大夫戍齐,齐人馈之饩(xì,粮食)。"引申特指进献食物。如《周礼·天官·膳夫》:"凡王之馈,食用六谷,膳用六牲。"郑玄注:"进物于尊者曰馈。"泛指赠送,如《论语·乡党》:"康子馈药,拜而受之。"也指赠送之物,如《论语·乡党》:"朋友之馈,虽车马,非祭肉,不拜。"古汉语有借"馈"通"匮"的,但如今两者分工明确,"匮乏"不能写成"馈乏"。

事必有复，复必有时

◎徐默凡

被一家大公司录用以后，蕾蕾很兴奋。她觉得自己的履历和表现都一般，就很奇怪自己被选中的原因。在入职培训时，人事经理说出了部分原因："我们是一家服务型企业，需要注意人际交往的细节，比如'事必有复，复必有时'就是我们的一条基本原则。各位在接到公司各项通知后有没有回复、如何回复其实就是我们很重要的一道考题……"蕾蕾暗自庆幸自己接到通知邮件后都是第一时间回复，而且言辞也比较礼貌得体，想来这一举措是给自己加分了。

蕾蕾是个幸运儿，这份幸运来自平时的好习惯。"事必有复，复必有时"不仅是公司接待客户的原则，也应该成为我们人际交往的信条。"事必有复，复必有时"不是说每件事都要有良好的结果，也不是说等事情完结后要告诉对方结果，而是说在受理事情的时候，第一时间明确告诉对方你已经承担起了处理此事的责任，让对方放心安心。所以，别人托你办事，不管能不能成功，先告诉对方自己是否接受；收到工作任务，可能需要一段时间完成，但先告诉对方已经受理；材料或者文件一旦寄到，马上回复已经接收的消息，让对方及时知晓……凡此种种，不管事情最后是否成功，都会让人觉得你是一个可以信赖的人。

"事必有复"只是一个已经接受信息的告知，程序性功能大于实质性功能，一般不应该给出任何承诺。如果要给出承诺保证做好之类，就不是我们说的一般交际规则,而是后续具体的交际行为,这不在本文讨论的范围之内。"事必有复"主要是一种语言程序,可以有一些相对固定的表达形式,比如:

回应求助:我明白您的要求了,我去试试看,后续有问题再和您联系。

接受任务:工作要求我已经明确了,我会及时处理,有进展再向您通报。

接收资料:资料已经收悉,谢谢!

"复必有时"首先指的是第一时间就回应。即使事情很棘手,或者自己也漫无头绪需要时间考虑,也应该先回应对方,告知对方后续安排,比如"我今天在外面,无法办理,等方便时我再联系您"或者"您的建议很好,但我还要再考虑一下,等想清楚了再回复您"。微信、QQ之类即时通信软件应该马上回应对方,如果拖了较长时间最好还要说明迟回的原因,比如"刚才在开会,回复迟了,见谅!""手机静音了,刚看到,抱歉!"如果是电子邮件,最晚也应该在一两天内回复,以免对方担心。

"复必有时"还有第二层意思,就是告知对方今后的安排,比如"资料我收到了,但是最近几天比较忙,下周初我看了再回复您",或者"这事要等公司开会才能决定,我等周五会议之后再向您通报情况",这样就使对方在接下来的几天里定定心心地等待回复。当然我们也要牢记约定的时间,不要让对方白等一场。

最后还有一个自动回复的问题。电子邮箱和即时通信软件都可以设置自动回复,在收到信息时第一时间向对方确认接收。这本来是一件好事,但是有些自动回复的话语设置存在一些问题,反而会弄巧成拙。一种是过于亲昵,比如:"蕾蕾已经收到邮件了,请你放心哦,么么哒!"如果给你写邮件的不是熟人,多少会有点尴尬。另一种则是不太客气,比如"你的信收到了,请耐心等待我的回复",用"你"不用"您",还请别人"耐心等待",显得自己是一个高高在上的大忙人,实在是有失礼貌的言辞。设置自动回复的时候应该明白,给你发信息的什么人都有,应该选择适用面尽量宽泛的中性表达。

自动回复是程序的功能设置,只是简单说明信息在电子渠道的层面上被接收了,而人际渠道是否沟通成功并不保证,这总让发信人觉得自己没有得到应有的尊重和认可。而且完全可能存在电子邮件已经到信箱,但收件人并未打开邮件的可能。所以比较重要的来信,还是稍后人工回复为宜。

最后推荐一个中规中矩的自动回复格式:

您的邮件已经收到,请放心!

这是邮箱的自动回复,稍后我会及时处理您的来信。

微语录·亲情

得了重病的父亲,坐在院子里晒太阳。院子里飞来一只乌鸦,父亲问:那是什么鸟? 儿子回答:是乌鸦。 过了一会儿,父亲又问:那是什么鸟? 儿子似乎有些不耐烦,说:乌鸦,刚跟你说过!父亲再不问了。

父亲去世后,儿子翻开他40年前的日记。其中一则写道:"今天院子里飞来一只乌鸦,刚满3岁的儿子指着问:那是什么鸟?我回答:是乌鸦。过了一会儿儿子又问:那是什么鸟?我又回答:是乌鸦。就这样,儿子问了11次,我答了11次。"看到这里,儿子泪奔如河。

(崔国胜/辑)

网言网语

"疫"字当头

◎李传芝

2020年的开头是特别的,新冠病毒的阴影几乎笼罩了全中国,疫情成了时下热议的话题。在网络语言中,"疫"字辈的谐音成语也逐渐生成,出现在日常网络交流之中。

谐音成语是利用汉字同音异形的特点,对固有成语进行改造而得,以前主要用于广告宣传,如电蚊香广告语"默默无蚊"。这种故意使用错别字的现象被很多人诟病,但是现今"疫"字辈成语的出现却一点也不惹人讨厌。这是为什么呢?当然是因为"疫"字家族都表现出了满满的正能量!

谈到疫情,首先应该点赞的便是一线的医护人员。"疫"字家族里便有许多是对这些英雄的赞美。"'疫'无反顾"由固有成语"义无反顾"而来,"义无反顾"的意思是指"从道义上只有勇往直前,不能犹豫回顾"。当"疫"字替换掉"义"字,它本义仍存,只是加入了"疫情"的概念——一线的医护人员面对疫情,勇往直前!随着新冠病毒的侵袭,各省均派出援鄂医疗队。这些奔向一线的医护人员不是不怕,只是看到了后方的亲人、爱人、朋友,他们愿意"疫"无反顾,为患者筑起一道抵抗病毒的壁垒。

除了"疫"无反顾,同样是褒义性质的还有"见'疫'勇为"。"见'疫'勇为",由"见义勇为"而来,本义是"看到合乎正义的事就勇敢地去做",语本《论语·为政》:"见义不为,无勇也。"在当下,我们借"疫"代"义"产生了新意:看见疫情凶险,仍然勇敢地冲上前线奋力战"疫",这是有勇气的表现。疫情面前,无数志愿者和捐赠者为援助前线尽心竭力付出,是见"疫"勇为,当然也就是见义勇为。

除去前线的抗疫人员,对于同样身受疫情困扰的普通人而言,又有哪一个"疫"字家族的成员贴合我们现在的状态呢?无疑是由"一呼百应"衍生而来的"'疫'呼百应"。一呼百应,指的是"一声召唤,群起响应"。由"一"变"疫"之后,原义基本不变,只是加上了一个"疫情"的前提。对于突如其来而又迅猛发展的新冠病毒,钟南山院士呼吁全国人民在家隔离,既防止传染他人,也避免被他人传染。也由此网上开始兴起"钟南山说动才动"的系列表情包,网友感叹:"终于到了宅在家里也是为国家做贡献的时候了!""疫"呼百应,体现了全国人民战胜疫情的决心。

"疫"字辈谐音成语的家族成员也不全是褒义的,也有许多用来讽刺那些长期从事非法野生动物交易者和发国难财的无良商家的贬义成语。其中以由"见利忘义"变来的"见利忘'疫'"为代表,它的本义是指"见到有利可图就不顾道义去做"。"疫"代"义"后,既保持了固有成语的本义,又能起到警示作用,见利忘"疫"之人必将会受到应有的处罚。

"疫"无反顾、见"疫"勇为、"疫"呼百应、见利忘"疫",这些谐音成语都是由"疫"而来,因"疫"而改,不过它们的存在也只是暂时性的,随着病毒的离开,它们终究会随"疫"而去。

同时,我们也提出建议:对谐音成语的修辞性使用要合理而恰当,尽量在保持原义基本不变的前提下注入新义,并且给替换的"别字"加上引号,以免对语言文字规范造成冲击。

摸不透的"迷惑行为"

◎何 婧

"垃圾分类迷惑行为大赏：你是什么垃圾？""90后抗秃迷惑行为大赏""那些只会出现在双十一的迷惑行为"……这些文章标题配上"黑人问号脸"的表情符号或者一连串的"哈哈哈哈哈"，成为广大网友的快乐源泉。

事实上，"迷惑行为"一词起源于日本。与"摸不着头脑，使人迷乱"的中文释义不同，日语里的"迷惑"一词意为"麻烦、困扰"。与之相应，"迷惑行为"就是那些会给人带来麻烦、困扰的行为，比如在地铁上横躺着睡觉，在图书馆里大声喧哗，在记者做街头访问时故意跑到镜头前晃来晃去。日本网站设有"迷惑行为"板块，多是用来收录给他人制造麻烦的社会新闻。而日语中的"大赏"义为"大奖"，借这些麻烦、困扰别人的程度足以登上领奖台的行为委婉地提醒大家遵守公德，不要做给周围人带来困扰却不自知的事。

然而，"迷惑行为"在中国的网络空间摇身一变，描述了那些让人感到困惑、难以理解、不知意义何在的行为，与日语中的含义区别不小。这样的转变源于翻译中的失误，日语中的"迷惑"本应该被据实翻译为它本来的意思，但它却被直接形译为相同字形的汉字词语。大量"不明真相"的群众望文生义，导致"迷惑行为"的中文释义在刷屏中逐渐增强，从含蓄内敛的"日式冷吐槽"演变为娱乐性的"中式热狂欢"，而"迷惑行为大赏"则更多地被视为迷惑行为的集锦式曝光。左手保温杯里泡枸杞,右手炸鸡烧烤麻辣烫;熬最晚的夜,敷最贵的面膜;减肥不离口,奶茶不离手;几千块的健身房年卡最后沦为了一周去一次的洗澡卡……这些都成为了当代青年人令人百思不得其解的日常迷惑行为。

迷惑行为多以短视频或图片配以文字描述的形式呈现,制造欢乐的气氛,所有琐事带来的烦恼都在笑声中烟消云散。一方面,这些行为让人看不透,摸不着头脑;另一方面,这些行为轻松搞笑,奇葩却又无伤大雅。最近一段时间,因疫情而宅在家中的日子难免有些无聊,自娱自乐的高手们大显身手,花样百出的解闷迷惑行为不断涌现。有人数清了卫生间里有多少块瓷砖;有人和自己的布娃娃玩起了"谁先眨眼谁就输"的游戏;有人当起了"云监工",为忙碌于火神山医院建设现场的施工机械起了昵称。

在"迷惑行为"意义演变的过程中,汉语这门古老的语言因其包容性焕发出蓬勃的生命力,同形却不同义的"迷惑"一词在语言接触中发生碰撞,被赋予了全新的内涵。

对于迷惑行为的演绎者以及观赏者来说,迷惑行为扮演着调味剂的角色,为枯燥的生活平添了几分乐趣,使得人们找到了宣泄情绪的出口。不过,"迷惑行为"一词有时也带有些许的批判意味。有的迷惑行为一味地想要博人眼球,比如有人将猫咪置于二十余层楼的栏杆上摆拍,引来了爱猫人士的不满;有的迷惑行为充满恶趣味,甚至引起了悲剧,比如一位爸爸模仿网络上的高难度动作导致宝宝脊柱受损,实在是令人唏嘘。

总之,行为可以适度迷惑,生活却绝不可以迷路。只有把握好迷惑行为的界限,才能真正地在其中消解忧愁,收获欢乐。

i网络热词集合!

◎刘可欣

"i庆余年集合!来说说你最喜欢的角色。"你看到第一句话或许会摸不着头脑,这中西掺杂的句子到底是什么意思?原来,这句话应该这样断句:i庆余年/集合!意思等同于"喜欢电视剧《庆余年》的人们集合!",其中"i庆余年"就是本文要讨论的"i××"结构。

"i××"结构的内部属于动宾结构,"i"是动词,"××"是"i"的宾语。"i"其实就是"爱"的谐音表达,是"喜爱"的意思,"i"后面的宾语成分可以代入任何名词、名词性短语或动词、动词性短语,共同构成一个新的指人的集合名词"i××",表示"喜爱××的人群"。例如"绘画"本来是动词,加上"i"之后形成的"i绘画"成为一个新的名词,表示喜爱绘画的人群。

从构词法上说,"i××"结构应用广泛后,"i"逐渐虚化,成为具有构词功能的词缀,类似于名词"作家"和"科学家"中的词缀"家"。比如"科学"本来表示一门学科,加上词缀"家"之后意义改变,表示研究科学的人;而如果加上"i",变成"i科学",意思就变成了"爱科学的人群"。

"i××"结构最早见于网络上的豆瓣小组,网友把偶像明星的姓名代入"××",以此指代该偶像明星的粉丝群体,比如王一博的粉丝就称呼自己为"i王一博"。这种表达方式满足了网络交流对便捷性的需要,因此很快流传开来,其使用范围逐渐突破到饭圈之外,从流行文化领域走向普通人的日常生活。"i学习"互相督促勉励,完成学习目标;"i读书"分享读书心得,交流读书感受;"i下厨"爱好钻研厨艺,展示美食和经验。"i××"不仅鼓励个人进步,还凝聚了集体意识。今年春节期间武汉成为了新冠肺炎肆虐的重灾区,不得不实施封城,但是全国人的心都与武汉同在,亿万人民汇聚成"i武汉"为武汉加油、祈福。

"i××"的使用比较随意,毕竟个人喜好的决定权在自己手中,只要是支持某类事物并产生喜爱情感的人群都可以简称为"i××"。有时为了省去输入法中英文切换的麻烦,还会把"××"的部分用拼音或拼音缩写代替,如"iwuhan"。因为"i××"的广泛使用,"i"也不再只是字母表中的第9位英文字母,还产生了"我i了"的用法,"我i了"也就是"我爱了"。

网络交流需要以最快的速度、最简洁的形式表达最丰富完整的内容,"i××"结构正是一个成功的案例。既然你对网络热词这么感兴趣,看来也是"i网络热词"的一名热心成员啊!"i网络热词集合!速速搜集分享你最爱的网络热词吧!"

《不能提前完成的事》参考答案

1. 按排——安排

2. 凛烈——凛冽

3. 就算——无论

4. 清扫地怎么干净——清扫得怎么干净

5. 瞑思苦想——冥思苦想

6. 洽巧——恰巧

7. 机灵一动——灵机一动

8. 迫不急待——迫不及待

9. 一如继往——一如既往

10. 意谓——意味

"国"史琐议(上)

◎刘志基

何时才有我的国？国人大约都希望把这个时间定位得越早越好。有些老外似乎并不这么想，甲骨文被发现以前，不少西方学者质疑殷商王朝的存在。当然，甲骨文一面世，此种质疑便也烟消云散。小文并无意参与这种史学研究争议，只是说文解字而已，即探讨一下我们的字符集、词汇库里何时才有"国"。

最早的"国"字，是写作"或"的。比如西周金文"保卣"铭文"王令保及殷东或（國）五侯"的"国"，写作 ，左边的 ◻ 表示人居之区域，◻ 四周短画表示域界，右边是"戈"，"戈"是上古最重要的冷兵器，可见在上古造字者眼里，"国"就是个特别需要保护的所在。

然而这样的"国"何时才有，古文字研究者有不同的认识。去甲骨文里找更早的"国"字，显然是古文字学者们乐此不疲的事。 、 ，这两个字似乎都可以看成是 ◻ 与"戈"的组合，所以都曾被认作"或（国）"。然而，在严谨的古文字构形分析面前，它们都没能踏入"国"门： 看上去好像是 ◻ 与"戈"重叠了起来，但是系统构形分析表明，那个类似于 ◻ 的字符其实是"盾"，"戈"与"盾"两个字符的组合，乃是"戎"字； 似乎长得与"或"更像，但是"戈"左边的那个字符，却是表示人嘴的"口"，和"或（国）"风马牛不相及。

最近，又有学者新发现了甲骨文中的"国"： 。这个字原本一直被释为"戉",为什么可以改释为"国"呢?不妨看看考释者列举的理由。✶出现在《甲骨文合集补编》11242片中,卜辞有"禺盂方率伐西✶"一句,考释者认为其中"禺"表示"遇",而✶就是"或(国)",就是殷遇到"盂方"侵犯西国之事。而理由是"于'戈'旁左有小圈……这些字旧均释'戉',但与周代的'戉'字有异,和同期从'戉'的'岁'字也不相干,我认为实应释作'或'字,即读为'国'。这样,《合补》11242的一句是'遇盂方率伐西国',这正同西周金文一些谴责敌人罪行的话相似"。这一新释,在古文字界得到很大认同,比如最近出版的《新甲骨文编》就将17个✶类字形收在"或"字目下。那么,这个✶真是最早的"国"吗?经过仔细查验新释者的论证逻辑,我们只能很遗憾地给出否定答案。

首先是构形上,它和西周金文✦等确定无疑的"或(国)"还是有明显区别,"戈"旁左的"小圈"是长在"戈"上而不是独立的,它应该是个整体象形的独体字,而并非"O"与"戈"两个字符的组合。那是不是刻手学艺不精,刻写时没控制好字形呢?显然并不是,因为这个所谓"或(国)"的所有构形无一例外都如此:✶✶✶✶✶✶✶✶✶。其次,从辞例上看,"遇盂方率伐西✶",根据西周金文的语言习惯,似乎可以把✶读成"国",但是用殷商语言文字习惯来验证这种释读,✶则难以进入"国"门。✶也见于殷商金文,写作✦、✦。学界公认,那是个特定的国族名,当然,在同时代的甲骨文里,这个字也是大概率表示一个特定国族的。那么,在"遇盂方率伐西✶"里,✶是不是也可以解释为一个国族专名而不是国家的泛称?有不少卜辞辞例给出了肯定的答案。因为在特定的国族专名或者地名(甲骨文国族名和地名往往同一)前冠以东西之类方位词者,卜辞可见。如"戈"是甲骨文中经常出现的一个方国，甲骨文合集33208片，就有殷王联合"东戈""南戈""西戈""北戈"去征伐敌方获取大胜的记录（曾有学者将这里的"戈"视为动词，现在看来是不对的）；甲骨文中又有一个叫"元"的地名，《小屯村中村南甲骨》416片则有"在西元"的刻辞。

不妨再宏观一点来评估将"遇盂方率伐西❡"的❡释读为"国"的可能性。表示"有土地、人民、主权的政体"的泛称的"国"作为一个字词，应该出现于表达国际交往的语境中。在卜辞里，这种交往主要表现为战争、供纳等辞例。系统调查这些语境，可以发现，殷商并没有等同于后世无限定"国家"泛称的字词单位，而只有具有一定范围限制的国族泛称，比如"方"可以泛指殷族以外国族，但却不包括殷。而殷作为一个国的殷人自称，则是"我"。简而言之，在应该有"国"出现的卜辞里，均没有发现可以确认的"国"，这显然摧毁了读❡为"国"的认识的根基。

微语录·职场

1.梦想不足以让你到达远方，但是到达远方的人一定有梦想。

2.大的东西要从小处着眼，小的东西要从大处着眼。

3.与其等待与能力匹配的机会，不如培养与机会匹配的能力。

4.想不等于做，做不等于做到，做到不等于得到，得到不等于成功。

5.要做发动机，不要做飞轮；飞轮靠别人推动，发动机推动别人。

（吴景夏/辑）

不能提前完成的事

（文中有十处差错，你能找出来吗？答案在本期找）

◎梁北夕 设计

寺院里，老和尚给新来的小和尚分配工作。有个小和尚被按排清扫落叶，心里甚是高兴，因为他觉得和挑水、劈柴、做饭相比，这个活儿实在是太轻松了。

然而，现实给了小和尚沉重的打击——深秋的清晨冷飕飕的，在凛烈寒风里扫地，着实是件辛苦的事儿。特别是进入冬季以后，晚上的风越来越大，就算前一天清扫地怎么干净，第二天依然满地落叶。

怎样才能让自己轻松一点呢？小和尚正在瞑思苦想。洽巧一个劈柴的小和尚从面前经过，小和尚立即叫住他，想让他帮着出出主意。"很简单啊！"劈柴的小和尚机灵一动，说道，"你使劲儿地摇那些树，把快要落的黄叶统统摇下来。第二天的落叶不就少了吗？兴许还没有落叶可扫了呢。"

听了这话，扫落叶的小和尚喜不自胜。他猛摇树枝，看着树上的叶子纷纷落了下来，心里乐开了花。

第二天一大早，小和尚从床上爬起来，迫不急待地跑出去看自己昨天努力的结果。他傻眼了，一如继往，地上处处是落叶，一点也不比过去少！

一个老和尚见小和尚哭丧着脸，便问他是怎么回事。知道事情的原委后，老和尚意谓深长地说："今天无论你怎么用力摇树枝，明天还是会有叶子落下来，除非树上不再有叶子。"

是啊，世界上有各种各样的事，有些可以也必须提前完成，但有些不宜也不能提前。

看图说话

楼盘还能卖出去吗

偶见

这是一楼盘广告。"众望归来"不伦不类,值得一议。

成语"众望所归"大家都不陌生。众望,众人的希望。归,归向。所,助词,用在动词的前面,与动词一起构成所字结构。"众望所归"表示某人是众人希望所归向的地方,多指某人得到了大家的信赖与敬仰,威望很高。也可以表示某事或某物符合大家的心意和愿望。上述楼盘广告语如调整为"众望所归,荣耀再续",就无可指摘了。

"归来",义为返回到原来的地方,即原本在某处,后来离开了,现在又回到了原处。"众望归来"只能理解为众人的希望回到了原来的地方。把它放进广告里,意思就是:这个楼盘曾经符合众人的愿望,后来由于某原因不符合了,现在又由于某原因符合了。看似简单,意思其实很绕!再说,如果真是这个意思,楼盘还能卖出去吗?

火眼金睛

图中差错知多少？

（答案在本期找）

林新迪 龙启群 杨丹 林肇龙 提供

1

2 我们不防也试试吧

3

4

邮政
扫码订刊
轻松快捷

淘宝
扫码购书
优惠立享

微信公众号
扫码关注
精彩无限

ISSN 1009-2390

08>

9 771009 239203

2018年度向全国少年儿童推荐的百种优秀报刊

YAOWEN-JIAOZI

咬文嚼字®

橙 芸香科，果实圆形或长圆形，果皮较厚，橙黄色，味甜而香。原产于我国东南部，也称“甜橙”“黄果”。八月是橙子成熟的时候，《埤雅》：“橙可登而成之。”可见，“登而成之”故曰“橙”。“登”即成熟的意思。

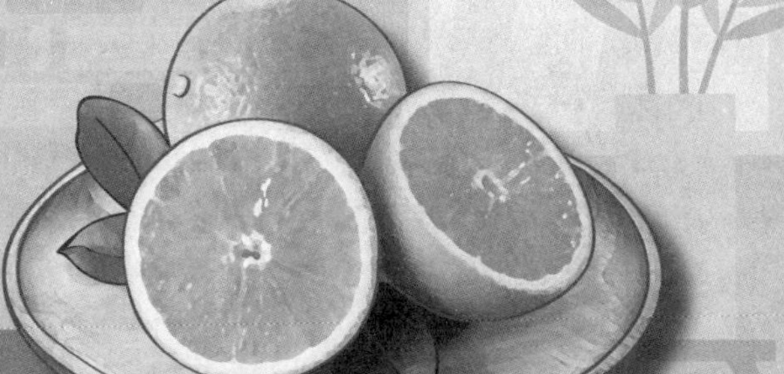

2020/09

上海世纪出版集团

欢迎至邮局订阅本刊 邮发代号 4-641

国内统一连续出版物号 CN 31-1801/H

定价：6.00 元

书窗

一词一味，记录人间烟火
百语百态，记载风云流转

抢占沙发，前排吃瓜！最大的瓜就是网络流行语。本书共收录100篇文章，每篇文章考据一个网络语言现象，词源、用法、文化心态、社会心理均有所涉及，完整地记录了新时代的新词新语，以点带面勾勒出时代风貌。

《前排吃瓜——流行语百词榜》
徐默凡 主编　定价：35元

咬文嚼字官方淘宝店

书窗

逐字饱览汉字的风景

有三千年历史的汉字，内涵丰厚，深刻关联着中华民族传统文化。本书以最真实的古文字图，带领读者领略汉字的源流演变全景，开启人类表意文字的学习。

《汉字的风景》
刘志基　萧晟洁　著
定价：42元

咬文嚼字官方淘宝店

"我是平常人"

刘 芳/文 臧田心/画

"人民英雄"国家荣誉称号获得者、全国人大代表、天津中医药大学张伯礼教授,在武汉奋战了82天。在全国人大会议期间,年逾古稀的张教授回顾起"战疫"历程,不禁潸然泪下。有网友称他是"人民的英雄"。张教授回应:"我是平常人,干的也是平常的事,够不上英雄。"并解释说:"我谈到武汉的医务人员在开始阶段,由于不了解新冠肺炎病情,防护物资又短缺,加上长时间连续战斗,过度疲劳,因而被感染甚至牺牲的时候流下了泪。"

名家语画
"我是平常人" 刘 芳/文 臧田心/画 /1

前线观察
浅议"报复性××"一族新词语 高丕永 /4
"密接"的今义和古义 东 湖 /6

锁定名人
谁和"赤发鬼打得正上劲" 胡晓斌 /8
不是"韶关"是"昭关" 杨为仁 /9
"摧眉折腰事权贵"出自
　李白哪首诗 陈福季 /10

追踪荧屏
西瓜肉与"瓤"无关 厉国轩 /11
"丰镐房"的"镐"不读 gǎo 李光羽 /12
乔迁礼仪叫"温锅" 梁德祥 /13
查探用"勘"不用"堪" 王 洁 /14
"未蒙面的妹妹"？ 李 澜 /15

一针见血
黄卷是旧书吗 刘希贤 /16
"润例"指收费标准 杨宏著 /16
"齐人之福"≠"天伦之乐" 邹力衡 /17
"易簀"应为"易簀" 杨上林 /17
不是"墩苗"是"蹲苗" 谢云秋 /18
应是"紫陌红尘" 汤生根 /19
房屋上用的是"桁条" 杨昌俊 /19
搞混了浑河与浑江 李景祥 /20
"门柞"不能写成"门柞" 阎德喜 /21
"佣书"是卖书？ 刘长安 /21
稿费不能"闷起来" 新 德 /22
"阙如"莫作"厥如" 陈关春 /22
"汤镬"误为"汤蠖" 雷晓琪 /23
清朝有个"神经营"？ 刘振修 /23

时尚词苑

"区块链",虚拟世界信用的
  守护之"链" 曹志彪 /24
"锈带"和"秀带" 南 园 /28
"内生"与"外生"
——从脱贫的"内生动力"说起
  之 苹 /30

学林

《夜宿山寺》用字简释 苏培成 /32
说"焉" 陈运舟 /35

文章病院

藏书阁名"摛藻堂" 孙晓青 /36
"齐谐"焉能作"齐偕" 浦东轩 /37
"蓐草"?"薅草"! 江城子 /38
"苏辙"非"苏澈" 居容人 /39

语言哲思

牛大叔会不会喝酒 宗守云 /40

网言网语

如此"祖安","祖"何以安 陈昌来 /43
"遇事不决,量子力学" 卢 怡 /45
自带特效的"奥利给" 盛雨婷 /47

社交新风

网络流行语使用指南 徐默凡 /49

检测窗

编校差错扫描(二十五) 王 敏 /52

东西语渐

"后浪"在英语中如何推前浪 陆建非 /55

说文解字

"国"史琐议(下) 刘志基 /58

向你挑战

我易碎,不要踢我 伯 淮 设计 /60

顾 问

濮之珍 何伟渔
陈必祥 金文明
姚以恩

主 编 黄安靖
副主编 王 敏
特约编委
汪惠迪(中国香港)
田小琳(中国香港)
林国安(马来西亚)
吴英成(新加坡)

责任编辑 何中辰
 施隽南
 朱恺迪
通 联 戚新蕾
封面设计 王怡君
特约审校
蔡维藩 陈以鸿
李光羽 王中原
张献通 黄殿容

凡本刊录用的作品,其与《咬文嚼字》相关的汇编出版、网上传播、电子和录音录像作品制作等权利即视为由本刊获得。上述各项权利的报酬,已包含在本刊向作者支付的稿酬中。如有特殊要求,请在来稿时说明。

浅议"报复性××"一族新词语

◎高丕永

国内突如其来的新冠肺炎疫情从武汉开始蔓延,全国进入宅家抗疫模式。2020年2月初,网络上有一个调查,叫"疫情过后要做的第一件事",访问量达到四亿多。宅在家里的人们脑洞大开,说出了各式各样自己想做的第一件事。短时间内,报刊上相应地出现了"报复性出门""报复性旅游""报复性吃喝""报复性工作""报复性赚钱""报复性存钱""报复性健身""报复性阅读""报复性化妆""报复性购彩""报复性买房""报复性离婚"等带有特殊时期印记的"报复性××"新词语。

"报复性"这个词,上世纪三四十年代已有使用。原有的"报复性",主要语义特征有"回击"和"求得补偿",如"报复性措施""报复性打击""报复性关税"等。但是,"报复性××"一族新词语里的"报复性","求得补偿"的语义特征占据了主导地位。例如"报复性熬夜",意思是"年轻人白天工作压力太大,无力掌控自己的时间,就连续熬夜刷剧打游戏,以此安抚自己焦虑的情绪,补偿缺失的自信"。还有当下流行的"报复性消费",指"因疫情宅家,人们的消费欲望受到压抑,所以一有机会出去就要买买买,希望得到心理上的补偿"。比如:"近日,随着复工复产的推进,一些'奇怪'的现象出现,有人一次下单77杯奶茶,有人一口气吃2斤肉串,有人点了一本菜单的外卖,有人一口气买了50支口红……报复性消费真的来了?"(《东方今报》2020年3月25日)

截至2020年4月底,我们在报刊上收集到的"报复性××"新词语共有二十多个。其中,本文第一段里所举的都是在2020年抗疫宅家期间产生的。"报复性熬夜"是2018年产生的。剩下的"报复性涨价""报复性下跌""报复性上涨""报复性增长""报复性反弹"是新世纪初期产生的,常在证券期货等行业资讯里使用。新世纪初出现的还有"报复性消费"。比如:"6月1日,双休日的好天气加上国际儿童节假期,一度被非典压抑的上海市民,或情侣结伴或父母携子或好友相约,纷纷涌向南京路商业街。……商家们认为,已经做好了必要的准备来应对可能出现的'报复性消费'现象。"(《中国青年报》2003年6月2日)

但是,"报复性××"一族新词语里的"报复性"行为,一般都是"过度地、非理性地求得补偿",所以并不可取。以"报复性消费"为例,它打破了消费者自身正常的消费能力和消费习惯,往往是不可持续的消费行为。最不可取的"报复性"行为是"报复性离婚",仅仅因为"疫情期间,夫妻俩宅在家里,面面相觑,整天为一些小事争吵不休,所以简单认为离婚可以求得清静"。这正如媒体上所评论的:"报复性离婚",报复的是自己。(参见《羊城晚报》2020年3月23日)无独有偶,"报复性离婚"有一个"舶来"的同义词语"新冠离婚"。比如:"'新冠离婚'升温,租房公司出手"(标题,《环球时报》2020年4月17日)。借词"新冠离婚",半意译半转写自日语新词语"コロナ離婚"。"コロナ"是日语"新型コロナウイルス"的缩略,日语"コロナウイルス"是英语"coronavirus"的音译,指"冠状病毒"。

"密接"的今义和古义

◎东 湖

抗击新冠肺炎疫情期间,常见"密接"一词。比如:

(1)北京建38个密切接触者集中观察点——可同时容纳2014人集中医学观察 目前全市7.1%密接者转化为确诊病例(标题,《北京青年报》2020年2月17日)

(2)分析海量数据梳理密接人员(标题,《法制时报》2020年3月3日)

(3)走进福田健康驿站 直击"密接"生活(标题,《晶报》2020年2月6日)

(4)临汾市疾控中心开展流行病学调查和密接样本的采集(标题,临汾新闻网2020年2月11日)

以上例句里,存在构成方法不同、意义不同的两个"密接"。

例(1)(2)里的"密接"由"密切接触"缩略而成。这个"密接"可用作动词。比如:"最新通报!一在京事业单位保洁员带病上班感染10人,密接178人"(标题,中国经济网2020年2月27日)。又如:"新增病例密接8人在广州某炸鸡店工作"(标题,《羊城晚报》2020年3月6日)。也可用来构成"密接者""密接人员""密接人群""密接史"等。"密接者"与"密切接触者"还经常在同篇文章里一起使用。比如,例(1)正标题里用"密切接触者",副标题里用"密接者"。又如:"深圳发现第2例境外输入病例——初步判定密切接触者7人,已集中隔离;初步确定国内航班密接者47人,正联系追访中"(标题,《深圳晚报》2020年3月7日)。

例(3)(4)的"密接"是缩略词,截取"密接者"或"密接人员"的前两个语素构成。又如:"新增密接与确诊病例不完全对等"(标题,《北京晚报》2020年2月18日)。缩略词"密接"还出现在别的常用短语中。比如,"密接中心",是截取全称"密接人员集中隔离医学观察中心"里第一个词和最后一个词缩略构成。类似的还有从"密接人员集中隔离点"缩略而来的"密接隔离点"。

值得一提的是,古汉语里已有"密接"一词,一般指边境、路桥等地理位置的"紧挨,紧密接近"。宋代的《续资治通鉴长编》第二百五十六卷中说:"卫州,大河之南,密接京畿,正当控御之地……"南宋著名诗人陆游在《北园杂咏》中说:"小桥密接西冈路,支径深通北崦村。"日本明治维新时期(1860—1890),借用了汉语的"密接"翻译英文的"close"或"closely"。日语用汉字书写的借词"密接"有两个义项:一是"密切",二是泛指"紧挨,紧密接近"。日语"密接",很快又转写借回汉语。汉语借词"密接"也是两个义项。第一义项"密切",陈天华1903年的《警世钟》和鲁迅1903年的《中国地质略论》里都曾用到;第二义项泛指"紧挨,紧密接近",徐珂1917年的《清稗类钞》里先后用到三次,内容涉及珂罗版印刷法、动物学和植物学。汉语借词"密接",现在仍在诸多科学技术领域里使用。

微语录·亲情

大年三十,在外地工作的女儿因加班不能回家过年。

年夜饭烧好后,妈妈还是冒着刺骨的寒风,到小车站一直等,一直等。

天已经很黑了,有人劝妈妈回家去。

妈妈说:"再等等,再等等,万一她回来了呢?"

(崔国胜/辑)

谁和"赤发鬼打得正上劲"

◎胡晓斌

在《汪曾祺全集四·散文卷》(人民文学出版社2019年1月出版)中收录了一篇散文《"膝行的人"引》,其中有这样一段文字:"如晁天王与赤发鬼打得正上劲时在当中用一根甚么链条那么一隔的吴学究,一两句话排了难。"(第45页)此处描写的情景出自《水浒传》,但故事中和"赤发鬼"打架的不是"晁天王",而是"插翅虎"。

"晁天王""赤发鬼""吴学究"都不是本名,分别指的是绰号"托塔天王"的晁盖、绰号"赤发鬼"的刘唐和表字学究的吴用。三人同时出场是在《水浒传》第十四回《赤发鬼醉卧灵官殿 晁天王认义东溪村》,该章讲的是刘唐来找晁盖说"一套富贵",即谋划劫取十万贯生辰纲,可人还没找到就被都头雷横给当贼捉了。之后晁盖巧遇刘唐,他设法解开了雷横的误会救下刘唐。但刘唐觉得气不过,又去找雷横生事。两人身手相当,"就路上斗了五十余合,不分胜败"。这时手持铜链的吴用登场了,他"把铜链就中一隔",阻止了两人的缠斗,又得赶来的晁盖劝架,总算终止了事端。

由此可知,"与赤发鬼打得正上劲"的不是"晁天王"。刘唐本就是来投奔晁盖的,又得他相助脱困,自然不会和他打。可能是该章回以"赤发鬼"和"晁天王"为题,导致汪老误记了。雷横有个绰号"插翅虎",说"插翅虎与赤发鬼打得正上劲"就对了。

不是"韶关"是"昭关"

◎杨为仁

《一句顶一万句》是著名作家刘震云的长篇力作,获得第八届茅盾文学奖。《一句顶一万句》(长江文艺出版社2016年8月出版)上部《出延津记》第十节,讲老鲁走戏,这天走得特别顺,竟然将平时不敢走的《伍子胥》也走了。可是走戏时,连连被佣工杨摩西破竹子的岔音打断。其中说道:"但刚又入戏,残竹的岔音又响了。伍子胥如丧家之犬逃往他乡,还没逃到韶关,杨摩西破残了十一竿竹子。"(第118页)其中"韶关"明显是"昭关"之误。

"昭关"是古代关名,故址在今安徽含山北小岘山。春秋时期,是吴楚两国的边界。伍子胥乃楚国大夫伍奢次子。楚平王废太子,伍奢为太子太傅,被杀。伍子胥受牵连只得逃走。楚平王下令画影图形,捉拿伍子胥。他先奔宋国,后又奔郑,最后无奈之下投奔吴国,东行数日,到了昭关。昭关在两山对峙之间,形势险要,而且有重兵把守,过关真是难于上青天,传闻他一夜急白了头发。有一个名叫东皋公的人巧妙安排,帮助伍子胥过了昭关。伍子胥历尽艰险到了吴国,之后和孙武一起辅助吴王阖闾上演了一幕幕惊心动魄的历史大戏。

韶关,位于广东省北部。古称韶州,得名于丹霞的名山韶石山。韶关则是因明清之际域内曾设税关得名。也就是说,直至明清后,才有"韶关"的地名,与春秋时期的伍子胥根本扯不上关系。

"昭"读zhāo,"韶"读sháo,

"摧眉折腰事权贵"出自李白哪首诗

◎陈福季

郭沫若的学术著作《李白与杜甫》(人民文学出版社1971年出版)一书第50页上有这样一段表述:"李白显然没有齐澣那样的才干,他生在这样的时代,而又不能'摧眉折腰事权贵'(《庐山谣》),尽管他有'兼善天下'的壮志,要想实现,岂不完全是个梦想?"这段话中的括注有误,"摧眉折腰事权贵"语出《梦游天姥吟留别》一诗,而不是《庐山谣》。

《梦游天姥吟留别》是诗人李白的代表作之一,多次入选语文课本,流传甚广。天姥是山名,在今浙江新昌东南。该诗是一首记梦诗,也是一首游仙诗,描写了诗人在梦中游历天姥山,见到种种亦真亦幻、宛如仙境的奇景,抒发了对山林生活的向往。该诗末尾"安能摧眉折腰事权贵,使我不得开心颜"更是脍炙人口的名句,表达了诗人不向权贵屈服的精神。

《庐山谣》一诗也出自李白之手,全名《庐山谣寄卢侍御虚舟》。该诗写了诗人游历庐山时所见的美景,也表达了他晚年寄情山水、求仙学道的心境。查阅全诗,并无"摧眉折腰事权贵"之语。

两字形似而音不同。"昭关""韶关"都是地名,一在安徽,一在广东,相距千余公里。伍子胥过的是"昭关"不是"韶关"。希望该书再版时,这一错误能得到改正。

西瓜肉与"馕"无关

◎厉国轩

上海广播电视台都市频道2020年5月30日播出的《侬最有腔调》节目中,一位嘉宾说道:"我们以前小时候吃西瓜,有专门卖西瓜肉……皮去掉,当中的馕专门有卖的。"主持人惊讶地问道:"只卖馕?"(字幕同步显示)西瓜肉和"馕"无关,这里的"馕"应为"瓤"。

"馕"是个多音字。读 náng 时,是一种烤制成的面饼,是维吾尔、哈萨克、柯尔克孜等民族的主要食品之一,用小麦面、玉米面或高粱面做成。茅盾《新疆风土杂忆》:"避暑山中者,倘能骑马爬山,饮马乳,食馕(一种大饼),佐以自制之奶皮……对于身体的益处是不难想象的!"读 nǎng 时,表示拼命地往嘴里塞食物。

瓤,读 ráng,是指瓜果皮里包着种子的肉或瓣儿。刘桢《瓜赋》说西瓜"蓝皮蜜理,素肌丹瓤"。上述节目中嘉宾说的是沪语,"瓤"字发音近 náng 是方言特征,但字幕中不可误"瓤"为"馕"。

"丰镐房"的"镐"不读 gǎo

◎李光羽

笔者近日在网上观看了一个题为《1947年蒋介石带着全家重返故乡　丰镐房前思念母亲　回忆儿时不易》的历史短视频，其中说道："就是在这样的氛围中，蒋介石夫妇在乡亲们的簇拥下来到了他熟悉的丰镐房。"（同步字幕显示）字幕中"丰镐房"的"镐"旁白读的是 gǎo，错了，应该读 hào。

镐，从金高声，有两个读音。读 hào 时指西周初年的国都，即镐京，也作古地名、水名；读 gǎo 时指一种掘土工具，如丁字镐。丰镐房是蒋介石的祖房，按旧时习俗，为祖房立名是件讲究事。蒋介石父辈三兄弟，其祖房以先秦三朝之号，分别命名为夏房、商房和周房。蒋父行三，是谓周房。蒋父病故次年，蒋介石同父异母兄执意要分家，兄弟间各立房名。于是从父亲周房之名出发，取了"丰""镐"二字。"丰"即丰邑（也称丰京，今陕西西安丰水以西），周文王立都所在；"镐"即镐京（丰水以东），周武王迁都于此。本来，"丰""镐"分别代表了蒋介石和其胞弟蒋瑞青，但蒋瑞青早亡，蒋介石兼祧承袭，"丰镐房"之

乔迁礼仪叫"温锅"

◎梁德祥

央视电影频道2020年6月25日播放了电影《武痴》。影片中,刘总对他小姨子说:"有个练太极拳的哥们儿,刚搬了新家,叫我过去给他稳稳锅去。"(同步字幕显示)这里字幕错了,其中的"稳稳锅"应改为"温温锅"。

温锅,是在我国北方地区普遍流行的一种习俗。一家人如果乔迁新居,那么在搬完家后需要邀请亲朋好友前来认识家门,而被邀请的人则要携带礼品前去祝贺。按一些地方的习俗,把煮食用的锅从旧家搬到新家,是搬家完成的象征。而主人在新家开锅做饭宴请来客,这个乔迁的礼仪就叫"温锅"。

稳锅,字面上看指把锅稳住,影片中刘总想表达的显然不是此意。大概是因为"温""稳"两字读音相近,"温锅"便错成了"稳锅"。

名因此而来。

既然"丰镐房"中的"镐"指镐京,那么毫无疑问应该读作hào。上述视频围绕丰镐房展开叙述,可惜十多次出现的房名都读错了。

查探用"勘"不用"堪"

◎王 洁

电视连续剧《大秦帝国之纵横》第1集中,秦国国君嬴驷对朝堂众臣直抒抱负,说:"寡人与魏齐相王,意在勤kān中原,俟机东出。"kān字幕同步显示为"堪",错了,正确的应是"勘"。

勘,从力甚声,义为校对,也有探测、实地查看的意思。勤勘中原,即尽力对中原进行勘察。公元前334年,因屡败于齐秦两国,魏国国君不得已采用"折节事齐"之策,主动前往徐州尊齐君为王,后世称齐威王。齐威王不敢独自称王,也尊魏君为王,后世称魏惠王。两国互相称王,史称"徐州相王"。在此之前只有周天子可以称王,楚国国君虽然在公元前704年僭越称王(一说夫差、勾践也曾称王),但不被中原诸侯承认。徐州相王是中原诸侯国中首次有人称王,代表着周王室天下共主的地位彻底丧失。根据电视剧中情境,嬴驷说这话时徐州相王事件已发生,他想"与魏齐相王",正是为称霸中原做准备。实际上,嬴驷称王是在公元前325年,后世称秦惠文王。

堪,义为地面突起处,也有经得起、胜任等义项。"勤堪中原"莫名其妙,误"勘"为"堪"应是音同形近所致。

"未蒙面的妹妹"?

◎李 澜

电视连续剧《如懿传》第46集中有一个场景,病人膏肓的大阿哥临终时向如懿吐露遗恨,说:"孝贤皇后当年是如何怨我额娘先生下了我……又是如何怨我额娘再有孕而动了手脚,害死了额娘和我那未蒙面的妹妹。"(同步字幕显示)此处字幕中的"蒙面"一词有误,应改为"谋面"。

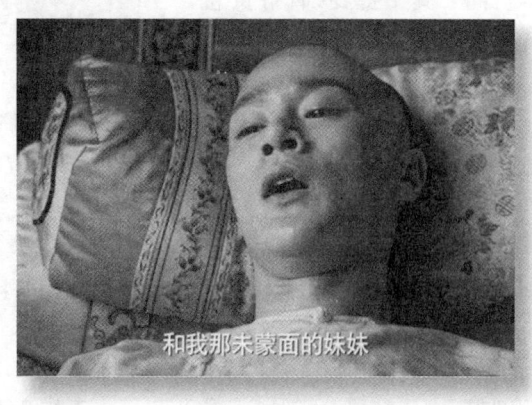

谋,从言某声,义为考虑、谋划。"谋面"一词多用于书面语,意思是彼此见面、相识。杨沫《乡情》:"万没料到,从未谋面的故乡人民,正在阴雨泥泞中,打着雨伞在公社的院里院外等待他们远方游子的归来。"剧中大阿哥的额娘在怀孕时被害,使得妹妹胎死腹中,兄妹自然是未曾"谋面"的。

蒙,有覆盖、遮盖之义。蒙面,即遮住脸面,引申指厚颜无耻。显然,"蒙面"一词无法用在未出生的胎儿身上。

黄卷是旧书吗

◎刘希贤

2020年4月21日《今晚报》第12版刊有一篇《一灯如萤蓬户间》,其中提到"青灯黄卷",将之解释为:"油灯的亮度低,故曰'青灯',读旧了的书纸张发黄,因命'黄卷',青灯下读黄卷,是极费目力的事。"这里对"黄卷"的解释不准确。

"青灯黄卷"中的"黄卷"指的就是书籍。古人为防书被虫蠹,用辛味、苦味之物染纸,纸色泛黄,故称"黄卷"。唐代刘肃《大唐新语·举贤》:"黄卷之中,圣贤备在。"也正是因为纸色黄,古人写错字时用雌黄涂改。成语"信口雌黄"指不顾事实随意批评或乱说。上述引文中提到的"青灯黄卷",就是青光闪映的油灯和纸张泛黄的书卷,用来借指清苦的攻读生活。如《玉壶春》:"赴琼林饮宴,不枉了青灯黄卷二十年。"

除书籍外,"黄卷"还可以指记录官吏功过以考核能否称职的专门文书,也可以指诏敕。"黄卷"没有旧书的意思。

"润例"指收费标准

◎杨宏著

《京华名士袁寒云》(中国社会科学出版社2004年出版)一书在第375页谈到袁世凯的次子袁克文(号寒云)挥霍完遗产后在上海卖字,说:"寒云卖字的润利是由方地山、宣古愚、张丹斧等人代订的。"此处"润利"应为"润例"之误。

古代文人认为将诗文书画卖钱是俗气的行为,于是将以此得来的报酬称作拿来润笔的费用,变俗为雅,简称"润笔"。"例"有规定、惯例的意思。"润例"即为人作诗文书画所订的收费标准,也称润格。自清代起,为字画等订润例变得光明正大起来,至民国时期更为常见。润例可以自己订,也可由名家代订。《人海潮》:"雪姆妈当真一位书画家老前辈,当初倪墨痕先生,就赏识他的,现在封笔了,专替后辈定润例……"齐白石也曾得吴昌硕为他写了一幅《齐白石润格》:"齐山人生为湘绮高弟子,吟诗多峭拔,其书画墨韵,孤秀磊落,兼擅篆刻……石印每字二元,整张四尺十二元……"

利,有赢利、利益之义。润利,义为获利,显然不符合原文要表达的意思。误"例"为"利"当是音同所致。

"齐人之福"≠"天伦之乐"

◎邹力衡

2020年6月19日《南方都市报》A08版上刊载了一篇叫《坐绿皮火车卖水果30年拉扯大三个孩子》的文章,介绍一个绰号"十婆"的妇人,其中说:"她膝下育有三子五孙,享齐人之福。"十婆享的是"齐人之福"吗?不是。她享的是"天伦之乐"。

齐人之福,典出《孟子》中一个讲齐人的故事。该故事以"齐人有一妻一妾而处室者"开头,说一个齐人每日都酒足饭饱后回家,向妻妾吹嘘自己总是和显贵交往聚餐。结果一日他妻子尾随他出门,发现齐人是靠乞食来度日,妻妾二人从此都以他为耻。后人说"齐人之福",通常仅取故事首句"有一妻一妾"的意思,喻指(男人)组成了一个有妻有妾的家庭。引文中十婆享的显然不是"齐人之福"。

天伦之乐,本指父子、兄弟间的亲属关系,现泛指家庭中亲人团聚的欢乐。结合语境,既然十婆有个"三子五孙"的大家庭,可以说她"享天伦之乐"。

"易篑"应为"易箦"

◎杨上林

湖北人民出版社2005年1月出版的《赵朴初因缘人生》谈到赵朴初先生为正果法师写有一首挽诗,书中诗的第二联为:

"辞医不殊易箦贤,我在佛在气何壮。"(第254页)此处"易箦"应为"易箦"。

箦,音zé,义为华美的竹席。"易箦"出自《礼记·檀弓上》:曾参病重在床,有童子说您睡的这竹席华美又光滑,是大夫的席子吧。曾参随即表示:"然。斯季孙之赐也,我未之能易也。元,起易箦!"(是这样,这是季孙的赏赐,我没能换掉。曾元[曾参之子],扶我起来换掉"箦"。)按当时的礼制,"箦"只用于大夫。曾参未为大夫,不当用。故临终时要曾元为他更换掉"箦"。换席后,曾参尚未在席上安睡便去世了。此后人们便称某人病重将死为"易箦"。如陈毅《纪韩紫石》:"易箦时,紫老告家人曰:'抗战胜利之日,移家海安,始为余开吊。'"

箦,音kuì,义为盛土的筐。成语"功亏一箦",指堆九仞高的土山,由于只差一筐土而不能完成。比喻做一件事只差最后一点努力而未能完成。"易箦"用以指人病重将死显然是说不通的。

不是"墩苗"是"蹲苗"

◎谢云秋

《报刊文摘》2020年4月13日头版《山西一正厅四副厅"墩苗"任县委书记》中说:"据《山西日报》4月8日报道,山西省委近日从省直机关事业单位、省属企业和市党委班子中,选派5名年轻厅级干部(其中正厅长级1名、副厅长级4名)担任县委书记,推动年轻干部到吃劲岗位'墩苗'历练。"这段报道中的"墩苗"一词乃"蹲苗"之误。

蹲苗是一种农业措施,指在幼苗拔节时,控制施肥和灌水,进行中耕和镇压,使幼苗根部下扎,生长健壮,防止茎叶徒长。根据上述报道,山西省委选派5名年轻厅级干部任职县委书记,是为了让年轻的干部多历练。比喻对年轻干部的培养,应采用"蹲苗"。

墩,指土堆,也指矮而粗大的整块石头、木头,还可表示用拖把擦地。作量词,则用于丛生的或几棵在一起的植物。如刘半农《晓》诗:"雾中隐隐约约,有几墩绿油油的矮树。""墩苗"之说勉强可释义为丛生的幼苗,但与上述文章内容不搭界。

应是"紫陌红尘"

◎汤生根

王维有首经典的送别诗《送元二使安西》:"渭城朝雨浥轻尘,客舍青青柳色新……"中华书局2016年4月出版的《名家讲唐诗》在赏析这首诗时有这样一段文字:"渭城,在今陕西西安西北,即唐之京城长安边上。这也就是说,元二出发地是索陌红尘的繁华之都,与将去的僻远边陲形成了一种对比。"(第30页)这里的"索陌红尘"是"紫陌红尘"之误。

紫,红和蓝合成的一种颜色。在中国,道教和某些朝代的统治者特别崇尚紫色,因而其宫室、服饰、用物前常冠以"紫"字,如紫书(帝王的诏书、道经)、紫台(帝王所居)、紫气(祥瑞之气)等。紫陌,帝京郊野的道路。紫陌红尘,京城道路上尘土飞扬、热闹非凡,比喻虚幻的荣华。唐刘禹锡《元和十一年自朗州召至京戏赠看花诸君子》诗:"紫陌红尘拂面来,无人不道看花回。"

索,大绳子,泛指各种绳索。也有寻求、讨取等义项。"索陌"从字面看似乎能理解为寻找道路,但代入原文解释不通。

房屋上用的是"桁条"

◎杨昌俊

2019年1月30日的《扬子晚报》B3版刊有《家家户户贴"天剪"》一文,其中写道:"农村的房屋都是砖木结构,大门头、二架梁、大架梁由很多木质行条（梁）组成。"早先农村砖木结构的房屋，会用到不少木料，有些称呼如今陌生了，以致许多人都会写错，引文中的"行条"就是一例，正确的写法为"桁条"。

桁，多音字，读作 háng 时，指"桁杨"，是古代加在犯人脚上或颈部的刑具。在古汉语中，通"航"，义为浮桥。读作 héng 时，义为梁上的横木。《文选·何晏〈景福殿赋〉》："桁梧复叠，势合形离。"李善注："桁，梁上所施也；梧，柱也。""桁条"，也称"檩（lǐn）条""檩子"，指架在屋架或山墙上用以支撑椽子或屋面板的横木。

搞混了浑河与浑江

◎李景祥

2020 年 7 月 3 日《光明日报》第 15 版上有篇文章《一条大河过沈阳》，文中说："在吉林省境内被称为浑江的河，到了沈阳就变成了浑河。"吉林的浑江变成沈阳的浑河？错了，这是两条不同的水道，不存在变化。

浑江源出吉林省白山市北部的哈尔雅范山，早先有过盐滩水、大虫水、佟家江等名称，清代始称浑江，亦称混江，现流经吉林省白山、通化，辽宁省宽甸、桓仁等市县，注入鸭绿江上水丰水库。浑江发源之地白山市原为临江县，1960 年改为浑江市，1994 年改为白山市。

浑河古称沈水，又称小辽河，源出辽宁省清原满族自治县湾甸子镇滚马岭，流经新宾、抚顺、沈阳、灯塔、台安、海城、大洼等市县区，于海城三岔河附近纳太子河后，于营口市附近入渤海。浑河原属辽河支流，1958 年因水利工程堵截了外辽河，使浑河之水不再注入辽河而是直接入海。浑河、浑江的发源地和流向都不相同，只是名字中都有一个"浑"字而已，浑江根本不流过沈阳，不存在到了沈阳浑江变浑河的可能。

"门祚"不能写成"门柞"

◎阎德喜

2019年第8期《黑龙江广播电视报》11版文章《民国第一奇女子吕碧城》中有这样一句话:"吕家自此劫难后门柞衰微,孤儿寡母,委曲求全。"文中的"门柞"错了,应是"门祚"。

祚,音 zuò,形声字,从示,乍声。本义是福、福运。《陈情表》中有:"既无伯叔,终鲜兄弟,门衰祚薄,晚有儿息。""门衰祚薄"即门庭衰败,福分浅薄。"门祚"就是指家运。上述引文中的"吕家",即吕碧城的家庭。根据文章所言,她12岁那年父亲病逝,族人为霸占财产,囚禁了吕母,吕碧城四处写信求助,救出母亲,然而她写信求助的行为导致了她被人退婚,名誉受损。之后,孤儿寡母不得不寄人篱下。遭遇如此不幸,说吕家"门祚衰微"是无误的。

"柞"是个多音字。音 zuò,指柞树。叶子可用来饲养柞蚕,木材可用来造船和做枕木等。音 zhà,即柞水,在陕西。"门祚"不能写作"门柞"。

"佣书"是卖书?

◎刘长安

2020年4月21日《今晚报》第12版有一篇《佣书的收入》,介绍宋真宗时的龙图阁待诏陈彭年,其中说道:"他去世后,家境迅速败落,子孙坐吃山空,靠'佣书'度日。所谓佣书,就是卖书,走州过县贩卖书籍……(陈彭年的嫡孙)陈逵卖书时,带着一个年幼的孩子,父子俩又冻又饿,可见'佣书'的收入很低,连温饱都无法保证。"这里对"佣书"的解释错了。

"佣"是受人雇用做事情。佣书,就是受雇为人抄书,亦泛指为人做笔札工作。如《后汉书·班超传》说班超"家贫,常为官佣书以供养",就是说他受雇替官府抄书来养家糊口。除表示受雇佣外,"佣"还可表示受雇之人,如佣工。"佣"没有卖的意思。

上引文章中陈彭年之孙"佣书"度日,应是靠为别人抄书生活,而非卖书。

稿费不能"闶起来"

◎新德

2020年6月13日《上海老年报》第8版《岳母的拒绝》一文说:岳母要"我"把稿费"闶起来自家用"。"闶起来"应是"囥起来"。

囥,音kàng,方言。《集韵·四十二宕》:"藏。"义为隐藏。《中国歌谣资料·沪谚外编·山歌》:"小姑嫌少心不愿,爷娘面前说长短。说的嫂嫂私底囥一碗,厨里不见一只红花碗。"

"闶"是个多音字。读kàng,表示高大。读kāng,用在"闶阆"中,表示建筑物中空廓的部分,如:这井下面的闶阆这么大啊!"闶"不能表示将东西藏起来的意思,"闶起来"令人不知所云。

"阙如"莫作"厥如"

◎陈关春

文汇出版社2000年12月出版的《我的书斋》一书第138页上有这样一段话:"这书斋的名真不好起,比当初给女儿起名还难,绞尽脑汁也未能满意。那就暂付厥如吧,等哪一天有了灵感自然说有就有了。"这里的"厥如"错了,应为"阙如"。

阙,从门欮声,是个多音字。可以读què,指古代皇宫门外两边的楼台;可以读quē,同"缺",义为短少。阙如,指欠缺,或空缺不书。郭沫若《今昔集·论古代社会》:"所缺的冬官,由于古有《考工记》一书,无法做假,所以付之阙如。""暂付阙如"即暂时留下空缺之义。

"厥"读jué,义为失去知觉、晕倒。汉语中没有"厥如"这个词。误"阙"为"厥"应是形近所致。

"汤镬"误为"汤蠖"

◎雷晓琪

"秦政开启了汤蠖之灾,互嵌式社会把人们驯化成了'下愚而上诈'的虫豸,怕死爱钱好面子……"这段话出自2020年7月2日《南方周末》C24版《有致有节的古风》一文。这里的"汤蠖"应改为"汤镬"。

镬,古代指大锅。汤镬,指煮着滚水的大锅。古代可作刑具,用来烹煮罪人。如《史记·廉颇蔺相如列传》中蔺相如就在和秦王对话时说:"臣知欺大王之罪当诛,臣请就汤镬。"就是说我知道欺骗大王应当被诛杀,我愿受汤镬之刑。"汤镬"还可用以比喻痛苦的处境。

蠖,即尺蠖,是尺蠖蛾的幼虫,体细长,生长于树。行动时身体向上弯成弧状,北方称步曲,南方称造桥虫。

上述文章说的是秦政的残酷暴政,与之相关的是"汤镬",与"尺蠖"毫无关系。

清朝有个"神经营"?

◎刘振修

《博览群书》2014年第4期《甲午战争的"前因"与"后果"》一文写道:"健锐营、外火器营本有昆明湖水操之例,后经裁撤。相应请旨仍复旧制,改隶神经营,海军衙门会同经理。"此处的"神经营"应为"神机营"。

明清两代都有神机营。明代,神机营是京军三大营之一,使用火器。"神机"指的便是火器,即火枪武器。清沿明制,于咸丰十一年(1861)建立神机营。选八旗满、蒙古、汉军及前锋、护军、步军、火器、健锐诸营精锐为营兵,主要任务是负责紫禁城及三海城墙外的守卫工作,护卫皇帝出巡等。上述引文中的"神经营"错得令人哭笑不得。

"区块链",虚拟世界信用的守护之"链"

◎曹志彪

今年6月,媒体披露了多起曾经发生的冒名顶替上大学的事件。针对这些发生在多年前的案例,有人提出了这样一个假设:如果"区块链"技术应用早20年,还会出现这样的冒名顶替上大学的事件吗?这里说的"区块链"究竟是什么神奇的东西?它真的能杜绝冒名顶替之类的问题吗?

"区块链"是信息技术领域的一个术语,近几年在国内的热度逐渐走高。单看《人民日报》的新闻,标题中提到"区块链"的,2016年仅有《区块链,让价值交易更方便快捷》(11月26日)1篇,2017年有《邮储银行上线区块链资产托管系统》等4篇,2018年有《区块链为海淘商品打上"身份证"》等10篇,2019年全年高达21篇。还是2019年,中共中央政治局在10月24日举行了一次关于区块链技术发展现状和趋势的集体学习。习近平总书记强调,区块链技术的集成应用在新的技术革新和产业变革中起着重要作用,我们要把区块链作为核心技术自主创新的重要突破口,加快推动区块链技术和产业创新发展。中央高层就一种技术进行专题学习研究,是极其罕见的。国家层面的高度重视有力推动了社会各界对"区块链"的关注程度。于是"区块链"被藏在技术领域的深闺多年之后,闪亮登场出现在公众面前,为更多人所知晓和谈论。

"区块链"概念的提出最早可以追溯到2008年10月在

P2P foundation 网站上发表的一篇文章《比特币：一种点对点的电子现金系统》（曾被称作比特币的白皮书），作者是一个化名为中本聪（Satoshi Nakamot）的人，其真实身份至今仍是个谜。在文中，中本聪首次提出了 chain of block 的概念。block 义为区块、街区，chain 义为链条、锁链，chain of block，汉语直接翻译为"区块链"。

按照工信部指导发布的《中国区块链技术和应用发展白皮书（2016）》的解释，"区块链"是分布式数据存储、点对点传输、共识机制、加密算法等计算机技术在互联网时代的创新应用模式。这个解释让人不大明白它和"区块"、和"链"到底有什么关系。维基百科的解释"借由密码学串接并保护内容的串连文字记录"就似乎好理解一些。这里"串连文字记录"即数据"区块"，"串接"起来就成了所谓的"链"，也就是用密码学技术将数据区块按照时间序列叠加成的一个链式结构，通常又被称为分布式的加密账本。从本质上讲，"区块链"是一个共享数据库，存储于其中的数据或信息，具有不可伪造、全程留痕、可以追溯、集体维护、公开透明等特征。

在互联网中，"区块链"的数据库与传统数据库最大的一个区别就在于去中心化（即分布式）的存储方式。传统的数据记录有一个记账中心，如各大银行的数据记录在银行各自的数据库，第三方网络支付的数据也是记录在各大公司的数据库。"区块链"的去中心化方式就不存在这样的记账中心，而是每一个数据区块或者说节点上都同步记账。有这样一个形象的说法可能有助于我们理解这一点。说是一个村从前有位德高望重的村长，大家把村里的账本放在他手里，由他记账。但这个账本可能因村长家失火被烧了，可能因进贼被偷了，还可能因村长本人挪用公款偷偷给改了，反正最终这个账本里的账竟变成了一笔糊涂账。然而,假如不止村长一个人记账,而是村民们人人同步记账,情况就不一样了,不管是村长的账本被毁了,还是别人或者村长自己改了账本,其他村民的账本上还是记得清清楚楚的。这里面,村长一人记账就是传统的中心化记账方式,而村民人人记账就相当于去中心化的记账方式。去中心化的记账方式是一种新型记账方式,由于集体参与而公开透明,全程留痕而可追溯,应用加密技术而确保安全,因此就能做到真正的无法隐匿,无法窜改,不易丢失。

当今,人们生产生活越来越多依赖互联网,更多的经济、文化、社会等活动需要在虚拟的互联网世界中进行。虚拟的互联网虽然给人们带来了不少便捷,但其信用体系却相当脆弱。信用问题在真实可感的现实社会本来就是一个难题,而到了"虚无缥缈"的互联网世界,如何确保重要数据的真实、个体的诚信、互相的信任,自然更是一个难题。"区块链"技术就为此提供了一个很好的解决方案。因为在"区块链"的每一节点都完整保存着一个同样完整的数据"账本",而且在"区块链"系统中,仅仅修改某个单一节点的数据是没有用的,这样的"修改"无法得到全"链"的认可。"区块链"技术无疑在脆弱的虚拟世界中增加了难以窜改的客观真实,赋能虚拟的数字世界有效延续和对接了真实世界的信用秩序。

大多数人也许在"区块链"之前早已听说过比特币。比特币是运用区块链技术原理,依据特定算法,通过大量的计算产生的一种网络虚拟货币。人们往往把两者混为一谈。其实两者就像鸡与蛋的关系,是互相催生的。是比特币的发明孕育了"区块链"技术,比特币又是"区块链"技术的首个应用场景。当然,"区块链"技术不仅能用于"挖矿"寻找比特币,而且在互联网中有着非常广泛的应用前景。就像"互联网+""大数据+"一样,关于"区块链"技术应用也产生了"区块链+"的概念,表明它将从更多方面更深层次进入我们的生产和生活之中。比如,在数字化程度相当高的金融领域,"区块链"有着天然的优势,在国际汇兑、信用证、股权登记和证券交易等方面已有不少应用;在物联网以及物流单据管理方面,通过"区块链"可以监控和追溯物品的生产、仓储、运送、到达等全过程,杜绝假冒伪劣商品,提高物流链管理的效率;在数字版权管理上,通过"区块链"技术可以对作品进行鉴权,证明文字、视频、音频等作品的存在,保证权属的真实性和唯一性,打击盗版侵权行为;在认证和公证工作中,"区块链"具有不可篡改的特性,可以为经济社会发展中的"存证"难题提供解决方案,增强社会征信系统功能;在公益慈善事业方面,"区块链"上分布存储的数据的不可篡改性,非常适合用于社会公益经费物资的追踪监管。诸如此类,凡是在虚拟网络世界需要提供很强信任机制来加以保障的领域中,"区块链"都大有用武之地。

今年7月初,人力资源和社会保障部发布9个新职业,其中"区块链"独占两席,分别是区块链工程技术人员和区块链应用操作员。可见"区块链"的应用普及和落地正在不断加速。

再回头说说发生在十多年前冒名顶替上大学的案例。假设当时有了"区块链"技术的应用,高考考生的档案文件都实行了数字化形式存储,利用"区块链"技术进行上链管理,发挥其去中心化和不可篡改的特性,是完全可以避免被别有用心的人进行恶意篡改的。

"区块链"因创造信任而创造价值。互联网世界,哪里需要信用护航,哪里就会有"区块链"的用武之地。随着"区块链"技术的推广和相关应用的普及,新词"区块链"将会成为我们日常工作生活中的常用词。

"锈带"和"秀带"

◎南园

2020年5月29日,《人民日报》刊发《工业锈带变成了生活秀带》一文。有读者看到"锈带""秀带"字样,不大理解。读完6 000多字的全文,终于大致明白。原来,上海杨浦区滨江一带,是中国近代工业的发祥地,历来工厂林立。上世纪90年代,经济格局大调整,多数老厂关停,一批劳动密集型企业迁出,这一带就冷落起来了。一座座工厂大门紧闭,荒草丛生,机器设备锈迹斑斑,成了"锈带"。进入新世纪后,杨浦区开始转型发展。如今,杨浦滨江"锈带"变成了"秀丽地带"。为了更好地理解"锈带""秀带",我们不妨去深入探究一下。

"锈带"是"铁锈地带"的缩略。"铁锈地带",上世纪80年代意译英语的"rust belt"借入。"rust"的意思是"铁锈","belt"一般指"带子、带状物"。美国人还喜欢用"belt"指"有某种特色的地带(地区)"。比如,美国有"cotton belt(南部和东南部盛产棉花的地区)""corn belt(中西部盛产玉米的地区)""snow belt(北部的多雪地区)""sun belt(全年大部分时间气候温暖的南部和西南部地区)"和"Bible(《圣经》)belt(南部和中西部有着较强基督教信仰的地区)"等。"rust belt",指美国北部几个州的部分地区。上世纪七八十年代,当地许多传统工业出现了衰退,遗弃厂房里的设备锈迹斑斑,故名。

借词"铁锈地带",新旧世纪交替之际缩略为"锈带",有时写为"工业锈带"。早期用例中的"铁锈地带""锈带"等,主要还是指美国的"锈带"。比如:"当年曾被誉为'美国工业的摇篮'的美国北部五大湖地区,现在已被称为美国版图上的'铁锈地带'。"(《人民日报》1986年7月30日)又如:"密歇根要扔掉'锈带'帽子"(标题,《人民日报》2003年11月20日)。后来,"铁锈地带""锈带"泛指"老工业区"。比如:"探索'铁锈'地带培育双创高地新可能——上海宝山'开渠引流'激发双创新动能"(标题,《新华每日电讯》2017年9月24日)。有时,借词"锈带"还指"城市的老旧基础设施"。比如:"江宁:集约开发擦亮城市'锈带'"(标题,《新华日报》2018年5月9日)。

"锈带""秀带"的谐音连用,契合中国人的审美心理。最早的连用,出现在2009年3月31日同济大学的《同济报》上,文章标题是《让"锈带"变"秀带"——同济深度参与中国世博老工业带改造》。最出名的连用,来自2019年11月2日习总书记考察杨浦滨江时的点赞:"这里原来是老工业区,见证了上海百年工业的发展历程。如今,'工业锈带'变成了'生活秀带',人民群众有了更多幸福感和获得感。"(参见新华社2019年11月3日电)自此,"锈带""秀带"的"联袂登台"更多了。比如:"淄博:从'工业锈带'到'文化秀带'"(标题,《山东画报》2019年第11期)。又如:2020年6月2日,国家发改委印发了《推动老工业城市工业遗产保护利用实施方案》,强调做好这项工作"有利于更好地提升城市功能,丰富城市内涵,彰显城市特色,实现从'工业锈带'到'生活秀带'的转变"。

当初的"秀带",只是为了修辞效果,仿照"锈带"的读音和结构造出来的,只有与"锈带"连用,才有"秀丽地带"的寓意。然而,使用多了,也就出现了独用"秀带"(不与"锈带"连用)的情况。比如:"打造又一条'生活秀带'"(标题,《文汇报》2019年12月17日)。又如:"让'生活秀带'成就工业文旅新业态"(标题,《中国旅游报》2020年6月10日)。将来,"秀带"能否固定下来成为一个新词,有待观察。

"内生"与"外生"
——从脱贫的"内生动力"说起

◎之苹

党的十八大以来,我国的脱贫工作取得了举世瞩目的成就。今年要完成现有标准下贫困人口的全面脱贫。我国脱贫不断取得胜利的法宝之一,就是习近平总书记经常提到的"内生动力"。比如:"激发内生动力,调动贫困地区和贫困人口积极性。"(《在中央扶贫开发工作会议上的讲话》,2015年11月27日)又如:"总的要有利于激发欠发达地区和农村低收入人口发展的内生动力,有利于实施精准帮扶,促进逐步实现共同富裕。"(《在决战决胜脱贫攻坚座谈会上的讲话》,2020年3月6日)

"内生动力"里的"内生",指"由内部因素决定而生长或发展的"。与"内生"相对的是"外生",指"由外部因素决定而生长或发展的"。现代汉语中的"内生""外生",上世纪四五十年代已经用作定语,出现在从英语意译而来的专业术语中。当时,常见的有"内生肌酐(体内肌肉组织代谢的产物)","内生矿床(由地球内热能形成的矿床,如金刚石矿等)","外生矿床(处于地壳表层、主要在自然环境相互作用下形成的矿床,如油气田等)",等等。

《现代汉语词典》没有收录"外生",只收录了"内生"并标明是"动词"。实际上,"内生"与"外生"都不是动词,而是非谓形容词(或称属性词),不能直接充当谓语,不过可以置于"是……的"之中来充当谓语。比如:"诚信是内生的,取决于行为主体的品德；信誉是外生的，表现为社会的评价；信用是互生的，反映着一种信任关系。"(《人民日报》2012年10月24日)有时加上"的"字也作定语。比如："让'我要脱贫'成为贫困户内生的强烈愿望。"(《人民日报》2020年5月21日)

"内生"与"外生"还可以加上表示"属性"的后缀"式""型"后作定语。比如："一个村庄光靠外面的'输血'资金来改造村容村貌，是不长久的，必须有靠得住的产业，形成内生式'造血'能力，才能在美丽乡村上走得更远。"(《人民日报》2017年3月14日)又如："他建议，转变经济发展方式要做到三个'外转内'：从过多依靠外需转向更多依靠内需；从外延型增长转向提高劳动生产率、提高资金使用效率和降低环境成本的内涵型增长；从外生型动力转向创新驱动的内生型动力。"(《人民日报》2015年7月28日)更多见的是加"性"字后作定语。比如："总的看，这次疫情所形成的冲击是外生性冲击、短期冲击，没有改变我国经济的内生活力和韧性，没有改变我国经济长期向好的基本面。"(《人民日报》2020年3月19日)

"内生"与"外生"，主要用法是直接作定语。改革开放后，这样的词语增加了不少，使用范围也拓展了。常见的有"内生动力""外生动力"，"内生力量""外生力量"，"内生因素""外生因素"，"内生需求""外生需求"，"内生资源""外生资源"，"内生增长""外生增长"，"内生冲击""外生冲击"等。这些词语，有时会成对配合使用。比如："民营企业不是中国特色社会主义的外生因素、外来力量，而是中国特色社会主义的内生因素、内在力量。"(《人民日报》2011年5月10日)又如："……宏观药方的精准使用，带动自身肌体的持续强化，中国经济内生动力逐渐恢复，外生动力韧性增强，逐渐迈向全面发展状态。"(《人民日报》2018年1月26日)

《夜宿山寺》用字简释

◎苏培成

夜宿山寺
李白
危楼高百尺,手可摘星辰。
不敢高声语,恐惊天上人。
（选自部编二年级上册《语文》课本）

夜——小篆作夜。《说文》:"夜,舍也。天下休舍也。从夕亦省声。"舍:止息。天下休舍也:天下休息的时候。亦省声:把小篆亦字右下的点省去后作声旁。小篆夜是从夕亦省声的形声字。小篆夜演变为楷书的夜。

宿——甲骨文作宿。上部是宀,象房舍。下部左侧象簟席,右侧是人。整字象房内有人在席上休息,是会意字。《说文》:"宿,止也。"本义是住宿。

山——象山峰并立,是象形字。

寺——小篆作寺。《说文》:"寺,廷也。有法度者也。从寸之声。"廷:官府,朝廷。段玉裁《说文解字注》:"言法度字多从寸。"自汉代以来官舍多称寺,如:大理寺、太常寺。相传东汉明帝时,天竺僧人用白马驮经东来,初住鸿胪寺。后来在城外修建精舍供僧人居住,就把精舍起名叫白马寺。从此作为官舍的寺也可转指佛寺,沿用至今。

危——危在古代有两个常用义,一个是高,一个是危险。要注意分辨。《庄子·田子方》:"尝与汝登高山,履危石。"这个危是高。《论语·泰伯》:"危邦不入,乱邦不居。"这个危指危险,与"安"相对。本诗里的危指高。《说文》:"危,在高而惧也。从厃,自卩止之。"危是会意字,由厃与卪会意,表示自己节制、抑制这种临危而惧的心情。危旧读wéi,现在读wēi。

楼——《说文》:"楼,重屋也。从木,娄声。"重屋:两层或两层以上的房屋。楼是形声字。

高——甲骨文作⿳亠口冋。象楼台层叠形。本义为由下至上距离大。

百——甲骨文作𦣻。于省吾《甲骨文字释林》:"百字的造字本义,系于白字中部附加一个折角形的曲划,作为指事字的标志,以别于白,而仍因白字以为声。"百是由白派生出来的会意字。

尺——《说文》:"尺,十寸也。人手卻(退)十分动脉为寸口。十寸为尺。……从尸,从乙(jué)。"从人手腕的横纹后退到动脉的位置是一寸,十寸是一尺。尸:象人。楷书尺字里面的撇笔在小篆里是乙。乙是区别符,表示尺不同于尸。尺是会意字。

手——手是象形字,象手有五指之形。

可——《说文》:"可,肯也。从口𠃉(hē),𠃉亦声。"𠃉:气行舒畅。本义是许可、能够,是会意兼形声字。

摘——《广雅·释诂一》:"摘,取也。"摘是形声字,从手啇(zhāi)声。

星——甲骨文晶、星为一字,作⿱品,从三日,象星光四射形,是会意字。后世字形和读音发生分化。加上生为音符作曐,成为从晶生声的形声字,读xīng。后曐减省为星,是从日生声的形声字。晶指光亮,读jīng。

辰——甲骨文作⿰,即蜃(shèn),象蛤蜊形。原始时期,蜃的甲壳用为耕田器,故農、蓐、褥等字皆从辰。远古农业与星象关系密切,故借用耕田器的辰表示众星。《孟子·离娄下》:"天之高也,星辰之远也。"

不——甲骨文作⿱,象花萼形。假借为否定副词。

敢——金文作⿰。右下是手,去捉上方的动物,表示很勇敢。左下的甘是音符。敢是形声字。后形体讹变为敢。"不敢"表示没有胆量（做某件事）。

声——繁体作聲。《说文》："聲,音也。从耳,殸声。"聲是形声字,汉字简化时只保留了聲字的左上部分。

语——繁体作語。《说文》："语,论也,从讠,吾声。"语是形声字。[注意]言和语都表示语言行为,在古代表示的意义不同。主动对人说话叫言,回答别人的问话或谈论事情叫语。《论语·乡党》："食不语,寝不言。"

恐——《说文》："恐,惧也。从心,巩声。"恐是形声字,本义是畏惧、惧怕。

惊——繁体作驚。《说文》："驚,马骇也。从马,敬声。"驚是形声字；惊也是形声字,从心,京声。[注意]惊的本义是马骇,是不及物动词。在本诗内它带了宾语"天上人",是使动用法,意思是使天上人受到惊吓。

天——甲骨文作𠀡,象正面的人形,突出头顶,本义是头顶。是指事字。如果不突出头顶,就是大字,是象形字。因为天空在人的头顶上至高无上的地方,由头顶引申为天空。

上——甲骨文作𠄞。长横表示基准线,短横在长横的上面,表示在上的意思。上是指事字。在本诗中表示在上这个方位,是方位词。"天上"就是天空之上。

人——象形字,象侧视的人形。

这首诗在写法上充满了夸张和想象。为了说明楼很高,高到接上了天,人在楼上可以直接摘下星辰。诗的作者充满了人情味,他不敢高声说话,唯恐惊动了天上的人。

《火眼金睛》提示

图1,"苍天大树"应为"参天大树"。

图2,"处署"应为"处暑"。

图3,"疏捞"应为"疏涝"。

图4,"订歺"应为"订餐"。

说"焉"

◎陈运舟

"焉"字,长期以来聚讼纷纭。东汉许慎《说文》云:"焉,焉鸟,黄色,出于江淮。"许慎认为"焉"即焉鸟。焉鸟是什么鸟?清代段玉裁言:"今未审何鸟也。"《禽经》则说:"黄凤谓之焉。"今之学者何今松在《汉字文化解读》里认为"焉鸟即黄莺"。其实,焉即乌,焉鸟即乌鸦。

"焉",清代王引之《经传释词》中认为:"焉,犹於也。哀十七年《左传》曰:裔焉大国……焉,於也。"意思是《左传》中"裔焉大国"中的"焉"即"於"。而乌、於本为一字。《说文》古文乌字作𩾜、𠄎,并认为:"於,象古文乌省。"许慎根据其字形,认定乌和於本为一字,甚确!乌与於古籍中相通,其例甚多。《穆天子传》:"比徂西土,爰居其野,虎豹为群,於鹊与处。"晋郭璞注:"於,读曰乌。"段玉裁《说文解字注》:"古者短言於,长言呜呼,於、乌一字也。"

比较"焉""乌"的古文字,也能发现"焉""乌"两字的关系。"焉",云梦睡虎地秦简一一·二四作𩾞。"乌"字小篆作𩿅。两字字形十分相近。

焉与乌相通,古籍不乏其例。敦煌写本《捉季布传文》中有这样一句:"题姓署名似凤舞,书年著月象焉存。"其中的"焉存"在别的本子中,有作"乌尊"的,有作"乌存"的。"尊""存"皆为"蹲"之假借字。"象焉存"意思是像乌鸦一样蹲着。

《吕氏春秋》中"天子焉始乘舟",在《淮南子》中作"天子乌始乘舟"。山西省古代有一条漹水,北魏郦道元在其《水经注》中认为就是当时的邬水(又称邬泽)。《水经注·汾水》:"汾水于县左迤为邬泽……许慎《说文》曰:漹水出西河中阳县北沙,南入河。即此水也。"

所以,焉、乌在古文字中实为一字。焉即乌,焉鸟即乌鸦。

藏书阁名"摛藻堂"

◎孙晓青

《历史的温度2：细节里的故事、彷徨和信念》（中信出版社2018年出版）一书收录了文章《当年，到底有多少故宫文物被运往台湾》，其中有这样一段话："这一批运载的故宫文物有1680箱，是迁台文物中最多的一批。其中不仅有宋元瓷器精品和存在南京的全部青铜器，还包括全套文渊阁《四库全书》和离藻堂《四库全书荟要》。"此处的"离藻堂"是"摛藻堂"之误。

故宫博物院的摛藻堂书店

摛，chī，从手离声，本义为舒展，也指铺陈。摛藻，即铺陈辞藻，谓施展文才。《文选·班固〈答宾戏〉》："虽驰辩如涛波，摛藻如春华，犹无益于殿最也。""摛藻堂"是清代皇宫紫禁城御花园内的一处建筑，主要作用是藏书。成书于乾隆年间的《国朝宫史》曾记载摛藻堂："山之东为摛藻堂，堂内经史子集插架四周。御笔匾曰：'摛藻抒华'。"摛藻堂的得名应源于乾隆所题匾额。开馆编修《四库全书》时，因为卷帙浩繁而不便阅览，于是乾隆命人从应钞诸书中撷其精华，以较快速度编纂了一部《四库全书荟要》供其观阅。《四库全书荟要》当年

"齐谐"焉能作"齐偕"

◎浦东轩

2020年6月24日《文汇报》第11版上刊有《粽叶包裹的美食札记》一文,其中谈到粽子的起源,说:"以食粽祭奠屈原的说法直到南朝梁吴钧《续齐偕记》中才首次出现,此时距屈原所处的时代已经过去数百年,后人附会的可能性极大。"这里提到的"南朝梁吴钧《续齐偕记》"写错了,应改为"南朝梁吴均《续齐谐记》"。

吴均(469—520)是南朝梁文学家、史学家,字叔庠,吴兴故鄣(今浙江安吉)人。他长于诗和骈文,其诗在当时颇有影响力,人称"吴均体"。官至奉朝请,著有《吴朝请集》。另著有志怪小说集《续齐谐记》,其中不少故事广为流传,被人引为典故,如五月初五包粽祭屈原,七月初七织女会牛郎,九月初九桓景登高避灾。《庄子·逍遥游》中说:"齐谐者,志怪者也。"有人认为"齐谐"是人名,也有人认为是书名。后世凡写志怪小说的,很多都用"齐谐"作书名,如《隋书》记载的东阳无疑先生写了七卷《齐谐记》,清袁枚的《子不语》又名《新齐谐》。吴均的《续齐谐记》也是以此来命名的。

成书两部,一部便贮藏于摛藻堂内(现为仅存的一部,藏于台湾),每册末页钤有"摛藻堂全书荟要宝"印,因此被称为《摛藻堂四库全书荟要》。

"离"读作lí,八卦之一,也指离散、分离。汉语中并无"离藻"的用法,也没有一座藏有《四库全书荟要》的"离藻堂"。

"蓐草"？"薅草"！

◎江城子

2020年6月7日《张家界日报》第8版刊有《石堰坪古建筑群》一文,其中写道:"与自然生态环境相辅相成,石堰坪村土家族民俗文化也十分丰富。有蓐草锣鼓、山歌对唱、扬叉舞、草龙灯、太平歌、哭嫁、求雨、土地戏、摆手舞、铜铃舞、花灯、糊仓等民族歌舞和农耕文化活动,具有浓厚的民族特色和乡土气息。"查阅资料可知,其中"蓐草锣鼓"有误,正确写法应是"薅草锣鼓"。

薅,读作hāo,本义是拔去杂草,泛指拔去,如"薅锄"指除草用的短柄小锄。在方言中,义同"揪",如:"他冷不防被她薅下几根头发。""薅草",意思是除去田间杂草。"薅草锣鼓"又名"打闹歌""薅草号子",俗称"打闹"。表演时歌手对着薅草的人们一边敲锣击鼓,一边唱歌,故名"薅草锣鼓"。2008年6月,"薅草锣鼓"经国务院批准列入第二批国家级非物质文化遗产名录。

蓐,读作rù,义为草垫、草席。多指产妇的床铺,如"临蓐"指临产,"坐蓐"指坐月子。民族歌舞中并无"蓐草锣鼓"。把"薅草"写成"蓐草",或许是两字形近所致。

"苏辙"非"苏澈"

◎居容人

2020年1月6日的《中国能源报》第24版刊有《苏轼的"冷热"腊八》一文,其中写道:"'乐天派'张怀民在江边自己居所旁修筑一亭,以尽收'江流之胜'。落成之日,苏轼被贬监筠州(今江西境内)的弟弟苏澈等应邀前往庆贺,苏轼欣然命名'快哉亭',苏澈则留下脍炙人口的《黄州快哉亭记》……"这里的两处"苏澈"都写错了,应改为"苏辙"。

北宋散文家苏洵和两个儿子苏轼、苏辙一起名列"唐宋八大家",人称"三苏"。苏轼和苏辙的名都与车有关,这是因为其中寄托了父亲对儿子的期望。苏洵曾作《名二子说》一文讲述取名的缘由,其中写道:"天下之车莫不由辙,而言车之功,辙不与焉。虽然,车仆马毙而患亦不及辙。是辙者,善处乎祸福之间也。辙乎,吾知免矣。"辙,读zhé,指车轮在地面碾过的痕迹。苏洵认为,天下的车都是顺着辙印走的,说到车的功劳没人会提车辙,但即便车毁了也不会危害到车辙,所以车辙处于祸福之间。苏洵给苏辙取这个名是希望他能免于灾祸。

"澈"读作chè,指水澄清,如清澈。元丰二年(1079),苏轼因"乌台诗案"被贬黄州。苏辙为兄请命,结果被贬筠州。元丰六年(1083)张怀民被贬黄州,苏轼、苏辙前去劝慰,这便是上述文章的背景。写下《黄州快哉亭记》的人无疑是苏辙,而不是"苏澈"。误"辙"为"澈"当是形近所致。

牛大叔会不会喝酒

◎宗守云

小品《牛大叔提干》中有这样一段对话:

(1)胡秘书:会喝酒不?

牛大叔:不会。

胡秘书:少整点儿呢?

牛大叔:少整点儿更完了。上回喝三瓶咋地不咋地。

胡秘书:那咋叫不会呢?

牛大叔:现在这会喝酒的都能喝醉,我喝酒干喝不醉,喝多少都白费,不会。

例(1)牛大叔说不会喝酒,胡秘书理解为牛大叔没有喝酒的能力,或者喝酒能力很低,但实际情况是牛大叔喝酒能力超强。为什么胡秘书的理解和实际情况正好相反?这涉及两种不同的否定问题。"不会做某事"一般理解为没有做某事的能力,或者做某事的能力很低,这是语义否定;特殊情况下,"不会做某事"可以理解为做某事的能力超强,这是语用否定。在交际中,否定一般优先理解为语义否定,所以胡秘书的理解是正确的。语用否定虽然是特殊情况,但也可能是实际存在的,这就会造成优先理解和实际情况的矛盾。

丹麦语言学家叶斯柏森在《语法哲学》中曾经指出,否定在一般情况下都表示"少于、低于",不表示"多于、高于",比如,"不大"表示"少于或低于大的量度",而不是"多于或高于大的量度","不漂亮"表示"低于漂亮的程度",而不是"高于漂亮的程度";但否定有时也例外地表示"多于、高于"的意思。前者就是语义否定,后者就是语用否定。请看下面两个实例:

(2)他吃的不是面条,而是米粉。

(3)他吃的不是面条,而是文化。

例(2)是语义否定,他实际上没有吃面条,吃面条的值为零;例(3)是语用否定,他不但吃面条,而且在吃面条中还融入了文化韵味,这就超过了吃面条的值。

语义否定是常规否定情形,是社会规约的结果,其意义是不言自明的;语用否定是特殊情形,是语境赋义的结果,其意义需要特别指明。语用否定可以由说话人自己说明。例如:

(4)王利发:唐先生,你那点嗜好,在我这儿恐怕……

唐铁嘴:我已经不吃大烟了!

王利发:真的?你可真要发财了!

唐铁嘴:我改抽"白面儿"啦。(指墙上的香烟广告)你看,哈德门烟是又长又松,(掏出烟来表演)一顿就空出一大块,正好放"白面儿"。大英帝国的烟,日本的"白面儿",两大强国侍候着我一个人,这点福气还小吗?(老舍《茶馆》)

例(4)唐铁嘴说"不吃大烟了",王利发按照语义否定优先理解为唐铁嘴戒掉了大烟,而实际情况是唐铁嘴变本加厉地改抽了"白面儿",这是说话人唐铁嘴自己说明的。

语用否定也可以是受话人

偶然发现的。例如:

(5)范乡长(范伟饰):这不刚开完人代会嘛,我已经不是乡长了。

赵老蔫妻(高秀敏饰):下来了?

范乡长:啊,对,下来了。哈哈哈哈。

赵老蔫(赵本山饰):下来了?嗬,哎哟我的妈,下来你早说啊,你看把我两口子累得。下来咱就平级了,我也不用怕你了。

…………

赵老蔫:……找范县长报到?你找县长,你往乡长家都不干了,你跟我扯那没用的。他找范县长。

范乡长:是找我的。(小品《拜年》)

例(5)范伟说自己已经不是乡长了,高秀敏和赵本山按照语义否定优先理解为范伟下台了,后来接到有人打给范县长的电话,才知道范伟升为县长,这是语用否定,是受话人高秀敏和赵本山偶然发现的。

语义否定和语用否定是两种不同性质的否定。语义否定符合社会规约,便于理解;语用否定是特殊语境下出现的情形,具有强烈的语用修辞意味。在艺术作品中,创作者经常利用语义否定和语用否定所形成的张力造成矛盾冲突,以此吸引读者的眼球,从而取得很好的艺术效果。

《我易碎,不要踢我》参考答案

1. 无可耐何——无可奈何
2. 哀声叹气——唉声叹气
3. 数10年——数十年
4. 10几——十几
5. 无济于世——无济于事
6. 变型——变形
7. 试目以待——拭目以待
8. 不可思异——不可思议
9. 迥然不同——迥然不同
10. 澄沏——澄澈

如此"祖安","祖"何以安

◎陈昌来

近来,所谓"祖安文化"或"祖安现象"引起人们的关注。其实,"祖安文化"之"祖安"原本跟现实世界无关,"祖安"原是网游"英雄联盟"宇宙中的一个地区,即某游戏场景中宇宙的一个虚拟地区,也

游戏中的虚拟城市祖安

是中国服务器"电信二区"的名称。可见,"祖安"来自虚拟世界,与此相应,在该网络游戏中的玩家即可称为"祖安人"。由于祖安区玩家在游戏聊天屏上羞辱队友的骂人话语迅速被人扩散到网络上,从而被祖安区玩家竞相模仿,经过一系列演变,"祖安"逐渐成为对喷、骂人、说脏话成风的代名词,而"祖安人"也开始泛指网络上很能骂人、口出秽言、脏话连篇的人。进而这种"骂人风潮"在很多游戏社区、社交媒体、视频剪辑网站走红,形成所谓"祖安现象"或者"祖安文化"。

随着"祖安现象"和"祖

安文化"从网游虚拟世界向社交媒体、视频网站及其他媒体蔓延,这种追求骂人要有创意,脏话要足够恶毒,以侮辱对方"妈"(ma)为主的所谓"祖安文化"逐渐向现实生活扩展,"祖安语录"甚至成为少数青少年之间口角"互怼"的流行语。

其实,所谓"祖安文化"根本称不上是什么"文化",甚至也构不成所谓"亚文化",充其量是一种非主流网络语言暴力现象的流行和扩张,说到底就是一种在某个圈子里流行的污言秽语。但是当这种污言秽语、恶毒而低俗的话语向社会大众扩张,甚至影响青少年身心健康时,就不能不引起全社会的高度重视。

要防止这种污言秽语出圈扩张,首先网络虚拟世界必须自律。不仅需要网络管理方对污言秽语者加以规范,严重者给予处罚,形成网络语言文明公约;而且更需要网民玩家的自律和坚守,尊重队友和网上玩家,不能也不该把虚拟世界作为传播污言秽语的自留地。其次,社交媒体和视频网站及其他媒体不要跟风,不要推波助澜,要共同营造网络文明,强化语言生态治理。更重要的是,学校和家长要给予青少年语言文明、语言美的正面引导。要引导学生从《诗经》《论语》、唐诗宋词、四大名著、古代和近现代优美散文中吸收语言力量,滋养语言底蕴,提升语言能力。通过对比明确教育孩子,所谓"祖安语录"就是脏话,就是污言秽语,要不得,说不得;说脏话,口出秽言,不是酷,也不是爽,更不是什么"时尚",绝不能做什么"祖安男孩""祖安女孩""祖安状元""祖安优等生"。家长和老师及其他成年人应做孩子语言美和语言文明的引导者,不能成为所谓"祖安老师""祖安家长"。

语言美是心灵美的体现,语言文明是社会文明的构成要素。如此"祖安文化"应当休矣,否则"祖"何以"安"!

"遇事不决，量子力学"

◎卢 怡

近日，"遇事不决，量子力学"这一朗朗上口的流行语蹿红网络。乍一看让人有些摸不着头脑："遇事不决"为何会与物理学领域"高大上"的专业术语"量子力学"联系在一起？

"遇事不决，量子力学"的后一部分是个省略结构，完整理解应是"如果遇事不能决断，那么求助量子力学来解决"，前后两个短语构成假设关系。这一网络流行语源自日本动漫。一些作品中时常出现涉及超自然现象的剧情，为了丰富故事内涵，导演会把离奇剧情的解释归结到物理学中的量子力学。"遇事不决，量子力学"便频频出现于动漫弹幕中，用于动漫迷们对剧情设定的调侃。

事实上，立足于微观物质规律的量子力学是20世纪极具突破性和争议性的科学成果之一，量子的不确定性让人们不得不相信"上帝似乎是玩骰子的"。由于这种神秘的不确定性，量子力学高深难懂以至于学界至今也无法对它做出完美清晰的解释。

从量子力学延伸出的"平行宇宙"等概念是科幻影视常有的设定，然而深奥的学理并不能为常人所理解，这一点正符合科幻影视作品的特点。"量子力学是个筐，什么都能往里装"，科幻电影的剧情逻辑解释不通就转而依靠量子力学这个"万金油"来搪塞。玄妙的科学解释一出现，普通观众虽一头雾水但也会觉得似乎有道理而将不合理之处"选择性"忽略。"遇事不决，量子力学"的调侃从动漫作品波及科幻影视，既表达了观众在观影时无法理解深奥原理而放弃思考的无奈,又包含了观众对科幻影视作品敷衍了事、蒙混过关的嘲讽。

"遇事不决,量子力学"的流行逐渐从荧屏上蔓延至日常生活中,其中"事"的外延从影视剧情扩大到人们在实际生活中遇到的大大小小的难事。"遇事不决"是因为对问题没有确定性的把握,无法做出正确的行为判断;"量子力学"因具有不确定性和深奥难懂的特点而不知不觉间过渡为神秘玄妙、无所不能的超能力。当大众对某一不确定的问题难以做出决策时,与其选择自我挣扎,不如诉诸这份超自然的"神力",靠老天来解决问题。无助与无奈之中也诞生出一种"听天由命"的宿命论意味。

除了本身生动幽默的含义外,朗朗上口的形式也成为了这一网络用语风靡一时的加速器,并引发网友的模仿续写热潮:

遇事不决,量子力学。

解释不通,穿越时空。

脑洞不够,平行宇宙。

风格跳跃,虚拟世界。

这些结构都是前后两个四字短语,工整且押韵,读起来顺口悦耳、节奏感强,方便记忆,无形之中也增添了幽默感。

和"遇事不决,量子力学"同样引发网友关注的还有各种披着"量子"外衣招摇撞骗的伪科学。"量子波动速读""量子鞋垫""量子整容""量子鉴定"等等"量子××"技术如雨后春笋般挤进公众视野,一些不明真相的群众甚至趋之若鹜。普通事物加上"量子"头衔似乎就自动和高科技画上了等号,然而任何冠冕堂皇的借口都改变不了骗局的本质。

无论是"遇事不决,量子力学"的蹿红还是"量子××"的流行,其中尽管带有不理性的成分,但不理性的背后隐含了大众对科技的崇拜和殷切期待。对待科学理应保持一份严谨客观的态度,遇事不决,不要动辄"量子力学"呀!

自带特效的"奥利给"

◎盛雨婷

"我们遇到什么困难都不要怕,微笑着面对它。消除恐惧的最好办法就是面对恐惧!坚持,才是胜利!加油!奥利给!"

"奥利给"这个怪词莫名其妙地一夜走红了,你知道它的来源和含义吗?网上有一种说法,认为该词最初出现于20世纪90年代游戏厅里的格斗游戏中,是伴随游戏人物打出大招"升龙拳"时的叫喊声,一招制敌的同时这一声"奥利给"的日语发音十分霸气,给人留下了深刻印象。

2019年,一位网红大叔在发表正能量语录短视频时,总是在结尾加上"加油!奥利给!"的口号,不经意间就使"奥利给"复活了。许多网友将大叔短视频里所有的"奥利给"时刻进行剪辑,配上搞怪的音效和魔性的动画效果,制作成各种视频音频作品,在各大网络平台都达到了千万次的播放量,二次传播使"奥利给"爆红网络。

在"奥利给"风靡之后,有人又给出了新的解读方式,把它处理为"给力嗷"的倒序读法,表达的含义与"给力"相似,有厉害、赞美、肯定之义,如"老铁,非常奥利给啊""回顾2019年那些'奥力给'时刻"等。

相信很多人小时候都玩过"正话倒说"的游戏,这里的正话倒说并非指"反语"修辞,而是单纯地把一个词倒着念、把一句话倒着说,所形成的词句往往毫无逻辑与意义,也因此可以锻炼人的专注力与反应能力。直到现在,网络上还流行着"都9102年了"一类的倒序表达,似乎可以看作儿时语言游戏的延续,其作用是加强夸张语气,突出强调所要表达的对象。在这个意义上,我们说"奥利给"比"给力嗷"的感情色彩更为强烈。

"奥利给"的另一个用法是表达加油、打气之义,可替换"加油"一词,也可与其连用。如:"今天不复习完不睡觉!奥利给!""还有三十天就发工资了,坚持,加油!奥利给!"相比"加油"这个常用词语,"奥利给"一出场仿佛自带音效,极强的感染力使人看到这个词便仿佛看到说话者声情并茂的模样。

此外,"奥利给"甚至可以连"给力""加油"的意思也不用表达,在魔性的正能量语录视频中,作为一个没有实际含义的感叹词,它随时可以出现。在刚躺下入睡的时刻、早晨睁开眼睛的时刻,"奥利给"就这样飘到了耳边……有网友评论:"最恐怖的是你不知道啥时候你自己也会中毒,可能一个不经意间就会大吼一声'奥利给'。"

从专属短视频用户的狂欢,到蔓延至全体网民的"奥利给",所体现的是"土味文化"的潮流。当一个沧桑大叔出现在手机屏幕上,千遍万遍重复着正能量语句,附上一句雷打不动的"加油!奥利给!",真诚也好,作秀也罢,这样口号式的心灵鸡汤实在是拥有强大的感染力,让你一不留神就记住了它,一不小心就用上了它。

"奥利给"的流行也是当下求新求异风气的体现,当"奥利给"和"加油""给力"共同存在时,爱玩梗的网友们没有理由拒绝前者,使用新潮词语也让使用者变得新潮起来。

像"奥利给"这样的流行词还有很多,有些来得快去得也快,网民用之即弃,毫不留恋;而另一些或许会从网络用语变成生活用语,渗入到每个人的日常语言之中。如果网络流行词自带正能量,那么即使它含有一些无厘头或者夸张的成分,只要能够成为一代人在某个时期温馨愉快的共同记忆,也算有存在的合理性和自身的价值了。

网络流行语使用指南

◎徐默凡

刘钊第一次代表公司去大学搞校招,很为演讲稿挠头。他思考了半天,觉得这次的听众都是00后,一定要写得活泼有趣,多用点网络流行语才行。为了和大学生有共同语言,他还突击学习饭圈用语,化用了好几个时髦的饭圈流行语,比如这一段:"你们都是名校学生,太有才了,但如果不能找到一个合适的岗位,那就神马都是浮云了。我们公司是世界500强,欢迎大家到我们公司来走花路,我保证我们开的待遇不是画饼,但也希望你们不要搞墙头,我们需要的是唯粉!"可惜这次演讲效果很差,大学生们一会儿哄堂大笑,一会儿面面相觑,场面极其尴尬。那么,这些流行语用错了吗?问题又出在哪里呢?让我们慢慢道来。

在当今社交生活中,网络语境极大地提高了语言交际的传播便利性。一个新的语言形式一旦引起关注,通过微信、微博、QQ、公众号等新媒介,可以在很短的时间内被反复使用并疯狂传播,使用量和传播范围以指数级的方式增长。这种高频使用和广泛传播为语言的变化提供了充足的条件。以往一个词语意义的泛化或者一个新句式的确认需要几年甚至几十年时间,但现在网络语言以使用的频次来换取使用的时间,相应的语言变化可能在短短几个月甚至几天内就已完成。这就是网络语言兴起几十年来,各种流行语、新结构、新用法爆炸式产生的重要原因。不过,语言的快速变化不仅限于流行语的产生和发展,也作用于流行语的衰败和消亡。网络流行语往往是"其兴也勃焉,其亡也忽焉",大量的流行语各领风骚一段时间,很快就会被大浪淘沙,只有极少数精巧的形式才能去芜存菁留存下来。

鉴于以上特点,网络流行语的使用就有几个注意事项需要关注,首先要考虑使用环境的制约。网络流行语已经形成了自己的语言风格和适用语境,总的来说主要在微信、微博等网络交流语境中使用,风格是随意的、轻松的,经常带有谐谑色彩,因此在正式的场合进行庄重表达时,应该尽量避免使用。2019年国庆七十周年阅兵仪式上,央视在直播导弹部队受阅时用了一句流行语"东风快递,使命必达",这就不太妥当,这个表达过分随便甚至有点搞笑,破坏了解说词整体的庄严感。在口语和书面语中使用网络流行语,类似于一种跨语体的修辞用法,一般只在追求轻松幽默的表达效果时才能使用。还有一些流行语,只在某个特定的网络亚文化圈流行,具有特定的含义和用法,那就属于社群隐语的范畴,更不能在日常语言中使用了。比如文章开头的校招演讲,是比较正式的场合,化用一两个流行语活跃气氛,是不错的选择。但是通篇滥用流行语,还有不少来自毁誉参半的饭圈语言,有话不好好说,就有点不伦不类了。

其次避免使用过时已久的网络流行语。顾名思义,流行语就是当下正在流行的话语,一定要趁热使用,过了这个点,就像是炒冷饭热隔夜菜,原料再好也会难免酸腐之气。比如文章开头那段话里的"你太有才了"是2007年的流行语,"神马都是浮云"是2010年的流行语,已经老掉牙了,给人恍若隔世的感觉。

再次是避免不分场合到处套用。网络流行语的一大特点就是内涵丰富,适用范围广泛,但是这种广泛应用也是一柄双刃剑,到处滥用就会失去语言的针对性和冲击力,变成一种万金油式的口水话。如果一个人碰到任何挫折只会喟叹"我太难了",指责别人观点都是"杠精""带节奏",表达崇拜之情只有"男神""女神",那么可以说他已经成了流行语的傀儡,不是他在使用流行语,而是流行语在支配他了。

最后,还要注意识别来源不雅或者低俗的网络流行语。流行语来自大众,其中也难免一些糟粕,比如脏话的谐音变体"草泥马""尼玛""卧槽",或者蕴含生殖器官的"装逼""一脸懵逼""逗比""屌爆了(碉堡了/吊爆了)",或者带有污辱性的称呼"绿茶婊""心机婊""脑残粉",这些用法都不登大雅之堂,公开的严肃场合坚决不能用。

流行语好像流星雨,爆发起来特别绚烂,但是它的光华也很容易消散。我们使用网络流行语,要注意其生命周期,不为了跟风而使用,而是尽量追求语言内容的独特价值和语言形式的审美价值,为我们的语言增光添彩。

微语录·亲情

爸爸:儿子,你今年几岁了?

儿子:今年三岁啦。

爸爸:那爸爸几岁啦?

儿子:爸爸也三岁。

爸爸:为什么爸爸只有三岁呢?

儿子:因为爸爸是在我出生那天才变成爸爸的啊!

爸爸不是生来就是爸爸,有什么做得不好的地方,要多担待!

(康 宁/辑)

编校差错扫描(二十五)

◎王 敏

莫将"屏牢"写作"摒牢"

【错例】防疫,要摒牢摒牢再摒牢。

【简析】"摒牢"应为"屏牢"。"屏"(píng)是形声字,从尸并声,这里的"尸"是"广"(yǎn)的变体,表示与宫室有关的事物,"屏"本义指正对着门的小墙,即"照壁"。引申指屏风,如"画屏",也指类似画屏的东西,如"荧光屏"。照壁的主要作用是遮蔽,"屏"由此引申作动词,读bǐng,指隐藏,如"屏匿",又指摈弃、去除,如"屏除",还指抑制、停止,如"屏息"。"摒"是会意兼形声字,从手从屏,屏(bǐng)亦声,本义指排除、抛弃,如"摒弃""摒绝"。"屏(bǐng)牢"即"屏住",指像屏住呼吸一样控制住自己的行为。防疫要"屏牢",意思是要控制自己尽量少出门,甚至不出门,积极做好隔离防护措施。"屏牢"与控制有关,与抛弃无关,不能写成"摒牢"。

燃香量词应用"炷"

【错例】只用了一柱香的时间,小路就被打扫得干干净净。

【简析】"一柱香"应为"一炷香"。"炷"的本字是"主"。"主"是象形字,本义指火心。其甲骨文字形,象燃烧的火把,上面是火苗,下面是木材;其战国文字和小篆字形,已很接近楷书字形,象点燃的灯架(或灯台),上面一点是燃烧的火心,下面部分是灯架(或灯台)。上古火种珍贵,往往由一族之长保管,"主"由此引申指权力所有者、领袖人物等,如"主人""君主"。"炷"是"主"的加旁分化字,是形声兼会意字,从火,本义指灯心。《说文解字》:"主,灯中火主也。""火主"即灯心,后写作"炷",如"灯炷"。引申作动词,指点燃,如《红楼梦》六二回:"宝玉炷了香,行毕礼。"又引申作量词,用于点着的香,如"一炷香"。"柱"是形声字,形符为木,本义指支撑房梁的屋柱。《说文解字》:"柱,楹也。"引申泛指细长柱形的东西,如"水柱""冰柱"。"一炷香的时间"指的是一支点着的香全部烧完的时间。"炷"是点燃之香的专用量词,因为不如"柱"字常见,"一炷香"易误为"一柱香"。其实,"柱"没有点燃的意思,也很少用作量词,"一柱香"完全是"一炷香"的误写。

"正中肯綮"非"诚恳"

【错例】这次民主生活会,相互批评意见中恳、准确、尖锐,"辣味"十足。

【简析】"中恳"应为"中肯"。"肯"的本字是"肎"。"肎"是会意字,小篆字形从肉(月),从冎(guǎ)省,本义指着骨之肉。《说文解字》:"肎,骨间肉肎肎箸也。"段玉裁注:"肎肎,附箸难解之貌。""肯"为"肎"之俗字,如今规范为正体。"恳"是形声字,形符为心,本义指诚恳、真诚。"中(zhòng)肯"是"正中肯綮"的简缩,"肯綮"出自《庄子·养生主》:"技经肯綮之未尝,而况大軱乎?"肯,着骨之肉;綮,筋骨结合处。这句话原本是夸赞庖丁技艺高超,解牛时刀刃不碰肯綮,更不会刀砍大骨(大軱)。因肯綮为肢体紧要之处,后即以"中肯"指言论击中要害或恰到好处。可见,"中肯"强调的是目标的精准、内容的精当,与态度是否诚恳并无直接关系,写成"中恳"是错误的。

且借老鼠辨"窜""蹿"

【错例】刺耳的警报声突然响起,小偷吓得抱头鼠蹿。

【简析】"抱头鼠蹿"应为"抱头鼠窜"。"窜"(cuàn)和"蹿"(cuān)都是形声字。"窜"从穴,含义与洞穴有关,本义指躲藏,比如"窜迹"即隐迹,"窜身"即藏身。引申指奔逃,如"逃窜""流窜""窜亡"等。又引申指放逐,如"窜官"即流放的官员。再引申指改动(文字),如"窜改""窜削""窜易"等。还引申指怂恿,如"窜掇""窜谋"等。"蹿"从足,含义与脚有关,本义指跳跃,如"蹿蹦""蹿腾",引申指奔跑,如"蹿奔",再引申指喷射而出,如"蹿火"即冒火,"蹿血"即冒血。"窜"和"蹿"都可指奔跑,应该怎么分?试看两例:A.他快步( )过去,扶住老人。B.一个下午不见踪影,这孩子不知( )哪儿去了。不妨分析一下"窜"的繁体字——"竄"。"竄"为会意字,从鼠从穴,从老鼠躲在洞穴里会意,因此本义指躲藏。《说文解字》:"竄,匿也。从鼠在穴中。"因为"窜(竄)"本义与老鼠有关,用"窜"的词语,其行为动作往往带有躲躲藏藏的特征,就像老鼠一样不想让人知道。而老鼠暗中的行动,也让"窜"字在情感上形成了贬抑色彩。从行为隐匿和色彩贬抑两个角度,可以明确判断A例当用"蹿",B例当用"窜"。"抱头鼠窜"指抱着头像老鼠那样惊慌逃跑,形容受打击后急忙逃走的狼狈相。这个与老鼠直接相关的贬义词,显然应用"窜"不用"蹿"。

"后浪"在英语中如何推前浪

◎陆建非

今年五四青年节,哔哩哔哩视频平台推出一个仅有三分多钟的视频演讲。演讲者为一级演员何冰,演讲以青年宣言《后浪》为题,认可、赞美并寄语年轻一代,该视频顿时刷爆朋友圈。演说的第一句话就打动了笔者:"那些口口声声,一代不如一代的人,应该看着你们;像我一样,我看着你们,满怀羡慕。"最后的结局更是精彩:"奔涌吧,后浪,我们在同一条奔涌的河流。"转眼间,"后浪"火爆成流行词,阵阵热议,纷纷引用。

"后浪"一词出自宋代刘斧的《青琐高议》:"长江后浪推前浪,浮事新人换旧人。"比喻新出现的有积淀、积累的人和事物推动旧的人和事物在某方面的发展。也可指有一定资历的新人新事胜过旧人旧事。此外,在明代《增广贤文·上集》中亦见"长江后浪推前浪,世上新人赶旧人"之说,意为"长江后浪推进前浪一步一步地前进,一浪胜过一浪。世上新人踏着前人脚步一代代地更换"。

如果直译,"后浪"译为rear waves,不少英语报道就是这么翻译的。例如,"思想中国"网站2020年5月4日载文说:"Chinese video-sharing website Bilibili released a video called *Rear Waves* in commemoration of the May Fourth Movement on 4 May."(为纪念五四运动,中文视频分享网站哔哩哔哩推出题为《后浪》的视频。)该网站还评论说:The rear waves of the Yangtze River drive on those that came before it, implying that the new generation exceeds the old. "Rear waves" has become a code word for the younger generation.(长江后浪推前浪,这意味着新一代胜过老一代。"后浪"成了年轻一代的代名词。)

另一个译法 next waves(下一个波浪)也比较常见。例如,2020年5月5日著名商业媒体36氪亚洲站(KrASIA)载文说:On Sunday, Chinese hot video-sharing platform Bilibili released a video titled "*The Next Wave*". (本周日,中国热门视频分享平台哔哩哔哩播放了一个题为《后浪》的视频。)此外,笔者还看到有 after waves(之后的波浪)、the waves behind(在后方的波浪)、new waves(新的波浪)等译法。

然而,上述这些翻译都属于直译。英语民族很难将"后浪"和"年轻一代""年轻一辈""新一代""新世代""年轻人""新生事物"等联系起来。因此,使用英语中关于"年轻一代"等上述说法来替代"后浪"更为准确,比如 younger generation(年轻一代), new generation(新一代), youngsters(年轻人)等。

笔者经过推敲,认为在上述语境中"后浪"有一种更形象的译法: rising waves。Rising(不断上升的)一词强调了浪花(即年轻一代)涌起的动作过程,他们时刻准备着汹涌,准备着奋起拼搏,不甘心在生活中沉沦。汉语原词中不管是"后"浪还是"前"浪，都侧重于先后顺序，强调结果状态，这是静态哲学思维。使用 rising 来翻译不仅活泼生动，其动态含义也更容易让人理解。

另外，世界卫生组织认为，45 岁至 59 岁为中年人，即到 44 岁为止都能算青年人。而随着我国乃至全球人均寿命不断增长，在中年人甚至更年长的人心中，势必对"青年"这一概念存有另一种的解读。他们中的一些人始终驻守着一颗年轻的心，认为自己还不是前浪，也绝不甘心作为前浪而被后浪"拍死"在沙滩上。更重要的是，他们仍时刻准备着汹涌。用 rising waves 来翻译，可以间接且巧妙地回避掉《后浪》演说中原词的歧义和不足，譬如贬低前浪之嫌或过度强调精英主义等。

如今，有人肯定《后浪》演讲这种致敬年轻人的方式，有人则批评该视频过于讨好年轻人。但有一点，世人几乎达成共识：年轻人不会简单地重蹈前一代的脚印。新一代中国人一定会更好地服务国家，造福人民，加快改革进程，参与全球治理，创造更美好的明天！

微语录·亲情

宝宝拿着两个苹果。

妈妈问：给妈妈一个好不好？

宝宝看着妈妈，把两个苹果各咬了一口。

妈妈看着宝宝，心里有种莫名的失落。

宝宝嚼了嚼，对妈妈说：这个更甜，给妈妈！

妈妈喜滋滋的，有股暖流从心中淌过。

（石　安/辑）

"国"史琐议（下）

◎ 刘志基

既然可以确定殷商无"国"，不妨再回过头来端详西周的"国"。不难发现，"或"虽可读"国"，但与当下我们所说的"国"也是不尽相同的。为此我们不妨先聊聊"何尊"中的"中国"。

近年央视播出过一部百集纪录片《如果国宝会说话》，以全新视角认识中华文化。第14集名为《何尊：这里有中国》，主题介绍词为："中国，3000年前被镌刻于方寸之间，深埋于地下。3000年后，埋藏它的泥土和这泥土连接的1045万平方公里的土地，都被它命名，叫作：中国。"这种解读，似乎颇为高大上，但或许会令人们对这个所谓最早"中国"的认识与历史真实发生一些偏离。

何尊铭文大意为：偏居西部地区的周人，灭了占据广大中部地区的殷，为了方便统治所辖疆域，所以才迁都位于疆域中部的成周（河南洛阳）。因而这个"中或（国）"就是"中部区域"的意思，其中之"或（国）"，其实是"区域"义。而"域"，在《说文解字》里正是"或"的"或体"，也就是说："或"本来就是"域"。而"域"晚出，则表明它是从"或"字分化出来的后起字。

某个区域，往往是某个国族政权的所在，于是邦国政体与自然区域之概念有时浑然难别，因此西周铭文中的"或（国）"，有些也难以区分它在上述两者中的归属。而这种混沌状态，显然是真正之"国"得以诞生的温床。到西周中期的金文里，"或"的某些出现，就只能理解为"国家"了。比如毛公鼎的"乃唯是丧我或（国）"。可以说，这个"我国"，才真的是说"我的国"。

然而，即使有此华丽转身，那时的"国"依然不能与今日的"国"相提并论。因为我们必须正视一个事实：西周金文对于"国家"这个概念的表达，主要是用"邦"而不是"国"。在整个西周金文里,表示"国家"的"邦"出现次数达到三位数,而"或(国)"的出现只有个位数。"国"和"邦"同时共存,一定是有所分工的,《周礼·天官·太宰》"以佐王治邦国"郑玄注:"大曰邦,小曰国。"

"国"的"小"的内涵,在《老子》"小国寡民,鸡犬之声相闻,民至老死不相往来"里有所体现:国可以小到鸡犬之声在两个相邻之国的全境中被相闻。都是有下民被治理,有土地被统辖的政体,谁愿意被叫小了呢?这或许就是"邦"大行其道而"国"偶尔一见的原因所在。这种情况,在西周以后一直到秦代的出土文献材料里,始终没啥变化。而此情势的逆转,实拜汉高祖刘邦所赐。因为避讳,刘邦一旦黄袍加身,就没人敢随便用这个"邦"字了。比如在张家山汉简里,只有"国"而不见"邦"。"国"从此确定了其表达"国家"概念的主流地位。而战国乃至战国前出土文献中一些以"邦"组成的词语也在先秦传世文献中变成以"国"组合的词语:"邦家"变成"国家","相邦"变成"相国","邦人"变成"国人","邦君"变成"国君"。显然,这些文献在历代传抄的过程中,受到了"邦"字避讳的影响。

纵观上述"国"之史,不难得到这样的认知:其实纠结于"国"乃至"中国"这个字词是不是更早出现,并无实际意义。就历史文化资源积累而言,我们是无与伦比的世家,有家财万贯之实,又何必争一虚名的短长。当今之我的"国",未必让先人与今人同名才好,我们曾经称"邦",甚至称"我",不是更显示了历史传承的绚烂多彩吗?而还原历史的真实,更可彰显文明古国的风范和文化实力。反之,含糊其辞的弄巧以模糊历史真实,其实是在对传统文化的认知上露了怯,非但不能让我的"国"更厉害,还可能授人以无端贬低、抹黑之话柄。当然,这个道理的适用性,并不限于咬文嚼字的范畴。

我易碎，不要踢我

（文中有十处差错，你能找出来吗？答案在本期找）

◎伯 淮 设计

某中学的教学楼大门又坏了。教导主任无可耐何，哀声叹气，看着门板上被踢出来的凹痕，摇了摇头。

他在这所学校任教数10年，这扇门换过10几次了。总有些精力旺盛的孩子，不用手开门、关门，而是用脚把门踹开，进去后再往后踢一脚，把门重重合上。再结实的门也禁不住这么折腾啊！

"到底怎么办才好？这帮学生太叛逆了，我怎么劝导都无济于世！"教导主任向校长诉苦，"这门可是用铁皮加固过的，已经很结实了。这次要不要换一扇更厚的门？您拿个主意，我马上找人来换。"

校长想了想，说："我有一个想法，不妨换一扇玻璃门吧！"

"什么？玻璃门怎么行？连铁门都被踢变型了，何况易碎的玻璃门！我看第一天就会被踢成玻璃碴！"

"我觉得不会。"校长一脸胸有成竹的样子，"先把门换了，我们试目以待。"拗不过校长，教导主任让人换了扇玻璃门。

不可思异的事发生了，几个月过去了，玻璃门并没有被踢碎。教导主任观察发现，再也没有人用脚开门了，就连那些最顽皮的学生也和过去迥然不同，每次都小心翼翼地用手开关门。

那扇玻璃门就这样把守着教学楼。它那澄沏透明的身姿似乎在告诉每一个进出的人——我易碎，不要踢我。

看图说话

高校"环伺"楼盘干吗

刘冬青

这是北京昌平区某楼盘的开盘广告，以周边有多所高校为卖点，"高校环伺"赫然在目。笔者不禁讶然，这楼盘到底怎么了，居然引来众高校"环伺"？

"伺"是个多音字，有sì和cì两个读音。"伺"读sì时，义为侦候、暗中观察，如窥伺、伺探。环伺，意思是环顾窥伺。清代王韬《变法自强》："泰西诸国之群集而环伺我者，有迫之以不得不然之势也。"环伺者通常对环伺的对象抱有企图，且多半居心不良。高校是我国培养高等人才的地方，会"环伺"一个新开的楼盘？显然不可能！"伺"读cì时，指伺候、侍奉。"环伺"似也可以理解为环绕在周围伺候。高校环绕在周边伺候着某楼盘，更是荒谬至极！

把"环伺"改成"环绕"，意思就顺了。

火眼金睛

图中差错知多少？

（答案在本期找）

李可钦　张震东　提供
李　锋　林万树

1　依然长不成苍天大树的

2

3　排渍疏捞　注意安全

4　华府小厨　订步热线：

邮政
扫码订刊
轻松快捷

淘宝
扫码购书
优惠立享

微信公众号
扫码关注
精彩无限

ISSN 1009-2390

9 771009 239203

09>

咬文嚼字

YAOWEN-JIAOZI

石榴

落叶灌木或小乔木,夏季开花,多呈橙红色。浆果,近球形,多籽,多汁,可鲜食。原产于中亚伊朗地区。为什么叫"石榴"呢?相传,汉代张骞从西域安石国引进,故曰"石"。《本草纲目》:"榴者,瘤也。"意思是,其果成熟时红红的,犹如赘瘤,故曰"榴"。

上海世纪出版集团

2020/10

欢迎至邮局订阅本刊 邮发代号 4-641
国内统一连续出版物号 CN 31-1801/H
定价:6.00元

书窗

这些文史知识你掌握了吗？

《文史百谭》陈璧耀 著

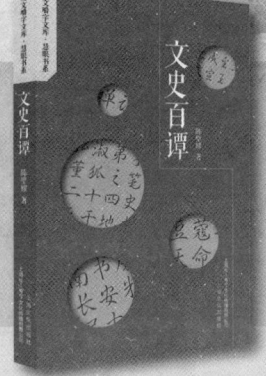

　　《文史百谭》属"慧眼书系"，旨在普及我国传统文史知识。作者选取了一百个话题，和大家一起谈谈在文史知识运用方面经常出错的一些问题，以期有益地补充读者的各种文史常识，提高读者的文学鉴赏能力和审美能力。

咬文嚼字官方淘宝店

定价：29元

书窗

一词一味，记录人间烟火
百语百态，记载风云流转

　　抢占沙发，前排吃瓜！最大的瓜就是网络流行语。本书共收录100篇文章，每篇文章考据一个网络语言现象，词源、用法、文化心态、社会心理均有所涉及，完整地记录了新时代的新词新语，以点带面勾勒出时代风貌。

《前排吃瓜——流行语百词榜》
徐默凡 主编　定价：35元

咬文嚼字官方淘宝店

"我们要用生命保卫武汉"

李晓雨 / 文　臧田心 / 画

　　武汉金银潭医院原院长张定宇,身患渐冻症,双腿僵硬,行动极为不便。在武汉抗疫战斗中,张定宇却克服病痛折磨,冲锋在前,奋战在一线。"没理由退半步,必须坚决顶上去!"他说,"在时间和生命的赛跑中,我必须跑赢……我们要用生命保卫武汉!"2020年9月8日,张定宇被授予"人民英雄"国家荣誉称号。

栏目	篇名	作者/页码
名家语画	"我们要用生命保卫武汉" 　　　李晓雨 / 文　臧田心 / 画	/ 1
前线观察	新语境与新的"神兽" 品品"爹味"	代宗艳 / 4 李　玥 / 6
锁定名人	"急先锋碰上个慢郎中"？ 影响理解的"不仅是…… 　　而是……"	刘冬青 / 8 胡礼湘 / 9
时尚词苑	"带节奏"：从网络游戏走向 　　新闻媒体 飞入汉语的六只"天鹅"	南　园 /10 高丕永 /12
一针见血	"阿堵"非"阿睹" "读书不知味"的作者不是袁枚 "明瓦"不是玻璃 "庶子"和"竖子" "舍命不渝"不能写成 　　"舍命不逾" 何来"箜竹" 不是"夸脆"是"夸脱" 是"掐"不是"拤" 腊八粥里放"姜米"？ 中国女排"备水一战"？ "点火呕烟"驱赶蚊蝇？ "戍卒"误为"戊卒"	刘曰建 /14 李可钦 /14 盛祖杰 /15 杨宏著 /16 阎德喜 /16 厉国轩 /17 王宗祥 /17 谢云秋 /18 史佳欣 /18 李延春 /19 杨昌俊 /20 辜良仲 /20
学林	简论同音代替简化法	苏培成 /21
语言哲思	三十五六也"高龄"	宗守云 /24

追踪荧屏

"多次迭电"叠床架屋	汤青武	/26
令人费解的"缘木取火"	梁德祥	/27
"祖藉"应为"祖籍"	禾 宝	/28

微型讲坛

今天,你"拍"了吗 丁 艺	陈昌来	/29
说"物"	陈运舟	/32

识物寻踪

"床"与"榻"	陈壁耀	/34

文章病院

"大厦大学"应为"大夏大学"	杨学建	/37
"刘十九"并非刘禹锡	李信宜	/38
江淹不是"南宋文学家"	李友新	/39
特朗普不是"首相"	文昌聿	/40
是"天子大蜡八",不是"天子大腊八"	李景祥	/41
莫将"罔顾"写作"枉顾"	阎心士	/42

社交新风

出口成"脏"惹人嫌	徐默凡	/43

检测窗

编校差错扫描(二十六)	王 敏	/45

万花筒

谈"三文鱼"与广州音译	杨欣儒	/48
拥抱"乐龄"	汪惠迪	/50

网言网语

"送命题",你怕了吗	张 师	/52
当代"社畜"生活指南	陈留佳	/54

说文解字

"家"中到底有没有猪	刘志基	/56

向你挑战

解开"缆绳"	梁北夕 设计	/60

顾 问

濮之珍　何伟渔
陈必祥　金文明
姚以恩

主　编　黄安靖
副主编　王　敏

特约编委

汪惠迪(中国香港)
田小琳(中国香港)
林国安(马来西亚)
吴英成(新加坡)

责任编辑　施隽南
　　　　　　何中辰
　　　　　　朱恺迪

通　联　戚新蕾
封面设计　王怡君

特约审校

蔡维藩　陈以鸿
李光羽　王中原
张献通　黄殿容

凡本刊录用的作品,其与《咬文嚼字》相关的汇编出版、网上传播、电子和录音录像作品制作等权利即视为由本刊获得。上述各项权利的报酬,已包含在本刊向作者支付的稿酬中。如有特殊要求,请在来稿时说明。

新语境与新的"神兽"

◎代宗艳

今年以来,"神兽"一词迅速走红,成为热门词。生活中,很多80后、90后的家长们常谈的话题便是"你家神兽最近在家听话吗?""你家神兽网课上得怎么样?"等等。今年,新冠疫情牵动着全国人民的心,全民进入到一场没有硝烟的防控阻击战之中,"云生活"成为新常态。与此同时,在家上网课的未成年孩子们多了一个昵称——"神兽",在报刊、电视、网络等各大平台上流行开来。例如:

(1)2020年的寒假过得太不寻常,受疫情影响开学推迟,超长假期让不少家有"神兽"的家长们备感压力。(《中国青年报》2020年3月25日)

(2)疫情之下,小神兽们已在家"闷"了数月,不少家长开始焦虑。(《北京晚报》2020年7月7日)

"神兽"一词最早出现于中国古代民间神话传说中,是指以天象四灵(青龙、白虎、朱雀、玄武)为代表的可见于中国经典中的生物,这些生物在现实中大多无法找到实体,但其形象的组成物则源于现实。这些"神兽"常见于传统建筑和历史文物中,都是为了"祛邪、避灾、祈福"。例如:

(3)最高深莫测的三星堆青铜器,还是非青铜神坛莫属:它分为上下叠落的三层,底层是一对头尾相向的神兽,中层为四立人及头顶的山峰,上层有建筑及人物、飞鸟等造型,其中,建筑四面镂空,每面内铸一排五个跪坐人像。(《中国青年报》2019年9月12日)

流行词"神兽"通过隐喻机制,在潜意识中激发了人们头脑中的各种关于"神兽"的原型意象,其喻指义的形成得益于相似性的语义联想。如今的孩子们活泼可爱,却又调皮捣蛋,还智商超群,在培养孩子的过程中,家长们需要斗智斗勇,使出各种招数,犹如和"神兽"相斗。例如:

(4)受新冠肺炎疫情影响,柳方艰巨的"教养神兽"任务早已超过寒假的29天,直逼四个月。(《中国妇女报》2020年5月12日)

(5)随着各地中小学期末考试的结束,孩子们最喜欢的暑假终于开始了。归笼不久的"神兽"又出笼,爸爸妈妈们纷纷表示"压力山大"。(《中国青年报》2020年7月31日)

(6)"神兽"宅家,如何共舞？(标题,《海南日报》2020年3月26日)

语言在人们的使用中不断发展演化,随着人们认知的变化,词的意义也随之发生改变,而词义的改变常以语境变化为诱因。在汉语中,"神兽"基本都是用来表示上古祥瑞之兽,是在神话传说中诞生的生物,带有褒义色彩。当前,在全民战疫的新语境下,"神兽"的意义发生了转移。今日之父母将自己家的未成年孩子比作"神兽",称为"神兽",就其感情色彩而言,是又褒又贬、褒贬共存的：贬,因为"调皮捣蛋",麻烦不断；褒,因为"活泼可爱",况且毕竟是亲生骨肉啊。

微语录·亲情

爸爸去理发店染了一次发,花白的头发顿时变成乌黑。

儿子问：爸,您都60了还染头发干吗啊？

爸说：过两天我要回老家。

每次回老家前,爸爸都把头发染黑。他想以年轻点的样子见奶奶,如果爸爸还年轻,奶奶就不会觉得自己老了。

(崔国胜/辑)

品品"爹味"

◎李 玥

在与新冠病毒轰轰烈烈的斗争中,最令人肃然起敬的是我们的白衣天使。其中,张文宏医生的名字可谓家喻户晓,令人赞不绝口的是他认真负责的工作态度、实事求是的科学精神以及平易近人的谈吐举止。年轻的网友被这位长辈折服,一致赞叹他的身上没有一点"爹味"。那么,"爹味"是什么?为什么年轻人对"爹味"这么反感?不必迷惑,让我们从身边的"严父"形象谈起。

对大部分80后、90后来说,父亲往往在外忙于事业,很少对家里的小事操心,但一旦插手,必定会拿出说一不二的绝对权威来。大到大学的报考,小到周末的活动,不管你愿不愿意,父亲在这个家里都有一票否决权。而父亲的说教呢,往往缺少温言细语的沟通分析,而是拿出"我是你爸爸,你就该听我的"的架子来。有些控制欲较强的父亲,甚至会对子女的一言一行都加以约束管教,稍不遂心便横加指责。这种传统父权社会中的父亲形象就成了"爹味"一词的来源,大多数年轻人看到这个词后,在脑海中立马浮现出这个集"控制欲""权威性""说教"于一身的男性长辈形象,并在心里暗自点头——形容得真贴切呀!

结合我们的家庭经历,"爹味"中的"爹"已经不再是真正的"父亲",而是通过语义泛化变成了带有爹的性格气质的人,这种人身上那种特有的权威味道,成了"爹味"的真实意义。这种来自长辈的权威性在不同语境下是可褒可贬的。如果"爹味"一词是用来形容适当场合下对年轻人的引导,则不失为认真负责、一锤定音的权威偶像;但如若是不分场合的"瞎指挥",不免让人将"爹味"一词与妄自尊大、自诩权威相联系。我们都尊敬学识渊博、威而不怒的老教授,会心怀敬意地聆听他引人入胜的讲演,会满心感激地接受他条分缕析的学术指导。但鲜有人会对颐指气使、盛气凌人的领导产生好感,尤其是在他本身并不具备与其地位相匹配的专业知识,却要下属事事服从的情况下,对"爹味"的反感也由此上升到了极点。

在网络语言的进一步应用中,"爹味"的描写对象从男性长辈泛化到了一切"以权威姿态示人"的说教者。他们可以是年轻人,可以是女性,甚至可以是年轻的姑娘,包括因为下属直呼了自己名字而斥责"你是什么身份"的领导,劝你"不听老人言,吃亏在眼前""我吃过的盐比你吃过的面多"的七大姑八大姨,劝女生"不要学理科""早点找个男人嫁了"的闺蜜好友……只要他们符合"自以为是、瞎摆权威"的定义,都可以看作"爹味"十足。

"爹味"形象之所以引人反感,与社会的发展息息相关。新一代年轻人对于自身独立性和平等性的要求日益提高,对传统父权发起了挑战;知识结构的日新月异,使得老一辈的经验不能成为指导日常行为的唯一标准;自媒体的发展使得年轻人在网络空间有了更多的话语权……这样的发展趋势也对传统权威们提出了更高的要求,那些德不配位、自恃身份的假"权威"不免会经不起实践的考验而被鄙视,只有那些以理服人、实事求是、平易近人的真"权威"才能得到更多人的拥戴。对家庭中真正的"爹"来说也是如此,枯燥无味的说教不能使孩子学有所成,只有选择适当的教育方式,少一些高高在上的说教,多一些心贴心的沟通,方能事半功倍。

锁定名人

"急先锋碰上个慢郎中"？

◎刘冬青

近读作家方方2012年的著作《武汉人》（南京大学出版社2012年6月出版），对武汉的风土人情、名胜古迹、历史传说等有了进一步的了解。书中对武汉人"性子急、火气大"的刻画，尤为传神，第184页有这样一段描写："而性子急的原因再往深处研究，实在是与武汉这种大冷大热的天气有着密切的关系。武汉的天气迫使武汉人这样地塑造了自己的性情。而一个人的性格在很大程度上都左右着他的欣赏习惯和爱好，所以像《爱你没商量》这样慢慢地道来，没完没了地说话，说的又是些与自己不相关的人事，武汉人能有几个人爱看呢？'急先锋碰上个慢郎中'，换台还不是必然？"

"急先锋"本义指战场上冲锋陷阵的打头阵者，后比喻冲锋在前，积极带头去做的人。"郎中"指医生。"先锋"和"郎中"属于"风马牛不相及"的两个行当，"急先锋碰上个慢郎中"的说法，值得商榷。查阅由吴建生、温端政主编的《惯用语辞海》（上海辞书出版社2018年12月出版），"急先锋碰上个慢郎中"应该改为"急惊风碰了个慢郎中"。

急惊风，中医里指小儿因高烧而引起的抽风，是一种比较紧急的病。"急惊风碰了个慢郎中"义为患急病却遇到慢腾腾的医生。比喻事情紧急偏碰上做事磨蹭或有意拖延的人，缓不济急。也作"急惊风遇了个慢郎中""急惊风遇着慢郎中""急惊风撞着慢郎中"等等。明代凌濛初《二刻拍案惊奇》卷三十三："此时富家子正是'急

影响理解的"不仅是……而是……"

◎胡礼湘

路遥的《平凡的世界》第一部第2章中有这样一段话:"他(孙少平)渴望穿一身体面的衣裳站在女同学的面前;他愿自己每天排在买饭的队伍里,也能和别人一样领一份乙菜,并且每顿饭能搭配一个白馍或者黄馍。这不仅是为了嘴馋,而是为了活得尊严。"最后一句中"不仅是……而是……"让人感到别扭。

"不仅"作连词时,义同"不但",用在表示递进的复句的上半句里,下半句里通常有连词"而且、并且"或副词"也、还"等相呼应。"而且"作连词,可以表示进一步,前面往往有"不但、不仅"等跟它呼应。例如:"他们不仅提前完成了生产任务,而且还支援了兄弟单位。"作为关联词,"不仅"与"而且"是配套的。"不是"与"而是"也是配套的,通常用在并列关系的复句中。例如:"挫折不是高不可攀的高山,而是我们前进的动力。"

前引文中,"不仅是为了嘴馋,而是为了活得尊严"杂糅了递进、并列两种关系,造成结构混乱,影响读者理解。根据语境可推知,作者这句话中的"嘴馋"和"活得尊严"表达的应是递进关系,把"不仅是……而是……"改为"不仅是……而且是……"就通顺了。

惊风撞着了慢郎中'。"前引文中,方方想说的是武汉人大部分性子急,节奏缓慢、台词琐碎的电视剧很难引起他们的兴趣和共鸣,这里用"急惊风碰了个慢郎中"是符合文意的。

时尚词苑

"带节奏":从网络游戏走向新闻媒体

◎南 园

2020年7月17日,国务委员兼外长王毅同俄罗斯外长拉夫罗夫通电话。王毅外长说了下面一段话:"美方在对华政策上重拾臭名昭著的'麦卡锡主义'和早已过时的'冷战思维',蓄意挑起意识形态对立,突破了国际法和国际关系基本准则的底线。中方不会被美国少数反华势力带节奏,但将坚定捍卫自身正当利益与尊严。"(参见《人民日报》2020年7月19日)看到这个"带节奏",年轻人"秒懂",年纪大的却可能不甚了了。"带节奏"是什么意思呢?

"节奏"一词,除了指"音乐中音的强弱、长短有规律地交替出现的现象",还经常用来比喻"连贯的、有规律的进程、状况"。比喻义的"节奏",体育比赛中用得比较多,特别是排球、篮球等团队比赛中。比如:"郎平:队员能守住节奏就是进步"(标题,《新闻晨报》2013年5月23日)。又如:"在新赛季的火箭比赛中,保罗将要负担起带动球队节奏的重任,这也是他最擅长的。"(《NBA特刊》2017年第20期)

近年来,多人联机在线战术竞技类型的网络游戏,比如美国拳头公司推出的《英雄联盟》,跟排球、篮球等团队比赛一样,场上也需要有带动节奏的"英雄"。他熟悉比赛的规律性进程和状况,有能力带领队友推动本团队的比赛节奏,同时打乱对方的节奏,去夺取胜利。《英雄联盟》里,有一个术语"carry"。日常英语里,动词"carry"的本义是"携带,搬运",引申义之一是指"(团队比赛中)强者带领弱者,(比赛中)采取主动"。网络游戏术语"carry"的意义就是这个引申义的再次引申。

很快,中国游戏玩家把线下与"节奏"有关的说法带到了线上游戏里,还用来翻译用作动词的游戏术语"carry",一般写为"带动……节奏、带动节奏"等。比如:"我们在平时打路人局的时候,经常会见到那种争先恐后抢后期英雄的队友,自己只好选择前期英雄来带动比赛节奏,这也就是所谓的'一保四'。"(《电子竞技》2012年第1期)(路人局:由五个互不相识的人组成的战队;一保四:路人局中,配合意识和奉献精神都不强,所以必须有一个带动节奏的。)游戏里,"carry"还可以用作名词,指"带动比赛节奏的英雄"。

如今,线上游戏中的"带节奏"一词,来到了线下,并流行起来。现在常见常用的"带节奏",多数用作动词,一般指"推动事物发展的进程,让别人在想法上、行动上跟随自己"。有时,也用作名词,指"带节奏的行为"。比如:"面对'带节奏',如何具有免疫力"(标题,《解放日报》2020年4月17日)。

"带节奏"是中性词,可以根据上下文判断是褒义的还是贬义的。比如:"用好角'带节奏'用好戏聚人气——上海京剧院新春亮相城市剧院"(标题,《新民晚报》2019年2月7日)。这个标题里的"带节奏"是褒义的。王毅外长所说"中方不会被美国少数反华势力带节奏"里的"带节奏",则是贬义的。"带乱节奏""带偏节奏""带歪节奏"这三个常见的"带节奏"扩展形式,结构里有"歪"等词,贬义色彩就更明显了。比如:"中美关系不能被少数政客带歪节奏"(标题,《人民日报海外版》2020年8月4日)。

飞入汉语的六只『天鹅』

◎高丕永

近十多年来,已经有六只不同颜色的"天鹅"从英语飞入汉语。

最早飞来的是"黑天鹅"。19世纪以前的欧洲人,坚信所有的天鹅都是白的。"黑色天鹅"的说法,只是古罗马讽刺诗人尤维纳利斯(Juvenal)诗句里的一个比喻。1790年,在澳洲发现了黑天鹅。这惊呆了欧洲人。后来,英语借入了这个拉丁文比喻,译为"black swan",喻指"极其少见的人或物"。2007年,美国纽约大学风险控制学教授纳西姆·塔勒布(Nassim Taleb)在他的著作 *Black Swan* 里,用"black swan"指"小概率、难以预测的惊人风险或危机"。比如:"在全球产业链、供应链密不可分的今天,新冠肺炎疫情这只'黑天鹅',让世界近乎每个角落都感受到了它的影响。"(《人民日报》2020年3月28日)

接着飞来的是黑白混合而成的"灰天鹅"。2009年4月12日,芝加哥商品交易所终身名誉主席利奥·梅拉梅德(Leo Melamed)在北京大学发表演讲,认为2008年爆发的全球金融危机不是"黑天鹅"而是"灰天鹅(grey swan)"。"灰天鹅",意思是"可以预测的惊人风险或危机"。比如:"中国经济为什么不会成为'灰天鹅'?从历史看,自改革开放以来,所有关于中国经济崩溃的'预测'都不攻自破;从现实看,中国经济的良好表现也已经给出了确切答案。"(《新华每日电讯》2013年3月3日)

第三只飞来的"天鹅"令人头晕目眩。2011年7月,《华尔街日报》专栏作家杰森·史威格(Jason Zweig)用"neon swan(霓虹天鹅)"指"闪闪发光扑来的惊人风险或危机"。比如:"苹果iPad平板电脑带来'霓虹天鹅'效应台湾信息电子制造业陷入困境"（标题，《海峡科技与产业》2013年第3期）。

2015年6月，特朗普宣布参选美国总统。媒体上出现了第四只"天鹅"——"orange swan（橙天鹅）"，指"特朗普当选引发的巨大风险或危机"。比如："知名零售外汇经纪商安达（OANDA）市场策略师Jeffrey Halley周三（10月12日）表示，随着美国总统大选日益临近，投资者可以低于1个月前水平的价格买入黄金，以此对冲共和党总统候选人特朗普（Donald Trump）赢得大选这一所谓的'橙天鹅'风险。"（FX168财经报社香港讯，2016年10月12日）为什么是橙色的呢？因为工业安全用色中，橙色代表"危险！"。

2018年1月，第五只"天鹅"飞来了。德国特里尔大学中国政治经济学教授韩博天（Sebastian Heilmann）的 *Red Swan* 出版。作者肯定了中国独特有效的政府治理方式和制度创新，但预言因为红色中国的非常规决策过程难以预测，继续发展将会给西方带来惊人的风险和危机。这就是所谓的"红天鹅"。例如："该书认为，中国象征着对社会科学的'红天鹅'式的重大挑战。"（《海外传播》2018年第4期）

2020年1月，飞来了第六只"天鹅"。国际清算银行（Bank for International Settlements, BIS）推出 *Green Swan* 一书，警告人们需要及时关注"绿天鹅（生态破坏引发的巨大风险或危机）"。比如："避免气候变化带来的真实风险，需要世界各国的切实行动。……这样的行动越多，'绿天鹅'的风险才能被抑制，人类期盼的绿色福祉才会不断增加。"（《人民日报》2020年2月18日）

可见，"黑天鹅"之后飞来的其他五只"天鹅"，都继承了"黑天鹅"构造和意义的"基因"。此外，这六只用于比喻的外来"天鹅"，改变了中国人自古以来对飞禽天鹅（鹄）的美好印象。

"阿堵"非"阿睹"

◎刘日建

《人民日报》2020年6月3日第20版刊有《"言有物"与"言有序"》一文,其中说道:"《江淮八记》所写宣纸、安茶、构树、量子、中都城、杏花村、桃花潭和'安大简',看似仍在写物,但物背后的'人'每每借助于'物'而熠熠生辉,正所谓'传神写照,正在阿睹中'。"这里的"阿睹"应为"阿堵"。

"传神写照,正在阿堵中"语出《世说新语·巧艺》,讲著名画家顾恺之画人物,或数年不点睛,旁人不解,问他其中有什么缘故,顾恺之回答:"四体妍蚩,本无关于妙处,传神写照,正在阿堵中。"即说人像要画得传神,关键在这个眼睛上。"阿堵"在晋朝是个口语,义为这、这个。关于"阿堵",晋朝还有一个故事:玄学清谈领袖王夷甫有雅癖,从不言"钱",有一次其妻故意绕床堆铜钱,王夷甫晨起呼婢"举却阿堵物"(搬走这个东西),仍不言钱。此后"阿堵物"便成了钱的代名词。

误"阿堵"为"阿睹",恐是"堵""睹"两字音同形近所致。

"读书不知味"的作者不是袁枚

◎李可钦

2019年1月15日《富阳日报》第10版刊有《人间寻味》一文,其中写道:"袁枚有一首小诗云:'读书不知味,不如束高阁。蠹鱼尔何如,终日食糟粕。'可见,写文章最怕写不出味道来,而读文章最可叹的是'不知味'。"引文中这首诗有多个版本流传,尤其是后两句,不同版本用词略有出入。这里是"尔何如"还是"尔何知",是"食糟粕"还是"会糟粕"姑且不论,这首诗的作者肯定不是袁枚。

这首小诗出自袁枚的《随园诗话补遗》卷十第五十则:

"榆村又有句云：'读书不知味，不如束高阁。蠹鱼尔何如，终日食糟粕。'此四句，可为今之崇尚考据者下一神针。""榆村"是谁？《随园诗话补遗》中还有这样一段话："余摘近人五言可爱之句，如费榆村之'水清鱼可数，树秃鸟来稀''苔新初过雨，石古欲生云'……"（卷十第四十九则）可见，"读书不知味"这首诗的作者是费榆村，袁枚只是在自己著述的诗话中引用，然后发表自己的看法。这首小诗虽载入袁枚的《随园诗话补遗》中，但并不是他的诗作。

"明瓦"不是玻璃

◎盛祖杰

《新民晚报·夜光杯》2020年3月11日刊载的《明瓦》一文中写道："明瓦就是一块玻璃，一块平平整整的玻璃；尽管有的盖瓦的房子，明瓦被做成瓦的形状，但它的本质还是玻璃，是透明的玻璃。"这显然是一种误解。

明瓦是老式房屋镶嵌在屋顶或窗格子上、用以采光的半透明薄片。在玻璃被引进中国之前，我国的工匠们创造性地加工制作了这种透光的建筑材料。《广东通志·舆地略十六》："海镜……又名蚝光。其肉为蛎黄，可为酱；其壳为明瓦，圆如镜。崖州产者佳。""蚝"即牡蛎，它的壳经加工磨制可得半透明薄片，嵌于窗间或顶篷上以取光，称为明瓦。镶嵌这种蛎壳片的窗户，吴方言称"蠡（lí）壳窗"，清黄景仁《夜起》诗："鱼鳞云断天凝黛，蠡壳窗稀月逗梭。"如今，保留着蠡壳窗的古建筑已极其罕见。

此外还有一种制作方法，清代《秦淮志》记载："羊角灯者，旧为金陵特产。用羊角煎熬成透明液，和以彩色，凝而压薄成片，谓之明瓦；制得灯罩，谓之羊角灯。金陵街市有明瓦廊，皆制此者也。"在南京，"明瓦廊"这一街名沿用至今，至于明瓦实物,今已难觅。

"庶子"和"竖子"

◎杨宏著

《京华名士袁寒云》(中国社会科学出版社2004年1月出版)讲述了"民国四公子"之一袁寒云的生平。袁寒云本名袁克文,字豹岑,号寒云,为袁世凯的次子,上有一兄长袁克定。书中有这样一段话:"克定说:'不如挥兵北上,杀进皇宫,拥戴父亲做皇帝!'袁世凯何尝不想?只是……(认为)克定志大才疏,如任其胡闹,会坏大谋的。于是他火冒三丈地骂道:'庶子坏我大事!……你是不是想害死我?'"这里的"庶子"用错了,应改用"竖子"。

竖子,指未成年的仆人,也可以指小孩儿。后用作对人的鄙称,犹今言"小子",《战国策·燕策三》:"荆轲怒叱太子曰:'今日往而不反者,竖子也。'"前引文中,袁世凯为了打消袁克定冲动胡闹的想法,而用"竖子"责骂他,是符合语境的。

"庶子"旧时指妾生的儿子,与"嫡子"相对。《史记·万石张叔列传》:"御史大夫张叔者,名欧,安丘侯说之庶子也。""庶子"在古代也曾作为官名使用。袁克定是袁世凯与原配于氏所生的嫡长子,因而不可用"庶子"。

"舍命不渝"不能写成"舍命不逾"

◎阎德喜

2020年第4期《随笔》所刊《呆子与坏呆子》一文谈到了顾炎武推崇东汉的"风俗之美",其中说道:"他指出,当时'朝政昏浊,国事日非,而党锢之流,独行之辈,依仁蹈义,舍命不逾……'"这里"舍命不逾"有误,正确的写法应是"舍命不渝"。

渝,义为改变、违背,"舍命

不渝"义为即使献出生命也不改变。语出《诗经·郑风·羔裘》:"羔裘如濡,洵直且侯。彼其之子,舍命不渝。"羔裘是古代大夫上朝时穿的官服,这两句诗赞美了穿羊皮袍子的官员正直美好,有舍命为公志不变的气节。用"舍命不渝"形容顾炎武口中的"党锢之流"和"独行之辈"是符合文意的。查顾炎武《日知录》,原文即"舍命不渝"。

逾,义为超过、越过。"舍命不逾"难以说通。误"渝"为"逾",应是两字音同形近所致。

何来"箜竹"

◎厉国轩

2020年6月2日《上海老年报》第5版《海风琴的体验》一文说:"洞里的声音要比外界听到的声音更清晰、更浑厚,轰轰如飞机,嗡嗡如箜竹。"此处"箜竹"应是"空竹"。

空竹是中国民间游艺活动玩具,用竹木制成,在圆柱的一端或两端安上周围有几个小孔的圆盒,用绳子抖动圆柱,圆盒迅速旋转,会发出嗡嗡的声音。

"箜"即箜篌,是中国古代拨弦乐器名。形制分卧式、竖式两种,弦数因乐器大小而不同。卧箜篌传为汉武帝时乐人侯调所造(见应劭《风俗通》)。

上述文章中提到的声音是"嗡嗡"作响的,所以应是"空竹",而非"箜竹"。

不是"夸脆"是"夸脱"

◎王宗祥

浙江文艺出版社2020年1月出版的潘庆舲译《瓦尔登湖》中的《种豆》一文说,"我"种豆子大约两英亩半岗地,收获了大约十二蒲式耳豆子,并将种豆子的开支和收入列了表格。其收入表格写道:"我的收入来自:售出九蒲式耳十二夸脆豆子16.94元……"(第155页)全书只写"豆子",并无"脆豆子"的说法。许崇信、林本椿译《瓦尔登湖》(译林出版社2017年5月出版)作"出售9蒲式耳12夸脱豆子"(第117页)。可见,此处"夸脆"应是"夸脱"。

"蒲式耳"和"夸脱"都是英美计量容积的单位,"蒲式耳"是英语"bushel"的音译,"夸脱"是英语"quart"的音译。1蒲式耳等于32夸脱。在英国,1夸脱等于1.137升。在美国,1液夸脱等于0.946升,1干夸脱等于1.101升。"夸脱"不可误为"夸脆"。

是"掐"不是"拤"

◎谢云秋

《京江晚报》2020年3月27日A13版《徽子的美味》一文中写道:"待大人拿出一把徽子分给孩子们后,孩子们会将自己分得的一根用指甲拤成一小节一小节,放到嘴里慢慢咀嚼,细细品味。"这段话中"拤"字用错了。

拤,音qiá,义为用双手掐住,如拤着腰。而上述引文中,孩子使用指甲把徽子截成小段,显然不是通过"拤"这个动作完成的。这里正确的应该是"掐"。掐,音qiā,其中有一个义项是用指甲按,用拇指和另一个指头使劲捏或截断。《红楼梦》第一回:"雨村遂起身往外一看,原来是一个丫鬟在那里掐花儿。"

"拤"和"掐"读音相近,但表示的动作相去甚远,不可混为一谈。

腊八粥里放"姜米"?

◎史佳欣

《三秦都市报》2020年1月3日A7版刊有《一碗腊八粥 暖了众人心》一文,其中写道:"已经喝上了热粥的保洁员张师傅一边用勺子搅着粥一边说:'里面有姜米、麦仁、玉米粒、黄豆、芸豆、核桃仁、莲子、桂圆、胡萝卜、豆腐、木耳,喝着热乎,香!'"这里的"姜米"有误,应为"江米"。

江米,是用糯稻碾出的米,性质较一般米更黏软,可煮粥制糕点,还可以酿酒。南方多称"糯米",而北方一些地区习惯称"江米"。清代刘献廷《广阳杂记》卷五:"稻有水旱二种,又有秋田,其性黏软,故谓之糯米,食之令人筋缓多睡,其性懦也,作酒之外,产妇宜食之。又谓之江米。"

姜米通常指姜洗净去皮,切成粒状,因形似米粒所以叫姜米,以区别于姜末。腊八粥属甜食类的饭食,其所用食材中从未见有姜米的,如果加些生姜类辛辣的东西,吃起来恐怕也不是个味。把"江米"误为"姜米",当是音同所致。

中国女排"备水一战"?

◎李延春

2020年7月16日《中国电视报》B3版《中国女排展开第二期集训》的报道中这样说道:"在执教中国女排的两个奥运周期里,郎平带领球队走向了辉煌,特别是在里约奥运会中,中国女排与巴西女排的备水一战尤为经典。"这句话中"备水一战"当为"背水一战"。

"背水一战"是个成语,语出《史记·淮阴侯列传》:"信乃使万人先行,出,背水陈(阵),赵军望见而大笑。"说的是韩信率领军队攻打赵国,赵王在阱陉口陈兵二十万迎战。得知双方兵力悬殊,韩信指挥军队背靠河水摆开战斗队列。交战时,背水结阵的士兵因为没有退路,全力猛扑赵军,最终取得胜利。"背水"即背向着水,背向水作战,表示后无退路。后来"背水一战"用来比喻处于绝境之中,为求出路决一死战。

在里约奥运会上,中国女排与巴西女排在1/4决赛中对决,在大比分落后的情况下,郎平指挥女排队员奋力拼搏,最终反败为胜。这里用"背水一战"是符合语境的。"备水一战"难以索解。

表达的意思。

"点火呕烟"驱赶蚊蝇?

◎杨昌俊

2020年7月16日《西安日报》第8版刊有《父亲和牛》一文,其中写道:"看到受伤和烦躁不安的黄牛,父亲于心不忍,晚上只好在牛圈用麦糠点火呕烟,驱赶蚊蝇,有时半宿都不睡。""点火呕烟"应为"点火烀烟"。

烀,读ǒu,指柴草等没有充分燃烧而产生大量的烟。如:他不会生炉子,结果烀了一屋子的烟。也可表示使柴草等不起火地燃烧,还指用燃烧艾草等的烟驱赶蚊蝇,如烀蚊子。

呕,也读ǒu,义为吐。如"呕吐"指恶心而吐出胃中之物,又如"呕心沥血"形容费尽心思和精力,多用于文艺创作。

如上文所述,父亲以燃烧麦糠冒烟的方法来帮黄牛驱赶蚊蝇,用"点火烀烟"符合作者

"戍卒"误为"戊卒"

◎辜良仲

《廉政瞭望》2020年第4期《文化·文艺汇》栏刊登《宽窄巷子话"宽严"》,文章如是数典陈胜、吴广揭竿而起:"该宽不宽是为酷,该严不严是为纵。秦国统一六国后,实行严刑峻法,900余名戊卒因不能按期抵达渔阳被迫揭竿而起,揭开了中国农民起义的序幕。"这里的"戊卒"应为"戍卒"。

"戍"和"戊"因为字形相近,在日常生活中经常会出现混淆的情况。"戍"音shù,古文字作𢍗,象人持戈之形,义为防守边疆。"戍卒"即"守在边地的士兵"。参与陈胜、吴广大泽乡起义的均是被征发前往渔阳戍边的贫民,称"戍卒"是合适的。

"戊"音wù,为天干的第五位,"戊卒"用在这里不知所云!

简论同音代替简化法

◎苏培成

新中国推行简化汉字采取的方针是约定俗成。一个繁体字需要简化,采取什么样的简化方法,采取什么样的简化字,不是由哪个人随意决定的,而是根据多数民众的使用习惯确定的。按照这样原则选定的简化字有群众基础,才便于推行。《汉字简化方案》采用多种简化方法把两千多个繁体字简化为简体字,其中有一种方法是同音代替,同音实际上包含了近音。这种方法就是找一个与被简化的繁体字读音相同或相近的形体较为减省的字来代替该繁体字。这也就是把该繁体字的音义改由那个简化字来承担。这个方法的优点是不仅可以减少笔画还可以减少字数,从繁到简的转换没有问题,可是从简到繁的转换容易发生困难。当前我们的汉字生活主要用简化字,可是有时也要用到繁体字,实际存在由简到繁转换的需要。自1956年我们开始推行简化字,现在70岁以下的人从小学的就是简化字,对繁体字并不熟悉,所以由简到繁转换时出错的事例很常见。下面我们举出几组使用同音代替简化法的字例略作分析,供读者参考。

一、澱简化为淀。在繁体文本里澱和淀是音同而意义不同的字,澱是澱粉、沉澱的澱,淀指浅水湖泊,多用于地名,如海淀、白洋淀的淀。用淀代替澱,就是把澱粉、沉澱的澱改为淀,澱停止使用。由繁到简比较容易,没有问题;而由简到繁进行转换时,要把简化字文本里淀字区分为沉淀和浅水湖泊两部分，然后才能实现转换。我们常见的误用是把所有的淀都改为澱，于是海淀、白洋淀就错成海澱、白洋澱。

二、穀简化为谷。在繁体文本里穀指穀物，谷指山谷。这两个字的字义不同，只是读音相同。把穀简化为谷，就是把穀的意义由谷来承担。一旦需要由简化字转换为繁体字，就要把谷的字义分为谷物和山谷两部分，才能实现正确的转换。可是有人误以为所有的谷都要改为穀。例如裕字本指衣物富余，是从衣谷声的形声字。可有人误以为裕里的谷指穀物，就把裕字讲为从衣从谷的会意字，意思是丰衣足食。这就误解了裕字的字义和结构。

三、瞭简化为了。繁体字瞭有两个常用的音义：一个读 liǎo，意思是明白、懂得，例如：瞭解、明瞭、瞭如指掌、一目瞭然；另一个读 liào，意思是远望，例如：瞭望。汉字简化时，读 liǎo 的瞭简化为了，"瞭解、明瞭、瞭如指掌、一目瞭然"简化为"了解、明了、了如指掌、一目了然"，而读 liào 的瞭不简化。有人误以为所有的"瞭"都简化为了，于是"瞭望"就简化为"了望"。

四、係繫简化为系。繁体字係、繫、系都读 xì，但意义不同。係的意义是：①关联。如：干係。②是。如：确係实情。繫的意义是：①关接。如：联繫、维繫。②牵挂。如：繫恋、繫念。③拴，绑。如：繫马、繫缚。④拘禁：繫狱。⑤把人或物捆住后往上提或向下送。如：从井里把打满了水的桶繫上来。系的意义是：①系统。如：派系、水系、语系、世系、直系、太阳系。②高等学校按学科分出来的教学单位。如：中文系、化学系。③地层系统分类的第三级。如：侏罗系、白垩系、三叠系。汉字简化时把係、繫简化为系，这就是把上述係、繫、系的各项意义全由系字承担。如果要实现由简到繁的转换，简化字系的意义要按这三个字的原来的意义分为三组，然后分别确定相应的繁体字。因为我们许多人不熟悉繁体字,这是很不容易做好的事。此外,系和繫还读为jì,指打结,扣。如:系鞋带、系围裙、把领扣系上。转换时情况就更为复杂。要做好这类转换,必须仔细研读规范的语文工具书,努力避免出错。

五、矇濛懞简化为蒙。繁体字矇、濛、懞、蒙是意义不同的字。下面列出读méng时的主要意义:

矇:眼睛失明。如:矇瞍。

濛:①形容雨点等很细小。如:细雨其濛。②【濛濛】云雨密集。如:雾露濛濛。

懞:朴实敦厚。如:敦懞(宽厚)。

蒙:①遮盖。如:蒙头盖脑。②蒙蔽。如:蒙哄、蒙混。③承受。如:蒙受、蒙羞、蒙你关心。④蒙昧。如:启蒙。⑤姓。

此外,懞还读měng。如【懞懂】昏昧,糊涂。蒙还读① mēng,昏迷。如:头发蒙。② měng,蒙古族。

汉字简化时把矇、濛、懞简化为蒙,这就是把上述矇、濛、懞的各项音义全由蒙字承担。合并简化还比较容易,可是如果要实现由简到繁的转换,是很复杂很不容易做好的事。

我们列举上述字组,想说明汉字的繁简转换和简繁转换的复杂情况。新中国的汉字简化工作取得了重大成绩,方便了汉字的学习和应用,我们要继续坚持汉字简化的方向不动摇。汉字是传统文化的重要部分,要长久使用下去。汉字历史悠久,形音义的演变非常复杂。如果只在现代汉语这个层面来讨论还相对单纯,如果涉及古代汉语就极为复杂。汉字的易学便用,依旧是汉字研究和汉字教学中需要继续坚持的目标。

三十五六也"高龄"

◎宗守云

说到"高龄",我们首先会想到七八十岁以上的老人,这是生理意义的"高龄"。而在婚恋领域,三十五六岁也可能是"高龄",例如:

(1)每遇街坊同事,唯一要做的,便是推销她的女儿。她竟然对一位离过婚、三十五岁高龄的小老板动过心思。(刘荣书《虚拟爱情》,《福建文学》2019年第7期)

(2)房间有一位研究化学的女博士,已三十六岁高龄,她刚经历了一场刻骨铭心的失恋。(房伟《格陵兰博士逃跑计划》,《青年文学》2020年第5期)

从生理年龄看,三十五六最多算是中年,距离"高龄"还差得很远,但在婚恋领域,如果到三十五六岁还没有婚恋对象,就常常被认为是"大龄"或者"高龄",就像例(1)(2)那样,当然例(1)(2)作为文学描写,稍微有点夸张的意味。

年龄是人或动植物已经生存的年数〔《现代汉语词典》(第7版)〕。最典型的年龄用法是指人已经生存的年数,这就是人的生理年龄,又叫实际年龄或自然年龄。人的生理年龄可以延伸到自然领域,就是动植物已经生存的年数,比如"狗的年龄、树的年龄"等,当然也包括非生物已经存在的年数,比如"地球的年龄、泰山的年龄"等。人的生理年龄可以比照到心理领域,就是心理年龄。一般情况下,人的生理年龄和心理年龄是同步的,到哪个生理年龄阶段,就有相应的心理年龄特征对应。但在特殊情况下,人的生理年龄和心理年龄不同步,就出现"早熟、早衰、少年老成、巨婴、返童族"等现象。人的生理年龄还可以映射到社会领域,包括婚恋领域、体育领域、学术领域等,在这些领域,人的生理年龄阶段被映射到相应的时间阶段。比如,在婚恋领域,二十岁以前被视为低龄婚恋,二十岁到三十岁被视为适龄婚恋,三十岁以上被视为大龄婚恋或高龄婚恋。

从认知语言学看,人的生理年龄向社会领域的映射,是隐喻现象。隐喻是从前一个认知域到后一个认知域的映射,前一个认知域是"源域",人的生理年龄就是"源域";后一个认知域是"靶域",婚恋领域就是"靶域"。隐喻具有系统性,表现在"源域"和"靶域"的系统对应上,具体可见下表。

当然,婚恋领域的年龄不是严格的标准,而只是一种大致的划分,因为这样的隐喻映射只是基于认知域之间的相似性,具有一定的模糊性和相对性,而且在不同的社会文化背景下有不同的情形。例如:

(3)时年二十五岁的姐姐最终成了乔庄的头号剩女——在乡村,二十五这个高龄早超越"剩斗士"和"必剩客"的段位,足可荣升"齐天大剩"。(乔叶《盖楼记》,《人民文学》2011年第6期)

例(3)说的是某地农村的婚恋情形,在某地农村,女性到二十五岁尚未婚恋,就是大龄或高龄。

而在当今的城市生活中,随着社会的发展和人们观念的变化,三十岁以上开始婚恋也是很正常的现象,三十五六岁尚未婚恋或开始婚恋,也可以不算是"高龄"。

人的生理年龄(源域)	婚恋领域(靶域)
儿童	低龄
少年、青年、中年	适龄
老年	高龄

"多次迭电"叠床架屋

◎汤青武

电视剧《延安颂》第29集中,周恩来从莫斯科治疗臂伤后返回延安,与毛泽东在城外边散步边交流工作。谈到东南局与新四军的工作,尤其是对蒋介石的认识问题,毛泽东说:"我曾经以中央军委的名义,多次迭电项英等同志,新四军不要受国民党的限制。"(字幕同步显示)句子中的"多次迭电"叠床架屋了!

多次迭电项英等同志

迭,音dié,有一个义项是屡次,如"迭出"是一次又一次地出现,"迭起"是一次又一次地兴起。"迭电"就是屡次致电的意思。如沈永兴、朱贵生《二战全景纪实》:"国民党中央又电促冯南下,电云:'迭电奉邀,未见命驾,同人日切翘盼,兹特再行电请,希即入京,共策大计。'"上述电视剧台词中的"多次迭电"中"迭"和"多次"语义重复,应删去"多次",或改成"多次致电"。

令人费解的"缘木取火"

◎梁德祥

央视综合频道2020年7月24日播出了电视剧《什刹海》第23集。剧中,大卫再次向庄静求婚,庄静说了"天知吾意非君意,缘木取火笑君痴"两句诗,来拒绝大卫的求婚。这里的"缘木取火"让人摸不着头脑,改成"缘木求鱼"才对。

"缘木求鱼"是一个成语,出自《孟子·梁惠王上》:"以若所为求若所欲,犹缘木而求鱼也。……缘木求鱼,虽不得鱼,无后灾。以若所为求若所欲,尽心力而为之,后必有灾。"是孟子劝说齐宣王放弃武力,以仁政征服天下时说的一段话。缘,义为沿着、顺着,缘木,即爬树。鱼生活在水里,爬到树上去捉鱼,比喻方向或办法不对头,不可能达到目的。王西彦《乡下朋友》:"他提出许多理论上的论证,说明如果忽略了这一起点,那么其他一切就都成为舍本逐末、缘木求鱼的空想。"剧中,庄静以此来喻示大卫,他的求婚是没有结果的,恰如其分。

汉语中没有"缘木取火",倒有"钻木取火",指上古时期一种摩擦生热的生火方法。可能是有关人等把"缘木求鱼"与"钻木取火"记混了。

"祖藉"应为"祖籍"

◎禾 宝

电视剧《燃烧》第27集中,我国刑警赴邻国侦查案情、抓捕嫌犯,当地警方依据模拟画像和彩色貔貅文身确认了嫌犯身份,说道:"他叫金森,一九五八年出生在德隆,父母祖jí山东。"其中"祖jí"字幕同步显示为"祖藉"。错了,应为"祖籍"。

父母祖藉山东

籍,音jí。《说文》:"簿书也。"指书册、书籍,特指关于贡赋、人事及户口的档案。《释名·释书契》:"籍,籍也,所以籍疏人名户口也。""祖籍"指祖居地。如《辞海》:"李白(701—762)。唐诗人。字太白,号青莲居士。自称祖籍陇西成纪(今甘肃静宁西南),隋末其先人流寓碎叶……"

"藉"多音多义。读jiè,指放置祭祀礼品的草垫子。还可表示衬垫、抚慰等义。又读jí,可表示践踏、欺凌等义,如《史记·魏其武安侯列传》:"太后怒不食,曰:'今我在也,而人皆藉吾弟,令我百岁后,皆鱼肉之矣!'""藉"的各项字义都与户口、居住地无关,"祖籍"不能写成"祖藉"。

今天,你"拍"了吗

◎丁 艺 陈昌来

2020年6月17日,微信在iOS和Android版本均上线了"拍一拍"功能,支持用户在群聊和个人对话中提醒对方。当用户双击自己或者对方头像后,头像就会抖动并有文字"你拍了拍×××"提示。那么,"拍一拍"中的"拍"是什么意思?该功能使用者在使用时旨在表达什么意思?这个功能迅速流行的动因又是什么呢?

动词"拍"在《现代汉语词典》(第7版)解释为:用手掌或片状物打。根据词典中给的义项来看,"拍"这个动作所要使用的工具是"手掌"或"片状物",并且跟受事有表面接触,如"拍手""拍球""拍苍蝇""惊涛拍岸"。这里的"拍"主要用于表达物理空间意义,都遵循着"始源—路径—终点"这一模式,这就是一个意象图式,称为路径图式。

微信"拍一拍"功能也遵循着"始源—路径—终点"这一路径图式,"拍一拍"动作发出者首先需要双击对方头像,然后经过网络这一隐形工具的路径传输,最后动作接收者会通过头像抖动以及文字提示接收到这一讯号,这可以看作为一种抽象的路径图式。"拍"的物理空间意义触发了它的认知空间意义,因为"拍"的动作常常伴随着声音,"拍"的声音意义已经被常规化,具有交际意义,可以代替语言表达"通知"的含义,所以,"拍"的物理空间意义投射到认知空间表达"通知"这一意思。

通过对动词"拍"的分析以及对用户使用情况的调查,微信用户在使用"拍一拍"功能时,表达的意思主要有以下几种:

①问候义。微信用户使用"拍一拍"功能可以表达和对方打招呼、问候对方,暗含着"你好""在吗"这一意思。微信团队表示,"拍一拍"功能是模仿蚂蚁见面时互碰触角打招呼的方式,这进一步说明"问候义"是该功能最基本的意思。

②提醒义。表达提醒对方注意某一消息,早期的"@"也有这一意义,但是两者有所差别,相比微信"拍一拍"功能,"@"的提醒义更为强烈正式,"拍一拍"则属于轻量级的提醒,即所谓"轻提醒"。表示轻量级的提醒义可以在微信官方把"拍一拍"翻译成"nudge"中得到验证,英语中"nudge"是轻轻推一下别人的意思。

③劝慰义。表达安慰、劝慰的意思,对方向你吐露烦心事,这时可以使用"拍一拍"劝慰对方不要苦恼。微信通过更新,用户可以在"拍了拍"后面自行增加后缀,如"×××拍了拍你的肩膀",通过加后缀形象化了表示劝慰义的动作。

④关注义。表达希望对方关注"我",暗含着"你听我说"这样一种意思。

⑤想念义。表达"我想你了"的意思,对方回应也只需要"拍一拍",表示"我也想你了"。这一意义的表达多出现在年轻人群体中。

⑥劝阻义。表达劝阻对方不要做某事,在微信群中经常会有人发广告,这时可以使用"拍一拍"劝阻对方不要发,这就避免了使用文字阻止对方所引起的尴尬。

微信上线的"拍一拍"功能为什么会在短时间内流行开来,通过分析,我们认为该功能流行的动因主要有以下几点:

第一,减轻了社交恐惧。如今微信已经成为生活和工作的媒介,在生活中有工作群、班级群、家庭群等等,而早期上线的"@"功能与"群公告"功能具有强提醒的作用,它直指某一个人或某一群人,容易让人产生不适感,因为只要使用了强提醒功能,无论对方有没有看到,都被默认为已经知晓。相比之下,"拍一拍"则显得温柔一些,属于轻量级的提醒,轻提醒也是该功能的原始作用。对于用户来说既起到了提醒的作用,但也不会太打扰,更容易被接受。

第二,降低了社交成本。在群友关系比较好的群里,有时会产生这样一种心理:不想发起或参与某一话题,但是又想和群里面的朋友产生互动,引起他人注意。"拍一拍"就可以通过弱社交这样一种方式,降低社交成本,使社交不总是需要通过大量对话来维持,通过"拍一拍"这样一个动作也可以拉近彼此间的距离。

第三,增强了熟人社交乐趣。"拍一拍"这一动作相对生活化,在熟人之间更容易传播,模拟了线下的身体形态,再现了真实生活中的一些场景。相比"在吗"式的问好,"拍一拍"更能增添彼此社交乐趣。

第四,丰富了话题切入方式。最近更新的编辑后缀功能就很好地体现了这一点。在此之前,"表情包交友"已经是一种常见的交友方式,通过互发表情包更容易拉近人与人之间的距离。"拍一拍"功能则进一步丰富了话题切入的方式,比如可以将自己的后缀设置成"×××拍了拍你的小脑瓜并夸你真聪明",在恰当的时机触发"拍一拍"行为,从而发起话题。

微信"拍一拍"功能是在信息技术迅猛发展的背景下产生的一种社交新形式,因及时准确地反映社会大众心理而深受追捧。现如今,社交App的各项功能通常更新换代极快,比如腾讯QQ的"戳一戳"、微信的"朋友圈小视频"功能,就已经逐渐被淘汰,微信"拍一拍"功能能否传播下去,还有待时间的检验。

说 "物"

◎陈运舟

"物"字的甲骨文作𢖳,象以刀宰牛,刀上沾有血滴(勿)。物和勿最初的意思是牛,商周时代人们用以祭祀之物。甲骨卜辞《殷墟书契后编·上》:"卯十物。"卯,用牲法,将牲畜对剖。《殷契粹编》:"甲戌卜,王曰:贞,勿告于帝。""勿告于帝"意为用勿(物)祭祀上帝。"勿",也可当杀讲,如《甲骨文合集》13555:"勿十牛。"勿的后起字为刎。

物,学界有人认为它本指杂色牛。这个结论是王国维《释物》一文推断出来的:"古者谓杂帛为物,盖物本杂色牛之名,后推之以名杂帛。"考诸文献可知王氏之说为无据。古代祭祀不能用杂色牛,必须用毛色纯一的牛。《周礼·地官·牧人》:"掌牧六牲而阜蕃其物,以共祭祀之牲牷。"是说牧人的官职是负责繁殖六畜,以提供祭祀用的纯色之牲。《说文》:"牷,牛纯色。"《左传·桓公六年》:"吾牲牷肥腯。"杜预注:"牷,纯色、完全也。"即纯色完整的牲体。《礼记·月令》也提到这一点:"乃命宰祝,循行牺牲,视全具,案刍豢,瞻肥瘠,察物色。"不是随便的杂色牛可充当牺牲的,必须仔细查看。这也是物色一词的最早出处,指的是古时祭祀用的牲体的毛色。

物指万物,按照东汉许慎《说文》的说法是"牛为大物,天地之数起于牵牛"。牛在农耕时代与人们的生活息息相关,占有重要地位。《列子·黄帝》里说:"凡有貌像声色者皆物也。"这就广泛了,声音、颜色、形态,以及与此有关的人、动物、植物、物品、风景,甚至神灵、精怪统谓之物。

人称为物,商周时就已出现。《史记·周本纪》中记有这样一件事:商朝暴君纣王把西侯伯姬昌拘囚在羑里,姬昌的亲从们十分着急,考虑后,决定采用美人计及贿赂的办法,给纣王送去了一位叫有莘氏的美女及一些奇珍异宝。纣王见了果然大喜,连连说道:"此一物足以释西伯。况其多乎!"纣王所说的物,就是有莘氏。南朝时,人们还把健儿称为健物呢。《南齐书·焦度传》载:"见度身形黑壮,谓师伯曰:'真健物也!'"人称为物,"物色"一词也由牲体的毛色,演变成人的相貌,《后汉书·严光传》:"及光武即位,(严光)乃变名姓,隐身不见。帝思其贤,乃令以物色访之。"李贤注:"以其形貌求之。"现代汉语中物色人才、物色对象、物色物品,则是按照一定标准去寻找。

古人为何把人称为物呢?东汉王充在《论衡·雷虚篇》里说:"人在天地之间,物也。物,亦物也。"在《道虚篇》里又说:"夫人,物也,虽贵为王侯,性不异于物。"王充之论,代表了古人对人的看法,人是天地万物之一。

《解开"缆绳"》参考答案

1. 捕渔——捕鱼
2. 能否鱼满舱——鱼满舱
3. 无所顾及——无所顾忌
4. 醉意阑珊——醉眼蒙眬
5. 废力——费力
6. 船浆——船桨
7. 竞然——竟然
8. 拌得趔趄了一下——绊得趔趄了一下
9. 匪疑所思——匪夷所思
10. 是怎么一回事?——是怎么一回事。

"床"与"榻"

◎陈璧耀

席地而坐的筵席时代,除了最基本的"筵""席"之外,后来也有略高于地面的坐卧具称"床"和"榻"。

"床"原作"牀"。"牀"今为"床"之异体,而最初"床"却是"牀"的俗字。

"牀"字"从木爿声"(《说文》)。"爿"今读pán,按1936年版《辞海》所说"《字汇》作蒲闲切,今俗读近之",则"爿"之今读原也是俗读。按今本《辞海》所释,其义指"劈开的竹木片。如:竹爿;柴爿"。

"爿"之旧读"齐阳切,读如牆",其义多认为就是"牆",为"牆"之初文(今作"墙")。近人林义光《文源》认为其字像牀:"考爿并有牀象,实即牀之古文。"清徐灏《段注笺》引明人吴元满《六书总要》说"爿"字横视"象平榻四足之形";清孔广居《说文疑疑》说"爿"作"偏旁之用,不便横书",因而"加木作牀"。则"爿"或可视为即"牀"之初文。

《说文》释"牀"为"安身之坐者",以为是坐具;《释名》释为"人所坐卧曰牀",则以牀为坐卧兼用。黄廷监说古代牀之形"大约如今之榻而小,或与今凳之阔者相类",所以他认为"古之牀主于坐而兼卧"(《考牀》)。

段玉裁《说文解字注》说,传世大徐本《说文》释"牀"为"'安身之坐者'五字,非是",应作"安身之几坐也"才对,因为"牀之制略同几",也是"有足有桄"的,"可坐","亦可卧"。"桄"义为床之横木,有学者以为最原始的床不是带腿的床,而是像版筑那样用两版相夹，就像"爿"横视的样子，下面是两块版。

牀作坐具的用例很多，如《史记·郦生列传》："沛公方倨床使两女子洗足而见郦生。"刘邦所倨的就是坐床。又如《世说新语·容止》："魏武将见匈奴使，自以形陋不足雄远国，使崔季珪代，帝自捉刀立床头。"曹操"捉刀立床头"之"床"也是坐床。

今本《辞海》释"床"为"供人睡卧的用具"，但也说"古时亦指坐榻。如：胡床"，兼顾了古代用作坐具的历史，但所举"胡床"之例或有可商。胡床非床，也不是坐榻，与床不是一回事。胡床是马扎，其坐姿为胡坐，两腿下垂；我国古代的床，包括坐榻，则是传统的跪坐，所以胡床与床不是一回事。《辞海》自1979年本至今新出的第七版，这个引例却一以贯之一直没有变化，似需有所斟酌。

就牀作卧具言，《段注》又分析了"古人之卧"的两种情状。

其一为"隐几"之卧。段氏说"牀前有几，孟子隐几而卧是也"。所谓"隐几而卧"，是说人坐在牀上靠着几睡。段氏因此认为古代"牀前"一定"有几"。又引"舜在床琴"以证"古坐于牀"而"琴必在几，则牀前有几亦可见"。段氏因此说"古者坐于牀而隐于几"为"隐几"之卧。《说文》释"桯（tīng）"字为"牀前几"，似也旁证了古人牀前确实有几。

其二为"横陈"之卧，即四肢放平了躺着睡。引例较多，如"《弟子职》曰，先生将息，弟子皆起，敬奉枕席，问疋（shū，脚）何止？"老师将休息时，学生都站起来，替老师铺好枕席，问老师脚朝哪个方向。这就是"横陈之卧"。但此类卧具似坐卧兼用，可随时变化的。段氏说，"《内则》云：'少者执牀与坐，御者举几。'谓晨兴时也，即以所衽（以衽席借指睡牀）为所坐也"。晚上作卧床，晨起即为坐具，且如段氏所说，牀和几还是配套用的。《说文通训定声》

也说"古闲居坐于牀隐于几,不垂足。夜则寝,晨兴则敛枕簟"。

这就是古代的床。白天坐晚上睡,坐卧两用。但这应是一些比较轻便的小床,大床恐难轻易搬动,如服虔《通俗文》所说之"八尺"(合今约1.90米)大床。河南信阳长台关战国楚墓出土的一张大床,长2.18米,宽1.99米,比现在六尺大床还大(高却仅19厘米)。这种大床,晚上可用以卧,白天主要恐怕还是像席一样用于坐的,可以多人围坐或用于进食等,如唐段成式《剑侠传》所写"遂揖客入宴,升床当席而坐"。

以下略说榻。

"榻"与"床"相仿而卑,形制也略有不同,《释名》释为"长狭而卑曰榻,言其榻然近地也"。《说文》释为"牀也。从木,昜声"。按,从"昜"得声之字皆有接触和靠近义。清人郑珍《说文新附考》说,榻原作踢,其形狭长,犹今之长凳,但脚很短,"去地近耳"。古人多设于牀前,"坐卧皆踢此而上"。所以"踢"最初原是床前的踏脚(踢义踩踏,谓以足着地),"俗别改木榻字从木",因而写作"榻"字,于是成了"长狭而卑"的坐卧之具。

"长狭"之榻可多人合坐,称"合榻"或"连榻"。也可用于卧,如赵匡胤所说"卧榻之侧岂容他人鼾睡耶"(岳珂《桯史》卷一)。但其义已同卧床,因为榻也有床义(《说文新附》"榻,床也")。所以两者也合称"床榻",如《二十年目睹之怪现状》五十回:"要睡,床榻被窝,都是现成的。""床榻"就是"卧床","榻"义已虚化。

榻又有独坐的称"坐榻",如《三国志·管宁传》注引《高士传》:"管宁自越海及归,常坐一木榻,积五十余年未尝箕股(即箕踞),其榻上当膝处皆穿。"这是说"坐榻"的坐姿还是"跪坐",段氏即以此为"不似今人垂足而坐之证"。唐王勃《滕王阁序》名句"人杰地灵,徐孺下陈蕃之榻"的"榻",也是独坐的坐榻,也称"独榻"。

"大厦大学"应为"大夏大学"

◎杨学建

《毛泽东点评历史人物》（人民日报出版社2017年8月出版）一书第564页中写道："姚雪垠先生是一位学养深厚的著名作家。……新中国成立后，在上海大厦大学任教授兼教务长、文学院代理院长。"其实，这里的"大厦大学"应为"大夏大学"。

大夏大学成立于1924年，是一所由因学潮而从厦门大学脱离出来的三百余名师生在上海建立的综合性私立大学。大夏大学在成立初期，确实有一段时间叫作"大厦大学"，"大厦"即将"厦大"二字颠倒，体现了两校的渊源。不过不久，该校以"光大华夏"之意将校名定为"大夏大学"，并一直沿用了27年。1951年10月，在大夏大学原址上，大夏大学与光华大学等学校一起组建华东师范大学，成为了新中国第一所社会主义师范大学。

1949年5月，上海解放以后，姚雪垠便在大夏大学任教，教授中国现代文艺思潮、文艺写作等课程，直至1951年7月，为了完成"农村三部曲"的写作计划，他才辞去了在大夏大学的一切职务，返回老家河南。

综上可以断定，《毛泽东点评历史人物》中所说的"大厦大学"其实就是"大夏大学"。将这两者混淆，或是由于对该校历史不甚了解，或是由于厦、夏字形相近。

"刘十九"并非刘禹锡

◎李信宜

唐朝某年的冬日,黄云阴沉,天欲雪,白居易看看天上厚重的云,写了一张便条让僮子送给刘十九,他在便条里说,家里今年新酿的酒熟了,小火炉上正煮着菜呢,眼看着天要下雪了,你能过来陪我喝杯酒吗?刘禹锡看到这张便条时,应该是开心的,在天气阴郁欲雪时,能被人惦记着能不开心吗。

这是 2020 年 7 月 18 日《潮州日报》第 7 版《看云不识云》中的一段话。对唐诗略有了解的朋友一眼就可以看出,这段文字化自白居易的诗《问刘十九》:"绿蚁新醅酒,红泥小火炉。晚来天欲雪,能饮一杯无。"但说刘十九就是刘禹锡,是错误的。

古人有用对方在家族的排行次序(行第)来尊称别人的传统。比如李白在家排行十二,故称李十二。家庭的排行次序一般是根据同宗同辈兄弟的出生先后顺序依次固定下来的。刘禹锡的排行次序为二十八,人称"刘二十八"。刘禹锡和白居易同为唐代著名的诗人,也是年龄相仿、志趣相投的朋友,并称"刘白"。两人写有大量互相赠答的酬唱诗,甚至编了一本专门的集子《刘白唱和集》记录这些诗文。刘禹锡与白居易在扬州相逢时,白居易有感于刘禹锡的被贬遭遇,便写了一首诗《醉赠刘二十八使君》,以示同情。刘禹锡也回赠了一首诗《酬乐天扬州初逢席上见赠》给白居易,名句"沉舟侧畔千帆过,病树前头万木春"就出自该诗。

那"刘十九"又是谁呢?历史上对于"刘十九"身份的猜测说法不一:有人说刘十九乃刘禹锡的堂兄刘禹铜,为洛阳一富商,与白居易常有应酬;也有人说刘十九是白居易在江州认识的朋友。但不管哪种说法正确,"刘十九"都不可能是刘禹锡。

江淹不是"南宋文学家"

◎李友新

《中国楹联报》2020年第28期第3版《联艺探讨》栏目刊登了《诗联用典应注意的几点》一文,其中有这样一段话:"杨旭老师在谈用典时,举了一副传统婚联:'彩笔鹦鹉;焦桐凤凰。'阐述联中的四个典故,'彩笔'指南宋文学家江淹的辞藻富丽的文笔,'鹦鹉笔'指东汉祢衡高超的文笔,'焦桐'指东汉蔡邕的声音极美的'焦尾琴','引凤凰'指西汉文学家司马相如以琴传情,与卓文君相爱,结为夫妻。"引文提及的四个典故中,第一个说"彩笔"是"南宋文学家江淹的辞藻富丽的文笔"有误,和"彩笔"有关的江淹不是"南宋"人,是"南朝宋"人。

江淹(444—505),字文通,济阳考城(今河南省商丘市民权县东北)人。南朝政治家、文学家,历仕宋、齐、梁三朝,梁时官至金紫光禄大夫。去世时,梁武帝为他穿素服致哀。史载江淹六岁能诗,十三岁丧父,虽家境贫穷却刻苦好学。早年即以文章著名,晚年所作诗文不如前期,时人谓"江郎才尽"。《太平广记·卷二百七十七·梦二》中记载,江淹少时,曾梦人授以五色笔,从此文思大进。晚年又梦一个自称郭璞的人索还其笔,"探怀得五色笔,与之"。自后所作诗文,再无佳句,故时人有才尽之论。后人因以"彩笔"指词藻富丽的文笔。

"南宋"所指的是公元1127年"靖康之变"后,宋高宗赵构

特朗普不是"首相"

◎文昌聿

2019年5月29日《北京青年报》第2版刊有《从特朗普访日看美日关系的"异化"》一文。文章说：

25日下午，特朗普开启了他的日本4天外交之旅。日本给予特朗普"国宾"待遇……特朗普首相对安倍首相的殷勤接待照单全收，也向日本传递了日本想听到的场面话。

其中的"特朗普首相"有误。特朗普不是"首相"，而是总统。

首相是君主立宪制国家内阁首脑名称。日本是君主立宪制国家，采取议会内阁制。天皇为国家象征，无权参与国政。内阁为最高行政机关，日本内阁首脑即首相，正式名称为内阁总理大臣。首相也是日本的最高行政首脑。上文中提到的"安倍首相"便是当时的日本首相安倍晋三。

总统是共和国的国家元首名称之一。由选举产生，有一定的任期。美国实行的便是总统制。美国总统是国家元首、政府首脑兼武装部队总司令。美国政府内阁由总统、副总统、各部部长和总统指定的其他成员组成。美国没有首相职务，特朗普是总统，不能称"首相"。

建立起的王朝，整体属于宋代。而江淹生活过的"宋"是刘裕在公元420年建立的"南朝宋"，又称"刘宋"。两者不可混为一谈。

是"天子大蜡八",不是"天子大腊八"

◎李景祥

《北京晚报》2020年3月15日14版刊有《古人如何对付带来瘟疫的鼠类?》一文,文中讲到了周朝有祭拜猫神的风俗:"'迎猫'是周文化重要的祭祀活动'天子大腊八'之一。其实不仅是先秦文献,随着儒家文化在战国以后的崛起,在历史中,后世关于'迎猫'的文献记载比比皆是。"这段话中"天子大腊八"错了,"腊"应改为"蜡"。

大蜡,祭祀名,亦作"大袒",是古代年终时合祭农田诸神,以祈来年风调雨顺,不降灾害。《礼记·郊特牲》:"天子大蜡八。伊耆氏始为蜡。蜡也者,索也,岁十二月,合聚万物而索飨之也。"郑玄注:"所祭有八神也。"这里的"八神"为先啬、司啬、农、邮表畷、猫虎、坊、水庸、昆虫。"先啬"和"司啬"都是指教人耕种的神,而田鼠和野猪都会破坏田地庄稼,故"迎猫为其食田鼠也,迎虎为其食田豕也"。可见目的非常明确,所用的祭品也是五谷杂粮等农产品。蜡是个多音字,在表示祭祀这个义项时要读作"zhà"。

古代还有一种腊祭,《说文·肉部》:"冬至后三戌腊祭百神。"段玉裁注:"腊本祭名,因呼腊月腊日耳。"即冬至节气之后的第三个戌日祭祀祖先和诸神,祈祷祖先和神灵保佑家宅平安、五谷丰登,腊祭所用的祭品通常为打猎获得的各种野生动物。在周代,"蜡"与"腊"

莫将"罔顾"写作"枉顾"

○阎心士

《随笔》2020年第4期所刊《富兰克林何以成了美国人》一文中写道:"他们(英国统治者)枉顾事实,自欺欺人地将殖民地人民的群情激昂视为一小撮好斗分子之所为,已然是不可救药。"这句中"枉顾"用错了,正确的应用"罔顾"。

罔,有无、没有之义,如置若罔闻,意思是放在一边,好像没有听见。"罔顾"即不顾念,不理睬。上述引文说的是,北美殖民地人民不满英国的统治,采取各种形式进行反抗,英国统治者对于这种反抗行为,看不清矛盾的本质,闭目塞听,自欺欺人,毫无解决问题的诚意。此处用"罔顾事实"恰如其分。

"枉顾"是一个敬辞,称对方来访自己。蒲松龄《聊斋志异·画皮》:"敝庐不远,即烦枉顾。"把"枉顾"用在上述引文中,可谓驴唇不对马嘴。

是两种不同的祭祀,明代杨慎《升庵经说·礼记·蜡腊二祭不同》对两者的区别有比较完整的总结:"蜡音子豫切,蜡与腊不同。《玉烛宝典》云:腊,祭先祖;蜡,祭百神。腊,取禽兽以祭,故字从猎省;蜡,享农功之毕,故字从蜡省。腊,于庙;蜡,于郊。"但后来,由于两种祭祀时间相近,目的也差不多,最终合并成"腊祭"。又因冬至日在农历里也不是固定的日子,所以"冬至后三戌"的日子偶尔会落到正月里去,这就不符合十二月进行腊祭的传统了,所以南北朝时就把腊日定为每年的十二月初八,也就是"腊八"。

如今我们过的"腊八节",风俗和活动内容与周朝的"天子大蜡八"已经有很大不同,两者虽然在历史发展上有一定的关联,但是不可混为一谈。

社交新风

出口成『脏』惹人嫌

◎徐默凡

宏昊是个高材生,礼貌谦和,谈吐文雅,大家都很喜欢他。不过,在网上他却是一个生猛角色,脏话不断,和键盘侠们互怼就从来没有输过。当同学无意间发现他的微博账号时,都惊呆了。宏昊却不以为意,网上大家的嘴都脏,不骂人怎么吵架?而且网络身份隐蔽,说脏话也没人知道你是谁,又有什么关系?

脏话,是一个很驳杂的集合,常见的有涉及性行为的、辱骂他人父母的、诅咒对方厄运的、嘲弄对方身心缺陷的等等。虽然花样百出,但也有一些共同的特点,都涉及一些别人的禁忌,如性禁忌、死亡禁忌、宗教禁忌等。说脏话会极大地冒犯别人,因而会被视为没有教养。在日常语言环境中,大家会尽量避免说脏话,在规范的书面表达中更是很少见到这类言辞,但是在公共网络语境,如微博、弹幕、话题评论中,脏话却并不少见,这是为什么呢?

首先,目前大多数公共网络语境都是匿名的,给人制造了一个不用为自己的言行负责的假象。在一个没有人认识自己的环境中,我们会降低对自己的道德要求,平时努力克制的一些恶劣言行,就会比较容易地实施起来。网络暴力的产生,和匿名环境是大有关联的。

其次,有禁忌存在就会有破坏禁忌的快感,而且这种快感对处于叛逆期的青少年特别有吸引力。就好像很多青少年吸烟的快感并不来自吸烟本身,而是来自对禁烟规则的破坏,由此带来一种冒险成功的愉悦。同理,说脏话也是一种社会禁忌,破坏这个禁忌的成本比较低,愉悦感却不小,甚至有些人还觉得可以借此来塑造自己直率爽朗、敢说敢做的形象。

再次,网络环境中的脏话还带有一种病毒传播的特征,一些外语、方言中的脏话,一些隐晦的禁忌表达,在口语中是无法说出来的，但在网络语境中却当作一种新奇的表达，被迅速仿效并传播开来。

最后还有一个客观的原因，网络语言交际对表达情感的需求是很强的，但是口语交际中具有强大示情功能的表情、姿势、体态在网络交际中都失效了，网络语言需要发展出自己特有的示情系统，表情包就是其中最显眼的一种新符号。而脏话在网络语境中的"兴旺发达"，满足示情需求也是一个重要原因。很多人使用脏话，就像使用感叹词一样，只是为了表达自己的激烈情绪，并不带有侮辱别人的主观意图，这有点像口语中的口头禅，只是一种表达情感的工具。

但是不管怎么辩解，说脏话总是一种不文明的言语行为，必须尽量避免。其实，网络交际环境虽然在一定程度上滋生了脏话，但也同时为避免脏话提供了一定的有利条件。说脏话在口语交际中是一种强烈的情绪反应，情急之下往往不受主观意志控制，所谓口不择言、脱口而出，而且一旦出口就难以挽回。但是在网络交际中，打字的速度要比说话的速度慢得多，这就有时间供我们思考，是否要采用这种极不文明的表达方式。在按回车键发布信息之前，应三思而后行，网上发脏话不再是一种本能的生理冲动，不能用情绪激动来为自己开脱，如果你还是坚持要说，那么社交形象将会受到很大的损害。另外，网络交往使用的是文字材料，不像口语话音一落就会消失，而是会在虚拟空间中永久保留，一时的冲动会成为永久的污点，即使你将来后悔万分也会于事无补。比如文章开头的宏昊同学，如果不及时和以前的网络角色划清界限，将来难免会因之前的不慎言行而吃苦头。

最后有一点还要提醒大家，网络语言中有一些语言形式来源于脏话，但是经过了伪装，不容易识别，甚至也很流行，比如"我靠""你妹""牛逼""尼玛"等，我们对此还是要抱有充分的警觉，最好不要使用。

编校差错扫描(二十六)

◎王 敏

形容深远用"深邃"

【错例】夜空里回荡的歌声,宁静而悠远,深遂而辽阔……

【简析】"深遂"应为"深邃"。形声字"遂"从辵(chuò,表示含义与行走有关),㒸声,本义指逃亡。《说文解字》:"遂,亡也。"引申泛指行、往。《广雅·释诂一》:"遂,往也。"如"遂行"即通行,顺适地进行。由此引申指顺、如意,如"遂心",再引申指顺利完成、成功,如"功成名遂",又引申指通达,如"何往而不遂"。"遂"还虚化作副词,指于是、就,如"遂乃"。形声字"邃"从穴,遂声,本义指(时空)深远。《说文解字》:"邃,深远也。"如"深山邃谷""高堂邃宇"指空间深广,"邃古""邃世"指时间久远。"深邃"也用于抽象的思想、意境等。古汉语"遂""邃"可通假,现代汉语中两者分工。歌声"深邃"不能写成"深遂"。

"馋言"与贪吃无关

【错例】春秋后期,楚平王听信馋言,杀害了大夫伍奢。

【简析】"馋言"应为"谗言"。形声字"馋"从食,本义指贪嘴、贪吃。《玉篇·食部》:"馋,食不嫌也。"如"馋涎欲滴"。引申泛指贪欲、贪念,如"眼馋"。又作动词,指诱人产生贪念,如"把游戏机带到教室,故意馋人"。形声字"谗"从言,本义指说别人的坏话。《说文解字》:"谗,譖(zèn)也。"《玉篇·言部》:"譖,谗也。""譖"与"谗"可互训,均指诬陷、中伤,即无中生有地说人坏话。如"谗害忠良"。"谗"又作名词。可指陷害别人的坏话,即谗言,如"去国怀乡,忧谗畏讥";也可指说坏话的人,即谗人,如"谗与佞,俱小人也"。"听信谗言"指轻信小人,被不实之言挑拨离间。"谗言"与贪吃无关,不能写成"馋言"。

签名用"署"莫用"暑"

【错例】两位校长签暑了两校共建协议书。

【简析】"签暑"应为"签署"。形声字"暑"从日,者声,本义指炎热。《说文解字》:"暑,热也。"如"暑湿"指炎热潮湿。"暑"现常作名词,指炎热的夏季,如"寒来暑往"。又特指暑气,如"中暑"。形声字"署"从罒(wǎng,同"网"),者声,本义指安排网罟(以捕获猎物),泛指安排、布置,如"部署"。又特指处理或代理公务,如"署事",再引申作名词,指办理公务的机关,如"官署"。办理公务须签名,因此签字称"署"。"签署"协议与炎热无关,写成"签暑"显然是错误的。

"途经""途径"要分清

【错例】途径重点疫区返城人员须隔离观察14天。

【简析】"途径"应为"途经"。形声字"径"从彳(chì,表示含义与道路有关),本义指步行的小路。《说文解字》:

"径,步道也。"引申泛指道路,如"路径"。又比喻指达到目的的方法,如"门径"。形声字"经"从糸(mì),本义指织物的纵线,与"纬"相对。段玉裁《说文解字注》:"经,织从(纵)丝也。"由此,南北纵贯的道路也称"经"。地理学的"经线"连接南北极,"纬线"则与赤道平行。凡织,先经而后纬,经静而纬动,"经"由此引申指不变的义理、准则。《广雅》:"经,常也。"历来被尊奉为典范的著作,则称"经典"。"经"又可作动词。由经正而纬成,"经"引申指治理、管理,如"经营管理";由经线穿插纬线,"经"又指通过、经过,如"身经百战"。动词"途经"指中途经过,名词"途径"指路径、方法。"途径疫区"说不通,显然是"途经疫区"之误。

莫将后"退"写成"褪"

【错例】当潮水褪去,才知道谁在裸泳。

【简析】"潮水褪去"应为"潮水退去"。"退"甲骨文作𧾷,会意字,从皀("簋"的初文)、从夊(suī,"足"字的反写),会祭祀完毕撤下食器之意,引申泛指向后移动、退。后来,此字形或加辵(辶)旁,或加彳旁,增强行动义;而皀则讹为日。《说文解字》中,古文𢓴楷书写为"退",小篆𢓈楷书写为"㐆",现以"退"为规范字。"褪"是形声字,从衣,退声,本义指卸脱衣装(音tùn)。《字汇·衣部》:"褪,卸衣。"又特指退缩身体的某部分,使套着的东西脱离,如"小狗褪套儿跑了""把袖子褪下来"。另引申指羽毛、颜色等脱落(音tuì),如"褪毛""褪色"。"褪"是"退"的后起字,古时两者偶有混用。但是,"退"和"褪"在现代汉语中已经各有分工。如今,潮水向后退去不能写成"潮水褪去"。

谈"三文鱼"与广州音译

◎杨欣儒

汉语给外来词的译名,不外乎意译(例如 honeymoon 蜜月)、音译(例如 humour 幽默)、半音半意译(例如 ice cream 冰激凌)等。这里只谈基于广州话音译外语的情况。

汉语有一部分音译词来自广州话。先看"芝士"译自 cheese,是奶酪的广州话音译,台湾译名"起司"还比较接近原音。Haji 是到过麦加朝圣的男性穆斯林,马来西亚的译名是"哈芝",显然又是广州话的译音,大陆的"哈吉"才更接近原来的 haji 读音。

再举几个例子。"基督"这个词,是明代传教士利玛窦带到中国的,这个词当时的葡萄牙语是 Cristo/Christo,按照广东方音的译音是"基里斯督",简称"基督"。Mug 是一种有柄的圆筒杯,音译"马克杯"。Cognac 是一种法国葡萄酒,广州音是"干邑"。"波"是英语 ball 的音译,类推出来的就有"赌波"(赌球)、"波鞋"(球鞋)、"五五波"(胜负两种结果难以确定)。"士多"是 store 的音译,指出售日用品、烟酒、食品的杂货店。"士多啤梨"是 strawberry(草莓)的音译。英语 sandwich 的译名是"三明治",可按照广州方音就要译成"三文治"。

大多数进入中国香港的外企,都以广州方音作为译名,例如"屈臣氏"。当初笔者在北京看到著名药妆店的招牌"屈臣氏",再比较英文的 Watsons,感到纳闷,因为 Watsons 既不是"屈臣氏"的音译,更不是意译。后来经过广州人解释,才顿然释疑,原来"屈臣氏"的广州话发音就很接近Watsons。还有一个国际品牌Pizza Hut,普通话的译名是"比萨屋",可广州话的译名却是"必胜客"。过去有一家国际霸级市场叫Macro,也是根据广州音译为"万客隆"。Guinness World Record "吉尼斯世界纪录"在马来西亚是按广州音翻译为"健力士世界纪录"。

有些根据广州方音翻译出来的名称,最后也被吸收进入普通话。例如"派对"party(聚会、舞会、晚会)、"三文鱼"salmon(鲑鱼)、"车厘子"cherry(樱桃)。一种用烟叶卷成的烟cigar音译应该是"西茄",可我们都按广州音译成了"雪茄"。Cookie是一种奶油饼干,现在根据广州方音译为"曲奇"。"恤"是香港粤语音译自英语shirt的词,最常见到的就是"T恤",是短袖的套头衫,包括圆领的文化衫和有领的运动衫。Tips指简短的提醒或提示,也指小费,广州话音译"贴士"。现在电视节目中常用的"××秀""作秀"来自show,是指表演。可见按广州方音翻译而成的音译词可真不少。

《火眼金睛》提示

图1,"篓"应为"篓"。

图2,"涅磐"应为"涅槃"。

图3,"追根朔源"应为"追根溯源"。

图4,"站疫情"应为"战疫情"。

拥抱"乐龄"

◎汪惠迪

1992年第47届联大通过决议,将1999年定为International Year of older Persons。1997年9月8日第52届联大又确定,1999年国际老人年从1998年10月1日开始。随后,华人社区在将older Persons翻译成中文时,出现了地区差异:

International Year of older Persons——国际老人年(中国大陆和台湾地区)。

International Year of older Persons——国际长者年(中国香港特区)。

International Year of older Persons——国际乐龄年(新加坡华英双语海报)。

在不同的国家或地区older Persons有老人/长者/乐龄之别。

读者诸君如果已满60岁,你会选择哪一个呢?

"老人"和"长者"是汉语共有词,词典都收录,"乐龄"至今只有《全球华语词典》(2010年5月北京商务版)和《全球华语大词典》(2016年4月北京商务版)收录。

"乐龄"是新加坡造词仓颉为老人量身定做的一个词儿。其巧妙之处在于造词时能够顾及语言用户的心理感受和承受能力,避开了均含年纪大义的"老"或"长"字。从这个意义上来说,"乐龄"是个婉词,凸显了新加坡华人的创意。

在新加坡,"乐龄"对应英文的senior citizen,以"乐"代"老","乐龄"含有"快活安乐的年龄"之意。2004年3月21日,上海《解放日报》发表了杨明的《老龄高龄乐龄》,作者诠释说,"乐龄""就是开心、快乐、愉悦、惬意、潇洒,甚至是幸福、享受等等……用'乐龄'来表达快乐人生和乐天知命是再恰当不过了"。

有的年轻人"爱老",喜欢扮成熟,摆出一副少年老成的模样,及至老之已至,却又"讳老"起来了。看到"老人"心里总有点儿那个,换成"长者",心理略微平衡,看到"乐龄",说不定会手舞足蹈起来呢。

"乐龄"大约产生于上世纪70年代末。当时,新加坡第一个老人活动中心在惹兰勿刹(Jalan Besar)茂德路(Maude Road)成立,首次采用"乐龄中心"这个名称,从此便流行开来,直至如今。

在新加坡,"乐龄"已衍生出乐龄村、乐龄周、乐龄人士、乐龄大学、乐龄中心、乐龄公寓、乐龄巴士、乐龄俱乐部、乐龄休闲中心等词语,并在继续衍生之中。新加坡的近邻马来西亚也用"乐龄"。

在我国,"乐龄"也已被广泛使用,如乐龄网、乐龄汇、乐龄游、乐龄工程、乐龄中心、乐龄之家、乐龄公寓、乐龄社区、乐龄健身房、乐龄服务中心、乐龄医养中心、乐龄生态社区、乐龄生活俱乐部、乐龄日间照料中心等一系列词语。上海人民广播电台和上海市老龄科研中心就曾联合推出了一档节目,叫《乐龄半月谈》。虽然如此,但"乐龄"至今未踏入我国权威语文辞书的殿堂。

一个人能活到"快快活活安安乐乐的年龄",该是多么幸福啊!

胡锦涛早说过:"要让老年人同其他社会成员一起,共享改革开放和现代化建设的成果,老有所养,老有所医,老有所为,老有所乐,度过一个安康幸福的晚年。"

笔者认为有所养、有所医、有所为是有所乐的前提,而老有所乐是对乐龄的最好注释。笔者已届耄耋之年,我要拥抱"乐龄"。

网言网语

"送命题",你怕了吗

◎张 师

上学期间,我们一定听到过老师语重心长地说:"同学们,这是一道送分题啊。"有学生录下了某位老师说这句话时的夸张模样并上传至网络,视频中老师丰富的肢体动作和魔性的声音让"这是一道送分题"迅速走红,进而成为一句流行的网络用语。

"送分题"成为流行用语后,衍生出了一个仿拟格式——"送命题"。许多网友喜欢通过社交平台来提问,却往往提出让人左右为难的问题。这些问题不仅隐含危机,难以做出满意答复,而且答错的代价很大,被网友戏称为"送命题"。这类"见血封喉"的"送命题"常常出现在学生考试、情感问答以及职场提问里,让回答者出乎意料,防不胜防。

四川某高校期末考试中曾惊现过一道辨认授课教师的"态度题",题中7位老师的证件照一字排列,要求考生不仅认出来自己老师是哪位,而且必须正确填写名字,评判标准是答对不得分,答错扣41分。这意味着学生一旦无法正确辨认课程教师,便被宣告考试不合格。这类试题对那些逃课的学生来说可谓是"一招致命"。

作为网络用语的"送命题"有十分广泛的应用,不仅能指测试中遇到的难题,还可以指"妈妈和女友同时掉进水里,先救谁?"这类情感两难题。比如女友新剪了短发,问男友:"你觉得我以前的长发好看,还是现在的短发好看呢?"这时候如果简单回复"长发好看",言外之意则是新剪的短发不好看;若回复"短发好看",言外之意又变成了以前的长发不好看,可以说是左右为难。而且一旦回答失误,便会使女友心情不佳,需要花费更多心思讨她欢心。为了不让恋人生气,广大男同胞在面对"送命题"时往往胆战心惊,进而出现了众多恋爱问答教程——《最新女友送命题大全》《你眼中的送分题,都是直男的送命题》《送命题保命指南》等等,让人哭笑不得。不过,在别有深意的情感问答中,"送命"也带有了甜蜜的意味:通过这些考验男友的送命题,女友一方面因男友的耿直而忍俊不禁,另一方面亦感受到了男友对于恋情的用心。

职场中的"送命题"也令人瑟瑟发抖。比如面试时的经典问题:"为什么从上家公司离职?"如果求职者一味地吐槽上一家公司的缺点,面试官会觉得你喜欢抱怨;如果避重就轻,回答得太敷衍,面试官会觉得你不真诚,另有隐情。类似的职场"送命题"还有"你和队友淘汰一个,怎么选?""陈述一下你在工作中的缺点"等等。它们暗含"杀机",不仅很难做出满意答复,而且回答失误带来的代价也不小。

无论是考试中的难题,抑或是人际关系中的两难,答错了"送命题"虽然有代价,但却远不至于丧命。"送命题"作为一种戏称,夸大了答错题而付出的代价,用极致的表达吸引人的注意力,如今已成为各类媒体在标题中常用的词语。与之类似的还有"求生欲""高富帅""压力山大""吓死宝宝了"等网络语言,它们都带给人鲜明强烈的印象,都具有大词小用的夸张效果。面对隐含危机的"送命题",不必恐惧,少点套路,多点真诚,也许你就能转危为安,成功将其翻盘为"送分题"!

当代"社畜"生活指南

◎陈留佳

最近,你是不是经常在网上看见有人说自己是"社畜"?你可能有点摸不着头脑,"社畜"是"社会的畜牲"的意思吗?

其实不然。

"社畜"一词起源于日本,日语假名写作しゃちく(shachiku),其中的"社"是"会社"的简称,"会社"即"公司",所以"社畜"可以直接译为"公司的家畜",是用于形容上班族的贬义词,指的就是那些在公司很顺从地工作,却被当作牲畜一样压榨的员工。这些员工的工作状态像牲畜,心态也会表现得如牲畜一般沉默、隐忍,任人宰割。

这个流行语背后,是日本特有的公司文化。日本在泡沫经济崩塌后,就职人数断崖式下跌。员工要么因为工作能力突出被留下,要么就被迫跳槽。但由于日本对"跳槽"的歧视,员工会竭尽所能留下来,因此在面临无报酬加班这样漠视员工权益的做法时,大多数人还是选择任劳任怨以期自救。旷日持久的经济萧条与严峻的就业市场把日本职业青年活生生逼成了"社畜"。

"社畜"虽然是一个舶来词,但对上班族生活状态和心理活动描述精准,再加上中国与日本有着相似的文化背景,同样严峻的就业形势和严苛的职场压力使"社畜"一词成功地被当代中国年轻人接受。而日剧和动漫等日本文化产品的输出,更是让"社畜"一词广为流传。

"社畜"的日常你一定熟悉：人还未到公司,工作内容已经被安排得明明白白；被强行塞满各种非自己职责范围内的工作,然后被领导的一句"能者多劳"打发；挑剔的甲方又一次毙掉了方案,只能在一切地点抓紧一切时间修改；生活不断地为工作让步,最后单调得只剩下两点一线……这一幕幕属于"社畜"的日常,精准地击中了当今社会被工作折磨的职场青年,大家纷纷开始用"社畜"表达无奈和辛酸。

客观来说,"社畜"确实反映了部分职场青年艰辛的生活状况,但如今的"社畜"早已超越了原来的语义,经常用于自嘲,充满调侃意味。富有创造力的网友们通过"社畜"这个梗,生发出了大量的段子、表情包与热词。从"社身畜地"(即社会人的身份,社畜的实际地位),到后来的"无畜可逃"(比喻任何一只社畜都无法逃出这个资本控制的社会)、"畜心积虑"(形容做了社畜之后,内心慢慢地就积累了很多焦虑)、"畜类拔萃"(形容那些卖力工作者,最终成为社畜中的杰出代表)……这届网友简直以社畜为词根,创造了一本成语大全。此时的社畜也不再是一个正经词语,成了一个"万物皆可畜"的热梗。

其实,类似的网络用语早已有之,"加班狗""程序猿"都描述了职场青年的辛劳,996(早上九点上班,晚上九点下班,一周工作六天)才是真正的无奈。当过劳现象在中国变得异常普遍时,"社畜"终于激发了社会共鸣。

"社畜"之称不妨说是一种宣泄,一方面蕴含着"写字楼民工"们对艰难现实的不满,对自身无力改善生活品质的无奈,但另一方面又不失对现状进行自嘲调侃的可爱。我们宣泄之后还是要好好生活,毕竟,生活总会慢慢慢慢慢慢地变好的,不是吗？

"家"中到底有没有猪

◎刘志基

"家"字上"宀"下"豕","宀"表示房屋,是家的空间建筑形式;而"豕"则是猪,居于"宀",似乎就是"家"的建筑空间享受者。如此构形,难免令人浮想联翩。当年巴金写《家》,借书中人物之口给那个封建之"家"下了个定义:什么是"家",就是屋子里面一群猪。当今猪价飞涨,新闻报道云:"家里有猪,才是真富豪。"然而,有人或许对此类说法嗤之以鼻,因为《说文解字》认为"家"中的"豕"是"豭"字的省形。"豭"虽然也是猪(公猪),但在"家"的造字中只是表音的声符,并无猪义。

"家"中"宀"以外的字符是不是猪呢?显然,解答这个问题,应该追溯字源。然而,目前可以寓目的最早汉字材料所给出的资料,却似乎在两可之间。已公布的甲骨文中,大约有80余个"家",剔除字形残泐模糊的,有39个清晰可辨,写作⟨图⟩⟨图⟩之类的19个,其特征是"宀"下字符所描摹的猪腹部有牡器,这自然就是公猪,即所谓"豭";而写作⟨图⟩⟨图⟩之类的20个,宀下字符所描摹的猪腹部没有牡器,那自然就是豕了。为方便读者验证,兹将上述从"豭"从"豕"两类甲骨文"家"的具体出处附于下:

从"豭"者:甲骨文合集13580_1、13581_1、13582_1、13586_1、13589_1、13592_1、13593_1、13594反_1、18722_1、19894_1、21028_1、22091甲_2、3096_1、3522正_1,甲骨文合集补编1265_1、5964正_1、63_2、7047_1,小屯南地甲骨2672_2。

从"豕"者：甲骨文合集13583_1、13584正甲_1、13584正甲_2、13587_1、13588_1、13590_1、21593_3、23619_1、26010_1、26765_3、30345_2、30346_2、30347_2、30347_4、34192_3，甲骨文合集补编10635_10，小屯南地甲骨2131_1、t332_3、t332_4、t5012附12_3。

当然，在殷商甲骨文的三百多年的历史中，这两类构形是不是有时间先后差异呢？或者说，两类是不是具有历时演变关系？根据目前甲骨学的认识，甲骨文根据在小屯村的出土地点，从最早的师组卜辞后，就分为时间上并行的"村南"和"村北"两系，而上述两类构形，正大致呈现为这两系的分布：从"豭"者属于"村北"系，为宾、出、何组。从"豕"者属于"村南"系，为历、无名组。然而在更早期师组，则出现了两例从"豭"型"家"：（合集21028_1）（19894_1）。当然，由于数量太少，并没有理由论定"家"就是从"豭"演变到从"豕"的。

殷商金文总计11个"家"，字形清晰可辨者6字：

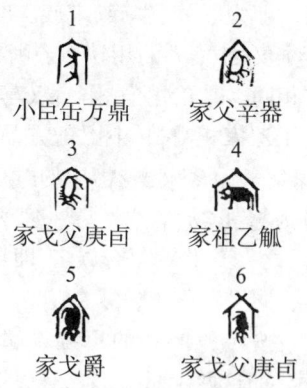

以上第一、二字，属于从"豭"无疑，而第三字，从"豭"抑或从"豕"似在两可之间，其后三字，则从"豕"无疑。总体而言，殷商金文中的"家"，从"豕"者更加主流一点。

既然构形上难以证明"家"中究竟为何物，只好再察字义。甲骨文"家"有两种用法，一是祭祀祖先的场所，如"壬午卜，贞其㞢匚于上甲家"（合集13581_1），"饗父庚、父甲家"（合集30345_2）。所谓"上甲家""父庚、父甲家"，就是祭祀上甲、父庚、父甲的场所，即

10-57

宗庙之类建筑。二是与邦族同义，如卜辞有"我家""牛家""宋家"，即为殷族、牛族、宋族。殷商金文之"家"的用法，与甲骨文相同，如"击用乍（作）盲（享）大子乙家祀尊"（小臣击方鼎）"家父辛"（家父辛器）中的"家"即为祭祀场所，"家戈"（家戈爵）之"家"作为复合族名，即与"族"同义。

按照殷商人的思维逻辑，"家"的这两个意义应该有引申关系，即由祭祀之场所的家族象征意义，引申为一般的邦族、家族意义。那么由"家"的此种初始意义，再来考虑其构形上的造字意图，可以认为，家中有"豕（猪）"，是比较合理的。"豕"是甲骨文中常见的祭祀用牲，"父庚一豕"（12980_4），就是"奉献给父庚祭品一头猪"。类似辞例，在目前可寓目的卜辞中有700余条。由此可见，用表示房屋建筑的"宀"和常用祭牲"豕"组合起来表示祭祀祖先的一个建筑场所，是相当符合逻辑的造字思维。当然，仅从祭牲的常用度来看，"豕"并不是最高的，使用频率更高的还有"牢"（专供祭祀的圈养的牛，卜辞中2900余见）、宰（专供祭祀的圈养的羊，1700余见）、羊（860余见）。那么，"家"的造字，为什么不考虑"牛""羊"却偏爱"豕"呢？或许是这个理由：殷商字符集里已经有"牢"和"宰"，因此做"牛"或"羊"的选择字形上会有冲突。但是，殷商文字"牢（ ）"和"宰（ ）"所从并不是"宀"而是" "，两者虽然形近但并不同一，因此这个理由并不充分。那么，更加合理的解释是什么呢？我们不妨来分析一下殷商文字"受"。

甲骨文"受"有两种形体： 。殷商金文相同： 。两种字形的差异，前一个上下两手中的字符为"凡（盘的象形）"，后一个则为"舟"。本义表示相授受的"受"，自然是以两手中的字符来表示授受之物的。用"凡（盘）"这种以手可以轻易持举的日常之物应该是最自然的选择,但是为什么又会有"舟"这种很难用手拿得起来的大家伙来搅局呢?唯一的理由就是,造字时字符的选择,除了要考虑字义的表达,也需要顾及字音,而选择"舟"这个字符,正是因为它与"受"的读音相类同,于是就勉为其难地用它来表示授受之物了。此种现象,在古文字构形演变中是相当多见的所谓"声化"现象,不烦一一列举。由此再来观察殷商文字"家",不难得出这样的认识:作为祭祀场所的"家",原本用"宀"和"豕"来造字是很合适的创意,但是出于"声化"的需要,"豕"有时也会被"豭"顶替掉。值得注意的是,古文字"豭"构形与"豕"极近,意义也类同,因此"宀""豭"的组合,并不改变"宀""豕"组合的造字意图,也就是说,"豭"既具"豕"的身份,也表"家"的读音,体现的是早期汉字造字的一种智慧。

殷商以后,从"豭"之"家"寥若晨星,仅西周早期出现两次:◯(枚家作父戊卣)◯(耳尊),自此以后,"家"的"宀"以外的字符便被"豕"归于一统了。这种现象,乃是汉字构形演变的精简化规律使然,但也更纯粹地呈现了"家"的原初造字意图。

> 女儿患绝症住进医院,母亲每天在医院细心地照料。女儿的神智越来越不清,但仍然坚持写日志,记录每天的心情和身体的状况。一天,女儿问妈妈:"会放弃吗?"妈妈泪流满面,对女儿说:"不会放弃,傻孩子,什么都别想,会好的。"女儿离去后,母亲翻开她的日记,发现她最后写的一段话:"其实,我已知道放不放弃已毫无意义,之所以问妈妈,只是想听她说'不放弃',想让她再爱我一次。"看到这里,妈妈号啕大哭,感觉自己失去的并不是一个女儿,而是,全世界!
>
> (张悦秋/辑)

微语录·亲情

解开"缆绳"

（文中有十处差错，你能找出来吗？答案在本期找）

◎梁北夕 设计

我们都知道，捕渔是项非常辛苦的活。其实，光辛苦远远不够，渔民能否鱼满舱，还要仰赖好天气，指望好运气。

最近，有个渔民几乎每天都满载而归。他捕到的鱼，比别的渔民多出了一倍。为了庆祝这等好事，渔民在船上大宴宾客。应邀而来的，都是些亲朋好友，彼此非常熟悉。渔民无所顾及地痛饮起来。宴会结束时，他已经醉意阑珊了。等大伙儿散尽了，渔民草草收拾了一下，便废力地摇起船浆准备回家。可是划了半天，渔船竟然纹丝不动。

"难道，难道我是遇上鬼了不成？"渔民被吓到了，醉意一下子消退了一半，跌跌撞撞地下船往岸上走。刚到岸上，就被什么东西拌得趔趄了一下，头重重地磕在一个硬邦邦的东西上，然后就失去了知觉。

醒来时，渔民发现自己躺在河边，头上还在隐隐作痛。回想发生的事，他仍感到有点匪疑所思。"船怎么会不动呢？"渔民朝脚边看去，恍然大悟，终于明白了是怎么一回事？原来，因为醉得厉害，他根本没有解开船的缆绳。害他摔跤的，就是那根缆绳；而磕了他一个包的，就是拴绳的石礅。

人生的船，也有一根缆绳。如果没有它，我们就不能在生命的港湾平静地停靠。但远航前必须解开它，否则，我们将寸步难移！

坚定文化自信，坚持改革创新，打造传世精品

新时代，新辞海

《辞海》第七版 彩图本（全八卷）
对不对，查辞海

- 新增条目 11000 余条。同时，75% 以上的原有词条都进行了修订、更新
- 首次以辞典方式系统收录习近平新时代中国特色社会主义思想相关词条，权威释义
- 全 8 卷。总条目近 13 万条，总字数 2350 万字
- 融合出版。扫描书后二维码，随时随地线上查
- 高端大气。国际标准精装大 16 开，内文采用高端亚光涂布纸，全彩印刷，查阅体验更佳

ISBN 978-7-5326-5325-6
出版日期：2020年8月
定价：1998元

火眼金睛

图中差错知多少？

孙树忠　陈　敏　刘桂林　夏斯斯　提供

（答案在本期找）

迎来了凤凰涅磐的这一天

北京确诊病例流行病学调查

国家基本公共卫生服务项目

众志成城站疫情

邮政　扫码订刊　轻松快捷

淘宝　扫码购书　优惠立享

微信公众号　扫码关注　精彩无限

ISSN 1009-2390

咬文嚼字

YAOWEN-JIAOZI

龙眼

无患子科,常绿乔木。果实呈球形,外皮黄褐色。去壳后白色果肉晶莹剔透,红黑色果核隐约可见,状似眼睛,因而得名"龙眼"。又称"龙目""圆眼"等。《本草纲目》:"龙眼、龙目,象形也。"

上海世纪出版集团

2020/11

欢迎至邮局订阅本刊 邮发代号 4-641
国内统一连续出版物号 CN 31-1801/H
定价:6.00元

书窗

"老佛爷"在这头　普鲁斯特在那头

《远西草——我的法国文学旅情》
邵毅平/著　定价/36元

本书是复旦大学邵毅平教授所著法国文学之旅随笔，《巴黎观墓》《雷恩的米兰·昆德拉》《索米尔的葛朗台》《莎士比亚书店》……作者逐一探访伏尔泰、巴尔扎克、普鲁斯特、杜拉斯、萨特与波伏瓦等作家酝酿经典之处，读书与行路结合，感悟文学与生活的精髓。

精装

咬文嚼字官方淘宝店

书窗

这些文史知识你掌握了吗？

《文史百谭》陈璧耀 著

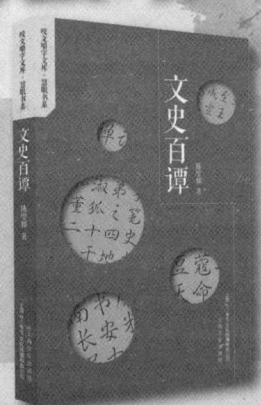

《文史百谭》属"慧眼书系"，旨在普及我国传统文史知识。作者选取了一百个话题，和大家一起谈谈在文史知识运用方面经常出错的一些问题，以期有益地补充读者的各种文史常识，提高读者的文学鉴赏能力和审美能力。

咬文嚼字官方淘宝店

定价：29元

"伤病也在一步步地塑造人"

刘 芳/文 臧田心/画

10月4日,中国篮球协会主席姚明一行前往武汉火神山医院探访,向为抗疫做出卓越贡献的英雄们致敬。座谈会上,一名女医生替自己的儿子问姚明:"姚主席,您当年的伤病是不是都好了?"姚明身上至少有15处伤。"我的伤病现在没大事,其实运动员的身上多多少少都有些伤病。"姚明回答,"但伤病也在一步步地塑造人,就像这次一样,我相信抗疫的经历不仅塑造了武汉这座城市,也塑造了我们的国家。"

栏目	标题	作者 / 页码
名家语画	"伤病也在一步步地塑造人"	刘 芳/文 臧田心/画 / 1
前线观察	透过借词看疫情	高丕永 / 4
	抗疫中的"降维""升维"	东 湖 / 6
追踪荧屏	"挟"字读 xié 不读 xiá	李捷鹏 / 8
	误把"针黹"作"针织"	梁德祥 / 9
	"辑私"应是"缉私"	盛祖杰 /10
	读准"厚德载(zài)物"	徐婷婷 /11
时尚词苑	一路奔涌看"后浪"	曹志彪 /12
	"天团":从罕见词走向常用词	代宗艳 /15
	"头部":不像借词的借词	南 园 /17
一针见血	应是"侦察连"	徐长庚 /19
	是"扞格"非"扞格"	周宇翔 /19
	多了顿号,苹果变出香蕉	刘曰建 /20
	"近水楼台先得月"并非唐诗	陈福季 /20
	不是"烦溃"是"烦愦"	厉国轩 /21
	"外子"不能称妻子	李景祥 /21
	没有"西泠印社"	毛纬武 /22
	"旷昧"应是"况昧"	李信宜 /22
	"棨镬"当为"矩矱"	王高港 /23
	探索的是"赜"不是"颐"	王宗祥 /24
	不老"庄椿"不是树桩	高良槐 /24
	"檩"非"檀"	谢云秋 /25
	"往后稍"?"往后捎"!	禾 宝 /25
	误把"虞候"写作"虞侯"	杨顺仪 /26
学林	汉字的传播和演变	苏培成 /27

栏目	标题	作者
碰碰车	为"大牌档"正名	魏伟新 /31
	"斤"是"重量单位"吗	汪元和 /32
语苑新谈	"人不知而不愠"究竟何意	石毓智 /33
文章病院	沈阳从未有过"日本租界"	晋相 /35
	既戴"乌纱",何来"白帽"	李军 /36
	"八王之乱"终结的不是东晋是西晋	周振 /37
	《商山早行》描写的是秋天景色吗	徐成生 /38
	秋猎不称"秋狝"	周平果 /39
	"颜路"不是"颜渊"和"子路"	王彦辉 /40
	"夷甫"不是王导	陈渊 /41
	"世界教科文组织"是什么组织	杨学建 /42
	"事不目见耳闻……"谁说的	杨崇义 /43
语言哲思	月亮走,我也走	宗守云 /44
网言网语	意味深长的"害"	盛雨婷 /46
	"工具人"是什么人	沈可轶 /48
	可爱的"憨憨"	吕依瑶 /50
社交新风	群发信息简明攻略	徐默凡 /52
检测窗	编校差错扫描(二十七)	王敏 /54
说文解字	"师"字别解	刘志基 /57
向你挑战	卫兵的胜利	伯淮 设计 /60

顾问 濮之珍 何伟渔 陈必祥 金文明 姚以恩

主编 黄安靖

副主编 王敏

特约编委 汪惠迪(中国香港) 田小琳(中国香港) 林国安(马来西亚) 吴英成(新加坡)

责任编辑 何中辰 施隽南 朱恺迪

通联 戚新蕾

封面设计 王怡君

特约审校 蔡维藩 陈以鸿 李光羽 王中原 张献通 黄殿容

凡本刊录用的作品,其与《咬文嚼字》相关的汇编出版、网上传播、电子和录音录像作品制作等权利即视为由本刊获得。上述各项权利的报酬,已包含在本刊向作者支付的稿酬中。如有特殊要求,请在来稿时说明。

前线观察

透过借词看疫情

◎高丕永

特大流行病（pandemic）新冠肺炎暴发以来，汉语一直记录着全国、全球疫情的发展和变化。记录所用词语中的一小部分是从英语借来的。透过这些借来的词语，我们能够从不同的角度、更多的角度去了解疫情，比如"社区传播（community spread）""零号病人（patient 0）"等。本文再来说说另外几个借自英语的词语。请看以下例句：

（1）世卫组织代表安迪·帕丁森把社交媒体上流传的有关疫情的虚假信息称为"信息疫情"。（《人民日报》2020年2月18日）

（2）隔离病区里，医生和患者用"碰肘礼"互相鼓励；重症监护室里，一位老爷爷用颤颤巍巍的手向医生敬礼……（《人民日报》2020年3月30日）

（3）"Zoom轰炸"：视频会议软件安全吗——随着用户量暴增，视频会议软件的隐私和安全问题凸显（标题，《上海法制报》2020年4月24日）

（4）继"甩锅论"和煽动滥诉之后，一些西方国家的"疫苗民族主义"成为世界协作抗疫的最新障碍。（《环球时报》2020年8月3日）

例（1）里的"信息疫情"，原词是"infodemic"。"infodemic"由"information（信息）"的"头"，加上"pandemic"的"尾"组成，指"（像疫情一样会造成严重后果的）虚假信息"。"信息疫情"里最"出名"的，首推由"plan（图谋，计划）"加上"pandemic"的"尾"组成的"plandemic"，汉语一般翻译为"新冠病毒阴谋论"。比如："外交部：新冠病毒阴谋论不是居心不良就是荒谬无知"（标题，《华商报》2020年2月21日）。

例（2）里的"碰肘礼"，原词是"elbow bump"。"elbow"指"(胳膊)肘"，"bump"是"碰撞"。在西方，以前一般在俱乐部、教会、集会、体育比赛等场合行"碰肘礼"，表示亲近。2006年的禽流感期间，2009年的猪流感期间，2014年的埃博拉期间，特别是这次的新冠疫情期间，"碰肘礼"取代了握手、拥抱等，表示亲近和相互鼓励，也是为了减少接触感染。减少接触感染，另一个有效办法是保持社交距离。"社交距离"，原词是英文的"social distance"，上世纪末已经借入汉语，指"社交时有意与他人保持一定距离的行为"。现在，这个借词像原词一样，有了新的义项，指"为了减少感染，保持与他人之间一定距离的行为"。比如："中国民众团结一致，积极配合政府的各项措施，自觉佩戴口罩、居家隔离，保持社交距离等。"（《人民日报》2020年8月14日）

在新冠疫情之下，视频会议、网络授课等成为新常态。不过，使用热门视频会议软件Zoom时，有时会有一些不速之客闯入，发表不当言论，或上传色情图片等，给其他人特别是青少年带来很大困扰。这种恶劣行径，英语称之为"Zoom bombing"，汉语一般翻译为"Zoom轰炸"。比如：例（3）。

例（4）里的"疫苗民族主义"，意译英语的"vaccine nationalism/ vaccine nationality"，指"一些西方国家，强调本国优先，垄断新冠疫苗资源的狭隘行为"。2020年8月13日，世界卫生组织总干事谭德塞再次批评了疫苗民族主义并表示："当成功研发出新疫苗后，需求将大于供给。只有全球团结、公共部门投资和参与，才能化解疫苗民族主义和价格欺诈等风险。"（《环球时报》2020年8月14日）

抗疫中的"降维""升维"

◎ 东湖

2020年,来势汹汹的新冠病毒疫情,改变了我们的生活。为了彻底打赢疫情防控阻击战,有序推进复工复产复学,人们启动了或正在启动各个方面的"降维"和"升维"。例如:

(1)疫情发生前,曹军怎么也不会想到,专业制造"机械手"的他们会"降维"转产口罩机。(《新民晚报》2020年4月14日)

(2)在不少业内人士看来,面对疫情不确定性带来的消费降级趋势,现在似乎正是大品牌降维下沉的好时机,但大店和快餐之间的天然壁垒似乎也很难跨越。(《北京日报》2020年4月27日)

(3)我们不要把新冠疫情看作一个偶然事件……管理升维应立刻启动了。(《商业评论》2020年第4期)

(4)在新冠疫情外生冲击和逆全球化结构性压力叠加的大背景下,抱残守缺或故步自封无助于破解存量博弈的陷阱,构建双循环正在成为中国打造升维竞争力的重要举措。(《证券市场周刊》2020年第27期)

以上例句里,"降维""升维"的"维",也叫"维度",是几何学及空间理论的基本概念。构成空间的每一因素为一维,比如直线是一维的,平面是二维的,普通空间是三维(长、宽、高)的,爱因斯坦相对论研究的空间是四维的。后来,"维""维度"也可以指事物的特征、特点、属性、方面等。降低、减少空间或事物的维度,称为"降维";升高、增加空间或事物的维度,称为"升维"。

"降维"和"升维",本来只是科技术语。"降维"意译英语的"dimension reduction"借入(dimension:维度,reduction:降低、减少);"升维"意译英语的"dimension raising"借入(raising:

升高、增加)。这两个借词,上世纪七八十年代已经常在科技文章里使用。比如:"学数学的可以用'降维法'三个字来概括,只要理解了怎样降维,就可以迎刃而解了。"(《机车车辆工艺》1971年第4期)又如:"在设计光滑曲面时,'升维法'比'重影曲面理论'可得到更广泛的应用。"(《上海交通大学学报》1984年第6期)

2010年,科幻小说《三体》第三部《死神永生》出版。比小说更热的是小说里非常科幻的"降维打击/降维攻击"概念,即降低对手赖以生存的维度而一击致命,比如小说里把三维的太阳系(包括地球)降至二维。(详见《死神永生》第471页、第477页)很快,"降维打击"概念用于商业竞争,还泛指沉重打击。比如:"谁也没想到,新发地市场一块平平无奇的菜板引发了一场针对三文鱼的全方位无死角降维打击,而这一切还要从新发地的一块案板说起。"(《恋爱婚姻家庭(月末)》2020年第7期)

字面上"火药味"较少的"降维",也用于商业竞争,指减少对手在产品创新、品牌效应、销售策略、售后服务等方面的特点。同时,科技术语"升维"也可以这样用,指增强自己在产品创新、品牌效应、销售策略、售后服务等方面的特点。现在,"降维"和"升维",常用于泛指。"降维",泛指"做基础工作,做以前不做的业务等"。比如:例(1)(2)。有时,也泛指复杂事情简单化,降低要求、规格等。比如:"减少项目、减少人员——美网主动'降维'求平安"(标题,新华网2020年6月18日)。"升维",泛指从多个角度考虑问题,提升,升级等。比如:例(3)(4)。

"降维"和"升维",作为科技术语,有时成对使用。现在,用于商业竞争和泛指,也常见成对使用。比如:"让人'降维',也让人'升维'——疫情正悄然改变我们的'基因'"(标题,《精神文明导刊》2020年第5期)。

"挟"字读 xié 不读 xiá

◎李捷鹏

电视连续剧《苍生大医》第17集有一个情景,曹操质问刘太医为何要下毒害他,刘太医答道:"因为你 xiá 天子以令诸侯。"对比同步显示的字幕"因为你挟天子以令诸侯",

演员显然读错了"挟"的字音。"挟"字读 xié 不读 xiá。

"挟"是个形声字,从手夹声,读作 xié。本义为夹在腋下或指间,引申指要挟、挟制。《三国志·魏志·武帝纪》:"夏五月,刘表遣兵救绣,以绝军后。"裴松之注引《献帝春秋》:"田丰使绍早袭许,若挟天子以令诸侯,四海可指麾而定。"天子是诸侯共主,挟制天子,并用其名义向诸侯发号施令,即所谓"挟天子以令诸侯",省称"挟令"。

曹操是中国历史上"挟天子以令诸侯"的代表人物,刘太医的台词没错,只是搞错了"挟"的读音。很多以"夹"为声旁的字都读 xiá,如"狭""侠""峡",这可能是演员误读的原因。

误把"针黹"作"针织"

◎梁德祥

2020年6月3日央视戏曲频道《CCTV空中剧院》节目播出京剧《拾玉镯》。剧中,孙玉姣做了大段的穿针理线表演之后,唱道:"闲无事独自里针织绣做。"(屏幕同步显示)这里的"针织"应是"针黹"之误,"绣做"应是"绣作"之误。

黹,音zhǐ,指做针线、刺绣等。针黹,就是做缝纫、刺绣等针线活儿,是旧时女孩必习的功课。《儒林外史》第四十一回:"我自小学了些手工针黹,因来到这南京大邦去处,借此糊口。"而针织(zhī),指利用钩针或棒针把绳线织成衣物,可以手工织,也可以机织。"绣作"指的也是刺绣。《京本通俗小说·碾玉观音》:"府中正要寻一个绣作的人,老丈何不献与郡王?"汉语中没有"绣做"一词。

京剧《拾玉镯》常与京剧《法门寺》连演,讲述了青年傅朋与少女孙玉姣的爱情故事。该剧从孙玉姣在家门口刺绣开始,这从剧中演员的动作可以明显看出。此处用"针织绣做"是错误的,用"针黹绣作"才符合剧中场景。

"辑私"应是"缉私"

◎盛祖杰

电视剧《局中人》第5集末,有个穿警服的中年人主动找沈放搭讪,递上名片并自我介绍道:"鄙人警察厅辑私大队副队长汪洪涛。"(字幕同步显示)此处"辑私"是"缉私"之误。

辑私大队副队长汪洪涛

缉,读 jī,从糸,本义是把麻搓成线,泛指搓捻。后引申表示搜查、捉拿等义。如《水浒传》第十七回中,负责侦查生辰纲被劫案的是"三都缉捕使臣何涛"。此义沿用至今,"缉私"指搜查走私活动,拘捕走私嫌犯。邓小平《太行区的经济建设》:"我们组织了带群众性的缉私工作,给缉私者以较高的奖励,严惩舞弊营私。"

辑,读 jí,从车,本义是车厢。用作动词,可表示聚集,引申指纂集、编辑,如辑要、辑录等。作量词,指整套书籍的一部分,如"这部丛书分为十辑"。此外,"辑"字还有和谐、安定等意义,但都与搜捕、捉拿无关。字幕将"缉私"误作"辑私",估计是因"缉""辑"音形相近,混淆了"缉""辑"二字。

读准"厚德载(zài)物"

◎徐婷婷

电视剧《安家》第7集中,面对黄老板执意要为所谓的"额外服务"付费,徐店长婉拒,他说:"厚德载物,是您的厚德感召……"演员在说这段台词时读错了一个字,把"厚德载物"的"载"读成了zǎi。

"载"是个多音字,常用的有zài和zǎi两个读音。"载"读zài时有很多义项,可以指装运,如车上载满了乘客;可以指运输工具所装物件,如卸载;可以指充满(道路),如怨声载道。另有一个义项是承受,"厚德载物"的"载"就是这个意思。"厚德载物"出自《易·坤》:"地势坤,君子以厚德载物。"孔颖达疏:"君子用此地之厚德容载万物。"厚德,即大德、高尚的品德。古人认为大地因具厚德所以能载生万物,君子仿效大地培养出厚德便能承担大任。"载"读zǎi时,可以指年、岁,如一年半载;也可以指记录、刊登,如载入史册。

一路奔涌看"后浪"

◎曹志彪

今年五四青年节前夕,网上热播一个短视频《后浪》。发布视频的是哔哩哔哩(bilibili)网站(简称B站)。视频中,一级演员何冰走上舞台发表一段演讲,献给新一代青年。何冰在演讲中以"后浪"喻当代青年一代,表达了对他们的认可、赞美与寄语。视频一经发布,便引起了高度关注,网络上热议不断。随着视频点击量的陡增和讨论的升温,带火了一个词——"后浪"。

"后浪"原本指的是连续奔涌的波浪中后面的浪头。与"后浪"对应的是"前浪"。比如:"天黑晚潮来到的时候,洪水咆哮着,后浪推前浪地冲上堤来,但都一浪一浪的被挡了回去。"(《人民日报》1956年8月11日)

由后浪推前浪的自然现象,很容易联想到其他方面特别是人类社会中许多类似的情景,人或事物一批推动一批、一代推动一代不断更替,向前发展,于是就由相似联想而产生了比喻的用法。汉语中用波浪的推进来比喻世间事物前后推动,常常采用"后浪推(催)前浪"这一固定短语。现代汉语常用词典大多会把它作为一个成语来收录,具有代表性的解释是"比喻后面的事物推动前面的事物不断前进"(《现代汉语词典》)。一般注明其出处是南宋释文珦《过苕溪》诗:"只看后浪催前浪,当悟新人换旧人。"但在北宋刘斧的《青琐高议》中就有:"我闻古人之诗曰'长江后浪催前浪,世上新人换旧人'。"可见它流传的时间可能更早。

"后浪推前浪"的进一步推广使用应该与《增广贤文》的普及很有关系。在明、清两代,《增广贤文》是儿童进私塾之后的重要启蒙读物之一。里面集结的多为蕴含为人处世哲理的格言、谚语,许多名句通俗易懂,朗朗上口,在民间广为流播,传诵至今。其中就有"长江后浪推前浪,世上新人赶旧人"这一句。有时,"推"还可写作"催"。例如:

(1)长江后浪催前浪,一替新人趱旧人。(南宋·九山书会才人《张协状元》)

(2)这话一晃就是三十年,你也成半老英雄了。这真是后浪催前浪,新人换旧人。(清·贪梦道人《彭公案》)

从古代和近代的例句看,在"后浪推(催)前浪"这个固定短语中,"后浪"与"前浪"一同担任喻体的角色,各自与所对应的本体相搭配构成一个组合式的比喻,常以暗喻(不用喻词表示与本体之间的比喻关系)的形式出现。

到了现代汉语中,"后浪"用来表示新生事物或后起力量,越来越多地不再依托这种固定结构(即不一定出现"前浪"这个词),显示出了更强的独立性和灵活性。例如:

(3)马云前面有张朝阳、丁磊,左右挤着李彦宏、马化腾、周鸿祎,后面还有大批准备冲上沙滩的"后浪"。(《文摘报》2018年6月19日)

今年年初以来,疫情肆虐,人们关注到了在危难关头我国青年一代的表现,再借助毕业季、高考季的东风,关于青年一代的话题突然热起来。短视频《后浪》作为应景之作,更是起了推波助澜的作用。以"后浪"来借喻青年一代,这样的例子在媒体上触目皆是:

(4)近年来,随着电商产业的飞速发展,大源村吸引了越来越多的"后浪"前来逐梦。(《南方日报》2020年5月26日)

(5)我自小住在长江边,小时候经历过洪水,那时是长辈

们保护了我,这次,轮到"后浪"守护大家了。(《光明日报》2020年7月23日)

(6)愿所有毕业的"后浪"在未来的人生航程上,乘风破浪,直挂云帆。(《光明日报》2020年7月5日)

正所谓"江山代有才人出",用"后浪"指年青一代、后起之秀,在不同时代背景或语言环境下,所指具体对象各不相同。当前流行的"后浪"也特有所指,那就是我国当今的年青一代,大致是指90后、00后一代。作为成长于数字化时代的第一代人,他们具有一些共同特征,如习惯并熟悉网络社会,乐于在网上学习,善于网络信息收集和分析,拥有多元的思维习惯,踊跃在网上发表观点,喜好通过网络游戏完成社交需求,等等。

现今中国的"后浪"多数为独生子女,曾几何时,有人觉得他们"不着调",甚至给他们贴上"堕落的一代""叛逆的一代"等标签。实际上,随着历史的车轮逐渐将他们推到时代舞台中央,他们已经用自己的方式承担起了属于他们的责任和使命。特别是新冠疫情发生以来,越来越多"后浪"的身影出现在防疫一线,他们中有医护人员、人民警察、社区干部,还有青年志愿者、新闻工作者……据统计,4万多名援鄂医务人员中,有1万多名是90后,其中相当一部分是95后、00后。在今年的抗洪救灾中,他们也有出色的表现。人们似乎突然发现他们长大了,他们正接过前人的担子,以昂扬向上的精神、无惧无畏的勇气彰显着家国情怀与责任担当。

《火眼金睛》提示

图1,"沁圆春"应为"沁园春"。

图2,"全名"应为"全民"。

图3,"肱骨之臣"应为"股肱之臣"。

图4,"竖敬老之风"应为"树敬老之风"。

"天团":从罕见词走向常用词

◎代宗艳

人们在古代小说《封神演义》和许多神话传说中看见过天兵、天将、天仙、天神、天王、天帝、天公,乃至天狗之类的"天×"系列词,想不到如今又冒出一个新词"天团"。

"天团",最初仅应用于一部分文艺领域,指最出名、最具有影响力的偶像团体,如"亚洲天团""街舞天团"等。近来,"天团"越来越多地应用于其他领域,如"技师天团""带货天团""考古天团"等。请看:

(1)同样经历反转的还有张峻铖,1997年出生的他到日本留学已经4年,东京奥运会他被分配到奥运村提供语言服务。这几天原本应是他最忙碌的时刻,他很期待在奥运村见到国乒天团,也希望能为各国运动员充当交流的桥梁。(《中国青年报》2020年7月29日)

(2)辽宁省总组织最强"技师天团"送技能进企业(标题,《工人日报》2020年7月9日)

(3)五一期间央视名嘴组成的"销售天团",前不久演员杨幂在主播李佳琦直播间表现引发的争议……这一个个"天文数字",一个个滚烫的"热搜",无一不展现了明星从事直播带货所具有的天然优势——有关注,有流量,促销售。(《北京日报》2020年5月20日)

例(1)中的"国乒天团"指最厉害的国家乒乓球团队,例(2)的"技师天团"指全省职业技能水平最强的工人团队,例(3)的"销售天团"则表示具有最强销售能力的团队。

"天"的本义是指人的头顶,又表示人的头顶上方、日月星辰所在的太空苍穹;"天"的衍生义有很多,其中之一为"水平最高的、能力最强的、最具影响力的",如"天后"。"团"即"工作或活动的集体"。流行词"天团"正是由"天"和"团"两个单音词的这两个义项融合而成,我们可以将词义概括为"具有最强能力或影响力的团体组织"。

今年春节以来,新冠肺炎疫情的防控阻击战进入攻坚阶段。与此同时,出现了"医护天团""志愿者天团"等。例如:

(4)除了由李兰娟领衔的"医护天团",节目还为一线工作者设置了许多惊喜:至今仍奔波在战疫一线的武汉医护李雅婷一家七口,通过本次节目实现了"云团聚"。(《人民日报海外版》2020年5月7日)

(5)在浦东机场浦东新区驻点上,有一支来自上海金桥集团的"六人志愿者天团",他们每天在国门第一线"两班倒"。(《中国青年报》2020年4月1日)

随着使用频率的提升,"天团"的词义发生了泛化,搭配对象骤增,逐渐成为主流媒体的常用词,使用领域也从文艺领域扩展至政治、经济、社会、科学、文化等多种领域。例如:

(6)会前……推出"委员答卷""我从人民中来""代表委员聚力扶贫""代表委员带货天团"等专栏,讲述代表委员的履职故事,为两会积极预热。(《中国新闻出版广电报》2020年6月9日)

(7)"创业天团"组队完毕,全球第三家、全国首家大型低温制冷装备企业正式诞生。(《北京日报》2020年7月6日)

"头部":不像借词的借词

◎南园

"头部",是汉语固有的常用词,早期用例可以追溯到一千三百多年前孙思邈的《千金要方》。但是,很多人却不知道"头部"还是一个借词,而且是一个百年来两次借入并带来两个义项的常用借词。请看例句(本文例句均出自《人民日报》,以下出处从略):

(1)亚洲市场上,日本日经225指数、韩国KOSPI200指数头部出现在期货上市前的10天、4天,而恒生指数、H股指数,头部则出现在期货上市后的1天、17天。(2010年4月12日)

(2)亚洲一些市场上也在推出股指期货后不久形成了头部。(2010年5月14日)

(3)纪录片的长尾效应正得到越来越多人的认同,但头部内容在当下依然会贡献绝对流量。(2018年2月8日)

(4)范文宇决定自我充电,听网课学习如何做直播,看头部主播的节目总结带货经验。(2020年6月28日)

例(1)(2)里的"头部",是常用的证券、外汇、期货等金融交易术语,原词是英语的金融交易术语"head",指"当价格上涨至某价位时由于某种原因而下滑的价位区间"。上世纪初期,汉语借入这个术语时,按"head"的原始意义意译,写为"头部"。那时,借词"头部",有时缩略为"头",主要用于组成新的金融术语,如"多头""空头"等。

例(3)(4)里的"头部",

英语原词也是"head",但来自英语的"long tail(长尾)"理论。2004年10月,美国《连线(Wired)》杂志主编克里斯·安德森(Chris Anderson),在研究互联网条件下娱乐产业的发展趋势时发现:互联网创造了"长尾效应(long tail)",即大多数流行需求集中在需求曲线上高高的头部(head),个性化的零散需求在需求曲线上形成一条长长的尾巴(tail),而所有非流行的市场累加起来会形成一个比流行市场还大的市场。"long tail"新经济模式有惊人的"长尾效应",淘宝和拼多多是最好的例证。2006年,安德森的著作《长尾理论》中译本在中国出版。

四五年前,借词"头部"的第二个义项从"长尾"理论中"脱颖而出"。这个"头部",起初用来修饰"企业、公司、平台"等机构,意义相当于常见的"龙头""领头羊"等。比如:"消费者对高品质内容有着强烈需求,用户流量加速向新一代头部公司集中。"(2019年8月13日)这个"头部",是非谓形容词(即区别词),现在主要用来泛指"顶流(顶级)、高价值、有优势"。比如例(3)(4)。

值得一提的是,汉语还借入了"long tail"里的"tail",一般写为"尾部",意义与泛指"龙头、领头羊"的借词"头部"相对,指"处于排名末端、没有优势"。例如:"这两年,无论是顶级带货网红还是处于中尾部阵营中的网红都能交出一份不错的成绩单。"(2019年11月27日)。有时,还用了仿造的"腰部",指"处于'头部'和'尾部'之间,中等"。比如:"不同于此前网络综艺节目数量一度呈现井喷之势,2019年新上线的网络综艺节目数量下降。其中,'尾部'综艺大幅减少,'腰部'综艺收紧,'头部'综艺激增。"(2020年8月11日)

一针见血

应是"侦察连"

○徐长庚

2020年第4期《炎黄春秋》杂志第34页上有这样一段描写:"新四军军分会副书记兼第一支队司令陈毅从正在安徽岩寺整编的第一、二、三支队各侦查连抽调400余人,组成新四军先遣支队……"这里的"侦查连"写错了,应改为"侦察连"。

侦察,指为弄清敌情、地形及其他有关作战的情况而进行的活动。侦查,指公安机关、国家安全机关和检察机关,在刑事案件中,为了确定犯罪事实和证实犯罪嫌疑人、被告人确实有罪而进行调查及采取有关的强制措施。区别这两个词的办法很简单。用于军事领域表示收集情报的是"侦察",用于公安领域表示调查案情的是"侦查"。结合上文语境,陈毅司令员要抽调的显然是"侦察连"的人员。侦察连,即从事侦察工作的连队,基于他们从事的军务,经常作为先遣部队展开行动。

是"扞格"非"扦格"

○周宇翔

《上海鲁迅研究》2016年第3期刊载了《"八一三"期间上海漫画的抗日救亡作用以及与鲁迅漫画观点之契合及扦格》一文,该文标题中的"扦格"写错了。

扦(qiān),指金属、竹子等制成的针状物或主要是针状的器物,如铁扦。还可用作动词,表示插,如扦门。上述标题中的"扦格"难以讲通,应是"扞格"之误。

扞(hàn)格,意为互相抵触,格格不入。《礼记》有云:"发然后禁,则扞格而不胜。"意思是:恶行发生后再加以禁止,就会招致抵触而难以克服。1955年发布的《第一批异体字整理表》将"扞"归为"捍"的异体字,《通用规范汉字表》恢复"扞"为规范字,但只用于表示互相抵触,如"扞格",其他义项须使用"捍",如"捍卫"。

"与鲁迅漫画观点之契合及扞格"指"上海漫画"和"鲁迅漫画观点"的相合和相互抵触之处。

多了顿号,苹果变出香蕉

◎刘日建

2020年8月6日《中国电视报》B22版转载梁实秋《关于苹果》,其中说:"我后来旅居山东,知道烟台一带产量甚丰,但是色、香、味已非我幼时所见苹果那样,显然是新的外来的品种,有所谓香蕉、苹果者,风味特佳。"说着苹果,怎么冒出香蕉了?没听说烟台产"风味特佳"的香蕉。该文是梁实秋《雅舍谈吃》中的一篇,查阅原文,写的是:"有所谓香蕉苹果者,风味特佳。"原来是"香蕉苹果",而非"香蕉、苹果"!

香蕉苹果是苹果的一种,气味像香蕉,故称香蕉苹果。有青香蕉苹果、黄香蕉苹果、红香蕉苹果等。虽然名称带个"香蕉",却不是香蕉。编辑在转载时多加一个顿号,竟让苹果变出香蕉。

"近水楼台先得月"并非唐诗

◎陈福季

2010年第9期《鲁迅研究月刊》第80页上有这样一段话:"得月楼在海盐城西南上水村……先王父子庄公因唐诗有'近水楼台先得月'之句,遂以名之。"这里将"近水楼台先得月"说成唐诗句子,错了,这句出自宋诗。

"近水楼台先得月"是宋代诗人苏麟写给他的上司范仲淹的。宋俞文豹《清夜录》记载:"范文正公镇钱唐,兵官皆被荐,独巡检苏麟不见录,乃献诗云:'近水楼台先得月,向阳花木易为春。'公即荐之。"说的是范仲淹知杭州时,下属官兵都得到了他的举荐,唯独在外担任巡检一职的苏麟没受提拔。苏麟于是向范仲淹献诗"近水楼台先得月,向阳花木易为春",即靠近水边的楼台可以先得到月光,朝着太阳的花木更容易焕发生机。范仲淹看了诗后明白了他的意思,随即举荐了苏麟。

现常用这句诗比喻由于接近某些人或事物而首先得到某种利益或便利。

不是"烦溃"是"烦愦"

◎厉国轩

2020年7月7日《上海老年报》第6版刊有《浓夏杨梅满山红》一文,文中引用《本草纲目》:"杨梅止渴,和五脏,能涤肠胃,除烦愦恶气……"下文再次引用该句,但将其中的"烦愦"写作"烦溃"。引文前后不一,究竟是"烦愦"还是"烦溃"?令人一团迷糊。查《本草纲目》,第三十卷中其实是"除烦愦恶气"。

愦,音kuì,意思是糊涂、昏乱。烦愦,意思是心烦意乱,形容人焦虑的心情。"恶气"即邪恶之气。上述引文中的"除烦愦恶气"是说杨梅能消除心烦意乱和邪恶之气。

"溃"读作kuì时,有(水)冲破(堤坝)、突破(包围)、溃败、肌肉组织腐烂等义,如溃堤、溃围、溃兵、溃烂。读作huì,义为(疮)溃烂。汉语中无"烦溃"一词。

"外子"不能称妻子

◎李景祥

2020年8月20日《今晚报》第12版刊有《夫妻联袂购书》一文,文中写道:"外子李瑾也是爱书之人。我们从相识相恋再到结婚,可以说是以书为媒。"这里的"外子"应改为"内子"。

内子,最早是用来称呼卿大夫的嫡妻的。后作为妻子的通称来使用,现今则专指自己的妻子。徐特立《致廖局新的信》:"我家仅剩两老一小,在我是无所谓,但内子时刻不忘情儿女,也觉可怜。"与其相对,"外子"则是用来称呼丈夫的。根据文中语境推断,上述文章是出自"丈夫"之手,那么他称呼"妻子"显然应用"内子"。

没有"西泠印社"

◎毛纬武

2020年8月15日《萧山日报》第2版《"书、画、篆刻"三绝艺术家来楚生》一文中说:"来楚生(1904—1975),曾任杭州西冷印社副社长,上海中国画院画师。"这里的"西冷印社"写错了,应改为"西泠印社"。

西泠印社坐落于杭州市西湖景区孤山南麓,是中国研究金石篆刻的一个学术团体,有"天下第一名社"之誉,今为全国重点文物保护单位。该印社于清光绪三十年(1904)由浙派篆刻家丁辅之、王褆、叶为铭、吴隐等发起创建,吴昌硕为第一任社长。该社以"保存金石,研究印学,兼及书画"为宗旨,在海内外享有盛誉。"泠"读作líng,古水名,也有轻妙、清凉等义。西泠,桥名,也称"西陵桥""西林桥",位于杭州孤山西北尽头,是由孤山入北山的必经之路。西泠印社便是因地近西泠而命名的。

冷,读lěng,与"热"相对,义为寒、凉。"泠""冷"两字虽只差了一点,但音义皆不相同,杭州没有叫"西冷"的地方,也没有一个"西冷印社"。

"旷味"应是"况味"

◎李信宜

2019年12月4日《郑州日报》第10版刊有《老宅》一文,其中写道:"一到夜晚,四周静得可怕,半轮冷月照着坟野,偶有风吹草动,顿感毛骨悚然,很有一种'聊斋'式的旷味。"这里的"旷味"写错了,应是"况味"。

"况"即境况,"味"意思是情味、意味,"况味"即境况和情味。如:个中况味,难以言尽。上述引文描写了老宅夜晚时的环境和可怕氛围,使用"况味"正合适。

旷,意思是空而宽阔,如旷野、空旷等,也可指心境的开阔,如旷达,还可表示耽误、荒废,如旷课等。古今汉语皆无"旷味"。把"况"误成"旷",当是同音所致。

"榘镬"当为"矩蒦"

◎王高港

《文史知识》2018年第1期刊有《前清翰林的侧影:蔡元培的生活、趣味与旧体诗》一文,其中引了蔡元培的《赋得下笔春蚕食叶声》一诗,在简评这首诗时作者写道:"这是典型的五言试帖诗。虽然略显稚嫩,落了俗套,但属对平稳,榘镬宛然,已足见功力。"句中的"榘"是"矩"的异体字,应写为"矩";且"榘镬"不可解,应是"矩蒦"之误。

蒦,音yuē,义为尺度、法度。矩,有法度、规则之义。矩蒦即规矩法度。清王夫之《薑斋诗话》卷下:"古诗无定体,似可任笔为之,不知自有天然不可越之矩蒦。"镬,音huò,无足鼎,古时用来煮肉及鱼、腊之器,后泛指锅子。

上述文章中所引的诗是蔡元培所写的试帖诗。试帖诗亦称"赋得体",始于唐代,由帖经、试帖影响而来,为科举考试所采用。其诗大都为五言六韵或八韵的排律,以古人诗句或成语为题,冠以"赋得"二字,并限韵脚,清代试帖诗格式限制尤严。说这首试帖诗"属对平稳、矩蒦宛然"是说这首诗对仗平稳,韵律等符合规矩清楚明晰,故"已足见功力"。"榘镬"

或可以理解为方形的锅子,用在上述文章中显然是不通的。

探索的是"赜"不是"颐"

◎王宗祥

2020年7月22日《中华读书报》第13版刊载了《〈世说新语〉探隐二十则》一文,该文的导言写道:"《世说新语解义》(沈海波著)将由中国青年出版社出版……同时运用考据的方法,对每一则故事的寓意进行解析,探隐索颐,颇多发明。"其中的"探隐索颐"应是"探赜索隐"之误。

探赜(zé)索隐,语出《易·系辞上》:"探赜索隐,钩深致远,以定天下之吉凶。"古人认为能通过卜筮来探究幽深奥妙的道理,以至于判断天下之事的吉凶。赜,幽深玄妙之义。探赜,即探索奥妙。隐,精深微妙之义,也指隐秘之事。索隐,即探求精妙。后世称探究考证古籍背后的真实为"索隐"。"探赜索隐"意思就是探求深奥的道理,搜索隐藏的事情。从导言的介绍来看,说《世说新语解义》一书对《世说新语》"探赜索隐"是恰当的。

颐,读yí,义为面颊,也有休养、保养的意思。"索颐"难以理解,应是"赜""颐"字形相近,导致误把"探赜索隐"记成"探隐索颐"了。

不老"庄椿"不是树桩

◎高良槐

2020年8月6日《光明日报》头版刊有《张效房:济世以术 立心以仁》一文,该文说我国著名眼科医生张效房教授百岁高龄仍在医院坐诊,坚持为国奉献。文末总结道:"从医,他救人无数,开创多个第一;育人,他桃李天下,活到老学到老。期颐之岁,桩椿不老,霞映满天。"此处的"桩椿"写错了,应为"庄椿"。

"庄椿"一词典出《庄子·逍

遥游》:"上古有大椿者,以八千岁为春,八千岁为秋。"意思是上古有棵"大椿",以八千年为春,以八千年为秋。庄椿,即庄子寓言中的大椿。后人以"椿岁"来比喻长寿,用"庄椿"来祝人长寿。元萨都剌《溪行中秋玩月》诗:"惟期母寿庄椿逾,有子愿效反哺乌。"上述文章的"庄椿不老"也是祝词。

桩,指木橛,也泛指一头插入地里的木棍或石柱。"桩椿"是解释不通的。

"檩"非"檐"

◎谢云秋

2020年5月8日《京江晚报》A15版上刊载了《父母的菜园子》一文,其中写道:"每当竹子为椽,芦材为檩的三角形黄瓜棚子、豇豆棚子搭成时,我们都能看到父亲那难得一现的笑容。"文中的"檩"字是"檐"字之误,而考虑材质搭配,竹和芦的用途应互换。

檩,读lǐn,指架在屋架或山墙上用来托住椽子或屋面板的长条形构件,也称檩条、桁条。"椽"读作chuán,即椽子,和"檩"一样都是建筑的构件。按我国传统木造建筑的人字形屋顶,从屋前望去与梁垂直的承重条是檩条,与梁同向架在檩上的是椽子。

"檐"读作tán,木名,称檐的树木很多,时无定指。通常指豆科的黄檐。"芦材"取自芦苇,自然不可能制成"檐",但也不能做"檩"。竹重而硬,芦轻而软,竹可承托芦,反之则不行。黄瓜棚子、豇豆棚子虽不住人,但也要因材适用,改成"竹子为檩,芦材为椽"才妥当。

"往后稍"?"往后捎"!

◎禾 宝

2020年8月1日《环球时报》第7版社评《美发动"新冷战"出师不利,这愈发清楚》一文中写道:"自称对香港有'特殊义务'的英国也有点往后稍的意思,不愿意事事冲在前头。"其中"往后稍"应为"往后捎"。

捎,从手肖声,有多个读音。"捎"可以读shāo,义为捎带、顺便带,如捎话、捎封信。也可以读shào,指稍微向后退,多用于骡马,是驾驭骡马时常用的"三大口令"(起步、加速喊"驾",停止、站住喊"吁",缓步后退喊"捎")之一。所谓"往后捎",就是往后退一退的意思。

"稍"也有shāo和shào两个读音。"稍"读shāo时本义为禾末,引申作略微;读shào时可作军事或体操口令,即"稍息",命令队伍或个人从立正姿势变为休息姿势。"往后稍"这一组合是难以讲通的。

误把"虞候"写作"虞侯"

◎杨顺仪

2020年第8期《语文月刊》刊有《〈林教头风雪山神庙〉中李小二的形象特征及意义》一文,其中写道:"与李小二对待林冲态度截然相反、形成鲜明对比的是陆虞侯。"这里的"陆虞侯"应改为"陆虞候"。

候,读hòu,观察、守望之义。"虞候"是古代官职名,最初是守望山泽的官。西魏时开始设置虞候都督一职,为武官职位,此后历代虞候所掌官职都不尽相同。隋代虞候为东宫禁卫官,唐代都虞候为军中执法官,五代时都虞候为侍卫亲军的高级军官。宋代的都虞候沿袭前制,此外还有将虞候、院虞候等低级武职。到了南宋,虞候也可指官僚雇佣的侍从。陆谦是小说《水浒传》中的人物,因担任"虞候"一职而被人称作"陆虞候",根据小说北宋末年的时代背景,他应该是个低级武官。

"侯"读作hóu,古时爵位名。陆谦不是侯爵,宋代也没有"虞侯"这一爵位。误"虞候"为"虞侯",当是"候""侯"二字音形相近所致。

汉字的传播和演变

◎苏培成

汉字是汉族老祖先独立创造的文字,发源于黄河中下游,至今已有五六千年的历史。20世纪50年代在西安半坡遗址出土的距今五千年的彩陶上有22种刻画符号。20世纪70年代在陕西临潼姜寨遗址出土的距今六千年的彩陶上有102个刻画符号。这些都是汉字的萌芽。据学者研究,汉字发展为能够按照语词次序完整地记录汉语的文字在夏商之交,距今3600多年。现在能看到的最早的成批的汉字是盘庚迁殷后的甲骨文,距今3300多年。自甲骨文至今日汉字一脉相承从未中断,这在世界上也是罕见的。今天汉字已进入信息化时代,它依旧生气勃勃地为传播汉文化服务,为对内对外文化交流服务。汉字为什么能长期使用而不衰竭?因为它有一种调节机制,能适应汉语的发展和演变。

在古代,汉字文化高于周边各个国家和民族的文化。人往高处走,水往低处流。文化像水一样不断从高处流向低处。古代汉字带着先进的汉文化向四方传播,形成了广大的汉字文化圈,汉字在传播中不时要发生演变。汉字的传播路线有三条。

一条向南和西南,传播到广西壮族和越南京族,产生了方块壮字和越南京族的喃字。壮族的方块壮字,是借用汉字来表音或表义,另外还仿照汉字创造出来一些壮文新字。方块壮字用来记录壮族的民间文化,但使用的人数有限,没有成为正式文字。1955年,中央人民政府请语言学家创制了以拉丁字母为基础的拼音壮文,

1957年经国务院批准在壮族地区用来扫盲。"文革"时期推行工作被迫停止,中共十一届三中全会后恢复推行。改革开放以来,考虑到计算机传输的应用和国际交流的方便,对原有的壮文方案进行部分修改,废除26个拉丁字母以外的字母和声调符号。1982年2月,国家民委批准修订后的壮文方案,广西壮族自治区政府于同年3月20日公布推行。

越南的主体民族是京族。古代的越南没有文字,借用汉字记录语言。10世纪以后,越南出现了古代文字字喃,也叫喃字。它是一种方块字。部分借用汉字,部分是使用汉字中的会意、形声、假借的方法造成的新字。13世纪以后出现了用字喃写的诗歌,大量作品流传至今。1885年,法国在越南南方推行拉丁化的拼音文字,后来扩大到越南北方。1945年越南独立后作为法定文字,称为国语字,废除了汉字。我国的京族主要居住在广西壮族自治区江平镇的村寨,约有22 500人(2000年),京族在历史上使用过字喃,现在已不使用,目前多用汉文。

我国西南的少数民族在历史上曾借用或仿造汉字式的文字,有苗字、瑶字、布依字、侗字、白字、哈尼字等。由于文字叠床架屋、使用繁难,有的还缺少民族共同语,文字因人因地而不同,最后都逐渐消失。

汉字传播的另一条路线是向北。在宋朝的时候,北方先后有契丹族建立的辽国、女真族建立的金国、党项羌族建立的西夏国。汉字传播到这几个国家,先后出现了仿照汉字的契丹字、女真字、西夏字。契丹本无文字,公元921年创造了表意的汉字式的文字,学界称为契丹大字。后来又创造了表音的文字,学界称为契丹小字。契丹小字的字母称"原字"。每个原字由五笔左右构成,一至七个原字组成一个方块,表示一个语词。契丹实行表意字和表音字并用的双文制度。女真族原来也没有文字。金太祖命人参考汉字的楷书体造出了表意字,学者称为女真大字,1119年颁行。后来为了适合女真语的语法特点又创制了按音拼写的文字,学者称为女真小字,女真仿照契丹实行双文制度。西夏原来也没有文字。首领李元昊命人创制藩书,称为"国字"。西夏字模仿汉字,有点、横、竖、撇、捺等笔形,也有楷、行、篆、草等字体。但是不借用汉字,全部字形都要独自创造。自造的西夏字重叠累赘,繁复的程度超过汉字,学习和使用不便。

汉字向东传播到朝鲜和日本。汉末和三国时期汉字传入朝鲜,朝鲜族长期用汉字记录朝鲜语。由于汉字和朝鲜语结构特点不同,使用汉字非常不便。朝鲜李朝时期为了发展民族文化,1446年创制了朝鲜语的表音字母,称为"训民正音",也称为"谚文",后来改称为朝鲜文。最初有28个音素字母,其中辅音17个,元音11个。字母的组合不采取线性排列,而是叠成汉字的方块形式,成为拼音方块字,便于与汉字匹配。现代朝鲜语共用40个字母,19个辅音,21个元音。使用的音节方块字有2 200至2 400字,这是音素合成的音节文字。朝鲜语的音节十分复杂,不便使用音节字母,谚文采用音素制是一大进步。谚文字母不是从汉字直接变来的,但是受到汉字笔画的影响。谚文在使用中发展成为汉字和谚文夹用的混合体,汉字主要写词根,谚文主要写词尾。二次大战后,朝鲜半岛北方全用谚文,朝鲜半岛南方用谚文夹用部分汉字,而文学作品全用谚文。

在公元4—5世纪,汉字由中国经朝鲜传入日本,成为古代日本的官方文字。日语不属于汉藏语系,跟汉语大不相同。如果说汉人学习汉字觉得困难,那么日本人学习汉字就更感困难。汉字知识传开后,日本把借用来的汉字当作音符形成日语音节字母。759年成书的《万叶集》是最早用汉字作为字母写成的古代"和歌集"。这种日语字母称为万叶假名。假名不是有计划设计的,结果形成了重叠的两套。一套叫平假名,一套叫片假名。平假名是借用汉字的草书,用于日常书写和印刷。片假名借用汉字楷书的偏旁,用于标记外来词、象声词以及特殊词语。假名不仅方便书写,还有独特的面貌,区别于通用汉字。不论并用还是夹用,彼此不混。为了提高记录日语的准确性,近代对假名做了补充和改进。日语音节少而简单,适合采用音节字母,但是音节字母拼音不灵活,所以需要改进。随着时代的发展,假名字母不断提高它的文字地位。日本文中,从汉字为主、假名为副,变为假名为主、汉字为副。二战后,日本实行语文平民化,限制汉字的字数。1981年使用《常用汉字表》1 945字。硬性规定,法令和公文用字以此为限,此外用假名。其他出版物逐步向字表范围靠拢。

小结:以上汉字知识告诉我们许多演变的现象,可以澄清汉字研究中许多模糊认识。

一、汉字的传播主要靠它负载的先进的汉文化。文化的传播如水之就下,自然由文化高的地区向文化低的地区流动,这是人为阻止不了的。

二、汉字在自己的故乡中国,为了适应汉语的发展可以适时做出调整,使它生命永续,面貌长新。

三、汉字在输入其他民族和国家后,为了与它记录的语言特点相合时常要发生改变,使它便于应用。这不是汉字自身要求改变,而是为了适应环境谋求生存的必经之路。

四、汉语和藏语同属汉藏语系,可是汉语用汉字,藏语用拼音文字,这是由于不同文化的传播造成的。我国西南的傈僳语也是汉藏语系的语言,为了创造傈僳文,20世纪初傈僳人汪忍波没有仿照藏文创造拼音字,而是仿照汉字创造了表意的字。这显然是受了汉字文化的影响。

为"大牌档"正名

◎魏伟新

2020年第8期《咬文嚼字》封底《火眼金睛》栏目放了一张照片让读者找错,上面有个"粥旺府大牌档"的招牌。根据杂志第44页上的提示,此图错在"'大牌档'应为'大排档'"。然而这个招牌真的错了吗?笔者在此要为"大牌档"正名。

考据"大牌档"的源流可以发现,这是个餐饮业的专有名词,指一种源于香港的经营方式。20世纪50年代的香港经济萧条,为了解决二战后人们的就业生存问题,当时的香港政府放宽政策,发放了大量"固定摊位小贩牌照",让市民可以在路边摆设各种摊位。"大牌档"便是这种政策下的产物。鉴于餐饮业的特殊性,当局对路边餐饮摊的摊点式样、营业面积、桌椅数目、炊餐具规格等都做了具体规定。这些摊位和其他路边摊一样都有个安有轮子的柜台,但和一般路边摊不同,还被允许附设两张桌子及配套的椅凳。此外,这些餐饮摊还被专门要求将营业牌照摆放在显眼位置。那种牌照是一张大纸,装裱起来挂在摊位上十分醒目,因此便有了"大牌档"这个名称。由此可知,最初的大牌档其实一点也不大,不但小而且设施简陋,全因有个"大牌(照)"而得名。"档"是当地方言,和"店""摊"同义。

20世纪70年代后,香港当局不再发放路边摊的特殊牌照,原有牌照也不再续期。挂着"大牌"的大牌档在香港慢慢减少,但这种饮食文化却流入了广东,随后传遍全国各地。90年代,"大牌档"已成

"斤"是"重量单位"吗

○汪元和

2017年第3期《咬文嚼字》刊载了《"四两拨千金"?》一文,其中第二段写道:"斤,本义指一种砍物的工具,现多作量词用,是重量单位之一。"这里的"重量单位"最好改为"质量单位"。

在现代物理学中,质量和重量是两个截然不同的概念,"质量单位"和"重量单位"不能画等号。质量指量度物体惯性大小和引力作用强弱的物理量,数值上等于物体所受外力和它获得的加速度的比值,是个常量。重量指物体所受重力的大小,它会随着物体离地球表面高度与所处纬度变化而有差异。"斤"是质量的非法定计量单位。我国古代一直都用"重量"来表示"质量"的概念,只有"重量单位"而没有"质量单位"。所以,长期把现代物理学意义上的"质量单位"视为"重量单位"。比如《汉语大词典》对"斤"的释义就是"重量单位"。

参看《法定计量单位与常见非法定计量单位的对照和换算表》,质量的法定计量单位有吨、千克、克、分克、厘克、毫克共六种,而常见非法定计量单位有公吨、公担、公分、公两、公钱、市担、市斤、市两等。其中包括了市斤,即通常所说的"斤",1市斤等于0.5千克。重力的法定计量单位是牛顿,常见非法定计量单位有千克、公斤、千克力、公斤力、达因,里面没有"斤"。

为内地的一个流行语。但因古汉语中有"排当"一词表示"宫中设宴",不少人因此误认为"dàpáidàng"是规模较大的"排当(档)",并误写为"大排档"。目前《现代汉语词典》等工具书将"大排档"列为词条,这是不了解该词的源流所致。将"大牌档"当作"大排档"的误写,这恐怕就属于指对为错了。

"人不知而不愠"究竟何意

◎石毓智

如何与智慧不及自己的人谈话打交道？孔子告诉我们如何做。题目这句话出自《论语》开篇第一段，原文为："人不知而不愠，不亦君子乎？"这句话的确切意思到底是什么？从古到今罕有人真正领会。造成这种现象的原因是"知"字词义的发展，后人大都以自己时代的词义来理解。下面是杨伯峻《论语译注》对这句话的白话翻译：

人家不了解我，我却不怨恨，不也是君子吗？

这是按照现代汉语里"知"的意思来理解的，有违原意。大约从汉代以后，"知"这个词就是主要做"知道"或者"了解"讲的，所涉及的对象则是有关事实，一般指被动性的信息获得，所以其对应的名词是"知识"。然而在先秦汉语中，"知"则主要是指一种积极的创造性的思维过程，意为理解、领悟或者推理，它所对应的名词是"智慧"。在《论语》中"智"字都是写作"知"，两者是同源关系，后来才在字形上分别开来。

《论语》中的"知"大都是领悟、推断的意思，即一种创造性的积极思维活动，而不是被动的信息获得，比如"温故而知新，可以为师矣""告诸往而知来者"等。在孔子看来，"知"的对象最主要是人。一次樊迟问什么是"知"，孔子则答以"知人"。在整部《论语》中，"知者"都是指有超越常人智慧之人，而不是指"知道某事的人"，比如"知者不惑""知者不失人，亦不失言"等。所以在这部中华文化最主要的典籍中，"知"常与"愚"对举，比如"唯上知与下愚不移""邦有道，则知；邦无道，则愚"等。

要正确理解这句话，还有一个关键字"愠"的意义需要弄清楚。杨伯峻翻译为"怨恨"，这个解释即使不能说完全错误，起码是不太准确。"愠"准确地说，指脸色含怒的样子，这个字在《论语》中还用过两次，都是做这个意思讲的："令尹子文三仕为令尹，无喜色；三已之，无愠色"这句话中，"喜色"和"愠色"对举使用。孔子和弟子在陈蔡被围困，断水断粮，有些弟子饿得都站不起来，孔子不仅没有去想办法突围，而且还在弹琴，此时"子路愠见曰：'君子亦有穷乎？'"

弄清楚了"知"和"愠"的确切意思，我们就可以明白《论语》开篇中的这句话的真正意思是：别人没有足够的智慧理解你，你也不要生气不高兴，能做到这一点就称得上君子了。

传统的理解在情理上也是难以讲通的，当别人不了解你有什么才能时，最简单的办法就是直接告诉他就行了，谈不上怨恨与否的问题，因为对方缺乏相关信息的原因是你没有告诉人家。然而，只有当跟别人交流时，别人跟不上你的思路，一时无法理解你，因而不赞成你，这样你才会不悦生气。这是普通人的正常情绪反应，然而如果一个人超越这一点就是难能可贵的，只有少数有涵养的君子方可以做到这一点，所以值得称道。

孔子的另外一句话与此密切相关："君子病无能焉，不病人之不己知也。"一般人都是这样理解的，君子担心自己没有某种能力，而不担心别人不知道你有这种能力。按照我们对有关词义的诠释，这句话的确切意思应为：君子担心的是自己没有做成某件事的能力，而不是别人不理解自己为何这样做。也就是说，成就大事是第一重要的，至于说这件事的意义是否能被人理解，那是次要的。

在孔子看来，跟愚笨的人谈话打交道，也不要不高兴不耐烦，这是一种有涵养的君子做派。这种修养值得人们学习。

沈阳从未有过"日本租界"

◎晋 相

2020年7月3日《辽沈晚报》07版刊载了《见证屈辱与辉煌：从横滨正金银行到工行中广支行》一文，文中提到沈阳的中山广场，说"横滨正金银行于1905年在沈阳中街设立奉天支店，1921年迁入日本租界，1925年10月迁至中山广场西侧"。这里有个错误，沈阳没有"日本租界"，该行迁入的是"满铁附属地"。

租界指帝国主义国家通过签订不平等条约的方式在我国某个通商口岸划出一片区域，供其侨民居留和经商。虽然我国名义上保有最后的主权，可在条约期满后收回土地，但租界不受我国政府管辖，形同"国中之国"。日本在沈阳并无租界，但曾通过名为"满铁附属地"的形式侵占沈阳土地。

1898年，清政府和沙俄政府签订《中俄会订条约》，将旅顺、大连及其附近水面租给俄国，租期25年，还同意俄国从中东铁路修一支线通到旅顺、大连，并保证俄国获取这条铁路的利益。1905年，俄国在日俄战争中败北，与日本签订《朴次茅斯和约》，将旅大租界的利益转让给日本。同时转让的还有从宽城子（今长春）至旅顺口的铁路及一切支路的权利，这些铁路日本称为南满洲铁路，简称"满铁"。所谓铁路权利，包括了允许外国在铁路沿线驻兵，而铁路周边地区则作为附属地受外国管辖。沈阳位于满铁沿线，日本以"满铁附属地"的名义侵占了城镇大量土地。1913年日本人在沈阳的"满铁附属地"大兴土木，于主要街道建了个中

既戴"乌纱",何来"白帽"

◎李 军

2020年第30期《中国电视报》B24版《做生活的不倒翁》一文中写道:"少年时看过齐白石老先生的一首诗:'乌纱白帽俨然官,不倒原来泥半团。将汝忽然来打碎,通身何处有心肝?'"引诗中的"乌纱白帽"明显有误。

"乌纱"即用乌纱做成的帽子。东晋成帝时宫官戴乌纱帢(古代士人戴的丝织便帽),南朝宋始有乌纱帽,直至隋代这种制帽均为官帽。唐初曾贵贱均用。宋代赵匡胤为防止议事时朝臣交头接耳,在乌纱帽左右各加一个翅。明代,乌纱帽成为官员的特有标志。《明史·舆服志》记载:"凡常朝视事,以乌纱帽、团领衫、束带为公服。"于是后人用以借指官职。既然戴着乌纱帽,那还怎么戴白帽呢?想来"乌纱白帽"应该是"乌纱白扇"。

"白扇"指白色的折扇。齐白石画的不倒翁,尽管形象各异,但都是头戴乌纱帽,手执白折扇。题诗"乌纱白扇俨然官",字画匹配,浑然一体。错成"白帽",莫名其妙。

此外,核对齐白石原诗,其中第三句是"将汝忽然来打破","破"误作"碎",实属粗疏。

⋯⋯

央广场,1919年改称浪速广场,横滨正金银行的奉天(沈阳)支店就建在广场西侧。该广场被国民政府收回后,改称中山广场,今沿用此名。

日本在我国曾有过五个租界,分别是天津日租界、汉口日租界、苏州日租界、杭州日租界和重庆日租界。沈阳虽曾被日本以"满铁附属地"之名侵占城镇,但这种行为属于巧取豪夺,既没有政府间签订条约证明其合法性,也没有设置租期,那些土地不属于租界范畴。

"八王之乱"终结的不是东晋是西晋

◎周 振

2020年6月22日《报刊文摘》第3版刊登了《心尺》一文,其中写道:"愚不可及的司马衷后来登上了皇帝的大位,贾南风得以专权乱政,最终引来了'八王之乱',东晋王朝至此终结。"这里"八王之乱"终结"东晋王朝"的说法有违常识,因为此乱终结的是"西晋王朝"。

"八王之乱"是西晋皇族间争夺政权的斗争。晋武帝司马炎从魏元帝手中夺得帝位,为免重蹈曹魏政权的覆辙,他认为需要建立宗室藩屏维护政权,于是大封同姓子弟为王,且诸王拥有军政实权。晋惠帝司马衷即位后,其妻贾后在元康元年(291)杀死与她争权的辅政大臣杨骏和汝南王司马亮,之后又杀楚王司马玮,拉开了动乱的序幕。永康元年(300),赵王司马伦杀贾后,废惠帝后自立。之后更多宗室牵连其中,诸王间兵戎相见、手足相残。光熙元年(306),东海王司马越毒杀复位的晋惠帝,另立晋怀帝司马炽为帝,自己辅政掌握大权,成了最终胜利者。参与这场动乱的宗室成员很多,主要有汝南王亮、楚王玮、赵王伦、齐王冏、长沙王乂、成都王颖、河间王颙、东海王越等八人,故称"八王之乱"。长达十六年的动乱严重破坏了西晋的经济,国家元气大伤。之后匈奴于316年攻破长安,西晋灭亡。

317年,南迁的官僚贵族和当地的大地主拥立司马睿建立政权,定都建康(今江苏南京),史称东晋。直到420年,东晋

《商山早行》描写的是秋天景色吗

◎徐成生

《唐诗小札》(中国青年出版社2011年12月出版)一书收录了108首唐诗,书中在解说温庭筠的《商山早行》时写道:"我们从'霜'字看出是秋天……五六两句写的也是路途的景色——秋天的景色。"诗中写的真的是"秋天的景色"吗?恐怕不对,应该是"春天的景色"。

《商山早行》虽然全诗未明确点出具体的季节,但仍可从诗中描绘的景色进行推断。诗的五六句是"槲叶落山路,枳花明驿墙",其中提到的"槲叶"和"枳花"正可作为参照物。槲树,壳斗科落叶乔木,叶片大,边缘有波状钝齿。槲叶有个特点,冬季虽然会干枯,但仍会留存在枝干上,只有到了春天嫩芽将发时才纷纷脱落。枳树,芸香科小乔木,花白色,春季开花,秋季结果。据"槲叶落""枳花明"的描绘可知,诗中写的无疑是早春时节的景色。

《唐诗小札》中说能"从'霜'字看出是秋天",指的是"人迹板桥霜"一句,这个推论也不可靠。秋冬季节固然容易结霜,但考虑到商山地区海拔较高,早春的清晨依然十分寒冷,地上结霜属于正常现象。

大将刘裕废晋恭帝自立,建立南朝第一个政权宋,东晋灭亡。此时距离八王之乱已经过去百年以上了。显然,因"八王之乱"导致终结的是西晋,不是东晋。

秋猎不称"秋猕"

◎周平果

2020年3月25日《报刊文摘》第6版刊有《乾隆南巡与"马背上的朝廷"》一文,文中这样叙述道:

首议木兰秋猕的乾隆同样遭到科道官员们的反对,但乾隆的理由更加充分:天子巡幸不仅仅是"敬天法祖"的表现,同时也是"勤政爱民"的体现。

其中"木兰秋猕"的说法有误,应为"木兰秋狝"。

狝,读作xiǎn,指秋天打猎。《说文》段注:"《释天》曰:'秋猎为狝。'"《左传·隐公五年·臧僖伯谏观鱼》:"春蒐、夏苗、秋狝、冬狩,皆于农隙以讲事也。"春蒐(音sōu,通"搜")、夏苗、秋狝、冬狩,是我国古代统治者在四季农闲时组织的狩猎活动名称,这些狩猎活动都带有鲜明的军事演习色彩。

满族由女真族发展而来,入关前以游牧狩猎为主业。木兰围场于康熙二十年(1681)正式设置。东西、南北各长数百里,林木茂盛,猎物丰富。之后,康熙、乾隆、嘉庆等清代皇帝几乎每年都会率领王公贵族、御林军等到木兰围场围猎,是为木兰秋狝。道光以后,狝礼废弛,围场逐渐开放给民众开垦种植农作物。这一区域现在是围场满族蒙古族自治县,是承德市面积第一大县,也是承德市人口第一大县。

猕,《康熙字典》:"子宋切,音综。犬生一子。"古代吐蕃曾有一个叫"猰猕"的部落,与云南为邻,后进入云南境内,与云南各族杂处并逐渐融合。"木兰秋猕":一个莫名其妙的说法。

"颜路"不是"颜渊"和"子路"

◎王彦辉

2020年第4期《随笔》杂志刊登了《作为"吴门派"领袖的文征明》一文,其中有这样一段话:"唐寅于是想效仿孔子去世后,弟子们想拜颜渊与子路为师的故事。唐寅在《又与文征仲书》中明确地写出这个愿望:'……颜路长孔子十岁,寅长征仲十阅月,愿例孔子,以征仲为师……'"这里显然是把唐寅笔下的"颜路"当作"颜渊与子路"的合称了,这是错误的。

颜路,即颜无繇,字路。一说名由,字季路。《史记·仲尼弟子列传》云:"路者,颜回父。父子尝各异时事孔子。"他和儿子颜回都是孔子门生,且共列"孔门七十二贤"之中。颜渊即颜回(名回,字子渊,前521—前490),子路即仲由(名由,字子路,前542—前480),他们都先于孔子(前551—前479)过世,所谓"孔子去世后,弟子们想拜颜渊与子路为师"是不可能发生的事情。将颜路误解为颜渊和子路,属于望文生义。

另外,唐寅的《又与文征仲书》中说"颜路长孔子十岁",并以此为例,要以比自己年少的文征仲(即文征明)为师。但是根据《孔子家语》中记载,颜路"少孔子六岁",唐寅之说可能有误。

"夷甫"不是王导

◎陈 渊

（袁世凯）又对徐世昌说："公他日功业名望当不在谢安、王导之下。"徐说："安石、夷甫何许人也？以沙石比珠玉，令人汗颜。"虽属相互拍马吹牛之言，但老袁的抱负，徐世昌还是知晓的。

上面这段对话出自《说多了就是传奇》（新星出版社2014年9月出版）一书第119页，其中徐世昌以"夷甫"来代称王导，错了，改成"茂弘"才对。

古人为表示尊重，在称呼他人时一般不直呼其名，而使用对方的字代称。按上文对话的情境，徐世昌所说的"安石、夷甫"当是用字来代称袁世凯所提"谢安、王导"。谢安和王导两人都是东晋名臣。谢安（320—385），字安石，曾在淝水之战中以少胜多，指挥东晋军击败前秦军。死后追赠太傅，世称"谢太傅"。王导（276—339），字茂弘，西晋末献策司马睿移镇建康，司马睿称帝后他又帮其统合士族。历仕元、明、成三帝，稳定了东晋初期的统治。除了茂弘外，王导小字赤龙、阿龙，但未有"夷甫"的字。

事实上，"夷甫"是王导从兄王衍的字。王衍，字夷甫，喜谈老庄，所论义理，随时更改，时人称其"口中雌黄"。西晋末年，王衍位高权重，却不思为国，专谋自保。后投降石勒，为石勒所杀。王导和王衍同属琅琊王氏，也都曾手握重权，但历史评价完全相反。上文既已提了"王导"，徐世昌接口的自应是"茂弘"。

"世界教科文组织"是什么组织

◎杨学建

2020年7月6日《法制日报》第6版刊载了《矛盾再升级 日本阻止韩国参加G7峰会》一文,文中写道:"从G7扩容到世界教科文组织和世贸组织,韩日矛盾在国际舞台上全方位扩散。"这里的"世界教科文组织"应改为"联合国教科文组织"。

联合国教科文组织(United Nations Educational, Scientific and Cultural Organization)是联合国教育、科学及文化组织的简称,成立于1946年,总部位于法国巴黎,是联合国的专门机构。其宗旨在于通过教育、科学及文化促进各国间合作,对和平与安全做出贡献,以增进对正义、法治及联合国宪章所确认之世界人民不分种族、性别、语言或宗教均享人权与基本自由之普遍尊重。

联合国下属有不少专门机构,有的以"联合国"开头,如联合国教科文组织、联合国粮食及农业组织;有的以"世界"开头,如世界银行、世界卫生组织;有的以"国际"开头,如国际劳工组织、国际货币基金组织。当然,除了这三类外,也有无明显识别特征的机构名称,如万国邮政联盟。这些国际组织或机构的名称都属于专名,应该按照规范使用,不可随意更改或混淆。世界上没有"世界教科文组织"!

"事不目见耳闻……"谁说的

◎杨崇义

《语文月刊》2018年第2期载《槐花什么时候开?》一文,作者就执教的《故都的秋》一文,从当地槐树花落的生活现象出发,和学生一起探讨槐花究竟何时开放。在文末,作者总结道:

经这么一问一查,获得了不少知识。笔者又想到了王安石在《游褒禅山记》里说过的这样一句话:"事不目见耳闻而臆断其有无,可乎?"

此处有误。北宋王安石所写《游褒禅山记》中并无"事不目见耳闻而臆断其有无,可乎"。他在《游褒禅山记》中就褒禅山人称"华山",碑刻却是"花山"之事大发感慨,悲古书之不存,后世之谬其传,以讹传讹,而致以假乱真,告诉后世学者的是:"学者不可以不深思而慎取之也。"

上述文章中引用的"事不目见耳闻而臆断其有无,可乎"出自苏轼《石钟山记》。1084年,苏轼由黄州团练副使调任汝州团练副使,赴任途中,趁便送子苏迈到饶州德兴任职,途经江西湖口时,乘兴游览了石钟山,随后写下《石钟山记》一文。苏轼与子夜游石钟山,以自己的踏勘探究,探明了石钟山得名的由来,就此感叹道:"事不目见耳闻而臆断其有无,可乎?"警告后人不应主观臆测而妄下结论。

《槐花什么时候开?》一文的作者通过自己的实践探究真知,用古之"事不目见耳闻而臆断其有无,可乎"一句来结束行文是妥当的,但是张冠李戴,将苏轼的话归在王安石名下了。

月亮走,我也走

◎ 宗守云

有一首歌唱道:"月亮走,我也走,我送阿哥到村口。"歌词充满了诗情画意。从语言表达看,"我走"和"月亮走"是不同的,"我走"是常觉,即正常感觉,说话人的感觉和客观真实世界的情形一致;"月亮走"是错觉,说话人的感觉和客观真实世界的情形不一致,说话人感觉月亮在走,并不是月亮真的在走,而是月亮随着说话人的行走,看上去像是在行走的样子。

语言中既有常觉表达,也有错觉表达。常觉表达是普遍的、常见的;错觉表达是特殊的,没有常觉表达那样普遍、常见。这和事实本身有关。对于一个正常人来说,常觉是常态的感觉,可以保证人能够正常生活、工作、学习、娱乐;相反,错觉是异态的感觉,是偶然出现的感觉,由于少见,一般不会对人的正常生活造成消极影响。错觉不能常态化,可以想象,如果一个人生活在错觉世界中,将会是怎样的一种情形。

错觉表达表现在语言的许多层面,包括成语、句子以及篇章。

有些成语就是用来表达错觉的,比如"天旋地转、晴天霹雳、五内俱焚、肝肠寸断、草木皆兵、杯弓蛇影"等。从字面意义来看,这些成语所表现的内容都不是客观真实世界的情形,都是错觉,"天旋地转"是眩晕时的错觉,"晴天霹雳"是震惊时的错觉,"五内俱焚、肝肠寸断"是悲伤时的错觉,"草木皆兵、杯弓蛇影"是惊吓时的错觉。

在文学作品中,有些句子可以用来表达作品人物的运动错觉。例如:

(1)车子进入匝道,画了一个弧,上了高速,半步村在后面慢慢退远,变小,成为一个不能

动弹的名词。(陈崇正《念彼观音力》,《作家》2019年第3期)

(2)回程的路上儿子睡着了。山在车窗外快速后退,变成奔腾的马群或者宣纸上洇开的墨迹。(郭爽《月球》,《钟山》2020年第3期)

上述各例都描写了作品人物在开车时的感觉,人在开车的时候,往往把自己看成是静止的,把车外事物看成是运动的,因而产生运动错觉,这种运动错觉通过句子形式表现出来,就是"半步村在后面慢慢退远,变小,成为一个不能动弹的名词","山在车窗外快速后退,变成奔腾的马群或者宣纸上洇开的墨迹"。

常觉表达和错觉表达都可以形成篇章,当然常觉表达形成篇章更为常见。错觉表达形成篇章,有一定的特异性,著名作家王蒙的《来劲》几乎通篇都是错觉表达,例如:

(3)三天以前,也就是五天以前一年以前两个月以后,他也就是她它得了颈椎病也就是脊椎病、龋齿病、拉痢疾、白癜风、乳腺癌也就是身体健康益寿延年什么病也没有。十一月四十二号也就是十四月十一二号突发旋转性晕眩,然后照了片子做了B超脑电流图脑血流图确诊。然后挂不上号找不着熟人也就没看病也就不晕了也就打球了游泳了喝酒了做报告了看电视连续剧了也就根本没有什么颈椎病干脆说就是没有颈椎了。

例(3)只是作品中人物的感觉,在客观真实世界中是不存在的,客观真实世界不可能有如此混乱不堪的情形,因此这是写作者特定的错觉表达,当然这样的篇章有其特殊的文学价值。

在语言运用中,常觉表达和错觉表达应该根据特定的语境选择使用,或者用常觉表达展现常态,或者用错觉表达展现异态,也可以把常觉表达和错觉表达结合起来,错综运用,从而多方面多层次地展现人的心理世界。

意味深长的"害"

◎盛雨婷

当你在网上和别人聊天时,如果看到对话框中突然出现了一个"害"字,会有什么感觉?不用感到"害怕",也别以为有人受到了"伤害"——"害"在网络用语中,是个用法多样、含义颇丰的叹词,比如:

"害,你早说呀。"(误会和矛盾解开时的恍然大悟)

"害,没事儿的。"(毫不介怀的淡然随意)

"害,这可还行。"(结束对话前尴尬又不失礼貌的敷衍)

"害,我能力不行,但还是想试试。"(害羞又跃跃欲试的心情)

像这样的例子还能举出很多,"害"作为一个万能开头,可以运用于各种微妙场合。你想不想知道一个看起来普普通通的"害"字怎么会如此"多戏"?这得从它的源头说起。

有人认为,"害"在成为网络流行用法之前,是一个通行于京津冀等北方方言区的叹词,但没有统一的书面用字。字典中有同音的"嗐"字,作为叹词表示伤感、惋惜、悔恨等。在《红楼梦》中,宝玉就曾因为听到"出嫁"二字而"嗐"了两声;而在多年前一部热播神剧《家有儿女》中,主人公刘梅在与人对话时也经常以"嗐"字开头,让观众们记住了这个北方方言词极强的表现力。

在网络上,作为叹词替代字的"害",在大多数情况下起着承接的应答作用,当然也兼有感叹意味。"害"字的巨大魅力在于,每个人对它的语气意义在共识的基础上又有各自的理解,因此具有无限大的能产性。"害"字一出现,原有对话中的情绪走向便被悄悄强化,巧妙化解情绪、自然铺垫微妙瞬间、快速引入高光时刻……"害",还真有几分只可意会不可言传的深意。

再来说说由"嗐"到"害"的变化。"害"是一个实词,每个会说普通话的人都能够十分到位地发出其读音。而"嗐"作为含义较虚的叹词,人们往往会倾向于念得短而弱,甚至读作轻声。轻声字由于时长较短,音高的变化程度大大压缩,原有的声调便无法保持。所以,从语音细节上看,"害"比"嗐"更能强化其读音。而在网聊这样一种凭视觉而非听觉对话的语体中,使用实词"害"来代替虚化的"嗐",显然加强了它所要传达的语气意味。

其实在网络语言中,用同音词来代替口语中的叹词、语气词是一个常见的现象。除了意味深长的"害"字,在叹词中用"艾"代替"哎"、"矮油"代替"哎呦",在语气词中用"鸭"代替"呀"、"拉"或"辣"代替"啦"都是很常见的。从功能上看,"谐音替代"新奇而有趣,另类叹词和语气词为网络对话营造了轻松愉快、温馨友好的氛围。

网友们用自己的方式使用着叹词和语气词,不断更新着网络用语的历史。这些新兴语言形式不仅活泼友善"萌萌哒",而且在不经意间丰富着现代汉语的词汇宝库。

害,我好像说得差不多了,你会用了吗?

微语录·夫妻

有人结婚数十年,与妻子相亲相爱,几乎没吵过架。原因是什么?他介绍说:因为我和妻子都觉得自己不好,都认为自己做得不对!比如我打破了放在桌子上的杯子,就会说:对不起,是我不好,我不小心把杯子打破了!妻子则会说:不怪你,我不好,是我把杯子放得太靠边沿了!

(石 安/辑)

"工具人"是什么人

◎沈可轶

我们小时候都玩过一个"木头人"的游戏,在人工智能时代来临的时候又重新认识了"机器人"。近两年网络上又出现了一个"工具人",这是什么人呢?

"工具人"是一个合成词,由"工具"和"人"两个词构成。在《现代汉语词典》中,"工具"是一个名词,比喻用以达到目的的事物,如"语言是人们交流思想的工具"。网络流行语"工具人"在构词上运用了比喻构词法,可以解释为"像工具一样的人"。

"工具人"最早是一个管理学概念,在资本主义社会初期,"工具人假设"盛行。该假设认为,劳动者在生产活动中产生的作用和机械没什么区别。这里的"工具人",指的就是完全受管理者支配的劳动者,被剥夺了自由与人格,形同于今天我们所说的"傀儡"。

后来该词在台湾的网络社区逐渐流行起来。在一段感情关系中,如果一个男性因为爱慕一个女性而任劳任怨、随叫随到地付出一切,女方却对他并无好感,仅仅只是使唤或利用他,人们就把这名男性称为"工具人"。"恋爱工具人"往往带有贬义、自嘲的色彩。

而在网络游戏中,"工具人"则通常指主动为他人提供便利的游戏角色。该类游戏角色一般带有辅助功能,如治疗、肉盾等,他们在游戏中没有直接杀敌的任务,仅仅是帮助玩家完成任务,任务结束后也不争名夺利,直接退场,"不带走一片云彩"。

"工具人"的说法也开始

渗入到了影视作品中,用于形容作者笔下某些不费笔墨的配角。这些人物的出现往往只是为了推动剧情的发展,或仅仅作为"绿叶"来烘托主要人物,如《西游记》里时常下凡为唐僧师徒解围的天宫诸神。这些人物往往具有边缘化的特点,较之于主要人物显得个性并不鲜明,也不太容易给观众和读者留下深刻印象。

逐渐地,"工具人"的用法越来越普遍。有的时候,"工具人"还会用来指称为了满足他人的需要而被使唤,无法体现自身主观意志的人。如"在'拼多多'(某手机购物app)面前,谁还没做过帮忙拼团、砍价的'工具人'?"又如"实习生就是公司的工具人"等等。有的时候,"工具人"也会用来指不需要有主观思考,只需听从相关指令去行事的人,如"看完这篇穿搭推荐,你只需要做一个copy(拷贝)的工具人!"

不难看出,"工具人"在大多数语境中属于一个贬义词,并且带有一定的物化色彩。当一个人被称为"工具人"时,其作为"人"的主体性被忽视,而作为"工具"的功能性则被放大。在现实生活中,"被需要"固然是一种别人的认可,但丧失主观能动性的一味付出还是会折损人的尊严。每一个人都是值得被尊重的个体,都拥有独一无二的价值和力量,还是不要做"工具人"为好。

微语录·亲情

父亲患了老年痴呆,什么都记不住了。

一天,儿子带着父亲去吃饺子。饺子刚摆上桌子,父亲就伸手去抓,然后往衣袋里塞。儿子急忙说:爸,你这是干什么?父亲小声道:我儿子喜欢吃!

就算忘记了整个世界,他也不会忘记爱你!这个人,就是你的父亲。

(康　宁/辑)

可爱的"憨憨"

◎吕依瑶

在与别人聊天时,如果收到一条信息"你真是个憨憨",你是否会觉得纳闷,好好聊着天怎么突然间说我笨呢?如果你也曾经收到过类似的回复,先别急着与对方辩论个三百回合,因为他可能是在夸你可爱呢。

近些年来,"憨"这个词由于高频使用而成为网络热词,多形容一个人过分天真老实,虽也保留了呆笨的含义,但不是带有侮辱性的贬义词。这是和汉语中"憨"的语义演变一脉相承的。关于"憨"的释义最早可见于六朝的《玉篇》,顾野王将"憨"解释为"愚也,痴也",如"文举傲诞以速诛,正平狂憨以致戮"(《文心雕龙·程器》)中的"憨"就是"痴傻"的意思,这也是古代文献中"憨"字的主要含义。到了现代汉语中,"憨"由"痴呆、傻"的意思引申出了"朴实、天真、可爱"的意思,如"憨直""憨厚""憨态可掬"的用法就是此意。家喻户晓的情景喜剧 *Mr. Bean* 的中文译名是《憨豆先生》,而不是直译的豆豆先生,这就在译名上将主人公特有的耿直可爱的形象展现得淋漓尽致。

从另一方面来说,"憨"也属于方言词汇,在全国大部分地区都有使用。如西南地区的"憨包",北京、山东等地的"憨蛋",河南地区的"憨子"都是差不多的意思:骂一个人蠢笨犯傻。值得一提的是,"憨"在北京方言中还有"粗大而结实"的意思,如"这铁棍一尺半长啊,手指头那么憨"(《北京话词语》),但除此之外我们可以看出

"憨"的用法及含义都是比较固定的。"憨憨"也是"憨"方言家族中的重要成员，在大多时候都是用于日常生活与亲朋好友的对话当中，可能由于叠音往往表示亲昵的关系，其侮辱性含义消失了，主要用于形容对方憨厚老实。有时用于长辈训斥晚辈的场合，多指人做事过于鲁莽或小孩玩闹得没了分寸。

有趣的是，"憨憨"与"铁"搭配使用时，又产生了新的化学反应。在"铁憨憨"一词中，"铁"是形容词，本义是"坚硬、顽固"的意思。"铁"的加盟进一步描述了"憨憨"的属性，表示这人憨傻可爱又很执着。二者的结合使"铁憨憨"一词增加了一丝调皮的气息，因此被更多人喜爱并使用，"憨憨"的影响力和使用人群也由此不断扩大。年轻的情侣之间更是乐此不疲地称对方或自称为"憨憨""铁憨憨"，"憨憨"由此翻身，从"痴愚"成为"小可爱"，成为很多年轻人聊天时候经常出现的亲昵词语。

无独有偶，贬义词登堂入室成为亲昵词的不只是"憨憨"。小名"狗子"用于亲朋好友之间时表现出了亲切；长辈唤晚辈为"小兔崽子"是在表达宠爱；热恋中的情侣称对方"傻子"则表达出了彼此之间独一无二的爱。这些在熟悉的人之间用贬称来表示亲昵是一种常见的语言现象，在学界称为"贬词褒用"。通过贬词褒用，循规蹈矩的词语有了更出色的表现力，也让平淡无味的对话妙趣横生，余味无穷：

"我对郭德纲这样的憨憨小可爱真的是完全没有抵抗力！"

"游戏打得这么烂，你真是个憨憨。"

"你个憨憨，在那儿笑什么呢？"

大家在使用"憨憨"一词时多半为了表示调侃或亲昵，潜台词是"真是笨得可爱啊"。所以如果你在收到家人、朋友或恋人的"憨憨"后认真地与对方较起劲来，那反倒失去了"憨憨"带来的独特乐趣。

群发信息简明攻略

◎徐默凡

网络技术催生了一种传递信息的新方法,就是"群发信息"。同一封电子邮件可以群发若干收件人,同一个公告通知可以传达所有群聊参与者,同一条祝福信息可以群发所有微信好友……这些交际活动虽然运用场景不同,但都属于一对多的交际应用。

这种一对多的交际应用,是一种新生事物,但是也要遵守基本的交际规则。我们不难从它们所涉及的不同交际要素,推导出几条基本的交际原则:首先,信息发出者要明确信息群发的必要性,同时自己也有群发的权限,才能选择群发。我们不能事无大小动不动就群发一下,浪费大家的阅读精力。也不能越俎代庖,随意把自己的想法散布出去。其次,要注意群发接收者的复杂性,不能采用太私人化的写作手法,而要在抬头、署名、信息详略、礼貌程度等方面照顾到大多数人的接受偏好。最后,在交际内容上要以信息交流为主,而不是进行情感交流,因为同样的信息复制发送不会损耗,但同样的情感每复制一次就减弱一分。

所以说,群发虽然好用但也不能乱用或者滥用,不同的应用场景也慢慢形成了各自的使用规则,我们可以挑几个具体来说说。

电子邮件的群发往往用于工作事项,群发对象众多,各人情况不同,所以具体内容不可能面面俱到,不需要涉及太多细节,而是要尽量做到简明扼要,清楚明白。如果怕个别情况说不清楚,结尾可以加一句"未尽事宜,敬请来信来电详询"。邮件主题不可缺少,要让人一目了然,也可以加上一些标签如"会议通知""提醒""活动邀请"等,让收阅者能按照轻重缓急来处理。群发邮件的抬头要涵盖所有对象,以免引起部分人群不快,比如"各位同事"要比"各位项目负责人"涵盖范围广,"各位专家"要比"各位老师"等礼貌,这些都要根据不同情况选用。如果信息确实重要,而我们权限不够,那也可以采用群发加转发信息的形式,说明自己的群发只是一个中介。常见的一种是转发上级领导或者其他部门的通知,但是不能没头没脑直接转发了事,建议还是要加上一个说明,如:"各位同事:下面是转发的上级通知,请遵照执行,谢谢。"

在微信群和QQ群里,群主拥有"@所有人"的公告权限,这时候即使群员设置了"消息免打扰"选项,仍然会接收到铃音提醒,这可以说是群主很常用也很强大的功能了。但是权力越大,责任也就越大,群主要严格控制群发公告的必要性,不要为了一点点鸡毛蒜皮的小事就发公告,只有那些非得提醒所有人的重要事项才选择群发。也要尽量协调群发公告的时间,凌晨不发,以免扰人清梦;半夜不发,以免午夜惊魂。最好是白天的工作时间,让人能够安心处置。

过年过节的祝福方式随着时代的变迁,发生了翻天覆地的变化:过去是上门拜访,一天走不了几家亲戚;然后是电话联络,一天也最多十几通拜年电话;现在使用群发技术,一分钟就可以发出成百上千份祝福……但是你也要认识到,不去计算礼物的价值,祝福的含金量是和你花费的时间精力成正比的,同样的时间里你祝福的人越多,你的感情就被稀释得越多。假如你群发所有通信录好友一条祝福,他也如法炮制群发一条,甚至连祝福语都是复制粘贴的,那这种交流岂不变成了程序之间的相互沟通?所以建议大家还是不要群发祝福,可以为一些重要的亲友挑选和撰写不同的祝福语。也可以不选逢年过节,在其他时间为特别的事情发出祝福,物以稀为贵,你需要精心维护的情谊其实并没有你想象的那么多。

编校差错扫描(二十七)

◎王 敏

烧烤食物莫用"碳"

【错例】每逢中秋来临,碳烤月饼总是很受欢迎。

【简析】"碳烤月饼"应为"炭烤月饼"。"炭"是形声字,从火岸省声,本义指木炭,即把木材和空气隔绝,加高热烧成的一种黑色固体燃料。《说文解字》:"炭,烧木余也。"引申指像炭一样的东西,如"山楂炭"。又引申指炭火,比喻灾难、困苦,如"涂炭"指烂泥和炭火,比喻极困苦的境遇。还可指煤,如"煤炭"。"碳"也是形声字,从石炭声,是近代新造化学用字,从石特指碳元素是非金属元素,其符号是C。木炭,可用于液体脱色、气体吸附,还可以制作黑色火药等。当然,木炭最直接的用法还是燃烧发热,"炭烤"即用木炭烧烤,这种加工方法可以使食物带有独特的芳香。碳元素无法直接燃烧,常见的"碳烧""碳烤"是"炭烧""炭烤"的误写。

"倾囊"不与"受"相配

【错例】学员提问,他有问必答,毫无保留,倾囊相受。

【简析】"倾囊相受"应为"倾囊相授"。"受"甲骨文作金文作㋐,其字形都是两只手在传递一个物件。这个物件是盘还是舟,学者意见有分歧,但都认为"受"是会意字,本义指手递手地给予与接受物件。《说文解字》:"受,相付也。"由此引申,"受"既可指付出、给予,如"师者,传道受业解惑也",也可指接收、得到,如"无功受禄"。同一个"受",动作方向截然相反。为免混淆,人们另造"授"字以为分化。"授"是会意兼形声字,从手,从受,受亦声,"手付之,令其受也",本义即给予。《说文解字》:"授,予也。""授"字专指给予,"受"则专指接受。"倾囊"指把袋子里的东西全部倒出来,比喻尽出所有,如"倾囊相赠"。"倾囊"是给予,"授"也是给予,两者搭配文从字顺,若以"倾囊"与"受"相配,那就语义矛盾了。

"不挠""不饶"大不同

【错例】创造了这一奇迹,他们全靠一颗不屈不饶的心。

【简析】"不屈不饶"应为"不屈不挠"。"挠"(náo)和"饶"(ráo)都是形声字,声旁都是"尧",区别在形旁。"挠"从手,本义指搅。《说文解字》:"挠,扰也。"如"以指挠沸"。引申指扰乱、阻挡,如"阻挠"。后又引申指搔,如"抓耳挠腮"。"挠"又假借作"桡"(ráo,曲木),指弯曲,如"栋挠"(即"栋桡"),意思是屋梁脆弱曲折。"挠"由此再引申指屈服,如"百折不挠"。"饶"从食,本义指饱。《说文解字》:"饶,饱也。"引申指充足、富足,如"丰饶""富饶"等。引申指余、剩,如"衣食自有余饶"。再引申指宽恕、宽容,如"饶恕""讨饶"等。"不屈不挠"不屈服,对象可以指自己,"不依不饶"不宽恕,对象只能指他人,两者形相近义迥别。"不屈不饶"大概是把这两个词杂糅了吧。

"视目"如何乱成词

【错例】最后结果如何,让我们视目以待。

【简析】"视目以待"应为"拭目以待"。"拭"是形声字,从手式声,本义为擦干净。《尔雅·释诂下》:"拭,清也。"如"擦拭""拂拭""拭除"等。"视"是会意兼形声字,从见,从示,示亦声,本义指看。《说文解字》:"视,瞻也。"如"非礼勿视""注视"等。"视"可作名词,指目光、视线,如"视为止,行为迟"。又引申指观察、考察,如"视察""巡视"等。"拭目以待"指擦亮眼睛等着瞧,形容对事情发展密切关注,期望迫切,也表示确信某件事情一定会出现。"拭目以待"与"视"有关,但是"视目"不成词,错成"视目以待"属音同义混之误。"拭目以待"还易错为"试目以待",此乃音同形近所致。

"首屈一指"表第一

【错例】这辆车手屈一指的优点,是空间超大。

【简析】"手屈一指"应为"首屈一指"。"首"是象形字,本义指头。《说文解字》:"百同。古文百也。"甲骨文中"百"没有头发,"首"有头发,均象人头之形。引申指头领,如"首领"。又指开端,如"卷首"。再引申指最早、第一,如"首先""首要"等。"手"是象形字,本义指腕以下的指掌部分。《说文解字》:"手,拳也。"如"赤手空拳"。引申指像手一样的东西,如"扳手""触手"。人用手做事,"手"因此引申指专长某事的人,如"能手""高手"。又泛指人,如"助手""新手"。"首屈一指"意思是扳指头计算,首先弯下大拇指,表示第一或最优秀。"首屈"误为"手屈",就没有第一、最好的意思了。

"师"字别解

◎刘志基

教师节发了一个朋友圈,全文如下:

老师的"師",最初只是用它左边偏旁(繁体)写。这个"师"是啥?研究发现,它居然是屁股!老师与屁股何干?其实大有关系,老师得坐得住冷板凳,必须有个强大的屁股。屁股在人体中,似乎最不受待见,其实这是最大的偏见。屁股是基础,没这基础,你活个什么劲?请善待你的屁股!

本来只是心血来潮的戏说,没料到居然引起了几乎所有微信朋友的关注,点赞的居多,调侃的也不少,当然也有质疑的:老师怎么成了屁股?你得说说清楚。

好吧,那我就再为自己辩解几句。

"师"字最早见于甲骨文,就是用"師"左边偏旁"𠂤"表示,写作🄐。有位日本学者认为:"𠂤字本为横书作🄑形,象人之臀"(加藤常贤,《汉字的起源》第656页,日本东京角川书店1970年出版)。此说颇得认同,有的学者进一步认为,因为这个"臀"字最初的象形写法多被假借为"师",为示区别,所以在西周金文中,这个"臀"又在𠂤形上增加"尸"旁写成眉(🄒)形来表示本来的意义(李守奎、肖攀:清华简《系年》中的"𠂤"字及"𠂤"之构形),🄒在西周金文中又可以写作🄓,在从"尸"从"𠂤"的基础上又增加了"丌"。在战国楚简中,这个字写作🄔,🄐形讹变为"爪"。🄔字再演变,就成了说文小篆的"臀"字,这个字原篆作🄕,《说文》析形曰:"🄕,髀也。从尸下丌居几。"髀",就是大腿骨,"尸"就是人,"丌"是基座,这里表示屁股(很显然,这个"丌"的金文前身就是"自"),"几"则是古人坐具。《说文》又给"居"列出一个或体:䯗,从骨殿声,这与后来的"臀"相比,只是把"肉"旁换成"骨"旁。作为汉字表意偏旁,"骨""肉"本来是一类。也就是说,"臀"就是直接由"䯗"演变来的。

行文至此,我们应该有把握认定,"師"的左旁"自",就是和屁股有些关系的。接下来进一步讨论,这种关系是怎么来的。

按照《说文》的解释,"师"本来并不表示"老师"的意义,许慎说:"二千五百人为师。从帀从自。自,四帀,众意也。"这显然是说"师"为一种人数众多的军队编制单位,而"自""帀"都是"师"的会意部件。"帀(小篆作 帀)"是"之(小篆作 㞢)"字倒写,"之"字的构形为"止"(即足趾)从"一"(表示出发的起点)出发,表示"去往"之义,因此"帀"就表示回过来,即"环绕周遍",故可表达"两千五百人"之"师"的"众多"之义。而"师"中的"自",《说文》认为并不是臀字,而是"小𨸏",即土堆的象形字,有学者解释,其字形就象山峰的形象 ᗯ 竖置。既然是土堆,当然也可以有"众多"之义。当然,对于甲骨文中"自"为什么多用为"师旅"之"师"这个问题,学者或有其他解释,比如:上古天子居山,必以师旅守卫,故"自"可以表示"师"。

与在"师"字中的表义功能相符,甲骨文中的"自"又有表示人工堆筑的高于一般建筑的殿堂的用法,记录"殿"这个词。但值得注意的是,早期甲骨文的"自"如果用作"师",与所谓"山峰"相对一侧的线条是弯曲的,写作 𐤓;而用作"殿"等其他意义,这条线是直的,写作 𐤁。有的学者认为,这不同形体的两种"自"本来就是两个不同的字。但这似乎不太容易解释为什么两种"自"的差异,在后期甲骨文中就已经消失了。我们认为,在早期汉字的表意性尚强的构形系统里,"𠂤"就是一个富于多义演变、因义变形的字符。基于此,来讨论"师"的构形,或许找到了一个较为合理的起点。

"老师"的"师"相对晚出,战国的出土或传世文献中,已经确定存在。追究它的来源,恐怕很难剥离它和"师旅"的"师"的关联。由此,我们可以追究相关于"师"的意义演变发展线索:土堆——师旅——老师。不难发现,这条意义联系线条中,核心的义素是"众多":土堆,土之众多;师旅,人之众多;老师,见识众多。很显然,这个核心义素,是可以被"𠂤"这个表意偏旁所涵盖的。在构形系统以形表意为主导的早期文字阶段,作为意符的"𠂤"可以通过某种变形,来区别土之众多与人之众多。演化到以字义表达为主导的阶段,作为义符的"𠂤"自然可以在构形不变的情况下演绎它"众多"的核心义素。这种演绎,不仅在单字层面,也表现在偏旁层面,上文言及"臀"字初形中的"𠂤"即是其例。臀者,躯体中最为硕大的一段,肉之众多也。

据此可知,"老师"与"屁股"的关联,是在"𠂤"这个表意偏旁的核心义素所制造的语义场中发生的。

《卫兵的胜利》参考答案

1. 大名顶顶——大名鼎鼎
2. 记忆尤新——记忆犹新
3. 变换莫测——变幻莫测
4. 饯行——践行
5. 既便——即便
6. 再所不惜——在所不惜
7. 复盖——覆盖
8. 危胁——威胁
9. 脚落——角落
10. 掂记——惦记

卫兵的胜利

（文中有十处差错,你能找出来吗？答案在本期找）

◎伯 淮 设计

在一次国会议员选举中,大名顶顶的战斗英雄陶克将军和他的卫兵约翰成了竞争对手。

竞选演讲开始了,陶克将军首先上台。他激情四射地向人们讲述自己的战场往事:"那场战斗我至今仍记忆尤新。那几天,我们没日没夜地和敌人在林中激战,战局变换莫测。但作为将军的我从未退缩过,我始终记得饯行自己的誓言:为了国家和人民,为了正义和自由,既便付出生命也再所不惜! 血战三天后,敌人终于败退了。70个小时没合眼,我倒在森林的一片血泊里就睡着了……"

大家被陶克将军充满热情的演讲打动了,有人还不禁流下了眼泪。

轮到约翰上场了,他语调平静,也讲起了那场战斗。"陶克将军是位英雄,我至今还为曾在他麾下战斗而自豪。他躺在血泊中睡着一事,我可以证明,因为当时我就守在他身旁。那是个寒冷至极的夜晚,厚厚的冰雪复盖着整片森林,我握着枪站在雪地里,瑟瑟发抖,但我尽量不弄出声响,以免打扰睡着的将军。战斗刚刚结束,危胁并未完全解除,冷枪可能从某个脚落突然射来。那时,我唯一掂记的是保护将军。为了保障将军的安全,我准备随时献出自己的生命!"约翰也赢得了热烈的掌声。

出乎意料的是,最终,约翰赢得了选举的胜利。

广角镜

咬书咬报咬刊,
　　咬天下该咬之错
嚼字嚼词嚼句,
　　嚼世上耐嚼之文

定价：6元/期　72元/年

《咬文嚼字》

关注语文运用　/　纠正语文差错　/　传播语文知识　/　引导语文生活

　　学习中产生了语言文字疑问，人们会想到：翻翻《咬文嚼字》吧，看里面的文章是怎么解答的；工作中遇到了语言文字难题，人们也会想到：查查《咬文嚼字》吧，看里面的文章是怎么解释的；社会上一旦有了语文热点事件，人们同样会想到：问问《咬文嚼字》吧，看专家是怎么解析的。这几乎已经成为人们的学习、工作、思维习惯。

所获荣誉

- 中国出版政府奖期刊奖提名奖
- 全国"百强期刊"
- 国家新闻出版广电总局向全国少年儿童推荐百种优秀报刊
- 华东地区优秀期刊奖

订阅方式

欢迎关注《咬文嚼字》

邮局订阅
　邮发代号为 4-641
网络订阅
　邮政报刊订阅网
　http://bk.11185.cn

微信扫码订阅

扫码订阅电子版

微信公众号

微博

火眼金睛

图中差错知多少？

（答案在本期找）

廖传杰　张志达　提供
李可钦　肖丁薇

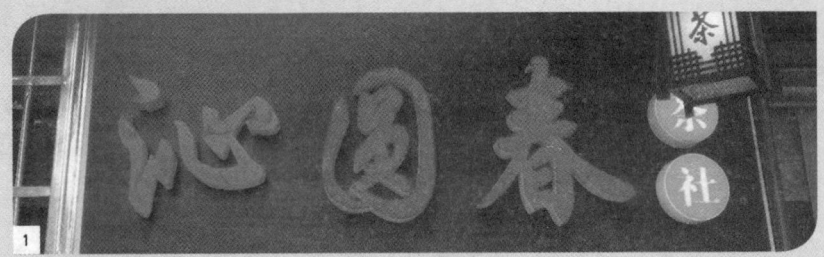

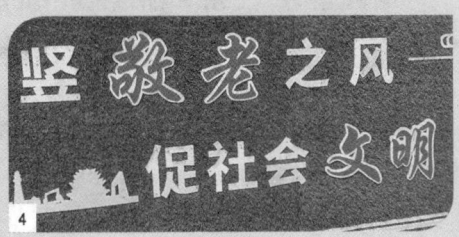

咬文嚼字

YAOWEN-JIAOZI

杧果

漆树科常绿大乔木，俗作"芒果"，果肾形，淡绿色或淡黄色，果肉味甜多汁。原产亚洲南部。"杧果"最早来源于印度南部的泰米尔语Manges，据说是"美好的果子"之意。大航海时代进入葡萄牙语，作manga，并迅速传入其他欧洲语言。英语作mango。"杧果"由英语mango音译而来。

上海世纪出版集团

2020/12

欢迎至邮局订阅本刊 邮发代号 4-641
国内统一连续出版物号 CN 31-1801/H
定价：6.00元

雾里看花

杨东辉

"掺汤面"是啥面

这是武汉街头的一家面馆。"汤面"大家都吃过,但其前加了一个"掺"字,那又是什么面呢?猜猜看,答案本期找。

书窗

"老佛爷"在这头　普鲁斯特在那头

《远西草——我的法国文学旅情》

邵毅平/著　定价/36元

本书是复旦大学邵毅平教授所著法国文学之旅随笔,《巴黎观墓》《雷恩的米兰·昆德拉》《索米尔的葛朗台》《莎士比亚书店》……作者逐一探访伏尔泰、巴尔扎克、普鲁斯特、杜拉斯、萨特与波伏瓦等作家酝酿经典之处,读书与行路结合,感悟文学与生活的精髓。

精装

咬文嚼字官方淘宝店

名家语画

面对疫情，郎平这样嘱咐

万 晓/文 臧田心/画

因为疫情，东京奥运不得不推迟，这给正在进行封闭训练的中国女排，带来了巨大困难和挑战。此时，郎平这样嘱咐女排姑娘："做好本职工作，最困难的时候，恰恰应是我们最团结、最顽强拼搏的时候……"

栏目	标题	作者	页码
名家语画	面对疫情,郎平这样嘱咐	万 晓/文 臧田心/画	1
前线观察	不要"脱钩"要"竞合"	高丕永	4
	"摆摊":旧词变热词	何俊萍	6
追踪荧屏	领子松垮应是"㒎"	程 旭	8
	张氏"狭恨报复"?	欧阳昌宏	9
	"乞巧节"怎会"正值朔月"	李可钦	10
	潘先生可不是"动容"	汤青武	11
时尚词苑	加油,"打工人"	刘冰鑫	12
	漫说"Z世代"	代宗艳	14
	"翻车"比喻义走红	曹志彪	16
一针见血	是"如牛饮水"吗	阎德喜	19
	"逞论"?"遑论"!	盛祖杰	19
	"风急天高猿啸哀"的出典	陈明学	20
	感冒引起"失喑"?	浦东轩	20
	挥动球杆把苍蝇"哄走"?	周 振	21
	蚝油是调味品,不是食用油	李景祥	22
	何来"虫瘿的呢喃"	谢云秋	22
	不是"丰瞻"是"丰赡"	章桂周	23
	挑拣菜叶应是"择"	李悠欣	23
	误用"不忍卒读"	朱耀照	24
语言哲思	"别睡,这里有蛇"	宗守云	25

学林

形似字的分化	苏培成	/27
"对外汉语"是什么	史有为	/29
"存在"和"鬼"现在是"什么样的存在"	曹秀玲	/31

十字街头

"鲸鲨"是"嘴巴超大的鲸鱼"吗	雷晓琪	/34
别给汉文帝改名字	王树凡	/35
谢晋元家书展板上的一个差错	李光羽	/36
是"倒伏",不是"倒扶"	丁建川	/37

社交新风

网络表情变异用法攻略	徐默凡	/38

文章病院

"各领风骚数百年"是谁写的	刘冬青	/41
书风"糜弱"?	新 德	/42
"姚宋"的"宋"是宋璟	王宗祥	/43
李清照《咏史》诗无关项羽事	厉国轩	/44
"管窥蠡测"含贬义	周宇翔	/45

检测窗

编校差错扫描(二十八)	王 敏	/46

语苑新谈

"齐家"是啥意思	石毓智	/49

网言网语

这是什么"控"	王 楠	/51
"这届人民不行"到"这届××不行"	张 舒	/53
要"走心"不要"漫不经心"	吴彩旎	/55

说文解字

"妇"的箕帚缘	刘志基	/57

向你挑战

坚硬的木结	梁北夕 设计	/60

顾 问

濮之珍　何伟渔
陈必祥　金文明
姚以恩

主　编　黄安靖
副主编　王　敏

特约编委

汪惠迪(中国香港)
田小琳(中国香港)
林国安(马来西亚)
吴英成(新加坡)

责任编辑　施隽南
　　　　　　何中辰
　　　　　　朱恺迪

通　联　戚新蕾
封面设计　王怡君

特约审校

蔡维藩　陈以鸿
李光羽　王中原
张献通　黄殿容

凡本刊录用的作品,其与《咬文嚼字》相关的汇编出版、网上传播、电子和录音录像作品制作等权利即视为由本刊获得。上述各项权利的报酬,已包含在本刊向作者支付的稿酬中。如有特殊要求,请在来稿时说明。

不要"脱钩"要"竞合"

◎高丕永

新冠疫情下,世界经济陷入了深度衰退,单边主义、保护主义、"逆全球化"思潮和霸凌行径抬头。美国的政客们,为了推卸自己抗疫不力的责任,动辄"退群"破坏国际合作,不断"甩锅"抹黑中国,鼓噪"脱钩"遏制中国,妄图挑起意识形态和社会制度的对抗,使世界陷入危险的境地。

"脱钩",上世纪二三十年代已经用作科技术语,主要指"火车车厢之间互相连接的挂钩脱开"。比如:"南浔铁路列车脱钩处罚规则"(标题,《南浔铁路月刊》1932年第10卷第1—3期)。后来,汉语用这个"脱钩"意译英语中指"脱离关系"的"decouple"(前缀"de–"指"脱离";couple指"连接")。比如:"巴基斯坦国家银行宣布:巴卢比同英镑脱钩而随美元升降"(标题,《参考消息》1971年9月11日)。

美国政客鼓噪的"脱钩",不断遭到质疑和批评。比如:"德方重申将坚持一个中国原则,同时在国际事务中坚持多边主义,不赞成所谓的'脱钩',不希望世界陷入分裂对抗。"(《人民日报》2020年9月3日)又如:"在美国贸易专家比尔·赖因施看来,美中经济经过多年共同成长,脱钩也非易事。"(《新华每日电讯》2020年8月21日)为什么"脱钩"不容易呢?因为,包括中美在内的世界各国,在经济利益上早已融为一体,形成了一荣俱荣、一枯俱枯的"竞合"关系。

"竞合",新旧世纪交替之际意译英语的"co-opetition"借入。这个上世纪80年代才产生的英语新词,由"cooperative(合作性的)"的"头"和"competition(竞争)"的"尾"相加构成。1996年,哈佛大学教授亚当·布兰顿等合著的《Co-opetition》一书出版。该书认为,21世纪全球经济发展的一个重要特征是"竞合",即"在合作中竞争,在竞争中合作"。

"竞合",是当今中国发展国际关系的"抓手"。比如:"内政外交的'全球博弈',让我们拓展了竞合思维,尊重国际规则又坚持中国立场,推动全球治理更加公平合理。"(《人民日报》2012年8月31日)又如:"在我们的思维和判断中,无论是美国针对中国的'全面接触'战略,或是美国针对中国的'彻底遏制'战略,双方博弈到最后的可能均衡状态是,中美双方之间逐步形成一种特定的稳定的新型'竞合'战略竞争关系。"(《世界经济导刊》2020年第6期)

1999年,《中国竞合经济——经济改革整合分析》(中共中央党校出版社)一书出版,将"竞合"由认识论转化为方法论,具有很强的现实意义。比如,2015年,电信、移动和联通完成了铁塔公司的组建,探索出了以共享竞合为核心特征的资源整合新模式。(参见《人民日报》2016年1月29日)另外,"竞合"又为不同业态、不同所有制企业的协同发展提供了新思路。比如:"'百世新':共用一券 活动齐步走——一百、世茂广场、新世界城三家大型商业综合体变竞争为竞合,放大联动效应"(标题,《解放日报》2020年9月18日)。

需要注意的是,汉语里早就有另外一个借词"竞合",原词是日语用汉字书写的"競合"。"競合",本义指"竞争,争执";引申义用作法律术语,日本私法上指"同一标的物上并存两个以上发挥同一效力的权利",刑法上指"一个行为触及数个罪名"。汉语只借入了"競合"的引申义,作为法律术语,从上世纪二三十年代起沿用至今。比如:"刑罚与行政罚之竞合问题"(标题,《判解集》2020年第57期)。

"摆摊"：旧词变热词

◎何俊萍

为了克服新冠肺炎疫情带来的影响，有序推动复工复产复市，各地政府允许在规定时间、规定地点摊位外摆或临时摆摊。一时间，"地摊经济"异常火爆，也把"摆摊"这一旧词迅速焐热。

"摆摊"，又称"摆地摊""摆摊子"或"练摊"。其基本义为"在路旁或市场中陈列货物出售"。"摆摊"是汉语词汇中的一个老词，因城市化和商业活动而出现，最初是随地而设，形成集市。古今文学作品中都有记载。例如：

（1）凡城市临街、铺面前隙地，有支棚摆摊，卖杂货生理者，晚则收归，早则铺设。（清·黄六鸿《福惠全书·杂课·门摊税》）

（2）街上全是泥，你怎么摆摊子呢？（老舍《龙须沟》第一幕）

以前"摊"叫"地摊"，随地而摆，便捷利民；后来随着城市的发展和管理，"摆摊"不可随兴而设，必须符合规则和要求，一度基本销声匿迹。当前，常态化疫情防控背景下，城市重新允许"摆摊"，反倒成为一种新时尚。有些区域摊位统一风格、统一制作，"摆摊"本身成了一道风景，增添了些许久违的"烟火气"，因此受到摊主和市民的双向欢迎。

（3）疫情期间允许摆地摊，为这样有温度的治理点个赞。（《人民日报》2020年3月18日）

（4）摆摊有了去处　百姓得了好处（标题，《人民日报》2020年6月1日）

最初，"摆摊"出售的大多是自产自销的农产品、食品和其他日常生活小商品,现在卖的内容大为丰富,从各样美食到衣服首饰,从日常用品到艺术作品,从创意手作到古董收藏,甚至从物质产品拓展到专业手艺、科普讲座等精神层面的产品。例如:

(5)山东援鄂医生广场"摆摊"免费讲解心肺复苏,一晚上跪两小时。(《齐鲁晚报》2020年6月12日)

"摊"一般是摆在路旁或市场中,随着互联网的普及,现在的"摊"也可摆在虚拟的网络上。例如:

(6)南京雨花64个机关支部"云摆摊"惠企(标题,《南京日报》2020年3月22日)

例(6)是南京雨花台区10个部门摆摊直播开讲惠企政策,区级机关64个机关支部争创"英雄支部",其"一把手"带队值守在电脑和手机前,随时为民众答疑解惑。

不只是"摆摊"的内容发生变化,现在"摆摊"的行为方向也在改变,可以卖出,也可"买进",例如"摆摊招聘":

(7)腾讯总监路边摆摊招聘:这个"地摊货"要求有点高(标题,新浪网2020年6月6日)

从"卖"到"买",从"物质"到"人才","摆摊"的方式不断地发生变化,"摆摊"的内涵也不断地丰富。

从语法上分析,"摆摊"黏合度还不高,"摆"与"摊"可拆开,中间可插入一些词。例如:

(8)鲁山县赵贤摆个小吃摊 日子越过越舒心(标题,《大河报》2020年9月17日)

另外,"摆"与"摊"的位置也可颠倒,使其由动宾结构转化成主谓结构。例如:

(9)张大姐凉面摊摆起来了,"街坊邻居们都很喜欢吃"。(《重庆晨报》2020年5月31日)

"摆摊"一词,由旧到新,由冷到热,词义和用法在不断拓展。在疫情影响的"艰难"岁月里,各式各样"好吃、好看、好玩,还能买买买"的小摊,摆出了浓浓的烟火气,摆出了崭新的面貌,还摆出了勃勃的生机。

领子松垮应是"懈"

◎程 旭

电视连续剧《隐秘的角落》第1集中,朱永平带前妻生的儿子朱朝阳在商场买鞋,现在的妻子王瑶也带着女儿朱晶晶到商场挑选童衣。在商场外,王瑶问朱朝阳:"你妈不给你买新衣服吗?你看你这领子都xiè了。"xiè,同步字幕上打的是"泻",这里应该用"懈"。

懈,本义为松懈。《说文解字》:"懈,怠也。"引申义有松散、疲困,如倦懈。在北京、东北地区、山东等地的方言中,说衣物、鞋袜等"懈"了,是形容它们松散变形,用的就是"懈"字"松散"的引申义。商务印书馆《新编北京方言词典》有用例:"他那大背心儿都穿懈了。"同义词组东北方言里还有"懈松",如:"这鞋肯定是假冒伪劣产品,要不穿上没两天咋会懈松这样呢。"(中华书局《东北话词典》)济南方言也有词组"懈拉咣当",指宽大松垮的样子,如:"这褂子穿他身上嫌大,懈拉咣当!"(江苏教育出版社《现代汉语方言大词典》)

"泻",本义是液体很快地流,如倾泻、泻注、水银泻地,引申为排泄,如泻肚、泻药、上吐下泻。"泻"通常都用在与水有关联的词语中,剧中王瑶想说的是朱朝阳的衣服太旧,领子都松垮了,还是用"懈"更为妥当。

张氏"狭恨报复"?

◎欧阳昌宏

电视连续剧《鹤唳华亭》第4集中,太子萧定权在朝堂上说了这么一段话:"本宫反复推敲,觉得这件事情也许还有另一种可能,那就是尚服张氏心怀叵测,狭恨报复,在我兄弟之间挑拨滋事,方滋昨日之变。"(字幕同步显示)其中"狭恨报复"为"挟恨报复"之误。

"挟"和"狭"字形相近,且都是形声字。挟,读音为xié,本义是用胳膊夹住,引申有依靠、依仗之义,如《孟子》:"不挟长,不挟贵,不挟兄弟而友。"后也用来表示心里怀着的意思,如挟仇、挟私、挟忿等。"挟恨报复"义为心怀怨恨对某人进行报复,亦可说成"挟嫌报复"。鲁迅《集外集拾遗补编·文摊秘诀十条》:"倘有人作文攻击,可说明此人曾来投稿,不予登载,所以挟嫌报复。"

狭,读音为xiá,本义为窄,与"广"相对,"狭恨报复"难以说通。误"挟"为"狭",应为两字音近形似所致。

"乞巧节"怎会"正值朔月"

◎李可钦

电视剧《月上重火》第3集里，重雪芝与上官透晚上逛街，到桂花糕摊前，重雪芝说道："正值朔月，这桂花糕是再好不过了。"随后来到河边，有不少女子放河灯。当重雪芝说那些河灯很漂亮后，上官透说了这样的一段话："重姑娘可知，今天是什么日子？……今天是乞巧节。姑娘们会把自己对生活的美好心愿写在纸上，通过河灯带向远方……"（字幕同步显示）两人的对话中出现了常识性错误。

朔月，即朔日的月相。朔日指农历每月初一，这一天月球运行到地球与太阳之间，在地球上看不见月光，这时的月相就叫朔月，也称新月。

乞巧节，在农历七月初七。妇女于七月初七夜间在院子里陈设瓜果，向织女星祈祷，请求帮助她们提高刺绣缝纫的技巧，故称"乞巧节"。

朔月在农历每月初一，乞巧节在农历七月初七，"乞巧节"这一天不可能"正值朔月"。

潘先生可不是"动容"

◎汤青武

电视连续剧《延安颂》第8集中，中共中央为适应形势的发展，决心推动抗日民族统一战线的形成，委派潘汉年赴上海与国民党代表陈立夫进行谈判。

可时值蒋介石顺利解决"两广事变"，对中共的态度转为强硬，在他的授意下，陈立夫向潘汉年提出了十分苛刻的"收编"条件，潘汉年震怒，当面指斥国民党失信。陈立夫十分尴尬，急忙出言安抚："潘先生，不要如此动容。"这里"动容"一词用得不妥。

动容，作名词时义为举止和仪容，多在古汉语中使用。《孟子·尽心下》："动容周旋中礼者，盛德之至也。"现多用作动词，义为脸上出现受感动的表情。《文明小史》第六十回："这时两湖总督蒋铎上了个吁请立宪的折子，上头看了很为动容，就发下来叫军机处各大臣议奏。"

剧中，潘汉年面对国民党、蒋介石出尔反尔的行径，非常愤怒，与"动容"所包含的感情色彩大相径庭。这里把"动容"改成"动怒"，与电视剧中人物的情绪就比较符合了。

加油,"打工人"

◎刘冰鑫

近期,"打工人"一词火了,朋友圈、微博随处可见,就连平时朋友间聊天,也可能先问候一声:"你好,打工人!"此处的"打工人"显然不是动宾短语(打——工人),而是偏正短语(打工——人),大致相当于"打工者"的意思。

最初,"打工人"指从事体力劳动的人,他们往往不是本地人,而是外来务工人员,多指农民工。请看:

(1)顺着渤海九路黄河十路一直往南走,你经常会发现很多打工人坐在三轮车上,双手插在袖口里,头不停地向外张望,他们是在等待一天的工作,也是在为生计等待。(《齐鲁晚报》2013年1月24日)

(2)9年记录,在国内,少有人像他一样系统全面地用相机来关注农民工……从亲历者变成观察者,占有兵在年轻的打工人身上找到了自己的过去,他也更关注这个群体的未来。(《新京报》2014年12月28日)

时下,"打工人"突然火爆,这源于一位名叫"抽象带篮子"的主播,他在网上发了一条短视频,视频中他做出要出门打工的样子,并说:"勤劳的人已经奔上了塔吊,你却在被窝里伸了伸懒腰,你根本没把自己生活当回事儿。早安,打工人!"该视频引起网友们的关注与模仿,连办公室白领也自称"打工人"。从此,"打工人"适用范围扩大,指称对象多元化,几乎成了各行各业劳动者的统称。请看:

(3)"打工人"一词风行,不管是高管、码农还是建筑工,大家不分职业不分薪水,坦坦荡荡

都是"打工人",没有谁比谁更高贵,这是不是表明以前的职业偏见正在慢慢消散呢?(《北京青年报》2020年10月28日)

(4)"人人都是打工人",我们应该给予劳动者,包括不同年龄的劳动者同样的尊重和关怀、同样的善意与温暖。(《工人日报》2020年10月27日)

(5)如果说改革开放之初,无数打工者涌向南方,为改善自己的生活而努力;那么当下的"打工人",更多是为了凸显自己的人生价值而打拼。虽然辛苦但不怨天尤人,面对压力也不改初心,这是新时代无数"打工人"的脸谱。(《湖北日报》2020年10月30日)

对于打工者,曾经还有"打工仔(妹)""社畜"等称呼,不过都带有一定的贬义色彩。"打工仔(妹)"多指从事体力劳动的低收入者,使用时含有轻视义;"社畜"来源于日语,指顺从工作、不思进取、没有理想和斗志的员工,消极义更明显。相比之下,"打工人"打破了传统职业鄙视链,体现了平等的职业观,反映了新时代人们思想观念的进步。

"打工人"常与"早安""晚安"等词连用,形成"早安,打工人""晚安,打工人"等习用句式。"早安,打工人"成为常见的问候语,是对他人的关心和鼓励,具有正能量。"打工人"也可用于自称,在自嘲的同时,接受现实,为梦想打拼,展现了乐观踏实、积极上进的精神面貌。

受"打工人"影响,还出现了一系列"××人"词语。如"早八人"(需要挣扎着起床去上早上八点第一节课的大学生),"科研人"(从事科学研究的人),"共享单车人"(骑共享单车上班的人),"尾款人"(双十一期间,付完定金,等待着付大笔尾款的人)等。人们以戏谑的方式调侃忙碌的学习、工作和生活,为自己释放压力,具有乐观主义色彩。

"打工人"在平凡中不懈奋斗,他们不卑不亢,勇敢前行,值得尊重。生活虽然艰辛,但奋斗的人生始终充满阳光。加油,"打工人"!

漫说"Z世代"

◎代宗艳

近年来,"Z世代"一词频繁出现在大众媒体上,并在微博、贴吧、朋友圈等自媒体上不断刷屏,其热度令人咋舌。例如:

(1)以"后浪"代称的Z世代,是成长于网络飞速发展时代的一代人。现在,他们正成为消费主力军。(《国际商报》2020年7月23日)

(2)国内不少投资者认为,虚拟偶像是一个极具潜力的投资风口,随着二次元粉丝的主力军——"Z世代"(指出生于1995年—2009年间的互联网一代——编者注)群体消费能力的提高,虚拟偶像的商业价值将再次提升,而VR、AI、5G等技术的发展也将助力虚拟偶像从二次元向三次元"破壁"。(《中国青年报》2020年8月24日)

"Z世代"最初流行于美国及欧洲地区,指在1995—2009年间出生的人,又称网络世代、互联网世代,统指受到互联网、即时通信、MP3、智能手机和平板电脑等科技产物影响很大的一代人。在中国,80后、90后、00后的说法可谓人人皆知,但在美国,人们更习惯把不同世代的人按X、Y、Z来划分,于是就有了所谓的"X世代"(1965—1980年出生)、"Y世代"(1980—1995年出生)和"Z世代"(1995—2009年出生)。

国家统计局有关数据显示,我国"Z世代"规模将近2亿,占全国总人口的1/7。受计划生育政策影响,我国的"Z世代"几乎都是独生子女,受到家庭长辈关注程度更高。在这样的成长背景下,与70后、80后相比,他们主要有两点变化:一是"Z世代"

生活在中国经济腾飞的时期,物质的丰富带来了他们对消费升级的追求;二是"Z世代"处在互联网时代,更倾向于社交、泛娱乐等虚拟消费。从腾讯发布的《2019年"Z世代"消费力白皮书》来看,2020年"Z世代"将占据全民整体消费力的40%,成为真正意义上的消费主力军。当前,"Z世代"正在逐步成长为中国新经济、新消费、新文化的主导力量。例如:

(3)近一年来,中国品牌悄然崛起,受到不少"90后""95后"年轻消费者的青睐。此前,小红书发布的《Z世代生活方式新知》中提到,在品牌选择层面,"95后"似乎已经不再迷信大牌,国货成为消费新宠,发布量和搜索量均有明显上涨。(《北京商报》2020年9月29日)

(4)日前在游戏、电竞、二次元、科技、动漫等元素最为突出和集中的2020 ChinaJoy上,阿里妈妈发布的《潮流涌起下的追潮众生与消费洞察》显示,Z世代是潮流市场蓬勃向好背后的主要驱动力,占消费贡献的近30%,增速超过400%,是品牌不可错过的追潮新势力。(《国际商报》2020年8月12日)

如今,"Z世代"也常用于新闻标题当中。例如:

(5)"Z世代"的班主任难在哪儿(标题,《中国青年报》2019年12月30日)

(6)Z世代小红书式消费几家欢喜几家愁(标题,《环球时报》2019年4月26日)

为什么"Z世代"这个新词能流行开来呢?从词形和词义看,"Z世代"借自国外的Generation Z,契合了当代文化形态传播的全球化趋向,新奇有趣;从社会角度来看,经济的快速发展也起到了推波助澜的作用,人们对于社会分层饶有兴趣,这从"90后""00后"等身份象征词相继出现即可看出。事实上,我们每个人都属于某种特定的年代,新一代青年人永远是未来经济发展的主力军。因此,这些身份象征词都先后成为大众流行语了。

"翻车"比喻义走红

◎曹志彪

翻车,本义为车辆翻覆,在汉语中古已有之。据史料记载,在公元前2000多年的夏禹时期,有一个叫奚仲的人,发明了两轮马车。自从有了车辆,陆路运输上的翻车事故就随之而来了。虽然车子的使用提高了运输的速度和效率,但是由于车辆故障问题、驾驭者操作问题、行驶道路环境问题等因素的影响,难免出现翻覆的事故。古代典籍中不乏用例,例如:

(1)莫觑翻车粟,觑翻罪有因。(孟郊《黄雀吟》)

(2)见道上有积潦甚多,孙大不放心,恐路上有翻车陷车等事,深为懊悔。(《曾国藩家书》)

在古代,"翻车"基本上用的是其本义,而现代汉语中越来越多使用它的比喻义。在日常工作、生活中,做任何事情都免不了出现这样那样的问题,就像车辆在行进途中出现翻覆事故一样,所以人们就常用"翻车"来生动地形容活动过程中的受挫或失败,基本上等同于"出事故"。例如:

(3)九牛一毫莫自夸,骄傲自满必翻车。历览古今多少事,成由谦虚败由奢。(《人民日报》1979年1月6日)

(4)若改为应景文章,则或太俗,或刺耳,弄不好还翻车。(《中华读书报》2019年9月4日)

人们喜欢用自己熟悉的事物来打比方。比喻义的"翻车"走热应该与近十多年来我国汽车的迅速普及有一定关系。比喻义的各种花式"翻车"总体上看来与现实翻车有较明显的相似性。首先,就像现实车辆翻覆一样,出现的状况不是所预期的,而是突发和意外的;其次,和真正翻车后通常会有车损人伤一样,事故的当事人会受到或轻或重的损害和损失。

近年来,在网络媒体上"翻车"用得尤为火爆。网上"翻车"多发"区域"主要集中在各式各样的网络直播中,如才艺展示直播、游戏直播、带货直播、吃播(吃东西直播)、户外直播、线上教学直播等。

例如,有个网名叫"乔碧萝殿下"的主播,在网上直播游戏和唱歌,以甜美的声音和大家聊天。在2019年7月的一次直播中,用来挡住脸的卡通图像掉下来了,真实的年龄和相貌暴露了出来,并不是之前大家认为的妙龄少女,而是58岁的中年女士。这被认为是比较有名的一次主播"翻车"事故。

又如,哔哩哔哩网站的一个有着数万粉丝的吃播主播,在上传视频时一不小心,把没有剪辑过的原片传上去,结果让网友发现,原来他实际上是边吃边吐,假吃真吐,真相败露了。于是官媒发表评论:"畸形吃播"浪费严重,封禁"大胃王"不能等"翻车"。

这两年网上兴起了一个新的行当——直播带货,不少明星和网红参与其中,做得风生水起。但是却接连被曝出假货不断、售后无门、流量造假等问题。2020年9月17日《北京青年报》就发文质问:直播购物"翻车"谁来买单?

还有今年蓬勃兴起的在线教学,许多教师被疫情逼成了网络"主播"。因为电脑、网络等软硬件故障,或者因为一些老师对在线教学工具不熟悉,对如何开展网络教学没有经验,在线授课时意外状况频出,也被戏称"翻车"了。

网络成为"翻车"的"重灾区",也成为"翻车"一词的流行区,自有其道理。其一,这类"翻车"事故多发于网络论坛、微博或直播中,多出现在网络上有一定知名度的明星和网红身上,这些人往往在某一方面是老手,即网民戏称的"老司机"。就像开车,新手翻车不稀奇,轻车熟路的老司机翻车则特别引人关注。明星和网红们向来极力经营自己的形象,以美好的人设示人,有的甚至利用网络虚拟空间的特点,刻意作假伪装,如一些网红主播用美颜摄像头、萝莉变声器、各种修图神器等,装扮自己的形象以吸引粉丝。然而一旦不慎真相暴露,必然"翻车",形象受损。其二,网络上的活动常常受到广泛的关注,除了粉丝,可能还有许多"吃瓜群众"。群众的眼睛是雪亮的,在无数双眼睛的紧盯下,若有"翻车"事故发生,就无所遁形。其三,网络具备便于留证的特点,无论是文字还是音视频内容,都可以用截屏、下载等方式将"翻车"的证据留存下来,传播开去。

微语录·邻里

一女子刚搬进新家。晚上忽然停电,还好,女子有备用的蜡烛。没过一会儿,有人前来敲门。开门一看,原来是隔壁家的小孩。

小孩问:阿姨,您家有蜡烛吗?

女子心想:他们家难道连蜡烛都没有?不能给他,不能惯着,不然以后什么东西都来要!

于是摇摇头,说:没有!

女子正要关门时,小孩说:我妈妈说您刚搬来,可能没有备用蜡烛,让我送两根给您!

说完,小孩拿出两根蜡烛给女子。

女子顿生无地自容之感,立马蹲下,把小孩紧紧抱在怀里。

(乔 桥/辑)

是"如牛饮水"吗

◎阎德喜

《黑龙江广播电视报》2018年第44期刊有《一周又走俩名人》一文,其中谈到李咏和他的许多同行一道离开央视平台时说道:"大家发展之路各不相同,中间几多坎坷,如牛饮水,冷暖自知。"文中的"如牛饮水,冷暖自知"让人莫名其妙。正确的应该是"如人饮水,冷暖自知"。

"如人饮水,冷暖自知",指亲身体验过,自己理解得最明白。上述引文中说李咏等人离开央视这个平台后发展之路坎坷很多,对其中的苦辣酸甜自然有很深的体会。用"如人饮水,冷暖自知"来概括这种情况正是文章作者所要表达的。

"如牛饮水"让人想到"牛饮"。"牛饮"一般用来指像牛一样大口地喝。"如牛饮水"只能理解为像牛一样大口地喝水,这显然得不出"冷暖自知"的结论。"如人饮水,冷暖自知"乃成语,把"人"改为"牛",意思就不通了。

"遑论"?"遑论"!

◎盛祖杰

《健康报》2020年9月3日第2版《读懂她们的"难",才有化解的希望》一文中有这样一句话:"绝大多数女性并没有因此享受单列的支出,更遑论贫困女孩。"其中"遑论"明显有误,应为"遑论"。

遑,本义是急迫,匆促不安。也有闲暇、余裕的意思,如不遑。另外还有何、怎能之义,常用于反问句。《诗经·邶风·谷风》:"我躬不阅,遑恤我后?"郑玄笺:"我身尚不能自容,何暇忧我后所生子孙也。""遑论"的意思是何谈,谈不上,不必说。梁启超《释革》:"呜呼,中国之当大变革者岂惟政治,然政治上尚不得变不得革,又遑论其余哉!"

逞,本义是通达。现代汉语多用来表示夸耀,放任,纵容,(做坏事)达到目的等,组词如逞能、逞性子、阴谋得逞等。"逞论"难以索解。

"风急天高猿啸哀"的出典

◎陈明学

2016年1月20日《中华读书报》载有《猴年说猴》一文,其中引用了"风急天高猿啸哀"一句,并括注出处为"唐·杜甫《别韦少府》"。"风急天高猿啸哀"是杜诗名句,这不假。但是,它不是出自《别韦少府》,而是出自杜甫的《登高》。

《登高》是一首七言律诗,全诗是:"风急天高猿啸哀,渚清沙白鸟飞回。无边落木萧萧下,不尽长江滚滚来。万里悲秋常作客,百年多病独登台。艰难苦恨繁霜鬓,潦倒新停浊酒杯。"该诗作于唐代宗大历二年(767),杜甫在夔州,时年56岁。明代学者胡应麟《诗薮》中说此诗:"自当为古今七律第一,不必为唐人七言律第一也。"

另外,《别韦少府》的作者不是杜甫,而是李白。这首诗中也说到"猿",有"洗心句(一作"向")溪月,清耳敬亭猿"之句。

感冒引起"失喑"?

◎浦东轩

《益寿文摘》2020年8月31日3版刊登《感冒引起的急性失喑经方治疗体会》一文,针对当急性上呼吸道感染累及声带后产生的咽喉病变,提出了几点治疗建议。题目中"失喑"一词令人费解,在正文中也多次出现,经查笔者认为应改为"失音"。

失音,指由喉部肌肉或声带发生病变引起的发音障碍。患者说话时声调变低,声音微弱,严重时甚至发不出声音,亦称"失声"。唐代段成式《酉阳杂俎·广知》:"东家门鸡栖木作灰,治失音。"王西彦《人的世界·第三家邻居》:"他吐了好几次血,最后竟连喉咙也一度变成喑哑了……后来喉咙失音的情形好转了些,学校也就开学了。"传统中医中也可称"暴喑"。

喑,读作 yīn,本义为小儿哭泣不止,现常指嗓子哑,不能出声。引申义有缄默不语、不发声。如清代龚自珍《己亥杂诗》:"九州生气恃风雷,万马齐喑究可哀。"

由此可见,"喑"本身就有失音的意思,"失喑"一词说不通。

挥动球杆把苍蝇"哄走"?

◎周 振

2019 年第 44 期《南方文摘》第 4 版《苍蝇杀死世界冠军》一文讲述了这样一则故事:在一场世界台球冠军赛上,一只苍蝇落在了美国选手路易斯·福克斯准备击打的主球上,"路易斯生气地挥动球杆,把这只讨厌的苍蝇哄走"。这只苍蝇被"哄走"后又飞回来落在球上,反复多次,引起观众大笑。而路易斯情绪失控,在后面的比赛中发挥失常,失去了冠军。文中多次说将苍蝇"哄走",此说法有误。

哄,是个多音字。读 hōng 时,形容大笑声和喧哗声,也指许多人发出声音,如哄传、哄抬物价。读 hǒng 时,指用语言或行动逗人喜欢,如哄小孩,也指说假话骗人,如哄骗、哄弄。读 hòng 时,指吵闹,如起哄、一哄而散。如果是"哄走"苍蝇,可以有两种理解。一是发出声音赶走苍蝇,与上述文章意思不符;二是理解为"哄骗"苍蝇离开,不仅与文意不符,还十分荒谬。显然,上述文章中用"哄走"不妥,应改为"轰走"。

轰,读 hōng。繁体作"轟",会意字,本义是群车声。现在形容打雷、放炮、爆炸等巨大的响声,引申指雷鸣、爆炸或炮击,如雷轰电闪、轰炸、炮轰。"轰"还可表示驱赶,如轰走、轰赶。上述文中运动员挥动球杆驱赶苍蝇这个动作,应表达为"挥动球杆把苍蝇轰走"。

蚝油是调味品,不是食用油

◎李景祥

《北京晚报》2018年11月24日第18版所刊《"油"事》一文,讲述了作者家中的食用油从早年的"苦心省油"到后来的"任性吃油",再到如今"重新控油"的诸事。其中写道:"再后来,超市里油品琳琅满目,我们各小家的食油也开始品类多了,花生油、大豆油……还有进口的蚝油、棕榈油、色拉油、橄榄油,几乎应有尽有。"作者所列举的这些油中,所谓"进口的蚝油"其实是国产的,而且蚝油不属于食用油,是调味品。

蚝油是以蚝(一称牡蛎)的肉为原料经煮熟过滤浓缩而成的浓汁,具有浓郁的鲜味,供调味使用,是中国广东等地的特产。相传清朝末年,广东人李锦裳在煮蚝时,偶然发现沉于锅底的稠汁极为鲜美,遂发明了蚝油。我们平时说的食用油,一般指动物脂肪和从植物中提炼出来的脂质物。蚝油与酱油一样,虽然名称中都有"油"字,但都只是调味品,不是食用油。

何来"虫瘿的呢喃"

◎谢云秋

《京江晚报》2020年5月8日A15版《母亲的菜园子》一文这样写道:"月亮下的菜园子,一片安谧,静静地听,除了一些虫瘿的呢喃……"这里"虫瘿的呢喃"令人费解。

"呢喃"是个拟声词,本形容燕子的叫声,后也用来形容小声说话的声音。"瘿"读作yǐng,指机体组织受病原刺激后的局部增生,通常为囊状物。"虫瘿"即植物因受虫害或真菌刺激,一部分组织畸形发育而形成的瘤状物。由此可知,"虫瘿"是植物体上异常发育的部分,并非真正的虫子,不可能发出"呢喃"。

不是"丰瞻"是"丰赡"

◎章桂周

《语文教学与研究》2020年第9期所刊《〈大堰河,我的保姆〉中的人称转换及其美学意义》中写道:"诗人在诗中所采取的,几乎全是自我抒情的方式,从开头到结束,都只是以'我'一人而言说,然而,为什么在这首诗中生活与情感的内容却是如此丰富,形式和语言的形态却也是如此丰瞻呢?"这里的"丰瞻"错了,应该是"丰赡"。

赡,音 shàn,本义是供给,引申有充满、足够、满足之义。丰赡即丰富、充足。《后汉书·第五伦传》:"蜀地肥饶,人吏富实,掾史家赀,多至千万,皆鲜车怒马,以财货自达……伦悉简其丰赡者遣还之……"讲的是东汉名臣第五伦调任蜀地后,为整顿贪贿风气,把家财丰足的官吏遣送回家。上引文想表达的是诗歌的语言形态丰富多样,回味无穷,这里用"丰赡"恰如其分。

瞻,音 zhān,义为往上或往前看,如瞻仰、瞻前顾后等。汉语中没有"丰瞻"一词,"丰瞻"也讲不通。

挑拣菜叶应是"择"

◎李悠欣

《上海文学》2020年8月号登载了一篇小说《桃之夭夭》,文中有这样一句:"她永远在摘菜,经了她的手,再黄再蔫的菜,也能马上返青,活灵活现。"这里的"摘菜"用错了,用"择菜"才对。

"择"是个多音字,读 zé 时,

有挑选、挑拣、区分之义,常用词有选择、抉择、饥不择食等。"择"还有一个读音为zhái,意思和"择"读zé时的意思基本一致,常用于一些口语中。"择(zhái)菜"就属于这类词,意思是把蔬菜中不宜吃的部分剔除,留下可以吃的部分。迟子建《伪满洲国》:"先前他是在大寮当菜头的,每日淘米择菜,听凭典座调遣。"

"摘"音zhāi,义为采取、拿下(植物的花、果、叶或戴着、挂着的东西),如摘苹果、摘帽子。上述引文想说的是把蔬菜中黄的蔫的叶子去掉,留下青绿的,这是挑拣的过程而非摘取的动作,因此该用"择"。

误用"不忍卒读"

◎朱耀照

《新民晚报》2020年9月14日第17版刊载了《"一只爹一只娘"》一文,其中有这样一段话:"这就应了一句话:'天涯何处无芳草',与其说'一只爹一只娘'抢占了我们的视觉,还不如说它的随处可见,是开放的心态、开放的观念使然。今天我们发现不对称设计、不对称穿着无处不在,明天我们完全可能会对其他曾不忍卒读的事情司空见惯。""不忍卒读"用在这里不恰当。

"卒"有尽、完毕的意思,"卒读"义为尽读、读完。不忍卒读,即不忍心读完,多用来形容文章内容悲惨动人。清代百一居士《壶天录》:"闽督何公小宋,挽其夫人一联,一字一泪,如泣如诉,令人不忍卒读。""不忍卒读"多与诗词文章等搭配,用来修饰"事情",有搭配不当的嫌疑。

另外,《"一只爹一只娘"》讲了对一个人脚上穿着两只鞋不匹配的现象,由不习惯到习惯的一种审美心理。不习惯、不欣赏这种不对称设计的心态,与"不忍"无关。结合文意,将"不忍卒读"改成"异乎寻常",庶几可通。

"别睡,这里有蛇"

◎ 宗守云

美国语言学家埃弗里特在《别睡,这里有蛇》(潘丽君译,新世界出版社2019年版)中写道:"皮拉罕语的一个特点立刻引起了我的兴趣,即该语言中没有用于维护社会或人际关系的句子或词语,语言学家称之为具有'交际功能'的语言。皮拉罕语没有用于认识他人或与他人寒暄的语句,也没有像'你好''再见''你好吗?''对不起''没关系''谢谢你'之类的表达善意、相互尊重但同时又不透露太多信息的表述。"这就是说,皮拉罕语没有直接表达问候、告别、道歉、致谢等言语行为的句子。那么,在需要问候、告别、道歉、致谢时,皮拉罕人怎样表达呢?埃弗里特以告别为例写道:"晚上,当皮拉罕人回去睡觉时,大家都会有不同的表达方式。有些人只是说:'我得走了。'但他们通常会说:'别睡,这里有蛇。'这句话乍听起来会让人惊讶,但逐渐地,已经成了我最喜欢的晚安问候。"

在语用学中,直接表达问候、告别、道歉、致谢等的言语行为,是直接言语行为;通过另一种言语行为间接地表达某一种言语行为,是间接言语行为。比如,"你好"是直接表达问候,是直接言语行为;"你吃了吗?"是通过询问的言语行为间接地表达问候,是间接言语行为。

直接言语行为非常经济、直白,可以高效地完成言语交际,很好地维护人际关系。间接言语行为比较曲折、隐晦,用转弯抹角的方式表达说话人的意图,反映了语言的间接性特征。间接性是人类语言中普遍存在的现象,可以补充和丰富语言表达,在交际中有特定的价值和作用。

首先,间接言语行为可以填补直接言语行为的空白。皮拉罕语没有直接表达问候、告别、道歉、致谢等言语行为的句子,因此只能用间接言语行为表达,比如,用"别睡,这里有蛇"这样的警告言语行为来表达告别言语行为。实际上,汉语的某些方言也同样存在这样的问题。在笔者原生的母方言中(即没有普通话渗透和影响的情况),没有直接表达告别、致谢等言语行为的句子,也就是说,没有"再见"和"谢谢"等表达方式,表达告别和致谢必须用间接言语行为。比如表达告别,有如下一些间接表达方式:

我走也!(提醒表告别)

我回去哄孩子去!(告知表告别)

再坐会儿吧!(挽留表告别)

慢些儿噢!(嘱咐表告别)

再比如收到礼物后表达致谢,有如下一些间接表达方式:

你买那干啥?(反问表致谢)

你别给我买东西么!(否定表致谢)

你看你,买那么贵东西!(嗔怪表致谢)

你拿回去给你娘吃去吧!(建议表致谢)

其次,间接言语行为可以弥补直接言语行为的不足。有些直接言语行为过于直白,甚至给人生硬之感,不容易为听话人接受,因此说话人常常用间接言语行为弥补这一不足。比如,请求对方帮自己关上窗户,如果直接表达为"请你帮我关上窗户",就显得非常生硬,如果用询问的方式表达为:"你能帮我把窗户关上吗?"语气就非常委婉柔和,更容易达到交际目的。再比如,请求对方离开这里,如果直接表达为"请你离开这里",就不容易为对方接受,甚至引起对方反感,如果用建议的方式表达为:"您到那边去看看报纸好吗?"就显得礼貌,容易为对方接受,也容易达到交际目的。

由此可见,表达某种言语行为,有时可以用直接言语行为的方式,有时则必须用间接言语行为的方式,说话人需要根据特定情境运用或选择间接言语行为的表达方式,可以做到顺应语境,适应对象,从而完成交际任务。

形似字的分化

◎苏培成

形似字就是形体相似的字。这样界定的形似字带有模糊性，从应用的角度说，人们最关心的是那些容易用错的形似字。有些形似字因为形体相似，所以容易用错。为了减少这类错误，对那些容易用错的形似字要设法分化，变为非形似字。自古至今，分化形似字一直是汉字演变中的常见现象。例如：

甲骨文中数字十是一竖，写作|。于省吾说："十字初形本为直画，继而中间加肥，后则加点为饰，又由点孳化为小横。"到战国时就变成"十"。数字七在甲骨文中本作十，是会意字。一横画表示物体，一竖画表示刀类器具，从中间把物体分开，它是切的本字。这个写作一横一竖的切的本字后来假借为数字七。到了战国时候，写作十的数字七与数字十极为相似，极易相混，必须设法加以区分。为了区分，战国晚期至西汉早期的金文，把写作十的数字七中间的竖画写得略短，与数字十构成形似字。但是这样的区别过于细微，不解决问题。再后，把写作十的数字七竖画的下端向右弯曲，成为"七"。这样数字七与数字十有了明显的区别，不再相混。

甲骨文有三个横画的三字，上下两画长，中间一画略短。有人把这个字释为三、肜、川等，均不可信。于省吾发表《释气》，把这个字释为气。甲骨文里数字三为三横等长，与中间的一画略短的气构成形似字。但是这种差别比较细微，容易相混。为了扩大区别，到了东周的

齐侯壶里 三 改作 ≒，第1横画左面的开头部分向上弯。到了战国初年的行气铭再变作 气，第3横画右面的收尾部分向下弯。经过这两次的改动，三 就变化成为气字。《说文》："气，雲气也。"甲骨文中气字有三种假借用法：一为乞求之乞，二为迄至之迄，三为终止之讫。

《康熙字典》在正文的前面有一部分是《辨似》，收录形似字五百多组。这可以作为清初形似字的总汇。《辨似》的说明是："笔画近似，音义显别。毫厘之间，最易混淆。阅此，庶无鲁鱼亥豕之误。"现代汉字中形似字也不少，常见的约有近百组。例如：厂广｜弋戈｜天夭｜今令｜巿(fú)市｜仑仓｜乌鸟｜叼叨｜皿血｜劢(mài,努力)励｜束束｜冷泠｜本夲(tāo)｜佳佳｜爪瓜｜归旧｜次次(xián)｜冼(xiǎn)洗｜沫沫(mèi)｜仿彷｜汨(mì)汩(gǔ)｜沉沈｜钧钩｜昼昼(dàn)｜第(zǐ)第｜浙浙｜栗粟｜冠寇｜瑞端｜勠戮(杀)｜管菅｜裸裸｜毫(bó)毫｜博搏｜千千于｜己已巳｜戊戌戍。汉字简化对形似字有减有增，减和增的数量大体相当。减少的如"畫晝"变为"画昼"，"榖穀"变为"榖谷"；增加的如"攏擾"变为"拢扰"，"倉侖"变为"仓仑"。

形似字是不是都要分化呢？不必要。从实际出发，只分化那些极易混淆的部分。有些形似字在使用时语境不同不会造成误用就不必分化。例如，"未"和"末"形似，但是它们使用的环境不易造成混淆。"未"主要用于"未来、未知、未卜先知"等，"末"经常用于"最末、末后、末期、本末倒置"等。

纵观古今，形似字的分化方法主要有三种。第一是改变字形。例如，本文开头介绍的甲骨文把写为一横一竖的数字七改为"七"，把 三 改为"气"。楷书的分化例，如"办"和"刅(chuāng)"形似，后来把"刅"改为"创"。第二是合并。例如，甲骨文的 中 和"中"形似，但意义不同。中 是左中右的"中"，"中"是伯仲的"仲"。到

"对外汉语"是什么

◎史有为

"对外汉语教学"是吕叔湘先生确定的名称。意思是"对外国的汉语教学",是"对外"+"汉语教学"的组合。英文对应为 Teaching Chinese as a Foreign Language(作为外国语的汉语教学),这里的核心成分是"汉语教学","教学"更是核心的核心,不可缺少。流行了一阵子以后人们开始"偷懒"了,就把六个字缩减为四个字,变成"对外汉语",甚至有些单位、期刊和普通名称也跟着来,成为"对外汉语学院""对外汉语专业""对外汉语研究""对外汉语培训机构""对外汉语必读"等等。

把"教学"丢了,问题也就来了。有人认为有一种"对外汉语",跟国内的汉语不完全

.....

了小篆合并为"中"。小篆里"匚(fāng)"和"匸(xì)"形似,"区、匿、匹"等从"匸(xì)"。楷书合并为"匚"。第三是改变说法。例如"没有"和"设有"形似,"本院没有卫生间"和"本院设有卫生间"容易相混。可以改为"本院无卫生间"和"本院有卫生间"。形似字的分化是否成功,要看能否做到约定俗成,也就是群众是否接受并广泛使用。群众接受并广泛使用的是成功的,否则就是不成功的。

汉字是语素文字,它一定是字数繁多,结构复杂,要彻底消灭形似字是不可能的。为了避免误用形似字,学习并使用汉字时,要多多留心,日积月累,这样就能收到良好的效果。

一样。实际上,我们并没有一种叫"对外汉语"的汉语。对外教学的还是我们国内大家说的汉语普通话。只是教学的时候要从简单的日常用的开始,有个由易入难的针对性教学程序,就是"教学"的花样有些不同罢了。因此,上面这些名称应该理解成"对外汉语教育学院""对外汉语教学专业""对外汉语教学研究""对外汉语教学培训机构""对外汉语教学必读",否则就"名不正言不顺",该卸招牌了。

如果有人认为"对外汉语"可以对应为 Chinese as a Foreign Language,那也错了。这两个中英文是不能对应的。后面的英文意思是"作为外国语(教学)的汉语",甚至还可以表示"对外汉语教学"。

假如当初起名时把位置略为调整一下,改成"汉语对外教学",就不会发生如今的尴尬。人们就不会偷懒去简化为"汉语对外",因为"汉语对外"实在不像是个合格的汉语。

如今又到了更换名称的时候,"对外汉语教学"改成了"汉语国际教育"。为什么要改。因为前者表示主战场在中国,所以"对外"。而如今国外也已经成为另一主战场,因此从世界角度看,"对外"应替换为"国际"才顺理成章。将"汉语"调到前面,成为"汉语国际教育",又解决了可能的歧义。但问题解决了吗?解决了,又似乎没有完全解决。

说它解决了,是许多单位都以此为标准调整了名称。例如北京语言大学成立的"汉语国际教育研究院",首都师范大学文学院的"汉语国际教育系列讲座",传媒大学人文学院的"汉语国际教育中心"。

说它似乎没有完全解决,是因为这样的改动不仅替换了词汇项,而且改变了整个序位,让二语教学界一时不能适应,于是又产生出新的问题。由于"对外汉语教学"的影响,还由于国际上还存在"国际汉语教育学会",人们口头上还经常使

"存在"和"鬼"现在是"什么样的存在"

◎曹秀玲

时下常见"这是一种什么样的存在"和"这是神一样的存在"之类的新用法。这种新的表达形式分别用于询问或陈述。用于询问时,疑问词为"什么样",其前后可有数量短语"一个/一种"共现。例如:

(1)大学里,辅导员究竟是

用"国际汉语教育"这样的称呼,市场上还有"国际汉语推广中心""国际汉语教师资格证"等,这些名称里的"国际汉语",都会时不时单独使用,因此还可能会让人生疑:有没有一种叫"国际汉语"的汉语?

现在为了照顾国外多用"中文"一词来指称"汉语"的习惯,又出现了"中文国际教育论坛"这样的会议。但问题并不那么简单。2019年12月9日—10日在长沙召开的国际会议"国际中文教育大会"上,国内国外的学者达成共识,要将"国际中文教育"作为正式名称。从孙春兰副总理在开幕致辞中"中国政府把推动国际中文教育作为义不容辞的责任"的表态来看,这不但是学界的共识,而且也是官方的态度。虽然"国际中文教育"主要用于海外、国际场合,但国内跟进已经开始。例如:北京语言大学已经成立"国际中文教育发展智库论坛"。"汉语国际教育"和"国际中文教育"这两个内涵相同而序位相反的名称,是否又将使原有名称的困扰进一步加重?是否又会出现"国际中文"来捣乱?

但愿这些只是笔者的过虑。

什么样的存在?

（2）在英国公务员是<u>一种什么样的存在</u>?

（3）融创中国，<u>一个什么样的存在</u>?

（4）"气"是<u>什么样的一种物质存在</u>?

用于陈述时，仅用于肯定句，且"存在"常受"神一般/一样"和"不一般"等修饰。例如：

（5）霍金真的是<u>神一般的存在</u>。

（6）科学圈流传着这样一个说法：如果这个世界上存在着外星智慧，那么可能是两个人。一个是达·芬奇，另一个是特斯拉！而如果世界上有<u>神一样的存在</u>，那么他一定是特斯拉！

（7）《<u>不一般的存在</u>》（网络小说）

（8）《<u>神一样的存在</u>》（网络小说）

根据上面的用例，"存在"用于询问时，既可以指人也可以指物，而用于陈述时仅指人，而且限于"不一般"的人。

据《现代汉语词典》（第7版）（以下简称《现汉》），"存在"有动词和名词两种词性：动词的"存在"是"事物持续地占据着时间和空间；实际上有，还没有消失"之义；名词性的"存在"则是"哲学上指不依赖人的意识并不以人的意识为转移的客观世界，即物质"。（《现汉》226页）"物质"义名词"存在"，以往带有较强的专业色彩，眼下似乎正向"东西"类抽象名词演化，可以涵盖人和物两个概念域。

在物质世界中，"人"其实是动物的一种——"能制造工具并使用工具进行劳动的高等动物"（见《现汉》1096页）；在精神世界中，人有别于一般事物，与"物"对举，构成"人物"一词。而作为复合词的"人物"，后发展为偏义复词："①在某方面有代表性或具有突出特点的人；②特指重要人物。"（《现汉》1099页）

现代汉语词汇系统中，指称范围涵盖人和物的词语有

"物质""事物""东西"等,但都有各自特定的概念域和组合规律:

东西:①泛指各种具体的或抽象的事物;②特指人或动物(多含厌恶或喜爱的情感)。(《现汉》311页)

事物:指客观存在的一切物体和现象。(《现汉》1194页)

物质:①独立存在于人的意识之外的客观实在;②特指金钱、生活资料等。(《现汉》1394页)

在实际语言运用中,"物质"常与"意识"或"精神"相对。既然"事物"是一个涵盖人和物的抽象名词,为什么"存在"这个具有一定专业色彩的词语要"抢占地盘"呢?原因在于,"存在"词义中一个重要的语义特征是不以人的意识为转移,在这一点上恰好与"什么样"和"神一般/一样"等均突显客观事物样态的表达相契合。

与此相关,近年普通话还出现一种新的询问形式"(个)什么鬼",青年群体中使用相当广泛,该组合用于疑问句。例如:

(9)带流量的IP是个什么鬼?

(10)中国尿协是个什么鬼?

(11)致霾元凶究竟是什么鬼?

(12)"鬼压床"是什么鬼?

有研究称,广东话中有"乜鬼"的问法,"×是(个)什么鬼"是方言用法进入普通话。值得注意的是,普通话中用于询问的"什么鬼"保留"鬼"憎称或蔑称的语义特征,因此限于就说话人认为稀奇古怪的事物或概念提问。

综上可见,"存在"和"鬼"词汇意义相去甚远,但近年出现泛指用法,受制于各自的语义特征,具有特定的感情色彩。因此,两词在上述用例中虽然与"事物"所指相近,但不能随意替换。互联网技术和自媒体平台,使语言变异和传播的速度呈几何级增长。至于这两种新用法是否可以留存下来,尚需拭目以待。

"鲸鲨"是"嘴巴超大的鲸鱼"吗

◎雷晓琪

这是万达广场"海底小纵队游乐场"的外围墙公益广告，上面有一行大字"嘴巴超大的鲸鱼其实不吃人"，其下附了详细解释："其实鲸鲨性格温和，不攻击人，而且它的牙齿很小，觅食是通过吸进一口水闭上嘴巴，然后用鳃排水。被困住的小鱼小虾才是鲸鱼的食物。"鲸鲨是鲸鱼吗？

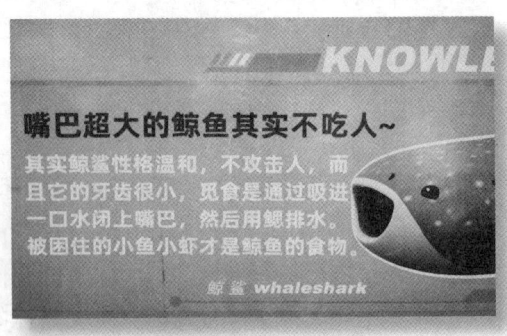

鲸鲨，软骨鱼纲，是鲸鲨科鲸鲨属的鲨鱼。身体庞大，为世界上现存体形最大的鱼，卵生。口宽大，牙多而细小。鳃耙如海绵状，适于过滤。食大量浮游生物和小型鱼类，它的摄食方法是吸入性滤食，将充满浮游生物的海水吸入后，把水排出，并把留下的东西吞入。

根据物种分类，鲸鲨属于鲨鱼的一个品种，而非鲸。正因为有着和鲸鱼一样庞大的体形，才有了"鲸鲨"这个名字。鲸是海洋动物中鲸目生物的统称，鲸不是鱼类，属哺乳纲，胎生。一般以软体动物、鱼类和浮游动物为食，有的种类也能捕食海豹、海狗等。

总之，鲸属于哺乳动物，而鲸鲨属于鱼类，因此，不能说"鲸鲨"是"嘴巴超大的鲸鱼"。

别给汉文帝改名字

◎王树凡

安徽省合肥市杏花公园,是一座具有田园风貌和历史人文特色的公园,也是该省首家以"孝"文化为主题的公园,设有"孝"文化的雕塑、靠背椅、灯杆旗等。这张照片拍的是杏花公园里的一个靠背椅,椅背上雕刻的是古代《二十四孝》中汉文帝亲尝汤药的故事:"汉朝文帝名刘桓,孝敬父母好名声……"这里把汉文帝的名字写错了,不是"刘桓",改为"刘恒"才对。

文帝事母亲尝汤药

汉朝文帝名刘桓,孝敬父母好名声,也不脱衣卧病三年整,娘喝汤药他先守到明,担心苦来又怕凉尝,不热不凉正能喝,他才双手送给娘。

刘恒(前202—前157)是汉高祖刘邦第四子,汉惠帝刘盈之弟,是西汉第三位皇帝。其为人宽容平和,在政治上保持低调。即位后励精图治,兴修水利,减免田租、赋役和刑狱,使汉朝经济有了较大的发展,进入强盛安定的时期。刘恒与其子刘启(汉景帝)开创了著名的"文景之治"。更有仁孝之名,侍奉母亲从不懈怠。其母薄太后卧病三年,他常常目不交睫,衣不解带;母亲所服的汤药,他亲口尝过后才放心让母亲服用。《二十四孝》对他的赞美是:"仁孝闻天下,巍巍冠百王;母后三载病,汤药必先尝。"宋代诗人王禹偁作《读汉文纪》诗也有"西汉十二帝,孝文最称贤"的赞语。

公园靠椅上将汉文帝"刘恒"错成"刘桓",很可能是因两字字形相似而造成的。

谢晋元家书展板上的一个差错

◎李光羽

上海四行仓库抗战纪念馆的序厅,陈列着一块弧形的展板,上面刻了国民革命军第88师262旅524团中校团附谢晋元写给妻子凌维诚的一封家书。

谢晋元(1905—1941)是广东蕉岭人。大学生投笔从戎,入黄埔军校四期。1927年随北伐军进入上海,在一场朋友的婚礼上,认识了相当于中等师范音乐专科毕业的凌维诚,1929年两人结婚。1936年春,中日战争局势日益严峻,谢晋元请假护送身怀六甲的妻子,携二幼女抱一男婴回广东家乡,随即只身返回军营。上海四行仓库抗战纪念厅展示的家书,为谢晋元返回军营不久后所写。

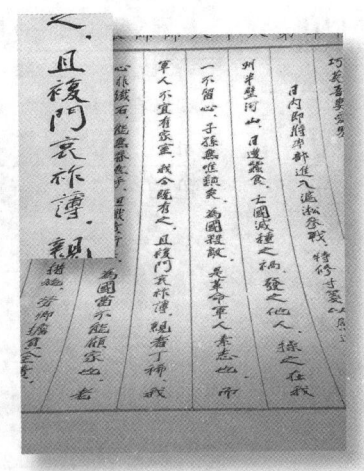

信中有这样一句:"而军人不宜有家室,我今既有之,且复门哀祚薄,亲者丁稀,我心非铁石,能无眷然乎!"这里"门哀祚薄"错了,应该是"门衰祚薄"。

"门衰祚薄"是个成语,语出西晋李密《陈情表》:"门衰祚薄,晚有儿息。"义为门庭衰败,福分浅薄。唐代陈子昂《为人陈情表》:"臣门衰祚薄,少遭险衅。行年三岁,严父早亡。"谢晋元说自己"门衰祚薄,亲者丁稀",并非修辞夸张之语。他父母生育二子七女,谢晋元的哥哥当年前往南洋谋生,不幸病故,遗一女与谢晋元长女同龄。妹妹们也都出嫁了,自己又是

是"倒伏",不是"倒扶"

◎丁建川

第9号超强台风"利奇马"于2019年8月中旬袭击山东各地,泰安市区受灾严重。台风过后,有关部门在多处危险地带统一悬挂安全警示牌,提示人们注意安全。但有关部门所制作的安全警示牌上出现了文字失误,牌子上的"树木倒扶"应改成"树木倒伏"。

"伏"有趴下、匍匐的意思。"倒伏"指农作物因根茎无力,支持不住叶子和穗的重量而倾斜或倒在地上。管桦《清风店》:"(他)蹲下身,用两手挖着泥,把倒伏在泥里的玉黍,小心地扶起。"就如今实际用例看,"倒伏"并不仅仅指农作物倒下,而是扩大了范围,也可以用于树木。受台风影响,泰安市区很多几十年树龄的大树被连根拔起,倒在道路上,给人车通行带来了极大不便,这里说"树木倒伏"非常合适。

汉语中没有"倒扶",误"倒伏"为"倒扶",应是"伏""扶"两字音同所致。

网络表情变异用法攻略

◎徐默凡

网络交际是一种新兴的交际方式,为人际沟通提供了极大的便利。但是和口语交际相比,网络交际的参与双方分处于不同的空间,无法利用表情、体态、身姿、动作这样一些语言外手段来传递丰富的情感和情绪,所以产生了感情表达手段匮乏的弊病。而网络表情符号的出现,有效弥补了这一缺陷,使交际者可以选用丰富的表情符号来进行情感交流。现代网络交际中,表情符号已经成为不可或缺的交际媒介。

表情符号一旦被广泛使用,就同其他语言符号一样,随着时间的发展产生了很多特殊的语义和用法变化,值得去关注和把握。我们以常见的微信"小黄脸"表情为例,和大家聊聊网络表情的各种变化。

首先是褒贬色彩的变化。☺表情的官方定义是"微笑",微笑给人带来的是"亲切友善"的感觉,因此这是一个表达正面情绪的表情。但在实际使用中,☺表情中瞳仁的位置以及嘴角的弯曲弧度都不太自然,给人带来一种"皮笑肉不笑"的感觉,这个表情的感情色彩就发生了完全的反转,被广大网民用来表示"不以为然"甚至"嘲讽"的情绪。如"我一定会好好干的☺",由于加了☺,这句话就不再是一种承诺或者保证,而很可能是在抱怨"你对我的要求太高了,这个工作我完全无法完成"等讽刺的意思。

无独有偶,😊本来的官方定义是"再见",是一种礼貌道别的友好表情。但是它的含义也早就变化了,变成了"我不想和你说话""你开心就好我要走了",甚至是"友尽从此不再见"的贬义。😊的情感变化其实在"再见"一词的语境使用中本来就存在的,就是说"再见"其实是"永别",现在通过表情符号再次表现出来。

其次是引申意义的产生。🍋原来是一个"柠檬"的图案,在网络语言中"柠檬"引申为"妒忌"的含义,因为柠檬的味道是酸的,而"嫉妒"带来的生理感受也是酸溜溜的,这种感受有时候也被称为"吃醋"。这些语义和感受贯通在一起,就使🍋直接具有了动词的用法,如"我🍋了"的意思不是"我吃了一个柠檬",而是"我酸了""我妒忌了"。还有一个例子是😊,😊的图样是"一个人在吃西瓜",但😊的真正意思当然不是吃西瓜,而是引申为网络语言中的"吃瓜群众",意思是"围观""看热闹"。

再次是新意义的诞生。🐶的图样是一个"狗头",但在网络语言中用来作为"反语"的标记,产生了"嘲讽"的意义,也就是说加了🐶的一段话,意思得反过来读解。比如"英国的群体免疫政策实在太先进了🐶",如果你认为这是一则崇洋媚外、不懂科学的留言,从而对其大加鞭挞的话,那你就完全误会了,因为这句话最后的🐶表示这是一种反语讽刺的用法,意思是说"英国的群体免疫政策实在太差劲了"。因此,有人把这种加🐶用法称为"狗头保命",意为加了🐶就可以让别人知道你的真实立场,不至于因为误解而产生误伤了。这种🐶用法是日常语言里没有的,因为口语交际中识别反语讽刺主要依靠语气、语调和表情,而在网络交流里这些手段都无法使用,于是就发展出来一个独特的"反语"标记了。

在面对这些产生了变化的网络表情的时候,到底哪些意义可以被确认,哪些意义还只是偶然性的临时用法呢?恐怕还得遵循一个原则,就是"约定俗成"。这是任何语言符号的变异都要遵守的原则,网络表情符号也不例外。这里有一个真实的案例可以借鉴:2015年8月12日,天津塘沽发生爆炸事件,遇难者众多,大家纷纷在社交网络上用"双手合十"的表情🙏来寄托哀思。但是,有一个网民说大家都用错了,🙏这个表情不是"祈祷",而是"击掌欢庆"。如果真是这样,那么大家的哀悼就都变成了意义完全相反的庆祝!为此网络展开了一场大讨论,争论的结果还是"祈祷"派占了上风。时至今日,🙏还是只有一个"祈祷"的意义,没有产生其他引申意义。这就是约定俗成的力量。

以上这些讨论都说明表情符号虽然是一种图样,有很强的直观性,但是在进入语言系统以后,它就变成了一种语言符号,同样具有发生各种演变的潜力,同样也遵守约定俗成的原则。我们在使用表情符号的时候,必须了解这些变化,遵守这些约定,如此才能得心应手,成为网络语言的弄潮儿。

《坚硬的木结》参考答案

1. 偏辟——偏僻
2. 歧岖——崎岖
3. 报负——抱负
4. 名列前矛——名列前茅
5. 水道渠成——水到渠成
6. 兴灾乐祸——幸灾乐祸
7. 跃入——跌入
8. 萎糜不振——萎靡不振
9. 枝枝桠桠——枝枝丫丫
10. 尤如——犹如

"各领风骚数百年"是谁写的

◎刘冬青

近读周梅森先生反腐大作《中国制造》(江苏文艺出版社2017年4月出版),书中第282页写道:"清朝诗人龚自珍说得好嘛,'江山代有才人出,各领风骚数百年',我们的事业也是代有才人出嘛,也各领风骚嘛……"

上引文中两句诗的作者是龚自珍吗?非也。此诗乃是清朝诗人赵翼所写。赵翼(1727—1814),清代文学家、史学家。论诗主"独创",反摹拟。与袁枚、张问陶并称清代"性灵派三大家"。所著《廿二史札记》与王鸣盛《十七史商榷》、钱大昕《廿二史考异》合称清代三大史学名著。"江山代有才人出,各领风骚数百年"出自他所写的《论诗·其二》:

李杜诗篇万口传,
至今已觉不新鲜。
江山代有才人出,
各领风骚数百年。

这首诗的本义是呼唤诗歌创作要有创新意识,要随着时代不断发展,反对一味模仿前人。后来,人们常常用"江山代有才人出,各领风骚数百年"来赞美人才辈出,新生代不断崛起,就如长河滚滚,连绵不绝。

龚自珍(1792—1841),清代思想家、诗人、文学家和改良主义的先驱者。他的诗文主张"更法""改图",揭露清统治者的腐朽,洋溢着爱国热情,被柳亚子誉为"三百年来第一流"。著名诗作《己亥杂诗》共315

书风"縻弱"?

◎新 德

《文物天地》2019年8月号《郑簠隶书中堂轴》一文中这样说道:"以董其昌书法为代表的帖学书法,愈发地趋向秀雅风格,渐开縻弱书风,与篆、隶书的恢弘气象有着很大差异。"其中的"縻弱"为"靡弱"之误。

"靡"是个多音字,读作 mǐ 时,有华丽、精美之义。如靡丽(华丽、奢华),靡曼(华美、音色美妙)。靡弱,靡丽柔弱,龚自珍《语录》:"今世苶(nié)字,训靡弱之貌,华貌以柔弱为悦目,故曰华盛。"上引文以"靡弱"形容董其昌开启的秀雅的帖学书法风格,恰如其分。

"縻"也是个多音多义词。音 mí 时有碎烂、浪费、粥等义。音 méi 时指縻子,即穄子,是一种类似于黍的农作物。"縻"仅在表示浪费、消耗时与"靡"通,"縻费""縻敝"亦可写作"靡费""靡敝"。汉语中没有"縻弱"一词。

首,其中我们耳熟能详的是下面这一首:

九州生气恃风雷,
万马齐喑究可哀。
我劝天公重抖擞,
不拘一格降人才。

这首诗中的名句"我劝天公重抖擞,不拘一格降人才"如今常用来表达对优秀人才的期待和渴求,使用范围与"江山代有才人出,各领风骚数百年"有一定程度的重合,这也许是《中国制造》中把这两句误以为龚自珍所作的原因吧。

"姚宋"的"宋"是宋璟

◎王宗祥

梁思成困惑于中国文化价值是否可以经世致用，梁启超反问："试问唐代开元、天宝间，李白、杜甫与姚崇、宋璟比较，其贡献于国家者孰多？为中国文化史及全人类起见，姚、宋之有无，算不得什么事，若没有李、杜，试问历史减色多少呢？"

这是《报刊文摘》2020年9月2日第6版所刊《清华园里的梁家父子》一文中的一段话。这段话中梁启超以唐代名相姚、宋与诗人李、杜相比，有点李白《江上吟》所写"屈平辞赋悬日月，楚王台榭空山丘"的意思。上引文中把姚、宋对应为姚崇、宋璟，错了，"姚宋"的"宋"应该是指宋璟。

姚崇和宋璟是唐代著名的政治家，在唐玄宗开元年间相继为相。旧史以开元之治二人之力为多，世多将两人合称"姚宋"，两《唐书》中，姚崇和宋璟均合排一传。《旧唐书·姚崇、宋璟传》："赞曰：姚、宋入用，刑政多端。……谏诤以猛，施张用宽。不有其道，将何以安？"《新唐书·姚崇、宋璟传》："赞曰：……故唐史臣称崇善应变以成天下之务，璟善守文以持天下之正。二人道不同，同归于治，此天所以佐唐使中兴也。"姚崇、宋璟与房玄龄、杜如晦同列"唐朝四大贤相"，在唐朝近三百年的历史中，素有"前称房、杜，后称姚、宋"之说。唐代名相中没有宋璟这个人。

李清照《咏史》诗无关项羽事

◎厉国轩

《上海老年报》2020年7月21日7版《楚霸王与江东》一文中说:"王立群教授引用了三首著名诗人的诗……生当作人杰,死亦为鬼雄,至今思项羽,不肯过江东——李清照《咏史》。"这里出现了一个差错,"生当作人杰"的作者为李清照不错,但诗的题目并非《咏史》,而是《夏日绝句》。

李清照为宋代著名的婉约派词人,诗歌方面也有很高的造诣。《夏日绝句》(一作《乌江》)是一首借古讽今、抒发悲愤的怀古诗。靖康二年(1127),金兵入侵中原,掳走徽、钦二帝,赵宋王朝宗室南迁,许多官员也跟着弃城南逃,大批百姓为了躲避战乱背井离乡。李清照跟随丈夫南渡过程中,路过乌江,有感于项羽的悲壮,创作此诗。"至今思项羽,不肯过江东"两句,借楚汉相争时项羽无颜见江东父老自刎乌江事,抒发诗人对北宋灭亡、南渡江东、家国罹难的无穷感喟。

而《咏史》是李清照写的另一首著名的五言绝句:"两汉本继绍,新室如赘疣。所以嵇中散,至死薄殷周。"此诗亦感时而发。北宋灭亡后,金国先后扶植北宋末年重臣、主和派代表张邦昌和北宋叛臣、原济南知府刘豫,建立傀儡政权"大楚"(1127)和"大齐"(1130—1137),史称"伪楚""伪齐"。在李清照这首《咏史》中,前两句是借王莽篡政建立新朝,汉王朝被截为西汉东汉两段的典故,喻大宋江山被伪楚伪齐截为北宋南宋两段;后两句借魏晋时"竹林七贤"之一的嵇康鄙视山涛依附司马氏政权,而与

"管窥蠡测"含贬义

◎周宇翔

《〈中国思想家评传〉简明读本：康有为》(南京大学出版社2016年12月出版)一书，在介绍康有为接触西学的过程时有这样一句话："虽然康有为接触的仅仅是西学皮毛，但其中学根基非常深厚，且善于闻一知十，管窥蠡测，时日既久，他居然融会贯通，成为一个中外兼备的大家。"这里对"管窥蠡测"的使用有误。

"管窥蠡测"是个成语，出自汉代东方朔的《答客难》，东方朔在回答客人的诘问时反问道："以管窥天，以蠡测海，以莛撞钟，岂能通其条贯，考其文理，发其音声哉？"翻译成现代汉语就是：用竹管窥视天空，用贝壳做的水瓢测量海洋，用草茎撞钟，怎么能够通晓星辰的分布、观察到大海的波澜壮阔、使钟发出声音呢？后"管窥蠡测"用来比喻对事物的观察和了解狭窄而片面，含贬义。郑观应《〈盛世危言〉初刊自序》："自知愤激之词，不免狂戆僭越之罪，且管窥蠡测，亦难免举长略短，蹈舍己芸人之讥。"

根据上下文，上引文中作者想表达的应当是康有为善于举一反三、以小见大，"管窥蠡测"用在此处显然与文意不符，改用"见微知著"庶几可通。

编校差错扫描(二十八)

◎王 敏

"铙钹"合击"跋"陆行

【错例】金钱叮当,铙跋齐鸣,歌声飞扬……

【简析】"铙跋"应为"铙钹"。"钹"(bó)是形声字,从金友(bó)声,本义指铜质圆形的打击乐器,两个圆铜片,中心鼓起成半球形,正中有孔,可以穿绸条等用以持握,两片相击作声。"铙钹"其实都是铜制呈圆盘状的合击乐器,中间凸起部分小的称为"铙",声音较清脆,大的称为"钹",声音较浑厚。"跋"(bá)也是形声字,从足友声,本义指草中行走。《诗经·鄘风·载驰》:"大夫跋涉,我心则忧。"汉代毛亨传曰:"草行曰跋,水行曰涉。""跋"由此引申指陆地行走,如"跋山涉水"。再引申指踏、踩,如"跋前疐(zhì)后"比喻进退两难。"跋"另借作文体名,指文章或书籍正文后面的短文,说明写作经过、资料来源等与成书有关的情况。"跋"与乐器无关,"铙跋"显然是错误的。

以"縢"绑腿"滕"为姓

【错例】身穿长襦(rú,短衣),下穿短裤,腿扎行滕。

【简析】"行滕"应为"行縢"。"縢"是形声字,从糸(mì)

朕(zhèn)声,本义指捆东西的绳索。《说文解字》:"縢,缄也。"引申指绑腿布,如"赢縢履蹻(jué)"(缠着绑腿布,穿着草鞋)。"縢"又作动词,指缠束、封闭,如"金縢"即用金属制的带子将收藏书契的柜子封存。"縢"也是形声字,从水朕声,本义指水向上腾涌。《说文解字》:"滕,水超涌也。"后假借为名词,指中国西周时代的一个诸侯国,在今山东省滕州市一带。"滕"后又作姓。"行縢"即绑腿布,与姓氏无关,与诸侯国无关,不能写成"行滕"。

"独树一帜"非"枝条"

【错例】他的作品在文坛上独树一枝,别开生面。

【简析】"独树一枝"应为"独树一帜"。"帜"(zhì)是形声字,从巾只声,本义为旗帜的通称。《说文解字》:"帜,旌旗之属。"由具体的旗帜,"帜"引申指抽象的标记,如"帜志"就可指典范、标准。"枝"(zhī)也是形声字,从木支声,本义指主干上分出的茎条。《说文解字》:"枝,木别生条也。"如"枝干""节外生枝""不蔓不枝"。又用作量词,用于细长的植物的茎,如"竹外桃花三两枝"。"独树一帜"指单独打起一面旗帜,比喻自成一家。其中的"树"是动词,指树立,"树立旗帜"搭配得当,而"树立枝条"却是无法表示自成一家的。

"檐"翘如牙"沿"顺边

【错例】一顶宽沿帽打破了秋冬的沉闷和无趣,让人能兼顾细节与整体的风格。

【简析】"宽沿帽"应为"宽檐帽"。"檐"是形声字,从木詹(zhān)声,本义指屋檐口椽(chuán)端的横板。《说文解字》:"檐,榱(pí,即屋栭,指安装在屋檐上的横木,用以连接屋椽,使之齐平)也。"引申指屋檐,如"檐牙高啄"(屋檐翘出如牙,形态恰似鸟向高处啄食)。又引申指某些器物上形状像屋檐的部分,如"帽檐"。"沿"也是形声字,从水𠕒(yǎn,山间泥沼地)声,本义指顺流而下。《说文解字》:"沿,缘水而下也。"如"沿溯"指顺水下行与逆水上行。引申指顺着,如"沿江""沿途""沿街"。又指因循、遵照旧样,如"沿袭""相沿成习"。还指顺着衣物的边再镶上一条边,如"沿鞋口"。另可作名词,泛指边缘,如"边沿""前沿""河沿""炕沿"。"宽檐帽"的特点是外伸遮阳挡雨的帽檐特别宽,写成"宽沿帽"是根本体现不出这个特点的。

同频共振用"谐振"

【错例】艺术共鸣是指欣赏者和艺术品之间产生了思想情感的同构与共偕共振。

【简析】"共偕共振"应为"共振""谐振"或"相谐共振"。"谐"是形声字,从言皆声,本义指声音的和谐、协调、配合得当。《尔雅》:"谐,和也。"《说文解字》:"谐,詥(hé)也。"如《尚书》:"八音克谐,无相夺伦。"引申指语言协调,特指语言风趣,如"诙谐""亦庄亦谐"。又引申指事物关系协调,特指办妥、成功,如"克谐大事"即办成大事。"偕"也是形声字,从人皆声,常用的本义指共同、一起。《说文解字》:"偕,俱也。"如"与民偕乐""白头偕老"等。"相谐共振"指审美活动中主客体之间形成的共鸣、协调的和谐关系,其源头是"谐振"。无线电接收机中调谐回路的振荡频率与无线电发射台的振荡频率相同时,接收机就可以收到发射台的无线电波,这种现象叫作谐振。古汉语中,有以"偕"通"谐"的用法,但今天"谐振"不能写成"偕振","相谐共振"也不能写成"共偕共振"。

"齐家"是啥意思

◎石毓智

在儒家思想里,最高的道德境界就是"修身齐家治国平天下"(《礼记·大学》)。那么,"齐家"是啥意思?这个问题不要说一般人回答不上来,就是古汉语专家也不一定清楚。打开词典,"齐"的意思很多,它可作"整齐""齐全""敏捷"等讲,到底在这里作何解,单靠词典还是拿不准。《古汉语词典》(商务印书馆,1998年)倒是针对"齐"这个用法专门有个解释,即"整治",这是典型的随文释义,属于孤证,很不可靠,而且这个解释有悖儒家的思想。

其实,"齐家"有丰富的内涵,是儒家思想的精髓,而且非常具有现实意义。它首先见于汉代成书的《礼记》,在这部典籍中"齐"的其他用法,可以帮助我们搞清"齐家"到底是什么意思。

首先,"齐"有"教化"的意思。例如,子曰:"夫民教之以德,齐之以礼,则民有格心。教之以政,齐之以刑,则民有遯心。"(《礼记·缁衣》)"齐之以礼"就是用礼仪来教化,"齐之以刑"就是用刑罚来教化。

其次,"齐"还有"示范、表率"的意思。例如,子曰:"长民者衣服不贰,从容有常,以齐其民,则民德壹。"(《礼记·缁衣》)就是指"长民者"注意自己的穿着和仪容,来影响感化大众。

"齐"的示范、感化作用是最主要的,所以《礼记》才说:"欲治其国者,先齐其家;欲齐其家者,先修其身。"这里说得很明白,"修身"是"齐家"的先决条件。道理很明显,一个人自己不修身，如何在家里做表率来教化或者感化别人？

"齐家"的真正目的是"宜其家人"。只有自己"修身"，做到以身作则，方能够作为一个表率，才能使得家庭成员的关系相宜。《礼记·大学》对此有详细的论述：

是故君子有诸己而后求诸人，无诸己而后非诸人。所藏乎身不恕，而能喻诸人者，未之有也。故治国在齐其家。诗云："桃之夭夭，其叶蓁蓁；之子于归，宜其家人。"宜其家人，而后可以教国人。诗云："宜兄宜弟。"宜兄宜弟，而后可以教国人。诗云："其仪不忒，正是四国。"其为父子兄弟足法，而后民法之也。此谓治国在齐其家。

儒家的"齐家"思想非常具有现实意义。一个人的真实面貌必然会在家人面前暴露出来，要把家庭弄好，自己必须先修身，在道德上过硬。一个人只有让家庭内部相宜，才能为社会为国家做出大功业。

然而，迄今揭露出来的很多"大老虎"是既没有"修身"，也没有"齐家"，就出来"治国平天下"了。他们长期以来就是在欺骗大众，在公众面前"演戏"，而他们真实的一面都是修身很欠缺，吃喝嫖赌毒样样俱全，最后不仅弄得自己身败名裂，也给社会和国家造成了巨大的危害。

《"掺汤面"是啥面》解疑

其实，应写作"汆汤面"。"汆"读 cuān，是一种烹饪法，即把食物放在沸水里稍微一煮。"汆汤"是湖北的一道特色美食，在清汤里汆入切成薄片或丝状的猪肉、猪肾、猪肝等而成，味道鲜美滑爽，通常在早餐时吃。"汆汤面"是以"汆汤"为底料做成的面。也有人说，"掺"（chān）有混杂、混合的意思，而这道面的底料正是猪肉、猪肝、猪腰花的混搭，所以写成"掺汤面"也不错。在湖北话里，"汆"和"掺"读音都近 cān。

这是什么"控"

◎王 楠

"控"在汉语中早已有之,它的本义为"拉开弓弦",又引申出"控告、控制"等意。"控"作为语素存在于众多合成词之中,以"控制"这一意义为例,常用的"监控""管控",经济领域的"宏观调控""微观调控",电子技术中的"程控",以及网络新词"场控"等,此类词语不胜枚举。

而在以下用法中,"控"又具有了新的语义:

"这里是抹茶控的天堂"

"作为潮流控,这双高跟鞋绝对是必备品"

"每天一部电影,我们都是电影控"

这种"××控"代表的是"极度喜欢某些事物的一类人","控"的意义明显发生了改变。这个"控"来源于日语"コン"的音译,而"コン"则是取英文单词"complex"的片假名拼写"コンプレックス"的前两个音节,所以"控"其实是英语"complex"中"com"的间接音译。"complex"在心理学中解释为个人无意识中的情感、记忆、愿望等的组合,中文译为"情结",即"深藏心底的情感"。所以"控"在最初的使用中更多表示一种发自内心的冲动及欲望,而且因为它是随着二次元文化传入中国的,所以早期的词语多与动漫人物有关,喜欢有猫耳的动漫角色的"猫耳控"、喜欢可爱小女孩的"萝莉控"等等,"控"在这里表示喜欢某些类型角色的动漫迷。

在网络传播中,"控"被引入更多领域,意义也产生了泛化与虚化,逐渐抽象为"极度喜欢某事物的人"。在此意义上，"控"的造词能力提升，一大批新词也被人们使用。美食爱好者们提出"抹茶控""巧克力控"，甚至爱吃米饭的人也可以宣称自己是"米饭控"，热衷娱乐生活的"剧控""音乐控"，以及生活中的"电子控""技术控"等。可以看到，"控"的使用范围大大扩展，意义虚化后具有了类词缀的性质。

汉语中的"癖"和"迷"也能表达非常喜欢某事物的含义，却并不像"控"一样流行。尽管也有"收藏癖"这样的中性词，更多"××癖"的词却带有贬义色彩。喜欢萝莉角色的宅男们绝对不愿自己被叫作"萝莉癖"，因为这很容易让人联想到病态的"恋童癖"。而"迷"的使用范围则更小一些，一般用来描述日常的兴趣爱好，比如"歌迷""球迷"等。"控"几乎不具有贬义色彩，反而略带自豪之情，"××控"的使用也迎合了现代人们追求个性化的思想，任何人都可以为自己贴上一个有特色的标签，彰显自我。

随着"控"被广泛使用，它也衍生出了动词用法，意为"非常喜爱"，例如"她很控编织类的饰品""你控不控大叔"，这种用法更符合传统的汉语习惯。实际上，"控"本身的汉语意义也影响着"××控"的意义——喜爱某样东西不也意味着被它所控制吗？最典型的就是"手机控"，每时每刻离不开手机的我们又何尝不是被手机"控制"了生活呢？

从小众文化圈到网络流行语，再由网络语言走进人们的生活口语，以"控"为后缀的一系列新词早已被人们熟知熟用。但是也要提醒大家，在追求自己所好的同时，也要警惕不要过度沉迷，反被事物所"控"。

《火眼金睛》提示

图1，"杨正气"应为"扬正气"。
图2，"栓绳"应为"拴绳"。
图3，"小苞包"应为"小笼包"。
图4，"防碟"应为"防谍"。

"这届人民不行"到"这届××不行"

◎张 舒

2016年3月24日,《人民日报》刊载了一篇名为《我们都是风气"一分子"》的评论文章,认为中国百姓爱找关系是造成官场腐败的原因之一。文章刊发后,微博中有人评论"这届人民不行",获得了最多点赞。之后,流行语"这届人民不行"开始走红网络。在全民造句的网络狂欢时代,一个网红句式的兴起会引发网友们源源不断的创意,由此,"这届××不行"句式喷涌而出。

"这届××不行"句式中首先要关注的是量词"届"搭配的名词选择。"届"原义为"到",后演变成说明"周期性事件的次或期"的量词,如"第二届全国人民代表大会""2020届毕业生"。与"届"搭配的名词应当具有"呈现周期"和"有一定频率"的语义特征,如每四年举办一次的"奥运会"或是固定任职期限的"政府"。有时,虽然名词本身无法呈现周期性或没有频率,但如果前后文语境使其与具备相应语义特征的名词对照,也能够使句子成立。如"这届人民不行"中的"这届人民"与"这届政府"相对,特指"这届政府"执政时期的这一批百姓,那么"人民"也可以与"届"进行搭配。

在全民造句的传播过程中,"××"产生了泛化,不再拘泥于"呈现周期性"和"有一定频率"的语义特征,如:

(1)影视造假,因为这届观众不行?(《北京晨报》2017年3月14日)

上例中"观众"一词的语义特征与量词"届"并不吻合,是"这届××不行"句式让这种搭配成立。在句式中"这届"和"观众"的搭配延续了"这届人民不行"的吐槽意味,保留了句式带来的调侃语气,并产生了陌生化的效果,非常符合网络用语求新求变的特点。当"届"与"××"之间的语义特征不匹配时,"届"一词在句式中对"次或期"的强调减弱了,"这届"可以被当作一个整体来看待,在语义上泛指"现在的""如今的",与"以往的"形成区别,如:

(2)究竟是这届年轻人不行,还是市场对年轻人太不友好了?(《中国青年报》2018年4月25日)

上例中的"这届年轻人"指的就是"现在的年轻人"。最初开始传播的句式"这届人民不行"中"人民"是一个指人的集合名词,因此在随后的网络造句中,除了"年轻人",还出现了"父母""网友""偶像""粉丝""老板""骗子""消费者"等,"××"在指人时常见的都是一些集合名词。值得注意的是,随着应用的广泛,"××"的范围也开始扩展,一些指物的名词也进入了格式,与指人名词以集合类为主的情况不同,指物名词的种类非常广泛,可以说是五花八门。当"××"在指某些更新换代较为频繁的事物时,"这届"在语义上产生了进一步的泛化,包含"最新的""刚刚出现"的语义特征,如:

(3)不过,不少用户反馈称"这届抢票软件不行",即便用了加速包、买了VIP会员,还是抢不到票。(《光明日报》2020年1月7日)

上例中的"这届抢票软件"指的就是与12306同步更新的最新版本的抢票软件。类似的"××"还有"这届IPHONE不行""这届概念车不行"等。

从"这届人民不行"到"这届××不行",网友们的自发造句行为让"××"不断泛化。

要"走心"不要"漫不经心"

◎吴彩旎

自从"走心"这个词语在网络中出现,它就一直活跃在大家的视野当中:无论是夸赞一首歌曲"歌词写得非常走心",还是表扬一个生日礼物"选得很走心","走心"的出镜频率都很高。

"走心"的"走"应该作何解?"走"字在古代解释为"奔跑",但在词义的演变中,"走"逐渐代替了"行",表达"行走"的意思。"行走"义之后,"走"字引申出了各种各样的意义,如"走关东"中解释为"前往","走样"中解释为"变动","走亲戚"中解释为"往来","走后门"中解释为"通过"……

当"走"解释为"改变、变动"时,"走心"表达了和现在用法完全相反的意义——"变心"。这层意义可以追溯到东汉时期,在《汉书》中有这么一句话:"亲疏皆危,外内咸怨,离散逋逃,人有走心",表示民心有所改变。"走心"作为"变心"的意思还保留在一些北方方言中,如谭亿的《麦收之前》有一句"凭良心说,我可没走心啊!"用的就是这个意思。汉语普通话中,有一个"走形"的词语,这里的"走"也是"改变"的意思。

当"走心"成为流行的网络用语后,它的意义就完全不一

"这届××不行"调侃讽刺的娱乐意味增强,大众使用时也不再关注句式背后的来源和含义,仅仅是对句式非理性地模仿,反映了普通民众在互联网背景下对表达方式创新的追求。

样了,它在网络上经常表达两种意思:

一个意思是"能触动内心,让人感动"。这里的"走"可以解释为"前往",比如"走心的聊天才能真正走进一个女孩的心";也可解释为"往来",表达一种心灵之间的互动和往来,产生心灵上的触动,比如"听走心的音乐,看走心的电影"。

第二个意思是"做事认真,肯用心",这里的"走"作"经过、通过"解,形容做一件事情花费了心思,令人满意。比如"非常走心的推荐""收到一份很走心的礼物""新的一年会更加走心地生活"。这里"走心"和"用心"虽为近义词,但却更富有形象化的色彩,有一种经过持久的努力、走过漫长的路途的形象感。这种用法的"走心"也延伸出各种各样"走×"的搭配,作为一种谐谑的形式,比如"走肾""走肺"。

"走心"如今已经是一个容易理解并被广泛使用的网络词,也经常被用在推荐语中。可以拿来形容一本好书,也可以用来称赞一档节目,"走心"概括表达出事物所拥有的一种高价值。"故宫上新了,文化走心了",这句话作为标题被用于宣传故宫官方出品的一档综艺。但是这句话也让人产生一种疑惑,难道在此之前,文化就没有"走心"吗?

仔细想想,生活中的哪一件事不需要"走心"呢?"走心"在网络上的流行也可以反映出现实生活缺少"走心",更多的是"漫不经心",以至于"走心"经常被作为一个褒义词来使用。也许是生活的压力太大,导致"心"无法平摊到每一件事情上;也许是社会的功利心太重,凡事得到利益就好,至于是否"走心"不再重要,敷衍了事也无妨。

尽管如此,如今人们还是喜欢用"走心"来形容生活中每一件美好的事物,人们的真情如此珍贵,因此"走心"能提醒自己珍惜生活中的每一个美好的瞬间,每一天都"走心"地过!

说文解字

"妇"的箕帚缘

◎刘志基

"妇女"的"妇",繁体作"婦",由"女"和"帚"会合而成。《说文解字》:"婦,服也。从女持帚,洒扫也。"意思就是:拿着扫帚做清扫的女子。按此解释,"妇"就是一个会意字。

甲骨文被发现以后,人们看到,在甲骨卜辞中,绝大部分的"妇",都是直接写成"帚"的,于是一些研究者就此认为《说文解字》的解释是不对的。姚孝遂说:"卜辞假箕帚之帚为'婦',金文犹然。其从'女'作'婦'者乃其孳乳字。《说文》以'婦'为会意,实当为形声。"(《甲骨文字诂林》"妇"字按语,3027页)这意思就是说,"婦"与它所从的"帚"旁并没有意义上的关系,只是因为字音的近似("帚"古音幽部,"妇"古音之部,幽、之两韵主要元音相近,属于旁转关系),最初才借用"帚"字来表达"婦"的,后来在"帚"上标注一个表义的"女"字旁,"帚"就变成了声符,所以"婦"应该是形声字。

然而,姚先生的说法比较笼统,"卜辞假箕帚之帚为'婦'",固然是有的,但是有没有不假"帚"的"婦"呢?这个就避而不谈了。而"金文犹然"的说法尤其不符合事实。在殷商金文中,"妇"是个很常见的字,它可以写作"婦",也可以写作"帚",就使用频率而言,各有90余次,可谓平分秋色。但就其他使用情况来看,写作"婦"者占主流地位:"帚"仅见于河南安阳出土的"妇好"铜器铭文中,而"婦"不仅见于河南安阳的出土材料,还见于河南辉县褚邱和山东滕州官桥镇前掌大村等地的出土铜器铭文,也就是说,在商代金文"诸妇"中,只有极少数的书写用字是"帚",而绝大多数是"婦"。

再来看甲骨文"妇"字。该字在甲骨卜辞中的出现多达1 000余次,确实是绝大部分用的是"帚","婦"则寥寥数见。从这个数量对比来看,"婦"由"帚"孳乳的意见似乎是很有道理的。但是如果从时间上来看,这个道理就不那么讲得通了。因为"婦"虽然少见,却仅见于卜辞早期的武丁时期的宾组卜辞,而"帚"的时间分布要推移到时间晚于宾组的出组、何组以及子卜辞等各类卜辞,也就是说,客观情况表明,"妇"是从"婦"演化为"帚"的,而不是倒过来的"孳乳"。

如何来看待同为殷商文字的金文和甲骨文"妇"字构形差异呢?就殷商文字而言,裘锡圭先生认为:金文是正体,而甲骨文是俗体。这是很正确的。所谓"正体",自然是当时人们认为正确的文字构形,更能反映主流的造字意图。而作为俗体的甲骨文,由于在甲骨上契刻文字殊为不易,往往会在书写(契刻)中对字形进行省减,或选择相对简洁的字形,这或许是同为殷商文字的甲骨文和金文在"妇"字的书写上产生差异的基本原因。

从殷商金文"妇"的实际构形意图来看,妇女持帚的形态亦多栩栩如生:

"帚"形朝上,当用于扫壁,也可朝下,当为扫地:

"帚"形又可置于"女"上,或为妇举帚扫顶之象:

造字之际,人们心目中"妇"的身份职责特征,在这里得到了多种视角的图像呈现。

学者对《说文》"妇"字释读的质疑,深层原因是对以"帚"来表达"妇"的不认同。而系统的偏旁分析表明,这种认识是有偏差的。且看另一个从"帚"的"归"字。《说文》中"歸"的解释是:"女嫁也。从止,从婦省,𠂤声。"但是金文中出现30多个"歸",没有一例是从"婦"的。甲骨文中有340多个"归",也没有一例从"妇"。而且殷商金文和甲骨文中所有的"归"都只有两个偏旁：表音的𠂤和表意的帚。

[金文字形]

西周金文也大多如此，少数追加了"彳"或"辵"，显示了当时对"帚"表"归"的一点不解。不难发现，"妇"与"归"中的"帚"，具有某种类同的意义联系：妇是执掌家室中洒扫的，归就是要回到家室中，由此可以发现，"帚"用于造字，可表"家室"意义。"寝"字亦可支持这种认识。

殷商金文47个"寝"，全部从"宀"从"帚"，写作：

[金文字形]

甲骨文也有近50个"寝"，绝大部分也是从"宀"从"帚"：

[金文字形]

少数从"宀"从"爿（床的古字）"：

[金文字形]

床是典型的室内之物，"帚"在"寝"中可以与之互换表意，更可凸显"帚"的家室表征属性。而"妇"，上古时代另一个习惯称谓就是"家室"或"室家"。由此可见，同样具有执掌家室之职的"妇"，用"帚"来充当表意偏旁完全符合殷商文字的构形表意系统的规范。

"箕帚"一词，传统汉语中多指"妻室"，如："箕帚之欢"犹言妻妾之娱；"箕帚妇"，即是妻室；"执箕帚"，就是履行妻子之职。显然，这种语义理据，与"妇"的初始造字意图一脉相承。"一屋不扫，何以扫天下"，而屋室之扫，上古帝王看来就指望诸妇了，而杰出者如"妇好"之辈，则"一屋"与"天下"一帚并扫之，故名之以"帚好"不亦宜乎！

坚硬的木结

（文中有十处差错，你能找出来吗？答案在本期找）

◎梁北夕　设计

他出生在一个偏辟小村。周围群山环绕，道路歧岖，要进一趟城很不容易。村里人大都靠木材加工和山货买卖维持生计。

因为是家中的独生子，他打小就被父母寄予了厚望，希望有朝一日能够走出山村，去更广阔的天地施展报负。

为着这个目标，他付出了极大的努力，学习成绩一直名列前矛。老师也看好他，说他将会成为村里第一个大学生。对他来说，考上大学，仿佛是水道渠成的事。

"不如意事，十常八九。"一向成绩优异的他，高考却出人意料地名落孙山。昔日羡慕的眼神，一下子变成同情、不屑甚至兴灾乐祸……他一下子从云端跃入了深谷。

看着萎糜不振的儿子，父亲一言不发，把他拉到村后的山上伐树。锯断了一棵大树后，父亲让他去清理树的枝枝桠桠。手里的斧头陷在了一个木结处，他费了好大力气才拔出来。

"爸，这个木结怎么这么硬，我的斧头刚才都被卡住了。"他不解地问道。

"哦，因为受过伤。"父亲回答道。

"哦？"他愣了一下。

"树如果受伤，受伤的地方就会长出木结，这木结比其他地方坚硬许多。"父亲顿了一顿，又说，"人也一样，摔过跤才会变得坚强。"

父亲的话尤如闪电，一下照亮了他的心堂。

广角镜

咬书咬报咬刊,
　　咬天下该咬之错
嚼字嚼词嚼句,
　　嚼世上耐嚼之文

定价：6元/期　72元/年

《咬文嚼字》

关注语文运用 / 纠正语文差错 / 传播语文知识 / 引导语文生活

　　学习中产生了语言文字疑问,人们会想到：翻翻《咬文嚼字》吧,看里面的文章是怎么解答的；工作中遇到了语言文字难题,人们也会想到：查查《咬文嚼字》吧,看里面的文章是怎么解释的；社会上一旦有了语文热点事件,人们同样会想到：问问《咬文嚼字》吧,看专家是怎么解析的。这儿乎已经成为人们的学习、工作、思维习惯。

所获荣誉

- 中国出版政府奖期刊奖提名奖
- 全国"百强期刊"
- 国家新闻出版广电总局向全国少年儿童推荐百种优秀报刊
- 华东地区优秀期刊奖

订阅方式　　　　　　　　　　　　欢迎关注《咬文嚼字》

邮局订阅
　　邮发代号为 **4-641**
网络订阅
　　邮政报刊订阅网
　　http://bk.11185.cn

扫码订阅电子版

微信扫码订阅

微信公众号

微博

火眼金睛

图中差错知多少？

（答案在本期找）

程贯珠　董农建　杨丹　杨昌俊　提供

1

2

3

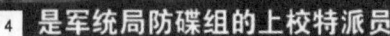

4

2020年荣誉校对名录

田玉道	吴孝成	陈关春	侯新民	孙延宜
辜良仲	阎德喜	袁品荣	陈福季	霍民起
张骏鹏	厉国轩	叶才林	姜登榜	李景祥
张 林	道书元	方必成	杨顺仪	钱 辉
徐长庚	李延春	陈 瑞	林新昌	马明辉
单亚飞	李文娟	温世江	钱孝勤	梁尔义
王德彰	谢云秋	王梅胜	夏松平	周 振
朱玉强	张凤强	胡湲卿		